KB215013

애초부터 우리의 관심사가 조명으로 작용하는 만큼, 성경 읽기는 결코 단순한 행위가 아니다. 성경을 바라보는 우리의 자리는 성경 읽기의 방식뿐 아니라 우리가 성경에서 도출하는 메시지에도 영향을 미친다. 역사가는 역사를 읽어내고, 문학가는 문학적 향기를 추적할 것이며, 종교학자는 그 속의 종교적 차원에 관심을 기울일 것이다. 그러나 신자는 이 모든 것을 반가워하면서도 거기서 머물지 않을 것이다. 성경을 교회의 정경으로, 곧 하나님이 오늘 교회에 말씀하시는 계시의 수단으로 읽을 것이기 때문이다. 신약성경의 문서들을 초월적 하나님의 말씀으로 간주하는 이 전제는 성경 전체의 생김새에 대해, 전체 속에서 개별 문서들이 기능하는 방식에 대해, 그리고 그 메시지가 오늘 우리와 관계 맺는 방식에 대해 뚜렷한 차이를 만들어낸다. 그래서 그리스도인의 성경 읽기는 처음부터 이 고백적 차원에 선명할 필요가 있다. 내 읽기는 문법적·역사적·문화적 차원의 객관성을 지향하지만, 궁극적으로 이 모두는 "신앙적" 의미에 관심을 둔다는 사실을 분명히 하는 것이다. 이 책은 그런 점에서 매우 선명하다. 첫 장과 마지막 장의 제목에 "기독교 경전"이 들어가 있는 것처럼, 저자들은 신약성경을 소개하는 그들의 눈길이 "정경적"이라는 사실을 분명히 한다. 그리고 우리가 기독교 정경, 곧 교회의 성경으로 신약성경을 읽을 때 생각해야 할 지점들을 친절하게 짚어준다. 그래서 이 개론서에서는 전체 기독교 정경의 일부로서의 신약이나(1장) 통일된 하나의 책으로서의 신약이(2장) 독립된 주제로 다루어지고, 개별 복음서 소개 이전에 예수에 관한 전체 그림 및 네 개의 복음서에 관한 전체적 논의가 앞서고, 바울의 개별 편지들 역시 바울의 삶과 생각이라는 맥락 속에서 소개된다. 처음부터 신앙적 전제와 더불어 성경을 읽는 이들에게는 불필요한 논란을 피하면서 좀 더 효과적으로 신약성경을 읽게끔 돕는 친절한 입문서인 셈이다. 본서는 신앙고백적 차원에 선명하지만, 신약을 소개하는 "개론서"로서의 모습도 훌륭하다. 숙련된 신약학자들의 자연스러운 해설에 친절한 입문서다운 도움 자료들이 어우러져 있다. 성경 본문과 함께 찬찬히 읽어나가면 신앙의 토대로서의 신약성경에 대해 더욱 깊은 이해를 얻을 수 있을 것이다.

권연경 숭실대학교 기독교학과 신약학 교수

이 책은 신약 개론서라는 장르에 새로운 방향을 제시한 책이다. 기존의 신약 개론서들은 정해진 규칙처럼 딱딱한 글로 신약의 역사적 배경과 각 권의 정황 그리고 서론적 이슈를 다룬다면, 이 책은 우선 읽기가 쉽다. 신약의 큰 그림을 안내해주면서 신약 각 권의 지형과 그 높낮이를 친절하게 안내해준다. 하지만 읽기 편한 책은 내용이 가벼울 때가 많다. 그러나 이 책은 다르다. "갈퀴질만 한다면 나뭇잎밖에는 얻을 수 없다. 그러나 시간을 들여 땅을 파면 금을 발견할 수도 있다"라는 이 책에서 소개하는 경구처럼 각각의 장마다 사이드바를 통해 역사적·문학적·신학적·정경적·수용사적 문제라는 다섯 가지 영역을 통해 신약 개론서에서 다룰 중요한 문제들을 일목요연하게 소개해준다. 한마디로 이 책은 신약 전반에 관한 정보(information)를 주는 교과서이면서, 독자들이 주 예수의 제자가 되도록 변화(transformation)를 일으키는 신약 정경의 의도를 제대로 드러내는 개론서다.

김경식 웨스트민스터신학대학원대학교 신약학 교수

본서는 한마디로 모든 이를 위한 신약 개론서다. 그동안 신약 개론이라는 장르의 책 중 일부는 지나치게 전문적이어서, 신학을 공부하지 않은 사람들은 그 개론서 자체를 이해하기 어려웠다. 한편 다른 개론서들은 그 분량이 방대하여 그 내용을 다 섭렵하기가 어려웠다. 본서는 적절한 분량으로 그리스도인이라면 누구나 이해할 수 있게, 신약성경에 관한 중요한 문제를 일목요연하게 설명해주고, 신약 각 책의 핵심 가르침과 내용을 친절하게 소개해준다. 책의 끝에는 용어 설명도 제공해주고 있어서 매우 유용하다. 특히 본서의 장점은 신약성경과의 관계에서 '세례 요한'의 역할을 자처하고 있다는 것이다. 어떤 개론서는 성경 자체보다도 개론서가 주인이 되어 성경 읽기와 이해를 방해하기도 한다. 그런데 본서는 책 중간중간에 성경의 어느 부분을 먼저 읽으라는 지침을 주어 신약성경 본문 읽기를 유도한다. 또한 그동안 현대 신약학에서 발견된 중요한 것들을 문학적 필치로 쉽게 기술해서 학문적인 연구 결과들도 신약성경 이해에 유용하게 활용할 수 있게 도와준다. 신약성경 읽기를 계획하고 있다면, 성경 옆에 늘 본서를 두고 함께 읽기를 권한다.

김동수 평택대학교 신약학 교수, 한국신약학회 회장 역임

이 책은 정경적 틀 안에서 신약성경의 문학적·신학적 읽기를 시도한다. 자칫 딱딱하고 지루할 수 있는 내용에 풍부한 시각 자료(성화, 사진, 역사적 유물과 유적지에 대한 소개 등)를 삽입하여 흥미로운 볼거리와 읽을거리를 제공한다. 더욱이 이 책은 장이 끝날 때마다 신약성경 각 권의 핵심 구절을 제공할 뿐만 아니라 기독교적 읽기를 위한 역사적·문학적·신학적 질문들을 제시함으로써 각 책에 대한 더 깊은 탐구와 성찰로 이어지게 하며, 책의 마지막 부분에는 용어에 대한 설명을 덧붙여 독자들의 이해를 돕는다. 이 책은 신약성경을 정경적 관점에서 읽기를 원하는 평신도, 신학생, 목회자들에게 매우 유용한 책임이 분명하다.

신현태 장로회신학대학교 신약학 교수

본서는 신약성경을 '거룩한 경전'(Holy Scripture)으로 읽을 때 어떠한 유익이 있으며, 그렇게 읽으려면 어떤 태도를 보여야 하는지 꼼꼼히 살피는 매우 특이한 개론서다. 신약성경

을 읽을 때 필요한 요소가 무엇인지 낱낱이 검토하는 저자는, 우선 '기독교 경전'과 '그리스도의 제자'로 읽으라고 권한다. 실제로 경전이 아닌 역사나 문학의 관점 일변도로 읽는다면, 신약성경이 제공하는 '저항할 수 없는 은총'과 '삶을 치유하는 구원의 심오함'을 놓칠 수 있다는 조언이다. 신약성경 각 권을 자세하게 분석하는 이 책은 독자들에게 엄청난 양의 정보를 제공하여 만족도를 극대화한다. 이 책은 성경 연구자들에게 '신약성경에 관한 모든 궁금증을 시원하게 풀어줄 해결사'이고, 설교자들에게 '본문 해석을 위한 길라잡이'여서 두고두고 참고할 '지식의 저장고'(貯藏庫)와 같다. 결국 본서에 '강력 추천'이라는 수식어를 붙이는 것은 마땅한 일이다.

윤철원 서울신학대학교 신학전문대학원 신약학 교수

'신약성경은 하나님의 말씀이다'라고 말하지만, 정작 그런 관점에서 쓰인 개론서는 별로 없다. 콘스탄틴 캠벨 교수와 조너선 페닝턴 교수가 쓴 『신약성경을 기독교 경전으로 읽기』는 그 빈자리를 메꾸어준다. 많은 도표와 삽화 및 사진을 제공하여 내용을 이해하는 데 도움을 주고, 논의가 필요한 부분은 따로 떼어내어 간략하게 핵심을 요약해주며, 각 장의 마지막에는 질문들을 제시하고 있어서 장별로 다룬 내용을 정리하는 데 큰 도움이 된다. 신약성경을 체계적으로 공부하려는 성도들과 신학생들 및 목회자들에게 보수적이고 간략하며 최근의 학문적 경향도 반영하고 있는 신약학 개론서로 이 책을 강력하게 추천한다.

이상일 총신대학교 신약학 교수

이 책은 신약성경을 처음 읽고 연구하려는 초보자들에게 필요한 개론서다. 지금까지 나온 신약 개론서가 많이 있지만, 이 책은 다음과 같은 몇 가지 특징이 있다. 첫째로 신약성경을 본문 간 대화를 통해, 둘째로 구약과의 대화를 통해, 셋째로 역사상 존재했던 다른 해석자들과의 대화를 통해, 넷째로 기독교 신조 및 신학적 진술과의 대화를 통해 읽는 방법과 수단을 제공한다. 이 책은 신약성경의 다양한 관점을 강조하지만, 특히 역사적 문제, 문학적 문제, 신학적 문제, 정경적 연관성, 수용사가 포함된 내용을 담고 있어서 유익하다. 더욱이 이 책의 마지막에 제시된 용어 설명은 신약성경 초보 독자들에게 필요한 정보를 제공해준다. 독자들이 이 책을 통해 신약성경을 읽는 방법과 수단을 발견하길 기대한다.

조석민 에스라성경대학원대학교 신약학 은퇴교수, 기독연구원 느헤미야 신약학 초빙연구위원

이 책은 친절하고 자상한, 동시에 약간 색다른 신약성경 개론서다. 기존의 개론서들이 대체로 신약성경의 구심력에 집중하여 세밀하게 나누고 쪼개며 분석적인 촘촘함을 과시해왔다면, 이 책은 그와 반대로 신약성경의 원심력에 초점을 맞춰 넓게 아우르고 품으면서 한 권의 경전이란 관점에서 포괄적인 접근을 시도한다. 기독교 신앙을 변증하고 옹호하는 대전제를 깔고 쓴 신약성경의 각 낱개 책들에 대해 방외인의 냉철한 객관적 관점에서 해부하여 이해하고자 하는 것은 장점과 함께 단점도 많다. 이 책은 그런 비평적 접근 방식의 장점을 배제하기보다 넉넉하게 품으면서 그 단점을 제어하는 현명한 부드러움의 방식을 선보인다. 그 결과 독자의 이해를 위해 신약성경 전후좌우의 세부적인 정보 제공에 게으르지 않으면서 그 전체를 거시적으로 조망할 수 있는 또 다른 틈새의 프리즘을 제공한다. 현미경과 망원경을 두루 장착하여 원근법적 해석에 충실한 새로운 신약성경 개론서가 나왔다. 중심으로 일독을 권한다.

차정식 한일장신대학교 신학과 신약학 교수, 전 한국신약학회 회장

읽기는 관점을 요구하고 관점은 해석과 실천에 근거가 된다. 신약성경을 '기독교 경전'으로 읽겠다는 관점은 신약성경이 1세기 역사적 상황 아래 작성된 인간 저자들의 문학적 문서일 뿐 아니라 하나님의 계시이자 정경이라고 수용한 기독교 신앙 공동체를 21세기 오늘의 해석적 범주로서 존중하는 독법이다. 그렇기에 이 책은 신약성경(과 구약성경)을 잘 읽고 이해하도록 도와주는 것으로 그치지 않는다. 오히려 예수의 제자로서 바르게 믿고 순종하여 자신이 변화되고 사회를 변혁시켜야 할 그리스도인 개인과 교회를 선교적 정체성과 영문 밖 삶의 자리로 초대한다. 통합적 읽기와 실천적 읽기를 끊임없이 도전하는 셈이다. 역사적·문학적·신학적 문제와 함께 정경적 연결고리 및 신약 본문/주제의 수용사를 책 안의 사이드바를 통해 틈틈이 제공하는 이유가 여기에 있다. 각 장마다 제공된 '기독교적 읽기를 위한 질문' 역시 포스트모던의 정황 속에서 그리스도인으로 살아가는 소명과 사명을 진술하게 묻고 답할 것을 요청한다. 또 하나의 신약성경 개관이 우리 앞에 나타난 이유다.

허주 아신대학교 신약학 교수

신약성경 개론의 장르는 상당히 오랫동안 눈에 띄는 변화가 거의 없었던 영역이고, 전통적인 역사비평의 영향으로 인해 주로 본문의 역사적 기원—일종의 문서 고고학—에 초점을 맞춘다. 캠벨과 페닝턴은 신약성경 본문의 기원을 소개하는 것의 가치를 잘 알고 있다. 하지만 그들의 작업은 의도적으로 신약성경을 '기독교 경전으로 읽는' 데 초점을 둔다. 다시 말해서 그들은 현대 독자들에게 신약성경이 증언하는 주제, 즉 예수 그리스도 안에 나타난 하나님의 궁극적인 계시를 소개한다. 캠벨과 페닝턴은 신약 정경의 텍스트를 통해 학생-제자

들이 변화의 여정에 오를 수 있도록 돕는다. 이 개론은 신약성경이 무엇인지에 대한 가르침을 줄 뿐만 아니라 하나님이 신실한 독자들의 삶 속에서 신약성경의 증언을 통해 행하는 일을 조명하기 때문에, 학생-제자들과 교수-목회자들은 확신을 갖고 이 개론서를 읽을 수 있을 것이다. 적극 추천한다.

다리안 로켓(Darian Lockett) 바이올라 대학교, 탈봇 신학대학원

캠벨과 페닝턴은 신약성경의 메시지를 그 당시의 상황에서뿐만 아니라 우리가 사는 현대 세계에서 이해하는 데 필요한 문학적·정경적·신학적 감각을 두루 갖춘 책을 교회와 학계에 선물했다. 나는 이 귀중한 자료를 학생들에게 하루 속히 소개하고 싶다.

브랜든 D. 스미스(Brandon D. Smith) 시더빌 대학교

깊이 있고 폭넓은 연구의 아름답고 만족스러운 결과물인『신약성경을 기독교 경전으로 읽기』는 학생들을 기독교 신앙의 핵심적인 진리로 끌어들인다. 캠벨과 페닝턴이 논쟁의 여지가 있는 주제들에 대해 특정 관점에서 접근하고 있으므로, 가르치는 이들은 그들의 학생들에게 기독교적 관점에 대한 전체적인 범주를 제공하고자 내용을 보충하길 원할 것이다. 하지만 각각의 경우에 저자들은 그런 주제들을 명확하고 품위 있게 논하고 있다. 그러므로 나는 내 생각과 다른 다양한 관점을 포함하기 위해, 그리고 더 중요한 점으로서 신약성경을 경전으로 간주하는 학자들 사이의 더 큰 일치를 보여주기 위해 이 책을 내 신학학 학생들에게 기쁜 마음으로 추천한다.

에이미 필러(Amy Peeler) 휘튼 대학

신약성경의 문학과 메시지를 이 세대에 소개하고자 하는 사람들은 누구나 많은 도전에 직면한다. 콘스탄틴 캠벨과 조너선 페닝턴은 변화를 기대하는 제자로서 성경의 계시를 읽으라는 권면에 뿌리를 둔 놀랍도록 유익한 이 신약 개관을 통해 이런 도전들에 성공적으로 응답한다. 컬러로 된 사이드바는 각 단락을 돋보이게 하고, 학생들의 흥미로운 통찰력과 질문 및 관찰력을 유도해낸다. 각 장은 성경의 다른 부분이나 기독교 신학에서 영감을 받은 예술 작품과 연계하여 더 깊은 성찰을 끌어내는 "기독교적 읽기를 위한 질문"으로 끝을 맺는다. 이 책은 컬러 지도, 도형, 도표, 사진을 다수 포함하고 있으며, 이 책 전체에서 강조하는 핵심 단어들에 대한 설명으로 마무리된다.

조너선 룬데(Jonathan Lunde) 바이올라 대학교

아주 오랜 시간 동안 학생들은 기본적으로 성경 연구 분야의 개론을 통해 성경과 사려 깊은 대화를 나누어왔다. 나는 이런 개론들이 주요 주제인 하나님을 주목하는 데 도움을 주기보다는 전문적인 성경학자가 되도록 사람들을 훈련하는 데 좀 더 도움을 준다고 생각한다. 이 책은 반가운 변화다. 더욱이 이 책은 현대 기술로 말미암아 학생들이 성경(과 관련 문제에 대한 모든 텍스트)에 참여하는 방식이 근본적으로 변화되었다는 현실을 유익하게 반영한다. 이 책은 서론이 되는 장들만으로도 구매할 만한 가치가 충분하다!

켈리 D. 리벤굿(Kelly D. Liebengood) 르투르노 대학교

신약성경을 기독교 경전으로 읽는 이 책의 저자들의 초점은 페이지마다 빛을 발하며, 흥미롭고 명쾌한 글로 표현된다. 각 신약성경 책의 "실천과 적용"을 위한 단락과 토론을 위한 질문들은 이 책의 훌륭한 특징이며, 오늘날 그리스도인 독자들이 성경과 대화하는 방식을 깊이 생각해보는 데 도움을 준다. 좀 더 자세한 내용을 설명하는 사이드바는 유용한 정보의 보고(寶庫)이며, 각각의 장이 지도, 예술, 건축 등을 통해 훌륭한 설명을 제시해준다.

스티브 월튼(Steve Walton) 브리스톨, 트리니티 대학

하나의 탁월한 교과서다. 캠벨과 페닝턴은 역사적 배경, 수용사, 정경적 정황 등 함축적이며 신뢰할 만한 정보를 학생들에게 제공한다. 이 책은 해설의 각 단락을 성경 본문을 읽을 것을 상기시키면서 시작한다. 이 책은 우리 학생들이 본문을 읽고 잘 해석할 수 있도록 도와줄 것이다.

매디슨 N. 피어스(Madison N. Pierce) 트리니티 복음주의 신학교

성경 개론 과목을 가르치는 이들은 종종 학생들이 단순히 본문의 기원과 주제들에 관해 배우기보다는 그들이 그 본문을 어떻게 읽어야 하는지를 가르치는 신구약 개론 교재의 부재를 한탄한다. 캠벨과 페닝턴은 기본적인 배경 이슈들에 관한 정보와 성경을 어떻게 기독교 경전으로 읽을 수 있는지에 대한 해석학적·신학적·정경적 입문을 위한 신약성경 개론서를 펴냈다. 이 책은 모든 강의실에서 사용되어야 한다.

매튜 Y. 에머슨(Matthew Y. Emerson) 오클라호마 침례대학교

Reading the New Testament as Christian Scripture

A Literary, Canonical, and Theological Survey

Constantine R. Campbell and Jonathan T. Pennington

신약성경의 문학적·정경적·신학적 개론

신약성경을 기독교 경전으로 읽기

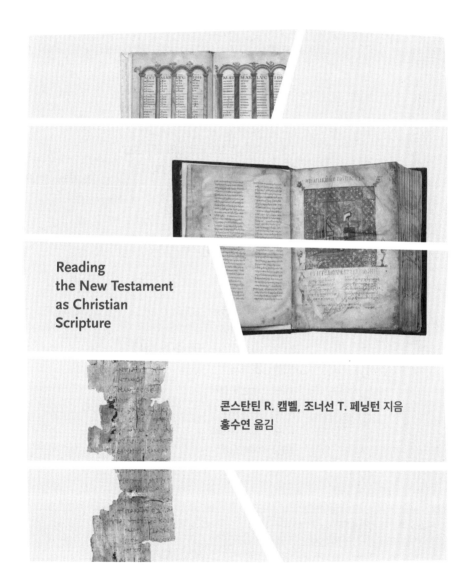

Reading
the New Testament
as Christian
Scripture

콘스탄틴 R. 캠벨, 조너선 T. 페닝턴 지음
홍수연 옮김

새물결플러스

목차

감사의 말

12세기 베네딕트 수도회 수사인 성 티에리의 윌리엄(William of Saint-Thierry)은 그의 로마서 주석 서문에서 아우구스티누스, 암브로시우스, 오리게네스, 그리고 자신보다 앞서 연구한 다른 사람들에게 큰 빚을 진 사실을 인정했다. 그리고 그는 본인에게 영향을 미친 모든 위대한 사상가에 비추어볼 때 자신이 성경 연구에 기여한 것은 매우 보잘것없음을 표현하기 위해 호라티우스의 알레고리를 다음과 같이 언급한다. "우리는 우리의 작은 새에게 여러 새의 깃털과 색깔로 옷을 입혀왔기 때문에, 만약 그 새들이 와서 각각 자기 거라고 생각되는 것을 가져가 버린다면, 우리의 작은 까마귀는 벌거벗거나 심지어 존재하지도 못할 것이다."

당신 앞에 놓여 있는 이 신약성경 개관도 마찬가지다. 이 책은 신약성경을 기독교 경전으로 읽는 데 도움이 될 만한 개론을 쓰기 위해 우리가 6년 동안 노력한 결과물이다. 하지만 이는 우리보다 앞서 지난 2천 년 동안 존재한 사상가들과 스승들이 노력한 결과물이며, 그들의 아이디어, 표현, 통찰력을 모든 페이지에 포함하고 있다. 만약 그들이 와서 원래 자신들의 것을 되찾아가겠다고 한다면, 우리의 것은 거의 남지 않을 것이다! 비유를 바꿔 말하자면, 우리가 신약성경에 대해 우리의 생각을 제시할 수 있는 이유는 거인들, 즉 우리보다 앞서 성경을 이해하고자 위대하고 기쁜 임무를 수행한 수많은 학자와 저자들의 어깨에 행복하게 올라서 있기 때문이다.

일일이 언급할 수 없는 수많은 사람 외에도, 우리는 이 6년짜리 프로젝트를 완성하는 데 도움을 준, 이름이 알려진 몇몇 친구에게 감사를 표할 수 있게 되어 기쁘다. 먼저 짐 키니와 제임스 어니스트가 우리에게 베이커 출판사의 차세대 교과서를 함께 저술할 의향이 있느냐고 물었고, 이에 대해 우리는 열정적으로 "예"라고 답했다. 그 후에 우리는 (브라이언 다이어와 데이브 넬슨을 포함하는) 베이커 출판사 편집부의 즐겁고 유쾌한 사람들뿐만 아니라, 이 책과 짝을 이루는 구약성경 개관의 저자들인 마크 지닐리아 및 히스 토마스와도 지속적인 모임을 가졌다. 여러 해 동안 우리는 학생들이 구약과 신약을 단지 역사적이고 문학적인 문서로만 읽지 않고 경전으로서 읽을 수 있도록 소개하는 장르 혼합(genre-bending) 프로젝트를 구상하기 위해 고군분투했다.

여러 해에 걸쳐 이 책을 완성한 후, 많은 사람들이 읽기, 편집, 색인, 용어집을 만드는 일과 같이 (거의) 생색이 나지 않는 일을 맡아주었다. 항상 뛰어난 실력을 보여주는 베이커 출판사의 편집부와 제작팀을 비롯해 안나 폴 몬달, 벤 후성, 빌리 빌헬름 등이 함께 일했다. 원고 일부를 읽고 소중한 피드백을 제공해준 데이비드 크로토, 제프 드라이든, J. 스캇 듀발, 더글러스 허프만, 제프리 램프, 다리안 로켓, 그레그 매기, 에이미 필러 등 도처에 있는 학자 친구들에게도 감사를 전한다.

1장

기독교 경전으로서의 신약성경

제목에는 무엇이 담겨 있나?

책의 제목이 중요한 이유는 그것이 그 책의 준거 틀을 제시하고, 기대를 불러일으키며, 독자들이 책의 분위기를 파악하도록 돕기 때문이다. 실제로 당신이 이 책의 제목을 처음 읽었을 때와 지금 막 읽은 마지막 문장 사이에 당신의 마음(과 몸) 안에서는 많은 일이 이미 일어났다. 우리가 저술한 이 책의 제목인 **신약성경을 기독교 경전으로 읽기: 신약성경의 문학적·정경적·신학적 개론**은 이미 다양한 개념을 떠올리게 했고, 거의 무의식적으로 이 책에 대한 당신의 기대치를 정해놓았다.

우리는 이것이 긍정적인 기대이기를 바라지만, 그렇지 않을 수도 있다는 것을 알고 있다! 우리가 선택한 제목은 많은 반응을 일으킬 수도 있고, 전혀 그렇지 않을 수도 있으며, 심지어 혼란을 일으킬 수도 있을 것이다. 우리는 질문을 자극하기 위해, 그리고 당신과 이 책의 만남, 또한 이보다 더 중요한 당신과 **신약성경** 자체의 만남을 안내하기 위해 신중하게 이

제목을 선택했다. 이 첫 장에서 우리는 이 책의 구조, 목표, 비전을 논의하기 위해 이 제목을 분석할 것이다.

오늘날 읽기를 강조하는 이유는 무엇인가?

"쉬운 것은 가치가 없고, 가치 있는 것은 쉽지 않다." "갈퀴질만 한다면 나뭇잎밖에는 얻을 수 없다. 그러나 시간을 들여 땅을 파면 금을 발견할 수도 있다." 이런 격언들은 간결하고 함축적이며 기억에 남는 말이지만, 이보다 더 중요한 사실은 이것이 지혜로울 뿐만 아니라 이치에 맞는 말이라는 점이다. 모든 시대와 문화에는 사려 깊은 삶을 방해하는 장애물이 있지만, 오늘날 우리의 문화는 다른 어느 시대의 문화보다 주의력을 빼앗기고 더 산만하게 만드는 잠재력과 기술을 가지고 있는 것 같다. 우리 손에 들려 있는 핸드폰의 화면과 알림, 그리고 손쉽게 접할 수 있는 전 세계의 수많은 정보는 도파민을 자극하는 빠른 쾌감을 제공하여 우리의 정신적·감정적 에너지를 낭비하게 하면서 또 다른 자극을 갈망하게 만든다.

이것은 독서를 어렵게 만든다. 특히 이것은 오래된 외국의 종교 문서를 읽는 것을 어렵게 만든다. 아마도 당신은 이 책을 읽고 싶지 않을 수 있으며, 학점을 받기 위해 이 책을 읽도록 강요당하고 있을 수도 있다. 우리는 그것을 이해한다. 하지만 우리는 독서를 통해 주의 깊게 관찰하는 것을 배우고, 독서를 통해 배운 것을 당신 자신과 다른 이들에게 소개하는 것을 통해 얻는 큰 즐거움을 맛보도록 당신을 초대하고 싶다. 카페에서 지혜로운 친구와 함께 앉아 대화를 나누며 영혼과 다양한 관계에 관한 깊은 생각을 나누고 삶의 복잡성을 토론할 수 있는 기회가 주어진다면 얼마나 멋진 일일지 상상해보라. 당신이 특정 논의에 너무 몰두함으로써 쉽게 산만해

그림 1.1. 크리스티안 빌헬름 에른스트(Christian Wilhelm Ernst), "독서하는 성 프란치스코"

지지 않고, 그 논의의 본질과 중요성에 온전히 집중하는 것이 어떤 것인지 상기해 보라.

책의 아름다움과 힘은 우리가 결코 직접 만날 수 없는 사람들의 세계와 나누는, 인생을 변화시킬 만한 대화 안으로 들어가게 해준다는 데 있다. 이런 책에는 성경이 포함되는데, 우리는 성경 안에서 하나님과 함께 앉아 배우고 깊이 생각할 수 있다. 그러나 이것은 노력을 요구한다. 즉 읽겠다는 다짐과 사려 깊게 읽고자 하는 의지를 요구한다. 이 책은 신약성경 본문을 읽는 과정을 안내할 것이다. 예컨대 "마가복음 1:16-2:12을 읽으라"와 같은 제목으로 새로운 단락을 시작할 때, 우리는 당신이 잠시 멈추고 이 고대 문서를 듣는 데 당신의 에너지를 쏟기를 요청하고 있다. 당신은 온종일 소셜미디어를 뒤져서 나뭇잎을 얻을 수도 있겠지만, **성경**을 파헤친다면 금을 발견하게 될 것이다.

신약성경을 기독교 경전으로 읽기

왜 이것을 "기독교적" 읽기라고 말할까?

"기독교적"이라는 수식어를 첨가하는 것에는 어떤 의미가 있을까? 왜 우리는 신약성경을 **기독교** 경전으로 읽도록 초대받고 있는가?

그림 1.2. 벨라스케스(Velázquez), "엠마오의 만찬"

우선 이것은 우리가 정경을 구약과 신약이라는 두 부분으로 구성된 것으로 받아들인다는 것을 의미한다. 앞으로 논의하겠지만, 기독교 정경의 이 두 부분은 서로 연관되어 있으며 서로 영향을 준다. 동시에 신약성경은 **그리스도** 안에서 하나님의 최종적인 계시를 제공한다고 주장한다. 이 **로고스**(*Logos*), 즉 성자는 성부와 함께 있었고, 한때 역사 안에서 예수로 성육신했으며, 내주하는 성령과 함께 **삼위일체**의 비밀을 증언한다. 이것은 사소한 일이 아니다. 이는 온전한 계시가 이제 이 새 **언약** 안에 주어졌기 때문에 성경 **전체**를 삼위일체 하나님에 대한 지식을 갖고 읽어야 한다는 뜻이다. 비록 **히브리 성경**이 명시적으로 이렇게 말하지는 않지만 말이다. 이렇게 성경 전체를 회고적으로 읽어나가는 것은 성경을 기독교적으로 읽는다는 것이 어떤 의미인지를 말하는 중요한 요소다. 성경을 반드시 이런 방식으로 읽을 **필요**는 없지만, 성경을 **기독교** 경전으로 읽으려면 이렇게 읽어야 한다.

신약성경을 기독교 경전으로 읽는 것의 또 다른 중요한 측면이 있는

데, 바로 기독교 경전을 그리스도의 **제자**로서 읽는 것이다. 신약(과 성경 전체)을 기독교 경전으로 읽는 것은 그것의 분명한 목적, 즉 예수 그리스도의 제자를 만들기 위한 목적에 부합하도록 이 책의 "결을 따라" 읽는 것이다. 성경이 현대 독자들에게 주는 이질감 때문에 우리는 성경의 세계로 순례의 길을 떠나 그 속에서 의미를 발견하고 오늘날 우리가 공감할 수 있는 것으로 바꿔야 한다고 생각하는 경향이 있다. 한 성경학자가 관찰한 것처럼, "'순례'는 우리의 고향을 성경의 세계 속에 두고서 이 세상에서 이방인의 지위로 살아가는 우리의 삶의 성격을 묘사하는 것으로 보는 것이 좀 더 적절하다. 이런 해석학적 시나리오에서 변화가 필요한 것은 성경의 메시지가 아니라 우리 자신이다."[1] 즉 우리는 성경 속으로 순례의 길을 떠나서 거기서 발견한 의미를 오늘날의 세상에 맞도록 변경하지 않을 것이다. 성경은 우리의 인생 여정을 변화시킨다.

따라서 신약성경의 이상적인 독자는 인간을 향한 하나님의 비전에 따라 빚어지기 위해 읽는 사람이다. 우리가 성경을 읽는 목표는 단순히 **정보**를 수집하기 위해서만이 아니라 **변화**를 경험하기 위해서다. 더 똑똑한 사람이 되기 위해서가 아니라 다른 사람이 되기 위해서다. 예수와 **사도들**의 가르침을 경청하는 이유는 예수를 하나님의 계시로 신뢰하고, 이것을 통해 우리의 삶을 그의 방식에 맡기기 위해서다. 신약성경은 급진적이고 아름다운 목표를 갖고 있는데, 그것은 바로 하나님의 본성과 장차 도래할 나라에 부합하도록 우리의 가치관을 허물고 다시 세워나가는 것이다. 그러므로 신약성경을 기독교 경전으로 읽는 것은 예수를 본받고 따르던 사도들을 따라 그리스도의 형상과 일치하기 위해 읽는 것이다(요 13:12-15; 고전 11:1; 벧전 2:21). 이런 변화를 가져다주는 순례의 길에 이르지 못한다면 신약성경을 온전히 **기독교적으로** 읽는다고 할 수 없을 것이다. ▶

신약(New Testament)에서 "신"(New)은 무엇을 의미하는가?

오늘날 우리는 광고의 세계에서 "새로운"이라는 단어를 가장 자주 접한다. 그것이 새로운 아이폰이든, 정치인들의 새로운 계획이든, 새로운 주방 세제든 간에, 우리는 "새롭게 향상된" 것을 찾아내고 탐내도록 훈련된다. 물론 "새로운"은 흔히 향상을 의미할 수 있기 때문에, 이것이 반드시 나쁜 것은 아니다. 사람들은 일부 복고풍의 기술이나 스포츠 등 과거에 존재했던 것을 부활시킨 것이 아니라면, 대부분 "노후하고 열등한" 것을 원하지 않는다. 설령 그런 것을 원할 때에도 단순히 오래되어서가 아니라 어느 정도 더 큰 가치가 있거나 질적으로 훌륭하다고 인식하기 때문에 오래된 것을 가치 있는 것으로 인정한다.

그러나 "신약"이라는 표현에서 "신"은 무엇을 말하는 것일까? 왜 초기 그리스도인들은 사도들의 글을 "신약"(new testament)으로 묘사했을까? 먼저 우리는 이 단어가 라틴어 "유언"(testamentum)에서 온 것이며 기본적으로 "언약"(covenant)과 동일한 것을 의미한다는 점을 이해해야 한다. 사실 그리스어로 신약성경의 제목은 *Hē Kainē Diathēkē*이고, "그 새 언약"(the new covenant)으로 번역되는데, 이 표현은 예레미야 31:31, 누가복음 22:20, 고린도전서 11:25,

> ▶ 서론적 문제

예수를 따르는 이상적인 제자로서의 독자

책마다 각각 다른 종류의 독자들을 기대한다. 일부 책들은 글을 완전히 이해하기 위해 특정 기술, 지식, 관점을 요구한다. 신약성경도 이와 마찬가지로 특정 유형의 이상적인 독자를 기대하고 예상한다. 이 독자는 그리스도를 따르는 제자이며, 그의 삶은 여러 가지 특징을 갖고 있다. 이상적인 독자는 (1) 성경에 나타난 주장의 진실성에 대해 개인적인 관심이 있으며, 이를 **믿음**을 통해 이해하려고 노력한다. (2) 종교적·도덕적·지적 회심을 경험하고, 이를 통해 세상을 바라보는 새로운 시각과 변화된 헌신의 자세 및 신앙심을 갖고 있다. (3) 그 안에 성령이 내주하여 그의 이해를 돕는다. (4) 교회/하나님의 백성들의 삶에 능동적으로 참여하며, 공동체와 전통 안에서 정통한 교사들과 함께 성경을 읽는다.[2] 누구나 신약성경을 읽을 수 있지만, 이런 유형의 독자들이 신약성경을 가장 명확하게 이해할 것이다.

히브리서 8:8, 그리고 그 밖의 다른 곳에 나온다. 언약이란 무엇인가? 언약은 (결혼이나 담보대출과 같이) 기대나 요구가 명백히 설명되는 쌍방 간의 관계다. 따라서 우리가 한 편의 글을 언약 혹은 증언이라고 부를 때, 우리는 특정 관계와 관련된 가르침 및 설명을 말하는 것이다. 이 경우에 **구약**과 신약 모두에서 우리는 하나님과 인간의 관계에 대해 배운다.

"새 언약"(New Covenant/Testament)이라는 제목의 이 글 모음집은 그 이전에 "옛 언약"(Old Covenant/Testament)이라는 것이 있었음을 암시한다. 초기 그리스도인들은 이 표현을 명시적으로 사용하지 않았지만, 예수를 새 언약의 시대가 시작되도록 약속된 자로 이해했다. 이런 구약/신약이라는 표현은 3세기 초에 사용되기 시작했고, 오늘날까지 계속 이어지고 있다.

그러나 이 "새로운"이라는 표현은 오늘날 소비되는 여러 제품처럼 반드시 이전 것이 더 나쁘다거나 현재의 제품과 전혀 관계가 없다는 것을 의미하지 않는다(누가 더 이상 iPhone 3를 갖길 원하겠는가?). 오히려 "새로워지고 완성된"이라는 말이 신약성경이 그 이전에 있었던 것과 어떤 관계가 있는지를 더 잘 이해하도록 돕는 표현일 것이다.

마태복음 5:17-20은 기독교 성경에서 두 부분의 관계를 이해할 수 있는 가장 중요한 성경 구절 중 하나다. 비록 2천 년이 지난 지금도 여전히 그 정확한 의미가 논의되고 있지만 말이다. 예수는 첫 번째 복음서의 첫 번째 가르침에서 이 문제를 정면으로 다룬다. "내가 율법이나 선지자를 폐하러 온 줄로 생각하지 말라. 폐하러 온 것이 아니요, 완전하게 하려 함이라"(마 5:17). 예수는 하나님이 먼저 주신 계시를 무시하거나 일축하고 있는 것이 아니다. 그는 이 과거를 무관한 것으로 여기지 않는다. 신약성경은 구약성경을 **폐지**하는 것이 아니라 오히려 **성취**하는 것이다. 성경에서 "성취하다"라는 표현은 주로 예언 또는 대체에 초점을 맞추지 않고 새롭게 함, 완성,

온전함에 초점을 맞춘다. 이것은 구약성경과 신약성경의 관계를 생각할 때 연속성과 불연속성, 목적을 향해 긍정적인 변화를 이끌어내는 공동 기반이 있다는 것을 의미한다.

그러므로 우리는 새(예수) 언약이 옛(모세) 언약보다 우월하다는 것에서 진정한 의미를 이해할 수 있다. 특히 사도 바울과 히브리서 저자가 이 점을 분명히 설명하고 있다. 즉 옛 언약은 새 언약과 같은 방식으로 생명을 주거나(롬 8:2-4), 양심을 깨끗하게 하는 **제사**를 제공하거나(히 8:6-13), 마음속에서 완전히 내면화되거나 변화를 일으킬 수 없었다(렘 31:33; 겔 36:26; 히 10:16). 그리스도인이 된다는 것은 예수가 와서 그의 피로 새 언약을 맺고(마 26:28; 눅 22:20), 우리를 시내산보다 더 큰 시온산에 이르게 한다는(히 12:18-24) 놀라운 사실을 믿는다는 의미다.

그러나 이런 성취가 히브리 성경을 부정하거나 무시하는 것으로 오해되어서는 안 된다. 이스라엘의 이야기는 오래된 뉴스가 아니며, 하드웨어나 소프트웨어의 결함이 많은 초기 버전처럼 "열등"한 것도 아니다. 모세 언약으로부터 **그리스도의 법**으로의 변혁적 전환에 대해 대담하게 말하는 바울도(고전 9:21; 갈 6:2) 하나님이 여전히 유대인들을 돌보시고, 유대인들이 세상이 갖고 있지 않은 하나님에 대한 지식을 가지고 있으며, **이방인들**은 자신들을 어떤 식으로든 우월하다고 생각해서는 안 된다는 것을 강조한다(롬 3:1-2; 9:1-11:36).

이 관계를 생각하려면 단순한 우월성에 대한 은유가 아닌 다른 은유가 필요하다. 기독교의 관점에서 볼 때 "성취"가 이 문제를 이해하는 가장 좋은 방법이다. 인류에 대한 하나님의 선한 계획은 예수 안에서 완성되고 성취된다. 이는 모세 언약으로 다시 돌아가는 것이 인류에게 영원하고 참된 생명을 제공해줄 수 없으므로 어리석고 심지어 치명적일 수도 있다는 것을 의미한다. 그렇다고 해서 이것이 **유대교 경전** 자체가 결함이 있거나 그리스도인들의 삶과 전혀 무관하다는 뜻은 아니다. 누가는 그의 복음서 끝 부분에서 엠마오로 가는 길에 제자들을 만난 예수에 관해 이야기하면서 이 사실을 강조하는데, 그것은 예수가 지금 말씀하고 행한 것에 비추어 구약성경으로 다시 돌아가 그 전체를 다시 읽음으로써 예수를 올바르게 이해할 수 있다는 것이다(눅 24:13-49).

신약성경은 구약성경과 어떤 관계가 있는가?

우리는 신약성경이 구약성경의 성취라는 개념을 따라서 더 구체적으로 다음과 같은 질문을 할 수 있다. 즉 신약성경은 구약성경과 어떤 관계가 있을까? 이미 우리는 옛것이 더 적실하고 유익한 새것으로 대체되었다는 어설프고 어리석은 방식으로 생각해서는 안 된다는 점을 강조했다.

우리는 구약과 신약의 관계를 단일 방향으로만 생각해서는 안 된다. 신약의 관점에서 구약성경을 읽는 매우 오래되고 권위 있는 기독교 전통이 있다. 우리는 이를 전륜구동적 방식이라고 표현할 수 있다. 이것

▶ 서론적 문제

우리가 가지고 있는 성경의 명칭

우리가 가지고 있는 기독교 성경은 두 주요 종교(유대교와 기독교)가 신성한 것으로 간주하는 글들로 구성되어 있으며, 두 개의 주요 언어(히브리어와 그리스어)로 이루어져 있으므로, 여러 가지 다양한 방식으로 표현되어왔다.

경전—유대인들이 기독교 이전과 초기 기독교 시대에 사용한 용어로, 신약성경이 완성되기 이전에 있었던 유대교의 거룩한 글들을 묘사하기 위해 사용되었다.

유대교/히브리 성경—오늘날 유대인들과 많은 학자가 히브리어로 기록된 거룩한 글들을 묘사하기 위해 사용한다.

구약성경—3세기 초부터 그리스도인들이 사용하기 시작했으며, 사도의 글들과 비교하여 거룩한 유대교의 글들을 언급하기 위해 사용되었다.

신약성경—3세기 초부터 그리스도인들이 사용하기 시작했으며, 그리스도인들이 예수 안에서 성취될 것으로 이해한 새 언약에 대한 약속에서 유래한 표현이다.

은 신약성경이 성경 전체를 주도하며 구약성경이 나아갈 방향을 이끌어간다. 어떤 이들은 오히려 구약성경의 순수한 의미가 동력을 발휘하는 후륜구동적 이해를 제안하는데, 이는 구약성경의 관점에서 신약성경을 이해하는 것이다.[3]

완전한 전륜구동 또는 완전한 후륜구동 비유와는 대조적으로, 우리는 구약성경과 신약성경 모두가 서로 번갈아 가면서 주도권을 잡는 사륜구동 모델을 제안한다. 우리는 구약과 신약을 **두 언약으로 이루어진 기독교 정경**의 두 부분으로 이해해야 한다. 히브리 성경(구약성경)과 사도들의 글(신약성경)이 모여 새롭고 권위 있는 것을 만들어낸 것이다(아래에서 "정경"에 대한 설명을 보라). 두 부분으로 이루어진(그리고 아주 초기에 물리적으로 서로 연결된) 기독교 성경을 함께 읽음으로써 이 둘은 서로 양방향으로 영향을 미친다. 구약성경은 기초를 다지고, 세상에 하나님의 인격과 행위를 드러내며, 그의 선한 통치하에서 인류의 회복을 주목하게 한다. 신약성경은 이 이야기를 완성시켜나감으로써 성경 전체를 보다 철저하고 완전하게, 특히 삼위일체와 그리스도를 중심으로 다시 읽을 수 있게 한다. 신약성경 없이 구약성경을 읽을 수 있고 하나님에 대해 많은 것을 이해할 수 있지만, 이제 하나님의 백성의 일원이 되려면 하나님이 마침내 보낸 **메시아**를 받아들여야 한다. 당신은 구약성경 없이도 신약성경을 읽을 수 있지만, 그것은 전체 이야기를 맥락 없이 얄팍하게 읽는 일이 될 것이다.

왜 신약성경은 "경전"이라고 불리는가?

지금까지 우리는 신약의 새로움 및 구약과 신약의 관계에 대해 살펴보았다. 우리는 이제 구약성경과 신약성경을 "경전"이라고 부르는 의미가 무

그림 1.3. 구약성경과 신약성경의 인물들을 묘사한 돔 모양의 둥근 지붕 디자인. 피에트로 데 안젤리스(Pietro de Angelis)의 작품

엇인지 질문할 수 있다. 결국 우리는 우리와 매우 다른 문화권의 사람들이 2천 년에서 3천 년 전에 쓴 문서들에 집중하고 있다. 이 문서들이 과연 오늘날 개인과 사회에 대한 적실성을 가지고 있을까?

비록 성경을 단순히 인간이 기록한 문서들의 모음집으로 이해한다고 할지라도 성경은 여전히 지속적인 고고학적·역사적 관심을 받고 있다. 그러나 고대 유대교와 기독교의 신념을 따르고 있는 본서의 관점은 성경이 종교적 이해에 대한 기록일 뿐만 아니라 그 이상, 즉 **거룩한 경전**(Holy Scripture)이라는 것이다. 이것은 구약성경과 신약성경이 인간의 역사에서 얻은 교훈과 지혜를 제공하는 것 외에 하나님이 스스로 자신을 드러낸 것, 즉 하나님이 누구인지에 대한 **계시**—그의 인격, 그의 이름, 그의 정체성, 그의 행위, 그의 방식—의 증언이라는 것을 의미한다. 따라서 성경을 경전으로 이해한다는 것은 겸손한 마음, 학습 능력, 그리고 복종하는 자세를 가지고 접근하는 것을 의미하는데, 이는 성경 자체가 신비하거나 어둠 속에서 빛을 발하기 때문이 아니라, 세상에서 다른 어떤 말이나 글도 온전히 해내지 못하는 일, 즉 전 우주의 삼위일체 하나님을 계시하는 일을 충실하게 해내기 때문이다. 즉 성경은 언어의 형태로 하나님 자신을 계시한다. 그리고 이는 반응을 촉구한다. 에리히 아우어바흐(Erich Auerbach)는 이렇게 쓴다. "성경 이야기의 세계는 이것이 역사적 사실이라고 주장하는 것에 만족하지 않는다—성경은 이 세계가 절대 권력자의 통치를 받아들일 수밖에 없는 유일한 실제 세상임을 주장한다.…성경 이야기들은…우리에게 복종하기를 요구하며, 만일 우리가 복종하기를 거부한다면 우리는 반역자다."[4]

이것이 우리가 성경을 "정경"이라고 부르는 이유다. 이는 성경을 함께 구성하는 책들이 개별적이고 독특하며 주의를 기울일 가치가 있다는 의미다. 성경의 책들은 정경의 일부이기 때문에 독특한 권위를 지니고 있다. 세상에는 많은 지혜와 진리가 있지만, 일부의 글을 정경으로 규정한 것은 그 글들을 구별하고 그 글들의 권위 있는 기여를 인정하며 존중하기 위한 것이다. 따라서 신약성경을 경전으로 읽는 것은 그것의 계시적 성격을 인정하는 것이다.

또한 우리가 성경을 "경전"으로 생각한다는 것은 우리의 삶을 위한 "대본"을 제공해주는 것으로 이해한다는 의미이기도 하다. 성경은 우리에게 진리와 거짓을 보여줄 뿐만 아니라 우리가 세상에서 어떻게 살아가야 하는지도 안내해준다. 이 "대본"(script[ure])이라는 표현은 연극의 대본과 그 의미가 유사하다. 대본은 이야기의 방향을 안내하지만, 좋은 배우는 항상 그 대본의 수행, 곧 연기를 자기 자신의 것으로 만든다. 연기는 단조로운 순종으로 대본을 읽는 것 이상이다. 그것은 대본의 목소리와 힘을 이해하고 보여주는 것이며, 전심으로 그 의미를 해석하고 강조하며 심지어 필요에 따라 애드리브까지 하면서 확대해서 표현하는 것이다. 물론 이 유비는 한계를 지니고 있지만, 요점은 다음과 같다. 즉 신약성경을 경전으로 읽는다는 것은 우리가 성경 본문의 목소리와 활기차고 겸손하게 대화하고, 장애물, 긴장, 다른 사람들을 만날 때 본문이 제시하는 방향을 이해하고 그에 따라 살기를 추구하는 것이다.

당신은 이 책에서 무엇을 기대할 수 있는가?

이것은 우리를 이 첫 장의 마지막 질문으로 안내한다. 당신은 이 책에서 무엇을 기대할 수 있는가? 본서는 교과서이며, 좀 더 구체적으로 말하면 신약성경 개관이나 개론의 장르로 분류될 수 있다. 이런 종류의 책은 현대 학문의 산물로서, 불과 수백 년 전에, 성경 읽기에서 비교적 늦게 발전하기 시작한 분야에 속한다. 다양한 신약 개관 또는 개론은 다양한 저자의 관심사와 관점에 따라 여러 다른 측면을 강조한다. 우리의 신약성경 개론도 예외는 아니며, 특정 관점을 반영한다. 우리는 독자들이 이 책에서 신약성경을 읽는 방법과 수단을 발견하길 바란다. 이것들은 현대에 대부분 잃어버린 것들이며, 따라서 다른 신약 개관에서는 찾아볼 수 없다. 이는 신약성경을 본문 간 대화를 통해, 구약과의 대화를 통해, 역사상 존재했던 다른 해석

그림 1.4. 토마스 워터만 우드(Thomas Waterman Wood), "경전 읽기"

신약성경을 기독교 경전으로 읽기

자들과의 대화를 통해, 기독교 신조와 신학적 진술과의 대화를 통해 읽는 것을 포함한다.

우리는 성경 본문을 직접 읽는 것이 성경 본문에 관해 말하는 것보다 더 중요하다고 확신한다. 이에 따라 이 신약 개관의 주요 목표는 학생들이 성경 본문을 사려 깊게 읽을 수 있도록 조금 더 멀리 여행해본 사람들이 제공하는 도움과 함께 그들에게 길잡이를 제공하는 것이다. 이 책이 제공하는 도움에는 이 책의 마지막 부분에 있는 용어집에 수록된 용어를 표시하기 위해 **굵은** 글꼴을 사용한 것도 포함된다. 질문이 있을 때 그곳을 보는 것을 잊지 말기 바란다! 또한 각 장은 깊이 있는 생각과 이해에 도움을 주는 몇 가지 학습 질문으로 끝을 맺는다. 우리는 각 책을 탐방할 때 독자들이 우리의 해석 가이드를 읽기 전에 먼저 성경 본문을 읽을 것을 권한다.

해석을 위한 이 주요 가이드 외에도 각 장에는 다음과 같은 다섯 가지 범주로 구성된 사이드바들이 있는데, 여기에는 역사적 문제, 문학적 문제, 신학적 문제, 정경적 연관성, 수용사가 포함된다. 이런 특별한 접근법은 우리가 성경 본문에 관해 질문하는 것이 우리가 그 본문으로부터 얻는 답을 결정한다는 확신에서 비롯된 것이다. 우리가 역사적인 질문을 하면 역사적인 답을 얻을 수 있고, 신학적인 질문을 하면 신학적인 답을 얻을 수 있으며, 도덕적이고 실천적인 질문을 하면 도덕적이고 실천적인 답을 얻을 수 있다. (서론이 되는 장들에는 본문을 올바르게 읽을 수 있도록 우리를 준비시켜주는 정보를 포함하는 일반적인 문제를 다룬 사이드바들도 있다.) 다양한 유형의 사이드바에 해당하는 아이콘들은 주요 본문 안에 배치되어 독자들이 잠시 멈추고 관련 사이드바를 읽도록 안내할 것이다.

성경은 질문을 두려워하지 않는다. 우리는 이 다섯 가지 질문 범주가 성경 전체를 기독교적으로 읽는 데 가치 있는 소중한 자료임을 믿는다.

🌏 역사적 문제

역사적 문제는 성경 본문 배후에서 일어나고 있는 문제에 대한 정보를 제공해준다. 이것은 성경에 속한 책의 저자, 시대, 역사적 배경에 대한 정보를 포함한다. 여기에는 성경 본문에 언급된 특정 관습과 행위를 밝혀주는 문화적 정보도 포함된다.

📖 문학적 문제

문학적 문제는 성경에 나오는 글의 구조와 형식에 초점을 맞춘다. 신약성경 저자가 논의 혹은 이야기를 어떠한 방식으로 구성하고 있는지, 그리고 우리가 그것으로부터 무엇을 배울 수 있는지를 다룬다. 예를 들어 마태가 예수의 가르침을 다섯 개의 주요 단원으로 모아놓았다는 것을 인식하는 것은 우리가 그것을 모음집으로 이해하고 그것의 특별한 문학적 구조에 주목하도록 도와준다.

✝ 신학적 문제

신학적 문제를 다룬 사이드바는 조직신학과 구성신학의 범주와 성경 간의 가교 역할을 한다. 성경과 신학은 서로 중복될 수 있고 또 실제로 중복되기도 하지만, 흔히 진리를 설명하기 위해 다른 범주와 언어를 사용한다. 신학적 문제의 사이드바는 성경의 증언을 신학적 범주로 정리하기 위해 사용되는 범주와 특정 성경 본문을 연결하도록 도와준다.

🌐 정경적 연관성

정경적 연관성을 다룬 사이드바는 성경 전체를 하나의 이야기로 읽을 수 있는 무수한 방법 가운데 일부를 보여준다. 정경은 멋진 다양성을 지니고 있지만, 정경으로서 삼위일체 하나님을 증언하는 목소리의 독특성과 통일성도 지니고 있다. 정경적 연관성을 다룬 사이드바는 구약성경과 신약성경에서 다른 본문들과의 풍성한 대화를 통해 특정 성경 본문을 어떻게 읽을 수 있는지에 초점을 둔다.

👤 수용사

수용사를 다룬 사이드바는 성경의 일부가 교회 역사 전반에 걸쳐 받아들여지고 적용된 방식의 예를 보여준다. 이 수용사는 시각 예술, 음악 또는 특정한 사회적 상황에 적용하는 방식으로 설명될 것이다. 수용사의 사이드바는 우리가 성경 본문을 신선한 시각으로 볼 수 있도록 도와준다.

1. **기독교적으로** 성경을 읽는 것과 다른 방식으로 성경을 읽는 것의 차이는 무엇인가?
2. 그리스도의 제자로서 성경을 읽는 이상적인 독자의 삶을 나타내는 특징은 무엇인가?
3. 신약성경과 구약성경은 어떤 관계가 있는가? 이에 대한 이해는 이 장을 읽기 전에 당신이 신약과 구약에 대해 생각했던 것과 어떻게 다르거나 비슷한가?
4. 구약성경과 신약성경을 "경전"이라고 부르는 것이 왜 중요한가? 이것이 우리가 이 책들을 읽는 방식에 어떤 영향을 미치는가?

2장
한 권의 책으로서의 신약성경

유대교와 기독교의 중심에는 하나님의 진리가 한 책 속에서 발견된다는 믿음이 존재하는데, 이 책은 모든 세대의 신자들보다 오랫동안 길이 남아 존경받으며, 연구와 순종(혹은 불순종)의 대상이 되는 거룩한 책이다. "모든 육체는 풀이요…풀은 마르고 꽃은 시드나 우리 하나님의 말씀은 영원히 서리라"(사 40:6-8). 이전 장에서 우리는 신약성경을 "경전"이라고 부르는 것이 무엇을 의미하는지를 논의했다. 이번 장에서는 하나의 책으로서 신약성경과 관련된 핵심 쟁점들, 즉 고대 **필사본**의 신뢰성, 역본과 판본들 사이의 차이점, 사도들의 글을 한 권으로 묶는 것의 영향력 등을 다룰 것이다.

말(speaking)에서 필사본, 그리고 책이 되기까지

구약성경과 마찬가지로 신약성경도 글로 시작한 것이 아니다. 두 성경은 모두 역사적 사건과 이 사건들에 대한 기억, 그리고 후대의 사람들이 이 사건들의 의미와 해석을 논의하는 것으로부터 시작했다. 이런 기억과 구두

신약성경을 기독교 경전으로 읽기

로 한 해석 중 일부는 권위 있는 지도자들에게서 나온 것인데, 이는 무슨 사건이 발생했는지, 그 의미를 어떻게 이해해야 하는지를 글로 기록하기 위해 성령을 통해 하나님의 영감을 받은 것이었다. 이 글들은 시, 노래, 예언, 설교, 편지, 격언뿐만 아니라 역사적 사건에 대한 포괄적이고 상세한 설명을 포함한다. 때때로 이 글들은 권위 있는 **예언자**, 왕, 제사장 또는 사도들에 의해 기록되었고, 때로는 그들의 제자들에 의해 기록되기도 했다.

신약성경의 경우, 이처럼 구전에서 문서 기록으로 발전하는 작업은 매우 빠르게 실현되었는데, 이는 20-75년 이내에 그리고 예수를 경험한 1세대 사람들의 생애 내에 이루어진 것이었다. 특히 복음서의 경우 영향력 있는 제자들이 예수의 말씀과 그가 행한 일에 대한 기억과 전승을 모아 4권의 전기 형식으로 된 신학적 해석을 만들어냈다(5장을 보라). 이 제자들 중 한 명인 누가는 교회의 탄생과 처음 수십 년 동안의 사건들을 설명한 사도행전도 저술했다(10장을 보라). 몇몇 선도적이고 권위 있는 제자들(사도라고 불림)은 널리 여행하며 **복음**을 전하고 기독교 교회를 세웠다. 그들은 그런 일을 하면서 종종 신학 사상을 설명하고, 사람들에게 경건함과 신실함을 촉구하며, 그들 사이에서 발생한 도덕적·교리적 문제들을 다루는 서신을 썼다. 이 서신 중 일부는 매우 개인적이지만(예. 갈라디아서, 빌레몬서), 다른 서신들은 보다 일반적인 서신으로 더 많은 사람들과 교회들 사이에서 회람되도록 기록한 것이었다(예. 야고보서, 요한계시록). ▶

모든 경우에 이런 전기, 가르침, 서신들은 필사본—즉 종이의 형태(**파피루스**)에 기록하거나 좀 더 고가의 비용이 드는 방법으로서 가죽(**양피지**) 위에 손으로 기록한 문서—으로 기록되었다. 그 후 이 필사본들은 다른 곳들로 운반되었고, 그곳에서 그것을 손으로 필사하여 교회 안에서 보존하고 큰 소리로 읽을 수 있게 되었다. 결국 신약성경이 된 이 문서들은 그리

서론적 문제

신약성경의 목차

신약성경의 각 문서는 하나의 개별적인 텍스트로 시작했지만, 나중에는 표준화된 분류 체계와 순서에 따라 한 권의 책으로 묶이게 되었다. 신약성경은 서로 다른 27개의 문서가 연대순이 아닌 **장르**와 저자에 따라 배열되어 있다. 여기에는 다음과 같이 의도적인 패턴도 나타난다. 예수에 관한 네 권의 전기 다음에 계속되는 이야기인 사도행전, 일곱 개의 다른 교회에 바울이 보낸 아홉 개의 서신, 바울이 개인에게 보낸 네 개의 서신, 히브리인들에게 보낸 서신, 일곱 개의 일반 서신, 일곱 교회에 보낸 요한계시록 순서로 실려 있다.

사복음서—신약성경에서 가장 큰 비중을 차지하는 부분에는 예수의 삶과 가르침을 기술한 네 개의 중복되는 이야기가 실려 있다. 저자들은 전통적으로 예수의 최초의 제자 중 두 명(마태와 요한)과 사도 베드로의 제자인 마가와 바울의 제자인 누가로 알려져 있다.

사도행전—누가복음의 저자인 누가가 쓴 이 책은 예수의 부활 이후 그의 일부 제자들의 이야기를 이어가는데, 먼저 베드로에게 그다음에는 바울에게 특히 강조점을 두고 교회가 어떻게 성장하고 로마 세계로 퍼져나갔는지를 이야기한다.

교회에 보낸 사도 바울의 서신들—초기 기독교 선교사 바울은 로마 세계 전역에 교회를 세웠다. 그는 그 후 이 교회들을 격려하고 그 교인들에게 가르침을 주기 위해 편지를 썼다. 이 서신들 가운데 아홉 개의 서신이 우리에게 있는데, 이 서신들의 명칭은 각각 교회가 위치한 도시나 지역의 이름을 사용하고 있으며, 그 길이가 가장 긴 것으로부터 시작해서 가장 짧은 것의 순서로 로마서, 고린도전서, 고린도후서, 갈라디아서, 에베소서, 빌립보서, 골로새서, 데살로니가전서, 데살로니가후서 순으로 정리되어 있다.

개인에게 보낸 사도 바울의 서신들—바울은 개별적인 제자들에게 가르침과 격려를 전하는 편지도 썼다. 우리는 이 개인적인 서신들 가운데 네 개의 서신을 갖고 있는데, 역시 길이의 순서로 디모데전서, 디모데후서, 디도서, 빌레몬서 순으로 정리되어 있다.

히브리인들에게 보내는 서신—어떤 사람들은 이 편지를 바울과 연관시키기도 하지만, 우리는 누가 그 편지를 썼는지 확실히 알지 못한다. 매우 체계적인 이 서신은 히브리 성경의 핵심적 측면을 그리스 및 기독교적으로 재해석한 것이며, 따라서 그 이름을 히브리서로 붙였다.

일반 서신 또는 공동 서신—이 서신들은 저자의 이름을 따서 명칭을 부여한 일곱 개의 서신으로 구성되어 있다. 이 서신들은 바울이 쓴 편지 못지않게 중요하지만, 더 폭넓은 독자층과 광범위한 적용을 위한 것으로 보이기 때문에 "일반" 또는 "공동"("보편적"이라는 의미) 서신으로 불린다. 이 편지들은 야고보서, 베드로전서, 베드로후서, 요한1서, 요한2서, 요한3서 그리고 유다서다.

요한계시록—신약성경 모음집은 서신의 형식과 고대 문학의 또 다른 유형인 **묵시문학**을 결합한 매우 다른 종류의 문서로 끝을 맺는다. 묵시문학은 시적인 이미지와 **알레고리적인** 이미지를 사용해 천상의 관점에서 본 지상의 세계를 묘사하며, 하나님의 지배 아래 현재와 미래에 무슨 일이 일어나는지를 하나님의 신실한 백성들에게 계시한다.

스도인들이 그리스-로마 제국 전역을 여행하면서 사람들에게 부활한 그리스도를 믿도록 촉구함으로써 들불처럼 퍼져나갔다.

기독교가 계속 성장하고 사도들 세대가 사망하기 시작하면서(종종 순교자로서) 어느 필사본이 진짜 사도들 것인지 명확히 밝히고 그것들을 보존할 필요가 생겼다. 이는 그 필사본들이 교회 안에서 보존할 만한 권위와 가치를 지녔다는 것을 의미한다. 교회 내에는 몇몇 거짓 교사와 오류가 생겨났으며(마 7:15; 롬 16:17-18; 갈 1:7-8), 이런 사람들과 그들의 제자들도 서신과 논문을 썼다. 따라서 신뢰할 수 있고 유익한 문서를 판가름할 수 있는 권위 있는 목록이 필요했다. 이런 종류의 목록을 정경이라고 부른다. ▶

이런 정경화 작업은 책 제목을 단지 정경 목록에 올리는 것만이 아니라, 공인 문서들을 하나로 묶어서 출판하는 것을 통해 이루어졌다. 공인 기관의 승인을 받은 여러 문서를 함께 모음으로써 이 모음집은 이 문서들이 공식적이고 권위 있는 문서들임을 증명했다. 정경은 신뢰할 수 있고 권위 있는 문서들의 모음집을 연구를 위해 사람들에게 제공해주었다.

그러나 이처럼 명확하게 구분된 모음집을 만드는 물리적인 기술을 **두루마리**에 적용하는 데에는 큰 어려움이 뒤따랐다. 둥글게 말린 양피지 두루마리들은 서로 쉽게 분리될 수 있고, 긴 문서를 풀어서 읽어야 할 부분을 찾아야 하는 번거로움은 말할 것도 없으며, 어떤 문서들이 포함되어 있는지 추적할 수도 없다. 그러나 기원후 첫 몇 세기 동안 새로운 기

▶ 서론적 문제

정경 목록

"정경 목록"은 저자 혹은 공의회가 성경에 포함되어야 할 권위 있는 책으로 결정한 책의 목록이다. 기독교 성경(구약과 신약 모두)의 경우, 교회의 처음 몇 세기 동안 많은 정경 목록이 만들어졌다. 여기에는 사르디스의 멜리토, 에우세비오스, 아타나시오스와 같은 그리스 저자들과 힐라리우스, 히에로니무스, 아우구스티누스, 교황 인노첸시오 1세 등 라틴 지도자들이 작성한 목록이 포함되었다.

이 목록들은 항상 동일하지는 않지만, 어느 책이 성경적이라고 간주되었는지에 대한 합의가 증가하고 있음을 보여 준다. 그러나 그리스도인들이 읽은 것은 정경만이 아니었다. 「솔로몬의 지혜서」와 「헤르마스의 목자」 같은 다른 작품들은 항상 정경의 일부로 간주되지는 않았지만, 여전히 유익하고 읽을 가치가 있다고 여겨졌다.

중세 시대에 정경 목록들이 더 표준화되었지만, 교회의 서로 다른 분파들(로마 가톨릭과 동방 정교회)은 몇 가지 차이점을 지니고 있었다. 16세기에 종교개혁과 함께 정경 목록들은 다시 뜨거운 이슈가 되었고, 개신교인들은 종종 로마 가톨릭 전통이 정경 목록 안에 포함한 일부 책들을 제외해야 한다고 주장했다.[1]

술이 등장했는데, 그것은 필사본을 조각으로 자른 다음 그것들을 다시 겹겹이 쌓아서 한 권으로 꿰매거나 붙이는 기술이었다. 이것은 **코덱스**(codex)라고 불렸는데, 이는 오늘날 우리가 책이라고 부르는 것의 가장 초기 형태다. (현대의 책의 제본을 자세히 살펴보면, 그 기술이 여전히 매우 비슷하다는 것을 알 수 있을 것이다.)

그리스도인들 가운데 일부는 이 새로운 제본 및 출판 기술을 가장 초기에 사용한 사람들이었고, 그 중요성은 매우 컸다. 선별된 필사본을 하나로 모으고 정리하고 그것에 제목을 붙여서 배부했다. 이런 과정을 통해 복음서가 제작되었고, 이는 곧 사중복음서로 회람되기 시작했다(5장을 보라). 이런 과정은 바울 서신에서도 동일하게 되풀이되었는데, 수집된—어쩌면 바울 자신이 직접 모은—서신들에 다양한 제목과 순서를 부여해 바울 서신이 만들어졌다. 성경 전체가 포함된 일부 초기 코덱스에서 볼 수 있듯이, 신약 정경의 다른 부분들도 이런 과정과 방법을 통해 형태를 갖추게 되었다. 매우 중요한 것은 그리스도인들이 코덱스를 통해 단지 권위 있는 신약성경뿐만 아니라, 신약성경 정경을 유대교 경전(나중에 구약성경이라고 부름)과 함께 묶을 수 있게 되었다는 것이다. 이것은 구약성경을 권위 있는 경전으로 받들고 동시에 신약성경을 그와 동일한 수준의 권위와 **영감**을 지닌 경전으로 인정하면서 이중적 정경을 만들어냈다. ▶

이 오래된 문서들은 신뢰할 만한 것인가? 본문비평의 예술과 과학

15세기에 인쇄기가 발명되기 이전에는 모든 문서를 한 번에 한 부씩 매번 손으로 필사했다. 현대 인쇄 기술의 발전에도 불구하고 원본에서 오류와 파생물이 쉽게 발생할 수 있다. 고대 세계에서 문서를 손으로 필사하는 일도 이와 마찬가지였다. 정경화의 과정은 어느 책, 서신, 전기들이 권위 있으며 보존하고 연구할 가치가 있는지를 강조한다. **본문비평** 연구는 이 책들의 각 내용과 단어 표현 가운데 가장 신뢰할 수 있는 판본을 확립하고자 하는 것이다. 여기서 "비평"은 판단하는 자세나 부정확성을 추정한다는 의미가 아니라, 필사본의 정확성에 대한 합리적인 결정을 내리는 데 사용되는 학문적 연구 방법과 기술을 의미한다.

▶ 서론적 문제들

전체 성경 코덱스

기원후 첫 수 세기 동안 기록된 신약성경 사본이 많이 있지만, 우리가 갖고 있는 신약성경의 가장 중요한 사본 중 일부는 3세기와 4세기의 전체 성경 코덱스(제본된 책)에서 나온 것이다. 이것들은 단어 사이에 여백이 없이 전부 그리스어 대문자로 기록되었기 때문에 "**대문자 사본**"(majuscules)이라고 불린다. 대문자 사본은 전문 필사자들이 양피지 위에 기록한 것이다. 여기에는 다음과 같은 사본들이 포함된다.

바티칸 사본(*Codex Vaticanus*)—기원후 325년경, 가장 오래된 대문자 사본으로, 바티칸 도서관에 보존되어 있다.

시나이 사본(*Codex Sinaiticus*)—기원후 350년경, 시나이산에 있는 성 카타리나 수도원에서 발견되었다.

알렉산드리아 사본(*Codex Alexandrinus*)—기원후 425년경, 처음 발견된 장소인 이집트 알렉산드리아의 이름을 따서 명명되었다.

에프렘 사본(*Codex Ephraemi*)—기원후 450년경, 시리아의 신학자 에프렘이 쓴 글 아래의 필사본에서 발견되었기 때문에 그렇게 이름이 붙여졌다.

수작업으로 만든 고가의 이 아름다운 책들은 그리

The British Library [Add MS 43725, f.244.v].

그림 2.1. 시나이 사본(기원후 350년)

스도인들이 그들의 성경인 구약성경과 신약성경을 어떻게 여겼는지, 얼마나 큰 정성을 들여 보존했는지를 보여준다.

최근 시나이 사본에 대한 디지털화 프로젝트는 이 중요한 책에 대한 고품질의 인터랙티브 이미지를 만들어냈다(http://www.codexsinaiticus.org).

지금 우리가 신약성경이라고 부르는 그리스어 본문은 원래 기록되고 배포되었던 문서와 비교했을 때 정확한 것인가? 간단히 말해서 이에 대한 대답은 자신 있게 "그렇다"이다. 이렇게 주장할 수 있는 것은 다음과 같은 몇 가지 이유 때문이다. 첫째, 유대교 유산에 뿌리를 둔 기독교는 거룩한 문서를 보존하고 특별한 언어적 표현에 많은 관심을 기울이는 데 있어 유대교와 종교적·문화적 가치를 공유하고 있다. 이는 유대인들이 그랬던 것처럼, 당연히 기독교가 처음 시작할 때에도 마찬가지였다는 것이다.

둘째, 기독교가 고대 세계 전역에 빠르고 폭넓게 확산되면서 신약성경 본문의 많은 필사본이 만들어지고 배포되었기 때문에 결과적으로 비교하고 평가할 수 있는 많은 필사본이 우리에게 제공되었다. 기독교가 지중해 유역과 유럽 전역에 장기적인 영향을 미쳤다는 것은 예수 시대와 인쇄기가 발명된 시대 사이의 긴 시간이 성경 텍스트의 보존과 정확한 필사에 헌신한 수천의 사람과 기관으로 채워졌다는 것을 의미한다.

셋째, 앞서 언급한 두 번째 이유로 우리는 고대 신약성경 본문에 대한 다양하고도 많은 필사본을 소유하고 있다. 이 많은 필사본(약 6천 권으로 추정되며 기원후 2세기로 거슬러 올라간다)은 파피루스 문서, 대문자 사본, **소문자 사본**(minuscules), **성구집**(lectionaries), 라틴어, 콥트어, 시리아어를 포함하는 다른 언어들의 번역본 등으로 구성되어 있다. 이 밖에도 교회의 저명한 신학자와 1세기 설교자들(종종 **교부**라고 불림)의 현존하는 방대한 저서들이 성경 본문을 끊임없이 인용하는데, 이는 원본 문서가 말했을 가능성이 큰 것을 찾기 위해 서로 비교해볼 수 있는 또 다른 기준을 우리에게 제공해준다.

넷째, 방대한 필사본의 증거에 기초하여 학자들은 그것들을 분류하고 비교하며 서로의 관계를 분석하는 정교한 방법을 개발했다. 이 작업은 고대 시대부터 전 세계의 다양한 학자에 의해 수행되어왔으며, 이로써 신뢰할 만하다고 인정받는 재구성된 그리스어 본문을 제공하는 다수의 그리스어 신약성경 **비평본**(critical editions)이 출간되었다.

우리가 이렇게 다양한 필사본을 갖고 있다는 사실은 오늘날 우리가 가지고 있는 그리스어 신약성경 비평본의 매 페이지를 다르게 읽을 수 있는 다양한 대안적 방법(이문[異文])이 있다는 것을 의미한다. 신약성경의 모든 말씀 중 약 12퍼센트는 어느 정도 대안적인 읽기가 가능한 것으로 추정되고 있다. 이는 놀랍게 들릴 수 있으며, 일부 학자들은 이 통계를 오해의 소지가 있는 방식으로 사용했다. 그러나 현

고대 필사본의 종류

인쇄기가 나오기 이전 시대에 발전한 많은 종류의 필사본은 다음과 같다.

- **파피루스 사본**(Papyri)—갈대과의 식물 줄기로 만든 초기 형태의 종이(파피루스)에 기록한 필사본이다. 신약성경의 가장 초기 필사본의 일부는 파피루스 사본이며, 그중 일부는 2세기 초라는 이른 시기의 것이다.
- **대문자 사본**(Majuscules)—모두 대문자로 기록된 필사본으로, 이 필사본들이 기록된 시기는 특히 4세기에서 8세기다.
- **소문자 사본**(Minuscules)—보통 양피지에 그리스어 초서체 소문자로 기록한 사본으로, 수천 개의 소문자 사본이 있는데, 대부분은 11세기에서 13세기의 것이다.
- **성구집**(Lectionaries)—예배에 사용되는 성경 낭독을 위한 책이다. 이 책들은 여러 다른 스타일과 언어로 기록되었고, 대부분 11세기에서 13세기의 것이다.

그림 2.2. 요한복음 16장 일부를 보존하고 있는 파피루스 사본(3세기)

The British Library [Papyrus 2484, f.1v].

그리스어 신약성경 비평본은 학자들이 이 고대 사본들을 토대로 재구성한 본문으로서, 위원회에서 가장 원문에 가까울 것으로 판단한 본문을 제공한다. 비평본은 이문(異文), 즉 일부 사본에 등장하긴 하지만 원문으로 판명되지 않은 표현의 예들도 포함한다. 이 비평본은 종종 학자들이 다양한 이문에 대해 얼마나 확신하는지, 그리고 본문을 확정하기 위해 어떤 추리 과정을 거쳤는지 추론할 수 있는 주석도 포함한다.

그림 2.3. 자하리스 비잔틴(Jaharis Byzantine) 성구집(1,100년경)

The Metropolitan Museum of Art. Purchase, Mary and Michael Jaharis Gift and Lila Acheson Wallace Gift, 2007.

사본 전수의 전형적인 어려움

요한1서 1:4에는 비평본을 만드는 과정에서 본문비평적 결정을 잘 보여주는 이문이 하나 들어 있다. 대다수 비평본은 이 그리스어 원문을 다음과 같이 해석한다. "그리고 우리는 우리의 기쁨이 충만하도록 이것들을 너희에게 쓴다." 이 독법은 가장 우수한 초기 사본들의 지지를 받는다. 하지만 많은 사본이 본문을 다르게 제시한다. "그리고 우리는 너희의 기쁨이 충만하도록 이것들을 너희에게 쓴다." 그렇다면 "우리의 기쁨"과 "너희의 기쁨" 중 어느 것이 옳은가?

본문비평가들은 이 질문에 대해 다음과 같이 추론한다. 즉 가장 우수한 사본들을 검토해볼 때, "우리의 기쁨"일 가능성이 더 크다는 것이다. 비록 많은 후기 사본들에서는 "너희의 기쁨"이라고 되어 있지만 말이다. 다음과 같은 고려 사항들 역시 "우리의 기쁨"이 원본일 가능성이 더 크다고 제안한다. (1) "너희의 기쁨"은 사람들이 더 자연스럽게 생각할 수 있는 표현이기 때문에 시간이 지남에 따라 필사자들이 뜻하지 않게 또는 의도적으로 "우리의"에서 "너희의"로 바꾸어 기록했을 가능성이 훨씬 크다. (2) 요한복음 16:24이 "너희의 기쁨"에 대해 말하고 있는데, 이것이 독자들로 하여금 요한1서가 말하는 것이 바로 이것이라고 생각하도록 영향을 미쳤을 것이다.

따라서 "우리의 기쁨"과 "너희의 기쁨"은 둘 중 어느 것이 옳은지 완전히 명확하게 알 수 없는 사본의 이문들이지만, 하나의 독법이 다른 독법보다 더 우수하다는 합리적인 주장을 하는 것은 어렵지 않다. 더욱이 이것은 이문이 신약성경의 메시지에 대한 우리의 이해에 중요한 신학적 영향을 미치지 않는다는 것을 보여주는 전형적인 예다. 마지막으로 우리는 이문에 대한 최고의 독법을 놓고 씨름하는 과정이 다양한 학자와 독자들에게 열려 있는 공동 참여 과정임을 알 수 있다. 이것은 우리가 가지고 있는 그리스어 신약성경 비평본의 신뢰성에 대한 우리의 확신을 높인다.

실은 우리가 이렇게 많은 필사본을 가지고 있으므로 이문(異文)도 그렇게나 많다는 사실이다. 이것은 부정적인 결과가 아니라 긍정적인 결과다. 더 중요한 것은 신약성경의 약 1.5퍼센트만이 영향을 미칠 수 있는 이문을 가진 것으로 분류될 수 있었다는 것인데, 이는 어느 것이 가장 올바른 읽기인지를 결정하기 위해 약간의 생각이 필요하다는 것을 의미한다. 대부분의 이문은 맞춤법 오류, 서로 다른 철자법, 단어 또는 행(行)의 우발적 반복과 같은, 필사본을 만드는 과정에서 발생하는 일반적인 실수들이다. 신약성경에서는 약 천 단어 중 단지 한 단어 정도만 어느 단어가 원래의 단어 표현인지를 결정하는 데 상당한 어려움이 있으며, 그중 의미에 중대한 영향을 미치는 경우는 극히 적다. 이와 같이 어려운 이문들은 보통 "너희의"와 "우리의" 등과 같은 유사한 단어 중 어느 것이 원문의 것인지를 결정하는 데 복잡한 문제를 초래한다. 어려운 이문들 중 어떤 것도 주요한 기독교 교리나 이해에 영향을 미치지는 않는다. 따라서 우리는 비평본의 신뢰성에 대해 충분히 합리적으로 확신할 수 있다.

물론 다른 연구 분야와 마찬가지로, 이 개관이 제공하는 것보다 더 깊은 차원의 섬세한 차이와 복잡성이 존재한다. 본문비평 및 이와 관련된 학문 분야는 오늘날에도 항상 수정과 개선을 겪는다. 더 많은 필사본이 자주 발견되고 목록에 실리고 있으며, 학자들은 다양한 접근법에 대한 세부적인 사항들을 논의하고 있다. 이 모든 것은 긍정적인 일이고, 우리가 가지고 있는 신약성경 본문의 신뢰성에 대한 확신을 불러일으킨다.

신약성경의 무수한 역본과 판본들

우리는 기독교가 거룩한 글을 소중하게 여겼다는 사실과 함께 기독교가 빠른 속도로 여러 지역에 광범위하게 확산했기 때문에 신약성경의 많은 필사본이 매우 빠르게 등장하게 되었다고 이미 설명했다. 일부 신약성경 저자들은 심지어 말씀과 가르침을 전파하기 위해 그들의 편지를 필사하여 다른 도시들로 보내라고 지시하기도 한다(골 4:16; 살전 5:27). 이것은 교회가 선교를 위한 노력의 일환으로 신속하게 신약성경을 다른 언어로 번역했다는 것을 의미했다. 또한 이것은 히브리 성경을 (아람어, 그리스어 등으로) 번역하여 신자들이 각각 자신의 모국어로 성경을 읽을 수 있도록 했던 **제 2성전기**의 유대교 모델을 따른 것이기도 하다(3장을 보라). (이것은 코란을 공식적으로 다른 언어로 번역하는 것을 허용하지 않는 이슬람교와는 매우 다르다.)

이렇게 두 부분으로 구성된 기독교 경전을 필사하고 번역하는 일은 수 세기 동안 수그러들지 않고 계속되어왔다. 오늘날 신약성경 전체는 1,500개 이상의 언어로 번역되었고, 성경 일부는 또 다른 1,000개 이상의

"소수 의견을 반영한" 신약성경 인쇄본들

비록 오늘날 인쇄된 거의 모든 신약성경이 전통적인 성경 배치 방식을 따르고, 표준화된 장과 절의 구분을 사용하며, 이야기나 서신의 개별 단락에 그 내용을 설명하는 제목을 제공하지만, 독자들을 안내하기 위한 대안적이고 신선한 접근법을 제공하고자 하는 일부 버전도 있다.

일부 출판사는 모든 장과 절의 표기를 지우고 대신 신약성경 본문을 막힘없이 술술 읽을 수 있는 "사본 성경"을 제작했다. 이것은 이야기나 서신들을 더욱 현대의 책처럼 보이고 느끼도록 만든다. 최근 몇 년 동안 일각에서는 신약성경(과 성경 전체)의 책들을 재배치하려는 시도도 있었는데, 이 구조는 전통적인 정경의 형태를 따른 것이 아닌, 흔히 알려진 저작 연대순에 기초한 것이었다.

표준화된 장과 절의 구분은 때로 오해를 불러일으키고 산만하기 때문에, "사본 성경"은 신선하고 더 흥미로운 독서 경험을 제공할 수 있다. 비록 참조용으로는 실용적이지 않지만 말이다. 신약성경 안에 있는 책들의 순서를 바꾸려는 시도는 특히 신약성경에 오랫동안 익숙해져 있는 사람들에게 흥미롭고 신선한 독서 경험을 제공할 수 있다.

소수 의견을 반영한 신약성경 판본들은 도움이 되는 측면들이 있지만, 독자들(과 출판사들)은 이런 판본들이 전통적인 정경 형태보다 우수하다고 생각해서는 안 된다. 신약 정경이 배치된 순서와 그것을 읽는 방식에는 그럴 만한 충분한 이유가 있으며, 신약성경 안에 있는 책들의 대안적 배열 순서는 전통적인 접근이라기보다는 하나의 해석에 불과하다.

언어로 번역되었다. 위클리프 성경 번역 선교회(Wycliffe Bible Translators)와 같은 대형 기관들은 성경을 현재 사용되는 약 7,100개의 모든 언어로 번역하는 어렵고 힘든 작업에 헌신하고 있다. 특히 영어로 된 성경 번역본이 매우 많은데(1526년에 틴데일의 첫 번째 영어 번역본 이래 약 900개의 역본에 이르는 것으로 추정됨), 각각 고유의 목표, 번역 철학, 장단점을 지니고 있다.

고대 세계에서부터 신약성경 필사본은 본문의 각 단락의 내용을 설명하는 짧은 제목을 포함하기 시작했다.

예를 들어 마가복음 4:35-41의 본문 바로 앞에 "예수께서 폭풍을 잔잔케 하시다"와 같은 제목을 표기하는 것이다. 이런 종류의 표제 또는 제목은 오늘날 신약성경의 거의 모든 버전에서 발견할 수 있으며, 독자들이 각 단락을 이해하고 해석하는 데 도움을 준다. 중세 무렵에는 필사본들 역시 신약성경 안에서 더 큰 단락들을 구분하기 시작했고, 성경이 처음 대량으로 인쇄되었을 때 장과 구절의 표기 체계가 점점 더 표준화되었다. 오늘날 신약성경의 모든 책은 책 이름과 장, 절의 숫자를 통해 찾을 수 있는데, 이는 처음에는 이상하게 보일 수 있지만, 누구나 신약성경 본문에서 특정한 말이 어디에 기록되어 있는지를 쉽게 찾고 논의할 수 있도록 돕는다. 신약성경의 각 책은 장으로 나뉘고, 각 장은 절로 나뉜다. 그러므로 우리는 "마태복음 5:48"이 마태복음 5장 48절을 의미한다고 말할 수 있다. ▶

성경과 신약성경에는 서로 다른 목적을 가진 다양한 버전이 있다. 비교하며 읽을 수 있도록 두 가지 언어를 제공하는 2개 국어로 된 성경 버전이 있으며, (보통 특정한 신학적 관점을 지닌) 학자들이 간략한 주석이 달린 성경 본문을 제공하여 독자들이 본문을 해석할 수 있도록 지도하는 스터디 바이블도 있다. 예수가 했던 말씀을 검정색 활자에서 두드러져 보이도록 붉은색 활자로 인쇄한 신약성경의 붉은 글씨 판본은 1899년에 처음 등장했다. 어린이 성경은 성경 전체를 더 읽기 쉽게 번역한 것에서부터 선별된 이야기를 개작하고 삽화를 첨가해 완성한 것에 이르기까지 매우 다양하다. ▶

도서관으로서의 신약성경

이번 장의 제목은 "한 권의 책으로서의 신약성경"인데, 그 이유는 독자들이 여덟 혹은 아홉 명의 저자가 쓴 글의 모음집인 신약성경을 한 권의 책으로 읽기 때문이다. 그러나 이 "책"

▶ 서론적 문제

신약성경의 그리스어

고대부터 오늘날까지 그리스 문화의 큰 영향 때문에 다양한 형태의 그리스어가 수천 년 동안 존재해왔다. 예수가 살던 시대에는 공용 (그리스어 코이네, *koinē*) 그리스어가 지중해 전 세계와 중동에서 사용되었는데, 이는 이 언어가 로마 제국 전역에 걸쳐 통치와 무역을 가능하게 해주었기 때문이다. **코이네 그리스어**는 여러 그리스어 방언의 단순화된 혼합물이다.

신약성경은 이러한 유형의 그리스어로 기록되었으며, 신약성경 저자들의 개인별 학력 수준과 배경에 따라 차이를 보인다. 신약성경의 그리스어는 문체와 어휘 면에서 구약성경의 그리스어 버전인 **70인역**으로부터 큰 영향을 받았음을 보여준다.

기독교는 구약성경의 히브리어가 아닌 공용 그리스어로 거룩한 글을 만듦으로써 고대 세계에서 단지 유대인들만이 아니라 이방인들 사이에서도 빠르게 확산하여 다양한 문화를 변화시킬 수 있었다.

은 우리가 보는 대부분의 책과는 다르다. 신약성경은 한 가지 주제에 초점을 맞추면서도 그 주제 안에 적절하고 유용한 다양성을 보유한 마치 작은 도서관과도 같다. 이는 연구 분야를 중심으로 다양한 서적을 모아놓은 대학교 내의 음악 도서관과 비슷하다. 이 신약성경 도서관은 전기, 이야기, 지혜에 대한 가르침, 교정과 훈련을 위한 편지, 개인적 서신, 희망을 고취하기 위한 기이한 환상 등 다양한 장르의 문학을 포함하고 있다.

하지만 이 신약성경 도서관에는 통일성이 있다. 우리는 다양성 안에 존재하는 이런 통일성을 역사적으로, 문학적으로, 그리고 신학적으로 볼 수 있다. 역사적으로 신약성경 문서들은 1세기 그리스-로마 세계에서 헬레니즘 유대교의 문화 및 지리적 요인들을 공유하면서 짧은 기간에 생겨난 것이다. 문학적으로 신약성경은 당대 공통의 언어인 그리스어를 공유하며(일부 저자들은 분명히 다른 저자들보다 더 숙련되었으며 교육도 더 받았다), 전통적인 평범한 장르와 스타일을 사용하고 있다. 신학적으로 신약성경 도서관은 예수 그리스도의 인격과 사역에 고도로 집중되어 있으며, 사도들의 가르침을 따라 형성되었다.

다른 이미지를 사용해서 바꾸어 말하면, 신약성경은 하모니, 리듬, 멜로디를 함께 조화시켜 여러 파트로 노래하는 합창단과 같다. 그러나 한 명의 지휘자, 즉 하나님의 지휘 아래 모두 함께 하나가 되어 노래하는 것이다. 이렇게 통일된 하나의 합창단과 특정 주제 도서관(topical library)으로서 신약성경의 보완적인 이미지는 우리가 독자로서 신약성경의 세계로 발을 들여놓을 때 기억해야 할 중요한 이미지다.

1. 기억과 구전 해석이 신약성경의 많은 필사본보다 먼저 존재했던 가장 이른 시기의 교회를 생각해보라. 당신은 그 당시 그리스도인의 삶이 현재 그리스도인의 삶과 어떻게 다르다고 생각하는가?

2. 신약성경 안에 있는 다양한 장르의 글에 대해 논의하라. 당신은 왜 이런 다양성이 신약성경에 가치를 더한다고 생각하는가?

3. 본문비평은 우리가 오늘날 읽는 신약성경의 정확성에 대한 우리의 확신을 어떻게 높였는가?

4. 당신은 어떤 종류의 성경과 역본을 읽는가? 그것의 장점과 단점은 각각 무엇인가?

3장

신약성경 주위의 세계

우리는 이전 장들에서 신약성경을 경전이라고 부르는 것이 무엇을 의미하는지, 그리고 이것이 우리가 신약성경을 읽는 데 어떤 영향을 미치는지를 논의했다. 우리는 한 권의 책으로서의 신약성경, 혹은 2천 년 동안 정리하고, 필사하고, 보존해온 고유의 역사를 담고 있는 각종 서신과 전기를 모아놓은 도서관으로서의 신약성경에 관해서도 이야기했다. 우리는 신약성경에 들어 있는 책들의 내용을 본격적으로 탐구하기 전에 신약성경을 기독교 경전으로 읽는 것과 관련하여 한 가지 측면을 더 탐구해야 한다. 그것은 바로 신약성경 주위의 세계다.

왜 우리는 신약성경 주위의 세계를 공부해야 하는가?

신약성경은 역사적 기록 그 이상의 것이다. 신약성경은 영원한 진리를 가르치고 듣는 사람을 변화시키는 것을 목표로 한다. 그러나 신약성경은 현실 세계에 살고 있는 실제 사람들에게서 나온 책이며, 그들에게 전달된 책이다. 초자연적 통찰력을 주장하는 다른 많은 신비주의 종교들과는 달리 기독교는 실제 역사에 뿌리를 두고 있으며, 이 역사를 가치 있게 여긴다. 성경은 역사적 현실을 회피하지 않고, 그 현실과 단절된 것처럼 행동하지 않는다. 그러므로 이 세계에 대한 이해는 신약성경 읽기를 풍요롭고 깊이 있게 만들어준다.

물론 우리는 신약성경을 고대 세계에 대한 지식 없이 읽을 수 있으며, 여전히 대부분의 메시지를 매우 분명하게 이해할 수 있을 것이다. 하지만 신약성경의 어떤 부분은 이해하기가 어려우며, 많은 측면이 쉽게 잘못 이해될 수 있다. 우리의 신약성경 읽기는 신약성경이 원래 다루고 있는, 그리고 신약성경이 생겨난 문화, 역사, 사람, 사회를 이해함으로써 분명히 더 향상될 것이다.

모든 시간과 장소에 존재하는 문화들은 그 나름의 가치, 기대, 상징성, 사상, 영향력을 갖고 있다. 하지만 역사의 어떤 순간들은 특히 복잡하고 난해하다. 역사의 어떤 시기들은 주요한 격변과 다양한 집단 간의 충돌을 수반한다. 이런 시기에는 위험성이 고조되고, 많은 문화적 가치가 강조되거나 도전받는다. 고대 이스라엘 땅이 위치한 1세기 지중해 세계는 서로 다른 제국, 종교, 철학이 얽힌 오랜 갈등 가운데 있었기 때문에 특히 복잡했다.

초기 기독교는 유대교와 그리스-로마 세계라는 두 문화가 교차하는 중요한 시기에 탄생했다. 그 후 기독교는 곧 서구 문명을 변화시킬 새로운 사회를 만들어냈다.

이번 장에서 우리의 과제는 신약성경의 **상징 세계**를 탐구하는 것이다. 우리는 단지 사실이나 인물—영향력 있는 왕이나 혁명적인 운동—만이 아니라 신약성경의 문화적 세계에도 관심이 있다. 이는 문화가 사람들이 그들의 삶을 개인적으로 또는 집합적으로 이해하는 틀을 제공하는 정교한 의

역사비평을 통해서만 신약성경을 읽을 때 발생하는 문제점

존경받는 신약학자 루크 티모시 존슨(Luke Timothy Johnson)은 성경과 같은 고대 문서를 연구하는 **역사비평적 방법**이 지닌 가치와 한계에 대해 많은 생각을 해왔다. 그는 우리가 특정 문서를 만들어낸 역사적 상황을 이해하고 인식해야 하지만, 이것을 신약성경에 적용할 때, 역사적 접근법은 신약성경이 무엇인지를 말하는 가장 깊은 단층을 충분히 다룰 수 없다고 지적한다. 특히 신약성경은 사람들이 사랑하고 순종하는 종교 문헌 정경의 일부다. 이것은 단지 이 문서들을 역사적 정보의 출처로 취급하고 초기 그리스도인들의 신앙이나 종교적 관습에 관해 진술하는 데 그 문서들을 사용하는 것만으로는 신약성경의 궁극적 목적의 핵심에 이르지 못한다는 의미다. 이런 역사비평적 독법은 신약성경의 테두리 **밖에서** 그것을 읽는 한계를 지니고 있으며, 신자들이 교회의 삶에 참여하며 자신들의 믿음과 관습을 형성해나가는 상징 세계의 일부로서 신약성경을 이해할 수 있는 독법이 아니다. 신약성경을 역사적으로 연구하는 것과 신약성경의 주장을 믿는 사람으로서 신약성경을 읽는 것 사이에는 항상 긴장이 존재한다. 둘 다 가치가 있지만 후자가 최종 목표다. 존슨의 말처럼 "성경이 다시 한번 신학을 위한 살아 있는 자료가 되려면, 신학을 실천하는 사람들이 성경을 만들어낸 세상에 덜 몰두하고 성경이 만들어내는 세상에서 어떻게 살아야 할지를 다시 배워야 한다."[1]

미 체계를 갖고 있기 때문이다. 우리는 이것을 "상징 세계"라고 부르는데, 이는 의식과 무의식 수준에서 작동하는 가치관, 습관, 신념의 체계를 말한다. 역사적 사실은 불충분하고, 신약성경에 대한 전형적인 현대의 "역사비평적" 접근법은 너무 깊이가 없어서 의미 있는 읽기가 불가능하다.

오히려 우리에게 필요한 것은 역사적 사실에 민감한 신약성경 독법이지만, 무엇보다 중요한 것은 단지 역사적 사건만이 아니라 그 문화 안에서 살고 있는 개인들을 이해하는 것이다. 따라서 신약성경을 잘 읽으려면 초기 기독교가 존재했던, 갈등으로 점철된 복잡한 상징 세계에 대한 이해가 필요하다. 이 장에서는 그 시대의 역사적 개관을 제시한 후, 유대교, 그리스-로마 사회, 그리고 초기 기독교의 상징 세계를 논의할 것이다. 우리는 중복되는 이 세계들 각각에 대해 동일한 주제들, 즉 문학, 신앙, 사람들, 문화라는 일련의 주제들을 탐구할 것이다. ▶

제2성전기의 역사

기원후 1세기 유대교 세계의 역사는 창세기 1:1로 거슬러 올라간다. 히브리인들은 항상 그들의 정체성이 하나님이 세상을 창조한 사건과 특히 아브라함(창 12장)으로 시작되는 이야기에 뿌리를 두고 있다고 이해해왔다. 이 이야기는 **족장들**(아브라함, 이삭, 야곱)의 이야기와 그 후의 역사, 즉 이스라엘이 이집트에서 노예 생활을 한 것으로부터 시작하여 약속의 땅에 이르기까지, 또 다윗 왕이 왕위에 오르고, 그 후 왕국이 급격히 몰락하여 혼란에 빠지게 되고 결국 멸망하여 외국 땅으로 유배를 가기까지 우여곡절의 이야기를 담고 있다. ▶

　　예수를 비롯하여 1세기 유대인들을 탄생시킨 유대교를 제2성전기 유대교라고 부른다. 기원전 586년, 한때 위대했던 이스라엘 왕국에는 오직 남은 자들만이 있었다. 그들은 예루살렘을 중심으로 모여 있던 남쪽의 두 지파, 즉 베냐민과 유다 지파였다. 그러나 당시 세계의 강대국이었던 바빌로니아(대략 현대의 이라크)는 예루살렘을 공격하여 쉽게 정복했고, 영광스러운 성전을 더럽히고, 히브리인들을 죽이고 노

▶ **서론적 문제**

"제2성전기"라는 용어

지난 몇 세기 동안 학자들은 신약성경 이전의 시기를 "중간기"라고 말했고 1세기 유대교를 "후기 유대교"라고 불렀다(유대교가 곧 기독교로 "대체"되려고 하고 있었기 때문이다). 오늘날 우리는 두 표현 모두에 결함이 있음을 인식한다. 대신에 우리는 기원전 515부터 기원후 70년(또는 기원후 135년)까지를 제2성전기라고 부르는데, "제2"라는 것은 히브리인들이 바빌로니아 포로에서 돌아온 후 첫 번째 예루살렘 성전을 재건한 것을 지칭한다. "중간기"라는 용어의 문제는 히브리 역사와 글, 하나님의 활동이 구약성경의 마지막 책과 예수 시대 사이에 중단됐다는 인상을 준다는 점이다. 분명 그렇지 않다. 하나님은 이 세상에서 여전히 일하고 계셨다. 히브리인들은 중요한 사건들을 많이 경험했고 영향력 있는 역사와 신학책을 기록했다. 히브리인들이 바빌로니아 포로에서 돌아온 시기(기원전 515년)부터 성전이 파괴된 시기(기원후 70년)까지를 유대 역사의 한 시기로 다루는 것이 좋다. "후기 유대교"는 유대교가 그 수명이 다했고 기독교의 탄생과 함께 사라졌다고 가정한다는 점에서 문제가 있다. 이는 분명 사실이 아니며 그 틀에서 오만한 것이다.

예로 삼았으며, 유용하다고 생각되는 사람들을 모두 포로로 끌고 갔다. 이 바빌로니아 유배는 성경에 기록된 사건이고, 불성실한 이스라엘에 대한 하나님의 심판으로서 몇몇 예언자가 당한 일이었으며(렘 25장; 겔 12-24장), 다니엘과 그의 친구들(타오르는 풀무불 이야기로 유명한 사드락, 메삭, 아벳느고), 에스라, 에스더, 느헤미야 등이 이에 관한 이야기를 우리에게 들려준다.

70년이 지난 후, 몇몇 신실한 히브리인들은 예루살렘과 성전을 재건하기 원했고, 큰 어려움을 무릅쓰고 그 일을 해냈다(에스라서와 느헤미야서를 보라). 기원전 515년부터 본격적으로 시작된 성전과 예루살렘 정화 및 재건 작업은 우리가 제2성전기 유대교라고 부르는 바빌로니아 포로기 이후 시대의 이름을 우리에게 제공해준다. 이 시대는 기원전 515년부터 시작해서 기원후 70년에 로마인들에 의해 성전이 파괴되는 충격적인 멸망에 이르기까지 계속된다. 바로 이 시기가 예수와 초기 기독교의 복잡한 배경을 제공한다. ▶

제2성전기 유대교와 신약성경의 사건들은 훨씬 더 큰 세계 무대의 한쪽 구석에서 일어났다. 예루살렘과 성전의 재건 이후 수 세기 동안 권력은 중동에서 유럽으

▶ 서론적 문제

기원전(BC)과 기원후(AD)

역사를 통해 서로 다른 사회들은 다양한 방법으로 시간을 추적해왔는데, 이는 흔히 왕조, 도시, 혹은 창조세계 자체의 시작과 끝을 기초로 한 것이었다. 일부 국가는 자신들만의 고유한 시스템을 계속 보유하고 있지만(예. 중국은 황도대의 동물 별자리와 연관되는, 독자적으로 연도의 번호를 매기는 숫자 체계를 보유하고 있으며, 현재는 4700년대에 해당한다), 국제적인 표준이 되는 시스템은 중세 기독교 세계의 서유럽에서 개발한 것에 기초한다. 그레고리오력은 16세기에 제정된 것으로, 예수가 기원후 1년에 태어났다는 추정에 기초하여(그러나 예수는 아마도 이 역법에서 기원전 4-6년에 태어났을 것이다) "AD"(라틴어, *anno domini*, "주님의 해에")라는 용어를 공고히 했다. 영어의 "BC"(before Christ)는 기원후 1년 전의 시간을 가리킨다. "AD"는 년도를 가리키는 숫자 앞에 붙고 "BC"는 년도를 가리키는 숫자 뒤에 붙는다.

오늘날 기독교와 명시적 연관성을 지니지 않은 국제적 표준으로는, 많은 이들이 각각 BC와 AD 대신 "BCE"(공통시대 이전, before the common era)와 "CE"(공통시대, common era)라는 명칭을 선호한다. 이 번역서에서는 "기원전", "기원후"로 표기한다.

신약성경을 기독교 경전으로 읽기

로, 특히 그리스로 이동하기 시작했다. 기원전 5세기에 막강한 힘을 지녔던 페르시아인들은 중동에서 아테네까지 이르러 그 도시를 공격하고 아테나 신전을 더럽혔으나 기원전 480년에 중요한 해전에서 패배했다. 이것은 그리스의 도시국가들이 조직될 수 있는 발판을 마련했고, 결국 그리스의 도시국가들은 그리스 왕 마케도니아의 필리포스 2세(기원전 382-336년) 치하의 군사적 승리를 통해 통일되었다. 그의 아들 알렉산드로스는 위대한 철학자 아리스토텔레스에게 개인 지도를 받은 것을 포함하여 번영의 길로 치닫는 고대 그리스의 군사 및 지식 세계에서 훈련받았다. 알렉산드로스 대왕은 자기 아버지의 성공을 바탕으로 범그리스 민족을 위한 비전을 갖고 그의 새로운 왕국에 권력을 집중시켰다.

알렉산드로스는 그리스 언어와 문화의 우월성을 전하기 위한 캠페인을 벌이기 시작했다. 그는 기원전 334년에 그리스를 떠나 한때 위대했던 중동 제국의 모든 영토를 점령하고 탈바꿈시키기 위해 동쪽으로 향했고, 군대뿐만 아니라 철학자, 예술가, 역사가들로 구성된 수행원들도 그와 동행하도록 했다. 알렉산드로스의 프로젝트는 그리스 문화의 확산을 의미하는 **헬레니즘화**라고 불린다. 알렉산드로스가 주도한 헬레니즘화 계획은 매우 성공적이었지만, 그는 자신의 고향으로 돌아가지 못했다. 그는 기원전 323년에 바빌로니아에서 죽었다.

알렉산드로스가 죽자, 그가 세운 광대한 제국의 여러 지역을 지배하던 그의 장군들 사이에서 권력 다툼이 일어났다. 이 제국은 서쪽의 그리스로부터 동쪽의 인도와 히말라야까지, 북쪽의 흑해와 카스피해로부터 남쪽의 이집트와 아라비아해까지 이르는 지역이었고, **팔레스타인**은 교차로였다. 그다음 세기에는 알렉산드로스 왕국 이후에 다양한 왕국이 세워졌지만, 끊임없는 전투로 국경과 동맹 연합이 계속 바뀌었다. 기원전 2세기 초에는 이 지역에 셀레우코스 왕국과 프톨레마이오스 왕국이라는 두 개의 큰 왕국이 있었는데, 셀레우코스 왕국의 안티오코스 3세가 권력을 잡고서 팔레스타인을 포함한 더 많은 영토를 차지했다.

이 시기에 유대교와 기독교에 중요한 영향을 끼친 많은 사건이 일어났다. 셀레우코스 왕조의 다음 통치자인 안티오코스 4세는 에피파네스("신의 현현")라는 이름을 얻었고, 공격적인 방법을 통해 헬레니즘화 프로젝트를 심화시켰다. 이것은 대부분의 사람들에게는 문제가 되지 않았다. 헬레니즘화는 특정한 이득을 지니고 있었고, 그리스 신들은 기존 관습에 통합될 수 있었다. 그러나 유대인들의 경우에 헬레니즘화의 특정한 측면은 그들의 핵심적인 신앙과 관습을 침해했는데, 특히 외국 통치자가 그것을 유대인들에게 강요했을 때 더욱 그러했다. 안티오코스 에피파네스는 유대인들에게 세금을 부과하고, 그들을 살해하고 약탈했으며, 결국 기원전 167년 12월에 성전의 지성소에 침입하여 그곳에 있는 제단 위에서 돼지를 제물로 바쳤다.

이런 행위—다니엘이 예언한 "멸망의 가증한 것"(단 9:26-27; 11:31; 참조. 마 24:15-16)—와 수 세기 동안의 억압이 많은 유대인을 자극하여 그들로 하여금 외국 지도자들과 그들의 문화와 우상숭배를 일삼는 그들의 종교적 속박에서 벗어나 봉기하도록 만들었다. 유대인들의 봉기에 불을 붙인 불씨는 마타티아(Mattathias)라는 이름의 늙은 제사장의 저항이었다. 안티오코스가 마타티아와 그의 아들들에게 제우스 숭배를 강요했을 때, 그들은 일어나서 왕이 보낸 사자를 죽이고(마카베오상 2:19-26), 산으로 도망쳤다. 그들은 셀레우코스 왕조에 대항하여 반란을 일으킨 다른 경건한 유대인들과 연합하여 유대 전역과 그 너머에 있는 지역에서 게릴라전을 펼치기 시작했다. 마타티아의 아들 중 하나인 예후다(Judas)는 지도자가 되어 마카비("망치")라는 별명을 얻었다. 주목할 만한 것은 **마카비** 일가가 압제자들을 물리치는 데 성공했고, 기원전 165-164년에 발생한 중요한 전투를 마친 후에 예루살렘을 탈환했다는 것이다. 안티오코스 4세가 성전에서 신성모독을 한 지 거의 정확히 3년이 지난 후, 마카비 일가는 8일 간의 축제를 통해 성전을 정화하고 다시 봉헌했는데, 오늘날에도 유대인들은 여전히 이 축제를 수전절(하누카, **봉헌/빛의 축제**)로 기념한다. ◐

기원전 63-37년에 하스몬 왕조의 후손 중 일부는 예루살렘에서 제사장과 지도자들로 일했지만, 로마 정부의 지배하에서 임명을 받아 무능하게 일했다. 이 시대는 여러 종류의 다양한 파벌로 분열된 유대인 공동체 내부에서 갈등이 커지고 고조되었던 격동의 시기였다. 기원전 37년은 중요한 시기였는데, 그 이유는 그해에 하스몬 시대가 끝나고 **헤롯 왕조**가 수립되었기 때문이다. 로마는 율리우스 카이사르, 브루투스, 안토니우스, 옥타비아누스와 관련된 음모, 암살, 전쟁들로 내전을 치르고 있었다. 이것은 팔레스타인에도 영향을 미쳤는데, 이는 로마인들이 팔레스타인의 통치권을 충신들에게 주었기 때문이다. 헤롯(대왕)은 기원전 37년에 예루살렘을 정복했고, 비록 (유대인이 아니라) 이두매인이었지만, 왕이 될 자격을 확고히 하기 위해 하스몬가의 여성과 혼인했다. 로마는 헤롯에게 권력을 위임했고, 헤롯은 철권 통치로 세력을 확장했으며, 그의 아내와 장모, 그리고 그의 왕권에 잠재적 도전을 주는 자—아기 예수와 같은(마 2:1-18)—를 포함하여 반대자로 의심되는 사람들을 죽였다. 그러나 그의 압제적인 통치는 성전 재건과 확장 사업을 포함하여 팔레스타인 지역 안에 있는 유대인들에게 일종의 안정을 제공했다. 비록 바리새인들과 같은 경건한 유대인들은 그를 지지하지 않았지만 말이다.

기원전 4년에 헤롯 대왕이 죽은 후, 로마인들은 그의 아들들 가운데 세 명에게 그들의 아버지가 다스리던 왕국의 통치권을 주었는데, 그들의 성공 정도는 각각 달랐다. 아르켈라오스는 잔인하고 공포를 불러일으키는 인물로 악명이 높았다. 그의 실패한 지도력으로 말미암아 로마인들이 그의 땅을 차지하게 되었고, 예수의 생애 말기 동안 통치했던 본디오 빌라도(기원후 26-36년)를 포함한 일련의 로마 통치자들이 직접 통치에 나서게 되었다. 또 다른 아들인 헤롯 안티파스(Herod Antipas)는 복음서에 등장하는데, 그 이유는 그가 예수가 사역했던 갈릴리와 페레아(Perea) 지역을 다스렸기 때문이다. 헤롯 안티파스는 그의 부도덕함으로 인해 예언자 세례 요한의 질타를 받았다. 결국 그는 세례 요한을 참수했으며(막 6:17-29), 예수의 체포와 재판에도 관여했다(눅 23:6-12). 헤롯 대왕의 손자 중 한 명인 헤롯 아그립바 1세도 신약성경에 등장한다(행 12:1-4). 기원후 37년에 그는 **로마 황제** 칼리굴라로부터 왕의 칭호를 받았고, 그 후 몇 년 동안 계속해서

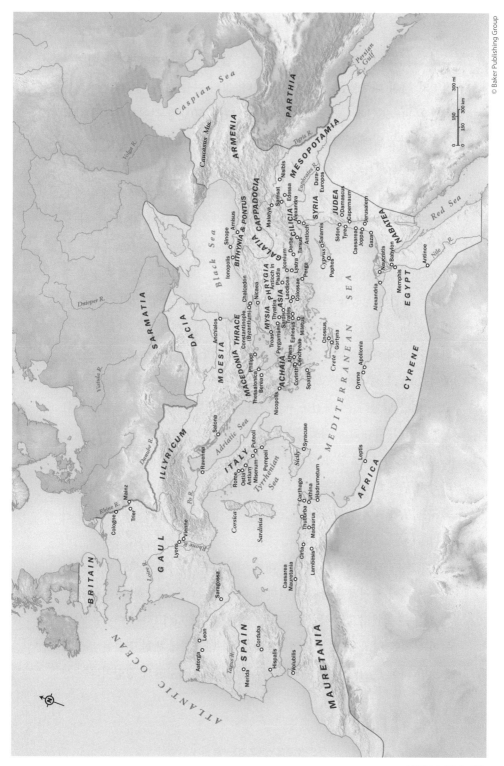

© Baker Publishing Group

그림 3.1. 로마 제국

팔레스타인의 더 많은 지역을 얻었으며, 결국 그의 할아버지가 통치했던 지역의 거의 대부분을 통치하게 되었다. 그의 아들 헤롯 아그립바 2세는 기원후 44-66년에 다스렸으며, 바울이 기원후 60년경 가이사랴에 수감되었을 때 바울 앞에 나타났던 통치자였다(행 25:13-26:32).

신약성경과 초기 기독교의 배경의 일부인 역사적인 순간을 하나 더 언급하는 것이 좋을 것 같다. 기원후 66년에 압제적인 로마의 통치와 헤롯 왕조의 폭정에 지친 유대인들이 마침내 반란을 일으켰다. 유대인들의 강한 종교적 신념은 그들이 하스몬 왕조의 영광스러운 시대처럼 자유를 확립하기 위해 다시 한번 노력하게 했다. 하지만 그렇게 되지는 못했다. 유대인들은 약간의 성공을 거두었지만, 인명 손실과 피해가 엄청났다. 그 후 몇 년 동안 로마인들은 조직적으로 그들을 반대하는 사람들을 학살했고, 기원후 70년에 예루살렘과 성전을 완전히 파괴했다. 예루살렘 성은 완전히 무너졌고, 그 시민들은 고문을 당했고, 노예가 되었으며, 십자가에 못박히고, 죽임을 당했다. 이 사건은 유대교와 기독교를 영원히 바꾸어놓을 만한 사건이었다. 유대교는 다윗성과 그곳에 있는 거룩한 성전에 대한 지배권을 잃게 되었고, 그 결과 성전이 없는 종교가 되었으며, 대신 **회당**에서 **토라**의 연구와 실천에 집중하게 되었다. 기독교의 중심 역시 이동했으며, 기독교는 로마 제국 전역에 있는 도시 교회들에 더욱 폭넓게 자리를 잡게 되었다.

제2성전기의 역사적 사건에 대한 이와 같은 간략한 검토는 매우 불안정한 시기에 일어났던 급격한 변화에 대한 통찰력을 제공한다. 왕과 정부의 활동은 필연적으로 사람들의 삶에 영향을 미친다. 그러나 이것은 사람들이 무엇을 믿고 또 왜 그들이 그런 행동을 하는지에 관한 질문을 피상적으로만 다룰 뿐이다. 우리는 역사적 사건을 넘어 사람들의 경험이라는 상호 연관된 상징 세계를 탐구해야 한다.

기원후 1세기 유대교의 상징 세계

우리는 흔히 유대교와 기독교를 별개의 두 세계 종교로 생각하지만, 기독교가 유대교에서 탄생했으며 유대교의 세계관, 거룩한 글, 그리고 역사의 많은 부분을 공유하고 있음을 기억해야 한다. 기독교는 항상 자신을 창세기에서 시작하는 하나님의 사역 이야기의 **성취** 혹은 궁극적 목표로 이해해왔으며, 자신을 완전히 다른 것으로 이해하지는 않았다. 예수, 사도들, 그리고 신약성경의 모든 저자에게 "경전"은 히브리 성경을 가리키는데, 후대에 그리스도인들은 이를 구약성

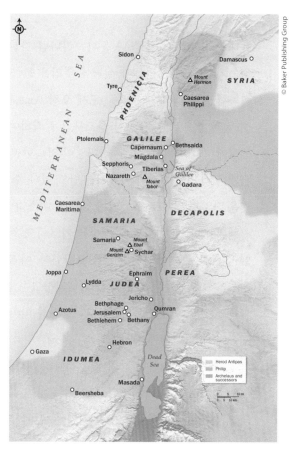

그림 3.2. 예수가 살던 시대의 행정 구역. 예수가 살던 당대에는 여러 행정 구역이 존재했다. 요단강 서쪽에는 갈릴리, 사마리아, 유대가 있었다. 요단강 동쪽에는 헤롯의 아들 빌립이 통치했던 작은 구역들이 있었고, 데가볼리는 북쪽에 있었으며, 남쪽에는 헤롯 안티파스가 다스리는 페레아가 있었다(그는 갈릴리도 다스렸다).

경이라고 부르게 된다. 그러므로 신약성경의 주요 배경과 세계는 언제나 이스라엘의 경전(히브리어판과 그리스어판 둘 다)과 이스라엘의 이야기가 될 것이다.

문학

유대교와 기독교는 둘 다 문서―하나님 자신을 계시한 것으로 이해되는 책―가 지도하는 믿음과 실천에 뿌리를 둔 신앙이다. 히브리인들에게 이 거룩한 글 모음집의 토대는 **모세 오경**(Pentateuch)이다. 이는 모세가 쓴 다섯 권의 책으로서, 세상의 창조부터 시작하여 이스라엘이 이집트의 노예 생활에서 해방되고, 그 후 하나님이 약속한 땅에서 그의 백성들과 특별한 관계를 맺는 것까지의 이야기를 담고 있다. 현재 남아 있는 히브리 성경 39권은 다양한 장르로 구성되어 있는데, 이스라엘 역사의 흥망성쇠, 시, 노래, 지혜의 가르침, 하나님의 백성을 가르치고 책망하며 격려하기 위해 하나님이 보낸 많은 예언자의 글을 포함한다. 이 모든 글은 아람어([히브리어의] 동족 언어)로 기록된 소수의 글을 제외하고는 전부 히브리어로 기록되었다. 모든 히브리 어린이들은 히브리 성경의 이야기와 노래를 배우고 외워서 세상에 대한 이해를 형성했다.

이런 주요한 문서들 외에도, 히브리 사람들은 특히 제2성전기 동안 다른 문서들을 많이 기록했다. 여기에는 에녹, 솔로몬, 아브라함과 같은 성경의 유명한 사람들의 저서로 여겨지는 이야기와 예언의 모음집, 즉 **구약 위경**이 포함된다. 우리는 이와 같은 문서들 가운데 다수를 완전하거나 부분적인 형태로 갖고 있는데, 이는 주로 후대 언어로 번역된 것이며, 이런 책들 가운데 다수는 그 당시에는 널리 회람되었으나 지금은 분실되었다.

또한 이 시기 동안 유대교 내의 다양한 하위 집단은 경전을 해석하는 그들 나름의 방식을 반영한 문서를 만들어냈다. 시간이 흐르면서 유대교 내에서 **랍비**, 즉 율법을 가르치는 선생들의 역할이 공고해졌고, 이 랍비들의 말씀과 특별한 해석은 암기되고 결국 기록되었다. 이런 일은 수백 년에 걸쳐 일어났고, 예루살렘 탈무드와 바빌로니아 탈무드라고 불리는 두 개의 주요 모음집으로 집대성되었다. **탈무드**는 **미쉬나**(Mishnah)라고 불리는 다양한 랍비의 가르침과, 후대에 이를 확대하고 보충한 **게마라**(Gemara)로 구성되어 있다. 비록 이 모음집들의 최종 형태가 기원후 4세기에서 5세기의 것이긴 하지만, 이 모음집들은 제2성전기의 많은 어록과 해석을 담고 있다.

또한 **미드라쉬**(Midrash)라고 불리는 방대한 문헌도 마찬가지인데, 이 단어는 "답을 구하다"라는 의미의 히브리어에서 나왔다. 미드라쉬는 경전을 연구하고 조사함으로써 당대의 신학적·실천적 질문에 답을 구하고자 한다. 미드라쉬는 두 가지 범주로 구성되어 있는데, 율법과 종교적 관습에 관해 탐구하는 **할라카**(halakah)와 성경 내러티브를 해석하는 **하가다**(haggadah)다. 이 시기의 글들은 유대교로부터 분리되어 나온 유대인 공동체의 광범위한 글 모음집인 **사해사본**(Dead Sea Scrolls)에서 발견된 유대교 분파들의 여러 작품도 포함하고 있다. 8백여 개에 달하는 다양한 글에는 성경 본문 필사본, 성경 주석 및 의역본, 위경, 묵상 자료, 공동체의 삶에 대한 지침서 등이 포함되어 있다.

제2성전기의 가장 중요한 발전 중 하나는 히브리 성경을 다른 언어로 번역한 것이었다. 이는 이스라엘 밖에 살면서 다른 언어를 구사하는 유대인의 수가 늘어났기 때문에 필요한 일이었다. 심지어 팔레스타인 내부에서도 시간이 지남에 따라 히브리어가 토라의 특정 연구 외에는 널리 사용되지 않았다. 신앙을 계속 유지하기 위해서는 성경을 당대의 언어로 번역할 필요가 있었다. 아람어(팔레스타인에서 일반적으로 사용된 언어이며, 아마도 예수가 사용했을 것으로 추정됨)로 번역한 성경은 **타르굼**(Targums)이라고 불렀다. 타르굼은 히브리 성경을 아람어로 번역했을 뿐만 아니라 여러 의역과 다양한 설명을 제공했다. 더 중요한 것은 70인역이라고 불리는 성경인데, 이는 히브리 성경을 그리스어로 번역한 성경으로서 그 번역 사업은 대규모 프로젝트였다(원래 70[또는 72]명의 역자가 번역했다고 알려졌기 때문에 흔히 70의 로마 숫자 "LXX"로 축약된다). 이 번역은 기원전 250년경 모세 오경부터 시작되었고 시간이 지나면서 다양한 버전으로 완성되었다. 70인역은 그리스어가 공용어였던 그리스-로마 세계 곳곳에 사는 유대인들이 각자 일상에서 사용하는 언어로 성경을 읽고 이해할 수 있게 해주었다는 점에서 의미가 있다. 이 그리스어 번역은 **"하나님을 경외하는 자들"**이라고 불렀던, 유대교에 매료된 많은 이방인을 포함하여 더 넓은 종교 문화의 세계와 상호작용할 수 있게 해주었다.

70인역에는 히브리 성경의 모든 책과 우리가 현재 **외경**(Apocrypha)이라고 부르는 제2성전기에 제작된 그리스어로 된 14권 또는 15권의 책(계산 방법에 따라 다르다)이 추가로 포함되어 있다. 외경은 일부 히브리 성경의 추가본(에스더서와 다니엘서의 추가본), 일부 기도서와 시편, 지혜로운 삶에 대한 가르침, 수산나(Susanna), 토비트(Tobit), 유딧(Judith)과 같은 중편 소설, 마카비 시대에 대한 방대한 네 권의 역사서(마카베오 1-4서)로 구성되어 있다. 70인역은 비팔레스타인 유대인들에게 사용하기 편리한 책이었을 뿐만 아니라, 특히 기독교가 유대교의 한 종파에서 시작하여 고대 세계 전역에서 점점 더 이방인의 종교로 발전함에 따라 많은 초기 그리스도인들에게 구약성경으로서 매우 큰 영향을 미치고 있었다(신약성경에서 구약을 인용한 것 중 적어도 절반이 70인역을 인용한다). 70인역은 동방 정교회에서 구약성경의 역할을 계속하고 있다. 로마 가톨릭 전통은 구약 외경의 책들을 여전히 정경의 일부로 여기지만, 개신교 전통은 그리스어 문서보다 히브리어 문서를 중요시하고, 외경이 유익한 정보를 준다고 여기지만 권위를 지닌다고 생각하지는 않는다.

1세기 유대인들의 상징 세계는 많은 문서와 사상들로 풍요로웠다. 이 시기의 유대인들은 그들 자신의 역사와 정체성이 다른 사람들과 다르다는 점을 잘 인식하고 있었다. 사상과 그 영향력은 엘리트 학자들 집단뿐만 아니라 유대인들의 일상생활에도 영향을 미쳤다. ▶

신앙

우리가 주목했듯이, 제2성전기 유대인들은 텍스트와 사상으로 가득 찬 세상을 물려받았다. 그 결과 그들의 상징 세계는 깊이 간직된 여러 신념에 의해 작동했는데, 일부는 매우 오래된 것들이며(심지어 그 당시에도) 일부는 환경과 필요 때문에 발전되어온 것들이었다. 우리는 앞으로 이런 핵심 사상의 일부를 간략히 논의하겠지만, 먼저 유대인들에게 "신학"이 마치 통마늘에서 추출한 마늘가루처럼 추상적 명제의 집합이 아니었다는 것을 주목해야 한다. 오히려 구약성경과 유대교의 기본적인 신학은 하나님이 세상을 창조한 것과 그의 백성을 돌보고 다

> ▶ **서론적 문제**
>
> ### 구약 위경 및 추가된 구약 위경
>
> 독자들은 얼마나 많은 문헌이 구약성경 위경의 범주에 속하는지 알게 되면 놀랄지도 모른다. 여기에는 에녹, 솔로몬, 아브라함과 같은 구약성경에 등장하는 유명한 인물들의 이름으로 기록된 작품들이 있다. 1980년대에 제임스 찰스워스(James Charlesworth)라는 학자가 이 가운데 내용이 상당히 긴 60권이 넘는 작품을 두 권의 두꺼운 영어 번역본으로 만들었다. 2000년대 초에는 리처드 보컴(Richard Bauckham), 제임스 다빌라(James Davila), 알렉산더 파나요토프(Alexander Panayotov)가 60여 개의 작품을 800쪽짜리 책으로 편집했다. 이 작품들 중 일부는 단편으로만 남아 있으며, 정확한 기록 연대는 알기 어렵다. 그럼에도 이런 작품들은 널리 퍼져 있었고, 신약성경의 개념 및 본문의 배경의 일부로서 역할을 담당한다.

스리는 그의 활동에 관한 **이야기**다. 다시 말해 유대교는 우리가 확인할 수 있는 핵심적인 믿음 체계가 그 안에 존재하지만, 세계관이자 실천이다. 즉 유대교는 하나님께 충성을 다하며 이 세상을 이해하고 그 세상 안에서 살아가는 일종의 존재 방식으로서, 역사적 이야기에 뿌리를 두고 있으며 그 이야기에 근거하여 설명된다.

이것을 염두에 두고 우리는 이 이야기 안에서 몇 가지 핵심적인 신앙을 확인할 수 있다. 데이비드 웬함(David Wenham)과 스티브 월튼(Steve Walton)은 "제2성전기 유대교의 다섯 가지 주요 특징"을 유용하게 나열했다.[2]

1. 참된 하나님은 한 분이다.

유대인의 이해와 일상의 삶에서 기초가 되는 것은 **쉐마**, 즉 "이스라엘아, 들으라! 우리 하나님 여호와는 오직 유일한 여호와이시니"라는 말씀이다 (신 6:4). 이렇게 철저한 **유일신론**, 즉 참되고 뛰어나신 단 한 분 하나님에 대한 믿음—많은 신들 가운데 하나의 신을 숭배하는 택일신론(henotheism)이 아님—은 다른 사람들이 숭배하는 신들이 창조자가 아니라 단지 우상, 피조물에 불과할 뿐임을 의미한다. 유대교 유일신론은 이 참되신 단 한 분 하나님이 이 세상에 존재하는 모든 것을 창조했다는 믿음, 이 하나님이 여전히 세상에 적극적으로 관여하고 있다는 믿음, 그리고 언약을 통해 그의 피조물과 관계를 맺는다는 믿음을 포함한다.

2. 하나님이 이스라엘을 선택했다.

하나님은 언약을 통해 그의 피조물과 관계를 맺고(계약 관계), 특정 집단의 사람들, 즉 아브라함, 이삭, 야곱(훗날 이스라엘로 개명됨)의 자손을 선택했다.

이 언약은 하나님의 인격을 보여주며 그가 세상을 구원하고 회복시킬 수단이 된다. 하나님은 그의 피조물을 사랑하며 아브라함에게 약속한 대로 마침내 모든 민족을 축복할 것이다. 이것은 그가 선택한 백성 이스라엘을 통해 이루어질 것이다.

3. 하나님이 어떻게 살아야 할지를 가르쳐주었다.

이스라엘의 하나님은 단순히 자신의 진노를 달래기 위한 제사를 요구하는 멀리 있는 신이 아니다. 그는 언약 백성들이 번영하기를 원하기 때문에 그들에게 예배하고, 일하고, 하나님 및 이웃과 관계를 맺는 방법에 대한 지혜로운 가르침을 주었다. 이것이 바로 토라("율법"이라기보다는 "언약적 교훈"으로 이해해야 한다)다. 유대교 경전의 다른 부분들은 이스라엘의 힘들고 어려운 역사 전반에 걸쳐 이 교훈을 강조하고 적용한다.

4. 하나님이 그의 백성에게 땅을 허락했고, 성전은 그 땅에서 중심적 역할을 한다.

하나님이 아브라함과 체결했고 이집트에서 나올 때 다시 갱신한 언약의 핵심에는 이스라엘이 하나님을 그들의 왕으로 모시고 살면서 그 안에서 번영을 누릴 것이라는 땅에 대한 약속이 있었다. 하나님이 그들을 이집트의 노예에서 건져낸 후, 그들은 마침내 여호수아의 지도하에 약속의 땅에 들어가게 되었다. 이 왕국은 다윗과 솔로몬의 통치 아래 있었을 때 전성기를 누렸고, 예루살렘과 성전을 건축했다. 그 후 수 세기 동안 계속된 쇠퇴와 약속의 땅에 대한 최종적인 주권 상실은, 심지어 오늘날에도 중동 지역에서 볼 수 있듯이, 이 땅에 대한 유대인들의 열정과 헌신의 많은 부분을 설명해준다.

5. 하나님이 미래에 대한 희망을 주었다.

하나님은 다윗 왕과 솔로몬 왕 시대에 이 왕들의 후손이 기쁨으로 하나님의 백성을 다스릴 미래를 줄 것을 약속했다. 구약성경의 예언자들은 암울한 수십 년과 그 후의 여러 세대 동안 이 메시지를 계속 반복해서 전했다. 이런 큰 소망은 왕으로 기름 부음을 받은 미래의 메시아/그리스도에게 집중되는데, 그는 이스라엘의 영광을 회복하고, 세계의 모든 민족을 축복하고, 하나님과의 완벽한 평화의 관계를 완성하기 위하여 다시 올 것이다(특히 사 40-66장을 보라). 이것은 **하나님 나라**로 불리는 용서, 순결, 기쁨, 샬롬의 시대와 장소를 만들 것이다. 제2성전기 동안 하스몬 왕조에서 이러한 일이 일어난 것처럼 보였으나, 이 왕조 역시 부패와 멸망으로 끝났다. 기원후 1세기 무렵 로마 제국의 강력한 지배 아래에서 유대인들은 약속된 메시아를 통해 하나님의 나라가 오기를 간절히 바랐다.

이런 각각의 핵심적인 신앙은 히브리 성경에서 발견될 수 있다. 제2성전기 동안 이런 신앙의 일부는 유대인들이 살고 있는 정치적·사회적 세계가 변함에 따라 다소 중요해졌다. 예를 들어 이스라엘이 모든 민족에게 복이 될 것이라는 비전은 아브라함의 이야기로 시작하여 예언자들에 의해 반복되었다. 그러나 수 세기 동안 유대인들이 수많은 이방 나라의 압제를 받은 것은 대부분의 유대인들이 그들과 이방 나라들의 관계를 제사장적인 은혜를 베푸는 관계로 보지 않았다는 것을 의미했다. 오히려 그들은 이방 나라들을 하나님이 멸망시켜야 할 원수들로 보았다. 또한 **할례**, 안식일 준수, 엄격한 코셰르 음식법과 같은 토라에 규정된 특정 관습들이 훨씬 더 강조되었다. 이런 것들은 제2성전기에 신실한 유대인이란 무엇을 의미하는지를 보여주는 표지가 되었는데, 이는 성전에서 예배를 드리는 것이 더 이상 불가능했거나(성전이 파괴되었거나 다른 나라들의 지배를 받았을 때) 전 세계에 흩어져 사는 유대인들에게는 성전이 너무 멀리 떨어져 있었기 때문이었다. 게다가 이런 관습들은 신실한 유대인들을 주변의 지배적인 문화와 구별했으며, 심지어 그들이 느끼기에 주변 사람들과 환경을 지나치게 수용함으로써 신앙을 타협했던 다른 유대인들과도 뚜렷하게 구별했다(아래의 헬레니즘을 보라).

또한 이 시기에는 또 다른 유대교 신앙과 관습이 성경의 다른 가르침들에서 발전했다. 이 가운데 다수가 이 시기의 다른 문서들에 반영되어 있다. 예를 들어 제2성전기에는 유대인들이 회당에서의 모임에 그들의 삶의 중심을 두고, 랍비들이 제자들을 모아 토라를 해석하고 그것에 따라 살아가는 법을 가르치는 관습이 생겨났다. 이 시기에 천국과 지옥, 악마와 천사에 대한 유대인들의 생각이 더욱 구체화되었다.

이런 모든 것의 중요성은 무엇일까? 이러한 제2성전기 신앙, 가치관, 헌신의 상징 세계를 이해하는 것은 이와 동일한 세계의 일부분인 신약성경에서 우리가 읽은 내용의 상당 부분을 이해할 수 있도록 도와준다. 특히 이런 신앙의 배경은 예수가 하나님 나라에 관해 그런 말씀을 하고 그런 일들을 한 이유를 설명해준다. 또한 그것은 그가 당대의 유대인 지도층의 거센 반대에 부딪힌 이유도 설명해준다. 모든 점에서 예수는 이런 핵심 신앙을 공유했지만, 그의 가르침과 행동을 통해 그것을 변화시켰다. 이것은 초기 기독교가 어떻게 유대교에 뿌리를 두는 동시에 그것과 충돌하는지를 설명하는 데 많은 도움을 준다.

사람들

가장 기초적인 수준에서, 유대인의 마음에는 세상에 유대인과 비유대인/이방인이라는 두 그룹의 사람들이 항상 존재해왔다. 이것은 자신들이 하나님의 **선택받은 백성**이라는 유대인들의 자기 이해에 뿌리를 둔다. 그러나 심지어 인종적으로 그리고 종교적으로 동질성을 지닌 유대교와 같은 문화 안에서조차도 사람들 사이에는 다양한 견해와 관습이 존재한다. 격변기와 과도기에는 훨씬 더 다양한 것이 발견된다. 1세기 유대교는 놀라울 정도로 다양했으며, 서로 자주 논쟁을 벌이는 여러 하위 그룹이 있었다. ●

신약성경에서 가장 잘 알려진 하위 그룹은 바리새파라고 불리는 집단이다. 그들은 당시 유대교 보수주의자들이었으며, 토라를 위시하여 이와 비슷한 방향으로 발전한 랍비 전승에 담긴 하나님의 계명을 철저하게 연구하고 실천하는 데 초점을 두었다. 그들의 이름은 다른 사람들과 "분리된다"라는 개념에서 유래되었고, 그들의 초점은 정결 또는 제의적 정결에 있었다. 그들은 전통적 유대교를 재발견하고 지키려는 열의로 가득했던 마카비 시대에 뿌리를 두고 있다. 하스몬 왕조가 더욱 정치적으로 변하고 부패하면서, 경건한 사람들이 주도하는 이런 운동이 생겨났는데, 그들은 종종 유대인 통치자들과 충돌하고 때로는 강경한 태도로 인해 박해를 받기도 했다. 자신의 주변에 제자들을 거느리고 높은 사회적 지위를 얻은 많은 랍비 혹은 율법 교사들이 바리새인이었던 것처럼 많은 율법 전문가(**서기관**이나 **율법사**) 역시 바리새인이었다. 예수가 살던 시대에 바리새인들은 제대로 교육받지 못하고 가난한 시골에 거주하던 유대인 집단인 **암 하-아레츠**(*Am ha-Aretz*["그 땅의 백성"])에게 큰 영향력을 행사했는데, 이는 바리새인들이 비유대인들이 사는 세상 가운데서 안식일 준수 및 정결 유지와 같은 복잡한 문제들과 관련하여 유대인으로서 신실하게 사는 방법에 대한 많은 세부 사항에 있어 신뢰할 수 있는 권위자로 간주되었기 때문이다.

이 스펙트럼의 다른 끝에는 예루살렘의 종교-정치 기득권 계층에 속했던 유대인들이 있다. 그들 중 최고위층은 **사두개파**라고 불리는 집단이었는데, 그들은 일반적으로 하스몬 왕조 후기부터 제사장직과 정치권력을 장악해온 가문 출신이었다. 이 집단의 구성원들은 대개 부유했고, 세금과 성전 활동을 관리했으며, 로마 정부와 정치적 관계를 맺고 있었다. 그들은 모세의 추종자들이었고 토라를 구속력 있는 것으로서 존중했지만, 예언자들의 문서와 같은 다른 문서들이나, 육체적 부활과 천사와 같은 제2성전기에 발전된 다른 신앙들은 존중하지 않았다. 부와 권력을 장악한 그들은 메시아가 와서 정부를 전복시키고 새로운 왕국을 세우기를 바라는 희망에는 별 관심이 없었다. 비슷한 부류로는 **헤롯당**(마 22:16; 막 3:6; 12:13)이라고 불리는 작은 집단이 있었는데, 그들은 헤롯 왕조를 지지했기 때문에 로마 제국의 기득권 계층의 일부였다고 말할 수 있다.

다른 유대인들은 그들 주변에 만연한 종교적·정치적 부패에 저항하는 것에서 그들의 정체성을 발견했다. 바리새파보다 더 엄격한 집단은 **에세네파**로, 그들은 **금욕주의**(일반적으로 독신주의를 포함함)에 초점을 두었고, 당대의 제사장직을 부정하다고 간주하여 거부한 제사장 집단이다. 일부 에세네파는 시골 마을에 살았고, 다른 에세네파는 예루살렘에서 살았으나, 또 다른 에세네파는 완전히 고립되어 광야에 있는 공동체에서 살았다. 사해사본이라고 불리는 장서를 제작하고 관리·보존했던 쿰란 공동체는 아마도 에세네파였을 것이다. 그들은 그들만의 엄격한 율법과 거룩하게 구별된 달력을 따랐고, 그들만의 "의의 교사"(Teacher of Righteousness)를 모시고 있었다. 또 다른 집단인 **열심당**(Zealots)은 종종 교묘하게 암살 공작과 납치를 꾀하고, 로빈 후드와 같이 로마인들의 마차를 공격하고 도둑질하면서 로마 압제자들로부터 유대인들을 정치적으로 독립시키는 일에 집중했다. 로마의 눈에 혁명가들로 보였던 그들은 오직 고문과 십자가 처형으로만 제압할 수 있는 테러리스트들이었다.

신약성경에 여러 번 등장하는, 이 시기의 또 다른 집단은 **사마리아인**이다. 고대 이스라엘에서 유대 북쪽과 갈릴리 남쪽 지역이었던 사마리아는 기원전 722년에 아시리아인들에 의해 멸망했다. 자신들이 유대인이라고 여기는 사마리아인들과 주변 지역의 다른 유대인들 사이에는 수 세기에 걸쳐 갈등과 증오가 존재했다. 사마리아인들은 그리심산에 그들의 신전이 있었고, 그들만의 모세 오경을 갖고 있었다. 예수 시대에 유대인들은 사마리아인들을 완전히 피했으며(참조. 요 4:9), 사마리아 지역을 통과하지 않으려고 일부러 먼 거리를 돌아서 여행하기도 했다.

마지막으로 방대하고 영향력 있는 글로 우리에게 잘 알려진 이 시기의 개별 유대인 몇 사람을 언급하는 것이 좋을 것이다. 첫 번째는 기원후 70년에 로마인들에게 항복하고 결국 로마에서 살게 된 유대인 장군 **요세푸스**(Josephus, 기원후 37-100년)로, 그는 매우 긴 「유대전쟁사」(History of the Jewish War)를 포함한 몇몇 중요한 작품을 썼는데, 우리가 가진 제2성전기 유대교에 대한 많은 정보는 바로 그에게 얻은 것이다. 다른 사람은 **필론**(Philo, 기원전 20-기원후 50년)인데, 그는 당시 세계 지성의 수도였던 이집트 알렉산드리아에서 고등 교육을 받은 유대인 철학자였다. 필론은 그리스 철학 체계와 문서 해석 방법을 유대교 사상 및 구약성경 연구와 통합시켰다. 그의 광범위한 글들은 유대인뿐만 아니라 많은 초기 기독교 신학자들에게도 영향을 미쳤다.

문화

알렉산드리아의 필론은 헬레니즘화가 유대인의 사상과 삶에 미친 문화적 영향을 보여주는 대표적인 사례이기 때문에 제2성전기 유대교의 문화를 토론하기 위한 좋은 연결고리를 제공해준다. 위에서 언급했듯이, "헬레니즘화"는 알렉산드로스 대왕이 자신이 정복한 지역 전체에 그리스 문화를 전파하고자 한 계획을 가리킨다. 다른 많은 정복자와 달리, 알렉산드로스는 그가 정복한 문화를 파괴하려고 하지 않았다. 대신에 그는 점령된 사회가 그가 우월하다고 생각하는 그리스식의 언어, 건축, 군사, 정부의 형태로 탈바꿈할 것을 장려했다.

그리스 문화는 기존 사회에 통합되어 마치 누룩이 반죽 덩어리에 퍼지는 것처럼 스며들었기 때문에 결과적으로 그 문화가 사회 곳곳에 스며들어 지속적인 영향을 미쳤다. 그리스의 건축, 스포츠, 신전, 공중목욕탕, 학교, 헤어스타일, 철학, 조각상이 소아시아, 팔레스타인, 중동, 북아프리카, 인도 전역에서 생겨났다. 가장 주목할 만한 것은 그리스어와 혼합된 형태의 언어가 공통어 또는 보편적 언어가 되어 훗날 유럽의 라틴어와 오늘날 전 세계에서 사용하는 영어처럼 다양한 사람이 서로 의사소통을 할 수 있게 해주었다는 점이다.

이 시기에 유대교에 영향을 미친 헬레니즘화의 중요성은 아무리 강조해도 지나치지 않다. 헬레니즘화는 유대교(와 따라서 기독교)에 정치나 사상보다 더 깊은 차원, 즉 상징 세계의 차원에서 사람들이 생각하고 세상과 소통하는 방식에 영향을 미쳤다. 물론 유대교의 뿌리는 하나님의 계시와 이

그림 3.3. 그리스-로마의 복장(1세기에서 2세기 중반)을 갖춘 파키스탄의 불상. 헬레니즘의 영향력이 널리 확산했음을 보여주는 한 가지 주목할 만한 예는 바로 천년의 역사를 지닌 그리스-불교 예술 전통이다. 알렉산드로스와 그의 수행원들이 오늘날의 아프가니스탄, 파키스탄, 인도 아대륙에 주둔했을 때, 그들은 일반적으로 불교와 우호적인 관계를 맺고 있었다. 불교 건축, 동전, 조각술 및 조각상들은 매우 빠르게 그리스의 주제, 헤어스타일, 의복, 신들을 반영하기 시작했다. 그 결과 오늘날 표준으로 인정받는 부처 묘사의 주류를 이루는 작품들조차도 그들의 전통에 스며든 그리스 문화의 영향을 보여준다.

스라엘의 이야기지만, 알렉산드로스의 시대부터 기독교의 출현까지 유대교의 역사는 헬레니즘과 유대교가 상호작용하는 이야기다. 이런 상호작용은 다양했지만ㅡ그리스 문화의 완전한 채택에서부터 완전한 거부에 이르기까지ㅡ모든 경우에 문제를 규정하고 논쟁과 관행을 형성해나간 것은 헬레니즘이다.

사실상 헬레니즘에 대한 다양한 반응이 제2성전기 유대교 내에서 여러 집단 간의 다양성을 만들어냈다. 필론과 같은 많은 유대인들은 유대교 신학과 그리스 철학을 깊이 결합시켰다. 수많은 유대인이 오직 그리스어로 된 성경(70인역)만을 읽는 법을 배웠고, 하스몬가의 유대인 통치자들은 그들의 자녀들에게 알렉산드로스와 아리스토불로스 같은 명백한 그리스식 이름을 지어주었다. 그러나 유대교 관습보다 헬레니즘을 극단적으로 장려한 것은(안티오코스 에피파네스) 마카비 혁명을 초래했고, 결국 외국의 영향력에 대항하여 유대교 신앙을 다시 강조하는(바리새파) 결과를 낳았으며, 일부 유대인들은 사회를 완전히 떠나게 되었다(에세네파). 사상의 수준에서 우리는 헬레니즘과의 교류를 반영하는 언어와 개념들을 70인역에서 발견할 수 있다. 그것이 그리스어 번역본이라는 사실이 출발점이긴 하지만, 그리스어 교육은 지혜 및 묵시 전승의 발전뿐만 아니라 본문 해석의 방식에도 영향을 미친다. 심지어 랍비들의 해석 원칙조차도 이집트의 알렉산드리아에서 유래한 그리스 원칙들에서 그 기원을 쉽게 추적할 수 있다.

제2성전기 동안 대다수 유대인들은 시골의 농촌 또는 작은

에피스페즘(Epispasm, 할례 복원 수술)

헬레니즘이 유대 문화에 영향을 미친 한 가지 다소 불편한 예는 남성들이 할례를 되돌리기 위해 개발한 다양한 절차와 관련이 있다. 그리스 문화는 스포츠와 공중목욕탕 같은 특정한 중요 사회적 환경에서 나체를 드러낼 것을 요구하고 있었는데, 이 둘은 모두 남성이 사업을 하고 사회적 지위를 유지하는 데 있어서 중요했다. 그러나 음경의 끝부분을 드러내는 것은 천박하고 우습고 점잖지 못한 것으로 여겨졌다. 율법에 따르면, 모든 유대인 소년은 할례를 받아야 했는데, 이는 그리스 사회에 참여하기를 원하는 모든 유대인 남성이 한 가지 자명한 문제를 갖고 있었음을 의미한다. 결과적으로 음경의 이 부분을 가리고 할례 효과를 되돌리기 위한 다양한 수술이 개발되었다. 그런 절차 중 한 가지를 에피스페즘이라고 부르는데, 이는 고통스러운 과정을 수반하며, 그 세부 사항은 각자 조사해볼 수 있다. 요점은 헬레니즘의 영향이 심지어 이처럼 가장 개인적인 은밀한 문제에도 침투해서 영향을 미쳤다는 것이다.

촌락에서 경제활동을 하면서 살았는데, 주로 가난했고 재난의 위기 속에서 생활했다. 팔레스타인에는 생선 기름과 어육을 으깨어 만든 식품 등을 생산하는 산업 및 무역과 함께 그리스 스타일의 도시들이 발전하고 있었다. 모든 유대인의 문화는 특정 지역에서 가족과 씨족에 뿌리를 두고 있었으며, 더 넓게는 세상과 완전히 다른, 곧 하나님이 선택하고 따로 구별했다는 그들의 민족적·종교적 정체성에 뿌리를 두고 있었다. 그들은 이스라엘 역사를 재연하는 절기들―안식일, **유월절**, **초막절**, 수전절, 그리고 다른 절기들―을 철저하고 부지런히 준수함으로써 대대로 이 정체성을 유지했다. 따라서 이 시기의 유대 문화는 그들의 종교적 이야기에 깊이 기반을 두었으며, 다양한 유대교 집단은 헬레니즘이라는 복잡하고도 새로운 세계 안에서 그 이야기를 각각 다르게 해석했다고 할 수 있다. ▶

기원후 1세기 그리스-로마의 상징 세계

우리는 지금까지 예수와 초기 기독교의 역사적 배경을 이해하기 위해 제2 성전기 유대교의 세계를 탐구했다. 우리는 유대인의 정체성이 본질적으로 이스라엘의 역사에 뿌리를 두고 있지만, 이런 이스라엘의 역사 이야기와 그리스 문화의 교류가 그들의 정체성에 큰 영향을 끼쳤다는 것을 알게 되었다.

우리는 1세기에 대해 이야기할 때 보통 그 시대의 문화를 묘사하는 것에 작은 수식어 하나를 추가한다. 그것은 단지 그리스가 아니라 그리스-로마다. 이렇게 표현하는 이유는 우리가 위에서 언급한 역사에서 살펴본 것처럼 강대국인 그리스 제국이 필연적인 쇠퇴를 겪었고, 결국 차기 세계의 초강대국인 로마에 점령당했기 때문이다. 로마 제국은 알렉산드로스가 개척한 광대한 지역을 지배하게 되었고 사면팔방으로 그들의 통치를 확장해 나갔다. 기원후 1세기 무렵 유대인들에게 세금을 부과하고, 그들을 지배하고 억압한 것은 그리스인이 아닌 로마인들이었다. 세계의 패권이 그리스에서 로마로 넘어가는 큰 정치적 변화가 있었음에도, 헬레니즘 문화는 지속되었다. 사실 로마 문화의 상당 부분은 그리스식 삶을 수용하고 그것에 약간의 변화를 줌으로써 탄생했다. 그리스 신들은 새로운 이름을 갖게 되었고(예. 제우스가 유피테르가 됨), 로마 철학자들은 아리스토텔레스를 번역했으며, 라틴 시인들은 아테네의 이야기, 연극, 노래를 로마화했다. 결국 로마인들의 언어인 라틴어가 지배적인 언어가 되었지만(최소한 서구에서는), 1세기에 그리스어는 여전히 사람들이 의사소통하는 주요 언어였다(따라서 신약성경은 그리스어로 기록되었다). 따라서 1세기를 이야기할 때, 이 상징 세계를 그리스-로마의 상징 세계라고 묘사하는 것이 가장 적절하다.

신약성경을 기독교 경전으로 읽기

문학

그리스-로마 세계의 문학은 다양하고 정교했다. 철학, 역사, 정치, 연극, 노래, 서사시, 교육, 종교, 도덕적 가르침을 다룬 작품들을 흔히 볼 수 있었다. 이 문학의 대부분은 여전히 서구 사상의 기초가 되며 고전 교육의 근본을 이룬다. 예를 들면 「일리아스」나 「오디세이아」 같은 호메로스의 시, 사람들에게 고결하고 도덕적인 삶을 살도록 가르치기 위한 아리스토텔레스의 「니코마코스 윤리학」, 사람들이 인간의 번영을 경험할 수 있도록 사회를 구성하는 방법에 대한 비전을 제시한 플라톤의 「국가」 같은 철학 작품이 대표적이다. 그리스의 극작가들은 소포클레스의 「오이디푸스 왕」과 「안티고네」 같은, 오늘날에도 여전히 공연되는 작품들을 썼다. 헤로도토스(역사의 아버지로 여겨짐)와 투키디데스 같은 역사가들은 전쟁, 여행과 위대한 인물들에 대한 상세한 이야기를 만들어냈다. 라틴 작가 베르길리우스는 그리스 문화의 유산을 바탕으로 로마인들을 위한 서사시 「아이네이스」를 썼으며, 오비디우스는 영향력 있는 「변신 이야기」 같은 작품에서 사랑과 신화적 주제를 성공적으로 다루었다. 또한 로마인들은 도덕 철학에 대한 그리스 전통을 계속 이어갔는데, 이는 수백 편의 편지와 철학 저서를 통해 **스토아 학파**의 사상을 이어갔던 세네카의 영향력 있는 다수의 작품에서 볼 수 있다.

우리는 지금까지 그리스-로마 세계의 풍부한 문학 유산과 이 세계의 문학 유산이 서구 문명에 끼친 지속적인 영향력을 극히 부분적으로만 다루었을 뿐이다. 우리는 이런 문학이 좀 더 직접적으로 신약성경에 미친 영향을 발견할 수 있다. 신약성경의 문서들은 그리스-로마 세계 안에서 기록되었고, 그 세계 안에 살고 있었던 사람들에게 기록되었다. 신약성경은 다양한 유형의 문학, 예컨대 위대한 지도자의 전기(복음서), 운동의 역사(사도행전), 지혜의 권면(야고보서, 산상수훈), 사람들의 삶에 영향을 주기 위해 기록한 편지들(서신서)로 구성되어 있다.

신앙

그리스-로마 세계는 비록 유일신 사상을 갖고 있지는 않았지만, 유대교만큼이나 종교적이었고 거창한 주제에 관심이 많았다. 그리스인과 로마인 모두 삶의 의미, 어떻게 해야 잘 살고 잘 죽을 수 있는지, 그리고 어떻게 진정으로 행복할 수 있는지에 관한 질문들에 관심을 가졌다. 그리스-로마 철학의 전통은 이러한 질문의 해답을 찾기 위한 여러 방법을 제공했다. 거의 모든 철학 체계는 한 개인이 선하고 아름다운 삶을 경험할 수 있도록 용기, 정의, 절제와 같은 특정 미덕을 지니고 의식적인 삶을 사는 법을 배우는 것에 초점을 두었다. 이 밖에도 **에피쿠로스 학파**, 스토아 학파, **견유학파**와 같은 다양한 학파가 있었다. ▶

또한 그리스인들과 로마인들은 풍부한 종교 문화를 갖고 있었다. 그들의 역사를 거슬러 올라가면 오늘날 우리에게도 잘 알려진 그리스 및 로마 신화에 등장하는 신들, 즉 제우스/유피테르, 아프로디테/베누스, 아르테미스/디아나, 아폴

▶ 서론적 문제

그리스-로마 세계의 다양한 철학 체계

플라톤주의-플라톤의 영향력 있는 철학은 우리가 알고 있는 세계가 보이지 않는 보편적 이데아의 형상을 불완전하게 모방한 것이며, 그 이데아 가운데 가장 높은 것이 선의 이데아라고 강조했다.

회의주의-이 철학 학파는 절대적 진리를 주장하는 것을 피하고, 확실히 알 수 있는 것은 아무것도 없다 혹은 우리가 자신감을 가질 수 있을 만큼 명확하게 전달될 수 있는 것은 아무것도 없다는 것을 강조했다.

견유학파-이는 급진적인 철학으로, 그 추종자들은 부와 권력과 명성을 거부하고, 부끄러울 것이 없이 검소한 삶을 사는 것을 미덕으로 보았다.

스토아 학파-매우 영향력 있는 삶의 방식인 이 철학은 감정과 환경의 지배를 받지 않고, 자기 통제를 배움으로써 진정한 행복을 얻을 수 있다고 보았다.

에피쿠로스 학파-에피쿠로스가 창시한 이 철학은 행복이 적당한 쾌락의 삶을 살고, 육체적 고통으로부터의 해방과 평온함을 추구하는 것을 통해 온다고 가르쳤다.

론/아폴로 등과 같은 신들의 이야기가 있다. 1세기에는 이와 같은 많은 신을 위한 신전이 있었고, 일반 대중은 그 신들을 믿었으며 신들과 관련된 의식에 참여했다. 다른 이들은 이 고대 신들을 더 개념적인 상징으로 보면서도 여전히 사회 구조의 일부로 여기고 그들과 관련된 의식에 참여했다. 시간이 흐르면서 로마 황제들이 신격화되었고, 열성 신자들은 황제들의 동상에 절함으로써 충성을 맹세하며 존경을 표하고 그들을 숭배하게 되었다. 또한 많은 사람이 음식 및 섹스와 관련된 의식과 은밀한 행위를 일삼는 비밀스러운 모임인 신비 종교에 참여했다. 기원후 2세기에는 이와 관련하여 **영지주의**라고 불리는 믿음과 실천 체계가 생겨났는데, 이것은 유대교, 기독교, 그리고 다른 종교와 자주 혼합되었다.

고대 지중해 세계의 사람들은 깊은 영성을 지녔다. 그들은 영적인 존재, 신의 신탁과 예언, 꿈을 해석하는 것의 중요성을 믿었다. 이런 다양한 종교적·철학적 신념은 제2성전기 유대교와 초기 기독교 세계의 일부분을 이루며 일부 신념을 함께 공유하지만, 유대-기독교 세계관과 구별되는 요소를 제공한다.

사람들

우리는 이미 1세기 그리스-로마 세계에 살았던 많은 중요한 철학자, 역사가, 시인들에 대해 간략하게 언급했다. 여기에는 신약성경과 더욱 직접적인 관계를 맺고 있는 몇몇 주목할 만한 집단과 개인들이 있다. 로마 제국은 행정 영역에서 신약성경에 등장하는 많은 인물을 제공했는데, 여기에는 로마 황제들(눅 2:1; 3:1; 행 11:28; 18:2; 25:11)을 비롯하여 다양한 계급의 임명직 관리들, 헤롯 대왕과 그의 아들들(마 2:1; 14:1-12)과 같은 통치자/섭정왕, 그리고 본디오 빌라도(마 27:11; 눅 23:1), 서기오 바울(행 13:7), 갈리오

(행 18:12), 벨릭스(행 23:26)와 같은 **지방 총독**(proconsuls), 글라우디오 루시아(행 23:26)와 같은 호민관/재판관들이 포함된다. 몇몇 **백부장**을 포함하여 로마 병사들도 신약성경에 등장하는데, 백부장은 백 명의 병사를 이끄는 중요한 지휘관 계급을 말한다(눅 3:14; 7: 1-10; 행 10:1; 27:1).

유대인의 관점에서 볼 때 이 사람들은 모두 기본적으로 "비유대인"에 해당했기 때문에, 기껏해야 외부인으로, 최악의 경우에는 원수로 여겨졌다. 이 비유대인들 가운데 중요한 하위 집단은 하나님을 경외하는 자들(행 13:16, 26; 17:4, 17; 18:7)—유대인의 하나님을 경외하는 이방인들—이다. 이 하나님을 경외하는 자들은 비록 (유대교로 완전히 회심한) 개종자들은 아니었지만, 때때로 모세의 명령을 따랐고 유대 공동체에 재정적으로 기부했다(눅 7:4-5; 행 10:2). 기독교로 회심한 다수의 초기 개종자들은 아마도 바울과 다른 사람들이 회당에서 복음을 전하는 것을 듣고 예수가 이방인을 환영하신다는 것을 알게 된 이 그룹의 사람들일 것이다(행 10:1-48). 누가복음과 사도행전은 후원자인 데오빌로에게 헌정한 것인데, 아마도 그 역시 하나님을 경외하는 자였을 것이다(눅 1:3; 행 1:1).

그림 3.4. 그리스 신 제우스의 두상(기원후 69-96년)

문화

그리스-로마 세계의 문화는 유대인들과 지중해 유역의 무수한 하위문화와 많은 가치를 공유했다. 이 그룹들 사이에는 서로 구별되는 독특한 특색들—특히 유대인과 그들의 철저한 유일신 사상—이 있었지만, 이런 그룹의 사람들이 특정한 방식으로 세상을 보고 경험하도록 영향을 미치는 여러 문화적 측면이 있었다. 이것은 오늘날 미국 문화 내의 통일성과 다양성에 비교될 수 있다. 미국 문화 안에는 많은 차이점과 하위문화의 가치들이 존재하지만, 언론의 자유, 부의 축적 가능성, 그리고 법적 권리 등의 중요한 신념은 모든 미국인이 소중하게 여기는 가치다.

위에서 논의한 바와 같이 1세기 그리스-로마 세계에서 모든 유대인과 비유대인이 공유하는 많은 문화적 요소는 당시 만연해 있었던 헬레니즘의 영향에서 비롯되었을 것이다. 이 외에도 우리는 다음과 같은 몇 가지 핵심적인 문화적 가치를 확인할 수 있다.

1. 명예와 수치

사회학자들과 인류학자들은 현대 서구 문화와 달리 고대 세계의 많은 사회가 명예와 수치라는 핵심적인 사회 범주를 중심으로 움직였다는 것을 오랫동안 인식해왔다. "명예란 특정 집단이 중요시하는 자질과 행동을 개인이 얼마나 완벽하게 구현하는지에 근거하여 그의 가치를 공적으로 인정하는 것을 말한다."[3] 즉 명예는 사회에서 사람들에게 지위를 부여하는 하나의 공식 화폐와 같다(현대 서구 사회에서 돈이 그런 역할을 하는 것과 마찬가지다). 명예는 사회가 무엇을 중요시하는가에 따라 부여된다. 반대로 수치는 선과 악에 대한 정해진 기준을 따르지 않음으로써 발생한다. 수치는 개인적인 죄책감과 같은 것이 아니라, 사회에서 개인의 성공을 결정하는 인식 가능한 사회적 가치다. **명예-수치 문화**는 평판, 영광, 이름, 자랑, 그리고 "얼굴"과 같은 많은 언어 개념을 사용한다.

명예-수치 문화는 개인주의적이기보다는 더 응집력이 있고 집단적인 경향이 있다. 집단 정체성은 사회적 행동을 통제하는 주요 수단인 명예 및 수치와 함께 지배적인 역할을 한다. 이런 역동성을 이해하면 우리는 신약성경의 많은 언어와 개념 및 사상, 특히 당대의 문화가 명예 혹은 수치로 여기는 것들에 예수가 다음과 같이 도전하는 방식을 더 깊이 이해할 수 있다. 먼저 된 자가 나중이 되고(마 19:30), 박해와 모욕을 당하는 자들이 명예를 얻으며(마 5:10-12), 다리 저는 자들과 눈먼 자와 가난한 자들이 환대받고 높임을 받는다(눅 14:15-24).

2. 후견인-피후견인 관계

명예-수치 역학과 밀접한 연관성을 지닌 고대 유대교와 그리스-로마 세계는 오늘날 서구 사회와 경제적으로 매우 다른 구조를 지니고 있었다. 소수의 인구—거의 전적으로 출생에 의해 결정되는—가 거의 모든 부와 자원을 소유했고, 전형적으로 이 사람들이 통치자 역할을 했다. 그들을 제외하고 고대 사회의 사람들은 대부분 가족 관계 외에는 사회적 안전망이 거의 없이 항상 재난의 위기 속에서 매우 열악한 삶을 살았다. 이 시기는 두터운 중산층, 자유 시장 경제, 정부의 복지, 그리고 사회적·경제적 신분 상승의 가능성이 존재하는 시기가 아니었다.

대신 사회 구조와 경제는 후견인과 피후견인, 또는 후원자와 피부양자로 이루어진 강력한 위계 체계 안에서 함께 맞물려 돌아갔다. 모든 사람은 사회에서 명확한 위치를 지니고 있었다. 소수의 사람이 거의 모든 자원을 지배하고 관리했기 때문에 다수는 그들 위에 있는 사람들에게 의존했다. 후견인들은 돈, 곡식, 직업, 토지 또는 사회적 출세를 제공해줄 수 있었다. 그 대가로 피후견인들은 후견인의 호의를 사람들에게 널리 알려서 그의 명예에 기여하는 것으로 감사를 표현할 의무가 있었다. 당연히 감사와 존경을 표하는 것은 최고의 덕목 중 하나가 되었지만, 배은망덕은 큰 악덕이었다. 따라서 명예-수치 문화는 **후견인-피후견인 관계**에 기여하고, 그 관계를 영속시켰으며, 물품과 자원은 사회 계층의 아래로 흐르고 이에 부응하여 명예는 위로 흘러갔다.

이런 뿌리 깊은 문화적 현실은 신약성경에서 이런 형태의 사회 경제적 제도를 반영하는 많은 이야기에서 농업 및 돈과 관련된 **비유**의 형태로 종종 나타난다. 여기에는 하나님이 피후견인들이 필요로 하는 모든 것을 제공하는 선하고 완벽한 후견인이며, 피후견인들이 그에게 보여야 할 적절한 반응은 존경과 감사라는 매우 실제적인 의미가 담겨 있다(롬 1:18-25). 동시에 우리는 예수가 자신의 가르침과 행동을 통해 후견인-피후견인 구조의 특정 측면에 종종 도전하면서 하나님의 넘치는 공급을 강조하는 한편, 권력을 가진 사람들이 낮아질 것을 권면하면서 자신의 희생적 죽음을 이에 대한 중요한 예로 드는 것을 볼 수 있다(빌 2:5-11).

3. 가족 및 친족

가정생활의 많은 측면은 모든 문화에 걸쳐 보편적인 특징을 갖고 있다(그렇지 않은 부분들도 많지만 말이다). 사회는 결혼, 육아, 자녀, 형제자매, 대가족에 대한 다양한 관습을 갖고 있다. 유대교와 그리스-로마 세계는 가족이 사회에서 어떤 기능을 했는지에 있어 상당히 중첩되었다. 이 두 세계의 가족은 종종 현대의 가족들보다 서로 더 비슷한 기능을 지녔다. 성경의 가르침과 그리스-로마 세계의 도덕 철학자들은 가족으로서 함께하는 삶에 대해 거의 같은 것을 말했다.

한 개인의 가계와 혈통은 현대 서구에서보다 훨씬 더 강력하게 한 사람의 주된 정체성을 형성했다. "누군가의 아들"이 되는 것은─긍정적으로든 저속한 비판으로서든─세상에서 자신의 지위를 얻는 출발점이었다. 개인들은 개인이기 이전에 먼저 확대 가족이나 친족 집단에 속했다. 한 개인의 명성과 사회적 지위는 크게 수치를 당하거나 두각을 나타내지 않는 한, 그 사람의 조상에 의해 결정되었다. 고대 가정들은 일반적으로 확대된 관계들로 구성되어 있었는데, 그들 모두는 상업이나 제조업에서 함께 일했고, 그들의 자원과 명성을 공유했으며, 다른 누구보다도 먼저 그들의 친족을 보호하고 지원하고자 노력했다. 결혼 관습에서 한 가지 다른 점은 유대인들이 유산과 혈통을 보존하기 위해 혈족 내에서 결혼하는 경향이 있었던 반면, 로마인들은 주로 전략적·경제적 이유로 친족 밖에서 결혼하려고 했다는 것이다.

기원후 1세기의 기독교 상징 세계

(예수를 제외한) 모두가 놀랍게도, 유대교 내에서 박해받는 종파로 시작된 "나사렛인들" 또는 "그리스도인들"의 작은 그룹은 유대교와 그리스-로마 사회를 확장하고 변화시킬 수 있었다. 유대교와 그리스-로마 문화의 교차점에 뿌리를 둔 기독교는 결국 세계 역사에 영향을 미칠 수 있는 자신만의 상징 세계를 창조했다. 초기 기독교는 필연적으로 이 두 개의 상징 세계와 중첩되었다. 하지만 초기 기독교는 독창적이며 예수 그리스도라는 인물을 중심으로 새로운 상징 세계에 기여한다.

문학

기독교가 시작되는 시기에 유대교 경전 외에는 거룩한 글들이 없었다. 신약성경이 "경전"을 인용할 때, 이는 히브리 성경이나 70인역을 가리킨다. 그 밖의 제2성전기 문헌들(70인역 외경과 다른 문서들) 역시 초기 기독교의 개념적 세계의 일부였다. 기독교의 큰 변화는 예수의 가르침과 행위에 대한 구전과 이후의 문서 전승에서 생겼다. 이런 **예수 전승**은 예수 시대에는 스토리텔링과 말씀 선포를 통해 전파되었으며, 초기 기독교 이해의 근간이 되었다. 결국 예수 전승은 복음서라고 불리는 전기의 형태로 기록되었다. 이 과정의 핵심은 그 사건들에 대한 목격자들의 증언, 특히 베드로를 지도자로 하는 예수의 제자들의 증언이었다.

그 후 사도들의 가르침(행 2:42)은 예수에 관한 이야기를 이해하고 전달하는 권위 있는 방법이 되었고, 무엇보다 중요한 것은 이것이 예수의 오심에 비추어 유대교 경전을 새롭게 해석하는 방법이 되었다는 점이다. 사도들의 가르침과 말씀 선포는 유대교 경전을 기독교적으로 다시 읽는 것과 예수의 고유한 가르침을 적용하는 것의 조합으로 이루어졌다. 결국 이 사도들은 도덕적·신학적 문제들과 싸우고 경전을 읽고 예수를 이해하는 정통적인 방법을 설명하기 위해 서신을 쓰기 시작했다. 이 문서들은 초기 기독교 공동체에 널리 퍼졌고, 그것들의 출처가 사도들이라는 점에 근거하여 권위 있는 것으로 인식되었다. 결국 유대교 경전과 사도들의 가르침의 결합이 우리가 현재 구약성경과 신약성경이라고 부르는 두 권으로 이루어진 기독교 정경을 형성했다.

제2성전기 유대교와 마찬가지로 초기 기독교 역시 비록 사도들의 가르침과 똑같은 보편적 권위는 없지만, 그 시대의 사상을 대표하는 다른 영향력 있는 문헌을 많이 만들어냈다. 이 문헌에는 예수의 다른 여러 어록과 이야기, 사도행전 이후에 여러 사도가 한 일에 대한 부가적인 설명, 교회를 가르치는 서신들, 종말론적 환상 등이 다수 포함되어 있다(2장을 보라). 이 사도들의 다음 세대의 제자들은 가르침, 말씀 선포 및 글쓰기의 전통을 이어갔고, 그들에게서 우리가 갖고 있는 많은 문헌이 나왔으며, 그들은 종종 **사도 교부**로 알려진 집단 아래 함께 모였다. ▶

사도 교부

"사도 교부"라는 용어는 최초 사도들의 뒤를 잇는 다음 세대의 기독교 지도자들을 지칭한다. 이들의 글은 신약성경 27권의 일부는 아니지만, 초기 기독교 신학과 실천을 반영하고 있으며, 이들의 글의 상당수가 당대에 큰 영향을 미쳤다. 사도 교부들의 글 모음집에는 로마의 클레멘스, 안티오키아의 이그나티오스, 폴리카르포스의 서신뿐만 아니라 초기 기독교 실천에 대한 지침을 알려주는 「디다케」(Didache) 그리고 비전, 지침, 알레고리적 비유를 담아 인기를 얻었던 「헤르마스의 목자」 등이 포함된다.

신앙

유대교 신학과 마찬가지로 기독교의 신앙 체계도 본질적으로 하나의 이야기이며, 하나님이 자신을 계시하고 세상을 변화시키기 위해 행한 역사적 사건들로 구성되어 있다. 이 이야기에 기초한 특정 사상들은 교리의 형태로 표현될 수 있지만(특히 잘못된 이해와 적용이 나타날 때), 교리는 그 의미를 도출해 낼 수 있는 더 큰 내러티브의 틀에서 결코 분리될 수 없다. 그리스도인들에게 이 내러티브의 틀은 이스라엘이 예수의 **성육신**, 삶, 죽음, 부활, **승천**을 통해 그 최종적 목표에 도달하는 이야기다. 이런 내러티브에 내재하는 신념 중 다수는 기독교 상징 세계의 핵심이 되었고 세계관 진술의 형태로 다음과 같이 표현될 수 있다.

1. 유대인의 하나님은 삼위일체이며, 예수는 성육신한 **하나님의 아들**이다.

    유대교의 중심에는 오직 한 분 하나님만이 존재한다. 기독교는 이것을 전적으로 확증함과 동시에 예수가 자신을 신적 존재라고 주장하고, 오직 하나님만이 할 수 있는 일

Walters Art Museum. Partial museum purchase with funds provided by the S. & A.P. Fund, 1956, and partial gift of Mr. Robert E. Hecht Jr., 1957.

그림 3.5. 비잔틴 타일에 묘사된 안티오키아의 이그나티오스(10세기)

(직접 **죄**를 사하고 자연을 통제하는 등)을 행하며, 부활과 승천을 통해 의로운 자로 입증되었다는 사실도 설명해야 한다. 그뿐 아니라 하나님의 영은 예수와 그의 제자들 안에서 그리고 그들을 통해 역사한다. 기독교는 구약성경의 계시를 거부하기보다는 이 철저한 유일신 사상을 고수하며, 한 분이신 이 하나님이 언제나 삼위―성부, 성자, 성령―로 존재해왔으며, 지금도 성자 예수의 성육신을 통해 그 어느 때보다 더 분명하게 계시되었다고 설명한다(히 1:1-2). 신약성경과 초기 기독교는 이와 같은 삼위일체의 언어로 가득 차 있다(예. 마 28:19; 고후 13:13). 비록 정통 기독교가 이 복잡한 실재를 분명하게 표현하기 위한 최상의 방법을 찾는 데 몇 세기가 걸리고 여러 번의 실수가 있었지만 말이다. ▶

2. 예수는 세상에서 하나님의 모든 약속과 사역을 성취했다.

기독교는 신약 정경의 첫 번째 책(마태복음)을 시작으로 예수가 창세기 1장 이후 하나님이 창조세계를 통해 행한 모든 일을 **성취한** 것으로 이해한다. 예수가 직접 가르친 것과 그 뒤를 잇는 사도들의 가르침은 하나님의 계시 전체를 예수의 행위에 비추어 이해하는 데 초

> ### ▶ 서론적 문제
>
> #### 사도신경
> 기독교적 이해에 대한 초기의 중요한 성찰을 반영한 것 중 하나는 **사도신경**이다. 이것은 사도들이 직접 쓴 것이 아니라 사도적 가르침의 주요 측면을 요약하는 것이며, 오늘날에도 대부분의 교회 전통에서 널리 사용되고 있다. 사도신경은 삼위일체적 구조를 지니며, 열두 가지 핵심 주장을 포함한다.
>
> 나는 전능하신 아버지 하나님, 천지의 창조주를 믿습니다.
> 나는 그의 유일하신 아들, 우리 주 예수 그리스도를 믿습니다.
> 그는 성령으로 잉태되어 동정녀 마리아에게서 나시고,
> 본디오 빌라도에게 고난을 받아 십자가에 못박혀 죽으시고,
> 장사된 지 사흘 만에 죽은 자 가운데서 다시 살아나셨으며,
> 하늘에 오르시어 전능하신 아버지 하나님 우편에 앉아 계시다가,
> 거기로부터 살아 있는 자와 죽은 자를 심판하러 오십니다.
> 나는 성령을 믿으며, 거룩한 공교회와 성도의 교제와
> 죄를 용서받는 것과 몸의 부활과 영생을 믿습니다. 아멘.

점을 맞추고 있다. 하나님이 다윗의 자손 메시아를 통해 장차 인류를 회복하고 이 땅에 그의 통치가 임하게 할 것과 관련하여 그가 했던 모든 약속은 이제 예수를 통해 성취되었다(고후 1:20). 하나님과 인류 사이에 맺은 새롭고 완전한 언약—죄 사함과 경건한 삶, 그리고 이것을 통해 모든 민족이 하나님의 자녀가 되는 것—은 기독교의 자기 이해의 핵심이다. 예수는 권위 있는 선생이자 주님이며, 예수의 삶과 죽음, 부활과 승천은 역사의 중심이 된다. 다시 말해 예수가 누구인지에 대한 기독교의 이해는 오직 예수만을 주로 섬기며 그에게만 전적으로 헌신할 것을 요구한다. 예수는 단순히 다른 믿음과 실천 체계에 덧붙여질 수 없다.

3. 주 예수는 죽은 사람들 가운데서 다시 살아났고, 지금 하나님과 함께 다스리고 있으며, 이 땅에 하나님의 통치를 완성하기 위해 다시 올 것이다.

　　역사를 변화시키는 예수의 실존에 대한 주장은 그의 기적과 능력에 근거하지만, 궁극적으로는 예수가 죽은 후에 하나님으로 말미암아 다시 살아나서 새로운 육체와 영을 지닌 몸을 지니고 존귀와 영광을 받은 후, 하늘로 승천해서 하나님과 함께 온 세상을 다스린다는 사실에 뿌리를 둔다. 다른 많은 사람이 권위를 갖고 가르치고, 추종자들을 모으며, 심지어 기적을 행했다. 그러나 기독교의 성패는 예수가 진리를 말했고, 본질적으로 인간인 동시에 하나님이었음을 입증하는 예수의 육체적 부활과 승천에 대한 역사적 주장에 달려 있다. 예수의 부활은 새로운 메시아 왕국 시대를 열고 인류의 부활과 변화를 예고하는 맛보기 역할을 한다. 이것은 모든 피조물의 **구속**을 알리는 우주적 사건이다. 예수가 승천해서 현재 성부 하나님의 우편에 있다는 것은 그가 인류의 입장에 서서 우리의 죄에 대한 형벌을 짊어지고 제사장의 역할을 계속 담당한다는 것을 의미한다. 왕 또는 하나님의 아들로서 예수의 지위는 그가 하늘에서 세상을 다스리고 지배한다는 것을 의미한다. 따라서 기독교는 미래지향적이 되어 예수가 예언자, 제사장, 왕으로서 어린양의 혼인 잔치와 함께 그의 통치를 완성하고, 그의 왕권에 복종하는 모든 사람에게 정의, 평화, 축복 및 샬롬을 하늘에서 땅으로 가지고 올 때를 기다린다. 교회는 이런 미래의 때를 기다리는 그의 신부다.

4. 하나님이 보낸 성령은 특히 이 세상에서 **그리스도의 몸**인 교회를 통해 일하고 있다.

　　삼위일체인 하나님의 영은 세상이 창조되던 때부터 세상에서 일했고 (창 1:2) 예수의 사역을 통해 강력하게 나타났다. 예수가 승천한 후 하나님은 성령을 그의 증인으로 세상에 보냈고, 모든 그리스도인이 하나님 나라에 적극적으로 동참하는 자가 되도록 채워주고 권능을 주었다. 사람들은 오직 성령을 통해서만 예수를 따를 수 있고 그분이 누구인지를 알 수 있다. 성령 충만한 예수의 권위는 그의 제자들, 즉 그리스도의 몸인 교회에 이양되었다. 성령 충만한 교회는 개별적으로 그리고 집합적으로 예수의 추종자들이 왕의 재림을 기다리는 동안 이 세상에서 예수의 사역을 계속 이어가는 하나님의 가장 중요한 수단이다.

5. 예수는 이 세상의 참된 철학을 가르치는 완전한 인간이다.

　　신약성경은 하나님, 제사장, 왕으로서의 예수에 관해 말하는 다른 모든 주장 외에도, 그가 인류와 함께 하나님의 창조 프로젝트를 완성한다고 분명히 밝힌다. 예수는 아담과 하와가 실패한 곳에서 성공했을 뿐만 아니라 인류를 향한 **텔로스**(*telos*), 혹은 최종적 목표에 이르게 하는 두 번째 아담이자 완벽한 아담이다. 예수는 진정한 인간의 번영이 어떤 것인지를 구현하고, 그에 대한 본보기가 되며, 다른 사람들에게 세상에서 존재하는 그의 삶의 방식을 따르도록 가르침으로써 그들도 이런 충만한 삶에 들어갈 수 있도록 한다. 예수는 단지 교리와 도덕만이 아니라 세상을 이해하는 방식과 그 안에서 존재하는 모든 삶의 방식을 가르친다(이것이 그 당시에 "철학"이라는 용어가 갖는 의미임). 신약성경과 초기 기독교는 예수가 이 세상의 진정한 철학자이며, 기독교가 개인적으로 그리고 공동체적으로 모든 인간을 위한 참된 철학으로 이해되어야 한다고 주장했다.

사람들

최초의 그리스도인들은 무에서 창조된 것이 아니라 제2성전기에 살고 있던 실제 사람들이었으며, 그들 나름의 희망, 인격 및 세계관을 갖고 있었다. 분명히 예수의 첫 제자들 대다수는 유대인이었다. 이는 유대인 메시아 예수가 팔레스타인을 두루 다니며 회당에서 가르치고 설교하며 유대교 경전을 인용하고 설명했기 때문이다. 초기 교회는 이런 패턴을 계속 유지했는데, 처음에는 예루살렘을 중심으로, 그 후에는 유대 지역을 넘어 확산하면서 그곳의 회당과 유대교 공동체에서 이런 패턴을 이어갔다(행 1:8). 그러나 처음부터 일부 이방인들이 예수를 찾아왔고(마 8:5-13; 15:21-28; 막 7:24-30), 치유와 은혜를 얻었다. 로마 백부장, 사마리아인, 그리고 수로보니게 여인이 바로 그들이다. 이들 중 다수는 위에서 논의한 바와 같이 유대교에 대해 약간의 지식과 관심을 가졌으나 완전한 지식을 갖고 있지는 않았던, 하나님을 경외하는 자들이었을 것이다. 유대교와 예루살렘은 기원후 70년경까지 계속해서 기독교의 중심이었으며, 예수의 생물학적 형제인 야고보가 지도자 역할을 했다. 그러나 사도들과 제자들이 사방으로 폭넓게 흩어지자 기독교 교회는 곧 유대인과 이방인이 모두 함께 모이는 교회로 구성되었고(엡 2:11-22), 시골보다는 도시에 집중되었으며, 팔레스타인 외부의 교회가 팔레스타인 내부의 교회보다 더 컸다.

신약성경은 초기 기독교 내에 존재했던 다양한 사람과 그들의 역할에 대해 이야기한다. 첫 번째는 사도들이다. 최초의 사도들은 예수가 자신을 따르라고 부른 베드로를 수장으로 한 열두 제자의 무리다(마 10:2; 눅 6:13). 예수의 부활과 승천 이후 사도들은 맛디아를 배신자 가룟 유다의 후임으로 임명했다(행 1:26). 이 열두 사도는 예수가 모퉁잇돌인(엡 2:20; 계 21:14) 교회의 토대로 묘사되며, 교회 안에서 "첫째"라고 한다(고전 12:28). 하지만 이 "첫째"라는 표현은 본질적으로 가장 박해받고 고난을 당하여 심지어 죽음에까지 이르는 것을 의미한다(고전 4:9). 동시에 몇몇 다른 지도자들도 사도라고 불리는데, 가장 유명한 인물은 바울(롬 1:1; 엡 1:1), 야고보(갈 1:19), 바나바(행 14:14), 안드로니고와 유니아(롬 16:7) 등이다.

교회에서 두 번째 집단은 예언자들이다. 예언자들은 방향을 제시하고 격려의 말을 전하는 성령 충만한 사람들이었다(행 15:32; 21:10; 고전 14:29-32; 엡 3:5). 구약성경에 등장하는 예언자들의 글은 정경의 일부가 되었다. 신약성경에서도 예언자들이 중요한 역할을 하지만(고전 12:28; 엡 4:11), 구약성경의 예언자들의 역할은 신약성경의 사도들의 역할과 더 비슷해 보인다. 또한 사도 바울은 교회에서 **교사**들의 역할을 언급한다(고전 12:28; 엡 4:11; 참조. 약 3:1). 이들은 아볼로(행 18:24-28)처럼 성경을 설명하는 데 능숙한 사람들이다. 말씀 선포를 포함해서 교회를 총괄하는 책임을 지는 자들은 **장로, 목사, 목자**(감독자)라고 불린다(행 11:30; 15:2; 20:28; 엡 4:11; 딛 1:5; 약 5:14; 벧전 5:1; 요이 1절). 교회의 실제적인 봉사의 요구에 도움을 주는 사람들은 **집사**들이었다(행 6:1-6; 롬 16:1; 딤전 3:8-13). 초기 기독교에 관한 가장 놀라운 점 중 하나는 회중 안에 사회의 모든 계층—부자, 노예, 유대인, 로마인, 그리스인, 야만인, 군인, 과부, 고아, 교육받은 자, 낮은 자, 권력자—의 남성, 여성, 어린이들이 폭넓고 다양하게 혼합되어 있었다는 사실과 모든 사람이 환영받았고 그들 모두가 평등한 지위와 가치를 지니고 있었다는 것이다(갈 3:25-29). 그들은 함께 그리스도의 몸이라고 불리며, 다양한 은사와 능력을 지니고 있었지만 모두 하나로 연합되었다(고전 12:12-31; 엡 4:1-16). 이 그리스도의 몸인 교회는 항상 경계를 늦추지 말아야 하는데, 이는 거짓 사도, 거짓 예언자, 거짓 교사들이 그들 가운데 나타날 가능성이 항상 존재했기 때문이다(마 7:15-20; 24:24; 행 20:28-30; 고후 11:13; 요일 4:1-6; 계 2:2).

문화

초기 기독교는 유대교에 뿌리를 두고 있었을 뿐만 아니라 헬레니즘화된 유대교 및 그리스-로마 세계에 존재하고 있었기 때문에, 우리는 초기 기독교의 문화적 관습이 이 두 세계와 중복된다는 사실에 놀라서는 안 된다. 그러나 기독교 공동체 내에는 새로움이 있었는데, 이는 새로운 종류의 사회를 창조해낸 많은 문화적 가치의 변화를 말한다. 사실 기독교 문화는 주변의 유대교 및 그리스-로마 사회의 많은 부분과 어떻게 대조를 이루는지를 통해 이해될 수 있다. 예를 들어 명예와 수치의 경험은 여전히 기독교 세계관에 중요한 요소로 남아 있었지만(유대인과 로마인 모두에게 그랬던 것처럼), 완전히 반대의 의미로 적용되었다. 그리스도인들은 비천하고, 수치를 당하고, 십자가에 못박히고, 세상적인 기준으로 볼 때 전혀 가치 없는 사람을 존경하고 예배했다. 그 결과 그리스도인들은 이와 동일한 태도로 자신의 영광과 명예를 추구하지 않고, 십자가에 못박힌 그리스도 안에서 자랑하며(갈 6:14), 사회에서 어리석고 천한 자로 여겨지는 것을 기꺼이 받아들였다. "나중 된 자로서 먼저 되고 먼저 된 자로서 나중 되리라"(마 20:16). 게다가 (유대교와 로마) 사회에서 지위가 낮고 "작은 자들"—고아, 과부, 가난한 사람, 병든 사람, 여성, 노예, 어린이 등—을 동등한 사회구성원으로 귀하게 여기고 심지어 칭송하기까지 했다(엡 5:22-6:9; 골 3:18-4:1; 약 2:1-13).

기독교 문화는 가족과 부에 대해서도 다른 관점을 취했다. 초기 그리스도인들은 예수의 모범을 따라 서로를 "형제"와 "자매"라고 부르기 시작했는데, 이는 가족과 친족관계에 대한 완전히 새로운 시각을 반영하는 것이었다. 그리스도인들에게 한 개인의 생물학적 가족의 중요성은 그리스도 안에 있는 자들이 공유하는 새로운 정체성과 비교할 때 부차적인 것이었다(마 12:46-50; 19:29; 눅 14:25-27). 인종, 사회적 지위, 도덕적 배경과 상관없이, 그리스도를 따르는 사람은 누구나 하나님의 가족의 일원이 되었다. 마찬가지로 후견인-피후견이라는 문화적-경제적 제도 역시 기독교 비전에 의해 변화되었다. 즉 하나님이 풍족하게 베풀어주는 위대한 후원자로 여겨지고 그의 피조물들은 수혜자로 간주되는데, 그들은 자신이 가지고 있는 부를 나누어 도움이 필요한 사람들을 도와야 했다(행 2:44-46; 딤전 6:17-19; 약 1:27; 요일 3:17).

초기 기독교는 **파이데이아**(*paideia*)—개인의 번영과 평화의 사회를 건설하기 위해 사람들을 지적·도덕적으로 교육하는 것. 기독교의 경우 예수가 철학자 또는 교육자다—라는 그리스-로마의 비전을 채택했지만, 많은 가치관이 변화되었다. 그리스도인들은 가장 큰 미덕인 정의 또는 가장 큰 재능인 수사학적 기술 대신에 타인에 대한 사랑과 긍휼을 최고의 미덕으로 가르치는 한편, 수사학적 기술을 성령이 주는 권능으로 대체했다. **성령의 열매**—사랑, 희락, 화평, 오래 참음, 자비, 양선, 충성, 온유, 절제(갈 5:22-23)—는 그리스도인이 되는 것의 의미를 결정하는 기준이 되었다.

로마 제국에서 아기들 구조하기

1세기 로마 제국에서는 일반적으로 여자아이보다 남자아이를 더 중요하게 여겼으며, 영아를 살해하는 관습—아기들을 바깥에 내버려 두고 죽을 수 있는 상황에 노출시켰다—이 매우 흔한 일이었다. 그리스도인들은 모든 피조물의 생명을 소중히 여겼고, 그런 아기들을 구조하기 시작했다. 그들은 때로 아기들을 제대로 묻어주거나(많은 장례식 비문이 보여주듯이) 그들이 살아 있다면 그들을 입양해서 기르고 교육했다. 훗날 수도원들이 흔히 이런 책임을 떠맡아 고아들을 돌보고 양육하게 되었다. 그 결과 기독교 신앙은 교회 초기에 도움이 필요한 사람들을 돌보고 그들을 긍휼히 여김으로써 명성을 얻게 되었고 특히 여성들 사이에서 크게 성장하게 되었다.

이 모든 것은 신약성경의 기독교가 유대교와 그리스-로마 세계 안에서 생겨나서 그 안에 존재하고 있었지만, 예수 그리스도의 계시를 중심으로 하는 기독교 고유의 사회와 문화를 만들어냈다는 것을 의미한다. 초기 그리스도인들은 결국 그들 자신을 제3의 종족, 즉 새로운 인류라고 말했는데, 이는 그들 자신의 위대함 때문이 아니라 예수와 함께하는 그들의 정체성 때문이었다. 신약성경의 글들은 이렇게 복잡한 상징 세계를 배경으로 읽으면 훨씬 더 잘 이해할 수 있다. ▶

기독교적 읽기를 위한 질문

1. 신약성경의 "상징 세계"를 이해하는 것이 당신이 신약성경을 읽는 데 어떤 영향을 미치는가? 당신이 그 "상징 세계" 안에서 신약성경을 이해할 때 깨달음을 주는 특정 구절의 구체적인 예를 제시하라.

2. 마태복음 2장을 읽어보라. 제2성전기의 헤롯 왕조의 배경에 관해 알게 된 것이 동방박사의 방문과 요셉과 마리아가 이집트로 도피한 사건 배후의 상황을 이해하는 데 어떤 도움이 되었는가?

3. 이번 장은 성경이 기록된 후 수백 년 이내에 쓰인 많은 문헌(구약 위경, 탈무드, 요세푸스와 필론의 저술, 그리스 철학 등)을 언급하고 있다. 성경 외에 이

런 문헌에 대한 지식을 갖는 것이 왜 중요하다고 생각하는가?

4. 명예-수치의 역학 및 후견인-피후견인 관계가 지닌 문화적 가치관을 고려해서 포도원에서 일하는 일꾼들의 비유(마 20:1-16)를 읽어보라. 이런 문화에 관한 정보가 당신의 성경 읽기에 어떤 영향을 주는가?

4장
예수의 생애와 가르침

.

예수 그리스도―기독교의 창시자이자 중심

기독교가 어떤 모습이든지, 즉 교회가 가장 좋은 모습을 보여줄 때와 가장
처참한 순간을 맞이할 때도, 기독교는 예수라는 인물 없이는 결코 존재할
수 없다. "예수라는 인물"이란 다음의 두 가지를 동시에 의미한다. 즉 (1)
기원전 6년-기원후 30년경 팔레스타인에서 몇십 년간 살았던 역사적 유
대인 남성, (2) 전 세계 수백만 명이 예배하고 복종하는 기독교의 삼위일체
하나님의 성육신한 제2위격.

유대교에는 수많은 랍비와 지도자들이 있는데, 특히 그들 중 일부(아
브라함, 모세, 다윗, 이사야)는 기독교의 지도자들(베드로, 바울, 아우구스티누스, 아
퀴나스, 루터, 칼뱅, 에드워즈, 바르트)만큼 중요하다. 그러나 유대교는 모든 지
도자 혹은 선생과 별개로 계속 지속될 수 있는데, 이는 유대교가 주로 역사,
전통 및 교육용 지침서에 체계적으로 성문화되어 있기 때문이다. 이와 대
조적으로 기독교는 궁극적으로 믿음을 정의하고 구현한 단 한 사람에게 항

상 초점을 맞추어왔으며 앞으로도 계속 그럴 것이다. 기독교의 책, 즉 성경은 기독교가 존재하는 것에 핵심적인 역할을 하지만, 기독교의 본질은 예수라는 인물을 통해 세상에 계시된 하나님이다. 전체적으로 볼 때, 신약성경은 기독교가 세상을 어떻게 이해하는지에 대한 풍부하고 복잡한 그림을 그린다. 그러나 우리의 신약성경 연구에서 우리가 인식하는 그림이 무엇이든 간에, 그것은 반드시 교리나 도덕적 가르침의 윤곽을 그리기 전에(이것도 동등하게 중요하다) 본질적으로 예수라는 인물을 묘사해야 한다.

이번 장은 예수가 누구인지에 대한 이중적 실재에 상응하는 두 부분으로 나뉜다. 첫째, 우리는 예수가 이 땅에서 산(그리고 죽은) 동안의 삶과 활동을 살펴볼 것이다. 둘째, 우리는 사도들이 기록한 그에 관한 말씀과 그가 전한 말씀의 신학적 내용을 살펴볼 것이다. 이 조화를 이루는 스케치는 이 책의 나머지 부분에서 더 자세하게 추적할 수 있도록 돕는 길잡이가 될 것이다. ▶

예수의 삶과 죽음, 그리고 새로운 삶

예수 자신이 살던 시대 동안, 그리고 심지어 기원후 1세기 내내, 기독교 공동체 외부에서 예수에 관한 것을 충분하게 기록한 사람은 거의 없었다. 우리는 단지 요세푸스, 타키투스, 수에토니우스와 같은 당대의 다른 역사가들이 가끔 그를 언급한 것과 그들이 유대교 문헌에 대해 비판적인 발언을 한 기록을 갖고 있을 뿐이다. 그러나 이렇게 예수에

> ▶ **서론적 문제**
>
> **예수의 삶과 죽음(대략적 시기)**
> **기원전 6년**—예수가 베들레헴에서 태어남
> **기원전 4년**—동방박사가 도착하여 선물을 드림
> **기원후 6년**—어린 예수가 성전에 계심
> **기원후 26년**—예수가 성인으로서 사역을 시작함
> **기원후 30년**—예수가 십자가에서 죽고 부활함

대한 문헌이 부족한 것은 이해할 만한 일이다. 왜냐하면 기독교는 매우 다양한 사람들 사이에서 빠르게 확산했지만, 2세기와 3세기가 되어서야 통치자, 철학자, 그리고 학식 있는 여러 다른 사람들이 기독교를 주목할 수 있을 정도로 광범위하게 확대되고 영향력을 미쳤기 때문이다. 따라서 예수의 삶을 이해할 수 있는 우리의 주요 자료는 신약성경에서 나온다.

예수의 시작

현대에 기록된 유명한 사람들의 거의 모든 전기는 그들의 배경과 어린 시절로부터 시작한다. 이것은 일반적으로 고대 세계의 전기에서도 마찬가지였다. 우리가 가진 네 권의 정경 복음서 중 두 권은 이런 배경에 관한 정보를 제공하고(마태복음과 누가복음), 다른 두 권은 예수의 이야기를 성인기의 활동으로부터 시작한다(마가복음과 요한복음). 사실 마가복음이 가장 먼저 기록되었다는 가정 아래, 아마도 예수의 기원에 대한 이런 정보의 부족이 마태와 누가로 하여금 예수의 탄생을 둘러싼 사건들에 관한 몇몇 이야기를 포함하는 좀 더 완전한 복음서를 쓰도록 영감을 주었을 것이다.

예수의 초기 생애에 대해 가장 먼저 주목해야 할 것은 예수가 기원후 1년이 아닌 기원전 6년에 태어났다는 것이 거의 확실한 사실이라는 점이다. 비록 그의 탄생이 기준이 되어 후대에 서구 문명이 인류의 역사를 기원전과 기원후로 나누게 되었지만 말이다. 표면적으로 예수가 "그리스도 이전"인 기원전 6년에 태어났다는 것은 마치 건조한 물이라는 표현처럼 불가능한 일로 보인다. 문제는 단순히 중세 사람들이 우리가 지금 사용하는 것과 같은 달력 시스템을 만들었을 때 이런 고대 날짜를 계산하는 방법에 대해 현재 우리처럼 많은 정보를 갖고 있지 않았다는 것이다. 그들의 계산법은 그 정도면 상당히 근접한 것이긴 했지만, 여하튼 이제 우리는 유대와 로마 역사에 기초하여 예수가 기원전 6년경에 태어나 기원후 30년경에 죽었다는 것을 알 수 있다.

우리는 마태복음 및 누가복음과 일반적인 역사적 정보를 함께 모아서 예수의 출생과 어린 시절을 대략 그려볼 수 있다. 헤롯 대왕은 기원전 37년부터 4년까지 로마 제국의 봉신으로서 예루살렘에서 유대인들을 통치했다. 기원전 7년경 가브리엘 천사가 예루살렘 성전에서 자신의 임무를 수행하던 늙은 유대인 제사장 사가랴에게 나타났다(눅 1:8-12). 가브리엘은 사가랴에게 그와 그의 아내가 훌륭한 예언자가 될 아들을 낳을 것이라고 말했다(눅 1:13-17). 그 후 가브리엘은 마리아라는 젊은 여인에게 나타나 비록 그녀가 처녀이긴 하지만 하나님의 아들을 낳을 것이라고 알렸다(눅 1:26-33). 마리아는 요셉이라는 선량하고 마음이 너그러운 남자와 약혼했는데, 그는 마리아가 임신한 것과 그 아이가 자신의 아이가 아니라는 것을 알게 되자 은밀히 약혼을 파기하려고 했다(마 1:18-19). 그런데 한 천사가 요셉에게 나타나 이것은 하나님이 행한 일이라고 말하면서 마리아를 아내로 맞

> **▶ 서론적 문제**
>
> **베들레헴의 별은 무엇이었을까?**
>
> 크리스마스 캐럴과 카드는 흔히 예수가 태어난 마구간에 빛을 비추는, 베들레헴의 별의 이미지를 포함하고 있다. 우리는 하늘에 무언가가 나타나서 동방박사들이 동쪽에서 예루살렘으로 가는 여행을 시작하게 했음을 알고 있다(마 2:2). 또한 우리는 그들이 베들레헴에 도착했을 때 이 동일한 별이 어떤 방식을 통해 그들을 "인도하여" 예수께로 직접 데려갔다는 것도 알고 있다(마 2:9).
>
> 일부 학자들은 이것을 설명하기 위해 초신성(supernova)과 같은 천문학적인 현상을 제안했다. 그러나 어떻게 "별" 또는 초신성이 누군가를 특정한 집으로 인도하여 데려가게 했는지는 이해하기 어렵다.
>
> 중요한 것은 유대교의 외부 및 내부 모두의 많은 고대 문헌에서 별이 전형적으로 천사를 나타내는 살아 있는 존재로서 이해되었다는 점이다. 성경의 이야기들도 이와 동일한 이해를 공유하고 있으며, "하늘의 주인"은 별과 천사를 동시에 지칭한다(시 148:1-4; 계 1:20; 9:1). 특히 이와 관련된 모든 이야기에 나타난 천사들의 활동을 고려할 때, 마태복음의 원래 독자들은 베들레헴의 별이 예수의 탄생을 둘러싼 계시적 행위의 일부로서 하나님이 보내신 천사라고 이해했을 것이다.

아들이고 그들의 아들의 이름을 예수라고 지으라고 말했다(마 1:20-25).

기원전 6년경 마리아가 이 신비로운 아들을 낳기 직전에 그녀와 요셉은 로마 인구 조사에 등록하기 위해 남쪽인 베들레헴으로 여행해야 했다(눅 2:1-5). 그곳에 있는 동안, 이 혼잡하고 혼란스러운 시기에, 마리아는 마구간에서 예수를 낳았다(눅 2:6-7). 천사들이 들판에 있는 몇몇 목자에게 나타나 이 기적적인 탄생을 알렸고, 목자들은 놀라서 아기를 찾으러 나섰다(눅 2:8-20). 같은 날 밤 2,400킬로미터쯤 떨어진 바빌론의 박사들이 왕이 태어났음을 그들에게 알려주는 하늘의 무언가를 목격했다(마 2:2). 일주일 뒤 요셉과 마리아는 예수를 데리고 예루살렘으로 가서 꼭 치러야 하는 할례와 다른 성전 의식을 행했으며, 그곳에서 그들을 축복하고 아기에게 예언하는 나이 든 두 성자를 만났다(눅 2:21-38).

몇 달 후, 바빌론에서 온 외국 박사들이 예루살렘에 도착하고 헤롯의 궁정에 들어가 갓 태어난 왕에 관해 질문하면서, 자신들이 연구한 바에 의하면 이 아기가 장차 유대 민족의 왕이 될 것이라고 말했다. 피해망상적인 폭군 헤롯은 크게 동요하여 갓 태어난 왕을 경배하고 싶다는 구실로 박사들을 보내어 그 아기를 찾아내도록 했다(마 2:1-8). 그러나 사실 그는 아기를 죽이려고 계획한 것이었다. 박사들은 유대교 경전의 도움을 받아 가던 중 하늘에 별이 다시 나타난 것을(아마도 천사가 다시 나타났을 것이다) 보게 되었고, 요셉과 마리아와 어린 예수를 집에서 발견하게 되었다. 그들은 경건하게 엎드려 절하며 이 젊은 가족에게 갓 태어난 왕께 드리는 선물을 드렸다. 그 후 천사가 꿈속에서 나타나 그들에게 다시 헤롯에게 돌아가지 말라고 경고했다(마 2:9-12). 이 사실을 알게 된 헤롯은 베들레헴의 모든 남자아기를 죽이기 위해 군대를 파견해 왕위에 오를 가능성이 있는 아기들을 확실히 제거하려고 했다. 이런 대학살이 발생하기 전날 밤, 천사가 다시 마리아와 요셉에게 나타나 도망가라고 경고했다. 그들은 이집트로 도피하여 그곳에 있는 유대인 공동체에서 살았다(마 2:13-15).

마침내 마리아와 요셉은 천사로부터 헤롯 대왕이 죽었다(기원전 4년)는 소식과 이스라엘로 돌아가라는 말을 들었다. 헤롯의 아들 중 한 명이 베들레헴을 다스리고 있었기 때문에 그들은 베들레헴으로 돌아가지 않기로 했다. 그래서 그들은 베들레헴에서 최대한 멀리 떨어져 있는 팔레스타인 지역 북쪽에 있는 갈릴리의 나사렛으로 갔다. 따라서 예수는 다윗의 계보에 들어 있고 예루살렘 근처 베들레헴에서 태어났지만, 갈릴리 사람으로서 자라났다(마 2:19-23).

예수의 어린 시절과 청소년기에 대해서는 우리가 아는 것이 거의 없다. 복음서가 우리에게 말해주는 유일한 이야기는 예수가 열두 살 때 그의 부모와 함께 예루살렘으로 여행을 떠났을 때의 일이다. 예수의 가족 및 그들과 함께 여행을 떠난 일행이 고향으로 돌아갈 때, 예수는 부모가 모르는 상태에서 예루살렘에 계속 남아 성전에서 랍비들과 대화를 나누며 그가 나이에 비해 지혜롭고 경건한 소년임을 증명했다(눅 2:41-52).

예수의 탄생과 초기의 삶을 그린 이 짧은 스케치는 그가 단순히 평범한 인간 이상이라는 것을 보여준다. 그가 잉태된 것은 ("성령으로 말미암은") 특별한 기적이었고, 그의 탄생은 이 세상의 큰 변화를 알리는 전조로 예언되었다. 하지만 그 후 오랜 시간 동안은 침묵이 이어졌다. 우리는 이 사건들과 예수가 서른 살부터 서른세 살 무렵에 갑자기 예언자이자 말씀 선포자로 나타난 것 사이에 무슨 일이 일어났는지에 대해 알고 있는 것이 거의 없다. 🔊

예수의 유아기 및 유년기에 관한 다른 이야기들

예수의 명성이 높아지고 기독교의 영향력이 확산하면서, 많은 그리스도인들은 예수의 유아기와 어린 시절의 이야기가 상대적으로 적다는 점에 만족하지 못했다. 그 결과 어떤 사람들은 아마도 좋은 동기를 갖고, 예수의 어린 시절에 대한 더 자세한 내용을 메워주는 추가적인 이야기들을 기록했다. 교회는 이 이야기들을 성령의 영감을 받거나 권위 있는 것으로 여기지 않지만, 그 이야기들은 인기가 있었기 때문에 책 속에 보존되고 거룩한 예술에 영감을 주기에 충분했다. 이 책들에는 「도마의 유아복음」과 「야고보의 원복음서」가 포함된다. 영지주의 문헌인 「도마의 유아복음」은 예수가 행한 많은 기적을 묘사한다. 그러나 이 책은 그를 사람들을 치유하고 죽은 자를 다시 살리지만, 사람들과 끊임없이 충돌하는 성미가 고약하고 오만한 기적 수행자로 묘사한다. 「야고보의 원복음서」는 이와 결이 다르며 예수의 출생 이전과 이후의 상세한 이야기들로 채워진 방대한 이야기를 포함하는데, 예를 들어 예수의 어머니 마리아의 출생, 예수가 태어난 동굴, 마리아의 평생 동정(심지어 예수를 낳은 후에도), 헤롯이 남자아기들을 학살하는 동안 사가랴가 죽은 사건 등이 나온다.

The Metropolitan Museum of Art. The Cloisters Collection, 1925.

그림 4.1. 바르톨로 디 프레디(Bartolo di Fredi), "경배하는 목자들"

예수의 사역

예수의 간략한 출생 내러티브와 예수가 열두 살이었을 때 있었던 이야기 외에, 복음서는 예수가 서른 살에 시작해서 서른세 살 무렵까지 성인으로서 행한 사역에 거의 모든 관심을 집중한다. 우리는 예수의 나이를 추정할 수 있는 정확한 날짜를 알지 못하는 것처럼, 그의 정확한 사역 기간 또한 알지 못한다. 그러나 우리는 요한복음에 나타난 다양한 유대인 축제에 대한 언급을 참고하여, 예수가 기원후 30년경 예루살렘에서 체포되어 재판받고 십자가에 못박히기 전에 약 삼 년에서 삼 년 반 동안 가르치고 말씀을 선포한 것을 합리적으로 계산할 수 있다. ▶️

예수가 성인이 되어 행한 사역의 기본적인 형태는 사복음서 모두에 일관성 있게 나타난다. 먼저 우리는 세례자 요한이라는 별명을 가진, 광야에 살던 사람을 만나게 된다. 하나님이 예수보다 앞서 예언자로 보내신 세례자 요한은 장차 도래할 하나님 나라를 염두에 두고 사람들에게 회개를 촉구했다(마 3:1-3; 요 1:6-8). 요한의 인기와 영향력이 널리 퍼지고, 그가 요단강 유역에서 사람들에게 말씀을 선포하고 세례를 베푸는 가운데, 예수가 직접 나타나 요한이 베푸는 세례를 받았다(마 3:13-15). 그러나 예수가 물에서 나올 때, 세례를 받은 다른 사람들과 달리, 하늘에서 들리는 음성이 그의 아들 됨을 선언했고, 비둘기 한 마리가 하나님의 은총의 표시로 그에게 내려와 앉았다(마 3:16-17; 눅 3:21-22; 요 1:32). 이 중대한 사건들은 예수의 사역을 위한 발판을 마련했는데, 이는 지금까지 큰 영향력과 인기를 끌었던 요한의 준비 사역을 곧 대체할 것이었다. 그러나 예수가 가

▶ 서론적 문제

예수도 감정이 있었을까?

역사상 일부 그리스도인들은 예수를 감정이 없고 금욕주의적인 인물로 생각해왔다. 그러나 장 칼뱅이 말한 것처럼, "하나님의 아들이 인간의 정욕[감정]에서 면제되었다고 생각하는 사람들은 그를 진정으로 그리고 진지하게 인간으로 인정하지 않는 것이다."[1] 즉 예수의 완전하고 진정한 인성은 그가 인간이 된다는 것이 의미하는 중요한 측면, 즉 감정을 틀림없이 지니고 있었다는 것을 의미한다.

복음서는 예수가 완전한 인간으로서 실제로 감정을 경험했음을 보여준다. 우리는 그가 배고픔, 목마름, 피곤함, 그리고 육체적 고통을 느꼈음을 알고 있다. 또한 예수는 울고, 탄식하고, 통곡하고, 한숨 쉬고, 책망하고, 기뻐했다. 복음서는 예수의 감정 중 다음에 나오는 세 가지를 특히 강조한다.

긍휼─예수의 감정 가운데 가장 자주 언급되는 것은 긍휼로, 이는 그리스어로 불쌍히 여기는 내적인 감정과 다른 사람들의 필요를 충족시키기 위해 친절을 베푸는 외적인 행동을 나타낸다. 이 긍휼에는 다른 사람들의 고통과 상처에 대한 탄식과 슬픔이 포함된다. 복음서에서는 흔히 예수가 그렇게 많은 사람을 치유하고 돌보는 이유가 그의 긍휼 때문이라고 언급한다(마 9:36; 14:14; 15:32; 20:34; 막 8:2-3; 눅 7:13).

분노─예수에게 결코 귀속될 수 없는 불경건한 분노가 있지만, 도덕적 부당함이나 기만 등에 반응하여 일어나는 올바른 형태의 분노도 있다. 마가복음 3:5와 10:14에서 예수는 도움이 필요한 자들에 대해 유대교 지도자들이 긍휼이 부족한 것에 대해, 그리고 도움이 필요한 자들이 그에게 접근하려는 것을 그의 제자들이 막은 것에 대해 올바르게 분노한다. 예수가 성전을 정화하고 저주하신 것도 그의 의로운 분노의 한 예다(마 21:12-17; 막 11:15-19; 눅 19:45-47; 요이 14-16절).

기쁨─예수는 종교 미술 작품과 우리의 상상 속에서 침울하고 슬퍼하는 모습으로 종종 묘사되곤 하지만, 복음서에서는 일반적으로 그렇게 묘사되지 않는다. 오히려 그는 기쁨을 체험하고 그의 제자들이 그의 기쁨을 공유하기를 바라면서 "복음"을 선포하고 하나님께 감사하는 모습을 보인다(요 15:11; 17:13). 더욱이 대부분의 사람들은 예수를 사랑했고 그의 곁에 있고 싶어 했는데, 이는 그가 근엄하고 반감을 갖게 만드는 인물이 아니라 틀림없이 우호적이고 기쁨에 넘치는 인물이었음을 나타낸다.

르치고 말씀을 선포하기 전에 통과해야 할 중요한 경험이 하나 더 있었다. 즉 그는 시험을 받아야 했다. 예수는 하나님의 영에 이끌려 사십 일 밤낮을 유대 광야에서 금식하고 기도하며 지냈다. 이 기간이 끝날 무렵 하나님의 옛 원수 사탄은 예수가 아버지 하나님께 온전히 순종하지 못하도록 유혹함으로써 예수의 사역을 좌절시키고자 했다(마 4:1-11; 막 1:12-13; 눅 4:1-13). 이런 유혹에 성공적으로 저항한 예수는 말씀을 선포하고, 가르치고, 치유하고, 그의 제자가 되도록 사람들을 부르는 공적 사역을 시작했다.

이런 일들—말씀 선포, 가르침, 치유, 제자 양성—이 바로 예수의 사역을 대표하는 핵심적인 활동들이다. 그는 "하나님 나라"라는 기치 아래 이모든 일을 행한다. 예수의 말씀 선포와 가르침은 하나님 나라가 무엇인지설명해준다. 많은 사람을 고친 예수의 치유 사역은 장차 도래할 하나님 나라에서 이루어질 인류의 회복과 구속을 예시한다. 제자를 부른 것은 임박한 하나님의 통치에 부합하는 방식으로 사람들의 가치관, 감각, 습관, 마음을 변화시킨다.

예수는 어부, 세리 및 다른 사람들을 그의 추종자가 되도록 부르고, 유대인과 이방인의 무리를 기적적으로 치유했다. 그는 깨어지고 버림받은 사람들, 그리고 사회 안에 있는 도덕적·육체적·경제적인 "작은 자들"을 긍휼히 여기고 사랑하며 환영하는 분으로 알려지게 되었다. 예수는 성령의 능력을 받아 다른 기적들을 수행했는데, 이는 하나님의 은혜가 그에게 머물고 있다는 표징이었다. 이런 기적에는 물 위를 걸은 것, 바다의 폭풍을 잔잔하게 한 것, 오병이어의 기적, 죽은 자를 다시 살린 것 등이 포함된다(마 14:22-33; 막 4:35-41; 5:21-43; 눅 7:11-17; 요 6:1-15; 11:1-44). 예수가 종종 그의 가장 가까운 제자들 앞에서만 행했던 이런 기적들은 많은 군중을 모으기 위해 행한 것이 아니라, 사람들의 필요를 충족시키고 이 땅에서 하나님의 아들로서 자신의 독특하고 권위 있는 역할을 증언하기 위한 것이었다. 예수는 이런 기적적인 치유 사역을 하는 가운데서도 끊임없이 하나님 나라가 어떤 모습인지를 가르쳤다. 그는 자신이 이 땅에 온 주된 목적이 단순히 사람들을 치유하기 위해서가 아니라, 곧 이 땅에 임할 하나님의 통치에 관한 그의 가르침에 기초하여 사람들을 **제자도**의 삶으로 부르기 위해서라고 주장했다. 따라서 그의 말씀 선포, 가르침, 치유, 제자 양성은 모두 하나님 나라의 위대한 현실에 뿌리를 두고 있었다. ●

예수의 죽음과 새 생명

앞서 예수의 사랑과 긍휼이 넘치는 사역에 관해 말한 것은 매우 긍정적인 설명으로, 우리는 모든 사람이 그 사역을 기쁘게 받아들였다고 가정할 것이다. 그러나 공생애의 초기부터 예수는 사람들에게 의심받고, 적대시되고, 비방받았으며, 결국 당대의 유대교 종교 지도자들의 함정에 빠지게 되었다. 정치적·신학적 지도자들은 모두 이

> ● ▶ 서론적 문제
>
> **예수의 생김새는 어떠했을까?**
>
> 성경에서 사람들을 신체적으로 묘사한 경우는 극소수에 불과하다. 다윗은 잘생겼고 사울 왕의 키는 컸다고 한다. 몇몇 여성은 아름답다고 묘사된다. 압살롬은 긴 머리카락을 지녔다. 삭개오는 키가 매우 작았다. 하지만 이것들은 이례적인 경우다.
>
> 예수의 경우를 살펴보면, 신체적인 묘사가 전혀 없다. 우리는 1세기 지중해 지역에 살던 유대인인 그가 올리브 색깔이 감도는 갈색 피부와 어두운 머리칼과 눈을 가졌으며 수염(많이 기르지는 않은)을 기르고 있었다고 추정할 수 있다. 그러나 교회 역사상 예수는 다양한 모습으로 묘사되어왔는데, 주로 그 예술가가 속한 문화에 적합한 이미지들로 묘사되었다.
>
> 교회의 처음 몇 세기 동안 예수는 흔히 그리스-로마 철학자, 선생, 제자를 양성하는 인물로서 그의 역할에 적절하게 묘사되었다. 또한 그는 유피테르 신과 비슷하게 묘사되기도 했고, 세계를 통치하고 심판하는 왕으로도 묘사되었다. 중세 시대에는 예수의 고난이 지배적인 개념이었기 때문에 그가 슬픔이 가득하고 수척한 모습으로 표현되는 것이 일반적이었다. 최근 몇 세기 동안 예수는 좀 더 친근한 방식으로 묘사되었고, 특히 현대 서구에서는 장발의 백인으로 묘사되어왔다.
>
> 비록 우리가 이에 대해 당연히 궁금할 수밖에 없지만, 신약성경은 예수의 신체적 묘사에 초점을 맞추는 것에는 관심이 없다. 이사야 53:2에서 고난받는 종은 특별한 매력이 없는 것으로 묘사되어 있지만, 우리가 이것을 예수가 못생기고 추하다는 의미로 받아들일 필요는 없다. 가장 중요한 것은 예수의 이미지가 문화적 영향을 받은 것일 뿐이라는 점을 우리가 기억해야 한다는 것이다.[2]

렇게 극도로 인기 있는 예수가 골칫거리가 될 것을 감지했다. 군중은 예수에게 몰려들었고, 그를 따랐고, 그가 그들의 왕이 될 미래에 확신에 찬 그들의 소망을 걸었다. 그뿐 아니라 예수 자신도 유대인 지도자들과 그들이 가장 아끼는 여러 전통을 공개적으로 비판함으로써 적대감을 불러일으켰다. 이런 상황에서 예수는 지혜 교사 혹은 기적적인 치유자 이상의 모습으로 나타났다. 그는 하나님이 보낸 예언자이기도 했다. 그리고 구약성경의 많은 예언자의 운명처럼, 예언자 예수는 이 땅의 백성들을 돕고자 보냄을 받았지만, 바로 그 사람들의 큰 반대와 저항에 직면하게 되었다.

이런 적대감은 기원후 30년 봄 유월절 무렵에 폭발하기 일보 직전의 상황으로 치닫게 되었다. 예수와 그의 제자들은 몇 주 동안 이 중요한 절기를 지키기 위해 예루살렘을 향해 남쪽으로 내려가고 있었다. 예수는 그의 제자들과 내려가면서 이것이 예루살렘으로 가는 마지막 여행이 될 것이라고 거듭 예언했는데, 그 이유는 거기서 그가 배신당하고, 붙잡히고, 재판받고, 죽임을 당할 것이었기 때문이었다(마 16:21-23; 막 8:31-33; 참조. 요 13:18-30). 그리고 그렇게 되었다.

예수는 큰 환호와 놀라움 속에서 유월절 일주일 전에 예루살렘에 도착했다. 예수를 따르던 갈릴리 사람들과 또 다른 제자들의 무리는 그에게 열렬한 환호를 보냈다. 그들은 예수가 이 땅에서 하나님의 통치를 회복시켜줄, 오래 기다렸던 **다윗의 자손**이라고 믿었다. 예수가 다윗성 예루살렘에 접근했을 때, 그들은 그에게 마땅히 베풀어야 할 성대한 환영식을 거행하도록 고무되었다. 이 행사는 오늘날에도 종려주일로 기념되는데, 이는 예수의 제자들이 종려 나뭇잎을 꺾어 나귀를 타고 오는 예수 앞에 펼쳐놓고 노래를 부르며 축하했기 때문이다. 하지만 모두가 그들의 열심을 공유한 것은 아니었다. 일반적으로 예루살렘 사람들, 특히 유대교 지도자들은 예수의 예루살렘 입성으로 말미암아 그들의 안정이 위협받고, 그들이 로마 당국과 군사들로부터 징계를 받을 것으로 여겼다. 더욱이 그들은 예수가 좋게 말하면 사기꾼이고 나쁘게 말하면 귀신 들린 사람이라고 믿었다.

그 후에 예수가 행한 일들은 모두 그에 대한 적대감, 불만과 분노를 증폭시킬 뿐이었다. 자신에 대한 모든 찬양, 동요와 소란, 희망을 수동적으로 받아들이는 수혜자가 되는 것에 만족하지 못한 예수는 다시 한번 자신에게 주어진 예언자로서의 역할을 감당하기 위하여 일상적으로 성전에서 벌어지는 일들을 중단시켰다. 놀랍게도 그는 돈이 놓여 있는 책상을 뒤엎고, 제사를 위해 매매되는 동물들을 보관하는 우리를 부수고, 유대교 지도자들의 **위선**과 하나님의 백성과 성전에 대한 그들의 실패한 지도력을 신랄하게 비난했다. 지도자들은 즉시 그 자리에서 예수를 체포하여 죽이고 싶었지만, 그의 인기 때문에 그와 같은 대담한 행동을 할 수 없었다. 지도자들은 예수를 조용히 처리할 음모를 꾸밀 필요가 있었다. 그들은 예수를 배반하기로 결심한 열두 제자 중 하나인 가룟 유다가 이 일을 수행할 적임자라는 것을 깨달았다. 예수가 겟세마네 동산으로 불리는, 일반인이 들어갈 수 없는 개인 정원에서 밤에 기도하는 동안, 유다는 은 30개를 대가로 받고 유대인 지도자들과 그들의 병사들이 그를 붙잡아가도록 일을 꾸몄다.

예수는 자신의 시간이 제한되어 있음을 알고 있었기 때문에 가장 가까운 열두 제자를 모아놓고 마지막 유월절 만찬을 함께했다. 이 **최후의 만찬**이 있던 밤은 예수가 자신의 임박한 죽음에 관해 가르치고, 제자들에게 장차 서로에게 사랑과 봉사의 사람들이 되라고 지시하는 매우 중요한 시간이었다.

예수는 식사가 끝난 후 제자들을 동산으로 데려가서 그곳에서 기도하게 했다. 유대인 지도자들이 무장한 군인들과 함께 도착했다. 유다가 입맞

춤의 인사로 예수를 확인시키자, 군인들이 그를 체포했다. 예수의 수제자인 베드로는 예수가 체포되는 것을 막기 위해 그의 칼로 대제사장의 종의 귀를 잘랐다. 예수는 베드로를 꾸짖고 자신에게 일어나는 일을 제자들이 막지 못하게 했다. 그 후 예수는 군인들에게 묶여서 끌려갔고, 모든 제자는 예수가 예언한 대로 목숨을 잃을까 두려워하면서 그를 버리고 도망갔다 (마 26:31-56; 막 14:50; 요 16:32).

예수는 배신당하고 버림받은 후, 여러 지도자를 거치며 그들에게 심문받고 조롱당하고 매를 맞으면서 긴 밤을 보냈다. 먼저 그는 전임 대제사장인 안나스의 심문을 받았고, 유대교 지도부 회의(**산헤드린**)가 소집되었다. 산헤드린과 대제사장 가야바는 예수에게 반역죄가 적용되기를 바라면서 그를 로마 총독 빌라도에게 넘겨줄 때까지 밤새 심문했다. 빌라도는 예수를 심문한 다음 유대 지역의 통치자 헤롯에게 보냈고, 헤롯은 그를 심문한 후 다시 빌라도에게 돌려보냈다. 빌라도는 유대인 군중에게 예수를 석방 대상자로 제시했다. 그러나 군중은 유대인 지도자들의 선동에 따라 예수를 십자가형에 처할 것을 요구했다. 빌라도는 예수를 채찍질하라고 명령했고, 로마 군인들까지 합세하여 그를 조롱하고 때리며 고문했다.

새벽까지 이어진 이 고통스러운 시간 동안 예수의 제자들은 자신들이 체포될까 봐 두려워하며 떨었다. 유다는 자신이 예수를 배신한 사실을 후회하고 목을 매 자살했고, 베드로는 예수의 뒤를 따라갔다. 그러나 베드로는 자신이 예수의 추종자로 밝혀졌을 때 세 번이나 그 사실을 부인함으로써 신실한 증인이 되는 데 실패했다. 예수의 곁을 지켰던 몇몇 여인을 제외한 나머지 제자들은 모두 도망갔다.

예수는 **골고다**라는 성벽 바깥으로 끌려가 십자가에 못박혀서 질식 또는 과다출혈로 사망할 때까지 매달려 있었다. 정오가 되자 하늘이 캄캄

해져 오후 3시경까지 계속 어둠에 덮여 있었다. 예수가 크게 소리를 지르고 죽었을 때 지진이 일어나고 성전 휘장이 둘로 찢어졌다. 한 병사가 창으로 예수의 옆구리를 찔러 그가 죽었는지 확인한 뒤 그의 시신은 십자가에서 내려졌고, 부유한 제자 아리마대 요셉이 제공한 동산의 무덤에 장사되었다.

예수의 제자들은 충격을 받고 망연자실하여 잠적했다. 이런 일이 있고 난 후 일요일 아침, 일부 여자 제자들이 예수의 무덤에 가서 보니 무덤이 열려 있었고 예수의 시신은 사라져버렸다. 그들은 예수의 시신을 도둑맞은 줄 알고 있었는데, 천사가 나타나서 예수가 하나님에 의해 죽은 사람들 가운데서 살아났다고 그들에게 알려주었다. 그 후 예수는 막달라 마리아와 소수의 다른 여자들에게 나타났다. 여자들은 예수의 부활을 전하기 위해 열한 제자에게로 달려갔다. 제자들 역시 무덤이 비어 있는 것을 발견했고, 그 후 예수는 사십 일 동안 여러 곳에서 그들에게 여러 차례 나타나 부활한 육신의 몸을 지니고 살아 있다는 것을 증명했다. 그는 계속해서 여러 제자에게 나타났는데, 여기에는 제자들을 이끄는 지도자의 역할을 할 수 있도록 실패한 베드로를 회복시킨 사건도 포함된다(눅 24:13-43; 요 20:24-29; 21:15-17; 고전 15:7). 예수는 제자들에게 세상을 두루 다니며 그의 이름으로 제자들을 삼고 그가 가르친 것을 그들에게 가르치라고 명령했다. 그 후 예수는 제자들이 보는 앞에서 하늘로 올라갔다. 약 일주일 후인 **오순절**에 성령이 예수의 제자들에게 임했고, 이로써 교회 사역이 시작되었다.

예수의 메시지와 예수에 관한 메시지

이전 단락에서 우리는 복음서의 관점에서 본 예수의 삶에 대한 역사적 스케치를 제공했다. 이는 예수의 삶, 죽음, 부활, 승천에 대한 개요로서, 예수가 **행한** 일과 그 결과로 일어난 일에 초점을 맞춘 것이다.

우리는 이 단락에서 또 다른 스케치를 제공하고자 하는데, 이번에는 예수가 **가르친** 것과 복음서 저자들이 예수에 관해 가르친 것에 초점을 맞추고자 한다. 복음서 저자들은 우리를 위해 예수의 메시지와 교훈을 기록했다. 그러나 복음서 저자들은 단순히 예수가 가르친 것을 기록하는 것을 뛰어넘어 예수가 말한 것과 예수가 누구인지를 이해하는 방법도 독자들에게 가르친다. 따라서 우리는 예수의 메시지와 예수에 관한 메시지 두 가지 모두에 관해 이야기할 수 있다.

예수의 메시지—예수의 가르침의 주제

3년의 사역을 통해 예수는 팔레스타인 전역을 횡단하면서 항상 가르치고 말씀을 선포했다. 그는 종종 유대교 회당에서 가르쳤고, 그에 대한 적대감이 커지고 그의 말씀을 듣고자 모인 무리의 수가 너무 많아지자 그들이 그의 말씀을 들을 수 있도록 산비탈이나 항구의 배 위에서 말씀을 선포했다. 또한 그는 그의 가장 가까운 제자들에게만 특정한 것들을 개인적으로 가르쳤는데, 예를 들면 비유의 의미와 최후의 만찬에서 그가 지시한 것과 같은 것들이다.

사람들이 예수에게 보인 일관된 반응은 그가 선포한 말씀이 지닌 뚜렷한 권위와 그 말씀의 충격적인 내용으로 인해 그의 말씀에 놀라움을 표현하는 것이었다. 게다가 예수의 가르침은 자주 기적적인 치유를 동반하여 그에 대한 신뢰를 두텁게 했다. 더욱이 분명히 예수보다 더 많이 배운 종교 지도자들과 선생들이 그를 반박하려고 할 때, 그는 시종일관 자신이 현명하고 담대하며 하나님의 지혜로 충만하다는 것을 보여주었다. 이 모든 것은 사람들이 예수의 모든 말씀을 집중해서 듣고, 그 말씀을 암기하고, 그 후 결국 그의 말씀과 가르침을 기록했다는 것을 의미했다. 복음서의 기록에서 우리는 몇 가지 주요한 주제를 식별할 수 있다.

1. 하나님 나라/천국

예수의 가르침의 중심에는 하나님 나라(마태는 주로 **천국**이라고 부른다)가 있었다. 하나님 나라는 하나님이 온 세상을 다스리는 완전하고, 정의롭고, 선한 통치의 시공간, 즉 하나님이 왕으로 현존하고, 정의와 평화가 지배하며, 악, 고통, 죽음이 사라진 곳을 가리킨다. 하나님 나라에 대한 성경의 묘사는 이 실재가 현재에 속하면서도 동시에 아직 온전히 실현되지 않았음을 분명하게 보여준다. 하나님은 온 세상을 다스리지만, 동시에 불가사의하게도 죽음과 악을 완전히 멸하지 않기로 했다. 그의 존재는 아직 이 세상에 온전히 드러나지 않았다. 이미 도래한 나라와 장차 도래할 나라의 차이점은 그리스도인의 삶의 중심이 되는 **주기도문**의 핵심에 가장 잘 요약되어 있다.

　하나님 나라에 대한 예수의 가르침은 두 가지 요소로 구성되어 있다. 첫째, 예수는 자신의 지상 사역 동안 자신이 행하는 일들을 통해 하나님 나라가 천상에서 지상으로 곧 임할 것이라는 의미에서, 이 나라가 "가까이" 왔다고 계속 선포했다. 예수의 성육신, 삶, 죽음, 부활, 승천은 하나님 나라가 "가까이" 왔지만, "아직 온전히 임하지 않은" 상태에 놓이게 했다.

　둘째, 하나님 나라에 대한 예수의 가르침은 하나님 나라에서의 삶이 어떠해야 하며 그 삶이 어떠할 것일지를 계속해서 설명했다. 예수는 많은

예수, 비유로 가르치는 선생

특히 예수의 짧은 후반부 사역에서 그가 사용한 가르침의 주된 방식은 비유였다. 그중 상당수는 탕자의 비유와 선한 사마리아인의 비유처럼 교회 밖에서도 잘 알려진 비유다. 비유는 알레고리적 이야기, 격언, 짧은 속담, 직유, 은유 등 다양한 형태의 말씀을 포함한다. 우리는 그것을 세는 방법에 따라 예수가 사십 개에서 육십오 개 사이의 다양한 비유를 사용했음을 발견할 수 있다. 이 비유들은 **공관복음**에 나타난 그의 가르침의 35퍼센트를 차지하는데, 마태복음과 누가복음에서는 훨씬 더 비중이 높다. 어떤 면에서 요한복음은 은유와 직유를 자주 사용한 가장 비유적인 복음서이지만, 형식과 내용 면에서 다른 복음서들과 다르다.

비유의 가르침은 강력하고, 시적이며, 기억에 남고, 신비하다. 예수가 자신이 말한 비유를 설명한 경우를 제외하면, 그의 비유를 들었던 사람들, 심지어 그와 가장 친밀했던 제자들조차도 그가 의미하는 것을 이해하지 못하는 경우가 많았다. 예수에 따르면, 이것은 의도적인 것이었다. 비유를 통한 그의 가르침을 해석하기 위해서는 신적 계시가 필요했다. 이것은 예수의 청중을 두 집단, 즉 들을 귀가 있는 자와 그렇지 않은 자로 나누었다.

이처럼 예수가 비유로 즐겨 가르치신 것은 묵시적 예언자—택함을 받은 자들, 즉 세상 사람들과는 다른 삶을 사는 하나님의 백성으로 구별된 자들에게 진리를 계시하기 위해 하나님이 보내신 이—로서 그가 담당한 역할의 일부였다.

비유를 가르쳤고 하나님 나라가 임할 때 하나님이 이 세상을 치유하기 위해 어떤 일을 할지(비천한 자를 높이고, 교만한 자를 낮추며, 악과 죽음을 멸함)와 하나님 나라의 시민들이 어떤 모습일지(사랑하고, 용서하고, 평화를 조성하고, 기쁨으로 충만함)를 생생하게 묘사했다. 따라서 하나님 나라에 대한 예수의 거듭된 강조는 미래와 현재의 삶에 대한 기독교 소망의 핵심이다. ▶

2. 영생

예수는 영생을 상속하고, 받아들이고, 영생에 들어가는 것에 대해 자주 가르쳤다. 현대 그리스도인들에게 이것은 마치 예수가 천국에 있는 천사 같은 존재에 대해 말씀하는 것처럼 들릴 수도 있다. 그러나 성경에 나오는 "영생"은 절대 끝나지 않는("영원한") 번영의 삶, 즉 하나님 나라의 삶을 설명하는 또 다른 방식이다. "하나님 나라"와 "영생"은 모두 하나님이 현존하고 온전히 다스리기 위해 세상에 다시 올 새로운 시대를 가리킨다. 공관복음(마태복음, 마가복음, 누가복음)에서 예수는 주로 하나님 나라에 대해 이야기하지만, 영생을 언급하기도 한다. 요한복음은 이와 정반대다. 요한은 하나님 나라를 몇 번 언급하지만, 그보다는 영생에 대해 이야기하기를 선호한다. 두 경우 모두 설명하는 내용과 핵심은 동일하다. 즉 온 세상이 예수를 통해 영원히 변화될 시대가 도래하고 있다는 것이다. 따라서 예수를 믿고 신뢰하는 자들은 말세에 그가 이 땅에 다시 돌아올 때 하나님 나라에서 이 영생에 들어갈 수 있도록 그의 생각과 그의 존재 방식에 맞추어 살아야 한다.

3. 참되고 더 나은 의

하나님 나라와 영생에 관한 예수의 가르침과 밀접한 연관이 있는 것은 참되고 더 나은 **의**라는 주제다. 예수가 가르친 참된 형태의 경건함 혹은 의는 하나님 나라에서 함께하는 삶을 묘사하는 또 다른 방식이다. 예수의 말씀에 따르면, 의롭거나 경건한 삶은 "사랑"이라는 한 단어로 가장 포괄적으로 요약될 수 있다. 하나님이 주신 가장 큰 계명(마 22:36-40)에 따르면, 이 사랑은 반드시 두 개의 방향을 갖고 있는데, 하나는 하나님을 향한 수직 방향이고, 다른 하나는 타인을 향한 수평 방향이다. 하나님 사랑과 이웃 사랑은 세상 안에서 하나님의 모든 뜻과 율법의 요약이 된다. 하나님 사랑은 아버지 하나님을 향한 정직하고 참된 경건과 같은 것이며, 단지 외형적인 것이 아니라 마음에서 전인적으로 흘러나오는 것이다. 타인에 대한 사랑은 모든 사람을 긍휼히 여기고, 도움이 필요한 사람에게 자비를 베풀며, 잘못을 저지르고 심지어 자신을 박해한 사람들까지도 용서하는 것과 같은 것이다. 예수는 계속해서 사람들을 이런 영원한 하나님 나라 또는 참된 의의 길로 불렀는데, 이는 기계적이거나 율법주의적인 방법을 통한 것이 아니라, 현재와 장차 올 시대에 하나님을 통해 삶의 충만함을 경험하도록 사람들을 초대하는 것이었다.

4. 믿음으로 응답하는 모든 사람은 구원을 얻을 수 있다.

(유대인) 예수의 가르침에서 가장 충격적인 측면 중 하나는 민족, 도덕적 배경, 성별, 교육, 사회적 지위 등에 상관없이 세상의 **모든** 사람에게 하나님 나라, 영생, 참된 의가 주어진다는 것이었다. **구원**은 예수의 부르심을 듣고 믿음과 신실함으로 그에게 응답하는 모든 사람을 위한 것이다. 예수의 가르침에 나타난 이 주제는 그가 직면한 많은 갈등과 적대감의 원인이었으며, 유대교와 구별되는 기독교의 자기 이해에 기초가 된다. 유대교 지도자들은 예수의 가르침 속에 나타난 이런 생각에 분개하고 이를 거부했는데, 이는 이런 생각이 이방인을 유대인과 동등하게 만들고, 유대인의 의의 기준을 충족시키지 못하는 악한 죄인들을 용서했기 때문이었다. 이런 가르침의 함의는 신약성경의 나머지 부분에 반복적으로 나타나며, 1세기에 벌어진 열띤 논쟁, 즉 새 언약에 나타난 유대인(과 모세의 율법)과 이방인 사이의 관계에서 초점이 되었다.

5. 제자도의 삶으로 부르심

예수의 가르침을 가장 포괄적으로 설명하는 방법은 아마도 제자도의 삶으로의 부르심이라고 말할 수 있을 것이다. 이렇게 예수가 제자도의 삶으로 부르는 것은 겸손, 의로운 고난, 사랑이라는 예수의 궁극적인 본보기를 따르라는 초대다. 예수는 하나님의 성품과 가치관을 가르칠 뿐만 아니라 친히 모범을 보인다. 그는 부유한 자보다 가난한 자를 더 사랑하고, 힘 있는 자보다 온유한 자를 더 사랑하며, 교만한 자보다 겸손한 자를 더 사랑하고, 피상적인 것에 치우치는 자보다 전심으로 행하는 자를 더 사랑한다. 주인보다 더 큰 종은 없으므로(마 10:24-25; 요 13:16; 15:20), 예수가 하나님의 뜻에 순종한 것처럼, 제자들 역시 심지어 고난을 당할지라도 그렇게 해야 한다. 예수의 가르침을 이해한다는 것은 예수 그리스도를 통해 계시된 하나님의 성품과 뜻, 그리고 장차 도래할 그의 나라에 부합하는 세계관과 존재 방식을 배우는 것을 의미한다.

예수에 관한 메시지—예수에 대한 복음서의 해석

우리가 위에서 언급했듯이 복음서에서는 두 가지의 가르침을 발견할 수 있는데, 하나는 예수가 직접 가르친 것이고, 다른 하나는 복음서 저자들이 예수에 관해 가르치는 것이다. 이것들은 서로 모순되는 것이 아니라, 오히려 함께 고려되어 다층적인 교훈을 제공해준다. 복음서는 예수의 말씀을 기록할 뿐만 아니라, 그가 어떤 분인지 그리고 그가 어떤 일을 이루었는지에 대한 교회의 이해를 제공해준다(복음서에 대한 자세한 내용은 5장을 보라).

복음서 저자들이 답하고자 하는 모든 질문 가운데 가장 근본적인 질문은 예수라는 사람이 과연 누구인가라는 것이다. 이 핵심적인 질문에 대한 그들의 대답은 다양한 형태를 띤다.

1. 교사, 지혜자, 철학자

예수가 지상에서 행한 주된 활동은 가르치는 일이었다. 그는 가는 곳마다 하나님 나라에 대해 가르치고 말씀을 선포했다. 모든 사람, 심지어 그의 원수들도 예수의 모든 가르침 속에서 그의 지혜와 권위를 분명히 보았다. 또한 그가 가르치는 방식은 그가 지혜자, 즉 지혜의 교사라는 것을 나타냈다. 예수는 간결하고 함축적이며 기억에 남을 만한 말씀을 많이 사용했고, 풍부한 이미지와 이야기가 담긴 신비스러운 비유를 사용하여 가르쳤다. 이 모든 것에서 복음서 저자들은 예수가 당대의 철학자—어떻게 살아야 하는지를 사람들에게 보여주고, 그의 지혜를 배우는 제자가 되라고 그들을 부

철학자 예수?

오늘날 우리가 예수를 철학자로 생각하는 것은 매우 이상하게 보일 수 있는데, 그 이유는 현대 철학 연구에 일어난 변화 때문이다. 오늘날 철학자들은 많은 존경을 받거나 사회 전반에 큰 영향을 끼치지 않는다. 하지만 고대 세계에서는 상황이 매우 달랐다. 철학자들은 여론을 조성하고 왕과 통치자의 가치관을 형성하는 당대의 영향력 있는 사상가들이었다. 예를 들어 알렉산드로스 대왕의 사상은 그의 스승인 위대한 철학자 아리스토텔레스에 의해 형성되었다.

고대 철학자들은 인생에 대해 깊이 성찰했다. 그들은 인간적 번영을 경험하는 것이 무엇을 의미하는지, 어떻게 선하게 살 수 있는지, 어떻게 사회를 유익한 방식으로 조직할 수 있는지를 생각했다. 철학자는 저술 활동을 했지만, 그의 주된 일은 제자들이 그의 삶을 본보기로 삼아 인생을 살아가고 지혜를 실천할 수 있도록 그들을 가르치고 훈련하는 것이었다.

첫 몇 세기에 살았던, 그리스어를 사용하는 복음서 독자들이라면 누구나 예수가 하나님 중심적인 미덕의 삶을 모범으로 삼고 제자들에게 그의 모범과 가르침을 따라 살 것을 촉구한 선하고 지혜로운 철학자로 정확히 묘사되어 있다는 것을 즉시 인식했을 것이다.

르는 지혜의 교사—로 여겨질 수 있었음을 보여준다. ●

2. 묵시적 예언자

예수는 지혜자/철학자로서 사람들을 지혜의 삶으로 초대했을 뿐만 아니라 묵시적 예언자이기도 했다. 즉 그는 불성실과 죄에 대한 하나님의 심판을 선포하고(예언자) 오직 하나님이 계시하는 지식을 가져다주었다(묵시적). 복음서 저자들은 예수를 제2성전기 유대교(3장을 보라)와 구약성경의 많은 예언자의 뒤를 이어 하나님이 보낸 분으로 소개한다. 이스라엘 역사 내내 하나님은 자주 예언자들을 보내 사람들에게 회개하고 하나님의 뜻에 따라 그들의 삶을 재정비하도록 촉구했다. 그들은 종종 하나님의 심판을 묘사하는 상징적인 예언 행위를 수행했는데, 예를 들면 에스겔은 점토판 위에 그린 예루살렘의 그림 옆에 모로 눕거나 머리카락과 수염을 칼로 깎고 그것을 세 뭉치로 나누는 행위를 했다(겔 4:1-4; 5:1-2). 복음서 저자들도 이와 마찬가지로 예수가 상징적으로 행한 몇 가지 일을 이야기하는데, 특히 심판의 의미로 성전을 폭력적으로 정화한 사건이 이에 해당한다(마 21:12-13; 막 11:15-17; 눅 19:45-46; 요 2:13-17).

제2성전기에 활동했던 하나님의 예언자들은 흔히 교사의 역할을 했는데, 하나님의 백성들에게 하나님 나라를 중심으로 한 삶을 살도록 권면했다. 이는 장차 하나님께서 오실 미래에 관해 계시된 지혜에 기초한 것이었다. 복음서 저자들은 1세기 유대인이라면 누구나 예수를 이런 묵시적 예언자로 이해했을 방식으로 그를 제시한다.

3. 치료자와 축귀자

치료자이자 축귀자로서 예수의 활동은 그의 가르침과 예언 활동보다 덜 두드러져 보였다. 복음서 저자들은 예수가 종종 사람들의 다양한 병을 치료했고, 귀신의 속박에서 사람들을 구했다고(축귀) 전한다. 예수는 이런 사건에서 망가지고 속박당한 인류의 상태를 긍휼히 여기는 인물로 묘사된다.

우리는 예수께로 나와 치유되는 많은 이들에 대한 일반적인 이야기를 알고 있다(마 4:23-25). 또한 우리는 복음서 저자들이 예수의 권위에 대해 더 직접적으로 가르치기 위해 사용한 치유와 축귀의 사례에 대한 구체적이고 상세한 이야기들도 알고 있다.

예수의 치유와 축귀는 그의 능력과 예언자적 지위를 증언하지만, 그 것보다는 하나님 나라가 이 땅에 온전히 임할 때 어떤 모습일지를 미리 맛보고 경험하는 차원에서 고안된 것이다. 하나님 나라는 하나님이 그의 백성을 건강하게 회복시키고 번영하게 하는 영역이 될 것이며, 악과 사탄의 지배는 영원히 멸망할 것이다. 이런 실제적이고 상징적인 의미를 지닌 예수의 치유 사역의 정점에는 그가 죽은 자 가운데서 사람들을 살린 사례들이 있는데(막 5:35-43; 눅 7:11-17), 나사로가 가장 놀라운 예다(요 11:1-44). 이 사람들을 죽음에서 다시 살린 것은 예수가 세상에서 행한 사역—죽음의 자리에 생명을 가져오는—을 상징한다.

그림 4.2. 베를링히에로(Berlinghiero), "성모 마리아와 아이"(1230년대로 추정). 철학자처럼 옷을 입고 두루마리를 들고 있는 어린 예수를 묘사했다.

4. 약속된 메시아적인 왕

복음서에는 예수에 대한 중요한 칭호가 많이 나오는데 그중 하나가 그리스도다. 이 칭호는 예수의 성(姓)이 아니라, 성령이 하나님 나라의 왕으로 기름을 부어 세운 자로서 예수의 역할을 가리키는 칭호다. "그리스도"(Christ)는 그리스어 "기름 부음 받은 자"에서 유래한 영어 단어인데, 이 그리스어는 히브리어 단어 "메시아"를 번역한 것이다. 따라서 그리스도, 메시아, 기름 부음 받은 자는 모두 같은 의미를 전달한다. 하나님은 예수를 하나님의 백성을 다스리는 선한 왕이 되도록 구별했다.

복음서 저자들은 자주 예수를 다윗의 자손으로 묘사하는데(신약성경 첫 번째 구절인 마 1:1의 서두), 이는 하나님이 이스라엘과 맺은 언약—다윗 왕의 자손을 보내서 그의 백성들을 다스리고 그들의 삶을 번영과 평화의 삶으로 회복시키겠다는 언약—을 성취하기 위해 온 메시아로서 예수의 역할을 요약한 것이다. 이것은 특히 예수의 시대에 이르기까지 오백 년 동안 유대인들이 갖고 있었던 큰 소망이었다. 예수가 선포한 하나님 나라는 이 소망을 활용한다. 복음서는 예수의 행적과 말씀을 통해 그가 (단지 이스라엘만

이 아니라) 온 세상에 하나님의 축복을 가져다주고, 하나님이 아브라함에게 했던 약속, 즉 그를 통해 모든 민족을 축복하겠다는 언약(창 12:1-3)을 성취할 약속된 메시아적인 왕임을 거듭 보여준다.

5. 유일무이한 하나님의 아들

예수의 정체성에 관한 질문에 복음서 저자들이 시종여일하게 제시해온 주된 답변은 그가 하나님의 아들이라는 것이다. 이 "하나님의 아들"이라는 광범위한 표현은 여러 가지 방식으로 사용될 수 있는데, 이는 아담과 같은 하나님의 피조물(눅 3:38, 창 5:1에 근거함), 이스라엘 백성들과 같은 사람들의 무리(출 4:22), 또는 믿음으로 말미암은 하나님의 자녀(마 5:9)를 가리킬 수 있다. 그러나 예수에 대한 이 주장은 앞서 제시한 의미들보다 훨씬 더 고귀하고 광범위하다. 예수는 창조되지 않고 하나님과 신적 정체성을 공유하고, 이 세상에 하나님의 지식과 지혜를 최종적으로 계시한 참된 중재자이며, 유일무이한 하나님의 사랑하는 아들이고, 이 세상에서 하나님의 구원 사역에 대한 모든 약속, 소망, 이미지를 성취하는 자이며, 이스라엘의 하나님과 독특한 아버지-아들 관계를 유지하며 현존하는 메시아다.

기독교의 핵심에는 예수에 대한 이런 이해가 자리 잡고 있으며, 복음서는 교회가 예수를 이해할 수 있는 틀을 제공한다. 그러므로 우리는 복음서에서 예수를 묘사하기 위해 그리스도, 하나님의 아들, **인자**, 다윗의 자손, 주, 임마누엘, 말씀 등 다양한 칭호가 사용된 것을 발견할 수 있다. 이런 칭호들은 각각 예수가 누구인지를 그리는 다양한 초상에 기여하지만, 복음서에 나타난 모든 증언의 핵심은 예수가 하나님 아버지의 유일무이한 아들이라는 것이다.

6. 제물로 드려진 고난받는 종

사복음서의 내러티브는 모두 예수의 고통과 죽음에서 그 절정을 이룬다. 각 복음서의 이야기는 예수의 생애의 마지막 주, 즉 그의 고통스러운 죽음을 증언하는 마지막 주에 그 전개 속도가 상당히 느려지고, 그 주간의 이야기에 상당한 지면을 할애한다. 이것은 예수의 정체성의 중요한 측면을 강조한다. 즉 그는 고난을 당하고, 그의 삶을 제물로 바치기 위해 이 땅에 왔다는 것이다. 예수는 기꺼이 이사야가 예언한 고난받는 종의 역할을 맡아서 우리의 슬픔을 견디고 우리의 비통함을 짊어졌다. "그가 찔림은 우리의 허물 때문이요, 그가 상함은 우리의 죄악 때문이라. 그가 징계를 받으므로 우리는 평화를 누리고, 그가 채찍에 맞으므로 우리는 나음을 받았도다"(사 53:5). 예수와 복음서 저자들은 이 렌즈를 통해 예수의 사역을 명확히 이해하고 있다. 마태복음의 첫 장에서 마태는 예수를 "자기 백성을 그들의 죄에서 구원할 자"로 묘사하며(마 1:21), 최후의 만찬의 결정적인 순간에 예수는 자신의 몸과 피의 제물을 통해 사람들이 죄 사함을 얻도록 새 언약을 세우고 있다고 설명한다(마 26:27-29). 따라서 복음서 저자들이 예수를 묘사하는 핵심에는 제물로 드려진 고난받는 종으로서 그의 역할이 있다.

7. 부활한 자

복음서 내러티브의 절정이 예수의 고난과 죽음이라면, 그것의 해결은 그가 죽음에서 부활한 사건이다. 예수의 고난과 죽음은 극심한 고통 가운데서도 의로운 인내와 하나님께 대한 신실함을 보여주는 모범으로 기능한다. 그러나 복음서에 따르면, 그것은 단순한 모범 이상이다. 그것은 새로운 시대, 즉 하나님 나라의 시작이다. 예수는 십자가에 못박힌 자일 뿐 아니라, 똑같이 중요한 점으로서, 부활한 자다. 그는 하나님의 모든 자녀의 부활을 실현한 선구자로서, 새 시대에 다시 태어나고 죽은 자 가운데서 부활할 사람들 가운데 첫 번째 인물이다.

복음서 저자들은 나머지 신약성경과 함께 예수의 부활이 기독교 이해의 핵심임을 분명히 하는데, 이는 예수의 부활과 승천을 통해 새 생명이 세상에 들어오기 때문이다. 예수가 부활했다는 것은 그의 백성들이 세상에서 감당하는 사명을 위해 그가 그들과 함께 거한다는 뜻이기도 하다(마 28:20).

요약

기독교는 하나님이자 인간으로 이해되는 한 인물에게 집중한다. 그러므로 예수의 삶과 가르침은 기독교가 무엇인지를 말해주는 핵심이다. 예수의 실제적이고 역사적인 삶은 그가 가르친 것과 제자들이 그에 관해 가르친 것과 마찬가지로 기독교에 중요하다. 이번 장은 사복음서 모두에 나타난 역사적·신학적 예수에 관한 개요를 제공했다. 그러나 다음 장에서 살펴보겠지만, 이와 같은 스케치는 사복음서 각각에 대한 더 중요한 연구와 나머지 신약성경이 각각 우리의 이해에 기여하는 것을 대체하기 위한 것이 아니다. 이 개요는 신약성경의 더 깊은 연구를 위한 초대에 불과하다.

기독교적 읽기를 위한 질문

1. 우리가 예수의 역사적 삶을 이해하는 것이 왜 중요한가?
2. 마태복음 9:36, 누가복음 19:45-47, 요한복음 15:11을 읽어보라. 각각의 이야기에서 예수가 표현한 감정은 당신이 그를 이해하는 방식에 어

떤 영향을 미치는가?

3. 탕자의 비유(눅 15:11-32)를 읽어보라. 당신은 예수가 도덕적 권면(산상 수훈처럼)이나 다른 형태의 가르침이 아닌 이런 이야기를 사용한 것이 사람들을 가르치려는 그의 목표에 어떤 도움이 되었다고 생각하는가?

4. 오늘날 많은 성경은 예수가 했던 말씀을 붉은 글씨로 표현하고 있다. 초기 교회에는 내러티브의 배경 없이 거의 예수의 말씀으로만 구성된 "어록 모음집"이 회람되기 시작했다. 오늘 우리가 가지고 있는 사중복음서에 예수의 가르침과 삶을 묘사한 내러티브가 모두 포함된 것이 왜 중요하다고 생각하는가?

5장

사중복음서

복음이란 무엇인가?

정경 사복음서(마태복음, 마가복음, 누가복음, 요한복음)는 영향력과 할애된 지면의 관점에서 볼 때 신약성경의 주요 문서다. 네 복음서는 신약성경의 약 45퍼센트를 차지하며, 신성한 문헌인 신약 정경의 맨 앞에 오랫동안 위치해왔다. 기독교는 무엇보다도 약속된 유대인 메시아이자 온 세상의 진정한 왕이라고 주장되는 나사렛 예수를 따를 것을 촉구하기 때문에, 사복음서의 영향력은 가장 중요하다. 기독교는 스스로를 눈에 보이지 않는 신이나 비인격적이고 막연한 신앙 체계가 아니라 특정한 **인물**을 믿고, 그에게 충성하며, 그를 예배하도록 부르심을 받은 것으로 항상 이해해왔다.

예수가 하나님의 성육신이라는 이 확고한 믿음은 그의 행동, 가르침, 본보기가 모두 기독교란 무엇인지, 그리고 그리스도인이 가장 알아야 할 것이 무엇인지를 이해하는 데 필수적이라는 것을 의미한다. 예수의 죽음과 부활의 신학적 의미에 관한 교리적 가르침 역시 기독교의 핵심이긴 하지만, 제자/추종자가 되기 위해서는 예수가 한 일에 관해 머리로만 아는 신학적 지식 이상의 것이 필요하다. 그리스도인들은 예수라는 인물을 알아야 한다. 따라서 초기 그리스도인들은 자신들에게 필요한 것, 즉 예수에 관한 사건과 가르침을 이야기 형식으로 기록하고 이 예수가 누구인지를 단순히 말하지 않고 보여주는 전기를 기록했다. 이것이 바로 정경 사복음서, 신학적 전기다.

고대 그리스도인들만이 전기에 관심을 가진 것은 아니다. 오늘날을 포함하여 모든 시대의 사람들은 다른 사람들, 특히 유명하고 영향력 있는 인물들―운동선수, 배우, 정치인, 혁신가, 종교 지도자, 예술가, 그리고 위대한 지식인―의 이야기에 매료되어왔다. 기원후 1세기의 그리스와 로마 문화에서 기독교가 탄생하여 전 세계로 확산하고 성장하고 있을 때, 매우 중요한 그리스(와 라틴) 문학의 형태는 **전기**(*bios*)였는데, 이 어원에서 누군가의 삶(*bios*)에 관한 글(*graphē*)을 지칭하는 "전기"(biography)라는 단어가 생겨났다. **전기**(*bios*)라는 장르는 중요한 역사적 인물들을 묘사하고 기억하는 중요한 수단이었으며, 그들의 사상과 행동은 기록되었기 때문에 그 인물들이 살던 장소와 시간을 넘어 널리 퍼져나갈 수 있었고, 그 인물을 본받아야 한다는 노골적인 요구도 종종 함께 나타났다. 마태복음, 마가복음, 누가복음, 요한복음은 바로 이런 **전기**(*bios*)다.

고대 전기를 연구하는 대표적인 학자 중 한 명인 리처드 버리지(Richard Burridge)는 사복음서가 다른 현대의 **전기**(*bios*) 문학들과 얼마나 유사한지를 보여준다.[1] 이 장르의 전형적인 특성을 갖춘 사복음서는 예수의 가르침과 행동을 보여주며 **전기**의 대상인 한 사람에게 초점을 맞춘다. 전기의 다른 모든 특징과 사건들은 **전기**가 다루고 있는 핵심 인물과 직접적인 연관이 있다. 고대 세계에서 그리스어로 기록된 복음을 듣는 사람들은 이 장르에 익숙해 있었고 그것의 목적을 이해했을 것이다. 이것은 기독교가 그리스-로마 세계에 익숙한 언어, 장르, 사고방식으로 예수에 대한 진리를 이야기하면서 주변 문화에 맞추어 상황화한 좋은 사례다.

이와 동시에 유대인 예수에 관한 메시지를 그리스 **전기**로 상황화한 이 과정은 고대 전기의 또 다른 버전을 만들어냈다. 우리는 이 네 복음서의 명칭이 "…에 따른 예수의 전기/생애"가 아니라, "…에 따른 복음"이라는 점을 알 수 있다. "복음"(그리스어, *euangelion*)이라는 단어는 바울이 예수에 관해 자신이 전한 말씀을 묘사하는 방식이었으며(고전 15:1-2; 갈 1:6-9), 마가복음 1:1의 예수에 관한 내러티브에 처음으로 적용되었다. "하나님의 아들 예수 그리스도의 복음[*euangelion*]의 시작이라." 따라서 교회가 태동하던 초기에 마태, 마가, 누가, 요한에 의해 편찬되었다고 여겨지는 네 권의 전기는 모두 "…에 따른 복음"이라는 제목이 붙게 되었다.

"생애"에서 "복음"으로의 이런 변화는 예수의 이야기를 이스라엘의 더 폭넓은 이야기, 즉 창조의 시작부터 예수에 이르기까지 이 세상에서 행한 하나님의 사역에 관한 이야기와 묶는 데 있어 매우 중요하다. 구체적으로 "복음"이라는 용어는 예언자 이사야의 영향력 있는 글에서 유래한다. 이사야서의 그리스어 번역본에서는 이 책의 큰 주제를 묘사하기 위한 결정적인 시점에 명사 "복음"(*euangelion*)의 동사형이 사용된다. 이 큰 주제는 하나님이 곧 돌아와서 이 땅에 그분의 선한 통치를 확립하고, 백성들의 죄를 용서하며, 신실한 백성들을 변호하고, 그들의 필요를 공급하며, 온 세상에 참된 평화를 구축하고 번영케 한다는 것이다(사 40:1-11; 52:7-53:12). 이는 성경적으로 "하나님 나라"로 묘사될 수 있으며, 미래지향적인 희망이자 미래에 대한 약속이다. 따라서 우리의 사복음서는 그리스 전기지만, 온 세계 즉 인간 세계와 신적 세계 둘 다에 관한 폭넓고 포괄적인 이야기, 곧 그

세계의 완성을 가리키는 이야기 안에 예수의 가르침과 행동을 배치한 전기다.

사복음서를 이런 방식으로 이해하는 것이 왜 중요한가? 단순하게 말해서 사복음서는 객관적인 역사가 아니라 분명한 신학적 목표와 뚜렷한 목적을 지니고 있다. 사복음서는 다른 사도들이 이것을 기초로 신약성경의 나머지 부분에서 신학을 가르치도록 한 단순한 역사

가 아니다. 물론 사복음서는 역사적인 책이고, 사도들은 그들의 신학적·도덕적 가르침을 기록하기 위해 예수 전승을 반영하고 있다. 하지만 사복음서는 사람들에게 예수의 제자가 될 것을 촉구하는 구체적 목표를 지닌 신학적인 문헌이기도 하다. 사복음서는 케리그마적이다. 즉 사복음서는 말씀을 선포하고, 가르치고, 사람들에게 예수를 따를 것을 촉구한다. 더구나 이 메시지는 구약성경에서 말한 것처럼 분명한 과거와 약속된 미래가 있는 이 세상의 더 큰 이야기 안에 배치되어 있다. 기독교에 따르면, 예수의 이야기는 세상에서 행하는 하나님의 사역의 핵심이다. 그것은 창조에서 시작된 것을 끝내고 완성한다. 동시에 예수는 아직 완성되지 않은 마지막 때의 시작을 알린다. 정경 사복음서는 예수와 관련하여 일어난 사건들과 그것이 중요한 이유를 말해주는 핵심적인 이야기들이며, 예수의 추종자가 되라는 촉구와 함께 예수에 대한 헌신과 충성을 기반으로 하는 공동체 형성에 관해 말하고 있다.[2] ●

몇 개의 복음서가 있는가?

성경에 익숙한 많은 사람들에게 이것은 함정이 있는 질문처럼 보일 수 있다. 대답은 당연히 "네 개"인 것 같다. 이것은 얼마나 많은 복음서가 정경으로 인정되었고, 따라서 권위 있는 것으로 인정받게 되었는지를 묻는 질문에 대한 올바른 답변이다. 그러나 교회 초기의 몇 세기 동안에는 사실 이네 가지 외에도 예수의 삶과 가르침에 대한 많은 기록이 있었는데,「베드로복음」,「도마복음」,「마리아복음」, 심지어 「유다복음」과 같은 제목의 복음서도 있었다. 이 책들 중 일부는 부분적으로만 남아 있거나 다른 문헌에서 발견된 인용문으로만 남아 있다. 일부는 아마도 구전으로만 내려오거나 짧은 메모 형식의 예수의 말씀을 모아놓은 것에 불과했을 것이다. 누가는 예수를 둘러싼 사건들을 기록하기 위해 "붓을 든 사람이 많[다]"는 것과 자신도 글을 쓰기 이전에 많은 연구를 했다는 사실을 언급하고 있다(눅 1:1-4).

이런 다른 글들은 형식, 평판, 영향력, 가치 면에서 상당히 다양하지만, 모두 **외경 복음서**(또는 비정경 복음서)라고 불리게 되었다. 때때로 이런 문헌들은 정경 복음서와 매우 유사한 어록들을 포함하는데, 이는 아마도 정경 복음서로부터 유래했을 것이다. 이런 외경 복음서의 다른 요소들은 정통 기독교와 뚜렷이 구별되며, 사람들이 새롭게 접해야 했던 비밀스러운 "지식"(그리스어, *gnōsis*)의 여러 단계를 강조한 영지주의처럼 예수에 대한 대안적인 해석을 반영한다. 이런 문헌들 가운데 다수는 **전기** 장르의 관점에서 보면 전혀 복음서라고 말할 수 없다. 이들 중 일부는「도마복음」과 같이 단순한 어록 모음집일 뿐이지만, 이상하게도 "복음"이라는 명칭을 공유하고 있다. 다른 것들은 예수의 부모, 출생, 또는 어린 시절 이야기의 속편인 「야고보의 원복음서」나 예수의 수난 기사를 확장한 「베드로복음」과 같은 것들이 있다.

수 세기가 지나고 기독교가 더 넓게 확장하고 영향력이 커지면서 다른 견해와 목표를 나타내는 다른 (이른바) 복음서가 많이 생겨났다. 게다가 2세기 신학자 타티아노스는 네 권의 복음서를 대체할 수 있는 것을 만들었는데(아마도 순교자 유스티누스의 영향을 받았을 것이다), 이는 디아테사론(Diatessaron, "네개를 통합한")이라고 불린다. 이 인상적인 작품은 조화를 이루기 위한 것이었는데, 중복되면서도 서로 다른 마태복음, 마가복음, 누가복음, 요한복음의 네 복음서를 하나의 이야기로 만들려는 시도였다. 그것이 공인된 네 개의 정경 복음서를 대신하려고 한 것인지, 아니면 지지하기 위한 것인지는 완전히 명확하지 않다. 그러나 우리는 그것이 기독교의 일부 지역(특히 시리아)에 영향을 미쳤지만, 결국 더 많은 교회에서 그것을 거부하고 네 복음서의 독특한 증언을 고수했다는 것을 알고 있다.

교회가 정경으로 인정한 사복음서가 주목을 받은 것은 그것이 목격자 증언과 밀접한 연관이 있고, 문학적·신학적 명확성을 지니고 있기 때문이다. 마태복음, 마가복음, 누가복음, 요한복음은 하나님이 주신 것으로 이해되었으며, 따라서 권위를 갖게 되었다. 그것들은 정경 복음서이고, 결과적으로 예수에 관한 다른 모든 기록 및 어록과 구별된다. 게다가 이 사복음서의 정경화는 그들 사이에 새로운 관계를 만들어낸다. 초기 교회는 단순히 네 개의 독특한 복음서를 가지고 있었던 것이 아니라, 이 글들을 **네 명의 증인이 제시하는 단일 복음서**로 이해하고 그것들에 관해 말했다.

따라서 몇 개의 복음서가 있는가라는 질문에 대한 대답은 그 질문이 무엇을 의미하느냐에 달려 있다. 만약 그것이 "예수에 관한 기사와 말씀을 기록하려고 시도한 사람이 몇 명이나 되느냐"를 의미한다면, 답은 "많다"

도마복음

학자들은 1945년 12월 이집트의 나그함마디에서 콥트어로 기록되고 오랫동안 묻혀 있던 필사본들을 발견했다. 이 필사본들 중에는 예수가 말한 114개의 어록(그리스어, *logia*)이 있었다. 그 서론은 이것이 디두모 유다 도마가 기록한 예수의 비밀 어록이며, 따라서 현대식 명칭을 부여해 「도마복음」으로 명명했음을 알려준다. 우리는 「도마복음」의 기록 연대나 배경을 알지 못하지만, 「도마복음」은 아마도 초기 영지주의 그리스인들이 썼을 것이다. 그것은 정경 복음서와 같은 형식의 내러티브가 아닌 예수 어록의 목록을 담고 있는데, 그중 다수는 정경 복음서와 유사하다. 예를 들면 말씀 20과 같은 몇몇 어록은 우리에게 매우 친숙하다. "제자들이 예수에게 물었다. '천국이 무엇과 같은지 우리에게 말씀해주십시오.' 그가 그들에게 말했다. '그것은 겨자씨와 같다. 그것은 모든 씨 가운데 가장 작지만, 잘 경작된 땅에 떨어지면 큰 식물을 내어 공중의 새들의 보금자리가 된다.'" 예를 들면 말씀 114와 같은 다른 어록들은 정통 기독교와는 매우 다른 세계관을 보여준다. "시몬 베드로가 그에게 말했다. '마리아가 우리를 떠나게 하소서. 여성은 생명을 얻을 자격이 없나이다.' 예수께서 말씀하셨다. '보라, 내가 그녀를 인도하여 남성으로 만들어 그 여인도 너희 남성들을 닮은 살아 있는 영이 되게 하리니, 자신을 남성으로 만드는 모든 여성은 천국에 들어가리라.'" 「도마복음」은 1세기 무렵의 예수와 관련된 다수의 초기 구전 어록을 담고 있지만, 그것의 최종 형태는 정통성을 벗어난 특정 유형의 후기 기독교를 반영하고 있다.

네 권으로 이루어진 책

비록 네 권의 정경 복음서가 네 부분으로 된 하나의 책―마태, 마가, 누가, 요한에 따른 단일 복음서―으로 여겨지지만, 하나로 통합된 이 책에는 구조가 있다. 마태복음과 요한복음은 주도적인 역할을 하는 복음서인데, 마태복음은 유대교의 맥락에서 인간이신 메시아 예수를 소개하고, 요한복음은 영원의 관점에서 하나님이신 예수를 묘사한다. 이것은 부분적으로 마태와 요한을 목격자 증언을 제공하는 제자로서 여기는 전통적인 이해에 기반한다. 하지만 마가와 누가는 사도들의 제자로서 각각 베드로와 바울의 제자다. 이 사중복음서의 정경 형태는 이런 이해를 반영하며, 마태복음에서 시작하여 요한복음의 높은 고지로 나아가는 그리스도인 독자들의 복음서 읽기 경험을 안내한다.

이다. 만약 그것이 "그 기사들 가운데 얼마나 많은 기사가 교회에서 권위 있는 정경으로 인정받았느냐"를 의미한다면, 답은 "네 개"다. 그러나 만약 질문이 "교회가 이 정경 복음서들에 관해 어떻게 이야기했는가?"를 의미한다면, 대답은 "단일" 복음서로 이해했다는 것이다. 즉 그들은 하나님이 하나의 복음서를 네 개의 채널로 들을 수 있도록 네 가지 형태로 주셨다고 이해했다. ▶▶

사복음서는 서로 어떤 관계인가?

우리는 조금 전에 교회 초기에 네 개의 정경 복음서가 권위를 인정받아 다른 글들과 구별되었다는 사실을 언급했다. 초기 교회는 그것들을 네 가지 형태로 된 하나의 복음서라고 보았다. 앞으로 우리는 이 단일한 사중복음서의 의미에 대해 더 자세히 논의할 것이다. 그러나 그렇게 하기 전에 우리는 다른 질문을 탐구해야 한다. 그것은 네 복음서의 문학적·역사적 관계에 관한 것이다.

어떻게 마태복음, 마가복음, 누가복음, 요한복음이 탄생하게 되었는지에 대한 정확한 세부 사항을 아는 것은 불가능하지만, 우리는 많은 가능성 있는 생각들을 종합할 수 있다. 첫째, 우리는 예수의 행동과 말씀이 먼저 구전으로 전파되었다는 것을 알고 있다. 예수의 사역 동안에도 그에 관한 소문이 너무 멀리 퍼져서 그가 군중에게 압도당하지 않고는 마을에 들어가는 것조차 어려울 정도였다(막 2:1-2). 이런 구전 전승은 예수의 죽음과 부활, 오순절 성령 강림과 교회의 폭발적인 성장 이후에도 지속되고 확산되었다.

고대 문화는 (오늘날의 많은 문화와 마찬가지로) 주목할 만한 예술적 기교 및 정확성을 지닌 복잡한 구전을 가치 있게 여기고 보존했다. 1세기 유대교와 그 후 초기 기독교에서 필사자들은 믿음의 메시지를 암기하고, 해석하고, 기록하고, 가르쳤다. 시간이 흐르고 영향력 있는 사람들이 세상을 떠나면서, 이렇게 암기된 많은 말씀과 해석은 체계적으로 정리되고 기록되었다. 유대교 전승에서 여러 랍비가 토라를 해석한 내용은 미쉬나에 기록되어 있는데, 이는 사람들이 하나님의 율법(할라카)을 공부하고 그에 따라 살도록 돕는 책이다. 랍비들이 행한 일들(하가다)과 그들이 토라에 대해 말한 것에 관한 이야기들은 기억되었고, 그다음에 탈무드와 미드라쉬에 기록되었다. 랍비/지혜자 예수에 관해 기록된 문헌으로서 사복음서가 발전한 것은 아마도 이와 똑같은 패턴을 따랐을 것이다. 예수의 행적과 말씀은 암기되고, 정리되고, 해석되었고, 그다음에 결국 예수의 제자들, 특히 필사

교육을 받은 제자들에 의해 기록되거나, 필사자들이 받아쓰도록 했다. 우리는 사복음서를 그리스 전기의 문체와 언어로 기록된, 예수의 **할라카**이자 **하가다**로 생각할 수 있다.

이렇게 구전에서 기록의 형태로 변화하고 발전한 것을 이해할 때 다음과 같은 한 가지 질문이 남는다. 과연 사복음서는 서로 어떤 관계가 있는가? 사복음서는 모두 분명히 예수의 가르침과 행위에 대한 구전(과 마침내 기록된 것)을 부분적으로 활용했다. 그러나 그것 외에도 사복음서 특히 공관복음(마태복음, 마가복음, 누가복음) 사이에는 **문학적인** 관계도 분명히 있는 것으로 보인다. 이 복음서들은 각각 그 나름의 독특한 이야기들을 담고 있지만, 그들의 이야기는 대부분 중복된다. 이런 중복은 예수에 관한 일반적인 정보 외에도 이야기들의 특정 순서뿐만 아니라 몇몇 대목에서 매우 구체적인 언어 표현으로까지 확대된다. 다시 말해 사복음서 저자들은 분명히 이미 기록된 다른 기사들에 흔쾌히 의존했다는 것이다(눅 1:1-4을 상기하라). ▶

이런 통찰력은 단지 현대에 와서 생겨난 생각이 아니다. 그것은 이미 고대 교회에서 인식하고 이해한 것이었다. 사복음서 사이의 관계를 탐구한 가장 명확하고 영향력 있는 연구 가운데 하나는 아우구스티누스의 「사복음서의 조화」(*Harmony of the Gospels*)다. 아우구스티누스는 20세기까지의 대부분의 그리스도인들과 마찬가지로 사복음서가 서로의 기록에 의존하고 있으며 정경에 나오는 순서대로 만들어졌다고 믿었다. 따라서 그는 마태가 먼저 기록했고, 마가는 마태의 간략한 버전을 저술했으며, 누가는 그의 작품에 마태와 마가의 글을 모두 사용했고, 마지막으로 요한은 매우 다르지만 상호보완적인 관점을 제공했다고 생각했다.

현대의 학술적 연구를 통해 대부분의 복음서 해석자들은 마가복음이 가장 먼저 기록되었고 다른 복음서들이 그 뒤를 이은 것으로 믿게 되었다. 마태복음과 누가복음의 관계에 대해서는 의견 차이가 있다. 일부 학자들은 마태복음이 누가복음을 사용했다고 말하고, 다른 학자들은 누가복음이 마태복음을 사용했다고 말하지만, 또 다른 학자들은 이 둘이 모두 공동 자료(Q라고 불리는데, 이는 독일어 *Quelle*, 즉 "자료"에서 온 것이다)를 사용했다고 믿는다. 그럼에도 핵심은 여전히 동일하다. 즉 사복음서의 저자들은 서로를 알고 있었고, 서로의 글에 의존했는데, 이는 먼저 기록된 글을 대체하기 위해서가 아니라 확대하고 보완하기 위해서였다는 것이다. 제4복음서의 에

▶ 서론적 문제

공관복음에 수록된 이야기들의 유사한 순서

공관복음의 관계는 비슷한 언어적 유사성뿐만 아니라 이야기가 배치된 순서에도 나타난다. 처음에는 단순히 이것이 역사적으로 일어난 순서 때문이라고 추측할 수 있다. 그러나 이런 단순한 설명은 이야기의 순서에 많은 차이가 있는 이유를 설명할 수 없다. 가장 올바른 이해는 고대의 역사 기록 관례에 따라 복음서 저자들이 서로에게 의존했을 뿐만 아니라 그들 자신의 목적에 따라 그들의 자료에 변화를 주었다는 것이다.

이야기	마가복음	누가복음	마태복음
예수가 가버나움에서 가르침	1:21-22	4:31-32	
예수가 귀신 들린 사람을 고침	1:23-28	4:33-37	
예수가 베드로의 장모를 고침	1:29-31	4:38-39	8:14-15
예수가 병을 고치고 귀신을 내쫓음(요약)	1:32-34	4:40-41	8:16-17
예수가 가버나움을 떠남	1:35-38	4:42-43	
예수가 갈릴리에서 말씀을 선포함(요약)	1:39	4:44	4:23
기적적으로 물고기를 잡음		5:1-11	
예수가 나병 환자를 고침	1:40-45	5:12-16	8:1-4
예수가 중풍병자를 고침	2:1-12	5:17-26	9:1-8
예수가 그를 따르라고 레위를 부름	2:13-17	5:27-32	9:9-13
금식에 관한 질문	2:18-22	5:33-39	9:14-17
안식일에 밀 이삭을 자르는 것에 관한 질문	2:23-27	6:1-5	12:1-8
안식일에 병을 고치는 것에 관한 질문	3:1-6	6:6-11	12:9-14
바닷가에서 병을 고침(요약)	3:7-12	6:17-19	12:15-16
예수가 열두 제자를 선택함	3:13-19	6:12-16	

출처: Robert Stein, *The Synoptic Problem* (Grand Rapids: Baker, 1994), 35을 수정함.

필로그에 나온 말씀은 초기 교회가 서로 연관된 네 복음서의 풍부함을 인식하는 것에서 발견한 기쁨을 잘 요약하고 있다. "예수께서 행하신 일이 이 외에도 많으니 만일 낱낱이 기록된다면 이 세상이라도 이 기록된 책을 두기에 부족할 줄 아노라"(요 21:25).

사중복음서는 어떤 책이며 왜 중요한가?

그림 5.1. 네 명의 복음서 저자를 상징하는 그림 사이의 십자가 위에 하나님의 어린양이 새겨진 장식품(1000-1050년)

위에서 언급된 바와 같이, 교회 초기 역사에서 오랫동안 네 개의 정경 복음서는 본질적으로 개별적인 기사가 아니라, 성령의 영감을 받은 네 증인이 제시한 아름답고 다양하며 통일성을 지닌 단일 복음서로 여겨졌다. "복음"(*euangelion*)이라는 단어는 마태, 마가, 누가, 요한의 작품을 한 권의 책으로 묶은 모음집의 제목을 나타낼 때 단수형으로 사용되었다.

고대 그리스도인들은 이것을 테트라유앙겔리온(그리스어) 또는 테트라에방겔리움(라틴어)이라고 불렀다. 우리는 이제 그것을 사중복음서라고 부를 것이다. 이 책이 네 권으로 구성된 한 권의 책이라는 개념은 단지 제목과 네 개의 기록을 종종 하나의 사본으로 묶는 것을 통해서만이 아니라, 그림이 들어간 이미지를 통해서도 전달되었다. 사중복음서는 흔히 복

신약성경을 기독교 경전으로 읽기

음서 저자들을 나타내는 네 개의 상징으로 불리는 것을 통해 표현되었다. 네 개의 상징은 에스겔 1:4-14에서 하나님의 보좌를 둘러싸고 있는 날개 달린 네 생물에 기초한 것이며, 요한계시록에서 재사용되었다(계 4:6-8). 이 생물들―사람, 사자, 소, 독수리―은 하나님의 창조세계의 독특한 영역, 즉 인류, 야생, 가축, 공중의 새들에서 최고의 대표자를 상징할 가능성이 있다. 초기 기독교 신학자들과 예술가들은 사중복음서의 통일성 안에 존재하는 다양성을 묘사하기 위해 이런 인상적인 이미지들을 사용했다. 대리석 조각품, 그림, 프레스코 벽화, 제단의 일부, 건축, 책 표지 어디든지 간에, 이 네 개의 상징은 흔히 마태(사람), 마가(사자), 누가(소), 요한(독수리)을 나타내고 하나님의 말씀

그림 5.2. 위엄 있는 예수가 새겨진 책 표지인 이 장식품(11세기)은 사복음서 저자들을 나타내는 네 개의 상징을 보여준다. 독수리(요한), 사람(마태), 소(누가), 사자(마가)

이신 예수를 증언한다. 비록 흔하지는 않지만 이와 밀접한 관련이 있는 또 하나의 예를 들면, 우리는 네 생물을 하나의 이미지로 결합한 **테트라모프**(tetramorph)를 통해서도 이런 관계를 묘사한 것을 발견할 수 있다. 이런 예술적 표현은 이레나이우스, 히에로니무스, 아우구스티누스와 같은 교부들이 설명한, 네 명의 복음서 저자들은 각각 다른 목소리와 관점을 가지고 있지만 모두 하나의 예수를 신실하게 가리키고 있다는 신학적 요점을 강력하게 표현한다.

고대부터 지금까지 많은 신학자들은 기독교 예술에 네 가지 상징이 널리 사용된 것 외에도, 각 복음서가 사중복음서에 어떻게 기여하는지에 대해 저술했다. 예를 들어 아우구스티누스에 따르면, 마태는 예수의 인간적 계보를 제공하고, 마가는 마태의 요약에 불과하며, 누가는 우리에게 예수의 제사장 혈통을 보여주고, 요한은 예수를 영원한 하나님의 말씀으로 나타낸다.[3] 예수회 학자인 카를로 마르티니(Carlo Martini)는 네 복음서가 제자의 회심과 성숙의 과정, 즉 회심으로 이끄는 마가복음으로부터 시작해서 교리 선생 마태복음과 누가-행전에 이어 마지막으로 요한복음에 이르기까지 서로 다른 네 단계에 상응하는 지침서의 역할을 한다고 제안했다.[4] 프레데릭 데일 브루너(Frederic Dale Bruner)는 네 복음서의 관계를 생각하기 위해 몇 가지 은유적인 방법을 창의적으로 제안했다. 즉 마가복음은 전도자를 위한 것이고, 마태복음은 가르치는 자들을 위한 것이고, 누가복음은 집사 또는 사회사업가를 위한 것이고, 요한복음은 장로나 영적 지도자를 위한 것이라고 주장했다.[5] 프랜시스 왓슨(Francis Watson)은 각 복음서 기사가 어떻게 시작하는지를 강조하는 교부 시대의 관습을 추적하고 이것을 각 복음서 기사의 독특한 공헌을 파악하는 데 사용한다. 즉 마태복음은 예수가 유대인이었으며, 이 유대인 예수를 통해 복음이 세상에 전해진 것을 강조하고, 마가복

그림 5.3. 강대상 난간에 장식된 사복음서 저자들을 상징하는 테트라모프 기둥(1302-10년경)으로, 사람(마태)의 양쪽 다리에 각각 사자(마가)와 소(누가)가 묘사되어 있고, 맨 위에는 (날개만 남은) 독수리(요한) 형상의 성경 받침대가 묘사되어 있다. 지오반니 피사노(Giovanni Pisano)의 작품

신약성경을 기독교 경전으로 읽기

음은 그리스도의 길이 회개와 세례의 길임을 강조하고, 누가복음은 복음서 이야기의 이상적인 독자로서 마리아를 강조하며, 요한복음은 육신이 된 말씀을 통해 하나님의 비전을 제공한다고 주장한다.[6] 마크 스트라우스 (Mark Strauss)는 문학적·신학적 관점에서 각 복음서의 독특한 공헌을 다음과 같이 요약한다. 즉 마태복음은 예수를 구약성경의 소망을 성취하는 유대인의 메시아로서 제시하고, 마가복음은 예수를 고난받는 하나님의 아들로, 누가복음은 예수를 모든 민족과 나라를 위한 구세주로 그리며, 요한복음은 예수를 영원한 하나님의 아들로 강조한다.[7]

네 복음서를 서로 연관 짓는 다른 방법들은 이런 예들 말고도 더 제시될 수 있지만, 핵심은 여전히 같다. 즉 교회의 역사를 통틀어 그리스도인들은 사복음서가 네 가지 형태로 주어진 단일 복음서이고, 각각 독특한 관점, 목소리, 공헌이 있지만, 네 개의 채널이 서로 조화를 이루며 말하고 있다는 점을 인정해왔다.

과거의 사람들은 사복음서를 어떻게 해석했을까?

우리가 언급했듯이, 기독교는 단지 특정한 가르침만이 아니라 특별히 예수 그리스도라는 특정 인물과 관련이 있다. 따라서 사중복음서는 초기 그리스도인들의 경험에서 핵심적인 역할을 담당했다. 당시 회람되었던 바울, 베드로, 야고보, 요한 및 다른 이들의 서신들을 포함하여 사도들의 가르침은 매우 중요했다. 하지만 이것들은 그리스도인 모임의 주요 관심사, 즉 예수의 말씀과 행적을 듣고, 노래로 삼위일체 하나님을 경배하며, 각각 필요에 따라 음식과 물품을 서로 나누는 일에 보조적인 역할을 하는 것으로 여겨졌다. 바로 이것이 초기 그리스도인들의 모임이 어떠했는지를 정확히 말해주는 순교자 유스티누스의 묘사다.[8] 결국 이런 구전과 기록을 통해 전해진 이야기와 말씀은 네 개의 정경 복음서로, 그 후에는 사중복음서로 성문화되었다. 사복음서는 기독교 공동체의 마그나 카르타 또는 메이플라워 협약이 되었다.

그 결과 기원후 2세기경에는 사복음서에 관해 쓴 수많은 설교와 논문이 있었는데, 이는 교회 내에서 사복음서의 중요한 위치를 확고히 했다. 교회 지도자들과 신학자들은 먼저 그리스어로, 그 후 라틴어와 다른 언어로 사복음서의 가르침을 풀어놓은 방대한 양의 학문적인 주석들을 생산해냈다. 예를 들어 오리게네스의 마태복음에 대한 그리스어 주석이 있는데, 그중 많은 부분이 소실되었지만, 남아 있는 그의 주석은 사복음서를 해석하는 데 쏟은 면밀함과 실력을 보여주기에 충분하다.

또한 우리는 사복음서의 중요성에 대한 증거를 기독교 반대자들의 글에서도 발견할 수 있다. 기독교는 로마 제국의 먼 동쪽 끝에 있는 유대인 소작농들의 종파로 시작되었지만, 도시와 이방인들과 제국 전체로 퍼진 신앙이 되었다. 그 결과 로마의 지식층 엘리트들이 이를 주목하기 시작했으며, 상당히 격앙되어 종종 기독교를 어리석고 기만적이며 자기모순적이라고 공격했다. 그런 작가 중 한 명이 켈소스였는데, 우리가 익히 그에 대해 잘 알고 있는 것은 기독교 학자-신학자인 오리게네스가 기독교에 대한 켈소스의 비난에 답하기 위해 「켈소스 반박」(*Against Celsus*)이라는 중요한 작품을 썼기 때문이다. 중요한 것은, 그리스도인들이 쓴 주석이나 설교든지 아니면 기독교를 반대하는 자들이 쓴 작품이든지 간에, 그들에게 사복음서가 핵심적인 것으로 보였다는 점인데, 그 이유는 기독교가 무엇보다도 예수의 말과 행동에 뿌리를 두고 있기 때문이다. ▶▶

사복음서에 대한 주석 외에도, 고대 세계의 복음서 읽기의 또 다른 중요한 측면은 에우세비오스의 **정경 도표**(canon tables)의 영향을 받았다.[11] 기원후 300년대 초기의 기독교 학자인 에우세비오스는 사복음서 이야기를 본문 간의 대화를 통해 읽을 수 있도록 상호 참조 시스템을 만들었다. 그는 복음서 이야기들에 번호를 매기고 어느 이야기가 다른 복음서에 병행 본

▶ 서론적 문제

복음서에 대한 유벵쿠스(Juvencus)의 서사시

기독교가 계속 전파되고 고대 세계를 변화시키면서 일부 교육 수준이 높은 시인과 철학자들을 포함한 사회 각계각층의 사람들이 제자가 되었다. 이런 사람들에게 가장 수준 높은 문학 형태는 서사시, 즉 위대한 영웅에 대해 이야기하는, 시적 운율로 기록된 장문의 시다. 로마 문화에서 베르길리우스의 「아이네이스」(Aeneid)는 이 전통에서 절정을 이루는 최고의 작품이었다. 복음서의 중요한 영향력을 보여주는 훌륭한 예는 기원후 330년경 유벵쿠스라는 이름의 학식이 높은 개종자가 복음서 이야기를 베르길리우스의 스타일과 느낌으로 재해석하여 정교한 라틴어 서사시를 만들었다는 사실에서 발견할 수 있다. 이것은 고대 사회의 지식층에 대한 복음서의 상황화를 보여주는 중요한 사례다. 유벵쿠스의 복음서 서사시(세둘리우스와 아라토르의 유사한 작품과 함께)는 중세 내내 계속 필사되고 인정받았지만, 2016년이 되어서야 처음으로 영어로 번역되었다. 다음은 누가복음 2장의 사건을 이야기하는 스콧 맥길(Scott McGill) 번역본의 일부다.[9]

노래하는 다윗의 고향, 베들레헴이라는 도시에서 법령에 따라 인구조사가 실시되었다.
여기 다윗의 자손 요셉이 있었는데,
그는 마리아를 자신의 약혼녀로 등록하고 그녀가 임신 중이라고 기록했다.
성벽 바로 옆에 있는 가난한 농장의 작은 오두막이 이 부부에게 안식처를 제공했다.
임신 기간이 다 차서 성모는 전례 없는 아들을 낳았고 요람의 끈들이 그를 둘러쌌으며
그의 딱딱한 침대로 구유가 준비되었다.

▶ 서론적 문제

켈소스의 공격과 오리게네스의 답변

반기독교 철학자 켈소스가 저술한 「진실한 담화」(The True Discourse)의 필사본은 더 이상 남아 있지 않지만, 오리게네스는 그의 방대한 작품인 「켈소스 반박」(기원후 248년경 저술됨)에서 그를 자주 인용하며 사려 깊은 기독교적인 답변을 내놓았다.

켈소스의 공격에 대한 오리게네스의 답변으로서 「켈소스 반박」 6권 78장의 한 예를 들어보자. 켈소스는 기독교의 하나님을 그리스 희극에서 유피테르가 인류를 악으로부터 구하기 원하지만, 그의 사자 메르쿠리우스를 아테네와 스파르타 사람들에게만 보낸 이야기에 비유한다. 이것은 분명히 청중에게는 웃기는 일이다. 켈소스는 하나님이 온 세상을 구원하기를 바라면서 온 세상에 그의 영을 불어넣지 않고 오직 유대인에게만 그의 아들을 보낸다는 기독교 사상을 비웃는다. 오리게네스는 예수를 단지 이 세상의 한 구석에만 보낸 것은 "예언의 대상이었던 그가 하나님의 교리를 알고 있는 사람들, 하나님의 예언자들이 쓴 글을 자세히 읽은 사람들, 그리스도의 소식을 접한 사람들 사이에 나타나야 하고, 말씀이 이 세상의 한 모퉁이에서 시작하여 온 세상으로 전파되는 시점에 그들에게 오셔야 하기 때문에 타당한 이유에서 비롯된 것"이라고 답한다.[10]

오리게네스는 그의 작품 전반에 걸쳐 켈소스가 기독교를 미개하고 무식하다고 여기고 거부한 것에 대해 반복적으로 답하며, 철학적 지성을 갖춘 지식인들이 기독교의 틀을 통해 세상을 이해하는 것이 충분히 가능하다는 것을 보여준다.

문이 있는지를 보여주는 일련의 번호를 부여했다. 이것들은 독자들이 사중복음서 안에서 복음서의 여러 부분을 연결하는 데 사용할 수 있는 열 개의 정경 도표로 정리되었다. 에우세비오스는 사복음서를 하나로 축소하지 않고, 네 복음서의 통일성 안에서 다양성을 유지하는 전통을 유지했다. 동시에 그의 연구는 사복음서를 정경적으로 읽는 방법을 권장했다. 이는 사복음서를 수직적으로(각 복음서를 처음부터 끝까지 위에서 아래로 읽음) 읽을 뿐만 아니라 수평적으로(사복음서를 본문 간의 대화를 통해 읽음) 읽는 방법을 권장했다. 이 전통은 역사 내내 사복음서가 교회의 설교, 주석, 그리고 신학 논문에서 다뤄지는 방식을 지배해왔다.

유럽의 르네상스 시대(1300-1700년경)는 사복음서 읽기에 영향을 미

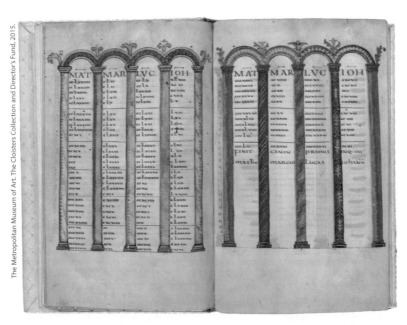

그림 5.4. 카롤링 왕조 시대의 복음서(825-50년)에 수록된 이 정경 도표(2절판 1v-2r)는 네 복음서의 유사한 구절들을 비교한다.

친 새로운 학문적 습관을 들여왔다. 이 시대에는 언어학(단어 연구)과 역사의 재구성에 더욱 초점을 맞추었는데, 때로는 철학과 신학 분야의 오랜 전통이 서로 충돌하기도 했다. 15세기와 16세기의 위대한 인물 중 하나인 에라스무스(1466-1536년)는 그가 저술한 다른 많은 작품 외에도 연구를 위한 그리스어 신약성경 판본을 처음으로 제작한 네덜란드의 기독교 학자다. 원문 이해에 대한 새로운 관심은 성경 읽기에 영향을 미쳤고, 종교개혁(1517-1648년)이라는 세계를 뒤흔든 사건에도 기여했다. 루터, 칼뱅, 츠빙글리와 같은 종교개혁가들은 사복음서를 포함한 성경 본문의 설교와 주석 집필에 다시 관심을 두게 되었다. 이 시기에는 일반적으로 공관복음을 서로 조화시켜서 읽는 방법이 유행했지만, 요한복음은 개별적으로 읽었다. 당대에 있었던 날카로운 신학적 논쟁 때문에, 일부 종교개혁자들에게 사복음서는 바울과 그의 서신들에 비해 뒷전으로 밀려났다. ▶

현대 학자들은 사복음서를 어떻게 해석할까?

서구 문명의 지난 250년 동안에 인류 역사상 그 어느 때보다도 전문화된 지식과 학문이 폭발적으로 발전했다. 그렇다고 해서 이 시기 이전에 위대한 학문이 없었다는 뜻은 아니다. 이 시기 이전에도 위대한 학문은 있었다. 사실 현대에 우리가 경험하는 기술과 학문은 중세와 르네상스 시대에 다양한 발전이 이루어지고 유럽 전역에서 대학이 출현한 결과로 생겨났다. 그러나 지난 250년 동안 다양한 학문 분야는 더욱 전문화된 이론과 방법론을 발전시켰는데, 이런 이론과 방법론들은 복음서를 읽는 나름의 고유한 방식을 갖고 있었다. 현대적 접근법에는 여러 가지가 있는데(일반적으로 "비평"의 형태로 불린다), 각각은 사복음서를 해석하는 방법에 대한 독자적인

에라스무스의 의역

에라스무스는 그의 많은 신학적·성경적 작품 외에도 성경 번역과 주석을 하나의 매끄러운 작품으로 결합한 독특한 장르인 의역 시리즈를 만들었다. 에라스무스는 그의 「의역」(Paraphrases)에서 신약성경의 다양한 책을 물 흐르듯 유려하고 이해하기 쉽게 번역했는데, 본문을 다시 쓰면서 신학적인 해석을 가하여 쉬운 말로 쓴 그의 작품을 누구나 읽고 이해할 수 있도록 만들었다. 이런 통찰력 있는 작품들은 즐겁게 읽을 수 있으며, 에라스무스 자신이 가장 자랑스러워하는 글들이었다.

예를 들어 마태복음 5:20에서 예수는 이렇게 말씀하신다. "내가 너희에게 이르노니 너희 의가 서기관과 바리새인보다 더 낫지 못하면 결코 천국에 들어가지 못하리라." 에라스무스의 의역은 다음과 같다. "유대인과 그리스도인, 모세의 제자와 나의 제자 사이에 얼마나 큰 차이가 있는지를 너희가 이해할 수 있도록, 분명히 말하겠다. 만약 너희가 율법이 지시한 모든 것과, 바리새인들(일종의 완전한 의를 갖고 있다고 여겨지며, 자신들도 스스로 그렇게 생각하는 사람들)이 행하는 모든 것을 다 행하지만, 더 완벽한 것을 그것에 추가하지 않는다면, 너희의 종교적 신앙고백은 하찮은 것이 되어 천국에 들어갈 자격조차 주어지지 않을 것이다."

그림 5.5. 소 한스 홀바인(Hans Holbein the Younger), "데시데리우스 에라스무스"

관점을 제공한다. 우리는 여기서 **양식비평**, **자료비평**, **편집비평**, **문학비평**, 그리고 **수용사**를 다룰 것이다.

양식비평

사복음서 읽기에 대한 양식비평의 접근법은 구약성경 연구에서 하나의 분석 방법으로 시작되었으며, 그 후 20세기 초에 많은 복음서 학자들에 의해 채택되었다. 양식비평은 사복음서 안에 나타나는 문학의 여러 유형("양식")을 파악하고(예를 들어 비유, 지혜 말씀, 기적 이야기), 교회 안에서 무슨 일이 일어났기에 사람들이 이 이야기들을 귀하게 여기고 다시 전하게 되었는지를 추론하는 것을 목적으로 한다. 예컨대 예수가 낡은 가죽부대에 새 포도주를 넣지 말라고 한 말씀(막 2:22)은 기독교 신앙에서 유대교 및 율법의 역할에 관한 초기 교회의 논쟁을 반영한 것으로 해석된다. 이런 종류의 복음서 읽기가 지닌 장점은 복음서 안에 다양한 장르가 있으며 이를 함께 모아 여러 개의 범주로 분류할 수 있다는 사실과, 이것이 초기 교회가 중요하게 여긴 생각들을 부분적으로 반영한다는 사실을 우리에게 확인시켜준다는 것이다. 양식비평의 문제와 오늘날 많은 사람이 이 접근법을 폐기한 이유는 복음서 저자들이 교회의 문제를 해결하기 위해 예수에 관한 이야기를 꾸며냈다는 주장을 양식비평 학자들이 종종 과신했기 때문이다. 신앙 공동체들이 예수에 관한 이야기를 목격한 증인들의 진실성에 큰 관심을 쏟고 이를 매우 중요하게 여겼다는 점을 고려할 때, 이런 접근법은 역사적으로 크게 타당성이 있어 보이지 않는다.

자료비평

자료비평은 사복음서 사이의 문학적 연관성, 즉 누가 먼저 썼고 누가 누구의 것을 자료로 활용했는가를 다룬다. 자료비평은 사실 여기서 논의되고 있는 다른 방법들과 같은 현대적 비평 방법이 아니다. 위에서 언급했듯이 사복음서가 어떤 순서로 기록되었는지, 그리고 사복음서가 어떤 문학적 연관성이 있는지에 대한 질문들은 고대 교회가 숙고한 문제들이었다. 사중복음서의 정경적 순서는 복음서가 기록된 순서로 간주되었다. 즉 마태복음, 마가복음, 누가복음, 요한복음의 순으로 기록되었다는 것이다.

현대에 이르러 새로운 연구 방법들을 활용하면서 복음서 간의 문학적 관계에 대한 관심이 다시 불붙었고, 이런 관계들에 대한 의견의 차이도 생겨났다. 대다수 학자들은 마태복음이 아닌 마가복음이 최초로 기록된 복음서라고 믿게 되었다. 게다가 학자들은 마태복음과 누가복음이 공유하는 많은 자료의 배후에 있다고 추정되는 Q 자료에 관해 이야기하기 시작했다. 수십 년 동안 여러 다른 학파가 이런 문제들을 중심으로 발전해나갔고, 과연 Q가 존재했는지, 사복음서가 어떤 순서로 기록되었는지, 그리고 구전 전승이 어떤 역할을 했는지에 대한 열띤 논쟁을 벌여왔다. ▶

편집비평

20세기 중반에 복음서 학자들은 사복음서 저자들의 역할에 더 많은 관심을 기울이기 시작했다. 그들은 이야기의 수집가 역할뿐만 아니라 유능한 편집자(독일어, *Redaktor*)로서의 역할을 감당했다. 마가복음이 최초로 기록된 복음서라는 새로운 다수의 이론에 기초하여, 학자들은 마태와 누가가 그들이 이전에 갖고 있었던 다른 자료들과 마가복음을 어떻게 수용하고 수정했는지를 살펴봄으로써 마태와 누가의 신학적 관점에 대해 더욱 정교한 주장을 펼쳤다. 예를 들어 예수가 받은 시험에 대한 마태와 누가의 설명을 비교할 때, 편집비평가들은 이 저자들 가운데 하나가 다른 신학적 개념을 강조하기 위해 예수가 시험받은 순서를 바꾼 것에 주목한다. 즉 마태복음에서는 떡, 성전, 경배의 순서로, 누가복음에서는 떡, 경배, 성전의 순서로 나온다. 사복음서를 읽는 이런 방식—사복음서 저자들의 편집 활동에 주목하고 이것으로부터 신학적 관점을 추론함—은 20세기 후반 내내 사복음서 해석의 지배적인 방식이 되었다.

문학비평

편집비평 접근법이 복음서를 연구하는 학문을 지배하는 동안, 다른 학자들은 20세기의 마지막 25년이 시작되는 무렵부터 문학으로서의 사복음서에 집중하기 시작했다. (양식비평, 자료비평, 편집비평처럼) 사복음서가 기록된 과정에 초점을 맞추기보다 사복음서 본문에 초점을 맞추는 이런 연구는

복음서의 평행 본문 이야기

이것은 현대 사복음서 대조표에서 발췌한 샘플 페이지인데, 각각의 이야기(**페리코프**)에 번호를 매긴 다음 복음서 전체를 병렬식으로 배열하여 쉽게 비교할 수 있도록 했다.

[no. 88, 89] Matt. 8.16-17, 18-22 – Mark 3.13-19 – Luke 7.11-17 – John 4.46-54   76

88. The Sick Healed at Evening
(cp. no. 38)

Matt. 8.16-17	Mark 1.32-34 (no. 38, p. 36)	Luke 4.40-41 (no. 38, p. 36)	John
16 That evening they brought to him many who were possessed with demons;	32 That evening, at sun-down, they brought to him all who were sick or possessed with de-mons. 33 And the whole city was gathered together about the door.	40 Now when the sun was setting, all those who had any that were sick with various diseases brought them to him;	3
and he cast out the spirits with a word, and healed all who were sick.	34 And he healed many who were sick with various diseases, and cast out many demons;	and he laid his hands on every one of them and healed them. 41 And demons also came out of many, crying, "You are the Son of God!" But he rebuk-	6
17 This was to fulfil what was spoken by the pro-phet Isaiah, "He took our infirmities and bore our diseases."	and he would not permit the demons to speak, because they knew him.	ed them, and would not allow them to speak, because they knew that he was the Christ.	9 / 12 / 15

Matt.: 16 When (And when R) the (– R) even was come, they A R | that were A ; – R | devils A R | his word A R || 17 that it might be fulfilled which A R | Esaias (Isiah R) the prophet, saying, Himself took A R | sicknesses A
Mark: 32 And at even, when the sun did set A R | diseased A | and them that were possessed A R | devils A R¹ || 33 all the city A R | about] at A R || 34 sick of A | divers A R | devils A R¹ | he (– A) suffered not A R | devils A R¹
Luke: 40 any sick A R | divers A R || 41 devils A R¹ | crying out and saying A R | Christ the Son A | And he (– R) rebuking them (+ he R) suffered them not A R | was Christ A

Matt.: 17: Is. 53.4

89. On Following Jesus
(cp. no. 176)

Matt. 8.18-22	Mark 4.35 (no. 136, p. 122)	Luke 9.57-62 (no. 176, p. 164)	John
18 Now when Jesus saw great crowds around him, he gave orders to go over to the other side. 19 And a scribe came up and said to him, "Teacher, I will follow you wherever you go." 20 And Jesus said to him, "Foxes have holes, and birds of the air have nests; but the Son of man has nowhere to lay his head."	35 On that day, when evening had come, he said to them, "Let us go across to the other side."	57 As they were going along the road, a man said to him, "I will follow you wherever you go." 58 And Jesus said to him, "Foxes have holes, and birds of the air have nests; but the Son of man has nowhere to lay his head." 59 To another	3 / 6 / 9

Matt.: 18 great multitudes about him A R | gave commandment to depart unto the other A R || 19 And there came a scribe and R | And a certain scribe came and A | Teacher] Master A R | wherever] withersoever A R || 20 him, The foxes A R | and the birds A R | air] heaven R | man hath not where· A R
Luke: 57 And (+ it came to pass, that A) as A R | they went in (on R²) the way, a certain man A R | him, Lord, I A | wherever] whithersoever A R || 58 him, The foxes R | and the birds R | air] heaven R | man hath not where A R

Matt.: 18-22: Lk. 8.22

그림 5.6. 알란트(Aland)의 『사복음서 대조표』(Synopsis of the Four Gospels)에서 발췌한 샘플 페이지

일반적으로 문학에 대한 학문적 연구에 나타난 더 큰 추세의 일부였다. 문학비평이라는 포괄적 접근법에는 줄거리, 구조, 인물 설정 등을 분석하여 복음서가 그 이야기를 어떻게 전개하고 있는지에 주목함으로써 사복음서를 해석하는 방법들이 포함된다. 문학비평적 연구는 역사적 정황에 다양하게 반응하며 진행된다. 일부 학자들은 사복음서를 단지 문학작품으로만 연구한다. 다른 학자들에게는 역사적 정황과 (때로는) 정경적 정황이 문학적 분석을 위한 고려 대상이 되는데, 이런 접근법은 흔히 구성비평이나 성경신학의 한 형태로 일컬어지기도 한다.

수용사

최근 몇 년 동안 학자들은 과거, 특히 현대 이전에 사복음서가 어떻게 읽혔는지에 더 많은 관심을 기울이기 시작했다. 훌륭한 학문은 다른 해석자들의 관점을 항상 인식하지만, 수용사에 초점을 맞추는 최근의 동향은 오랫동안 잃어버렸거나 간과해온 목소리와 관점을 재발견하려는 노력

서론적 문제

복음서의 등장인물로서의 베드로

복음서에 대한 문학적 접근법이 제공할 수 있는 통찰력 중 하나는 등장인물이 이야기에서 어떻게 기능하고 발전하는가다. 복음서에서 일부 등장인물은 **평면적 인물**이다. 즉 그들은 발전하지 않고 정해진 역할 혹은 평범하고 틀에 박힌 역할을 한다. 예를 들면 예수의 적들(바리새인, 사두개인), 혹은 큰 믿음을 표현하고 치유받은 이름 없는 인물들(가나안 여인, 나병환자, 백부장)이다. 다른 인물들, 특히 제자들은 **입체적 인물**인데, 이는 그들이 이야기의 진행 과정에서 다면적 모습을 보이며 그들의 성격이 계속 발전한다는 것을 의미한다. 수제자 베드로는 복음서에서 가장 입체적인 인물이다(예수를 제외하면). 복음서 저자들은 베드로가 예수의 추종자가 되기 위해 맨 처음에 부르심을 받은 일로부터 시작하여 많은 성공과 실패를 거쳐 제자들의 우두머리가 되고 이후 초기 교회의 지도자가 되기까지의 과정을 묘사한다. 베드로는 열두 사도 중 한 사람이며, 예수의 가장 가까운 추종자로서 **변화산 사건**과 겟세마네 동산 사건과 같은 독특한 경험을 공유하는 세 사람(야고보, 요한과 함께) 중 한 사람이다. 베드로는 예수가 그리스도라고 맨 처음 고백하고(마 16:16), 예수와 함께 물 위를 걷는 믿음을 가진 사람이었지만(마 14:28-30), 기도해야 할 때 깊은 잠에 빠지고(마 26:36-46), 사탄처럼 생각하고(마 16:22-23), 주변 사람들의 압력과 두려움 속에서 자신이 예수의 제자인 것을 부인한 사람이기도 하다(마 26:69-75). 복음서가 전개되는 과정에서 문학적 인물로서 베드로의 발전에 주목하는 것은 단순한 역사적 기록으로는 할 수 없는 해석과 적용을 가능하게 해준다.

신약성경을 기독교 경전으로 읽기

의 일환이라고 볼 수 있다. 이 접근법은 각 해석자가 자신이 속한 문화 속에 존재하고 있음을 더 잘 인식하는 데 뿌리를 둔다. 사복음서에 대한 수많은 주석과 설교는 그리스어나 라틴어에서 현대 언어로 번역된 적이 없다. 많은 학자가 현재 이런 문서들의 번역본을 제작하고 있으며, 사복음서에 대한 초기 독자들의 해석이 우리 시대뿐만 아니라 그들 자신의 문화 및 시대에 대해 어떤 통찰력을 제공하는지를 연구하고 있다. 예를 들어 **대위임령**(마 28:16-20)에 대한 수용사 연구에 따르면, 교회 역사 내내 대부분의 해석자들은 이 명령이 최초의 사도들 외에는 아무에게도 적용되지 않는다고 생각했다. 시간이 많이 지난 후에야 윌리엄 캐리(William Carey) 같은 사람들과 함께 선교사들이 그들의 세계 선교에 동기를 부여하기 위해 이 구절들을 자주 사용하게 되었다.

사복음서에 대한 이런 모든 현대적 연구 방법은 (우리가 논의하지 않은 다른 방식들과 마찬가지로) 도움이 되는 무언가를 갖고 있다. 사복음서를 읽는 이런 다양한 방법은 본문에 대해 서로 다른 질문들을 던짐으로써 특정한 유익을 제공해주는데, 어떤 것은 사복음서가 어떻게 생겨났는지에 초점을 맞추고, 다른 것은 그 복음서들이 어떻게 문학으로서 기능하는지에 초점을 맞추며, 또 다른 것은 사람들이 수 세기 동안 그 복음서들을 어떻게 읽었는지에 초점을 맞춘다. 이 방법들 가운데 그 어떤 것도 홀로 독립되어 있거나 복음서에 대한 포괄적인 이해를 제공해주지는 않는다. 오히려 각 방법은 다른 방법들을 배제하지 않고 상호 보완적으로 활용되어야 한다.

우리는 어떻게 사복음서를 기독교 경전으로 읽을 수 있는가?

우리는 지금까지 학자들이 복음서를 읽어온 다양한 방법 외에도 복음서를 기독교적으로 읽는 독특한 방식—학자들이 읽는 방식이든 아니든 간에—이 있는지를 물을 수 있으며, 또 물어보아야 한다. 과연 사복음서를 기독교 경전으로 읽는 방식이 있는가?

그렇다. 복음서가 기록된 이유와 방법에 따라 복음서를 기독교 경전으로 읽는 방법이 있다. 이런 종류의 읽기는 학문적인 읽기와 상반되는 것이 아니다. 사실 사복음서를 포함한 모든 문서를 읽는 가장 좋은 방법은 학문적인 방법론으로부터 통찰력을 얻을 것이다. 하지만 기독교적으로 사복음서를 읽는 것은 구체적인 목표를 추구하고 특정한 감정을 불러일으킬 것이다. 우리는 이런 방식의 사복음서 읽기를 다음과 같이 세 가지 범주로 요약할 수 있다.

예수의 역사를 이해하기 위한 사복음서 읽기

기독교는 특정 사상보다 한 사람에 기초하기 때문에, 기독교적으로 사복음서를 읽는 것은 예수의 행동과 말씀 속에서 실제 예수가 어떤 분이었는지에 초점을 맞추는 것으로 시작한다. 사복음서 저자들은 예수에 대한 사람들의 믿음이 진리에 기초하도록 예수가 말하고 행한 것들을 신실하게 기록하고자 했다(눅 1:1-4; 요 20:30-31). 이 신실한 증언의 핵심은 이야기의 결말—예수의 마지막 주간, 그의 고통, 죽음, 부활—에 있는데, 각 복음서는 이에 대해 문학적으로 더 많은 지면을 할애하고 세부적인 내용을 다룸으로써 이것을 강조한다. 이렇게 기독교적으로 읽는 것과 반대되는 독법은 증인의 신실성에 회의적이거나 복음서를 실제 역사와 분리된 단순한 상징이나 보편적 사상으로 해석하는 방법일 것이다.

나머지 성경의 정황 안에서 사복음서 읽기

복음서를 기독교적으로 읽는 것은 복음서를 정경의 일부로서 해석하는 것이다. 첫째, 복음서는 창조로 시작하여 이스라엘의 역사와 희망에 초점을 맞추는 유대교 경전의 더 큰 이야기의 일부로 이해된다. 각각의 복음서는 그 나름의 방식으로 그 책을 구약이 가리키는 이야기의 완성으로 읽어야 한다는 것을 나타낸다. 둘째, 복음서를 잘 읽는다는 것은 복음서를 개별적인 책으로, 그리고 사중복음서의 일부로 해석하는 것을 의미한다. 마태복음, 마가복음, 누가복음, 요한복음은 신학적 전기로 읽혀야 하지만, 사복음서가 기독교 정경 안에 배치되었다는 사실은 사복음서가 서로 비교와 조화가 가능한 일종의 대화 관계에 있다는 것을 의미한다. 셋째, 복음서를 기독교적으로 읽는 것은 복음서를 신약성경의 나머지, 즉 사도들의 글들과 연계하여 이해하는 것이다. 신약성경의 서신들은 종종 다른 문제들을 다루고 다른 어휘들을 사용하지만, 기독교적으로 성경을 읽는다는 것은 이런 조화로운 다양성 안에서 깊은 통일성을 깨닫는 것이다. 이런 유형의 읽기와 반대되는 것은 사복음서를 나머지 정경과 분리시켜 해석하는 것이며, 이를 통해서는 결코 사상과 비전의 근본적인 통일성을 발견하지 못할 것이다.

더 신실한 제자가 되기 위해 사복음서 읽기

궁극적으로 복음서를 기독교적으로 읽는 것의 가장 중요한 측면은 더 신실한 제자가 되고자 하는 목적을 갖고 읽는 것이다. 복음서는 신학적 전기로 기록되었는데, 이는 역사와 신학적 진리를 가르치기 위한 것만이 아니라 모방해야 할 모델과 자제하고 피해야 할 모델을 제공하기 위한 것이기도 하다. 바로 이런 이유 때문에 내러티브가 기록된 것이다. 즉 내러티브는 독자들이 다른 사람들의 삶을 관찰하는 것을 통해 자신의 삶을 성찰하기 위한 것이다. 베드로의 부인과 회복, 또는 가나안 여인의 믿음, 또는 유다의 배신과 후회에 대한 이야기는 그 이야기들을 요약해놓은 교리적 진리보다 훨씬 더 강력하다. 내러티브 문학의 하위 유형인 전기는 한 사람을 모방을 위한 모델로 정하고 주로 그 사람에게 초점을 맞추지만, 이야기의 다른 등장인물들도 종종 이런 역할을 수행한다. 복음서 전기는 특히 예수의 가르침에 뿌리를 둔 제자도의 삶으로 독자들을 초대한다. 제자들은 가르침을 통해 형성된 그들의 생각을 갖게 됨으로써 세상에 존재하는 방법을

그림 5.7. 카라바조(Caravaggio), "성 베드로의 부인"

　　　　　신약성경을 기독교 경전으로 읽기

배우고, 모방해야 할 모델들을 통해 습관을 만들어간다. 이 모든 것은 성경 윤리의 핵심 사상, 즉 경건은 하나님을 본받는 법을 배우는 것을 의미한다는 사상에 기초한다(레 19-20장; 마 5:48; 고전 11:1; 살전 1:6).

복음서 전반에 걸쳐 예수는 인류의 가치와 감성의 재사회화 프로젝트를 전개한다. 예를 들어 가난한 자와 낮은 자가 귀하게 여김을 받고, 자비와 긍휼로 타인을 대하는 자들이 높임을 받으며, 사랑은 그리스도인이 되는 것이 무엇을 의미하는지를 보여주는 궁극적인 특징이 된다. 이런 재사회화는 종종 일반적인 상식으로 이해하기 어려운 것이지만, 복음서 이야기를 통해 강력한 가르침을 준다. 이 프로젝트의 목표는 제자를 만들고 그들을 새롭게 빚어가는 것이다. 따라서 복음서를 가장 신실하게 읽는 방법은 개인적으로 예수의 부르심에 순종하는 것이다. 우리는 복음서를 문학으로 읽을 수도 있고, 1세기 역사서의 일부로 읽을 수도 있으며, 비교 종교학 연구에 기여하는 책으로 읽거나 그 밖의 다른 여러 가지 방법으로 읽을 수도 있다. 이런 방식으로 읽는 것이 잘못되거나 쓸모없는 것은 아니지만, 궁극적으로 복음서의 목적이나 기독교 제자도의 삶에 부합하는 것은 아니다. 복음서는 본질적으로 케리그마적인데, 이는 복음서가 지속적으로 독자들에게 믿음의 반응을 요구한다는 것을 의미한다. "또 이르시되 '들을 귀 있는 자는 들으라' 하시니라"(막 4:9).

기독교적 읽기를 위한 질문

1. 복음서의 장르를 이해하는 것이 왜 중요하다고 생각하는가?
2. 이 장에서 논의된 네 가지 유형의 비평(양식비평, 자료비평, 편집비평, 문학비평)을 비교하고 대조하라. 각각의 장단점이 무엇이라고 생각하는가?

3. 복음서에 등장하는 열 명의 인물을 즉시 머리에 떠올려보고 목록을 만들라. (이 장에서 다양한 유형의 인물을 설명한 것을 기반으로) "평면적 인물"과 "입체적 인물" 사이에 스펙트럼을 그려보라. 이제 각 인물을 이 스펙트럼 위에 표시하라. 당신은 왜 각각의 인물을 당신이 표시한 곳에 배치했는가?

4. 기독교적으로 복음서를 읽으려면 어떻게 읽어야 하는가? 요한복음 2-3장을 읽고 기독교적으로 복음서를 읽는 세 가지 범주에 따라 이 특정 본문을 이해한 것을 깊이 생각하라.

6장
마태복음

개요

존 윌리엄스의 "스타워즈" 주제곡의 경쾌한 음들이 힘차게 스피커에서 흘러나오면 우리는 즉시 그것을 알 수 있다. 레오나르도 다빈치의 "모나리자"를 우유를 마신 후 생기는 자국이나 펑크 헤어스타일로 변형시키더라도 우리는 즉시 친숙하게 그 작품을 알아볼 수 있다. 왜 그럴까? 하나는 음악이고 다른 하나는 시각적인 그림인 이 두 작품 모두가 걸작이기 때문이다. 이 작품들은 수백 년 동안 수천 마일을 넘어 다양한 시대와 문화에서 널리 알려지고 인정받았다. 왜 똑같이 잘 만들어진 예술 작품들인데도 일부는 널리 유명해지고(클래식) 다른 작품들은 그렇지 않은지는 항상 역사의 수수께끼다. 하지만 모든 걸작의 공통점은 그 작품을 매력적이고 기억에 남도록 만드는 아름다움과 탁월함이 인정된다는 점이다.

마태복음은 그런 걸작 중 하나다. 교회의 최초기 이후로 첫 번째 복음서는 신학적 걸작이자 교회의 걸작으로 인정받아왔다. 최근 수십 년간 학자들은 그것이 얼마나 예술적인 문학 작품인지도 깨닫게 되었다.

마태복음은 그것이 지닌 힘과 아름다움의 결과로 항상 사중복음서와 신약성경 전체의 맨 앞에 위치해왔다. 그것의 큰 영향력 때문에 교회의 신학적 강조점, 말하는 방식, 예전 등의 많은 부분이 마태복음에서 비롯되었다. 한 학자가 지적하듯이, "초기 기독교는 주로 **마태복음의** 기독교였다."[1] 😵

수년 전 어느 날, 나(조너선)는 내 어린 딸에게 마태복음을 성경의 어디

서 찾아야 하는지 아느냐고 물었다. 그녀는 "네, 아빠, 마태복음은 구약과 신약이 만나는 곳에 있어요"라고 대답했다. 어떻게 어린아이의 입에서 이런 말이 나올 수 있는지! 이것은 마태복음에 대한 정확한 설명이다. 마태복음은 우리의 성경에서 구약성경과 신약성경이 만나는 곳에 물리적으로 위치하고 있을 뿐만 아니라 신학적으로도 이런 역할을 수행한다. 우리가 앞으로 보게 되겠지만, 마태복음은 성경 전체가 어떻게 서로 연결되어 있는지, 그리고 그 의미가 서로 어떻게 통하는지를 이해하는 능력을 우리에게 제공해주기 위해 기록된 **심오한 신학적 전기**다. 마태복음에 따르면, 이에 대한 답은 예수가 누구인지, 무엇을 가르쳤는지, 그리고 성육신, 고난, 죽음, 부활, 승천을 통해 무엇을 했는지를 이해함으로써 얻을 수 있다. 📑

마태복음은 이야기다. 그것은 특별한 종류의 이야기, 즉 전기다. 그 결과, 마태복음 기사의 기본적인 윤곽은 마태가 글을 쓰기 시작하기도 전에

마태복음과 「디다케」

마태복음은 교회 초기부터 폭넓은 영향력을 미쳤다. 예를 들어 우리는 마태복음이 또 다른 중요한 초기 기독교 문서인 「디다케」에 큰 영향력을 미쳤음을 알 수 있다. 「디다케」 또는 열두 사도의 가르침은 기독교 윤리와 교회의 실천을 다루는 현존하는 가장 오래된 기독교 **교리문답서**다. 「디다케」의 주제와 구체적인 언어 표현은 마태복음으로부터 강한 영향력을 받았음을 보여주는데, 예를 들면 주기도문의 형식(마 6:7-15; 디다케 8)과 두 종류의 삶의 방식에 대한 모티프(마 7:13-27; 디다케 1-6) 등이 있다.

거룩한 가족의 이집트로의 피난

요셉, 마리아, 예수가 이집트로 피난을 떠난 이야기(마 2:13-15)는 수 세기에 걸쳐 많은 창의적인 작품에 영감을 주었다. 예를 들면 많은 그림이 이 사건을 묘사하고 있으며, 외경 「위(僞) 마태복음」과 「야고보의 원복음서」를 통해 기독교적 상상력과 깊이 결합한 이 이야기의 전설적인 측면이 추가로 생겨났다. 우리는 그림과 시를 통해 개작된, 이집트로 피난 가는 많은 이야기에서 예수의 거룩한 가족이 야자수 아래에서 쉬고 있을 때 마리아가 대추야자를 먹고자 그것을 요구했던 것을 듣게 된다. 일부 버전에서는 요셉이 다소 건방진 어조로 마리아를 임신시킨 그 사람이 그녀에게 대추야자를 따다 줘야 한다고 대답했다. 그러자 어린아이인 예수(때로는 마리아의 자궁 안에 있는 예수)가 나무의 가지를 아래로 숙이도록 만들어 대추야자를 먹을 수 있도록 했으며, 이로 인해 요셉은 회개하게 되었다. 중세 영국 전통인 코번트리 연극에서는 체리나무가 야자나무를 대신하며, 결국 전통적인 영국의 크리스마스 캐럴인 "체리나무 캐럴"(The Cherry Tree Carol)이 나오게 되었다.

미리 정해진다. 즉 전기를 쓰는 작가는 그 사람("전기의 주인공")이 누구인지, 그가 무엇을 행하고 말했는지, 어떻게 살고 죽었는지를 말할 필요가 있으며, 일반적으로 그 사람이 후에 어떤 영향을 미쳤는지, 그리고 왜 그 사람의 전기를 쓸 가치가 있는지에 대한 약간의 논의가 뒤따를 필요가 있다. 이렇게 모든 사복음서는 기본적으로 오늘날 알베르트 아인슈타인이나 존 애덤스의 전기와 같은 윤곽을 갖고 있다. 작가마다 전기 주인공의 어린 시절에 관해 얼마나 말할지, 플래시백(회상)을 사용할지, 전기 주인공의 삶에서 어떤 부분을 더 강조할지 등에 대해 항상 차이를 보일 수 있다. 우리는 이런 차이가 네 개의 정경 복음서에도 나타나는 것을 볼 수 있다(외경 복음서도 마찬가지다). 🔵

마태의 복음 전기는 상당히 간단하고 단순하다. 처음 두 장은 예수의 조상, 그의 부모, 그리고 그의 어린 시절에 관해 이야기한다. 그 후 그의 성인기의 삶으로 건너뛰는데, 이 이야기가 3-20장에 걸쳐서 나온다. 아마도 현대 독자인 우리에게 놀라운 것은 마태복음이 예수의 생의 마지막 주와 그의 죽음에 관해 무려 일

마태복음의 다섯 가지 주요 가르침 단원

마태복음에서 가장 유명하고 중요한 것 중 하나는 마태가 예수의 생애에 관한 이야기를 들려주는 것 외에도 주제별로 예수의 가르침을 모은 다섯 개의 큰 단원을 제공한다는 것이다.

장	제목	주제
5-7장	산상수훈	더 나은 의와 이 세상에서 올바르게 사는 방법
10장	선교와 증인	예수의 증인들이 받는 권세와 박해
13장	비유	하나님의 비밀 계시를 통한 사람들의 구분
18장	교회론	하나님의 새로운 백성으로서의 교회
23-25장	심판	모든 사람에게 임하는 현재와 미래의 심판

곱 장(21-27장)을 할애한다는 점일 것이다. 이것은 중요한 사실인데, 그 이유는 기독교가 예수의 죽음에 신학적 비중을 크게 두기 때문이다. 마지막으로 이 첫 번째 복음서는 28장으로 끝을 맺는데, 이 장은 예수의 부활과 그의 사역을 계속 진행하기 위해 그의 제자들을 보내는 것에 대해 이야기한다. 📖

이 연대기적인 또는 전기적인 개요는, 이미 우리가 언급했듯이, 사복음서 모두에 공통적이며, 아마도 마가의 원래 이야기에서 유래했을 것이다. 사실 마태의 이야기는 기본적으로 마가의 줄거리를 따르고 있는데, 마가복음에는 유년기의 과정이 기록되어 있지 않다. 하지만 마태는 매우 중요한 이 부분을 추가했으며, 바로 이것이 그의 복음서가 초기 교회에서 사복음서 가운데 가장 유명한 첫 번째 복음서가 된 이유다.

이 연대기적 개요 외에도, 마태는 주제에 따른 다섯 단원의 주요 가르침을 추가하여 그것들을 능숙하게 그의 내러티브 사이사이에 삽입해 넣는다. 이 각각의 단원 혹은 **강화들**(discourses)은 그 안에 각각 주제를 갖고 있는데, 이는 예수가 다섯 가지 주요 주제에 대해 가르친 것을 한 번에 정리하는 일종의 "원스톱 샵"(one-stop shop)의 역할을 수행한다. 이 밖에도 다섯

마태복음의 구조

연대기적인 개요를 제공하는 것 외에도, 마태는 능숙하게 다섯 개의 강화를 내러티브 사이사이에 끼워넣었다. 결과적으로 마태복음의 전체적인 구조는 다음과 같다.

1. 기원 및 시작(1:1-4:22)
   a. 서론(1:1-4:16)
   b. 가교(4:17-22)
2. 계시와 구분: 말과 행동에서(4:23-9:38)
   a. 첫 번째 강화(4:23-7:29)
   b. 첫 번째 내러티브(8:1-9:38)
3. 계시와 구분: 선생과 제자로서(10:1-12:50)
   a. 두 번째 강화(10:1-11:1)
   b. 두 번째 내러티브(11:2-12:50)
4. 계시와 구분: 하나님의 새롭고 구별된 백성(13:1-17:27)
   a. 세 번째 강화(13:1-53)
   b. 세 번째 내러티브(13:54-17:27)
5. 계시와 구분: 새로운 공동체의 안과 밖(18:1-20:34)
   a. 네 번째 강화(18:1-19:1)
   b. 네 번째 내러티브(19:2-20:34)
6. 계시와 구분: 현재와 미래의 심판(21:1-25:46)
   a. 다섯 번째 내러티브(21:1-22:46)
   b. 다섯 번째 강화(23:1-25:46)
7. 결말과 시작(26:1-28:20)
   a. 가교(26:1-16)
   b. 결론(26:17-28:20)

개의 강화는 모두 계시와 구분이라는 매우 중요한 주제를 공유하고 있다. 종합하면, 그 단원들은 마태복음의 중요한 핵심을 전달한다. 즉 하나님이 마침내 예수 안에서 자신을 계시하는데, 그 결과 사람들이 두 그룹으로 나뉠 것이라고 말이다. 이 두 그룹은 더 이상 민족, 종교, 성별, 사회적 계층, 교육 수준 또는 경제적 성공으로 결정되지 않는다. 하나님의 백성들은 오직 예수를 영접하는 것에 기초하여 형성되며, 여기에는 유대인과 이방인이 모두 포함된다. 📖

탐구-마태복음 읽기

성취의 시작

■ 마태복음 1:1-2:23을 읽으라 ■

우리는 1-2장에서 전기에서 기대할 수 있는 것, 즉 이 전기가 누구에 관해 쓴 것인지에 대한 기본적인 정보를 본다. 1-2장은 이와 관련된 다음의 두

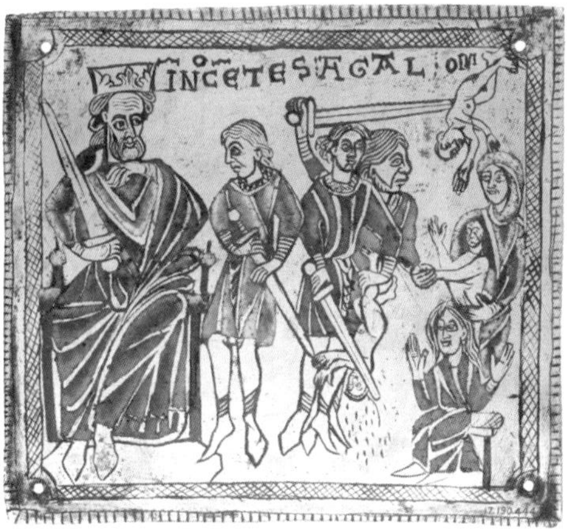

The Metropolitan Museum of Art. Gift of J. Pierpont Morgan, 1917.

그림 6.1. 죄 없는 자들을 학살하는 장면을 묘사한 장식품

가지 기본적인 질문에 답한다. 즉 예수는 누구이며, 또 어디서 왔는가? 첫 번째 질문에는 족보로 답한다. 이것은 우리에게 지루하고 무의미하게 보일지 모르지만, 사실 음악에 비유하자면 신약성경 전체의 조(key), 음(tone), 빠르기(tempo)를 설정하는 화음을 누르는 것과 같다. 즉 예수는 다윗의 자손이며, 따라서 왕이다. 그리고 예수는 아브라함의 아들이므로 모든 민족과 백성의 지도자다. 이런 예수의 이중 정체성은 마태복음과 나머지 신약성경에서 확실히 드러날 것이다. 두 번째 질문에는 그의 베들레헴 출생, 이집트로의 긴급 탈출, 그리고 마침내 북쪽 나사렛에 정착한 것에 대한 지리적 정보를 제공하면서 답한다.

이 두 개의 질문과 마태복음 전체에는 하나의 주제가 마치 금실처럼 짜여 있다. 이 주제는 계보의 뒤를 이어 나오는 다섯 개의 이야기의 어딘가에 등장하며 패턴을 이룬다. 그것은 마태 이야기의 나머지 부분 내내 여러 곳에서 등장할 것이다. 그것이 바로 **성취**라는 개념이다. 마태에게 성취란 예수에게 일어난 일이 하나님이 이전에 말씀하고 행한 모든 일과 **연결**되어 있으며, 그 모든 일의 **완성**이라는 것을 의미한다. 이것은 성경 전체의 해석학에서 가르침으로 기능한다. 그것은 신자들에게 예수가 말하고 행한 모든 것을 이 세상에서 하나님이 행한 사역의 궁극적인 완성이자 목표로서 해석하는 방법을 가르친다. 동시에 그것은 예수의 제자들에게 성경의 나머지 부분을 예수를 중심으로, 예수 안에서 완성된 것으로 읽도록 가르친다.

**예수 안에서 이루어진 하나님의 말씀의 성취:
마태복음과 히브리서**

마태는 예수의 생애에서 가장 초기에 일어난 모든 사건이 과거에 하나님께서 행하신 사역의 성취라고 주장한다. 히브리서와 마태복음은 서로 다른 유형의 문학이고 고유의 목적이 있지만, 이 점과 관련하여 상당히 중복되는 점들이 있다. 히브리서는 동일한 개념을 이렇게 말한다. "옛적에 선지자들을 통하여 여러 부분과 여러 모양으로 우리 조상들에게 말씀하신 하나님이 이 모든 날 마지막에는 아들을 통하여 우리에게 말씀하셨으니 이 아들을 만유의 상속자로 세우시고 또 그로 말미암아 모든 세계를 지으셨느니라"(히 1:1-2). 이제 예수를 통해 시작된 마지막 시대에 하나님 자신에 대한 최종적이고 궁극적인 하나님의 계시가 이 땅에 임함으로써 하나님께서 약속하신 모든 것을 성취하게 되었다.

사역을 시작하다

■ 마태복음 3:1-4:22을 읽으라 ■

이 장들에서 우리는 약 30년이 신속히 흘러 예수가 성인이 되어 공적 사역을 시작하고 그의 소명을 이루기 위한 준비를 완료한 시점을 맞이한다. 먼저 우리는 광야에 살고 있는 급진적 성격의 한 남자, 즉 구약성경의 마지막 위대한 예언자(마 11:7-15을 보라)이자 예수의 선구자 역할을 하는 중요한 인물인 세례 요한을 만난다. 그는 구약성경의 예언자처럼 하나님의 백성에게 회개를 촉구하는 불같은 말씀을 선포하는데, 이는 하나님이 와서 세상을 바로잡을 것을 약속하고 있기 때문이다. 구약성경에서처럼 일부 사람들은 긍정적으로 반응하고, 다른 사람들은 그렇게 반응하지 않는다.

예수의 선구자인 세례 요한에게는 다소 거북하고 불편한 일이 맡겨진다. 바로 예수에게 세례를 주는 일이었다. 마태는 다시 자신의 중심 주제로 돌아가서 이 사건이 상징적인 것 이상의 의미를 지닌다고 설명한다. 그것은 **모든 의를 이루는 것**인데(3:15), 이는 예수가 하나님이 그의 백성에게 원하는 모든 것을 다시 한번 완성하고 있다는 것을 의미한다. 이 사건의 결과는 우리를 다시 1:1로 돌아가게 하는 선언이다. 즉 예수가 하나님의 사랑받는 **아들**이라는 것이다. 🔲

이 독특한 아들 됨은 그 시절에 함께 있었던 구경꾼들에게는 확실하게 이해되지 않았을 수 있지만, 하나님의 오랜 원수인 마귀(다른 이름으로도 알려져 있다: 사탄, 유혹하는 자, 뱀)에게는 쉽게 이해되었을 것이다. 사탄은 하나님이 그의 아들을 통해 이 세상에 들어오는 것을 저지하기 위한 최후의 시도로 예수의 사명의 방향을 바꾸고 탈선시키고자 한다. 이를 위해 그는 예수가 하나님의 아들이라는 특권을 사용하여 하나님의 뜻에서 벗어나는 일을 하도록 일련의 유혹을 통해 계획을 꾸민다. 이는 사실상 첫 번째 아담처럼 불순종하는 아들이 되게 하기 위해서다. 절정을

📖 **문학적 문제**＊

천국 복음

마태는 그의 복음서에서 독특한 두 가지 중요한 용어를 사용한다.

천국 복음은 하나님이 예수를 통해 이 세상을 다스리시기 위해 다시 돌아오신다는 기쁜 소식의 메시지를 의미한다. 천국 복음은 4:23-25과 9:35-38에 자세히 설명되어 있는데, 여기에는 세 가지 요소가 있다. 즉 하나님의 나라에 들어가는 방법과 그 나라 안에서 사는 방법에 대해 가르치고, 사람들을 치유하고 회복시키며, 하나님 나라의 일을 계속하도록 제자들을 부르는 일이다. 오늘날 교회에서는 종종 "복음"과 "(하나님) 나라"가 별개의 개념으로 생각되지만, 마태는 이 둘을 섞어서 사용한다.

천국은 마태의 독특한 표현으로서 그 대상─하나님의 현재와 미래의 통치─의 관점에서는 "하나님 나라"와 같은 의미지만, 함축적 의미의 관점에서는 다르다. 마태는 하나님의 통치를 "천국"이라고 묘사하기를 좋아하는데, 그 이유는 이것이 이 세상의 나라들과 장차 올 하나님의 천상의 나라 사이의 강한 대조를 떠올리게 만들기 때문이다.

이루는 세 번째 유혹은 이 세상의 왕인 사탄에게 동조하라고 예수에게 요구하며, 그 대가로 "천하만국과 그 영광"(4:8)을 얻게 될 것이라고 말한다. 예수는 이 유혹을 성공적으로 물리치고 더 큰 것, 즉 천국을 얻을 수 있는 자격을 얻게 된다(4:17).

이 도입부는 예수가 세상을 변화시키고자 하는 그의 사역을 시작할 수 있는 완전한 준비를 마치면서 끝맺는다. 그는 제자들 없이 혼자서 이 일을 할 계획이 없다. 예수는 최초의 제자들에게 세상에서 그들이 살아가는 평범한 삶에서 떠나 그가 곧 시작할 사명을 함께 감당하기 위해 그를 따르라고 요구한다.

그림 6.2. 사복음서가 담긴 9세기의 책 「켈스의 서」(Book of Kells)에 나오는 그리스도의 유혹에 관한 삽화는 사탄으로부터 뛰어내리라는 유혹을 받은 예수가 성전의 꼭대기에 서 있는 모습을 보여준다.

예수, 하나님의 길을 가르치는 교사

■ 마태복음 4:23-7:29을 읽으라 ■

마태복음 4:23-25은 4:23-9:38의 더 큰 단락을 소개하는 도입부의 역할을 하는 중요한 진술인데, 이는 마태가 독자들이 4:23-9:38을 중요한 하나의 요점이 있는 부분으로서 보기를 원한다는 것을 나타낸다(4:23-25과 9:35-38의 언어적 표현이 거의 동일하다는 점을 주목하라). 이 중요한 요점은 예수의 사역이 무엇이었는지를 설명하는 것으로, 다음의 세 가지 요소로 구성된다. 즉 "천국 복음"을 가르치고 전파하는 것, 병들고 고통당하는 사람들을 치유하는 것,

---

📖 문학적 문제

산상수훈

매우 영향력 있고 아름다운 산상수훈은 누가복음의 평지설교(눅 6:17-49)와 일부 자료를 공유하지만, 마태의 것이 가장 유명하다. 산상수훈은 서론(5:1-16), 본론(5:17-7:12), 결론(7:13-8:1)의 세 부분으로 구성된다. 서론은 예수에 따르면 진정으로 번영하는 삶이 정확히 어떤 것인지를 그린 "팔복"에 초점을 맞춘다. 그것은 놀랍게도 세상에서 소금과 빛으로 살면서 고난을 받는 삶으로 묘사된다. 설교의 본론은 천국에 들어가는 데 필요한 더 나은 의가 있음을 강조한다(5:17-20). 이 의는 단순히 외적인 것이 아니라 사람의 내면 또는 사람의 마음에 기초한 것이다. 제자들은 **온전한** 사람(5:48에 대한 가장 좋은 번역)이어야지 외적인 의만 가진 위선자가 되어서는 안 된다. 결론은 세 가지 은유를 사용하여 사람들에게 어리석게 세상의 지혜에 의지하지 말고 예수의 가르침 위에 자신의 삶을 지혜롭게 쌓을 것을 권면한다.

예수를 따르도록 사람들을 부르는 것이다. 이 세 가지 요소는 다음 장에서 다뤄질 것이다. 📖

첫 번째 부분―천국 복음을 가르치고 전파함―은 마태복음 5-7장에 나온다. 이것은 산상수훈으로 불리는 성경의 가장 유명한 부분 중

그림 6.3. 대 얀 브뤼헐(Jan Brueghel the Elder), "산상수훈." 친교를 나누고 있는 구경꾼들 사이에 머리에 후광을 두르고 있는 예수의 모습이 시야에서 거의 사라진 것을 묘사하고 있다.

하나다. 이 설교는 천국이 어떤 곳인지와, 특히 천국에 들어가는 데 필요한 "더 나은 의"에 대한 예수의 가르침을 내용으로 하는 정교한 설교 모음이다(5:17-20). 이 "더 나은 의"는 내면의 순수함을 유지하고 외적인 행동과 내면의 마음 사이의 **온전함**(5:48)을 유지하라는 촉구다. 이것은 당대의 종교 지도자들에 대한 예수의 신랄한 비판이다. 그들의 외적인 행동은 의롭게 보였지만, 그들의 마음은 하나님과 멀어진 상태였다. 이것이 바로 예수가 위선이라고 부른 것이다. 예수는 그의 제자들에게 요구되는, 이 세상에서 존재하는 방식을 그리고 있다. 그것은 완벽함을 의미하는 것이 아니라 겉과 속이 다르지 않고 온전하며 하나님과 장차 도래할 그의 나라를 믿음으로 바라보는 것을 의미한다. 📖✝️📝

역동적인 천국 복음

■ 마태복음 8:1-9:38을 읽으라 ■

위에서 언급된 바와 같이, 이 단락은 더 큰 단원인 4:23-9:38의 내러티브

주기도문

교회의 **예전**과 그리스도인들의 기도 생활의 중심에는 "주기도문"이 있다(6:9-13). 이 기도는 누가복음 11:2-4(과 디다케 8.2)의 더 짧은 버전에서도 발견되지만, 가장 잘 알려진 것은 마태의 솜씨가 훌륭하게 드러나는 시적 형태의 기도문이다. 주기도문은 산상수훈의 구조적 중심부에 위치하여 그 중요성을 강조한다.

주기도문은 십계명처럼 두 부분으로 나뉜다. 첫 번째 부분에 속하는 청원들은 하나님의 이름, 명성, 영광이 유지되는 것과 관련된다(6:9-10). 두 번째 부분에 속하는 청원들은 신자들의 일상생활과 관련이 있다. 즉 하나님으로부터 일상의 필요를 공급받고, 그로부터 용서를 받으며, 그 용서를 타인에게 베풀고, 하나님을 시험할 정도로 우리를 시험하는 여러 시련에서 우리를 벗어나게 해달라는 기도다(6:11-13). 이런 청원들은 그리스도인이 할 수 있는 유일한 기도는 아니지만, 믿음을 갖고 사는 일상생활에서 하나님 아버지 및 다른 사람들과 어떻게 관계를 맺을 것인가에 있어 신자들에게 방향을 제시하는 확고한 모델을 제공한다.

온전한 사람의 의와 하나님의 뜻 행하기

마태복음의 주요 주제는 의인데, 이는 하나님의 뜻을 행하는 것으로 정의된다. 예수는 하나님 나라에 들어가기 위해서는 서기관과 바리새인들보다 더 나은 의를 가져야 한다고 가르친다(5:17-20). 산상수훈은 이런 의가 어떤 것인지를 보여줌으로써 이 충격적인 진술을 풀어간다. 이런 의는 단지 특별한 경건 행위를 하는 것이 아니라 온전한 사람이 되는 것을 말하며, 외적인 행위에 나타나는 의가 아닌 마음 혹은 속사람 안에 있는 의를 말한다(5:21-48; 6:1-21을 보라).

이와 동일한 내용을 다르게 말하는 또 하나의 방법은 예수가 영생(천국)에 들어가려면 "하나님의 뜻을 행해야 한다"고 강조한 것이다(7:21, 24; 12:50; 21:28-32; 6:10; 7:12; 18:14; 26:39, 42도 보라). 예수는 하나님의 뜻을 행하는 의로운 사람이므로, 제자들 역시 그렇게 되어야 한다.

마태는 그의 독자들에게 두 가지 길 중 하나를 선택하라고 촉구하고 있다. 천국/영생에 들어가는 자들은 이런 온전한 사람의 의를 행하고 하나님의 뜻을 행하는 자들이며, 그렇지 않은 자들과 대조를 이룬다.

부분에 해당한다. 여기에 모아놓은 이야기들은 예수의 사역의 두 번째와 세 번째 요소에 해당한다. 즉 사람들을 치유하고, 제자들을 부른 (그리고 첫 번째 요소인 천국을 선포한) 실례들이다. 예수가 온갖 질병과 고통을 치유한 것은 긍휼히 여기는 마음(9:36)에서 우러나온 것이며, 동시에 하나님이 모든 백성에게 평화, 치유, 정의, 온전함을 가져다줄 장차 도래할 하나님 나라의 모습이다. 여기에 제시된 이야기들은 이사야서에서 약속하고 예견한, 장차 하나님의 통치가 도래할 때를 묘사하고 있다. 예수가 제자들을 부른 것은 말씀 선포와 치유 사역에서 중요한 부분인데, 이는 예수의 제자들이 그의 죽음, 부활, 승천 이후에도 이 일을 계속하고 심지어 확장시킬 것이기 때문이다. 그러므로 예수는 장차 천국이 도래할 날을 기다리는 동안 복음을 위해 일할 많은 일꾼을 하나님이 일으켜 세워 주기를 간구하는 기도로 이 단락을 끝맺는다. 🕀

예수와 그의 제자들에 대한 적대감

■ 마태복음 10:1-12:50을 읽으라 ■

마태는 이야기의 흐름을 이어 가면서 이제 예수의 두 번째 주요 가르침 단원(10:1-42)을 시작하는데, 이 단원은 이 세상에서 예수의 사역에 동참하는 제자가 되는 것이 무엇을 의미하는지를 말하고 있다. 간단히 말하면 그것은 권능을 받는 것과 박해를 당하는 것을 둘 다 의미한다. 권능은 하나님이 예수의 제자들과 함께한다는 것, 그리고 그들이 진정한 예수의 증인으로서 세움을 받는다는 것을 의미한다. 즉 누구든지 그들을

🔵 정경적 연관성

바울 서신과 대화하는 마태복음

갈라디아서 3-4장에 기록된 바울의 구원사적 논증은 산상수훈에 나타나는 율법에 대한 마태의 가르침과 중요한 대화 상대의 역할을 담당한다. 바울은 그리스도인들이 모세 율법의 규정에 얽매이지 않는 것은 그것이 일시적이며 그 목적이 이미 완성된 언약의 일부이기 때문이라고 주장한다. 모세 율법은 진정으로 하나님의 뜻을 반영했지만, 더 깊고 영원한 것, 즉 모든 백성이 복을 받을 것이라고 아브라함에게 약속하신 것에 일시적으로 추가된 것이었다(갈 3:15-25). 이는 마태복음 5:17-20에 나오는 예수의 근본적인 가르침을 통해 알 수 있는데, 여기서 예수는 율법을 폐하러 온 것이 아니라 완전하게 하려고 왔다고 말한다. 바울의 더 자세한 설명은 그리스도인 독자들이 이 모든 것을 종합하는 데 도움이 된다. 즉 바울은 이후 갈라디아서에서 그리스도인들이 서로 사랑함으로써 모든 율법을 성취할 수 있다고 말한다(갈 6:2).

🏛 신학적 문제

하늘에 계신 아버지 하나님과 아들 예수

비록 기독교에만 국한되는 것은 아니지만, 기독교의 초창기 이래로 그리스도인들은 하나님을 그들의 하늘 아버지라고 불렀다. 마태는 특히 아버지로서의 하나님을 강조하는데(44번), 특별히 "하늘에 계신 아버지"(13번)와 "하늘 아버지"(7번)를 강조한다. 고대 세계에서 아버지라는 개념은 경건한 존경심과 함께 가족의 일원이 되는 안전함과 친밀감 및 경외심을 동시에 전달했다. 하나님을 하늘에 계신 아버지라고 생각하는 것은 이런 개념들을 아름답게 결합한 것이다. 그는 신분이 높은 고귀한 분이지만, 관계적으로 현존하는 분이시다.

삼위일체의 세 위격의 상호 관계에 대한 구체적인 내용들이 교리에 완전히 명시되기도 전에, 그리스도인들은 하나님을 아들 예수와 구별되는 아버지라고 부르기 시작했다. 예수가 하나님의 아들 됨은 항상 유일신 사상의 맥락 안에서 이해되었다. 초기 그리스도인들에게 가장 큰 의문은 한 분 이상의 하나님이 존재하는지가 아니라(히브리인들의 쉐마는 하나님이 오직 한 분이라는 것을 분명히 했다), 어떻게 예수를 신성을 공유하지만 아버지와 구별되는 아들이라고 말할 수 있느냐는 것이었다.

요한복음과 대화하는 마태복음

마태복음을 요한복음과의 대화를 통해 읽으면서 이 두 복음서가 어떻게 서로 북엔드—사중복음서의 첫 장과 마지막 장으로서—의 역할을 하는지 관찰하는 것은 흥미로운 일이다. 이것은 예를 들어 예수가 그의 제자들에게 죄 사함의 권세를 주는 것을 이 두 복음서가 어떻게 강조하고 있는지 등의 몇몇 흥미로운 신학적 연관성을 발견하게 한다(마 18:15-20과 요 20:21-23을 비교하라). 어떤 의미에서 요한복음은 마태복음의 여러 가르침—마태복음 10장에서 제자들에게 권세를 부여함, 18장에서 매고 풀 수 있는 권세를 부여함, 28:18-20의 대위임령—을 재사용하고 재적용할 뿐만 아니라 그 가르침들을 예수가 제자들에게 성령을 불어넣고 죄 사하는 권세를 주는 모습과 연결한다.

영접하는 자는 예수를 영접하는 것이다(10:40-42). 그러나 예수가 세상의 반대를 겪은 것처럼, 그의 제자들 역시 박해받을 것을 각오해야 한다. "제자가 그 선생보다, 또는 종이 그 상전보다 높지 못하나니"(10:24).

이 가르침 단원의 뒤에는 두 장에 걸쳐 이것의 의미를 정확히 설명하는 이야기가 나오며, 예수를 향한 적대감은 더욱 커진다. 일촉즉발의 위기 상황은 12:14인데, 여기서는 예수가 안식일의 참뜻을 놓고 바리새인들과 두 차례 공개적으로 갈등을 겪은 후(12:1-13), 바리새인들이 기회가 생기는 대로 예수를 죽이기로 단호히 결심한다. 그들은 이렇게 결심한 후 심지어 예수가 귀신이 들렸다고까지 비난한다(12:24). 예수는 이것을 용서받을 수 없는 죄라고 말한다(12:31-32). 🔖

새로운 하나님의 백성을 만들다

■ 마태복음 13:1-17:27을 읽으라 ■

마태복음의 세 번째 주요 가르침 단원(13:1-58)은 천국에 대한 예수의 유명한 비유 모음으로 구성된다. 우리가 예상하는 것과 달리 예수는 비유를 독특한 설교의 예화로서 제시하는 것이 아니다. 대신에 그는 자신의 단도직입적이고 권위 있는 가르침의 스타일(산상설교의 끝부분, 7:28-29을 상기하라)을 바꾸어서 **외부 사람들이 이해하지 못하도록** 비유로 가르친다(13:10-

17). 이 부분은 마태의 다섯 개의 가르침 단원 사이사이에 삽입된 계시와 구분이라는 이중 주제의 구심점이 된다(11:25-30도 보라). 하나님은 예수를 통해 자신을 계시하는데, 그 결과 어떤 사람들은 그를 믿고, 다른 사람들은 그를 대적한다. 이렇게 감추고 드러내는 비유 모음은 12장에서 바리새인들의 맹렬한 공격에 대한 예수의 반응으로서의 마태의 이야기에 완벽하게 일치한다. ⏺

(마태복음 이야기의 중간 지점에 있는) 이 가르침 단원의 뒤를 이어 14-17장은 사람들을 따로 구분하여 완전히 해체된 상태에서 하나님의 백성을 새롭게 형성하는 개념

◉ 정경적 연관성

예수는 성경의 위대한 인물들의 완성이다

예수는 이스라엘 역사의 사건들을 성취할 뿐만 아니라 유대교 성경의 위대한 인물들의 성취이기도 하다. 마태는 예수를 다윗(1:1)과 아브라함(1:1) 같은 주요 인물의 "아들"로 묘사한다. 예수는 다윗의 새로운 아들로서 이스라엘의 기름 부음 받은 왕이며, 회복된 하나님의 백성을 영원히 다스릴 약속된 아들이다(삼하 7:11-16). 예수는 아브라함의 새로운 아들로서, 새롭게 형성된 하나님의 백성들의 머리이자 창시자이며, 모든 민족에게 하나님의 복을 가져다줄 분이다(창 15:4-6; 마 28:18-20).

또한 예수는 모세보다 새롭고 더 위대한 분이다. 그들의 탄생 이야기는 서로 유사하다(출 1:16-22; 마 2:16; 출 2:23; 마 2:19-20). 예수는 산 위에서 율법에 대한 올바른 해석을 제시한다(출 19-23장; 마 5-7장). 예수는 모세가 말한 위대한 예언자다(신 18:15; 마 21:11). 예수는 노예로 있었던 하나님의 백성들에게 새롭고 최종적인 탈출과 구원을 가져다주고, 광야에서 기적적으로 그들에게 공급한다(출 16장; 마 1:21; 14:13-15:39).

또한 마태는 예수가 아담(4:1-11), 요나(12:41), 솔로몬(12:42)보다 더 위대하고 새로운 분임을 보여준다.

에 기초한 몇 가지 이야기를 소개한다. 예수는 이스라엘의 가장 위대한 이야기인 출애굽 사건을 의도적으로 연상시키는 일련의 행동을 한다. 마태는 한 쌍의 기적적인 이야기를 소개하는데, 하나는 광야에서 사람들을 먹인 사건이고, 다른 하나는 물 위로 건너온 사건이다. 전자는 유대인들을 위한 것이고(14:13-33), 후자는 이방인들을 위한 것이다(15:29-39). 이 두 사건은 하나님이 유대인과 헬라인 모두로 구성된 그분의 새로운 백성을 만들고 있다는 소식을 전한다(롬 10:12; 갈 3:28; 골 3:11도 보라). 이와 같은 맥락에서 마태는 근본적으로 완전히 다른 집단의 사람들을 대조하는 몇 가지

이야기를 제시하는데, 이는 사람들이 예수에게 보인 반응에 따라 하나님이 사람들을 구분하고 있다는 것을 다시 한번 보여준다. 예루살렘에서 서기관과 바리새인들이 보인 반응과 "가나안" 여인의 다른 반응에 주목하라(15:1-28).

또한 이 이야기의 이 부분에서 중요한 것은 예수가 그리스도, 즉 메시아라고 말한 베드로의 고백이다(16:13-20). 이 고백은 이 내러티브에 계속 남아 있는 질문, 즉 예수가 누구인가에 대한 대답이다. 제시된 이 답변은 변화산 이야기에서 보여주듯이(17:1-13), 예수가 영광에 들어갈 자격이 있고, 영광에 들어가게 될 하나님의 기름 부음 받은 왕이라는 것이다. 그러나 그는 고난을 받는 종이며, 박해와 죽음을 이겨낸 후에야 비로소 그의 영광에 들어갈 인자이기도 하다(16:21-23; 17:22-23; 20:17-19).

예수의 백성으로서 함께하는 삶

■ 마태복음 18:1-22:46을 읽으라 ■

마태복음의 네 번째 주요 가르침 단원은 하나님의 새로운 백성, 즉 "모임" 또는 "교회"(그리스어, *ekklēsia*)에 관한 것이다. 이것은 유대인과 헬라인 모두로 구성된 새로운 하나님의 백성에 관한 14-17장 이야기의 뒤를 이어 자연스럽게 나온다. 이런 식으로 18장, 그 후 19-20장에 이르기까지 이야기가 계속 이어지는데, 이는 출애굽기에서 하나님이 홍해에서 그의 백성을 구원해낸 후 명령과 가르침을 주었던 것(출 21-23장)과 같은 역할을 한다. 마태복음과 출애굽기 모두에서 우리는 공동체의 함께하는 삶에 대한 지침을 발견할 수 있다. 전체적인 메시지는 함께하는 하나님 나라의 삶이 일반적 상식으로는 이해하기 힘든 것이며, 종종 세상의 것과 반대되는 가치관에 기초한다는 것이다. 즉 가장 작은 자가 가장 큰 자이며(18:1-5, 19:13-

15), 겉으로 볼 때 의롭고 복을 받은 사람, 곧 세상에서 최고로 보이는 사람이 반드시 천국에 들어가는 것이 아니라는 뜻이다(19:16-30). 하나님은 사람들에게 공정하게 보상하지만, 반드시 인간의 기준이나 욕망에 따라 보상하지는 않는다(20:1-16, 20-28). 마태복음에서 아마도 가장 중요한 것은 예수의 제자들이 심지어 다른 사람들이 그들에게 죄를 짓고 그들을 부당하게 대우하며 학대할 때조차도 그 사람들을 온전히 용서한다는 점이다(18:15-35). 🗨️😊

마태복음 21-22장은 예수가 마침내 이스라엘의 심장부인 예루살렘에 도착했기 때문에 이 책에서 중요한 전환점이 된다. 이 책의 나머지 부분(21-28장)은 예루살렘과 그 주변에서 있었던 예수의 생애 마지막 한 주간의 일을 다룰 것이다. 이 장들 전반에 나타나는 일관된 주제는 유대교 종교 지도자들과의 고조되는 긴장과 공개적인

🔴 정경적 연관성

하나님의 새로운 백성과 교회

예수는 자신의 삶, 죽음, 부활을 통해 그리스도를 따르는 유대인과 이방인 모두로 구성된 하나님의 새로운 백성, 즉 교회를 창조하셨다. 구약성경에서는 하나님의 백성을 회중(그리스어 구약성경에서는 *ekklēsia*, 약 75번)이라고 불렀다. 중요한 것은 이것이 바로 마태가 예수의 제자들, 혹은 우리가 현재 교회라고 부르는 새로운 무리를 지칭하기 위해 선택한 용어라는 것이다(16:18; 18:17).

예수가 이스라엘의 성취이시듯, 그의 제자들 역시 이스라엘 자손의 성취다. 세례 요한은 초반부에 만약 하나님이 필요하시다면 돌들로도 아브라함의 자손을 만들 수 있다고 경고한다(3:9). 그리고 그 후 예수는 자기 제자들이 진정한 하나님의 백성, 즉 예수의 아들 됨을 이해하는 자들이라고 반복해서 말한다(3:17; 11:25-27; 16:17; 17:5). 예수의 제자들에게는 하늘에서 허락한 이 땅의 권세가 주어졌는데(16:18-19; 18:18-19), 이는 모세의 권위와 유사하며 산헤드린과 성전을 대체한다. 하나님 나라는 순종하지 않는 아들들로부터 예수를 따르는 자들에게로 이양된다(8:11-12; 15:12-13; 21:43). 예수의 제자들은 권세를 갖고 열두 보좌에 앉아 이스라엘의 열두 지파를 심판할 것이다(19:28). 예수는 "누가 내 가족이냐"고 물어보신 후 "누구든지 하늘에 계신 내 아버지의 뜻대로 하는 자가 내 형제요, 자매요, 어머니이니라"고 대답한다(12:50). 만약 예수가 진정한 하나님의 아들이라면 그의 가족은 하나님의 백성이다.

마태는 하나님의 백성을 재정의했는데, 이는 민족에 기초한 것이 아니라, 예수께 믿음으로 반응하며 예수가 계시한 하나님의 뜻을 행하는 자들에 기초한 것이었다. 이에 기초하여 마태복음은 예수가 누구인지를 선포하고 그의 가르침을 따르라고 가르침으로써 **이 세상의 모든 사람을** 제자로 만들라는 명령으로 끝난다. 이것은 결코 이스라엘이나 구약성경의 이야기를 거부하는 것이 아니다. 예수의 복음은 유대인이든 이방인이든 상관없이 그를 따르는 모든 사람을 환영한다.

🧢 역사적 문제

유대인의 이혼과 재혼

이 타락한 세상에 결혼이라는 제도가 존재하는 한, 간음, 외도, 이혼, 재혼도 계속 존재할 것이다. 이것은 이스라엘과 유대교의 역사에서도 마찬가지다. 비록 유대교가 결혼의 신성함을 항상 강조해왔지만 말이다(창 2:24; 출 20:14; 말 2:16). 모세는 이런 상황을 어떻게 다루어야 하는지에 대해 상세한 가르침을 준다(신 22:13-30; 24:1-4). 예수의 시대에 힐렐(Hillel)과 샴마이(Shammai) 같은 다양한 랍비 학파는 모두 이혼이 합법이라는 점에 동의했지만, 무엇이 정당한 이혼 사유가 되는지에 대해서는 의견이 달랐다. 이혼과 재혼에 관한 질문을 받았을 때 예수의 대답은 그가 어느 편에 충성하는지를 드러낸다. 그는 보수주의 편에 속하는 답변을 제시할 뿐만 아니라, 이 문제를 더 깊이 파고들어서, 이에 대한 견해가 어떻든 간에 이혼이 마음속 깊은 곳에 있는 인간의 타락한 모습을 보여준다는 점을 밝히 드러낸다. 그는 청중에게 철저하면서도 하나님 나라를 지향하는, 신실한 결혼에 관한 헌신을 받아들이라고 촉구한다(19:3-12).

갈등이다. 그들은 군중으로부터 찬양받는 예수를 적대시한다(21:1-11). 예수는 그들이 하나님의 성전을 더럽히는 것에 대항한다(21:12-22). 그들은 그의 권위에 도전하고 까다로운 신학적 질문을 던짐으로써 그를 함정에 빠뜨리려고 한다(21:23-27; 22:15-40). 예수는 그들의 권위를 깎아내리고, 일련의 날카로운 비유로 그들을 책망하며(21:28-22:14), 다윗의 진정한 자손인 그 자신에 대한 질문으로 그들을 당황하게 만든다(22:41-46).

현재와 미래의 심판

■ 마태복음 23:1-25:46을 읽으라 ■

이 단락에는 다섯 번째이자 마지막 가르침 단원이 들어 있다. 이 가르침들은 심판에 대한 강조를 추가하면서 계시와 분리라는 주제를 계속 이어가고 심화시킨다. 서기관들과 바리새인들의 위선에 대한 심판이 일련의 저주의 말씀을 통해 먼저 선포된다(23:1-36). 미래의 심판은 24-25장에 나타난다. 예수는 이 땅에 큰 어려움이 닥치고 멸망이 임하여 결국 예수의 재림을 맞이하게 될 미래의 시기를 예언한다. 그때 궁극적이고 최종적인 분리가 이루어지는데, 이는 열 처녀, 세 명의 하인, 그리고 두 종류의 동물, 즉 양과 염소의 비유를 통해 설명된다. 전체적인 메시지는 제자도를 실천하

예수 시대의 바리새인들

마태복음에서 예수의 가장 큰 적은 바리새인들이다. 그들은 예수를 공격하고, 그를 죽이고자 선동하고(12:14; 26:1-5), 예수 역시 그들을 비판하는 일을 서슴지 않는다(23:1-39; 참조. 6:1-21). 바리새인이라는 이름은 "분리된 자들"을 의미하는데, 그들은 다양한 파벌이 존재했던 제2성전기 유대교 내에서 보수적인 유대인들의 집단이었다. 그들은 모세의 율법을 엄격히 준수하고, 제의적 정결에 큰 관심을 두고 있었으며, 장로들의 (구전) 전통을 지키는 것으로 유명했다. 그들은 열성적이며 정치적으로 활동적이었다. 그들은 종종 성경과 다른 랍비들의 가르침을 보존하는 서기관의 역할을 했다.

다수의 바리새인이 진실하고 신실하며 경건한 유대인이었을 가능성이 크지만, 예수는 외적으로 드러나는 경건과 마음이 하나로 연결되지 않고 분리된 것을 놓고 그들과 갈등을 빚는다. 모든 면에서 바리새인들은 하나님과 그의 계명에 신실했다. 그러나 예수는 그들을 "위선자"라고 불렀는데, 이는 그들이 하나님이 가장 소중하게 여기시는 것을 오해했기 때문이다. 하나님이 가장 중요하게 여기시는 것은 타인에 대한 긍휼, 그리고 단순한 외적 행위가 아닌 속사람, 곧 마음에 뿌리를 둔 경건이다(12:1-14; 15:1-20; 23:23).

구약성경과 대화하는 마태복음

마태복음에는 구약성경에 대한 무수히 많은 암시 외에도(많은 학자들은 그 숫자를 거의 3백 개로 추정한다), 구약성경 본문이 70개 가까이 명시적으로 인용되어 있다(주로 "성취 인용문"). 게다가 마태복음의 많은 이야기는 구약성경 본문의 "그림자 이야기"이며, 특정 본문을 언급하지 않고 사건과 인물을 모방한다.

마태복음과 구약성경의 대화는 창세기, 신명기, 시편을 포함한 유대교 경전 전체에 의존한다. 마태가 성경 말씀의 물을 길어 올리는 주요 우물은 예언서다. 신약학자 리처드 헤이스(Richard Hays)가 말한 것처럼, 마태는 자신이 녹음한 마지막 음원에서 예언자 트랙의 볼륨 슬라이더를 한껏 높였다.

마태가 사용한 주된 예언서 자료는 이사야서(약 10번)로, 초기 교회는 이를 복음서 메시지와 밀접한 관련이 있다고 해서 "다섯 번째 복음"이라고 불렀다. 마태복음에는 다른 예언자들도 많이 나타난다. 특히 중요한 사람은 예레미야, 호세아, 스가랴, 그리고 다니엘이다. 이런 구약성경과의 대화는 예수가 이야기를 전하는 방식과 그가 사용하는 언어와 개념이 예언자들에 의해 규정되고 형성되었음을 의미한다. 마태복음이 구약성경을 제시하는 방식은 이제 예수를 통해 온전히 이해된 율법을 예언서의 관점에서 읽는 것으로 묘사될 수 있다.

는 데 경계를 늦추지 말고 항상 부지런히 노력하라는 권면이다.

😮🔵

메시아가 죽임을 당하다

■ 마태복음 26:1-27:66을 읽으라 ■

이 긴 두 장에는 어두운 기운이 감돌고 있으며, 이야기의 속도는 점점 더 느려진다. 이 단락은 예수의 생애에서 대단히 중요한 마지막 이틀과 그가 십자가에 못박혀 처형당한 사건을 다루고 있다. 그의 장례를 위해 기름을 부은 일, 그의 새로운 가족인 제자들과의 마지막 유월절 저녁 식사, 한 제자(유다)의 배신, 또 다른 제자(베드로)의 부인, 그리고 모든 사람으로부터 버림받은 일, 그가 법정에서 재판받은 것과 매질을 당한 일, 그리고 궁극적인 그의 죽음 등의 모든 사건은 신학적으로 중요한 의미를 갖는다. 이 단락은 대부분 이야기들로 구성되어 있지만, 현재 일어나고 있는 모든 일에 대한 중요한 신학적 진리를 명확하게 가르쳐주는 한 부분이 있다. 그것은 예수가 배신당하고 체포되던 밤에 유월절 식사에서 한 말씀이다 (26:26-29). 그는 **새 언약**을 성취하기 위해 자신을 죽음에 내어주고 있다고 설명한다. 그는 제자들에게 그의 몸과 피를 함께 먹고 마시고 죄 사함을 받음으로써 이 언약에 참여할 것을 권한다. 그리고 그는 하나님 나라가 완전히 도래하게 될 미래를 고대한다. 🈲 🈯

🈲 신학적 문제

최후의 만찬에서 주의 만찬으로

최후의 만찬(마 26:26-30)은 유대인들이 수천 년 동안 기념해온 예수의 특별한 유월절 기념 식사로, 하나님께서 이스라엘 백성을 이집트의 종살이에서 건져내신 것을 기념한다. 최후의 만찬은 전통적인 유월절 식사의 특별한 형태였는데, 그 이유는 예수가 그의 생물학적 가족이 아닌 제자들과 함께 그것을 기념했고, 궁극적으로 예수 자신이 하나님의 백성을 속박에서 구해낸 것을 기념하는 식사를 제정했기 때문이다. 예수는 유월절 행사를 이용하여 자신의 죽음과 부활을 말하는데, 이는 죄 용서와 새 언약, 그리고 하나님 나라의 시작을 가져올 것이다.

주의 만찬은 예수가 십자가에서 하신 일을 기억하고 예수의 재림을 고대하는 의식으로서 교회의 초창기부터 기념되었다(고전 11:17-34). 주의 만찬을 행하는 교회의 관습은 유대인의 유월절을 재연하는 것이 아니라, 최후의 만찬을 그리스도인들이 재사용하는 것이다. 비록 최후의 만찬이 유월절 기념 식사를 재사용한 것이지만 말이다.

그림 6.4. 이탈리아에서 발견된 이 장식품(900-925년)은 예수가 나귀를 타고 예루살렘으로 입성할 때 사람들이 그의 앞에 그들의 겉옷을 놓아두는 장면을 보여준다.

새로운 시대가 시작되다

■ 마태복음 28:1 - 20을 읽으라 ■

만약 이 이야기가 27장에서 끝난다면, 그것은 비극이 될 것이다. 예수를 감동적이고 존경스럽게 그렸지만, 여전히 비극이다. 예수는 말씀을 선포하고, 가르치며, 병든 자를 고치고, 사람들의 삶을 변화시켰지만 결국 악인들이 승리했다. 그들이 그를 죽였다. 그러나 28장은 모든 상황을 바꾸어 마태의 이야기를 **행복한 결말**(eucatastrophe) — 재앙 혹은 비극이 결국에는 아름답고 좋은 결말이 됨 — 로 바꿔놓는다. 죽은 자 가운

요한 제바스티안 바흐의 "마태수난곡"

바로크 시대 음악의 가장 위대한 거장은 독실한 개신교 신자 요한 제바스티안 바흐였다. 바흐의 수백 곡에 달하는 종교 음악 중 가장 정교하고 세련된 것 중 하나는 "마태수난곡"이다. 이 작품은 1720년대에 만든 곡으로 1727년 라이프치히에서 성금요일에 처음 연주되었다. 이 감동적인 곡은 거의 세 시간에 달하는 길이로, 거대한 규모의 합창단과 오케스트라, 그리고 그들과 함께 음악적 교감을 나누는 여러 솔리스트가 참여한다. 이 곡의 가사는 마태복음에서 예수가 당한 배신, 고난, 십자가 처형, 죽음, 장사에 대한 이야기에 기초한다. (예수 생애의 마지막 날들에 당한 "수난"이라는 명칭은 "고난"을 뜻하는 라틴어 단어에서 유래한다.) 바흐의 "마태수난곡"은 예수가 이 지상에서 살았던 마지막 날들에 대해 신학적으로 사려 깊고 감성적이고 멋진 해석을 제공하며, 청중을 복음서 이야기의 깊은 체험 속으로 초대한다.

그림 6.5. 요한 제바스티안 바흐의 초상화, 엘리아스 고틀로프 하우스만(Elias Gottlob Haussmann)의 작품

데서 다시 살아난 예수의 육체적 부활은 모든 것을 변화시키므로 각 복음서의 정점이 된다. 그의 치욕스러운 죽음은 영광으로 바뀌고, 원수들에게 당한 그의 패배는 죽음에 대한 승리로 바뀐다. 🔵 ➕

마태는 모든 것이 시작된 갈릴리로 돌아가는 것으로 그의 복음서를 끝맺는다. 이스라엘의 가장 북쪽에 있는 이방 지역의 한 산에서 예수는 제자들에게 온 세상을 다니며 제자를 더 많이 삼으라고 명령함으로써 이 세상을 영원히 변화시킨다. 이 대위임령의 내용은 세례를 통해 예수의 추종

대위임령?

마태복음의 가장 유명한 구절 중 하나는 결론 부분의 "대위임령"(28:18-20)으로, 이 명령에서 예수는 세상의 모든 민족을 제자로 삼을 수 있는 권한을 그의 제자들에게 부여한다. 이 본문보다 더 현대 선교 운동의 기초가 된 본문은 없다. 그러나 교회 역사상 이 본문이 다르게 해석되었다는 것을 알게 된다면 많은 사람이 놀랄 것이다. 즉 이 명령은 오직 사도들에게만 내려진 명령으로, 그들의 살아생전에 완수된 것으로 이해되었다. 거의 예외 없이, 대부분의 독자가 19세기 윌리엄 캐리 시대에 이르기까지 이 본문을 이런 식으로 해석했다. 그러나 교회는 항상 외부 지향적이었으며, 최근 몇 세기 동안 마태복음 28:18-20은 다양한 문화를 향한 전도의 열정이 필요함을 명쾌하게 설명하고 그것을 위한 자극제의 역할을 하게 되었다.

하나님이 우리와 함께 계신다

마태복음의 시작부터 마태는 예수의 오심은 하나님이 그의 백성들과 함께 거하심을 의미한다고 강조한다. 이것이 바로 "하나님이 우리와 함께 계신다"(1:23)라는 의미의 임마누엘이라는 이름을 그에게 부여한 이유다. 이 주제는 예수가 교회에서 그의 백성들과 항상 함께하겠다는 그의 엄숙한 약속으로 이어진다(18:20). 이는 마태복음의 마지막 장면에서 예수가 세상 끝날까지 제자들과 항상 함께 있겠다고 약속하는 대목에서 끝을 맺고 그 깊이를 더한다(28:20). 이 주제는 예수의 신성에 관한 주장일 뿐만 아니라 예수의 제자들이 고난을 받으면서 그의 재림을 기다리는 동안 그들에게 그의 사랑, 보살핌, 능력을 확신하게 하는 목회적 기능을 한다. 또한 그것은 교회의 강력한 삼위일체 신학으로 이어지는 신약성경의 가르침 중 하나이자, **양태론**과 **가현설**에 대한 거부다.

자들을 만들고, 다가오는 천국을 기다리는 제자가 된다는 것이 무엇을 의미하는지에 대해 예수가 그들에게 가르친 모든 것을 전하는 데 중점을 둔다. 이제 마태복음의 요점이 무엇인지를 드디어 이해할 수 있다. 제자들의 제자들, 그리고 그 제자들의 제자들은 예수가 누구이며, 천국 복음에 어떻게 반응할 것인지를 이해하고 가르치고 전파하는 데 마태복음이라는 책을 사용해야 한다.

실천과 적용—오늘날 마태복음을 기독교 경전으로 읽기

마태의 이상적인 독자는 그리스도의 제자로서 이 복음서 전기를 읽고, 연구하고, 분석하고, 받아들이는 사람이며, 예수가 누구인지, 그리고 무엇을 행하고 가르쳤는지를 이해함으로써 이 책의 목적, 즉 제자를 만들고자 하는 목적에 대해 열린 마음을 갖고 읽는 사람이다(28:16-20).

마태가 요구하는 제자도는 다양하지만, 가장 중요한 것 중 하나는 위선, 즉 서기관과 바리새인들에게 나타나는 일종의 종교성을 피하라는 요청이다. 이 "초특급의 거룩한 사람들"(『예수 이야기 성경책』[Jesus Storybook Bible]에서 그들을 이렇게 지칭한다)은 마태복음에 매우 자주 등장하며 특히 예수의 적과 반대자로서 강조된다. 이것은 마태복음 고유의 사회적·종교적 배경을 반영하는 것일 가능성이 크다. 이 시기는 그리스도인이 된 유대인들과 그렇지 않은 유대인들 사이에 공개적인 긴장과 갈등이 있었던 시기였다. 그러나 오늘날 그리스도인 독자들에게 가장 좋은 접근법은 역사적 바리새인들과 그들의 문제에만 초점을 맞추는 것이 아니라, 바리새인들의 모습 속에서 그리스도인 개인과 교회를 향한 도전을 발견하는 것이다. 독자들은 스스로 이렇게 질문해야 한다. "나는 하나님께 전심을 다하고 다른 사람들에게 용서와 긍휼의 마음을 보이기보다 외적인 행동에 초점을 맞추는 바리새인과 같은 방식으로 하나님과 다른 사람들에게 접근하고 있지는 않은가?"

　　이것과 밀접하게 관련지어 마태복음을 기독교적으로 읽는다는 것은 전심을 다하는 제자도(5:20에서 요구하는 "더 나은 의")에 대한 그의 강조점이 바울이 거듭 말하는 **이신칭의** 주제와 어떤 관련이 있는지를 질문할 것이다. **그리스도와의 연합**이 없이는 아무도 선한 행위를 함으로써 하나님 앞에 설 자격을 얻을 수 없다는 바울의 가르침에 비추어볼 때, 천국에 들어가기 위한 순종, 변화, 그리스도를 따르는 것(제자도)의 역할은 과연 무엇일까? 마태는 특히 천국에 들어가기 위해 하나님의 뜻을 행할 필요성을 크게 강조함으로써 이 문제를 제기한다. 이런 질문을 던지고 진지하게 답을 구하는 것은 영적인 민감함을 갖고 정경 전체를 기독교적으로 읽는 행위의 중요한 부분이다.

비록 정경에 속한 모든 책과의 대화를 하나로 종합할 수 있는 간단한 방법은 없지만, 우리는 마태와 바울 간에 오가는 건전하고 정통적이면서도 생동감 넘치는 대화를 발견할 수 있다(바울과 야고보도 마찬가지다). 그들은 궁극적인 합의에 도달하지만, 구원의 복잡성과 인간 발달의 다른 측면을 강조하고 있다. 이신칭의에 관한 바울의 메시지는 본질적으로 죄인인 인간이(심지어 유대인조차도) (민족성이나 도덕성에 근거하여) 하나님 앞에 설 수 있는 본래의 권리를 지니고 있는지에 대한 질문을 다루는데, 이에 대한 그의 대답은 "아니오"다. 마태는 제자가 되는 것이 무엇을 의미하는지에 대한 더 크고 포괄적인 질문을 제기하는데, 그는 진정한 제자도가 전인격적 변화와 같은 것이라고 대답한다. 바울과 마태 모두에게 은혜와 믿음은 핵심적인 개념이지만, 그들은 그리스도인의 삶의 복잡한 현실 속에서 다른 이슈들을 다루고 있다.

마태복음이라는 걸작은 전 세계 사람들이 계속해서 즐겨 찾아오는 보고(寶庫)와 같으며, 그들은 그곳에서 옛것과 새것의 풍부함을 계속 발견한다(13:52). 오르간을 위한 바흐의 "작은" 푸가 G단조 혹은 존 스타인벡의 소설 『에덴의 동쪽』처럼, 이 복음서는 더 많이 배우고 그것의 깊이와 예술적 기교를 더 이해하기 위해 반복해서 읽을 만한 가치가 있다.

마태복음의 핵심 구절

- 이 모든 일이 된 것은 주께서 선지자로 하신 말씀을 이루려 하심이니 이르시되 "보라, 처녀가 잉태하여 아들을 낳을 것이요, 그의 이름은 임마누엘이라 하리라" 하셨으니, 이를 번역한즉 "하나님이 우리와 함께 계시다" 함이라(1:22-23).

- 내가 율법이나 선지자를 폐하러 온 줄로 생각하지 말라. 폐하러 온 것이 아니요, 완전하게 하려 함이라.…내가 너희에게 이르노니 너희 의가 서기관과 바리새인보다 더 낫지 못하면 결코 천국에 들어가지 못하리라(5:17, 20).

• 예수께서 나아와 말씀하여 이르시되 "하늘과 땅의 모든 권세를 내게 주셨으니, 그러므로 너희는 가서 모든 민족을 제자로 삼아 아버지와 아들과 성령의 이름으로 세례를 베풀고 내가 너희에게 분부한 모든 것을 가르쳐 지키게 하라. 볼지어다, 내가 세상 끝날까지 너희와 항상 함께 있으리라 하시니라(28:18-20).

기독교적 읽기를 위한 질문

1. 주기도문(마 6:7-15)을 읽고 다음 질문들에 답하라. (a) 이 시는 어떻게 구성되어 있는가? 서로 다른 부분들을 어떻게 나눌 수 있으며, 그 부분들은 서로 어떻게 관련되는가? (b) 마태복음에서 주기도문의 주제들이 나오는 곳은 어디인가? 신약성경의 다른 곳에서 주기도문의 주제들이 나오는 곳은 어디인가? (c) 만약 주기도문이 그리스도인들의 삶에서 핵심적인 것이라면, 이것은 그리스도인들이 어떻게 살아야 하고 교회의 우선순위가 무엇인지에 어떤 영향을 미치는가?

2. 마태복음의 전체 이야기에서 하나님의 새로운 백성과 교회라는 주제를 추적해보라. 어느 본문이 특히 이 주제를 강조하는가? 하나님의 새로운 백성들은 어떻게 정의되며, 교회로서 함께 살아가는 삶은 어떤 모습인가?

3. 야고보서를 모두 읽고 산상수훈의 설교를 읽으라. 유사점과 차이점을 작성하라. 왜 이렇게 많은 유사점이 있다고 생각하는가?

4. 요한계시록 1-4, 21-22장을 읽으라. 요한계시록과 마태복음 사이의 언어와 주제의 유사점을 열거하라. 둘 사이에 중요한 차이점이 있는가?

7장

마가복음

개요

인생은 온갖 종류의 사람과 온갖 종류
의 경험으로 가득 차 있으므로 우리에
게는 온갖 종류의 다양한 이야기가 필
요하다. 이 다양한 이야기는 다양한 사
람에게 다가가서 각기 다른 경험을 하
는 사람들에게 말을 건넨다. 마가복음
은 어떤 종류의 이야기인가? 우리는
만화책, 슈퍼히어로 영화, 만화 소설
등의 비유를 사용하여 마가복음에 나
타나는 분노, 감정, 흐름, 그리고 넘치
는 활기를 이해할 수 있다. 만약 우리
가 네 복음서를 네 명의 자녀로 생각한

The Metropolitan Museum of Art. Gift of J. Pierpont Morgan, 1917.

그림 7.1. 이 책 표지(11세기, 독일)는 마가
가 그의 복음서를 기록하고 있는 모습을
보여주는데, 그 위에는 그의 상징인 사자
가 두루마리를 들고 있다.

다면, 마가복음은 활기차고 야생미 넘치는 복음서로, 행동과 열정으로 가득하다.

첫 번째로 기록된 복음서로 여겨지는 마가복음은 가장 덜 정제되어 있다. 그러나 마가복음은 예수에 대한 전기 모음집의 토대가 되었고, 매우 중요한 고유의 목소리를 지니고 있다. 마가는 선구자이며, 마태와 누가가 마가복음 위에 더 복잡한 것을 쌓을 수 있도록 기본적인 구조와 내러티브 줄거리를 제공한다. 마가는 섬세함과 세련미가 부족하지만, 강력하고 매력적인 예수의 전기를 기록함으로써 이를 보충한다. 😕

각 복음서는 전기, 즉 본받아야 할 모범의 역할을 하는 한 사람에게 집중하는 이야기다. 하지만 또한 각 복음서는 특별한 강조점, 다른 맛과 향기를 지니고 있다. 마가복음은 예수의 행위에 초점을 맞춘다. 예수의 행위를 통해 독자들은 두 가지 기본적인 것을 배운다. 즉 예수가 누구인가와 그의 제자가 된다는 것이 무엇을 의미하는가다.

이 두 가지 주제—예수의 정체성과 제자도의 삶—는 신비와 갈등으로 얽혀 있다. 마가는 예수를 권위 있는 메시아로 제시하지만, 동시에 예수는 예측할 수 없고, 그의 행동과 말은 많은 사람에게 모호하고 불분명하다. 그의 가르침은 불가사의하고, 그것을 이해하는 사람과 그렇지 않은 사람

🔆 역사적 문제

마가복음의 역사적 기원

저자: 이 복음서는 마가 요한이 기록한 것이라고 주장하는 강한 전통이 있다. 마가 요한은 그의 사촌인 바나바, 그리고 사도 바울과 함께 1차 선교여행을 떠났고(행 13:5), 그 후 바나바와 함께 구브로로 갔다(행 15:36-41). 또한 그는 로마에서 바울과 함께 있었던 것으로 보인다(골 4:10; 몬 24절; 딤후 4:11). 초기 교회는 마가가 사도 베드로와 밀접한 관련이 있는 것으로 밝히고 있다(벧전 5:13).

기록 연대: 기원후 50년대 중반-60년대 후반

기록 장소: 로마

자료: 마가복음은 원래 그리스어로 기록되었고 예수에 관한 구전에 의존한 것으로, 특히 사도 베드로의 목격자 증언에 영향을 받아 기록된 최초의 복음서로 널리 알려져 있다.

배경: 마가의 주된 동기는 아마도 그가 죽기 전에 베드로의 목격자 증언을 보존하고자 함이었을 것이다. 또한 마가는 고난당하는 제자로서 그리스도인의 삶을 강조하는데, 이는 아마도 이 시기에 그리스도인들이 로마에서 겪은 극심한 박해와 관련이 있을 것이다.

을 구분한다. 예수에게는 그를 이해하거나 신뢰하지 못하는 적들이 있다. 이 수수께끼와 갈등의 조합은 예수의 박해, 고난, 죽음에서 절정을 이루는 마가복음의 줄거리를 주도한다. 따라서 제자도의 궁극적인 메시지는 다음과 같다. 즉 예수가 영광으로 가는 과정에서 고난당했으므로, 그의 추종자들 역시 그럴 것이다.

마가의 이야기는 사복음서 중 가장 짧은데, 전체를 한 시간 이내에 전부 읽을 수 있다. 하지만 그 사건들은 생생한 세부 내용들로 가득 차 있다. 우리는 그 장면들을 상상하고 그 행동들을 느낄 수 있다.

비록 그의 전체 이야기가 짧지만, 그 전체 기사를 관통하는 분명하고 중요한 뼈대가 있다. 마가가 전하는 예수의 이야기는 3단계 여행 내러티브에 기초한다. 1단계에서 예수는 북쪽 갈릴리 주변에서 사역한다(1:1-9:50). 2단계에서 그는 예루살렘을 향해 남쪽으로 여행을 시작한다(10:1-52). 그리고 마지막 단계에서 예수는 그의 죽음과 부활의 장소인 예루살렘에 머문다(11:1-16:8). 우리는 처음 두 단계에서 정확히 얼마나 많은 시간이 걸렸는지 모르지만(대략 3년), 마지막이자 가장 중요한 단계가 불과 한 주─부활

📖 **문학적 문제**

마가복음의 구조

마가의 줄거리는 세 부분으로 구성되어 있지만, 그 문학적 구조는 서론과 두 부분으로 구성된 본론에 기초하고 있다. 세례 요한을 선구자로 제시하는 도입부(1:1-15) 이후에 마가는 예수의 전기를 거의 동일한 길이의 두 부분으로 나뉘는 구조로 만든다. 이는 마치 펼쳐진 책에서 서로 마주 보는 두 페이지와 같다(1:16-8:26 그리고 8:27-16:8).

서론: 메시아와 그의 왕국이 도래하다
　(1:1-15)
1부: 갈릴리에서 사역하는 강력한 하나님
　의 아들(1:16-8:26)
2부: 예루살렘에서 고난을 받아야 하는
　강력한 하나님의 아들(8:27-16:8)

마가복음의 전환점은 1부와 2부 사이의 정중앙에 있으며, 그곳에서 베드로는 예수가 그리스도라고 담대하게 고백하고, 예수는 자신의 고난과 죽음을 예언한다(8:27-33). 이 상반된 개념─예수가 메시아라는 명확한 계시(8:27-30)와 메시아가 고난당하고 죽을 것이라는 확실성(8:31-33)─을 놀랍게 병치시킨 것은 예수와 그를 따른다는 것(고난과 영광이 결합됨)이 어떤 의미인지를 이해한 마가의 역설적인 메시지를 예시한다.

이전 예수 생애의 마지막 주―동안 발생한 일이라는 것을 알고 있다. 마가는 이 마지막 단계에 많은 문학적 지면을 할애하여 많은 독자들이 그가 특히 고난 주간과 그 사건을 강조하고 있다는 것을 관찰하도록 한다.📖

탐구―마가복음 읽기

복음의 시작

■마가복음 1:1 - 15을 읽으라 ■

마가복음의 서론은 "복음/좋은 소식"(1:1, 14-15)에 대한 언급으로 시작하고 끝을 맺는다. 마가는 우리가 지금 읽으려고 하는 것이 매우 중요한 무언가의 시작이라고 선포한다. 그것은 아주 좋은 소식이다. 그는 이것을 1:1에서 "하나님의 아들 예수 그리스도의 복음"으로, 1:14에서는 단순히 "하나님의 복음"으로, 1:15에서는 때가 "찼고", "하나님의 나라가 가까이 왔다"라고 묘사한다.

마지막 묘사는 마가가 의미하는 "복음"이 무엇인지를 명확하게 보여준다. 그것은 하나님이 드디어 기름 부음 받은 왕을 통해 세계를 통치하고자 돌아온다는 좋은 소식이다. 선하고 의로운 하나님 나라가 다시 회복된다는 것은 히브리 성경에서 오래전부터 약속되었다. "회개하고 복음을 믿으라!"(1:15)는 말씀은 응답을 요구하는 기쁜 메시지다. 즉 이것은 하나님 나라에 합당하지 않는 행동에서 돌이키고 장차 도래할 하나님의 통치에 당신의 소망을 두라는 것이다.

서론을 끝맺는 이 메시지에서 마가는 두 사람을 소개하는데, 한 사람은 선구자이고, 다른 한 사람은 바로 그분(예수)이다. 선구자인 세례 요한은 야생인의 의복을 입고 그들의 음식을 먹으며 거친 들판에 사는 야생인이다(1:4-6). 그의 입에서는 회개하라는 하나님의 강력한 촉구의 말씀이 나오는데, 이는 약속의 땅에 있는 강, 즉 요단강에서 세례를 베푸는 물리적 행위를 통해 상징된다(1:5).

하지만 세례 요한은 사람을 끌어당기는 그의 힘에도 불구하고 자신이 해야 할 구체적인 역할이 있다는 점을 분명히 한다. 그보다 훨씬 능력이 많고 중요한 분이 있는데, 그분은 바로 백성들에게 성령으로 세례를 베풀(1:7-8) 메시아다.

선구자와 메시아가 만나는 장소는 강이다. 예수가 요한의 세례를 받고 물에서 올라올 때, 광야가 아닌 하늘로부터 소리가 나서 가장 중요한 다음의 사실을 선포한다. 즉 예수는 성령으로 기름 부음을 받은 하나님의 아들이다(1:9-11). 하나님의 아들 예수는 그의 첫 출발을 광야에서 시작하고, 거기서 사탄의 유혹을 성공적으로 물리치며(하나님의 아들인 이스라엘과는 달리), 갈릴리 백성에게로 돌아가 하나님 나라를 선포한다.

치료자 예수

■ 마가복음 1:16-2:12을 읽으라 ■

우리는 지금 두 부분으로 구성된 마가복음의 전반부를 살펴보고 있다. 이 전반부는 두 가지 주요 주제, 즉 예수의 정체성과 제자도의 소명을 강조한다. 예수의 정체성은 이야기가 거듭됨에 따라 더욱 분명하게 드러나고, 제자도의 소명은 8:26까지 계속해서 이어지는 네 단락에 각각 소개된다. 이 두 주제는 서론의 내용에 포함되는데, 특히 서론을 끝맺으며 본론의 주된 이야기로 전환하는 역할을 하는 "때가 찼고 하나님의 나라가 가까이 왔으니 회개하고 복음을 믿으라!"(1:15)는 말에 나타난다.

첫 번째 이야기 모음(1:16-2:12)은 최초의 제자들과 함께 시작하며, 예수의 사역이 예수를 따르도록 사람들을 모으는―그들을 낚는―일이 될 것임을 암시한다(1:16-19). 이것의 뒤를 잇는 다섯 개의 이야기는 "우리가 이런 일을 도무지 보지 못하였다!"라는 2:12의 마지막 말로 적절하게 요약된다.

이 초기의 이야기에서 우리는 예수가 하나님의 거룩한 자(1:24), 놀라운 권위를 가진 새로운 스승(1:27), 기적적인 치료자(1:29-34, 40-42; 2:12), 설교자(1:38-39), "인자"(2:10), 그리고 개인의 관점에 따라 신성모독자 또는 죄를 사하는 권세가 있는 자임을 알게 된다(2:6-10).

이런 초기 사례들은 마지막 사례를 살펴보기 전까지는 긍정적이거나 적어도 경외심을 불러일으킨다. 우리는 2:1-12에서 이야기 전체를 예수가 고문당하고 죽음에 이르는 지점으로 몰아갈 큰 갈등의 첫 조짐을 발견한다. 그 갈등은 예수의 새로운 적인 서기관들―율법교사들―과의 갈등에서 비롯된다(2:6). 그 이유는 예수가 자신을 단순히 기적을 행하는 사람이나 선생 그 이상으로 제시하기 때문이다. 그의 정체성은 하나님의 영역으로 옮겨간다. 그는 죄를 사하고(2:5), 자신이 "인자"라고 주장한다(2:10).

이것은 당연히 논란을 불러일으킬 만한 것들이다. 예수의 적들이 펼치는 논리는 전적으로 정확하지만, 그들은 근본적으로 그들이 내리는 결론에서 실패한다. 하나님만이 죄를 용서할 수 있다는 그들의 주장은 옳지만, 예수가 신성을 모독한다는 그들의 주장은 옳지 않다. 왜냐하면 마가가 그의 독자들이 이해하기를 바라는 것처럼 마가복음에서 예수는 육신을 입은 하나님의 아들로 제시되기 때문이다. ℂ

예수에 대한 엇갈린 반응들

■ 마가복음 2:13-3:12을 읽으라 ■

마가복음의 이 부분은 다시 제자를 부르는 이야기로 시작한다(앞에 나오는

"인자"와 다니엘 7장

예수는 분명히 자신을 "인자"라고 부르기를 좋아했다(마가복음에서 14번 등장함). 우리는 [영어에서] 이 용어를 대문자로 표기하는데, 그 이유는 그것이 단순히 인간을 지칭할 수 있지만(C. S. 루이스의 "아담의 아들들과 하와의 딸들"이라는 표현과 비교하라), 히브리 성경에서는 이 명칭을 더 풍부한 뜻을 지니는, 그리고 무언가를 더 연상시키는 용도로 사용하기 때문이다. 예수가 자신을 "인자"라고 지칭할 때, 그것은 유명한 구절인 다니엘 7장을 강하게 암시한다. 다니엘서는 구약성경의 후반부에 나오는 책들 중 하나이며, 의식적으로 이 땅에 하나님의 나라를 세우기 위해 미래에 하나님이 다시 오실 것을 가리키고 있다. 7장에서 다니엘은 하나님에 대한 환상을 보며, 하나님을 옛적부터 항상 계신 이로 묘사한다. 하지만 놀랍게도 다른 누군가가 하나님의 보좌로 나아가고, 옛적부터 항상 계신 이 앞에 있는 것으로 제시된다. 그는 "인자 같은 이"라고 불리지만, 분명히 인간 이상의 인물이다. 그가 하늘의 구름을 타고 오니 옛적부터 항상 계신 이가 그에게 "권세와 영광과 나라"를 주고, 세상의 모든 백성이 그를 영원히 섬기게 하셨는데, 이는 그의 나라가 영원하고 멸망하지 않을 것이기 때문이다(단 7:13-14). 예수는 흔히 자신을 인자로 지칭하고 심지어 다니엘의 말을 인용함으로써(막 8:38; 13:26; 14:62), 다니엘 7장의 비밀이 자신 안에서 성취되었음을 지적한다. 그는 영원히 왕으로 다스리기 위해 하나님 아버지께로부터 오신 분이다.

1:16-20에 대한 부분을 보라). 하지만 이 새로운 제자는 논란의 소지가 있다. 그는 유대인들의 사회에서 로마 압제자들을 위해 일했고 탐욕스러운 반역자로 경멸을 받았던 세금 징수원이다. 예수는 이런 죄인에게 그의 제자가 되어줄 것을 요청했을 뿐만 아니라 더 심각하게도 **많은** 세리와 함께 그 집에서 식사했다. 그 정서적 파급 효과는 오늘날 예수가 그의 제자들을 데리고 스트립쇼를 하는 클럽에 간 것과 비교할 수 있을 것이다.

이 단락의 나머지 이야기들은 모두 여러 질문에 기초를 두기 때문에 서로 연결되어 있다. 그러나 이것들은 단순히 지식을 얻기 위한 질문이 아니다. 그 질문들은 예수에게 수치심을 주고 그를 불신하도록 만드는 예리한 도전들이다. 각각의 경우 예수는 그의 정체성에 대한 우리의 이해를 더 깊게 만드는 훌륭한 대응을 한다. 악명 높은 죄인들과 식사한 이유를 질문받았을 때, 예수는 자신이 죄인들에게 생명과 건강을 주기 위해 온 의사라고 표현한다(2:15-17). 예수와 그의 제자들이 왜 바리새파 사람들과 세례 요한의 제자들처럼 금식하지 않느냐는 질문을 받았을 때, 예수는 자신을 이 세상에 새 포도주를 가져와서 백성과 함께 있는 기쁨에 찬 신랑으로 묘사한다(2:18-22). 예수는 안식일에 밭의 곡식을 먹는 것(바리새인들은 이를 안식일에 금지된 일로 여김)에 대한 질문을 받자, 자신을 위대한 다윗 왕에 비유하고, 자신을 "안식일의 주인"인 "인자"로 지칭한다(2:23-28).

그 후 예수가 그의 반대자들에게 질문할 때 이렇게 도전적인 세 가지 질문의 화살은 이제 그들에게 향한다. 예수는 하나님의 백성들이 고통당하는 사람들을 긍휼히 여기지 않는 것에 분노한다. 따라서 그는 안식일에 선을 행하는 것이 옳은지를 질문하고 그들 앞에서 그 사람을 치유함으로써 그들을 꾸짖는다. 그들은 대답하지 않고 그를 죽이려고 음모를 꾸미는데(3:1-6), 이는 고조되는 갈등을 예고한다.

3:7-12의 요약은 예수가 많은 사람을 치유하자 큰 무리가 그를 따라다니면서 그의 인기가 점점 더 높아졌음을 보여준다. 마가는 사람들이 예수에 대해 어떤 그릇된 해석을 하든지 간에 적어도 더러운 귀신들은 "당신은 하나님의 아들이오!"(3:11)라고 외치지 않을 수 없었다는 것을 우리에게 보여준다.

반대자들이 생겨나다

■ 마가복음 3:13-6:6을 읽으라 ■

예수의 정체성과 제자도의 소명이라는 두 가지 주요 주제가 마가복음 이야기의 이 단락에서 다시 한번 나타난다. 그러나 전체적인 내러티브는 어두워지기 시작한다. 앞 단락은 많은 사람을 치유한 예수의 사역과 그를 하나님의 아들로 고백하는 내용이 담긴 밝고 긍정적인 요약(3:7-12)과 함께 끝을 맺는다. 다음 단락에서는 줄거리가 복잡해지면서 역시 요약으로 끝을 맺지만(6:1-6), 그렇게 긍정적이지는 않다. 예수는 고향으로 돌아가서 안식일에 다시 회당에서 가르치지만, 그들의 반응은 공격적이고 모욕적이며 믿음이 결여된 것이다. 결과적으로 예수는 치유 사역을 거의 행하지 못했다. 갈등이 싹트고 있다.

예수의 사역에 대한 이 두 가지 매우 다른 요약(3:7-12과 6:1-6) 사이에 무슨 일이 일어난 것일까? 여기서 마가가 수집한 이야기들은 예수가 사람이 그를 믿거나 아니면 거부하게 만드는 행동을 하고 있음을 보여준다. 중간 지대는 없다.

이 단락은 최초 열두 제자의 전체 목록(3:13-19)으로 시작하는데, 이는 제자들에 대한 언급으로 각 이야기를 시작하는 마가의 패턴을 따른 것이다(1:16-20; 2:13-17). 곧이어 두 집단과의 갈등이 발생하는데, 그들은 예수가 온전한 정신을 가졌는지 의문을 제기한다(3:20-35). 예수의 가족은 그의 엄청난 인기와 그가 여기저기 이동하며 다니는 것을 보고 그가 정신이 나갔다고 생각한다. 율법교사들은 예수가 틀림없이 귀신이 들렸다는 극단적인 주장을 한다. 예수는 두 가지 혐의에 모두 대답한다. 예수는 유대교 지도자들에게 사탄이 자기 집을 공격한다는 것은 말도 안 되는 터무니없는 이야기라고 말한다. 예수는 자신의 유대인 가족에게 생물학적인 요인보다 더 중요한 무언가가 작용한다는 점을 분명히 한다. "누구든지 하나님의 뜻대로 행하는 자가 내 형제요 자매요 어머니이니라"(3:35).

마가복음 4:1-34은 예수의 이야기에서 중요한 변화를 보여준다. 지금까지 그는 유대교 회당에서 가르쳤다. 이제 그는 그것을 바꾸어 다른 장소(호숫가)에서 가르치고 매우 다른 스타일로 가르친다. 이제 예수는 불가사의한 비유, 즉 사람들의 관심을 끄는 동시에 모호하면서도 확대된 비유로 가르친다. 씨 뿌리는 사람, 등경, 자라나는 씨, 겨자씨에 관한 비유는 한편으로는 이해하기 쉽지만, 완전히 이해하기에는 너무 불가사의하다. 그러

신약성경을 기독교 경전으로 읽기

나 예수는 그것이 바로 핵심이라고 설명한다. 예언자이자 장차 도래할 나라의 선생으로서 그의 가르침은 세상을 이해하는 자와 이해하지 못하는 자, 제자가 될 자와 제자가 되지 못할 자로 구분하기 위한 것이다(4:9-12, 33-34).

이렇게 제자들의 이해를 강조하고 난 후 우리가 지금까지 보아왔던 것 이상으로 예수의 정체성을 강력하게 드러내는 세 가지 충격적인 이야기가 바로 그 뒤를 잇는다. 첫째, 예수가 광풍을 고요하게 한 사건에서 드러난, 자연을 다스리는 그의 능력은 결과적으로 당연히 두려움과 경외심을 갖게 만든다(4:35-41). 두 번째 이야기 역시 마찬가지로 예수가 귀신이 들린 사람을 치유할 때 그에 대한 두려움과 경외심을 불러일으킨다. 이번에는 그 기적이 그 지역에 사는 모든 백성에게 영향을 끼치는데, 치유된 사람을 제외하고는 모든 사람이 예수에게 그곳을 떠나달라고 간청한다(5:1-20). 세 번째 이야기는 두 가지 놀라운 기적이 함께 하나로 짜여 있는 이중 치유 내러티브다. 자신의 위대한 믿음을 통해 오랫동안 시달리던 고통에서 치유된 여성의 이야기(5:24-34)는 죽었다가 다시 살아난 소녀의 훨씬 더 놀라운 이야기 안에 삽입되어 있다(5:21-24, 35-43). 😊🌐

예언자가 왔다

■ 마가복음 6:7-8:26을 읽으라 ■

앞의 단락들과 마찬가지로 이 부분은 예수의 제자들에 관해 요약하는 문단으로 시작되는데, 이번에는 하나님 나라를 전하고 치유하는 사역을 계속하고 확대하기 위해 그들을 보낸다(6:7-13).

이 단락은 마가복음의 중간 지점에 나오는 빌립보 가이사랴에서 있었던 중요한 고백으로 이어진다(8:27-30). 이 단원은 예수의 정체성과 제자

묵시적 예언자의 비유

오직 예수만이 비유를 사용한 것은 아니며, 고대 문헌에서도 비유를 발견할 수 있다. 비유는 메시지를 전달하기 위해 시적인 이미지와 유비를 사용한다. 비유는 강력하고 기억에 남지만, 의미가 항상 명확하지는 않다. 고대 문학 세계에서 비유와 가장 관련이 있는 것은 묵시다. 묵시문학에서 이미지와 은유는 직접적인 가르침을 주기 위해서가 아니라 이 세상에서 하나님이 행하시는 사역의 역설을 묘사하기 위해 사용되며, 청중을 이해하는 사람과 그렇지 못한 사람의 두 그룹으로 구분한다. 따라서 비유와 묵시문학은 모두 체제 전복적인 이야기로, 예언자들이 이 세상의 메타내러티브를 재해석하여 사람들이 살아가는 방식을 바꾸는 데 사용된다. 이런 의미에서 예수가 비유를 폭넓게 사용한 것은 이스라엘 역사의 다른 많은 예언자와 마찬가지로 묵시적 예언자로서의 그의 역할에서 중요한 부분을 차지한다. 이런 이유로 예수는 종교적 기득권층에 큰 위협이 되었다. 그는 자신을 둘러싼 이스라엘의 이야기를 재해석하고 있다.

구약성경의 비유

예수의 가르침에서 가장 유명한 측면 가운데 하나는 그가 비유를 사용한다는 것이다. "비유"라는 단어는 짧은 속담에서 긴 알레고리에 이르기까지 어떤 것이든 가리킬 수 있다. 모든 비유는 유비(analogy)의 개념, 즉 한 사물을 다른 사물과 비교한다는 개념을 공유한다. 예수의 비유적 가르침은 다양한 종류의 비유를 발견할 수 있는 구약성경을 모델로 한다. 예를 들어 하나님은 예레미야에게 이스라엘이 토기를 만드는 기구 위에 올려놓은 진흙과 같다고 말씀하시는데, 토기장이는 이 진흙을 자유롭게 다른 모양으로 만들 수 있다(렘 18:1-10). 또한 하나님은 스가랴에게 "잡혀 죽을 양떼" 즉 이스라엘의 목자가 되라고 지시하고, 스가랴는 "은총"과 "연합"이라는 두 지팡이를 가져다가 하나님의 심판에 대한 유비로서 그것들을 꺾는다(슥 11:1-17). 예수의 말씀을 들은 사람들은 그의 가르침이 얼마나 구약성경의 비유/유비와 유사한지를 인식했을 것이다. 이는 예수가 구약성경의 비유 중 하나를 자신의 것으로 재해석한 것을 포함한다(막 12:1-12에 사용된 사 5:1-6).

도라는 두 가지 주제를 계속 이어가지만, 이 주제 위에 겹친 또 다른 한 쌍의 주제가 있는데, 바로 명성과 오해다. 이 이야기들을 통해 우리는 사람들이, 심지어 그의 제자들조차도, 예수가 누구인지 그리고 이 모든 것이 무엇을 의미하는지를 정확히 이해하지 못한다는 사실과 함께 예수의 인기와 영향력을 엿볼 수 있다.

예수의 명성은 다양한 반응을 일으킨다. 헤롯 왕은 죄책감에 의한 편집증으로 말미암아 세례 요한을 죽였다(6:14-29). 예수를 열정적으로 따르는 군중은 광야로 들어가고, 그곳에서 예수가 기적적으로 그들을 먹이는 일을 체험한다(6:30-44; 8:1-13). 그다음에 예수는 기도하기 위해 그들에게서 벗어나고(6:45-56), 이방인들은 병을 고치기 위해 유대인 메시아를 찾아온다(7:24-37).

예수의 인기는 종교 지도자들 및 유대교 보수주의자들과의 갈등을 심화시키는데, 이는 하나님이 중요하게 생각하고 관심을 두시는 것은 마음의 깨끗함과 속사람이지 겉으로 드러나는 외적인 의식이 아님을 명확하게 가르칠 기회를 예수에게 제공한다(7:1-23).

예수의 명성과 함께 우리는 사람들이 그의 정체성과 사명을 오해하는 것을 볼 수 있다. 심지어 예수의 가장 가까운 제자들 사이에도 마음의 둔함과 믿음의 약함이 있다. 제자들은 예수가 믿음으로 군중에게 먹을 것을 공급하라고 그들에게 요구할 때 실패하고(6:35-37; 8:3-4도 보라), 예수가 물 위를 걸을 때 그의 신성을 헤아리지 못하는데, 이는 "그들의 마음이 둔하여졌기 때문이다"(6:52). 또한 그들은 속사람에 대한 예수의 가르침을 이해하지 못하는데, 이는 그들이 여전히 "둔하기" 때문이다(7:17-18). 그리고 예수가 "바리새인들의 누룩과 헤롯의 누룩"에 대해 그들에게 경고할 때, 그들은 예수가 물리적인 빵을 말하는 것이 아님을 이해하지 못한다. 예수는 왜 그들이 아직도 이해하지 못하는지, 왜 마음이 둔하여졌는지, 어찌하여 예수가 이미 그들에게 보여준 것을 기억하지 못하는지를 묻는다(8:14-21).

이 모든 것은 이 책의 전환점으로 가기 직전의 마지막 이야기로 이어진다(8:22-26). 예수가 벳새다에서 맹인을 고친 것은 두 단계로 된 치유로, 그 맹인은 실명한 상태에서 부분적으로 보고, 그 후에 완전히 볼 수 있게 된다. 제자들의 이해 부족을 크게 강조한 직후 마가복음의 전환점으로 가는 경첩과 같은 역할을 하는 이 두 단계의 치유는 제자들이 마침내 이해하는 데 이르게 된 것, 즉 그들의 마음의 실명이 치유된 것을 상징한다. 🟢🔵

부정의 제자도

신학자들은 때때로 **긍정의 신학**(cataphatic theology)과 **부정의 신학**(apophatic theology)을 구분한다. 첫 번째는 하나님에 대해 알 수 있는 것에 초점을 맞추고 두 번째는 하나님에 대해 알 수 없는 것에 초점을 맞춘다. 이 두 가지에 대한 강조가 함께 모여 균형 잡힌 역설을 만든다. 즉 하나님은 내재적인 동시에 초월적인 존재이며, 알 수 있는 동시에 알 수 없는 존재다. 역사적으로 신학자들은 이 역설의 한쪽 혹은 다른 쪽을 강조하는 경향이 있었다.

마가는 부정의 진리를 주로 강조한다. 그는 예수가 예측할 수 없고 불가해한 분임을 보여주면서, 사람들이 하나님에 관해 생각했던 것을 뒤집는다. 이런 불가해성에 대한 강조는 마가복음 전체에서 발견되며, 마가가 사람들이 예수를 이해하지 못하는 것에 중점을 둔 것을 설명한다. 그러나 마가복음에 부정의 신학이라는 꼬리표를 붙이는 것은 마가복음을 지나치게 단순하게 이해한 것이다. 어쨌든 예수는 육신을 입은 하나님의 계시이며, 자신을 따르라고 사람들을 부르는 자다. 마가는 우리와 하나님의 관계의 역설 안에서 예수를 이렇게 제시한다. 즉 우리는 결코 하나님을 완전히 이해할 수 없지만, 우리에게 하나님을 계시하시는 분, 곧 아들이신 예수를 따를 수 있다.

수로보니게 여인

이 이방 여인의 딸을 치유하는 이야기는 교회 역사상 독자의 흥미를 크게 유발해왔다. 왜 예수는 그녀를 따돌리고, 개라고 부르다가, 그다음에야 마음이 누그러져서 그녀의 딸을 치유했을까? 고대 해석자들에게 이 이야기는 구원이 유대인으로부터 이방인에게로 옮겨가고 있음을 보여주며, 여기서 이 여인은 이런 구원사의 전환을 보여주는 모델로 소개된다. 동시에 이 여인은 흔히 겸손과 끈질긴 믿음의 본보기로 칭송받는다. 요안네스 크리소스토모스와 같은 일부 설교자들은 교육자이신 예수와 함께하는 영혼 변화의 여정을 강조한다. 후대의 해석, 특히 개신교인들 사이에서는, 은혜와 행위의 관계 및 인간의 능력에 관한 질문들을 탐구한다. 다른 이들은 이 이야기를 그들의 내면의 삶을 재연하는 것으로 보고, 그들의 개인적인 기도 안으로 받아들인다. 이 작은 이야기에 대한 다양한 해석은 결과적으로 큰 영향력을 남기게 되었다.

고난받는 메시아에 대한 계시

■ 마가복음 8:27 - 10:52을 읽으라 ■

우리는 이제 두 부분으로 구성된 마가복음 이야기의 후반부에 이르게 되었다. 전반부에서 우리는 장차 도래할 하나님 나라에 관한 말씀을 선포하고 억압받는 사람들을 회복시키는 능력이 많은 하나님의 아들 예수를 본다. 예수는 그 과정에서 그의 메시지를 이해하고(적어도 부분적으로나마) 그 그룹의 일부가 되기를 원하는 추종자들을 모은다.

이 이야기를 이끌어가는 것은 예수가 정확히 누구인가라는 중대한 질문이다. 이에 대해 그가 하나님의 아들, 인자, 놀라운 권능을 가진 선생이자 치료자라는 다양한 답변이 제시되었다. 이 책의 전환점에서 충격적인 답변이 제시된다. 베드로는, 다른 사람들이 예수를 무엇이라고 생각하든, 그가 사실 메시아라고 선언한다(8:27-30). 히브리어 단어 "메시아"는 "기름 부음 받은 자"를 의미하며, 하나님의 의로운 통치를 회복하기 위해 다윗 자손의 왕이 돌아오기를 바라는 소망과 연관된다. 예수를 메시아-왕으로 표현한 것은 1:1-8:26 이후의 정점을 이루는 완벽한 묘사다.

아무도 예상하지 못한 것은 이 왕이 거절당하고, 고난을 받으며, 죽고, 죽은 자 가운데서 다시 살아나야 한다는 것이다. 이것은 상상할 수 없는 일이었다. 베드로는 이런 말씀을 한 예수를 책망하려 했으나, 도리어 책망을 받았다(8:31-33).

그림 7.2. 수로보니게 여인의 딸에게 들어간 귀신을 내쫓는 장면이 "베리공의 매우 호화로운 기도서"(*Très Riches Heures du Duc de Berry*)에 묘사되어 있다(15세기).

우리가 지금까지 마가의 이야기에서 살펴보았던 것처럼, 예수의 제자들은 8:22-26의 맹인처럼 계속해서 "보기" 위해 애쓰고 있다. 그들은 영광스러운 메시아이자 인자가 겸손한 고난을 통해서만 그 영광에 들어갈 것임을 배워야 한다. 예수는 제자가 되는 것이 십자가를 지는 길을 따라가는 것이라는 점을 분명히 한다(8:34-38). 다시 한번 우리는 예수의 정체성과 제자도의 소명이라는 두 가지 주제를 발견한다. ✚

하지만 새로운 분위기가 이야기의 후반부를 지배하게 될 것이다. 즉 고통을 통해 오는 영광이다. 이렇게 영광과 고통을 나란히 병치시키는 것은 이 책의 전환점 바로 뒤에 나오는 변화산 이야기에 두드러지게 나타난다(9:1-13). 마가복음의 이 중대한 시점에 제자들은 예수가 사랑받는 아들이라고 선포하는 하나님의 음성과 함께 온전한 영광 가운데 계신 예수

속죄의 대속 이론

예수는 마가복음 10:45에서 자신을 인자로 묘사하면서 인자가 온 것은 섬김을 받으러 온 것이 아니라 섬기러 온 것이며, "자기 목숨을 많은 사람의 대속물로 주려 함이니라"고 묘사한다. 대속물이라는 고대의 개념은 기본적으로 오늘날 그 단어가 의미하는 것, 즉 누군가를 포로 된 상태에서 해방시키기 위해 지불하는 대가 또는 몸값이라는 의미와 동일하다. 적어도 3세기까지 거슬러 올라가면, 많은 그리스도인은 이 대속물이라는 개념을 예수의 죽음을 통해 일어난 일을 설명하는 중요한 방법으로 보았다. 대부분의 사람들은 이것이 **속죄**의 복잡한 실재에 대해 이야기하는 유일한 방법은 아니지만 그것의 중요한 측면 중 하나라는 점을 인정할 것이다.

속죄의 대속 이론은 예수의 죽음이 인류가 죄로 인해 진 빚을 갚는 것이며, 인류를 종의 상태에서 해방하는 것이라고 이해한다. 이 개념은 마가복음 10:45 외에도 신자들을 암흑의 권세에서 건져내어 사랑하는 아들의 나라로 옮겼고(골 1:13), "속량하셨고", 또는 "다시 샀다"(엡 1:17; 골 1:14)라는 바울의 표현과 연관이 있다.

그러나 신학자들 사이에서는 대속 이론에 관한 큰 논쟁이 있었는데, 이는 일부 신학자들이 예수가 사탄에게 빚을 갚지는 않았을 것이라고 이의를 제기했기 때문이다. 그들은 마귀가 그다지 강하지 않으며 하나님이 그에게 빚진 것이 없다고 주장한다. 대신에 다수의 학자는 예수의 죽음을 통해 치른 몸값은 인류를 죄의 종 된 상태로부터 해방하기 위해 성부 하나님께 지불된 것이라고 주장했다.

를 본다(9:7). 즉시 예수는 장차 당할 고난과 배척을 거듭 말한다(9:12; 또한 8:31-33; 9:30-32; 10:32-34). 이 시점부터 이야기는 모두 내리막길로 접어들며, 이런 예언들이 예루살렘에서 성취되는 것을 향해 치닫는다.

위대한 고백과 변화산 사건(8:27-9:13), 그리고 예수가 자신의 생의 마지막 주간에 예루살렘에 입성한 일(11:1) 사이에 나오는 여러 사건과 선언(9:14-10:45)은 "장차 도래할 하나님 나라에서의 삶"이라는 일반적인 제목으로 요약될 수 있다. 기도, 이혼, 재물에 대한 여러 가르침을 관통하는 주제는 하나님 나라의 삶은 이 세상의 삶과 정반대라는 것이다. 아이들은 존중받고(9:36-37, 42; 10:13-16), 불구가 되거나 외관이 망가진 사람이 온전한 육체를 갖고 지옥에 가는 것보다 나으며(9:43-48), 부와 성공은 삶에 방해물이 되고(10:17-31), 가장 큰 자는 종들이다(10:29-31, 35-45). 예수는 모든 미덕의 모범이 되지만, 특히 다음과 같은 전도된 원리의 본보기를 보여준다. "인자가 온 것은 섬김을 받으려 함이 아니라 도리어 섬기려 하고 자기 목숨을 많은 사람의 대속물로 주려 함이니라"(10:45).

"예루살렘으로 향하는 여정"을 묘사한 이 단락은 이전 이야기(8:22-26)와 유사한 또 다른 시력 회복 이야기(10:46-52)로 끝을 맺는다. 먼저 나온 치유는 예수의 정체를 점차 이해하게 되는 제자들에 대한 은유의 역할을 담당했다. 이제 예수가 예루살렘에 다가갈 때, 이와 동일한 상징적인 의미의 이야기가 다시 나온다. 맹인 바디매오는 예수께 "보기를 원하나이다"(10:51)라고 외치는데, 이는 제자가 된다는 것이 무엇을 의미하는지를 상징하는 말이다. 예수는 긍휼 어린 마음으로 이 치유를 허락하고, 그 사람은 예수의 이야기가 절정에 이르는 예루살렘을 향하여 가는 길에서 예수의 추종자가 된다(10:52). 🕮🔍

🕮 신학적 문제

마가복음의 기독론적 칭호

마가복음은 단순한 이야기가 아니라 신학적 문서이며, 마가의 신학은 **기독론**에 초점을 맞추고 있다. 마가가 가장 중요시하는 신학적 요점은 바로 예수가 누구인가다. 마가는 이 신학을 예수의 행동과 말씀을 통해 풀어나가는데, 이는 마가의 기독론을 가장 중요하게 드러낸다. 그러나 그는 예수가 누구인지에 대한 우리의 이해를 돕기 위해 추가적인 여러 칭호도 사용한다.

하나님의 아들―1:1에 나오는 마가복음의 서두로부터 이야기 전체에서 이는 주된 기독론적 칭호다. 하나님은 예수가 하나님의 아들이라고 말씀하시며(1:11; 9:7), 귀신들을 포함한(3:11; 5:7) 다른 사람들도(15:39) 그렇게 말한다. 예수도 자신의 신분을 이같이 밝힌다(14:61).

메시아―1:1과 그 후에 여섯 번 더 예수를 메시아/그리스도로 묘사한 것 역시 중요하다. 예수는 자신을 메시아라고 공개적으로 선언하지는 않지만, 빌립보 가이사랴에서의 고백이 나오는 정점의 순간을 포함하여 이 칭호를 수용한다(8:27-30). 그러나 그 후 예수는 인자, 즉 그리스도가 고난을 받고 죽임을 당한 후 다시 살아날 것이라고 말하면서(8:31) 유대인의 메시아 대망을 즉시 꺾는다.

주―예수는 마가복음에서 16번이나 주로 불리고 있는데, 어떻게 이 칭호가 구약성경에서 야웨를 지칭하는 데 사용되는지는 모호하다. "주"는 마가복음에서 하나님과 예수를 둘 다 가리킨다.

선생―마가복음에 나타난 예수의 칭호 가운데 가장 자주 등장하는 것은 선생 또는 랍비인데, 이는 예수의 주된 활동이 가르치는 일임을 강조한다.

인자―예수만이 다소 애매한 이 칭호로 자신을 언급한다. 다니엘 7장의 배경과 예수가 그것을 어떻게 사용하는지에 비추어볼 때, 이는 그의 거룩한 지위, 권세, 초월적인 통치를 암시한다.

다윗의 자손―유대인들 사이에서는 메시아가 다윗의 후손일 것이라는 생각이 널리 퍼져 있었다. 그러나 마가복음에서 이 호칭은 드물게 사용되는데(10:47-48; 12:35), 이는 아마도 이 호칭이 로마 정부에 대한 정치적인 의미를 담고 있고, 예수는 이 역할을 비군사적인 것으로 재정의하여 그의 고난과 죽음을 통해 그의 나라를 가져올 것이기 때문일 것이다.

예수의 변용

변용—예수가 베드로, 야고보, 요한을 산으로 데려갔을 때, 예수에게서 빛이 나고, 예수가 모세 및 엘리야와 대화하며, 구름 가운데서 음성이 나와 예수를 하나님의 아들로 선언한 사건—은 세 공관복음서 모두에서 찾아볼 수 있다. 현대의 해석자들 가운데 이런 일이 일어났다고 믿는 사람들과 그렇지 않은 사람들이 모두 있는데, 그들은 전형적으로 구약성경과의 문학적·신학적 연관성과 복음서 내러티브의 흐름을 강조한다. 그러나 이 이야기에 대한 처음 1,000년 동안의 해석은 환상과 보는 것에 초점을 맞추었다. 변용 이야기는 사람들이 하나님을 본 다른 성경 본문과 연결되어 있으며, 이런 해석에서 베드로는 황홀경에 빠져 환상을 보는 상태에 있었을 것으로 이해된다. 이 이야기는 주로 하나님을 보아야 할 필요성과 그렇게 함으로써 변화되어야 할 필요성에 대해 신자들에게 일종의 가르침을 주는 방향으로 해석되었다. 현대적 해석도 나름의 장점이 있지만, 현대 이전에 이 이야기를 수용한 방식은 성경 내러티브에 뿌리를 둔 깊은 영적 측면을 더해준다.

그림 7.3. 시나이산 성 카타리나 수도원에 있는, 예수의 변용을 묘사한 모자이크(565-66년)

예루살렘에 입성한 예수

■ 마가복음 11:1-13:37을 읽으라 ■

마가복음은 크게 두 부분으로 나뉜다. 그러나 줄거리는 세 가지 여행 패턴을 따라 진행된다. 즉 예수의 갈릴리 사역(1:14-9:50), 예루살렘으로 향하는 예수의 여행(10:1-52), 예루살렘에서 있었던 예수의 마지막 주간이다(11:1-16:8). 이런 지리적 이동은 신학적 중요성을 지닌다. 마가는 비록 예수가 메시아, 하나님의 아들, 인자이지만, "아웃사이더"에 불과했다는 것을 독자들이 이해하길 원한다. 요한복음이 요약한 말을 빌리자면, "[그가] 자기 땅에 오매 자기 백성이 영접하지 아니하였[다]"(요 1:11)는 것이다. 예수의 사역은 유대인들의 정신적·문화적 수도인 예루살렘에서 멀어질수록 가장 성과가 좋았다. 예수가 예루살렘으로 여행할 때 반대가 더욱 거세지고, 마침내 그의 투옥, 조롱, 고문, 죽음으로 치닫는다. 이것은 예수와 그의 사역에 대해 중요한 것을 전달한다. 즉 그는 기성 종교의 현상 유지가 아닌 새로운 무언가를 가져오고 있다! 이것이 바로 하나님이 이 땅에서 그분의 통치를 확립하기 위해 무언가 새로운 일을 하고 있다는 복음의 메시지다.

이런 새로움과 이에 저항하는 종교 기관의 반대는 마가복음의 마지막 단락에서 고조된 긴장과 격렬함을 설명해준다. 이 갈등은 극에 달하는 중이다. 따라서 마가는 그의 이야기의 빠른 속도를 늦추고 이야기의 마지막 단락을 예수의 마지막 한 주간을 설명하는 데 사용한다. 📘

11장은 진정한 다윗의 자손이 큰 환호와 찬양을 받으면서 다윗성에 들어가는 장면을 묘사하면서 좋은 분위기로 시작한다(11:1-11). 그러나 우리는 하나님 나라가 이 땅에 도래하기 전에 꼭 필요한 정화 작업이 있다는 것을 곧 알게 된다. 이 정화 작업은 종교적 지도층의 예배(11:12-25)와 권위/가르침(11:27-12:44)을 모두 비판하는 형태로 이루어진다. 그 후 예수는 예언자의 옷을 입고 예루살렘과 성전에 내릴 현재와 미래의 심판을 선포한다(13:1-37). 예수는 (구약성경의 예언자들처럼) 시적 이미지로 가득 찬 언어를 사용하여, 인자의 재림을 통해 하나님 자신이 세상을 바로잡을 때

스토리텔링의 샌드위치 기법

비록 마가가 이 기법을 사용한 유일한 복음서 저자는 아니지만, 그는 자주 삽입(끼워 넣기, intercalation)이라고 불리는 기법을 사용한다. 이 것은 두 개의 이야기를 함께 사용해서 샌드위치를 만드는 기법인데, 하나의 이야기(빵 한 조각)를 시작하고 그 안에 다른 이야기(고기)를 삽입한 다음에 처음 이야기(빵의 다른 한 조각)를 완성하는 것이다. 예를 들어 마가복음 11:12-25에서 마가는 예수가 예루살렘으로 향할 때 무화과나무를 저주한 것을 말한다(11:12-14). 예수는 예루살렘에서 성전 뜰에 모인 상인들의 상행위를 중단시키고 그 행위에 대한 심판을 선포한다(11:15-18). 그 후 예수와 제자들이 예루살렘을 떠나 이튿날 돌아와서 저주받은 무화과나무가 말라 죽은 것을 본다(11:19-25). 이 이야기들의 삽입은 독자들에게 어떻게 이 사건들이 서로 연관되는지를 보여주며, 두 사건 모두에 대한 해석을 심화시킨다.

종말론적 인자와 에녹의 비유

유대인들은 우리가 가지고 있는 성경에는 수록되지 않았지만, 그럼에도 우리가 가지고 있는 정경과 소통하면서 배경 자료로 읽는 데 도움이 되는 많은 문헌을 만들어 읽었다. 한 가지 중요한 예는 우리가 「에녹1서」라고 부르는 글 모음집인데, 특히 그 가운데 에녹의 비유로 불리는 부분이다. 그 비유가 나오는 부분에서 우리는 묵시적 세계관을 발견할 수 있고 세상을 바르게 세우기 위해 종말론적 심판자로서 도래하는 "인자"에 관해 읽을 수 있다. 마가가 「에녹1서」를 직접 사용했다는 증거는 없지만, 두 문서는 모두 하늘에서 지상으로 내려와 새 시대를 열 메시아에 대한 기대를 반영한다. 마가는 이 기대되는 인자가 사실 예수임을 보여주기 위해 애쓰고 있다.

가 올 것을 말한다. 흔히 말하는 감람산 강화의 요지는 "마지막 때"에 대한 자세한 정보를 주는 것이 아니라, 거짓 스승과 거짓된 삶을 멀리하고 경계를 늦추지 않도록 예수의 제자들에게 촉구하는 것이다. 한마디로 이 세상의 새로운 시대가 시작되고 있기 때문에 예수의 제자들은 반드시 "깨어" 있어야 한다(13:37). 📖😨

예수가 죽고 다시 살아나다

■마가복음 14:1-16:8을 읽으라■

우리는 이제 마가가 빠르게 진행하는 이 이야기의 절정에 도달했다. 이야기의 초점은 예수의 배신당함, 고난, 죽음, 그리고 부활이다. 만약 우리가 이 장면들과 함께 나오는 사운드트랙을 상상한다면, 그것은 어둡고 침울하며 불길한 예감이 감돌 것이다. 이 모든 이야기는 예수가 절망 속에서도 하나님을 바라보며 부르짖는(15:33-37) 15장 마지막까지 죽음의 불길한 기운을 조성하는 데 한몫한다.

이 이야기들을 통해 우리는 등장인물들이 예수의 생애 말기에 약간 놀랍고도 다른 방식으로 반응하는 것을 볼 수 있다. 우리는 이름을 밝히지 않은 한 여인이 예수의 장례를 위해 자기 재산을 사랑 어린 마음으로 바치는 것을 보게 되는데(14:1-9), 이는 위선의 입맞춤으로 예수의 신뢰를 배반한 최초의 열두 제자 중 한 명인 유다와 뚜렷이 대조된다(14:10-11, 43-45). 다른 제자들은 예수를 배반하지는 않았지만, 신실함보다는 두려운 마음을 더 많이 갖고 있었던 것으로 드러난다. 그들은 예수가 체포되었을 때 모두 도망갔으며(14:50), 무엇보다 나쁜 것은 베드로가 심지어 자신이 예수를 안다는 사실조차 부인했다는 점이다(14:26-31, 66-72). 이와 극명하고 놀라운 대조를 이루는 것은 예수를 조롱하고 때렸던(15:16-20) 로마 백부장이 예수를 하나님의 아들이라고 선언한 것이다(15:39). 또 다른 제자인 아리마대 요셉은 용기를 내어 예수의 장사를 치르기 위해 예수의 시신을 달라고 정중히 요구한다(15:42-47). 로마 당국자들과 유대교 지도자들은 모두 예수를 사형에 처하는 데 각각 자신의 역할을 수행한다(14:53-65; 15:1-15).

비록 마가의 이야기가 마지막 순간까지 손에 땀을 쥐게 하며 끝을 맺고 있지만(16:8; 아래에 나오는 사이드바 "마가복음의 결말을 찾아서"를 보라), 희망이 없는 것은 아니다. 예수는 단지 하나님께 순종하여 고난당하는 본보기로서 죽은 것이 아니다. 그는 죽은 자 가운데서 다시 살아나 그의 추종자들

정경적 연관성

신약성경의 쉐마

성경의 메시지는 주로 이야기다. 즉 이 세상이 어떻게 생겨났는지, 이 세상이 창조주와의 관계 단절로 인해 어떻게 점점 타락했는지, 그리고 하나님이 어떻게 그의 피조물들과 관계를 맺으며(언약) 세상을 개혁하고 구원했는가를 다룬 이야기다. 성경의 신학은 대부분 이야기다. 구약성경에서 교리적인 진술에 가장 가까운 것은 신명기 6:4에서 "우리 하나님 여호와는 오직 유일한 여호와이시니"라고 고백한 쉐마다. 이 진술은 매우 중요한 것으로, 예수가 이를 거듭 반복한다. 하나님 자신 안에서 하나님의 연합은 신명기 6:5과 더불어 예수가 말한 성경의 가장 큰 계명, 즉 네 마음을 다하고 목숨을 다하고 뜻을 다하고 힘을 다하여 주 너의 하나님을 사랑하라는 계명의 기초가 된다(막 12:30).

그림 7.4. 베르나르도 벨로토(Bernardo Bellotto), "예수의 성전 정화"

😈 역사적 문제

마가복음의 결말을 찾아서

갑작스럽고, 예상치 못한 공포와 두려움의 기색이 감도는 마가복음의 결말은, 오늘날의 많은 독자들과 마찬가지로, 마가의 독자들을 완전히 만족시키지 못했다. 마가복음의 더 완전한 결말이 있었는데 그것을 분실한 것인지는 확실치 않지만, 우리는 오늘날 우리가 가지고 있는 성경인 마가복음 16:9-20까지의 내용이 원래 마가가 기록한 것이 아니라는 것을 상당히 확신할 수 있다. 매우 오래전부터 마가복음 16:9-20까지의 단락이 마가복음의 결말로 존재해왔다. 하지만 이 단락은 다른 복음서 이야기들을 편집한 것으로 보이는데, 이는 완벽하고 긍정적인 결말을 만들려는 자연스러운 열망이 그 동기가 되었다. 비록 마가복음처럼 드라마틱한 느낌은 없지만, 마태복음, 누가복음, 요한복음은 각각 우리에게 이야기를 매듭짓는 결말을 제공해준다.

에게 나타난다!(16:1-8)

이 마가복음 이야기의 마지막 단락을 이해할 수 있는 이야기는 14:22-26인데, 이는 예수가 제자들과 함께 마지막 식사를 하는 동안 그의 말씀과 행위에 대한 기록이다. 이 "최후의 만찬"에서 그는 자신의 고통과 죽음에 대한 두 가지 중요한 점을 설명한다. 즉 그의 고통과 죽음은 자발적이면서 동시에 세상을 변화시키는 것이다. 첫째, 그는 자신의 몸과 피를 다 내어주면서 그를 따르고자 하는 모든 사람과 새 언약을 세운다(14:22-24). 둘째, 그는 장차 다시 와서 이 땅 위에 하나님의 통치를 회복할 것이며, 그날에 다시 함께 기뻐하며 교제하게 될 것을 약속한다(14:25). 우리는 이 두 가지 말씀 속에서 절정이 되는 모든 중요한 사건, 즉 예수의 죽음과 육체의 부활을 이해할 수 있다. 이 위대한 복음 이야기는 그의 제자들이 그가 다스리기 위해 다시 올 것을 믿고 기다리는 것으로 끝난다. 😈

실천과 적용—오늘날 마가복음을 기독교 경전으로 읽기

C. S. 루이스의 유명한 『나니아 연대기』 시리즈에서 그리스도를 나타내는 인물은 아슬란이라는 이름의 사자다. 이것은 예수를 묘사하는 적절한 성경적 방식이다. 그는 약속된 이스라엘의 왕, 다윗의 자손으로서, "유다 지파의 사자 다윗의 뿌리"라고 불린다(계 5:5). 또한 사자의 유비는 예수를 힘이 있고 놀림감이 될 수 없는 인물로 생각하도록 도와준다. 루이스의 이야기에서 아슬란은 그의 분명한 힘으로 인해 약간의 두려움을 일으키지만, 주변 사람들로부터 존경을 받는다. 아슬란은 그의 친구들에게 헌신적이고 그의 적들에게는 단호하다. 그는 장난기 많으면서도 위엄이 있다. 우리가 마가복음에서 만나는 예수도 그렇다. 2천 년이나 지난 후 마가복음을 읽을 때 우리가 받는 인상은 이 예수라는 인물이 무시할 수 있는 사람이 아니었다는 것이다. 그는 사람들로 하여금 어떻게 생각하고 행동하는지에 주의를 기울이도록 만들었다.

그림 7.5. 마가의 상징인 사자가 그려진 장식품(1100년)

그리고 이것은 우리가 마가복음을 올바르게 읽을 때 얻을 수 있는 유익이기도 하다. 그것은 예수가 누구인지에 먼저 주목하라는 요구다. 마가가 우리에게 주는 답은 강력하고 아름답다. 즉 예수는 하나님의 아들이요, 인자요, 다윗의 자손이다. 그는 사람들을 속박에서 해방하고, 백성들을 속량하기 위해 자기 자신을 희생 제물로 드리고 죽는다. 이와 직접적으로 연관된 마가복음의 두 번째 요구

는 제자도의 삶이다. 우리는 예수의 정체성과 행한 일로 인해 그를 우리 개
인의 삶과 무관하거나 무의미한 인물로 대할 수 없다. 사자의 존재는 이것
을 허락하지 않을 것이다. 마가는 그리스도인이 되는 것이 철저한 제자가
되는 것임을 우리에게 보여준다. 우리는 비틀거리다가 실패하고 하나님이
하는 일을 오해하게 될 것이다. 그러나 우리는 예수의 죽음과 부활을 목격
한 최초의 제자들처럼 두려움과 기쁨을 모두 가진 채로 계속 그를 따를 것
이다.

마가복음의 핵심 구절

- 예수께서 이르시되 "나를 따라오라, 내가 너희로 사람을 낚는 어부가 되게 하리라" 하시니
  (1:17).
- 인자가 온 것은 섬김을 받으려 함이 아니라 도리어 섬기려 하고 자기 목숨을 많은 사람의 대
  속물로 주려 함이니라(10:45).

기독교적 읽기를 위한 질문

1. 예수에 대한 제자들의 반응이라는 주제를 추적하여 예수가 그들에게 어
   떻게 반응하는지 주목하라.
2. 마가복음을 읽고 예수의 적들(사탄과 사람)의 목록을 만들고, 그들의 상
   호작용에서 어떤 일이 일어나는지 살펴보라. 마가는 이것을 통해 우리
   에게 무엇을 가르치는가?
3. 베드로전서를 읽고 마가복음과 공유하는 언어와 주제에 대한 유사점 목
   록을 만들라. 왜 이런 유사점들이 존재한다고 생각하는가?
4. 마가의 갑작스러운 결말이 그의 독자들에게 어떤 감정을 불러일으켰으

리라고 생각하는가? 왜 그가 그렇게 갑자기 그의 복음서를 끝냈다고 생
각하는가?

8장

누가복음

개요

아주 간단한 성경 퀴즈를 내보겠다. 그 누구보다 신약성경을 더 많이 쓴 사람은 누구인가? 사도 바울인가? 예수의 사랑을 받은 제자 요한인가? 둘 다 좋은 답변이지만 둘 다 틀렸다. 바울은 누구보다 신약성경의 책을 많이 썼고, 요한은 긴 복음서를 썼다. 그러나 "신약성경에서 단일 저자로서 가장 긴 글을 쓴" 사람에게 주어지는 상은 누가에게 돌아가는데, 그는 신약성경 전체의 27퍼센트에 해당하는 글을 썼다(바울은 23퍼센트, 요한은 20퍼센트). 교육받은 이방인 의사인 누가는 바울의 선교여행에 종종 동행했고, 신약성경에서 중요한 길고 세련된 두 권의 책을 썼다. 이 책들은 사실 하나의 큰 이야기를 두 부분으로 나눈 것이다.

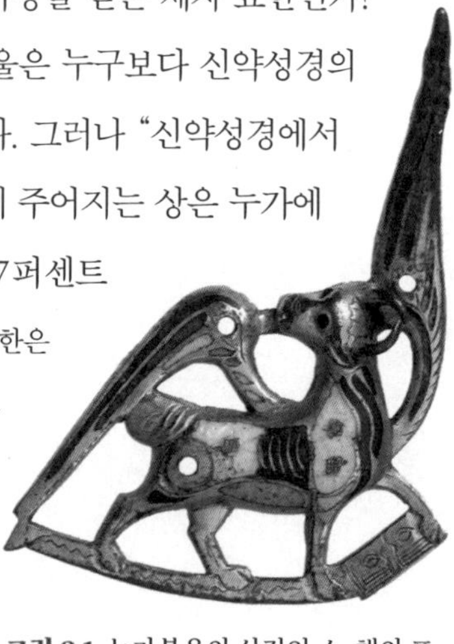
그림 8.1. 누가복음의 상징인 소, 책의 표지(1200-25년)

The Metropolitan Museum of Art. The Friedsam Collection, Bequest of Michael Friedsam, 1931.

누가의 첫 번째 책은 사중복음서의 세 번째 복음서다. 우리가 사도행전이라고 부르는 두 번째 책은 예수가 부활 후 승천한 이야기로 끝을 맺는 그의 첫 번째 책의 결론과 중복된다. 사도행전은 예수의 제자들의 삶과 기독교 신앙의 성장을 따라서 예수의 이야기를 계속한다. 우리가 누가-행전이라고 부르는 이 이야기들을 모두 합하면 신약성경의 4분의 1이 넘는 52개의 흥미로운 장들이 된다. 😮

누가는 두 부분으로 된 이야기(누가-행전)를 기록했지만, 누가복음은 교회 역사를 통틀어 사도행전과 나란히 읽히지 않고 오히려 정경의 형제 복음서들(마태복음, 마가복음, 요한복음)과 함께 묶여 존재해왔다. 교회사 초기에 사중복음서는 공관복음(마태복음, 마가복음, 누가복음)과 요한복음을 하나로 묶은 3+1 패턴으로 구성되어 있었다. 그 뒤를 이어서 별도의 모음집이 나왔는데, 이는 사도행전에 **일반 서신**과 바울 서신(히브리서를 포함)을 함께 모은 것이다. 이로 인해 누가복음은 그의 두 번째 책인 사도행전보다 다른 세 복음서와 더 가까운 연관성을 갖게 된다. 누가복음과 사도행전을 함께 읽는 것에서 얻을 수 있는 중요한 통찰력이 있지만, 누가복음을 다른 복음서들과 함께 읽으면서 누가복음에 관해 생각하는

> ### 😮 역사적 문제
>
> **누가복음의 역사적 기원**
>
> **저자**: 전통적으로 많은 고대 자료에 따르면 누가는 사도 바울과 때때로 함께 여행했던 의사였다. 그의 문체는 그가 분명히 헬레니즘적인 유대인이거나 이방인 개종자로서 교육을 잘 받은 사람임을 보여준다.
>
> **기록 연대**: 학자들은 누가복음이 기원후 70년 전후에 기록된 것으로 본다. 이는 누가의 두 번째 책인 사도행전의 기록 연대를 어떻게 결정하는가에 영향을 받는데, 많은 이들은 사도행전의 기록 연대를 더 이른 시기로 본다.
>
> **장소**: 기록 장소에 대한 명확한 의견의 일치나 증거는 없다. 이 책은 로마인 후견인 데오빌로에게 헌정되었다.
>
> **자료**: 누가는 마가복음과 함께 다른 자료들(누가의 특수 자료인 "L")을 사용한 것으로 보인다. 문체와 주제에 영향을 미친 다른 자료에는 70인역과 사도 바울이 포함된다.
>
> **배경**: 누가복음은 로마 제국의 세계를 향해 쓴 것인데, 특히 교육을 더 많이 받은 독자들을 향해 쓴 것으로 보인다.

것도 이점이 있다.

만약 우리가 누가복음을 정경의 다른 형제 복음서들과 대화하면서 읽는다면, 누가는 우리에게 어떤 이야기를 들려줄까? 우리는 독창적, 모방적, 도전적이라는 세 단어를 사용하여 누가복음을 묘사할 수 있다.

독창적─누가복음의 약 40퍼센트는 다른 복음서들에서는 찾아볼 수 없는 내용인데, 여기에는 많은 사랑을 받는 비유와 여러 이야기가 포함된다. 누가는 단순히 마가복음과 마태복음을 반복하지 않으며, 독창적인 이야기를 많이 선보인다. 이 자료들의 출처는 누가 자신이 조사한 것에서 나온 것으로 보인다.

모방적─누가는 예수에 관한 이야기를 이스라엘 역사의 중요한 이야기들을 깊이 모방하고 떠올리게 만드는 방식으로 말한다(**미메시스**[mimesis]). 탄생 내러티브부터 부활 후 엠마오로 가는 길에 이르기까지, 누가는 자신의 이야기에 예수 이전에 하나님이 세상에서 행한 사역의 맛을 능숙하게 양념으로 곁들여, 독자들이 예수가 진실로 하나님이 과거에 했던 모든 약속의 성취임을 맛보고 목격하게 한다.

도전적─누가는 그의 독자들의 가치관과 기대치를 근본적으로 뒤집는다. 누가는 예수가 가난한 자, 버림받은 자, 평가절하된 자를 소중히 여김으로써 이 세상의 가치를 뒤집는 모습을 자주 보여주는데, 이는 그들에게 성령 충만하고 하나님을 진정으로 예배하는 모습을 보여준 것이다.

누가의 이야기는 크게 세 단락으로 나뉘는데, 모두 다윗성으로 알려진, 유대교 예배와 문화의 중심지인 예루살렘을 중심으로 전개된다.

누가복음 1:1-9:50: 이 단락은 예수가 누구인지를 보여주는데, 예수의 탄생부터 시작해서 가르치고 치유하는 그의 사역에 초점을 맞춘다.

누가복음 9:51-19:27: 이 단락은 예수가 예루살렘으로 가는 길을 단호하게 결정한 것으로 시작한다. 상당히 긴 이 부분은 예수가 유대교 지도자들의 더욱 심해지는 적대감에 직면하면서 발생한 사건들을 묘사한, 누가의 독창적이고 가장 기억에 남는 이야기들을 많이 포함하고 있다.

누가복음 19:28-24:53: 누가복음의 이 마지막 부분에서 예수는 예루살렘에 도

📖 문학적 문제

누가복음의 구조

마태복음 및 마가복음과 비교할 때 누가복음이 뚜렷이 다른 한 가지 요소는 누가복음에서 예루살렘이 차지하는 중심적인 역할이다. 마태복음 및 마가복음과 이야기와 사건들이 많이 중복되고 일반적인 내러티브도 동일하지만, 이 세 번째 복음서에서는 예루살렘이 특히 강조된다. 누가의 이야기는 예수가 태어나기 전에 일어난 사건들에 대한 내러티브로 시작하는데, 이는 주로 예루살렘을 중심으로 일어나고(1:1-2:25), 그다음에 그의 복음서 중 가장 큰 단락은 예루살렘을 향한 예수의 의도적인 여행(9:51-19:27)을 언급하며, 그곳에서 있었던 예수의 생애의 마지막 주간에 절정에 이른다(19:28-24:53).

요한과 예수의 출생(1:1-2:25)
예수의 사역을 위한 준비 (3:1-4:13)
갈릴리의 예수(4:14-9:50)
예수의 예루살렘 여행(9:51-19:27)
예루살렘의 예수: 그의 죽음과 부활 (19:28-24:53)

착하여 그의 추종자들을 가르치고 그의 반대자들과 상호작용을 하며 마지막 주간을 보낸다. 이 책은 예수의 고난, 죽음, 부활로 끝을 맺는데, 그가 여러 제자에게 나타나는 것에서 절정에 이르고, 하나님이 행한 모든 일을 어떻게 이해해야 하는지를 설명해준다. 📖

탐구—누가복음 읽기

서곡

■ 누가복음 1:1-2:52을 읽으라 ■

이 초반의 장들은 지금까지 자주 들어왔던 크리스마스 이야기 때문에 많

서구 음악에서 마리아의 찬가

갑자기 임신한 마리아는 똑같이 뜻밖에 예상치 않은 임신을 하게 된 사촌 엘리사벳을 방문했을 때 예언적인 축복을 받는다. 누가는 마리아의 응답을 아름다운 형식의 노래로 기록하는데, 이는 신학적이고 예시적인 의미가 풍부한 찬양이다(1:46-55).

이 노래는 **"마리아의 찬가"**(Magnificat)라고 불리는데, 이는 마리아가 "내 영혼이 주를 찬양하며"라고 말한 것의 라틴어 형태에서 유래한다. "마리아의 찬가"는 기독교 예배의 매우 중요한 일부로 발전하여 교회의 다양한 예전의 여러 부분에서 사용되었다. 13세기 초에 사용되기 시작한 "마리아의 찬가"는 수많은 음악가에게 영감을 주었고, 그 결과로 이 가사에 곡을 붙인 아름다운 음악이 많이 탄생하게 되었는데, 여기에는 조스캥 데 프레, 팔레스트리나, 몬테베르디, 파헬벨, 비발디, 바흐, 모차르트, 멘델스존, 차이콥스키와 같은 유명한 작곡가들의 버전이 포함된다. 각 작곡가는 당대의 스타일을 활용해 마리아가 한 말의 감동과 힘을 음악의 형태로 표현함으로써 예배자들이 누가가 기록한 말씀을 깊이 체험하도록 만들어준다.

International Museum and Library of Music / Wikimedia Commons

그림 8.2. 안토니오 비발디의 초상화, 작가 미상

은 사람에게 친숙하다. 마리아와 요셉이 베들레헴을 향해 도보로 여행하는 이야기를 많은 사람이 들었다. 환영받지 못하고 거처도 없었던 마리아는 사방이 짐승으로 둘러싸인 곳에서 아들을 낳아 말구유에 눕혔다. "그 어린 주 예수 눌 자리 없어"와 "고요한 밤 거룩한 밤" 같은 크리스마스 캐럴은, 천사와 별 그리고 목자들로 상징되는 크리스마스 이미지와 함께, 누가복음 2장에서 나온 것들이다.

하지만 크리스마스 가장 행렬과도 같은 이 부분은 단지 이 이야기의 일부일 뿐이다. 누가복음의 처음 두 장을 합치면 크리스마스 밤에 관한 것이라기보다는 브로드웨이 뮤지컬의 서곡에 더 가깝다. 비록 이런 주제와 개념들이 무엇을 의미하고 이 이야기가 어떤 이야기가 될지 불분명하게 보일지라도, 그 장들은 주요 주제와 개념을 소개한다. 서곡과 같은 누가복음의 서론에서 우리는 하나님이 움직이고 있으며 그의 백성들이 바라고 고대하는 것을 성취하려고 한다는 것을 금방 알게 된다. 일련의 시와 노래를 통해 우리는 하나님이 모든 것을 뒤집을 것이라는 말을 듣게 된다. 아기를 낳지 못하는 늙은 여자와 처녀가 모두 임신하고, 젊고 비천한 소녀는 여자들 가운데서 가장 큰 복을 받고 큰 믿음을 보이는 반면, 경험이 많은 노련한 유대인 제사장은 말을 못하게 된다. 그리고 비천한 목자들은 왕의 탄생을 기뻐하는 첫 번째 귀한 손님이 된다. 열두 살 된 소년이 큰 지혜로 성전 제사장들을 놀라게 한다. 이 모든 것은 누가가 이제 말하려고 하는 이야기에 대한 경이로운 기대감을 불러일으킨다. 이 이야기는 지루하지 않다. 주인공 예수는 세상을 완전히 뒤엎을 것이다. 🔋

역동적인 하나님 나라

■ 누가복음 3:1-4:44을 읽으라 ■

누가의 프롤로그는 예수의 탄생과 준비에 초점을 맞추고 있으며, 이어서 성전 안에 있는 열두 살 예수에 관한 이야기(2:41-52)에 초점을 맞춘다. 그 후 이 이야기는 약 18년을 건너뛰어(3:23) 예수가 그의 첫 제자들을 부르기 전에 준비한 일에 대한 추가적인 이야기를 제공한다.

각 복음서에 일관되게 나타나는 것은 세례 요한이 예수의 전령이자 선구자로 등장한다는 것이다. 요한에 대한 누가의 보고는 우리에게 어떤 면에 대해서는 더 많은 정보를 주고 다른 면에 대해서는 덜 알려준다. 요한이 주는 세례에 관하여 예수와 요한이 대화를 나눈 것은 전혀 없지만(3:21), 요한의 설교 내용에 관해서는 더 자세한 정보가 제시된다. 요한은 "죄 사함을 받게 하는 회개의 세례"(3:3)를 전하기 위해 보냄을 받았는데, 이는 물건을 공유하고(3:10-11), 정직하게 금전 거래를 하고(3:12-13), 권위와 지위를 남용하지 않는(3:14) 구체적인 삶의 정황에 적용된다.

아담까지 거슬러 올라가는 예수의 족보가 나온 후(3:23-38), 우리는 마침내 예수가 활동하는 모습을 보고 그의 목소리를 듣게 된다. 예수는 성령이 충만하여 마귀의 유혹을 성공적으로 물리치고(4:1-13), 회당에서 큰 권위를 갖고 가르치며(4:14-30), 귀신을 꾸짖어 내쫓고(4:31-37, 41), 온갖 종류의 병이 든 사람들을 고친다(4:38-40). 이 모든 활동은 예수가 와서 실현하려고 하는 "하나님 나라에 대한 좋은 소식"으로 요약된다(4:43). 🔾

갈릴리에서 활동하는 강력한 메시아

■ 누가복음 5:1-9:50을 읽으라 ■

이 긴 단락은 누가의 이야기에서 첫 번째 주요 부분으로, 예수가 예루살렘을 향해 남쪽으로 향하기 전, 이스라엘의 북부 갈릴리에서 행한 사역을 연이어 묘사한 일련의 이야기들을 제공한다(9:51).

이 단락은 예수의 추종자들 가운데 가장 핵심이 되는 멤버로 영원히 남을 최초의 제자들—시몬 베드로, 야고보, 요한—을 부름으로써 시작한다(5:1-11). 6:12-16에서 누가는 많은 추종자 중에서 예수가 세운 열두 제자의 무리를 열거한다. 누가는 제자들을 소개한 이 두 이야기 사이에 예수가 이스라엘의 전통을 따르고 있다는 사실과 그가 유일무이하며 큰 능력을 지닌 분임을 보여주는 일련의 이야기들을 전한다. 베드로의 소명은 이사야의 소명과 비슷하고(5:1-11), 문둥병자가 깨끗함을 받은 것은 모세의 계명과 관련이 있다(5:12-15). 중풍병자가 치유된 사건에서 예수는 죄 사함을 선언하는데(5:17-26), 예수는 이것이 그가 이 땅에 온 이유라고 말한다(5:27-31). 그리고 예수는 안식일의 참뜻을 설명하고 자신이 안식일의 주인이라고 주장한다(6:1-11). 이 모든 것은 예수가 말해온 오랫동안 기다려온 신랑과, 낡고 오래된 포도주 가죽 부대에 담을 수 없는 새 포도주의 비유를 통해 설명될 수 있다(5:33-39).

이 단락의 두 번째 부분은 메시아로서 예수의 권위에 초점을 맞춘다. 우선 그는 탁월한 지혜 교사로 나타난다(6:17-49). 그 뒤를 이어 창조세계를 다스리는 예수의 능력에 관한 일련의 놀라운 이야기들이 나온다. 예수는 백부장의 하인을 멀리서 치유한다(7:1-10). 그는 과부의 아들과 회당장의 딸을 다시 살린다(7:11-17; 8:49-56). 그는 단순히 바람과 물결을 꾸짖음으로써 사나운 풍랑을 잔잔하게 한다(8:22-25). 그는 도저히 치유될 수 없

그림 8.3. 산드로 보티첼리(Sandro Botticelli), "수태고지"(1481년)

하나님의 사자들을 부름

초기 그리스도인들에게 구약성경의 예언자인 이사야는 특히 중요한 인물이었다. 이사야는 신약성경에서 여러 차례 인용되고 언급되며 암시된다. 그 이유는 하나님의 사자들에 의해 선포되고(사 40:1-11; 52:7) 고난받는 종에 의해 성취된 하나님의 통치가 이 땅에서 회복되리라는 것을 이사야가 미리 내다보았기 때문이다(사 52:13-53:12). 그들은 예수를 바로 이런 방식으로 이해하게 되었다.

이사야서와 누가복음 사이의 흥미로운 연관성은 이사야 6:1-13과 누가복음 5:1-11에서 발견된다. 이 이야기들은 일련의 평행 사건들을 묘사한다. 즉 한 사람이 영광 가운데 계신 주님을 보고, 그가 자각하는 죄 때문에 자신을 떠나달라고 주께 간구하고, 주님은 자비로운 목소리로 그 사람에게 세상에서 빛의 사자가 되라고 명령하신다.

이런 평행은 우연이 아니다. 누가는 그의 독자들에게 주 예수가 베드로를 부른 것을 주 하나님이 이사야를 부른 것에 비추어 이해해야 하며, 이 두 인물 사이에서 평행 관계를 발견해야 한다고 알려준다. 이런 연관성은 그 후 예수가 비유로 가르치는 자신의 사역을 설명하기 위해 하나님이 이사야에게 했던 말씀(사 6:9-13)을 사용할 때 더 깊어진다(눅 8:9-10).

예수와의 식사

누가복음은 예수가 다양한 사람과 식사한 이야기를 다수 기록한다. 이것은 고대 세계에서 다른 사람들과 식사하는 것이 큰 문화적 중요성을 지녔기 때문이다. 식사는 1세기 유대교와 그리스-로마 문화에서 단순히 영양 섭취 이상을 의미했으며, 사회적 규범, 계급, 공동체를 발전시키고 유지하는 행사였다. 사회적 식사 관행에는 많은 의미가 담겨 있었다.

누가는 하나님 나라의 가치관과 대조를 이루는 인간의 왜곡된 가치관을 예수가 어떻게 뒤집는지를 보여주기 위해 여러 식사 자리에서 있었던 예수에 관한 이야기를 사용한다. 급진적으로 예수는 아웃사이더들과 악명 높은 "부정한" 사람들과 식사한다(5:27-32; 19:1-10). 그는 교만이 아닌 겸손의 미덕을 고취하기 위해 식사를 이용한다(14:7-24). 궁극적으로 예수는 장차 도래할 하나님 나라와 다가오는 자신의 죽음에 대해 말하기 위해 지상에서의 마지막 식사("최후의 만찬")를 사용한다. 이 마지막 식사에서 그는 다른 사람을 섬기는 자가 가장 큰 자라는 하나님 나라의 진리에 대한 모범을 보이며 가정 노예의 역할을 한다(22:14-30).

을 것 같은 세 사람, 즉 군대 귀신에 사로잡힌 남자(8:26-39), 혈루증 앓는 여인(8:42-48), 그리고 귀신에게 사로잡힌 소년(9:37-43)을 치유한다. 그리고 마지막으로 예수는 광야에서 굶주린 추종자들을 위해 기적적으로 음식을 공급한다(9:10-17).

이 모든 것은 예수가 모세와 엘리야에게 존경을 받고 새로운 출애굽을 가져올(9:28-36) 영광스러운 하나님의 아들이며, 하나님이 보낸 메시아라는 주장을 확증한다(9:18-20).

암울한 경고 속에서 주시는 격려

■ 누가복음 9:51-13:35을 읽으라 ■

우리는 이제 누가가 그의

기록에만 유일하게 나오는 많은 이야기를 담고 있는, 예루살렘으로 향하는 예수의 여행 속에 들어왔다(9:51-19:27). 이 여행의 전반부는 예루살렘에 대한 언급으로 틀이 구성된다(9:51과 13:34-35). 그 사이에는 예수에 관한 이야기보다 예수의 직접적인 가르침이 더 많이 나온다.

이 단락은 냉엄한 여러 가지 경고에 초점을 맞춘다. 긴박감과 경각심을 가져야 한다는 요구는 다수의 이미지를 통해 나타난다. 여기에는 예수를 따르기 위해 치러야 할 대가를 생각하고(9:57-62) 동시에 이 세대가 심판으로 치닫는 악한 세대임을 인식하라는 경고가 포함된다(10:12-16; 11:29-32; 12:54-59; 13:1-5). 사실 여기에 나타난 예수의 가르침은 대부분 경계를 늦추지 말 것을 촉구하는데, 이는 회개하지 않는 자를 심판할 인자의 재림이 있기 때문이다. 예수는 이것을 더러운 귀신들이 돌아오는 것(11:14-26), 바리새인과 서기관들에게 내려질 화(11:37-52), 자신의 영혼을 잃어버린 어리석은 부자(12:13-21), 신실하지 못한 종들을 둔 주인의 예상치 못한 귀환(12:35-48), 하나님 나라의 잔치가 열리는 연회장 바깥에서 슬퍼하며 울게 될 시간이 다가옴(13:22-30), 그리고 황폐한 도시 예루살렘 등으로 표현한다(13:31-35). ⊞

그러나 이 어둡고 불길한 예감은 예수의 추종자들에게 주는 격려의 말로 가득 차 있다. 우리는 예수가 그의 많은 제자가 그의 증인이 되고 사탄을 이길 수 있도록 그들에게 능력을 주는 것을 본다(10:1-20). 예수는 그의 추종자들이 아버지와 아들을 믿는 능력을 받았기 때문에 그들을 복 받은 자들이라고 부른다(10:21-24). 예수는 제자들에게 그들의 아버지이신 하나님께 기도하는 법을 가르치고, 아버지가 자녀들에게 좋은 선물을 주는 것처럼 그들이 요구하는 것을 받을 것이라고 약속한다(11:1-13). 마찬가지로 예수의 제자들은 걱정 속에 살아서는 안 된다. 왜냐하면 그들의 아

천지를 창조한 하나님 아버지

사도신경의 첫 번째 조항은 하나님 아버지에 대한 믿음을 확언하는 것으로 시작한다. 하나님은 "전능"한 분으로, 그다음에는 "천지를 만든" 분으로 묘사된다. 성경의 세계에서 세상을 만든 분에 대한 주장은 매우 중요한 진술이다. 모든 다신교 사상과는 대조적으로, 성경과 기독교의 신앙고백은 물리적 영역과 영적 영역 안에 모든 것을 만든 유일한 하나님 한 분만이 존재한다고 이해한다. 따라서 예수의 아버지는 천지를 만드신 분이다.

이 고백적 주장은 분명한 성경적 증언 외에 또 다른 중요한 기능을 담당한다. 초기 수 세기 동안 창조와 물질세계에 관한 성경적 사상을 비성경적 사상과 결합한 몇몇 형태의 사이비 기독교가 있었다. 마르키온주의자들과 영지주의자들은 모두 물질세계를 혐오스러운 것으로, 진정한 내적 영성의 방해물로 여겼다. 이 그룹들은 자신의 몸을 포함한 창조세계가 사탄적이고 제한하고 속박하는 것이라고 말했다. 이와 대조적으로 기독교는 모든 창조세계가 진정으로 선한 것임을 단호히 긍정한다. 왜냐하면 그것은 모두 하나님이 만들었기 때문이다. 악은 창조된 것이 아니다. 그것은 하나님께서 만드신 선의 왜곡이자 결핍이다. 마치 어둠이 빛의 부재인 것처럼 말이다. 한 신학자의 말처럼, 그리스도인들이 **마르키온주의**와 영지주의에 반대하여 하나님이 천지를 창조한 분이라고 고백할 때, 그것은 교회가 물질적 우주 전체를 긍정하는 것이다.[1]

버지가 그들의 필요를 충족시켜줄 것이기 때문이다(12:22-34).

이런 경고와 격려는 예수가 세상을 두 집단, 즉 예수를 믿는 자들과 믿지 않는 자들로 나눌 칼로서 온 것임을 보여준다(12:49-53). 중간 지대는 없다. 🔊 📖

인간의 가치관 뒤집기

■ 누가복음 14:1-19:27을 읽으라 ■

예수는 예루살렘을 향한 남쪽으로의 긴 여정을 계속하고, 누가는 예수가 길을 가면서 사람들과 나눈 흥미로운 교제를 기록한다. 독자들에게 예수의 기적적인 능력을 상기시키는 몇몇 이야기가 있지만(14:1-4; 17:11-19; 18:35-43), 대부분의 이야기는 다른 종류의 경이로움에 초점을 맞춘다. 비유와 행동을 통해 예수는 반복적으로 하나님 나라가 인간의 통치와 매우 다르게 보일 것임을 입증한다.

하나님 나라의 가치관에는 어떤 차이점이 있는가? 그 첫 번째 차이점은 부(富)다. 부자와 나사로의 운명이 크게 뒤바뀌었다는 이야기(16:19-31)는 듣는 모든 사람에게 충격을 주며 돈에 대한 우리의 사랑과 가난한 사람들을 돌보지 않고 방치하는 우리의 태만함에 도전을 준다. 예수는 상류층 유대교 지도자와 대화할 때 이 주제로 다시 돌아가며, 그에게 모든 재산을 포기하고 제자가 되라고 말씀한다. 그 사람이 기쁨이 아닌 슬픈 기색을 보이며 대답할 때, 예수는 부를 소유하는 것이 하나님 나라에 들어가는 것을 극도로 어렵게 만든다고 선언함으로써 모든 사람을 놀라게 한다. 오히려 진정한 부자들은 예수의 제자가 되기 위해 그들이 반드시 포기해야 하는 것들이 무엇이든 그것을 포기한 사람들이다(18:18-30). 이런 인간 가치의 대격변은 이 단락의 절정이 되는 중요한 이야기와 비유에 뚜렷이 나타난다. 이 이야기는 평판이 좋지 않은 세리 삭개오의 회개와 구원에 대해

🔷 수용사

개인의 소유 팔기

누가복음은 가난과 부에 대한 강조에 덧붙여 예수의 제자가 되기 위해 자신의 소유를 팔아야 할 필요성에 대해서도 급진적인 발언을 한다. 하나는 부유한 지도자에게 한 발언이고(18:22), 다른 두 가지는 더 일반적인 진술이다(12:33; 14:33). 수도원 전통은 문자 그대로 이 명령들을 따르는 실례를 제공하지만, 대부분의 그리스도인은 이 구절들을 그런 식으로 해석하지 않았다. 우리는 신약성경에서 부유한 그리스도인이 많이 있었음을 본다. 그들 가운데 일부는 교회를 돕기 위해 그들이 가진 소유 중 일부를 팔았지만, 여전히 집과 사업체를 소유하고 있으면서도 하나님의 심판을 받지 않은 자들이 있었다(행 4:36-37; 10:1-2; 16:13-15). 교회의 초기 몇 세기 동안의 설교와 주석도 같은 해석을 보여준다. 오리게네스, 크리소스토모스, 푸아티에의 힐라리우스, 알렉산드리아의 클레멘스 등 다양한 설교자들은 모두 이런 말씀을 자진해서 물리적 가난에 처하라는 요구가 아니라, 탐욕과 자기 의존에 빠져 있지 않은지 우리의 마음을 살피라는 도전으로 해석한다. 돈과 재산은 우리가 반드시 저항해야 하는 타락한 힘을 갖고 있다. 이것에 저항하는 한 가지 방법은 넉넉한 기부를 실천하는 것이다. 어떤 사람들에게 이것은 모든 것을 포기하는 것을 의미할 수도 있다. 그러나 모든 면에서 예수의 가르침은 마음의 자세를 겨냥한다.

🔷 문학적 문제

축사하고 떡을 떼다

위대한 이야기꾼들은 종종 언어의 빵 조각을 길 위에 띄엄띄엄 떨어뜨려놓고 관찰력 있는 독자들이 그 조각들을 보고 그들 사이에 깊은 상호 연관성이 있으며 조각들이 놓인 그 길이 어딘가 아름다운 곳으로 통한다는 것을 깨닫게 만든다. 누가복음에서 예수가 세 차례 떡을 손에 들고 축사하고 떼어서 나누어 주는 경우가 바로 이것에 해당한다. 첫 번째는 9:16의 광야에서 오천 명을 먹인 사건이다. 그 후 22:19의 최후의 만찬에서도 똑같은 순서가 반복된다. 마지막으로 예수가 엠마오에서 그의 제자들에게 자신을 드러낼 때도 동일한 반복을 볼 수 있다(24:30). 이 사건들은 각각 신학적으로 매우 큰 중요성을 지닌다. 누가는 정확한 단어 순서를 반복함으로써, 자기 백성을 속량하기 위해 자신을 계시하는 하나님에 관한 세 가지 이야기가 어떤 연관성을 가지고 있는지 생각해볼 것을 권면한다. 이것은 누가의 두 번째 책인 사도행전의 배경이 되기도 하는데, 여기서 그는 교회가 떡을 떼고 함께 나누는 관행을 계속하고 있음을 보여준다(행 2:42-46; 20:7-11; 27:35-36).

자세히 다루고 있다. 이 부유한 사람이 예수를 보자 부에 대한 그의 사랑과 열정이 더 이상 그를 통제하지 못한다. 그 결과 그는 그가 소유한 모든 것의 절반을 가난한 사람들에게 나누어주고 그의 부당한 행위에 의해 피해를 입은 자(아마도 대부분의 사람들!)에게는 네 배의 보상을 한다. 예수는 이런 그의 반응을 잃어버린 자가 구원받는 증거라고 설명한다(19:1-10). 예루살렘으로 가는 예수의 여정을 마무리 짓는 비유 역시 사람들이 그들에게 주어진 것과 부에 어떻게 반응하는가에 초점을 맞춘다. 그들이 받은 재물과 재능으로 하나님을 공경하는 사람은 많은 것을 받고, 그렇지 않은 사람은 공정한 심판을 받는다는 것이 하나님의 답변이다(19:11-27). 예수는 이 모든 것을 아주 간단하게 설명하는데, 이는 두 주인, 즉 하나님과 돈을 함께 섬길 수 없다는 것이다(16:13).

부에 대한 인간의 집착에 도전을 주는 것 외에도 예수는 하나님 나라에서 가장 가치 있게 평가되는 사람들이 흔히 인간 사회에서 가치 있게 평가되는 사람들과 정반대의 사람들임을 보여준다. 이것은 부자와 나사로, 삭개오의 이야기에서 볼 수 있듯이, 흔히 부에 관한 이야기와 중복되지만, 항상 그런 것은 아니다. 예수는 사회의 비천하고 초라한 사람들을 겸허히 축복하려고 하기보다 개인의 명예를 높이려는 인간의 성향에 대항하기 위해 만찬석에 앉아 있는 예를 사용한다(14:7-14). 어떤 사람들은 인간이 평가하는 지위와 상반되게 예수에게 크게 높임을 받는다. 여기에는 하나님을 믿는 믿음으로 끈질기게 기도하는 과부(18:1-8), 겸손과 회개를 통해 하나님과의 관계를 인정받은 세리(18:9-14), 하나님 나라에 들어가는 것이 무엇을 의미하는지를 본보기로 보여주는 어린아이들(18:15-17), 하나님을 만나러 온 맹인 거지(18:35-42) 등이 포함된다.

또한 예수는 이 이야기들을 통해 하나님이 잃어버린 자들을 정죄하는

신약성경을 기독교 경전으로 읽기

것이 아니라 구원하고 회복시키기 원한다는 것을 보여준다. 이 주제는 명예와 수치라는 주제와 밀접한 연관이 있다. 삭개오(19:1-10), 열 명의 나병환자(17:11-19), 그리고 세리(18:9-14)의 이야기가 모두 이것을 보여준다. 15:1-32의 비유 시리즈는 심판 대신에 기쁨의 회복이라는 이 주제를 가장 분명하게 보여준다. 하나님은 잃어버린 양(15:3-7), 잃어버린 은화(15:8-10), 잃어버린 아들(15:11-24)을 지금 발견한 것에 매우 기뻐하는 것으로 나타난다. 문제는 사람들—특히 외적인 순종을 중요시하는 종교인들—이 이런 일에서 종종 하나님의 기쁨을 공유하지 않는다는 것이다. 이 점을 강조하기 위해 예수는 잃어버린 아들의 비유에 또 하나의 이야기를 추가한다. 그것은 잃어버린 아들이 회복된 것을 기뻐하기를 거부하는 형의 이야기다(15:25-32). 이것은 한 개인이 하나님이 사랑하고 기뻐하는 것을 향해 자신의 가치를 재정립하도록 도전하고 초대하는 역할을 한다.

예수가 생의 마지막 주를 보내기 위해 예루살렘에 가까이 오면서, 그와 종교 지도자들 간의 갈등이 커진다. 누가는 우리에게 이 갈등이 서로 다른 가치관과 사랑에 뿌리를 두고 있음을 보여준다. 이는 16:14-15에 잘 요약되어 있다. "바리새인들은 돈을 좋아하는 자라. 이 모든 것을 듣고 비웃거늘 예수께서 이르시되 '너희는 사람 앞에서 스스로 옳다 하는 자이나 너희 마음을 하나님께서 아시나니 사람 중에 높임을 받는 그것은 하나님 앞에 미움을 받는 것이니라.'" 📖😊👍

권위 있는 메시아

■ 누가복음 19:28-21:38을 읽으라 ■

이제 예수의 사역의 마지막 단계에 이르게 되었다. 모든 일은 예루살렘에서 일어나는데, 이는 우연이 아니다. 예루살렘은 이스라엘의 가장 위대한

세 개의 비유가 한 세트로 구성된 누가복음 15장

누가복음에서 가장 유명한 부분 중 하나는 탕자의 비유다(15:11-32). 이는 하나님이 방탕한 아들을 은혜로 맞아주는 아름답고 강력한 이야기다. 하지만 이 유명한 비유를 완전히 이해하고 감상하기 위해 우리는 누가가 문학적 맥락에서 이 비유를 어떻게 배치했는지 주목할 필요가 있다. 탕자 또는 잃어버린 아들에 대한 이 이야기는 사실 세 개의 서로 연결된 비유 시리즈 안에서 절정에 해당하지만, 그 결말은 열려 있다. 세 개의 비유로 이루어진 이 세트는 예수가 죄인들을 환영하고 그들과 식사하는 것에 대해 바리새인들이 불평하는 모습과 함께 소개된다(15:2). 예수는 점점 더 강력해지는 세 가지 이야기로 그들에게 답한다. 그 이야기들은 잃어버린 것을 찾았을 때 기뻐하시는 하나님을 묘사하는데, 각각 백 마리의 양 중 한 마리, 열 개의 은화 중 하나, 두 아들 중 하나를 찾았을 때 기뻐하는 분으로 하나님을 묘사한다. 이것은 마지막 비유의 전체적인 요점에 결정적인 영향을 미친다. 세 비유는 모두 같은 구조를 가지고 있지만(귀중한 물건을 잃어버리고, 그 후 그것을 찾고, 그다음에 그것을 찾은 사람이 기뻐함), 세 번째 비유는 아버지가 잃어버린 아들을 너그럽고 기쁘게 받아주는 것에 대해 형이 투덜대며 불평하는 추가된 반전이 있다. 여기서는 이야기의 구조에 추가된 이 부분이 중요한 핵심이 된다. 바리새인들은 탕자의 형이고, 깨어지고 망가진 죄 많은 사람들을 예수가 사랑으로 받아주는 것에 대해 불평하며, 그 결과 스스로 하나님과 대립하게 된다.

왕인 다윗 시대부터 이스라엘 신앙의 중심이었다. 성전이 그곳에 지어졌고, 오늘날까지 유대인들은 그들의 거룩한 성을 순례한다. 예루살렘과 그 성전은 다윗의 자손인 메시아의 귀환을 여전히 고대하고 있는 모든 유대인에게 미래 희망의 중심이기도 하다.

자신이 진정한 메시아임을 알고 있는 예수는 일부러 목적을 갖고 예루살렘에 도착하여 하나님 아버지가 그에게 맡긴 사명을 완수할 준비를 했다. 그의 예루살렘 입성은 의도적이며 상징적이다. 그는 나귀를 타고 예루살렘 문을 통과하여 올라가고자 한다. 예수가 성으로 들어갈 때 그의 제자들, 그리고 그의 가르침과 치유를 경험한 군중과 그를 약속된 왕으로 믿는 많은 무리는 자발적인 경배의 목소리를 외치지 않을 수 없다. 그들은 자신들의 겉옷을 예수가 지나가는 길 위에 깔고, 왕의 귀환이라는 놀라운 복을 허락한 하나님을 소리 높여 찬양한다(19:28-38).

오늘날까지 교회가 종려주일로 기념하고 있는 이 승리에 찬 입성은 왕이신 예수의 영광을 묘사한다. 그러나 또한 이 사건은, 비록 예수가 그의 백성을 구하고 그들의 왕으로 통치하기 위해 이 땅에 왔지만, 그 당시 가장 신앙심이 깊은 유대인 중 많은 사람이 기뻐하지 않았다는 슬픈 아이러니를 드러낸다. 그들은 오히려 불쾌해했고 분노했다. 그들은 백성들이 찬양하는 함성을 듣고 예수에게 그의 제자들을 꾸짖어 이 부적절한 상황을 멈추게 하라고 명령한다(19:39). 예수는 그의 제자들이 잠잠하면 돌들이 찬양할 것이라고 답하는데(19:40), 이는 그들의 행위가

⚖ 역사적 문제

키 작은 삭개오와 고대의 관상학

삭개오 이야기(19:1-10)는 오랫동안 교회학교 교육과정에서 주요 내용이 되어왔다. 수많은 아이들이 예수를 보려고 뽕나무 위에 올라가 "아주 작은 이 사람"에 대한 이야기와 노래를 알고 있다. 그러나 믿음으로 응답하는 악명 높고 죄 많은 사람을 예수가 환대하고 구원해준다는 누가복음의 강조점은 어른들에게도 잘 맞는 놀라운 이야기다.

그러나 현대 독자들은 예수가 이 이야기를 통해 문화적 가치관을 철저하게 뒤집고 있는 또 하나의 방법이 있다는 것을 인식하지 못할 것이다. 이것은 삭개오의 키와 관상학에 대한 고대의 이해에 초점을 맞춘 것이다. **관상학**은 신체적 특징에 기초하여 한 사람의 성격을 판단하는 그리스-로마 문화의 관습이었다. 이 시기에 키가 작은 것은 전형적으로 패기가 부족한 것과 연관이 있었으며, 심지어 탐욕과도 관련이 있었는데, 이는 부유한 세리인 삭개오의 역할과 일치한다. 누가는 삭개오가 단신인 것을 강조하고 예수가 이 사람을 진심으로 환영하고 구원하는 모습을 보여줌으로써 예수가 사회적·문화적 규범을 어떻게 뒤엎는지와 하나님의 급진적이고 예상치 못한 은혜를 강조한다.[2]

⚖ 정경적 연관성

예수의 변용

누가복음 9:28-36은 복음서에서 가장 중요하면서도 종종 도외시되는 이야기 중 하나인 예수의 변용을 기록한다(마 17:1-8; 막 9:2-8에서도 발견된다). 예루살렘으로 가는 마지막 여정과 임박한 십자가 처형을 앞두고, 예수는 기도하기 위해 가장 가까운 제자들(베드로, 야고보, 요한)을 데리고 높은 산 중턱으로 간다. 성경에서 산은 종종 사람들이 하나님의 환상을 보는 곳이다. 이 경우에 제자들은 하나님의 음성을 듣고, 영광 가운데 빛나는 예수의 모습을 환상으로 본다. 하지만 그는 혼자가 아니었다. 그는 유대교 성경에서 가장 중요한 두 지도자인 모세 및 엘리야(율법과 예언자를 대표함)와 대화하고 있다.

이 이야기는 여러모로 흥미롭다. 하나는 예수가 모세 및 엘리야와 어떤 이야기를 나누었을까라는

질문이다. 누가복음은, 비록 번역에서 그 의미를 다소 잃어버렸지만, 우리에게 그것이 무엇인지를 밝히고 있다. 31절은 그들이 "장차 예수께서 예루살렘에서 별세하실 것"(개역개정)에 대해 이야기하고 있었다고 말한다. 이 정도면 충분한 번역이긴 하지만, 이것은 누가가 그리스어 본문에서 사용한 언어유희를 제대로 전달하지 못한다. "별세"(departure)라고 번역된 이 단어는 그리스어 exodos로, 모세를 통해 이스라엘을 이집트의 노예생활에서 구해낸 하나님의 구원 사역을 묘사하는 데 사용된 동일한 단어이다(구약성경의 두 번째 책의 제목에서도 이 단어가 사용된다). 성경의 전체 줄거리를 이해하는 자들에게 누가는 우리가 예수의 사역을 예루살렘을 중심으로 시작된, 하나님의 백성을 구원하는 사역으로 이해해야 한다는 점을 일깨워준다.

누가복음에서 제물로 바쳐진 제사장 예수

초기 그리스도인들은 각 복음서가 예수의 정체성의 특정 측면을 강조한다고 인식했다. 이것은 흔히 사복음서의 저자들을 대표하는 네 개의 상징으로 표현되며(5장을 보라), 누가는 전통적으로 소의 이미지와 연관된다. 이 연관성은 의미가 있는데, 왜냐하면 소는 예루살렘 성전에서 요구되는 희생제물을 상징하기 때문이다. 이는 누가가 예수의 사역의 중심지로서 예루살렘을 매우 강조한다는 것을 표현한다. 교부들은 "예루살렘과 희생제물로 바쳐진 소"라는 주제가 독자들이 진정한 최후의 제사장인 예수의 역할을 이해하도록 돕는다고 생각했다. 누가복음은 제사장 사가랴가 예루살렘에서 성전 제사를 드리는 임무를 수행하는 것으로 이야기를 시작하고, 바로 그곳에서 예수가 자신을 제물로 바치는 것으로 끝을 맺는다. 마지막 장면에서 예수는 진정한 제사장의 모습으로 하늘로 승천할 때 그의 손을 들고 그곳에 모인 그의 제자들을 축복하며, 제자들은 하나님을 찬양하며 성전으로 돌아간다(24:50-53; 참조. 레 9:22). 하나님의 대제사장으로서 예수의 역할은 히브리서(히 4:14-10:18)에서 폭넓게 전개되는데, 이는 복음서들의 내러티브 묘사에 기초한다.

옳고 합당하다는 뜻이다. 즉 그는 약속된 다윗의 자손이다!

왕이 백성들에게 거부당한 이 이야기는 예수가 그의 눈에서 레이저를 쏘거나 적들을 조롱하는 것이 아니라 오히려 눈물을 흘리는 것으로 끝난다. 그는 백성들의 반역으로 인해 멸망할 다윗성을 큰 긍휼의 마음으로 바라본다. 유대교 지도자들이 하나님이 친히 예수를 통해 이 땅에 온다는 것을 깨닫지 못했기 때문에, 그 성 자체가 멸망할 것이다(19:41-44). 🔵

하지만 이것은 아직 미래의 일이다. 현재 예수는 죽임을 당하기 전 마지막 장소인 예루살렘에 있는데, 이곳은 그가 정당하게 왕으로 즉위해야 할 장소다. 이 논쟁거리가 된 예루살렘 입성 후에, 예수는 그의 시간과 가르침을 모두 성전에 집중시키는데, 그곳은 하늘이 땅과 입을 맞추고 하나님이 그의 백성들과 함께 거하는 장소다. 누가는 19:45부터 21:38까지 며칠에 걸쳐 일어난 행동과 말씀을 기록한다. 예수의 습관은 매일 아침 일찍 성전이 있는 곳으로 가서 군중을 향해 말씀을 선포하고 매일 밤 그곳에서 떠나 감람산이라고 불리는 언덕으로 가는 것이었다(19:47; 21:37-38). 이렇게 길고 긴장이 감도는 날들 동안에 예수는 무슨 말씀을 하고 무엇을 행했는가?

왕이신 예수의 첫 번째 행동은 충격적이다. 예수는 궁궐에서 정치적 권력을 장악하는 왕의 역할을 하기보다는 제사장과 예언자의 소명을 다한다. 그는 제사장들이 하나님의 백성을 대신하여 매일 제사를 드리는 유대교 예배의 중심지로 가서 그들의 권위에 도전한다. 예수는 가장 역동적인 구약성경의 예언자 중 누구와도 견줄 수 없는 열정으로, 장사하는 자들을 내쫓고 성전이 부패했음을 선언하며 그곳에서 기도가 아닌 도둑질이 자행되고 있다고 말한다(19:45-46).

당연히 예루살렘의 기득권을 가진 지도자들과의 갈등이 폭발한다. 군중은 이 열정적인 선생에게 매료되었지만, 제사장, 율법교사, 그리고 예루살렘 지도부는 즉시 이 문제의 인물을 죽여야 한다는 것을 알고 있었다(19:47-48). 우선 그들은 그의 권위의 출처에 대해 의문을 제기하지만, 그는 이 문제에서 그들을 난처하게 만든다(20:1-8). 그다음에 예수는 자신이 하나님 나라의 신실한 후계자이고, 유대교 지도자들은 권력 찬탈자임을 보여주는 예리한 비유로 선제공격을 가한다(20:1-18). 그들은, 다른 난해한 비유들과 달리, 예수가 그들을 반대하여 이 비유를 말한 것임을 잘 알고 있었다. 따라서 이는 그들의 분노를 자극했고 그들이 예수를 침묵시키기 위해 더욱 큰 결심을 하도록 만들었다(20:19).

격분한 지도자들은 그 후 다른 전략을 시도하는데, 그것은 예수 자신이 말한 것으로써 그를 함정에 빠뜨리는 것이었다. 우

그림 8.4. 그리스도의 수난 장면이 담긴 두 폭 제단화(diptych)에 묘사된, 예수의 예루살렘 입성 장면(1350-75년경)

The Metropolitan Museum of Art. Rogers Fund, 1950.

선 그들은 세금을 내는 문제에 대해 로마의 권력자나 유대교 보수주의자들이 분노하여 문제를 일으키게 만들려고 그에게 교묘한 덫을 놓는다(20:20-26). 예수는 훌륭한 답변으로 그들을 놀라게 한다(20:24-25). 그들은 곤란한 신학적 질문을 통해 예수를 공격했지만 그것 역시 성공하지 못했다. 부활 시 결혼의 문제를 놓고 유대교의 두 집단 사이에서 예수를 함정에 빠뜨리려는 시도도 있었지만 이 또한 유감스럽게도 실패로 돌아간다(20:27-40).

다시 한번 예수는 공세에 나서 지도자들에게 다윗과 야웨 사이의 신적인 중재자의 신비에 초점을 맞춘 신학적 딜레마를 제기하며, 자신이 그 해답인 다윗의 주라고 말한다(20:41-44). 그들은 이것에 대해 답변하지 못하고, 예수는 겸손한 진리보다는 칭찬과 영광을 추구하고 존경받는 율법 교사들을 경계해야 한다고 무서운 경고를 한다. 그들에게는 오직 심판이 기다릴 뿐이다(20:45-47). 이와 대조적으로 예수는 칭찬을 구하지 않고 온 마음을 다해 주님께 겸손히 드리는 비천한 과부를 칭찬한다(21:1-4). 예수는 이런 부류의 사람을 칭찬한다.

예수가 날마다 성전에서 가르친 나머지 부분은 현재가 아닌 미래의 한 시점에 초점을 맞추고 있는데, 이 시점은 하나님이 이스라엘 예배의 중심인 성전을 이끌고 통제하는 사람들의 불의한 행동과 태도에 대해 강한 심판을 내릴 때다. 장차 다가올 심판에 대한 예수의 가르침을 듣는 것은 유쾌한 일이 아니다. 아름다움은 파괴될 것이고, 평화는 전쟁이 될 것이다. 예루살렘의 백성과 그 장소는 짓밟히고 더럽혀질 것이다(21:5-27). 그러나 이런 암울함 속에서도 예수는 그의 제자들에게 다음과 같은 희망을 준다. 즉 이런 일들은 구원이 점점 더 가까워지고 있으며(21:28), 이제 하나님 나라가 온전히 가까이 왔음을 보여주는 증거라고 말이다(21:31). 그러므로 이런 심판의 이미지들에 대한 적절한 반응은 절망이 아니라, 경계를 늦추

지 말고 깨어 예수의 재림을 고
대하는 것이다(21:34-36).

예루살렘의 심장부에서 종
교 지도자들과 매일 이런 갈등
을 겪으면서, 예수는 죽음에 내
몰린다. 그는 왕으로서 그리고
의도적으로 목적을 갖고 하나님
의 예언자 역할을 완수했다. 그
결과가 그 자신의 죽음이라는
것을 알면서도 말이다. 🔲

십자가에 못박힌 왕의 성취

■ 누가복음 22:1-23:56을 읽으라 ■

지금까지 누가의 이야기에는 암
울한 예감이 감도는 순간들―고

🔲 수용사

초기 교회에서 그리스도를 부인하는 일

처음 몇 세기 동안 교회가 겪은 극심한 박해 속에서
누군가가 예수를 부인했다가 다시 그와의 교제를 회
복하는 문제는 열띤 논쟁을 일으켰다. 이는 특히 누
구든지 예수를 부인하는 사람은 하나님 앞에서 부
인당할 것이라는 예수 자신의 말씀 때문이었다(마
10:33; 눅 12:9). 특히 **노바티아누스파**와 **도나투스
파**는 예수를 부인한 사람을 용서하지 않는 "순결한"
교회의 엄격한 견해에 찬성하는 주장을 펼쳤다. 그
러나 시간이 흐르면서 히에로니무스와 아우구스티
누스 등 영향력 있는 신학자들을 비롯한 교회 지도
자들은 박해받는 가운데 예수를 부인하는 것은 용
서받을 수 없는 성령 모독죄가 아니라 용서받을 수
있는 죄라고 강력하게 주장했다(마 12:31-32; 눅
12:10). 궁극적으로 이 논쟁에서 승리한 주장은 베
드로의 부인에 대한 이야기였다(눅 22:54-62). 제
자들의 우두머리이자 초기 교회의 지도자인 베드로
는 실패했으며 예수와의 관계를 부인했다. 그러나
베드로는 가룟 유다와 달리 회개했기 때문에, 예수
가 그를 다시 회복시켰다(요 21:15-23). 베드로는
박해 속에서 실패한 후에도 회복될 수 있는 자들의
모델이 된다. 아우구스티누스의 주장대로 이 회복을
부정하는 것은 병자에게서 약을 빼앗는 것이며, 예
수의 자비로운 본성에도 부합하지 않는다.

난에 대한 예언과 심판에 대한 사전 경고―이 포함되어 있었다. 하지만 여
기서 그 이야기는 가장 암울하게 변한다. 이 "결정적인" 단락은 예수가 그
의 가장 가까운 열두 명의 동료 중 한 명에게 배신당하는 것으로 시작해서
(22:1-6), 멍들고 피투성이가 되어 죽은 후, 그의 시신을 세마포로 싸서 향
료로 덮은 뒤 돌무덤에 봉인하는 것으로 끝난다(23:50-56). 이것은 역사상
가장 중대한 24시간이었다.

이런 사건들 전체에 반복되는 주제는 하나님 나라에 초점을 맞추고 있
다. 우리는 이것을 예수와 열두 제자의 최후의 만찬 이야기에서 처음으로
볼 수 있다. 누가는 주로 마태나 마가에 비해 자세한 내용들을 설명하지 않

지만, 제자들과 보낸 마지막 밤에 예수가 한 말씀에 대해서는 다소 긴 설명을 제공한다. 예수는 유대인의 큰 명절인 유월절을 혈연으로 맺어진 자기 가족이 아닌 선택받은 믿음의 가족과 함께 기념하기로 결정하고, 이 식사의 의미를 확대함으로써 그것의 중요성을 한층 더 심화시킨다. 이스라엘이 이집트에서 탈출한 과거의 기억을 기념하는 이 식사는 장차 도래할 하나님 나라를 내다보고 고대하는 기념식이 된다. 예수는 고난의 어둠이 닥치기 전에 제자들과 함께 이 잔치를 기념하고 싶다는 열망을 친히 열정적으로 말하는데, 이는 "이 유월절이 하나님의 나라에서 이루기까지"(22:16), "하나님의 나라가 임할 때까지"(22:18) 그들과 함께 이 음식을 다시 먹지 않을 것이기 때문이다. 제자들이 (아마도 장차 도래할 하나님 나라를 생각하면서) 누가 가장 크냐는 문제를 놓고 그들끼리 다투기 시작할 때, 예수는 종과 비천한 자가 큰 지위를 갖게 될 것이라고 말함으로써 하나님 나라와 인간의 나라를 대조한다(22:24-27). 아버지께서 예수에게 그의 나라를 다스리도록 명하신 것처럼 예수도 그의 제자들을 세워 그들이 그와 함께 먹고 마시며 온 이스라엘을 다스리게 할 것이라는 놀라운 말씀으로 하나님 나라에 관한 말씀을 계속한다(22:28-30).

그림 8.5. 레오나르도 다빈치(Leonardo da Vinci), "최후의 만찬." 다빈치의 유명한 이 그림은 1세기 팔레스타인 지역의 만찬이 어떠했는지를 나타내기 위한 것이 아니라, 다빈치가 살던 당대의 식사 장면을 묘사한 것이다. 1세기에 식사하는 사람들은 낮은 탁자 주변의 바닥에서 베개에 비스듬히 기대어 식사했을 것이다.

왕이신 예수라는 주제가 나머지 이야기 전체에서 계속된다. 예수는 배신당하고 체포되었을 때 그 지역의 통치자들 앞에 서야 했는데, 먼저 유대교 지도자들, 그다음에는 로마 총독 빌라도, 그다음에는 헤롯 왕 앞에 서야 했다. 각각의 경우에 메시아/왕으로서 예수의 정체성에 관한 논쟁이 그 중심에 있었다. 대제사장들은 예수에게 자신을 메시아라고 생각하는지에 대해 분명히 할 것을 요구하고, 예수는 이에 대해 그렇다고 답한다. 그는 하나님의 우편에 앉아 있는 아들이다(22:66-71). 제사장들은 이것을 로마 군인들이 그를 체포할 수 있는 기회로 이용한다. 빌라도는 예수에게 그가 유대인의 왕이냐고 묻고, 예수는 다시 그렇다고 답한다(23:1-3). 그 후 예수가 헤롯 앞에 끌려갈 때, 호위병들은 예수가 왕이라고 주장하는 것을 비웃으며 멋진 옷을 그에게 입힌다(23:11). 예수는 마침내 십자가에 못박힌다. 모든 사람이 볼 수 있도록 "이는 유대인의 왕"이라고 쓴 패를 붙인 채로 말이다(23:38). 유대인과 로마인을 포함한 구경꾼들은 그를 조롱하며, 그

최후의 만찬과 유월절 하가다

매년 유대인들은 유월절 기념행사를 통해 하나님이 그들을 이집트에서 구해낸 것을 기념한다. 하나님이 제정하시고 전승을 통해 발전한 이 제의적 만찬은 의식을 위한 손 씻기, 질의와 응답, 쓴 나물, 달콤한 포도주, 누룩을 넣지 않은 빵과 같은 촉각 및 음식의 경험으로 완성된 출애굽의 이야기를 다시 들려준다. 이러한 예전적 말씀과 더불어 진행되는 이 기념 식사는 유월절 하가다(또는 이야기)로 불리게 되었다. 예수는 마지막 예루살렘 방문과 최후의 만찬을 위해 그가 선택할 수 있었던 모든 명절 가운데 유월절을 선택했다. 그러므로 그리스도인들에게 이것은 유월절에 지속적인 의미를 부여하는 한편, 그것을 주의 만찬이라는 기독교적 행사로 변화시킨다. 예수의 최후의 만찬은 유월절 사건을 되돌아보고 그 사건을 기념하는 식사였지만, 그는 이 식사를 계속해서 기념하는 행위를 그가 이 세상에 제시하는 새 언약의 미래를 내다보는 그림으로 만든다.

에게 그가 가진 힘을 보여주고 스스로 구원하라고 도전한다(23:35-37). 예수의 양쪽에 매달린 두 죄인은 모두 왕이신 예수의 역할에 대해 말하는데, 한 사람은 그를 조롱하고(23:39), 다른 사람은 예수가 그의 왕국에 들어갈 때 자신을 기억해달라고 간청한다(23:40-42). 마지막으로 예수의 시신을 십자가에서 옮겨 왕이신 그에게 합당한 장례를 치르려고 준비할 때, 우리는 이것이 아리마대 요셉의 힘과 영향력을 통해 이루어졌음을 알게 된다. 그는 "하나님의 나라를 기다리는", 예수를 믿는 신자였다(23:51). 이 24시간의 암울한 이야기는 예수가 십자가에 못박힌 왕이라는 것을 보여준다.

진정으로 보기 위한 여행

■ 누가복음 24:1-53을 읽으라 ■

누가복음의 이 마지막 장은 유일무이하며 독특하다. 우리는 오직 누가의 기록을 통해서만 이 흥미진진한 이야기들을 알게 된다. 이 이야기들은 흥미롭고 유일무이할 뿐만 아니라 매우 중요하기도 하다. 이 마지막 장에서 누가는 그가 이 복음서를 쓴 가장 중요한 이유인 몇 가지 진리를 함께 모아서 천명한다. 구체적으로 이 장은 예수가 하나님의 모든 약속을 성취한 분이며, 성경 전체의 의미를 이해하기 위해서는 반드시 예수를 명확히 보아야 한다는 점을 강조한다. 그 과정에서 독자들은 예수의 부활과 부활 이후의 활동에 관한 가장 완전한 설명 중 하나를 듣게 된다(요 20-21장과 거의 같은 분량임). 🔟

어둡고 충격적이었던 누가복음 22-23장에 비해 누가복음 24장은 생동감이 넘친다. 누가복음은 예수가 죽은 자 가운데서 부활한 순간을 기록한 것이 아니라, 역사의 이 놀라운 순간에 발생한 사건의 결과로 일어난 일을 기록한다.

첫째, 예수가 죽은 지 사흘째 되는 날에, 여성 제자들 가운데 몇 사람이 예수를 장사 지낸 장소로 간다(여성 제자들은 남성 제자들보다 더 일

관되게 믿은 것으로 보인다). 그들은 봉인된 동굴이 아닌 열려 있는 텅 빈 무덤을 발견하고 충격을 받는다. 그들은 예수가 이제 살아 있는 자 가운데 계신다고 선포하는 두 천사를 만난다. 이 신실한 여성들은 예루살렘에 머물러 있는 사도들에게 이 소식을 전한다(24:1-12).

둘째, 같은 날 예수의 제자 중 두 사람이 예루살렘에서 엠마오까지 약 11킬로미터의 길을 걷고 있었다(24:13). 부활한 예수는 그들을 따라잡아 그들과 함께 걸었고, 자신의 정체를 밝히지 않은 채 그들과 대화한다. 자신의 정체를 감춘 예수는 최근 사건들에 대해 모르는 사람처럼 접근하지

그림 8.6. 「드로고 전례서」(Drogo Sacramentary, 850년경)는 채색된 필사본으로, 그리스도의 승천을 묘사한 이 그림을 포함하고 있다.

만, 곧 선생이 되어 그들을 가르치기 시작한다. 그는 "모세와 모든 선지자"의 글이 하나님이 약속한 메시아를 가리키고 있기 때문에 **만약** 그 글을 올바르게 이해한다면 이 모든 사건을 온전히 이해할 수 있다고 설명한다(24:25-27). 그 후 예수가 아름답고도 상징적인 행동으로 그들과 함께 먹기 위해 떡을 뗄 때, 하나님이 갑자기 그들의 눈을 열어 이 사람이 단지 동료 신자가 아니라 부활한 예수임을 깨닫게 한다!(24:30-31) 예수는 사라지고, 이 제자들은 예루살렘에 있는 열한 사도에게 달려가 무슨 일이 있었는지 보고한다.

셋째, 이 두 사건 후에 예수는 예루살렘에 모인 사도들과 제자들에게 나타났다. 당연히 그들은 충격을 받고 자신들이 보고 있는 것을 의심한다. 예수는 그들에게 "너희에게 평강이 있을지어다"라고 자비롭게 말씀한다. 그들의 두려움이 충분히 진정되지 않자, 예수는 구운 생선 한 토막을 먹는다(24:36-43). 그는 자신의 정체와 육체적 존재를 확인시킨 후, 그에게 일어난 모든 일이 과거에 하나님이 말씀하고 행한 모든 약속의 성취임을 놀란 신자들에게 다시 한번 설명한다. 결과적으로 그는 그들에게 자기의 증인으로서, 그리고 회개와 죄 사함을 선포하는 자로서 모든 민족에게 갈 것을 명령한다(24:44-49).

이 장은 누가의 두 번째 책인 사도행전을 강하게 예시하고 기대하면

신약성경을 기독교 경전으로 읽기

서 끝을 맺는다. 예수는 제자들에게 사도행전 2장의 오순절 성령이 임할 것을 예견하면서 하늘에서부터 오는 능력을 받을 때까지 예루살렘에 머물러 있으라고 말한다. 그 후 예수는 육신의 몸을 입고 그들과 함께 있는 동안 그들을 마지막으로 축복하고 그들의 눈앞에서 그곳을 떠나 하늘로 올라간다. 이 길고 파란만장한 복음서는 예수의 추종자들이 예수께 경배하고 크게 기뻐하며 그의 증인이 되기 위해 예루살렘으로 향하면서 끝을 맺는다 (24:48-53).

기독교 신학에서 누가복음 24장의 중요성을 과소평가하기는 어려울 것이다. 누가복음의 강력한 결론은 예수의 육체적 부활의 중요성, 사람들이 성경 말씀 전체의 진리를 이해할 수 있도록 하나님 자신을 계시해야 할 필요성, 그리고 온 세상을 향해 하나님의 은혜를 증언하는 기쁨에 찬 증인으로서 그리스도인의 역할을 강조한다. 🔘🔘

🔵 정경적 연관성

누가복음, 고린도전서 15장, 부활의 몸

고린도전서 1장의 끝부분에서 사도 바울은 부활한 몸과 인간의 죽음 이후의 육체적 삶이라는 신비스러운 실재에 대해 다룬다(고전 15:1-58). 그는 먼저 예수가 육체적으로 죽음에서 부활하지 않았다면 기독교 전체가 거짓이고 헛되며 어리석은 것이라고 선언한다(15:12-19). 이는 다음과 같은 의문을 제기한다. 이 부활한 몸은 어떤 모습일까? 바울은 그것이 실제의 몸이지만, 무언가 다를 것이라고 강력하게 주장한다. 동물마다 다른 종류의 몸을 갖고 있고 천상의 몸과 지상의 몸이 서로 다른 것처럼, 부활한 몸도 다를 것이다. 그것은 단순히 살과 피가 아닌 그 이상일 것이다. 그것은 천상의 몸이고, 불멸의 몸이며, 강하고 영광스러운 몸일 것이다(15:35-49).

예수가 부활한 후 제자들과 교제를 나눈 일에 관한 누가의 이야기는 부활의 몸이 어떤 것인지에 대해 이와 비슷한 신비로운 환상을 보여준다. 예수는 엠마오로 가는 길에서 육체적으로 현존하며, 사람들과 대화를 나누고, 식탁에 앉아 떡을 뗀다. 그러나 또한 그는 즉시 사라질 수 있는 능력이 있다(눅 24:13-35). 그 후 그는 예루살렘에 모인 제자들에게 나타나 자신을 만져보라고 요청하며, 그가 영이 아니라 육체적으로 현존하고 있음을 보게 하고, 결국 그가 음식을 먹을 수 있다는 것도 보여준다(24:36-43). 마침내 그는 그들이 보는 앞에서 하늘로 들려 올라간다(24:50-53). 이 모든 것은 모든 신자에게 약속된 부활의 몸이 육체를 갖고 있는 몸인 동시에 영적으로 새로운 성격의 몸임을 보여주는데, 예수는 신자들의 첫 열매이자 선구자다.

승천 신학

누가복음 24:50-53과 사도행전 1:6-11은 예수의 육체가 이 땅에서 마지막으로 제자들 앞에서 구름 속으로 들려 올라간, 예수의 승천 이야기를 들려준다. 몇몇 다른 본문은 이 승천 사건을 언급하면서 주로 이 사건을 하나님 아버지의 우편에 영광 가운데 앉게 될 예수의 승귀와 연관시킨다(요 20:17; 롬 8:34; 골 3:1; 벧전 3:22).

비록 예수의 승천이 기독교 신학에서 종종 등한시되어왔다고 할지라도, 예수의 육체적인 승천에 대한 교리는 사도신경, 니케아-콘스탄티노플 신경, 아타나시우스 신경을 포함한 범 기독교적 신앙고백 선언문에서 발견된다. 승천 대축일은 비록 오늘날 대부분의 개신교 교회에서는 기념되지 않지만, 로마 가톨릭, 동방 정교회, 성공회 전통에서는 부활절 40일 후에 기념되고 있다.

승천은 많은 이유에서 신학적으로 중요하다. 예수의 승천은 비록 신비한 일이지만, 그의 성육신과 부활이 세상의 우주론을 영원히 바꾸어놓았음을 강조한다. 예수는 영광스러운 몸을 입은 최초의 인간으로서 우리의 이해를 초월하면서도 새로운 창조세계의 시공간을 바라보는 공간적 실재 안에 계신 하나님의 현존 안으로 들어갔다. 동시에 승천은 세상에서 진행 중인 그리스도의 사역에서 중요하다. 그는 하나님 앞에 중재자로서 서 있다(행 7:56; 롬 8:34; 딤전 2:5; 히 7:25; 8:6을 보라). 또한 예수의 교회가 이 세상에서 그의 사역을 수행하는 수단이 되지만, 승천은 예수와 그의 교회 사이의 구분을 강조한다. 하늘에 거하는 예수는 교회의 머리지만, 그의 지상 교회와 동일하지도 않고, 동시에 공존하지도 않는다.

실천과 적용─오늘날 누가복음을 기독교 경전으로 읽기

누가복음은 과거와 현재 그리고 미래를 주목한다. 뒤를 돌아보면서, 누가는 하나님이 예수 그리스도를 통해 유대교 경전의 많은 약속을 모두 성취했음을 강조한다. 미래를 내다보면서, 누가는 그리스도의 부활이 역사의 새로운 시대, 즉 예수가 세상에서 그의 일을 완성하기 위해 다시 올 때를 고대하는 성령의 시대를 열었다고 강조한다. 현재, 누가는 그리스도의 가르침에 신실한 교회를 통해 세상에서 진행 중인 하나님의 사역을 강조한다. 이 현재의 사역은 누가의 두 번째 책인 사도행전에서 시작하여 오늘날까지 계속된다. 누가복음은 그리스도의 제자들이 개인과 사회를 변화시키고자 노력하는 과정에서 그들의 감정, 가치관, 습관을 훈련하는 안내자 역할을 한다. 예수는 사람들을 대안적인 사회/나라에 초대하는데, 그곳에서는 버림받은 사람들, 가난한 사람들, 보잘것없는 사람들이 자신의 가치를 인정받고 심지어 높임을 받는다. 제자가 된다는 것은 세상에 들어가서 이런 존재 방식으로 참여하며 살아가는 것이다.

누가복음의 핵심 구절

- 그 지역에 목자들이 밤에 밖에서 자기 양 떼를 지키더니 주의 사자가 곁에 서고 주의 영광이 그들을 두루 비추매 크게 무서워하는지라. 천사가 이르되 "무서워하지 말라. 보라, 내가 온 백성에게 미칠 큰 기쁨의 좋은 소식을 너희에게 전하노라. 오늘 다윗의 동네에 너희를 위하여 구주가 나셨으니 곧 그리스도 주시니라"(눅 2:8-11).

- 예수께서 그 자라나신 곳 나사렛에 이르사 안식일에 늘 하시던 대로 회당에 들어가사 성경을 읽으려고 서시매 선지자 이사야의 글을 드리거늘 책을 펴서 이렇게 기록된 데를 찾으시니 곧 "주의 성령이 내게 임하셨으니, 이는 가난한 자에게 복음을 전하게 하시려고 내게 기름을 부으시고 나를 보내사 포로 된 자에게 자유를, 눈먼 자에게 다시 보게 함을 전파하며 눌린 자를 자유롭게 하고 주의 은혜의 해를 전파하게 하려 하심이라" 하였더라. 책을 덮어 그 맡은 자에게 주시고 앉으시니 회당에 있는 자들이 다 주목하여 보더라. 이에 예수께서 그들에게 말씀하시되 "이 글이 오늘 너희 귀에 응하였느니라" 하시니(눅 4:16-21).

- 이르시되 "미련하고 선지자들이 말한 모든 것을 마음에 더디 믿는 자들이여, 그리스도가 이런 고난을 받고 자기의 영광에 들어가야 할 것이 아니냐?" 하시고, 이에 모세와 모든 선지자의 글로 시작하여 모든 성경에 쓴 바 자기에 관한 것을 자세히 설명하시니라(눅 24:25-27).

기독교적 읽기를 위한 질문

1. 누가복음 1–2장을 읽고 누가가 전달하고자 하는 주제와 생각들을 메모하라. 그리고 누가복음의 다른 곳에서 이러한 주제들이 나타나는 방식을 주목하라.

2. 누가복음에 등장하는 인물들의 신체를 묘사한 부분을 주목하라. 당신은 예수가 서로 다른 신체적 특징을 지닌 사람들(예. 삭개오)과 소통하는 것이 그의 사역의 목적을 어떻게 드러낸다고 생각하는가?

3. 번역된 가사를 사용하여 요한 제바스티안 바흐의 "마그니피카트"를 들어보라. 그 음악이 누가가 1:46-55에 쓴 "마리아의 찬가"에 부합한다고

생각하는가? 그리고 그것을 듣는 사람으로서 이 음악은 당신에게 어떤 영향을 미치는가?

4. 누가복음 4:16-30을 읽으라. 예수가 자신이 읽은 성경 말씀이 오늘 다 이루어졌다고 말한 것은 무슨 의미인가? 당신은 예수가 여기서 인용한 성경이 나머지 누가복음에서 어떤 반향을 일으킨다고 보는가?

9장

요한복음

개요

인류 역사상 영리한 사람들은 수수께끼를 만들어냈다. 수수께끼는 역설적이고 불가사의한 말들로, 종종 베일에 싸여 있거나 이중적인 의미를 지니고 있어서 그것을 풀기 위해서는 기발한 재주나 독창성이 필요하다. 이 수수께끼를 생각해보자. 어린아이가 걸어 들어올 수 있을 만큼 얕지만, 코끼리가 헤엄쳐 들어올 수 있을 만큼 깊은 곳은 무엇일까? 답은 바로 요한복음이다.

이 역설적인 묘사는 교회의 최초기부터 요한복음을 묘사한 주요 방법들 중 하나다. 이 수수께끼는 요한복음을 잘 설명한다. 겉으로 보기

그림 9.1. 사도 요한과 요한복음의 상징인 독수리를 묘사한 장식품

에 네 번째 복음은 단순하고 간단해 보인다. 공관복음과 비교할 때, 요한복음은 더 적은 이야기를 포함하는데, 그 이야기들은 더 극적으로 표현된다. 언어(그리스어와 영어)는 문법적으로 더 단순하며 더 적은 어휘를 사용한다. 예를 들어 예수는 "나와 아버지는 하나이니라"와 같은 말을 하면서 가장 분명하게 자신의 정체성을 진술한다. 요한복음은 우리가 흔히 새로운 신자들에게 읽도록 권하는 책이며, 당연히 그럴 수 있다. 요한복음은 읽기 쉽고 흥미롭다. 혹은 그렇게 보인다.

당신이 더 자세히 관심을 기울이고 더 깊게 질문하기 시작하면, 요한복음은 신비롭고 다층적인 책으로 변할 것이다. 목사, 신학자, 성경학자들은 요한복음의 겉으로 드러난 단순함이 신약성경의 가장 깊은 책으로 들어가는 문이라는 데 동의한다. 요한복음은 코끼리가 헤엄쳐 들어올 수 있을 만큼 깊은 동시에 어린아이가 걸어 들어올 수 있을 만큼 얕다.

수 세기 동안 교회에서는 마태복음의 영향력이 지배적이었지만, 결국 요한복음이 주도권을 잡았다. 역사 이래 신학자들은 네 번째 복음서를 다음과 같은 여러 방법으로 구분해왔다.

- 복음서가 성경의 첫 열매라면, 요한복음은 첫 열매 중의 첫 열매다 (오리게네스).
- 공관복음은 물리적인 관점에서 사물을 다루고 있다. 요한은 영적인 복음서를 썼다(클레멘스; 아우구스티누스).
- 요한복음은 다른 책들보다 더 선호되어야 하는데, 그 이유는 "요한복음이 그리스도를 보여주고 당신이 알아야 할 모든 것을 가르쳐 줄 것"이기 때문이다(루터).

요한복음의 역사적 기원

저자: 전통적인 견해는 최초의 열두 제자 중 한 사람
이며, 세베대의 아들이자 야고보의 형제인 사도
요한이 이 복음서를 기록했다는 것이다. 이 복음
서는 전통적으로 요한이라고 알려진, **사랑하시는
제자**에 의해 기록되었다고 주장되어왔다.

기록 연대: 최후의 생존 사도인 요한이 기록한 이 복
음서는 마지막으로 기록된 복음서라는 것이 거의
확실하며, 기원후 80년대 또는 90년대에 기록되
었을 가능성이 크다.

장소: 전통에 따르면 요한은 소아시아(오늘날의 터
키)의 에베소에 거주하며 목회했다고 한다.

자료: 요한복음은 목격자들이 기록한 것이라고 주장
된다. 다른 자료들은 이미 기록된 다른 복음서(마
태복음, 마가복음 누가복음)들을 포함한다.

배경: 요한은 유대교 지도자들의 박해를 경험했을 뿐
만 아니라 기독교의 여러 거짓 버전이 발생하는 것
을 목격했을 만큼 오래 살았다. 이 복음서는 요한
1-3서와 함께 기독교의 진정한 형태, 특히 예수의
신성에 관해 분명하게 설명하기 위해 기록되었다.

사랑하시는 제자는 누구일까?

이 복음서의 독특하고 흥미로운 측면 중 하나는 이
책이 "사랑하시는 제자"라는 별명으로 통하는 익명
의 목격자에 의해 기록되었다는 것이다. 이론적으로
사랑하시는 제자는 (유다를 제외한) 열두 제자 중 누
구라도 될 수 있지만, 전통적인 해석은 (베드로, 요
한의 형제인 야고보와 함께) 예수의 가장 친밀한 세
제자 중 하나인 세베대의 아들 요한이라는 것이다.

사랑하시는 제자는 요한복음에서 몇 가지 중요한
일을 한다. 그는 최후의 만찬 때 예수의 가슴에 기대
어 눕고(13:23), 베드로가 대제사장의 집 뜰에 들어
갈 수 있게 하며(18:15-16), 베드로를 제치고 빈 무
덤으로 달려가 가장 먼저 예수의 부활을 믿은 자다
(20:4, 8).

요한이 자신을 "사랑하시는" 제자라고 부른 것은
스스로 겸손하게 낮춘 것이거나 다소 유머러스한 표
현이었을 수 있으며, 혹은 요한의 제자들이 애정을
담아 그를 이렇게 불렀을 수도 있다.

요한복음은 곧 왕인 독수리의 상징과 관련되어 성경의 나머지 책들 위로 높이 솟아올라 높은 곳에서 깊은 신학적 진리를 드러내게 되었다.🙂🙂

다른 복음서들처럼, 요한복음은 전기이며, 따라서 주로 주된 대상인 예수에 관한 이야기들로 구성되어 있다. 요한복음과 공관복음 사이에 중복되는 구체적인 이야기는 거의 없지만(5장을 보라), 사복음서는 분명히 같은 예수를 묘사하며 대체로 같은 이야기를 하고 있다.

- 하나님의 아들 예수가 세상에 왔다.
- 그는 자신을 통해 하나님이 새로운 일을 하고 있다고 선포했다.
- 이 선포는 두 가지 주요 반응을 불러일으켰다. 즉 사람들은 그를 믿고 따랐지만, 유대교 지도자들은

그를 반대했다.
- 이 반대는 예루살렘에서 절정에 달했는데, 그곳에서 예수는 로마 정부에 의해 체포되고, 재판받고, 십자가에 못박혔다.
- 그러나 예수는 죽은 자 가운데서 살아난 후 제자들에게 나타나서 그들이 새로운 신자들의 무리를 형성하고 다른 사람들에게 예수를 전하여 그를 믿게 하도록 격려했다.

이런 전반적인 이야기들의 안팎에서, 각 복음서는 신자들이 특별한 방식으로 예수를 이해하고 따를 것을 촉구하기 위해 특정한 신학적 주제를 강조한다. 요한은 특히 이야기의 마지막에 왜 그가 요한복음을 썼는지 정확히 말함으로써 자신의 목적을 분명히 한다. "예수께서 제자들 앞에서 이 책에 기록되지 아니한 다른 표적도 많이 행하셨으나 오직 이것을 기록함은 너희로 예수께서 하나님의 아들 그리스도이심을 믿게 하려 함이요. 또 너희로 믿고 그 이름을 힘입어 생명을 얻게 하려 함이니라"(20:30-31).

따라서 요한복음은 우리에게 일련의 이야기, 가르침, 그리고 기록된 표적들을 제공함으로써 독자들이 예수가 하나님의 아들, 메시아임을 진정으로 믿게 한다. 모든 사람이 믿지는 않겠지만, 믿는 사람은 현재와 내세에 풍성한 삶을 누리게 될 것이다.

요한의 목적은 이처럼 단순하고도 심오하다. 요한은 이 목표를 향해 나아가면서 하나님의 아버지 되심, 예수의 아들 됨, 그리고 성령의 역할을 포함한 몇 가지 주요 신학적 주제를 강조한다. 요한복음은 철저하게 삼위일체적이다. 영생이라는 주제 또한 요한복음의 중요한 특징이 되는데, 이는 공관복음의 언어인 "하나님 나라/천국"의 또 다른 표현이다. 그 나라에 들어가는 것은 참되고 영원한 삶으로 들어가는 것이고, 참되고 영원한 삶

요한복음의 구조

요한의 이야기는 여러 면에서 하나의 문학 작품으로서 분석될 수 있다. 첫째, 프롤로그(1:1-18)와 에필로그(21:1-25)를 제외하면 요한복음은 다음과 같이 두 부분으로 나뉜다.

표적의 책(1:19-12:50)
영광의 책(13:1-20:31)

이 개요를 조금 확장하면 우리는 다음과 같은 방식으로 요한복음의 구조를 분석할 수 있다.

프롤로그(1:1-18)
예수는 누구이며 이것은 무엇을 의미하는가?(1:19-4:54)
예수의 계시는 하나님의 축일과 절기를 중심으로 이루어졌다(5:1-10:42).
예수의 궁극적인 목적은 그의 죽음과 새 생명을 통해 백성을 형성하는 것이다(11:1-20:31).
에필로그(21:1-25)

으로 들어가는 것은 그 나라에 들어가는 것이다.

이 모든 것에서 요한복음은 이해하기 쉬운 책인 동시에 난해한 책이기도 하다. 신약학자인 N. T. 라이트는 이렇게 말했다. "요한복음은 내 아내와 매우 비슷하다—나는 그녀를 매우 사랑하지만, 그녀를 이해한다고 단언하지는 않는다." 📖

탐구—요한복음 읽기

말씀이 세상에 들어오다

■ 요한복음 1:1-2:25을 읽으라 ■

다른 복음서들과는 달리, 요한복음은 책 전체의 분위기를 대변하는 매우 신학적인 프롤로그(1:1-18)로 시작한다. 요한복음의 서론에서 예수는 영원한 신적 존재(1:1-2), 창조의 매개(1:3), 사람들이 하나님의 자녀가 되게 하는 통로(1:12), 진정한 인간(1:14), 은혜와 진리의 현현(1:17), 그리고 하나님을 보고 그를 온전히 알려주는 유일한 존재(1:18)로 묘사된다.

이 서론 후에 우리는 사복음서에서 예수를 주목하게 하는 선구자인 세례 요한을 만난다. 프롤로그는 세례 요한을 "이 빛에 대하여 증언하기 위해" 하나님이 보낸 자로 언급한다(1:6-8). 이 복음서의 첫 번째 이야기에서 유대교 지도자들은 세례 요한에게 질문하고 그로부터 다음과 같은 분명한 답변을 듣는다. 즉 요한은 엘리야도 아니고 그리스도도 아니다. 그러나 큰 능력을 지닌 그리스도가 올 것이다!(1:19-28) 이 그리스도는 성령이 그에게 비둘기처럼 내려오는 것을 통해 확인될 것이다. 그는 하나님의 아들이요, 세상 죄를 지고 가는 하나님의 어린양이 될 것이다(1:29-34).

이런 세부적인 내용들은 사복음서 이야기에서 거의 동일하지만, 요한복음과 공관복음의 유사점은 대부분 바로 이 서두에서 끝난다. 뒤를 이어서 나오는 일련의 이야기는 다른 복음서에 나오는 예수의 사역 이야기들과 그 분위기가 일치하지만, 요한복음에서 다소 독특하다. 먼저 우리는 예수의 첫 네 제자―두 형제와 두 친구―가 어떻게 예수를 따르기 시작하는지 알게 된다. 예수는 이 첫 제자들을 놀라게 하는 초자연적인 지식을 보여준다. 그들은 그가 하나님의 아들, 이스라엘의 진정한 왕(1:49), 랍비/선생(1:38, 49), 율법과 예언자

들이 기록한 것의 성취임을 깨닫고 그를 따르고자 모든 것을 버린다. 예수는 이 제자들에게 그들이 진실로 보고 이해할 수 있도록 와서 따르라고 촉구한다(1:39). 이것은 요한복음의 모든 독자를 향한 초대, 즉 와서 이 책의 나머지 부분

그림 9.2. 조토 디 본도네(Giotto di Bondone), "가나의 혼인 잔치"(1304-6년). 이탈리아 파도바 스크로베니 경당

두 번의 성전 정화?

공관복음과 요한복음은 예수의 예언자적인 성전 정화 사건의 배치에 있어 분명한 차이점을 보인다. 마태복음, 마가복음, 누가복음은 모두 예수가 예루살렘에서 생을 마감한 마지막 주간에 이 이야기를 배치한다. 반면에 요한복음은 예수가 공생애를 시작할 때 이런 성전 정화를 한 것으로 보여준다.

많은 사람들은 서로 다른 곳에 배치된 이 이야기들이 같은 사건을 묘사하고 있다고 믿는데, 그 이유는 유대교 지도자들이 예수가 성전에 두 번이나 피해를 주도록 허락하지 않았을 것이기 때문이다. 공관복음은 양식화된 내러티브의 일부로서 이 이야기를 각 복음서의 마지막에 배치하여 예수가 생의 마지막 주에만 예루살렘에 등장하게 함으로써 그가 유대교 지도층의 반대에 직면한 외부인이었다는 점을 강조한다.

다른 이들은 예수가 이 예언자적 행위를 두 번 수행했다고, 즉 사역을 시작할 때 한 번(요한복음), 끝에 한 번(공관복음) 수행했다고 주장한다. 이야기마다 차이점이 있는데, 특히 예수를 왕으로 선포한 공관복음의 군중이 그렇다. 예를 들어 아우구스티누스는 그의 저서 「사복음서의 조화」(*Harmony of the Gospels*)에서 두 번의 성전 정화 사건이 있었다고 주장했으며, 이는 아마도 교회 역사에서 가장 흔한 견해일 것이다.

그럼에도 중요한 질문은 "이 이야기가 복음서가 말하고자 하는 특별한 요점에 어떻게 들어맞는가"라는 것이다. 요한에게 예수가 처음부터 예루살렘의 종교 지도자들과 갈등을 빚었다는 사실과, 예수가 자신의 몸이 하나님의 성전을 대체하리라고 주장한 사실은 매우 중요하다(4:20-24에서 예수가 우물가의 여인과 토론한 것도 보라).

을 통해 배우라는 요청이다.

그 후 두 가지 충격적인 이야기가 뒤를 이어 나온다. 이 둘은 서로 다른 이유에서 충격적이다. 첫 번째 사건은 매우 평범한 한 가정의 결혼식에서 벌어진 이야기를 보여주는데, 예수는 그의 가족 및 제자들과 함께 참석한 이 결혼식에서 물을 좋은 포도주로 바꾸는 놀라운 기적을 행한다. 요한은 이 표적이 예수의 영광을 드러내고 예수에 대한 제자들의 믿음을 강화했다고 말한다(2:11). 예수는 영광을 소유하고 있지만, 그의 "때가 아직 이르지 아니하였음"을 알고 있다. 이는 그가 사명을 완수하기 전에 해야 할 일이 있음을 암시한다(2:4). ⚫

두 번째 충격적인 이야기는 우리가 공관복음에서 발견한 사건과 중복된다. 예수는 예루살렘 성전 뜰에서 행하는 여러 가지 행위를 중단시킨다(2:13-22; 참조. 마 21:12-13; 막 11:15-19; 눅 19:45-48). 이 이야기에서 중요한 이슈는 요한이 우리에게 그 의미에 관해 말하는 것이다. 성전을 무너뜨리는 것에 대한 예수의 말을 들은 사람들은 예수가 물리적 성전 건물을 말하고 있다고 생각했지만, 예수의 부활 후에 그의 제자들은 다음과 같은 더욱 깊은 의미를 이해하게 되었다. 즉 예수가 자기 육체, 곧 자기 자신을 하나님의 진정한 성전으로 묘사했다는 것이다(2:21-22). 📖

예수에 대한 다양한 반응

■ 요한복음 3:1-4:54을 읽으라 ■

다음 단락은 예수에 대한 구체적인 진실을 가르치고, 그에 대한 다양한 반응을 보여주는 네 가지 이야기를 포함하고 있

📖 문학적 문제

목차로서의 프롤로그

요한복음의 프롤로그는 예수의 정체성에 대한 주목할 만한 주장과 더불어, 요한복음의 이야기 전반에 걸쳐 탐구될 주요 주제들도 다음과 같이 제시한다.

생명—예수는 생명을 제공하고 있다. 즉 참된 인간은 하나님과 함께 영원히 번영한다(1:4).

빛과 어둠—예수는 그를 오해하고 대적하려는 어둠의 세상으로 들어온 빛이다(1:4-9).

증언—요한복음은 예수의 사역을 재판처럼 제시하는데, 그 재판에서 증인들이 나타나며, 세상은 불성실함으로 인해 심판받는다(1:7-8).

세상—세상 또는 우주는 요한복음에서 하나의 등장인물의 역할을 하며, 항상 예수와 충돌한다(1:9-10).

지식—예수의 가르침의 핵심은 오직 그만이 진정으로 하나님을 알고 그의 제자들에게 이 지식을 준다는 것이다(1:10, 18).

보는 것과 믿는 것—아는 것에 대한 강조와 깊은 관련이 있는, 보는 것에 대한 은유는 요한이 복음의 목표 즉 예수를 믿는 것에 관해 말하는 데 사용된다(1:14, 18).

영광—예수는 하나님의 장엄하신 위대함의 진정한 현현이다(1:14).

진리—예수는 하나님이 진정 어떤 분인지를 증언하는 자다. 그는 성육신한 진리다(1:14, 17).

다. 각각의 이야기에는 등장인물들의 대화가 나오며, 이를 해석하는 요한의 해설이 뒤를 이어 나온다.

첫 번째 이야기에서 유대교 바리새파 지도자 니고데모가 예수의 행동과 말씀에 대해 질문하기 위해 그에게 접근한다(3:1-15). 이것은 합리적인 도전이다. 왜냐하면 어쨌든 예수는 훈련된 랍비가 아닌데도 제자들을 불러 그를 따르게 하고(1:35-51), 기적을 행하며(2:1-12), 혼란을 일으키고, 권위 있는 지도자들에게 대담하게 도전하고 있기 때문이다(2:13-22). 예수는 니고데모에게 대답하지만, 니고데모가 기대했던 것과는 다른 답을 내놓는다. 대신 예수는 심오한 비유—성령, 거듭남, 그리고 인자의 들림에 대

해—로 이야기하면서 니고데모에게 역공을 펼치며, **그가** 이스라엘의 선생이면서도 어찌하여 하늘의 일을 이해하지 못하느냐고 묻는다(3:10). 그 후 요한은 하나님이 세상을 심판하기 위해서가 아니라 구원하기 위해 예수를 보냈지만, 어둠을 사랑하는 사람들은 빛으로 나오지 못할 것이라고 설명함으로써 이 이야기에 대해 언급한다(3:16-21).

신학적 문제

영원히 사는 것/영생

사도신경의 마지막 행에는 요한복음이 가장 좋아하는 "영생"이라는 성경의 표현에서 유래한 "영생을 믿습니다"라는 고백이 나온다. 이렇게 고백하는 믿음은 "몸의 부활을 믿습니다"라는 사도신경의 바로 앞줄과 긴밀하게 연결되어 있다. 이것은 그리스도인들이 새로운 창조세계 안에서 하나님과 함께 삶의 충만함을 경험하도록 육체적으로 죽은 상태로부터 다시 살아나 죄와 속박과 타락에서 해방될 것이라는 미래의 약속을 가리킨다.

"영원히 사는 것"과 "영생"에 해당하는 영어 표현은 신자들이 하나님과 함께 경험하는 삶이 영원할 것이라는 의미를 전달한다. 이런 해석은 실제로 이 표현에 대한 부분적인 설명이 될 수는 있지만, 잘못된 부분에 강조점을 둔 것이다. 영생에 들어가는 것에 관한 예수의 약속의 초점은 그 새로운 삶의 길이보다는 질에 있다. "영생"은 예수가 세상에 가져다주는 새로운 시대(aeon)에 부합하는, 번영하는 삶이다. 요한복음 10:10은 이 영원—혹은 더 나은 새 시대—의 삶이 무엇인지를 잘 설명해준다. "내가 온 것은 양으로 생명을 얻게 하고 더 풍성히 얻게 하려는 것이라."

"영생을 믿습니다"라는 고백은 우리가 예수의 가르침의 진리를 신뢰하고, 사람들이 충만하고 풍성한 삶으로 들어갈 수 있도록 예수가 사람들에게 길을 열어주었다고 말하는 것이다.

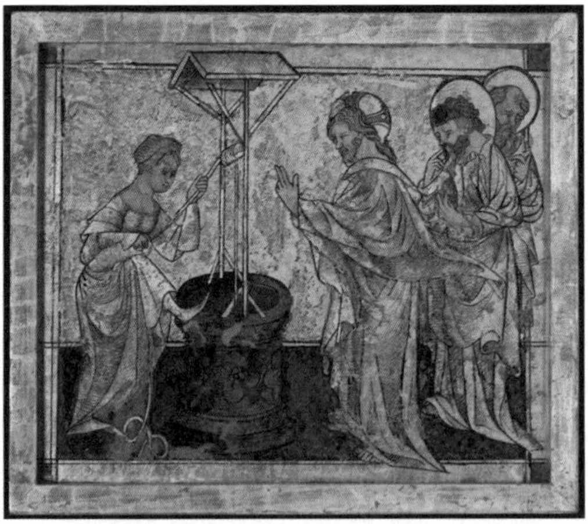

The Metropolitan Museum of Art. Gift of J. Pierpont Morgan, 1917.

그림 9.3. 우물가에 있는 예수와 사마리아 여인의 모습을 보여주는 유리 패널

두 번째 이야기에서는 세례 요한 역시 자기 제자들에게 질문을 받는다. 예수는 요한과 비교할 때 요한을 능가한다(3:22-36). 세례 요한은 자신이 누구인지 분명히 알고 있으며, 자신의 역할이 세상의 빛이 **되는** 것이 아니라 세상의 빛**에 대하여 증언하는** 것임을 알고 있다(1:8). 그는 사람들이

신랑이자 그리스도인 예수를 주목하게 하며, 자신의 권력과 인기가 줄어들고 예수의 권력과 인기가 커지는 것을 기뻐한다. 요한복음의 저자인 요한은 이 이야기에서 예수가 하늘로부터 왔으며 하나님이 이 땅에 보낸 권위 있는 대리인이라고 묘사한다(3:31-36).

세 번째 이야기에서 예수는 바리새인 니고데모의 정반대 스펙트럼에 있는 사람과 교제를 나눈다. 즉 성적으로 문란한 사마리아 여인이다(4:1-38). 예수는 다시 한번 심오한 영적인 문제를 말씀하고, 그 여인의 자기 인식과 마음속에 있는 욕망에 도전한다. 하지만 니고데모와 달리 이 여인은 처음에 회의적인 태도를 보였지만, 나중에는 예수가 정말 예언자라는 믿음을 갖게 된다. 그녀의 증언으로 말미암아 마을 사람들은 예수를 환영하고 결국 그가 세상의 구주임을 믿게 된다(4:29, 42). 이 이야기에 대한 해설에서 예수는 자신의 사명이 모든 곳에서 제자들을 모으는 것이라고 설명하고(4:31-38), 요한은 예루살렘 사람들이 아닌 두 종류의 무리, 즉 사마리아인들(4:39-42)과 갈릴리인들(4:43-45)이 예수를 환영했다고 전한다.

이 단락의 네 번째 이야기에서 예수는 결혼식에서 물로 포도주를 만드는 첫 번째 기적을 행한 장소인(2:1-12) 갈릴리의 가나로 돌아온다. 이곳에서 그는 왕의 신하의 아들을 치유한다. 요한은 그의 독자들에게 이것이 예수가 누구인지를 증언하는 두 번째 기적이라고 말함으로써(4:54), 2-4장의 사건들을 하나로 묶는다. 😀 📖

예수가 메시아임을 드러내다

■ 요한복음 5:1-10:42을 읽으라 ■

요한복음 1-4장은 예수의 행동과 사람들과의 상호작용에 초점을 맞추었으며, 예수의 첫 번째와 두 번째 표적(2:11; 4:54)에 관해 언급했다. 요한복

도전과 반격, 수치와 명예

많은 문화에서 수치와 명예의 역할은 현대 서구 문명에서 그것들의 역할보다 더 크다. 이는 거래되고, 얻고, 잃어버릴 수 있는 중요한 상품과 같다. 명예는 공동체 사회에서 안정과 만족을 제공하는, 가장 가치 있는 소유물이었다.

특히 권위를 가지고 있는 사람들이 명예를 확고히 하거나 상실하는 주요 방법은 사람들과의 공개적인 상호작용을 통해서였다. 니고데모가 예수와 나눈 대화는 고대 세계의 기본적인 명예와 수치 범주에 뿌리를 두고 있었다. 유대교 내에서 사회적 지위가 없었던 예수(그는 랍비가 아니었다)는 권위를 갖고 가르침으로써 니고데모와 같은 유대교 지도자들의 명예에 큰 도전을 가했다. 니고데모는 구도자나 배우는 자로서 예수께 온 것이 아니라, 반항적이고 배우지 못한 사람을 조사하는 자로서 그에게 온 것이다. 관례적으로 예수는 니고데모에게서 배우고 그에게 존경과 경의를 표해야 했다. 그러나 예수는 명예의 자리를 취했고, 하나님의 일을 이해하지 못하는 니고데모의 명예에 도전했다. 이 이야기는 예수가 인간 사회를 뒤엎기 위해 왔다는 것을 보여주는데, 존경받는다고 여겨지는 사람들은 수치를 당하고 수치를 당한 사람들은 명예를 얻는다.

음 5-10장은 유대인의 명절 및 절기와 관련하여 예수가 예루살렘을 오가는 일련의 이야기들을 제공한다. 5-10장까지의 단락은 세례 요한이 요단강에서 세례를 주면서 이 이야기가 시작된 곳으로 예수가 다시 돌아가는 것으로 끝을 맺는다(10:40-42; 3:22-24).

요한복음의 모호한 어법

모호한 어법(amphibology)은 이중적 의미, 즉 하나 이상의 의미를 동시에 전달하는 소통 방법을 가리키는 용어다. 카지노를 홍보하는 광고판에 "그녀가 당신을 다시 스물하나처럼 느끼게 해줄 것이다"라고 쓰여 있다면, 이것은 모호한 어법이다. 왜냐하면 "스물하나처럼 느끼다"(feel like twenty-one)라는 표현은 젊다고 느끼는 것과 21(Twenty-One)이라는 카드 게임을 하고 싶은 마음을 모두 의미하기 때문이다.

시적인 표현도 모호한 어법에서 광범위하게 사용된다. 다중 의미의 언어유희는 시를 만족스럽고 풍요롭게 만든다.

심오한 의미를 지닌 요한복음도 마찬가지다. 요한의 이야기 전반에 모호한 어법이 등장한다. 예를 들어 예수의 말은 자주 모호하게 들리며, 이중적인 의미가 있다. 그런 말에는 거듭나는 것/위로부터 나는 것(3:3), 인자가 들려야 하리니―승귀 혹은 십자가에 못박힘?(3:14), 생수/흐르는 물(4:10), 그들이 갈 수 없는 곳으로 가는 것(14:2-6) 등이 포함된다.

심지어 예수의 원수들도 의도치 않게 이중적 의미의 말을 한다. 대제사장 가야바는 다음과 같이 말했다. "한 사람이 백성을 위하여 죽어서 온 민족이 망하지 않게 되는 것이 너희에게 유익한 줄을 생각하지 아니하는도다"(11:50). 그 후 요한은 가야바의 말에 대해 다음과 같이 언급한다. "이 말은 스스로 함이 아니요, 그해의 대제사장이므로 예수께서 그 민족을 위하시고 또 그 민족만 위할 뿐 아니라 흩어진 하나님의 자녀를 모아 하나가 되게 하기 위하여 죽으실 것을 미리 말함이러라"(11:51-52).

모호한 어법은 요한의 문학적 능력을 보여주는 한편 중요한 신학적 요점을 제공해준다. 즉 사람들은 성령이 진리를 계시하지 않으면 천상의 일을 깨닫지 못한다는 것이다. 요한의 반복되는 모호한 어법은 예수를 이해하지 못하는 세상에서 그가 하나님의 참된 증인임을 신학적으로 제시하는 데 중요한 역할을 한다(1:10-11).

첫 번째 이야기(5:1-17)는 유대인들이 일하는 것이 금지된 안식일에 일어난다. 예수는 몸이 마비된 사람을 치유하여, 예수와 종교 지도자들 사이에 더 큰 갈등을 일으키는데(5:16), 이는 공관복음의 공통된 주제다(예. 마 12:1-14). 무엇보다 중요한 것은 요한이 이 주제의 신학적 함의를 탐구한 긴 내용인데, 이는 대부분 예수의 직접적인 가르침의 형태로 나타난다(5:18-47). 예수는 강력한 언어를 사용하여 다음의 두 가지를 분명히 한다. (1) 하나님

알렉산드리아의 키릴로스와 성경 본문의 내부적 연결 작업

고대 세계의 가장 뛰어난 주석가 중 한 사람은 이집트 알렉산드리아의 대주교 키릴로스였다 (378-444년경). 그의 많은 중요 저서 중에는 425-428년경 저술한 요한복음에 대한 방대한 주석이 있다.[1] 이렇게 훌륭한 주석가가 될 수 있었던 그의 능력의 핵심은 그가 수년간 묵상과 연구를 통해 성경 대부분을 완전히 외웠다는 것이다. 그 결과, 그는 성경의 어떤 본문을 읽더라도 같은 단어나 구절이 사용된 다른 본문들을 즉시 떠올릴 수 있었다. 예를 들어 세례 요한을 "켜서 비추이는 등불"로 지칭하는 요한복음 5:35을 주석할 때 키릴로스는 이 구절을 시편 132:17, 출애굽기 27:20-28:1, 누가복음 12:49과 같이 등불, 타오르는 것, 빛나는 것을 언급하는 다른 여러 성경 구절과 연결한다.[2] 이처럼 성경 본문 간의 내부적 연결 작업에 기초하여 성경을 통합하여 읽는 방식이 교부들의 주석과 설교의 전형적인 패턴이었는데, 현대에 와서는 대부분 사라졌다.

의 아들로서 예수가 하나님 아버지와 특별한 관계를 맺고 있기 때문에 그들은 영광과 권위와 사명을 공유한다(5:18-29). (2) 전 세계가 예수의 위대함을 증언한다. 과거에는 모세(5:39-47)가, 현재는 세례 요한(5:32-38)이 이를 증언한다. ⑤

두 번째 이야기(6:1-71)는 가장 중요한 유대인의 명절인 유월절 기간에 일어나는데, 이 유월절은 예수의 사역 동안 있었던 세 번의 유월절 행사 중 하나다(2:13-25로 시작해서 13:1-38로 끝남). 따라서 이 이야기는 예수의 사역의 중간 지점에 위치한다. 이 이야기는 다른 복음서들에서 광야에서 기적적으로 먹인 사건 및 물 위를 걸은 사건과 평행을 이루지만(막 6:31-52과 병행 본문들), 전형적인 요한의 스타일로 큰 범위의 신학적 진술을 제시한다. 예수는 다시 한번 이해하기 어렵고 받아들이기 힘든 주장을 함으로써

듣는 사람들에게 도전을 준다. 그는 자신이 모세보다 더 위대하고, 생명의 참된 떡으로서 하늘에서 내려왔으며, 생명을 얻으려면 사람들이 그의 살을 먹고 그의 피를 마셔야 한다고 주장한다! 그 결과 많은 사람이 예수를 따르고 믿는 것을 그만두기로 했다는 것은 그리 놀랍지 않다(6:60-66). 이에 대해 예수는 단순히 이렇게 말한다. "내 아버지께서 오게 하여 주지 아니하시면 누구든지 내게 올 수 없다"(6:65).

이 단락의 세 번째 이야기(7:1-52)는 또 다른 중요한 유대교 절기인 초막절을 중심으로 전개되는데, 이 절기에 유대인들은 추수를 축하하고 출애굽 후에 그들이 살았던 초막/장막을 기념했다. 7장의 사건들에서는 예수가 6장에서 자신에 대해 대담한 주장을 함으로써 생긴 긴장이 그대로 유지된다. 여기서 예수는 그의 일이 끝나지 않았음을 알고 예루살렘으로 돌아오지만, 유대교 지도자들이 그를 살해하기 위해 모의하고 있다는 것을 알기 때문에 비밀리에 돌아온다(7:1-13). 그 후 갑자기 그는 성전에서 설교하기 시작하며(7:14-24), 그가 안식일에 사람을 치유한 일 때문에 그를 죽이려고 하는 지도자들에게 도전한다(참조. 5:1-17). 요한은 예수에 대한 반응이 크게 나뉘어 있음을 보여준다. 즉 군중의 일부는 그가 예언자 또는 그리스도라고 믿었고(7:31, 40-41), 다른 사람들은 혼란스러워했으며(7:25-27, 35-36, 41-43), 지도자들은 그를 체포할 수 없어서 분노하고 좌절했다(7:32, 45-52). 홍미

그림 9.4. 간음하다 붙잡힌 여인과 그리스도를 묘사한 목각판

신약성경을 기독교 경전으로 읽기

롭게도 이전에 예수에게 도전했던 니고데모조차도(3:1-15) 예수에 대해 궁금해하기 시작했다 (7:50-52). 😲

자기 자신에 대한 예수의 대담한 주장은 8:12-59에서도 계속된다. 그는 세상의 빛이며 (8:12), 그의 아버지는 하나님이 다(8:19). 유대교 지도자들은 자신들이 아브라함의 자녀라고 주

🙂 역사적 문제

간음하다 붙잡힌 여인

예수가 간음한 여인을 보호한, 기억에 남을 만한 유명한 이야기는 원래 요한복음의 원본에 나오는 이야기가 아닐 것이다. 우리의 현대 성경에서 이 이야기는 요한복음 7:53-8:11에 나오지만, 최초기의 가장 신뢰할 수 있는 필사본은 이 구절들을 포함하고 있지 않다. 그럼에도 이것은 매우 오래된 이야기로 보이며, 예수의 인격 및 사역과 일치한다. 즉 그는 종교 지도자들의 위선에 도전하지만, 수치를 당한 여인에게는 자비롭다. 교회의 역사 초기에 일부 사람들은 이 이야기를 요한복음에 삽입했는데, 이는 아마도 다른 자료로부터 또는 구전으로 전해 내려온 예수에 대한 다른 기억에서 유래했을 것이며, 분명히 진실하고 좋은 의도로 삽입되었을 것이다. 이 사본상의 이문(2장을 보라)은 예술과 기억 속에서 교회 전통의 일부가 되었다.

장하지만(8:39), 사실상 마귀를 아버지로 둔 자들이다(8:44). 그리고 예수는 아브라함 이전에 존재했기 때문에 아브라함보다 위대하다(8:56-58). 유대인의 관점에서 보면, 예수의 말은 혼란스럽고 완전히 불경한 것이다 (8:21-22). 그 결과, 유대교 지도자들은 그가 귀신에 들렸다고 판단하고 그를 돌로 쳐서 죽이려고 하지만, 그는 슬그머니 도망친다.

다음 이야기는 또다시 안식일에 일어나는데, 예수는 놀랍고 희귀한 기적을 행했다. 즉 태어날 때부터 눈이 먼 사람을 치유한 것이다(9:1-7). 이 놀라운 기적은 여러 의문과 소동을 일으켰다(9:8-12). 따라서 이웃 사람들은 전에 맹인이었던 이 거지를 바리새인들에게로 데리고 가서 조사했다. 그 결과로 큰 논쟁이 벌어졌는데, 어떤 이들은 예수가 안식일에 (치유하는) 일을 했기 때문에 틀림없이 잘못이라고 말했고, 다른 이들은 하나님이 그런 기적의 배후에 있으리라고 생각했던 반면, 바리새인들은 이 논쟁에서 위기감을 느끼며, 그 사람이 실제로는 맹인이 아니라고 필사적으로 주장했다(9:13-18). 따라서 바리새인들은 그 사람의 부모를 불러서 다시 질문

했지만 여전히 그들이 원하는 결과를 얻지 못했다. 치유된 사람은 그들의 주장을 뒤집고 그들의 몰이해와 부족한 믿음에 이의를 제기했다. 그들은 그 사람을 회당에서 완전히 쫓아냈다(9:18-34). 예수는 치유된 사람을 발견하고 그 사람에게 온전히 믿으라고 권면한다(9:35-38). 예수는 계속해서 그 자신—바리새인들이 아니라—이 하나님의 백성을 보살피고, 그들의 필요를 공급하며, 그들을 보호하고, 심지어 그들을 위해 자신의 생명까지도 바치는 선한 목자임을 설명한다(10:1-18). 이렇게 함으로써 예수는 자신이 이 세상에서 유일하게 하나님의 정체성과 사명을 공유한다고 다시 한번 주장한다.

5-10장까지에 이르는 이 긴 단락은 유대인들이 마카비 시대에 성전을 되찾은 것을 기념하는 수전절(오늘날 하누카라고 불림)에 일어난 일로 끝을 맺는다. 유대인들은 예수가 하나님으로부터 왔는지 아니면 귀신으로부터 왔는지에 대해 의견이 분분했기 때문에(10:19-21), 예수가 이 절기를 지내기 위해 예루살렘에 나타났을 때, 그가 그리스도인지 노골적으로 묻는다(10:24). 그는 다시 한번 분명하고 대담하게 다음과 같이 답변한다. "나와 아버지는 하나이니라"(10:30), "아버지께서 내 안에 계시고 내가 아버지 안에 있[다]"(10:38). 예수의 말을 들은 사람들은 자신이 하나님이라는 그의 주장의 깊이를 이해했다. 하지만 이 주장은 그들의 눈에는 신성모독이나 다름없었다(10:33). 이런 주장들은 오직 두 가지 선택을 하게 만들었을 것이다. 즉 예수를 믿거나(10:42) 아니면 신성모독을 이유로 그를 체포하고 죽이는 것이다(10:31, 39). 예수는 북쪽으로 떠나서 광야로 들어간다. ✝

부활과 반대 세력

■ 요한복음 11:1-12:50을 읽으라 ■

이 두 장은 요한복음의 전반부(표적의 책, 1:19-12:50)를 마무리하고, 독자들을 위해 후반부를 준비한다(영광의 책, 13:1-20:31). 요한은 이 단락을 예수가 행한 사역의 가장 중요한 기적 중 하나, 즉 나사로를 죽은 자 가운데서 다시 살린 것으로 마무리한다(11:1-44). 이 이야기는 친밀하고 복잡하며 깊은 의미로 가득 차 있는 한편, 예수의 죽음을 초래하는 마지막 촉매제가 되기도 한다.

예수는 사람들과 거리를 두는 냉담한 유명인사가 아니었다. 그는 많은 사람에게 사랑받았고, 많은 사람을 개인적으로 친밀하게 사랑했다. 요한은 우리에게 예수가 특별한 관계를 맺었던 베다니 마을의 두 자매와 한 형제(마리아, 마르다, 나사로)에 대해 말한다. 나사로가 병에 걸려 죽음으로 인해 큰 슬픔에 빠진 마리아와 마르다는 위태로운 사회적 상황에 처하게 되었다. 예수는 베다니에 오는 것을 미뤘는데, 이는 그가 하나님이 놀랍고 아름다운 일을 행할 줄 알았기 때문이었다. 마침내 예수가 마을에 가까이 왔을 때, 마르다와 마리아는 각각 따로 예수에게 나와서 혼란스러워하고 슬퍼하며 왜 예수가 더 일찍 와서 나사로를 낫게 하지 않았는지 궁금해한다(11:21, 32). 연민과 슬픔으로 가득 찬 예수는 무덤으로 가서 모든 사람 앞에서 나사로를 동굴 무덤에서 나오도록 불

하나님이 보낸 하나님

요한복음의 몇 가지 주요 본문은 교회의 처음 몇 세기 동안 일어난, 삼위일체에 대한 정통 기독교 사상의 표현에서 매우 중요한 것으로 입증되었다. 이 구절들 중 하나는 요한복음 8:42-59인데, 여기서 예수는 자신이 하나님과 동등하지만 다르다고 주장한다. 즉 그는 성자로서 성부로부터 보냄을 받았다. 서로 구별되는 위격으로 결합된 이 공유되는 신성은 삼위일체의 신비한 핵심이다. 요한복음의 프롤로그 또한 이 신비에 대해 말하고 있다. 즉 말씀이 **하나님과 함께** 계셨고, 말씀이 **하나님이셨다**(1:1).

라틴어 **불가타** 번역본에서 요한복음 8:42은 중요한 두 가지 용어—**온**(coming forth, *processio*)과 **보낸**(sending, *missio*)—를 제공하는데, 이는 신학자들이 예수가 성부로부터 (영원 전에) 생성 또는 파생되었다는 것과 그가 이 세상으로 보냄을 받은 것(시공간에서 일어남) 간의 차이점을 묘사할 수 있도록 돕는다(16:28도 보라). (사이드바 "그리고 아들로부터? **필리오케** 논쟁"을 보라.)

러냄으로써 그를 죽은 자 가운데서 다시 살렸다(11:43-44). 이 부인할 수 없는 놀라운 사실에 대하여 바리새인들과 예루살렘 제사장들은 회의를 소집하고 예수를 죽여야 한다고 결정한다. 그들은 그렇지 않으면 예수에 대한 믿음의 봉기가 일어나고, 로마 통치자들이 유대인들을 완전히 짓밟게 할 수도 있다고 우려한다(11:45-57). 신학적으로 나사로의 부활은 예수의 부활(20:1-29)을 가리키며, 예수 자신이 그를 믿고 따르는 모든 이들에게 부활과 생명의 원천임을 분명히 한다(5:25-29; 11:25-26).

요한복음 12장은 요한복음의 이야기를 예수의 사역에서 그의 생애의 마지막 주로 전환시킨다. 그 시기는 요한이 기록한 세 번째 유월절 절기로, 이 절기는 예수의 활동을 설명하기 위한 주된 배경으로 사용되곤 했다(2:13; 6:4; 12:1). 예수는 또다시 담대하게 말하고 행동하며, 다시 한번 매우 엇갈린 반응을 일으킨다. 예수는 자신이 하나님 아버지와 같은 영광과 권위를 가지고 있다고 주장한다(12:26-36, 44-50). 나사로의 누이 마리아는 사랑과 감사의 표시로 예수의 발을 값비싼 향유로 겸허히 씻기지만, 유다는 이러한 돈 낭비에 분노한다(12:1-8). 유대와 그리스 등 멀리서 온 많은 유대인들, 비천한 사람들과 심지어 일부 제사장들도 모두 예수를 이스라엘의 왕, 찬송과 영광을 받기에 합당한 그리스도로 이해한다(12:12-21, 42). 그러나 대제사장들은 분노하여 예수에 더하여 나사로까지 죽이려고 한다(12:9-11). 🔵🔵🔵

그림 9.5. 렘브란트(Rembrandt), "죽은 나사로를 살림"

예수가 그의 친구들을 가르치다

■ 요한복음 13:1-17:26을 읽으라 ■
예수는 모세를 통한 출애굽을 기념하는 가장 중요한 유대교 절기인 유월절에 마지막으로 예루살렘에 가기로 했다. 이 절기의 핵심은 출애굽의 중요성을 상징적으로 다시 말하는 가족 식사에 있다. 요한복음 13-17

🔷 신학적 문제

하나님에 대한 지식

하나님에 대한 지식은 유대 기독교 세계관, 성경, 기독교 신학에서 핵심 개념이다. 성경의 가르침에 따르면, 하나님이 자신을 계시하기로 선택했기 때문에 하나님을 아는 것이 가능하다. 그리스 철학과 종교 세계에서 신을 안다는 것은 궁극적인 실재를 깊이 숙고하는 것을 의미했다. 그러나 유대교와 기독교 전통에서 하나님을 아는 것은 좀 더 관계적이며, 언약 관계 안에서 듣고 순종하는 것이다.

요한복음은 하나님을 아는 것이 어떤 의미인지에 대한 기독교적 이해에 크게 기여한다. 요한복음에서 예수는 하나님을 아는 것에 대해 자주 언급하는 것 외에도, 성부와 성자와 성령이 서로에 대한 지식과 계시 안에서 함께 내재하는 하나님에 대한 지식의 친밀함을 강조한다. 게다가 하나님에 대한 지식은 매우 윤리적이며, 하나님을 아는 것과 그의 뜻을 행하는 것 사이에 내재하는 관계를 내포한다. 즉 하나님을 아는 것은 그의 계명(특히 사랑)을 지킴으로써 입증되며, 한 사람의 도덕적 열망은 그 사람의 지식에 영향을 미친다(7:17).

요한복음의 일곱 가지 표적

요한복음의 주요 주제 중 하나는 예수가 표적에 해당하는 많은 일을 수행했다는 것이다. 이런 표적들은 하나님이 예수를 보냈고, 예수가 이 땅에서 신적인 능력을 행사하는 것을 보여준다. 요한은 자신이 복음서를 저술한 이유가 이런 많은 표적을 기록하여 사람들이 예수가 하나님의 아들 메시아임을 믿음으로써 영생을 얻게 하려는 것이라고 말하면서 복음서를 마무리한다(20:30-31).

요한복음이 예수의 신성을 나타내는 구체적인 **일곱 표적**을 기록한 것은 우연이 아니며, 일곱은 성경에서 중요한 상징적 숫자다. 그는 처음의 두 가지 표적을 명시적으로 밝히며, 예수의 생애의 마지막 주까지 이어지는 나머지 표적들은 독자들이 알아서 추론하고 생각해야 한다.

1. 물로 포도주를 만듦(2:1-11)
2. 왕의 신하의 아들을 고침(4:46b-54)
3. 중풍병자를 고침(5:2-47)
4. 오천 명을 먹임(6:1-15)
5. 물 위를 걸음(6:16-21)
6. 날 때부터 맹인인 사람을 고침(9:1-41)
7. 나사로를 살림(11:1-44)

요한복음의 일곱 표적은 모두 책의 전반부에 나타난다. 그러나 많은 학자들은 마지막이자 가장 큰 표적이 예수의 죽음, 장사 됨, 그리고 부활이라고 제안한다(19-20장).

장의 중요한 장들은 **다락방 강화**로 알려진다. 예수는 제자들에게 기독교 신앙의 핵심 진리를 가르치기 위해 이 유월절 식사를 사용했다.

이 마지막 밤에 있었던 예수의 가르침에서 가장 눈에 띄는 것은 이 사건의 가장 영향력 있는 부분을 요한이 기록하지 않았다는 것이다. 즉 주의 만찬으로 알려지게 된, 떡을 떼고 포도주를 나누는 부분이다. 대신

그림 9.6. 나사로의 죽음을 슬퍼하는 마리아와 마르다를 묘사한 기둥 상단의 파편

요한은 그의 독자들이 널리 퍼진 이 관습을 잘 알고 있다고 가정한다. 이것은 요한이 그리스도를 따르는 데 중요한 보완적인 주제, 즉 서로에 대한 희생적인 사랑을 자유롭게 강조할 수 있게 해준다.

희생적인 사랑과 관계의 하나 됨이라는 주제가 다락방 강화를 지배한다. 그

것은 예수가 제자들의 발을 씻기는 섬김으로 시작되는데(13:2-20), 이를 통해 예수는 새 계명―하나님의 율법에 뿌리를 둔 것이지만 새로운 것―을 주면서 그가 그의 백성들을 사랑한 것처럼 그들도 서로 사랑해야 하며(13:34), 이것이 세상이 그리스도인들을 알아보는 방법이라고 가르친다(13:35). 타인에 대한 이런 희생적 사랑이 최고의 사랑이다(15:12-17). 다락방 강화는 예수의 **대제사장적 기도**로 불리는 동일한 주제로 끝을 맺는다(17:1-26). 이 기도에서 예수는 그의 아버지께 그의 제자들을 보호해주시고, 그들 사이에 성부와 성자의 연합을 반영하는 하나 됨을 이루어달라고 간청한다(17:20-26).

⊕ 신학적 문제

나는 거룩한 공교회를 믿습니다.

많은 그리스도인들에게 이상하게 보일 수 있는 사도신경의 구절 중 하나는 "나는 거룩한 공교회(catholic church)를 믿습니다"라는 고백이다. 이것은 기독교의 로마 분파가 로마 가톨릭교회(Roman Catholic Church)라는 자신의 이름의 일부분으로 "가톨릭"(catholic)이라는 동일한 단어를 오랫동안 사용해왔기 때문이다. 그들이 이 단어를 하나의 표현으로 사용하기 시작한 이유와 우리가 여전히 사도신경에서 이 단어를 사용하는 이유는 "가톨릭"(catholic)이 단순히 "보편적"(universal)이라는 의미이기 때문이다. 즉 로마 전통은 사도신경처럼 모든 그리스도인이 동의한 기독교적 이해를 묘사하기 위해 이 표현을 사용하기 시작했다. 물론 이제는 동방 정교회, 로마 가톨릭교회, 개신교 전통 사이에 중대한 의견 불일치가 있다는 점에서 더 이상 그런 식으로 사용되지 않는다.

동시에 기독교의 이런 모든 분파는 여전히 (차이점보다는) 많은 공통점이 있으며, 모두 궁극적으로 시공을 초월하여 예수를 믿는 신자들의 모임인 하나의 진정한 교회가 있다고 말할 것이다.

이것은 하나의 거룩한 보편적 교회를 고백하는 것의 유익이다. 이 고백은 그리스도의 몸인 교회의 일부가 된 사람들, 즉 신자들로서 우리의 정체성이 무엇보다 우선임을 그리스도인들에게 일깨워준다. 신자들의 하나 됨은 사회, 민족, 성별, 교육, 경제, 심지어 교단적 차이보다 더 심오한 것이다. 이 하나 됨은 살아 있는 그리스도인들과 이미 죽은 그리스도인들이 그리스도 안에서 연합한다는 이해를 통해 죽음이라는 큰 장벽조차도 초월한다. 한 분의 주님, 하나의 믿음, 하나의 세례, 그리고 궁극적으로 하나의 교회가 있다(엡 4:4-6).[3]

예수는 신자들이 서로 사랑하고 하나 될 것을 강조하면서 두 가지 다른 주제, 즉 미움으로 가득한 세상을 이기는 것과 새로운 시대에 성령의 역할에 대한 가르침을 준다. 예수는 자신이 배신당할 것을 예언하고(13:21-30), 세상이 그를 미워한 것처럼 그의 제자들도 세상에서 미움 받을 것을 예상하라고 가르친다(15:18-

요한의 은유와 예수의 비유

예수의 가르침의 독특한 특징 중 하나는 그가 자주 비유―비유적 표현, 유비, 알레고리적인 이야기―를 사용한다는 것이다(4장을 보라). 예수의 비유를 분석할 때 일반적으로 요한복음이 제외되는데, 그 이유는 요한복음에서 제시된 예수의 가르침의 방식이 공관복음과 너무 다르기 때문이다.

공관복음에서 발견할 수 있는 하나님 나라에 관한 친숙한 비유가 요한복음에서 발견되지 않는 것은 사실이다. 그러나 요한복음 안에 나타나는 예수의 가르침은 이에 못지않게 비유적이다. 요한복음 전체에서 예수는 이미지, 은유, 직유로 가르친다. 즉 예수는 떡, 문, 길, 빛, 포도나무다. 차이점은 공관복음에서 예수의 비유는 하나님 나라에 초점을 두지만, 요한복음에서 예수의 비유적 가르침은 그가 누구인지에 중점을 둔다는 것이다.

그러나 사복음서의 비유는 동일한 목적과 효과를 지닌다. 예수는 비유적인 이미지를 사용함으로써 자신이 하나님이 계시하지 않으면 이 땅에 사는 사람들이 이해할 수 없는 천상의 문제에 관해 말하고 있음을 보여준다.

서로 사랑하라

사랑이라는 주제는 의심할 여지 없이 요한복음의 핵심이다. 요한복음에 "사랑"에 관한 말씀은 50번 이상이나 나오고, 예수는 성부와 성자가 서로에 대해 갖는 사랑과 자신의 백성에 대한 하나님의 사랑에 대해 끊임없이 가르친다. 그뿐 아니라 예수는 제자들에게 그들이 서로 사랑하는 것이 그의 계명의 요약이라고 말한다(13:34-35).

요한복음이 저술된 지 약 3백 년 후, 성 히에로니무스는 사도 요한에 관해 잘 알려진 전승 하나를 다음과 같이 기록했다.

축복받은 복음서 저자 요한은 더 이상 그의 제자들의 품에 안겨 교회에 갈 수 없을 정도로 매우 고령의 나이까지 에베소에 남아 있었다. 그는 더 이상 말을 많이 할 수 없게 되었을 때 집회 때마다 "자녀들이여, 서로 사랑하라"고 말하곤 했다. 결국 모인 제자들과 신도들이 늘 똑같은 말을 듣는 데 싫증이 나서 이렇게 말했다. "선생님, 왜 항상 그 말씀을 하십니까?" 요한은 이렇게 훌륭한 진술로 답했다. "그것이 주님의 계명 안에 있고, 그것을 행하는 것만으로도 충분하기 때문이다."[4]

16:4). 그러나 예수가 세상을 이겼기 때문에 그리스도인들은 낙심해서는 안 된다(16:33). 현재 당하는 고난에 대한 이런 강조는 성령이라는 주제와 교차한다. 예수는 제자들에게 자신이 그들을 세상에 홀로 내버려두지 않을 것이며, 성부 하나님이 진리의 영을 보낼 것을 약속한다(14:15-18). 성령은 예수의 제자들에게 예수가 한 말을 가르치고 생각나게 할 것이며(14:26; 16:13), 세상이 예수를 배척했기 때문에 세상을 향해 증언하고 세상을 책망할 것이다(16:8-11). 📖🔵🔴

예수의 죽음과 부활

■요한복음 18:1-20:31을 읽으라■

모든 복음서는 예수의 죽음과 부활을 메시지의 핵심으로서 강조하며, 요한복음도 예외가 아니다. 그러나 각 복음서는 서로 다른 세부적인 내용을 전달하고 다양한 신학적 주제를 강조한다. 18-20장까지 요한의 이야기는 특히 갈등과 폭력이 뚜렷하게 나타난다.

로마의 통치하에서 유대인들에게는 사형 집행이 허락되지 않았기 때문에, 제사장들은 예수를 심문한 후(18:19-24) 빌라도가 예수를 처형하기를 바라는 마음으로 그를 빌라도에게 넘겨주었다. 그러나 빌라도는 예수에게 질문했을 때 로마법에 따르면 예수에게 죄가 없다고 생각했고, 사실 예수가 자신이 하나님의 아들이라고 주장하는 것을 듣고 두려워했다(19:8). 빌라도는 예수를 석

그리고 아들로부터? 필리오케 논쟁

정통 기독교의 모든 분파는 요한복음이 삼위일체에 대한 우리의 이해에 기여한 여러 가지 방식을 높이 평가했다. 그러나 기독교의 동방과 서방 분파들 사이에는 **필리오케 문구**(filioque clause)로 불리는 것에 대한 큰 견해 차이가 있다. **필리오케**는 라틴어로 "그리고 아들로부터"를 의미하며, 이 논쟁은 정통주의 신조가 성령이 성부로부터만 온다고 말해야 하는지(동방 관점), 아니면 성부와 성자로부터 온다고 말해야 하는지(서방 관점)에 관한 것이다. 이 차이는 삼위일체 위격들의 관계를 어떻게 이해하느냐에 영향을 미치기 때문에 단순한 지적 논쟁이 아니다.

요한복음은 이 논의에서 핵심적인 역할을 한다. 요한복음 15:26에서 예수는 성부로부터 오는 성령에 대해 이야기한다(예수가 보내는 것에 관한 언급은 없음). 그러나 요한복음 16:13-15에서 예수는 성령이 자신의 말을 듣고 그것을 제자들에게 말할 것이라고 이야기하기 때문에 성령을 보내는 데 성자의 역할이 있음을 암시하고 있다. 게다가 요한복음 20:22에서 예수는 제자들에게 성령을 불어넣는다. 요한복음 16:7은 예수가 부활한 후 성령을 보내는 일에 관여함을 가장 강하게 보여준다.

불행히도 **필리오케** 문구에 대한 의견의 차이는 유래가 적어도 11세기까지 거슬러 올라가는 로마 가톨릭과 동방 정교회의 기독교 분파들 사이에 큰 분열을 초래했는데, 이 논쟁은 교황들이 이 문구를 신조들에 포함할 권한이 있는지에 대한 의문과도 맞물려 있었다.

방하려고 시도했지만, 유대교 지도자들은 예수를 반역죄로 처형하도록 압력을 가했다(19:12-16). 따라서 예수는 "유대인의 왕"이라는 조롱 섞인 비난과 함께 십자가에 못박힌다(19:17-22). 예수가 죽자 그의 제자가 된 두 명의 부유한 사람, 즉 아리마대 요셉과 맨 처음에 예수께 질문한 선생 니고데모(3:1-15)가 그를 장사 지낸다(19:38-42).

요한복음 18-20장은 장소를 번갈아 가며 그 이야기를 들려준다. 정원은 이 단락의 시작과 끝의 배경이 된다. 그 당시에 정원은 부자와 왕족만이

보유할 수 있는, 벽으로 둘러싸인 관리를 필요로 하는 공간이었다. 이런 사적인 공간인 정원에서 예수는 배신당하고 체포되었고(18:1-4), 그 후에는 장사되었다가 부활했으며, 처음으로 막달라 마리아에게 나타났는데(19:38-20:18), 그녀는 처음에 그를 정원사로 오해했다(20:15). 또한 이곳은 베드로가 예수의 뒤를 따라왔지만 그다음에 그의 추종자라는 것을 부인한 장소인, 대제사장의 집 외부에 위치한다(18:15-18, 25-27).

실내에서 일어나는 대화들, 특히 로마 총독 본디오 빌라도와 예수의 대화도 중요하다(18:28-19:11). 이 대화에서 예수는 그가 진정한 왕이라는 것을 인정하지만, 그의 왕국은 위로부터 온 것이다(18:33-38). 부활 후 예수는, 죽게 될까 두려워 문을 잠근 채 방에 틀어박혀 있는 제자들에게 갑자기 나타난다(20:19-29). 요한의 에필로그(21:1-25) 이전에 나오는 이 마지막 대화에서 예수는 겁에 질

📖 문학적 문제

예수의 "나는~이다" 진술

요한이 예수를 표현하는 가장 중요한 방법 중 한 가지는 예수의 유명한 "나는~이다" 진술을 통해서다. "나는~이다"라는 진술은 두 가지 유형이 있으며, 두 가지 유형이 모두 일곱 번씩 나온다.

예수는 일곱 번 "나는 X다"라고 말하는데, 술어가 되는 X는 중요한 신학적 은유다.

1. 나는 생명의 떡이다(6:35)
2. 나는 세상의 빛이다(8:12)
3. 나는 문이다(10:9)
4. 나는 선한 목자다(10:11)
5. 나는 부활이요 생명이다(11:25).
6. 나는 길이요 진리요 생명이다(14:6)
7. 나는 참 포도나무다(15:1)

예수가 "나는~이다"라는 구절을 사용하는 또 다른 경우가 일곱 번 있는데, 여기서는 그 자신을 가리키는 명사가 뒤에 나오지 않는다. 해당 구절들은 4:26; 6:20; 8:24, 28, 58; 13:19; 18:5-8이다.

두 경우 모두 예수의 진술은 의도적으로 구약성경에 깊고 중요한 뿌리를 두고 있다. "나는~이다"는 특히 출애굽기에서 하나님이 모세에게 자신을 드러내는 주된 방법이다. 하나님은 아브라함과 이삭과 야곱의 아버지이며(출 3:6), 위대한 "나는~이다"(I am)가 이스라엘 백성을 구하러 간다고 그들에게 전하라고 모세에게 말씀한다(출 3:14). 예수의 "나는~이다"라는 진술은 떡, 빛, 포도나무 등의 은유와 연관되며, 각각의 경우에 그 진술은 구약성경에서 발견되는 "나는~이다" 부분이 아니라 오히려 이렇게 강력한 신학적 이미지들이다. 따라서 예수는 이스라엘의 역사에 나타난 주요 사상과 진술로써 자신을 규명한다. 그는 출애굽기의 떡이요, 이사야서의 빛이요, 예레미야서와 에스겔서의 목자요, 이사야가 예언한 길이다.

린 제자들에게 평화를 말하고 약속대로 성령을 그들에게 불어넣어 세상에서 하나님의 죄 사함의 대리인인 그들에게 권능을 부여한다(20:19-23; 참조. 마 28:16-20). 예수는 제자들이 그의 육체를 지닌 부활을 확인하는 것을 환영하며, 장차 다가올 세대에 이렇게 눈으로 보지 않고도 그를 믿고 따를 사람들에게 축복을 선언한다(20:24-29).

요한은 자신이 왜 이렇게 길고 정교한 복음서 전기를 기록했는지를 명확하게 진술함으로써 그의 복음서 이야기를 마무리한다. 그는 예수가 행한 많은 표적 중 일부를 기록하여 그의 독자들이 예수가 실제로 부활한 그리스도(메시아)임을 믿게 하고, 이 믿음을 통해 그들이 참되고 충만한 삶을 경험할 수 있도록 요한복음을 기록했다(20:30-31). 우리는 이런 목적을 인식하고 요한복음을 다시 읽을 수 있으며, 요한이 예수의 권위와 성부와의 하나 됨을 강조한 것과 예수가 하나님의 참된 본성을 계시한 것을 발견할 수 있다.

정경적 연관성

요한복음과 요한 서신 및 요한계시록의 관계

전통적으로는 사도 요한이 신약성경에서 다음과 같은 다섯 권의 책을 기록한 것으로 이해된다. 즉 제4복음서, 우리가 요한1서, 요한2서, 요한3서라고 부르는 요한의 세 서신, 그리고 묵시록 또는 계시록이다. 이 각각의 책에 대해 정확한 기록 날짜와 연대를 제공하는 것은 어렵다. 전통에 따르면 요한은 오래 살았고, 그가 기록한 각각의 글은 그의 목회가 성숙한 단계에서 나온 것으로 보이며, 특히 1세기 후반의 몇십 년 동안 발생한 신학적·도덕적 문제를 다룬다.

이 요한 문헌 내의 역사적 연관성에 관한 질문과 별도로 우리는 이 글들이 주제를 공유하고 서로에게 깨우침을 주는 유익하고 생산적인 정경적 연관성이 있음을 관찰할 수 있다.

예를 들어 요한계시록과 요한복음은 둘 다 천상과 지상 영역 사이의 뚜렷한 이원론에 뿌리를 둔 세상을 그린다. 요한계시록과 요한복음은 장르가 달라서(요한계시록을 다룬 29장을 보라) 다른 방식으로 말하지만, 둘 다 하늘(하나님)과 땅(인류)이라는 두 영역을 대조하는 근본적인 세계관을 공유한다.

또 다른 예로 요한1-3서를 요한복음과 나란히 읽는 것도 도움이 된다. 예를 들면 빛과 어둠의 대비에 대한 강조(요 8:12; 12:46; 요일 1:5-7; 2:9-11), 보혜사 또는 변호자로서의 성령(요 14:16, 26; 15:26; 요일 2:1), 서로 사랑하는 것의 중요성(요 13:34; 15:12; 요일 3:11-16; 4:7-12; 요이 5절) 등과 같은 언어와 주제가 주로 동일하다.

에필로그

■ 요한복음 21:1-25을 읽으라 ■

요한복음 20:30-31은 이 글을 쓴 목적을 명확히 밝히는 것과 함께 이 복음서 이야기의 적절한 결말처럼 느껴진다. 하지만 요한복음은 세 가지 작은 이야기로 구성된 에필로그(21:1-25)로 끝을 맺는데, 이 이야기들은 느슨한 매듭을 지으면서 나머지 신약성경을 읽도록 독자들을 준비시킨다. 이 에필로그는 요한복음의 나머지 이야기와 별개지만, 내러티브와 두 명의 주요 인물인 베드로와 사랑하시는 제자로 계속 이어진다.

이 에필로그의 첫 번째 이야기는 처음에 요한복음의 이야기가 시작된 장소인 예루살렘 외곽(1:35-51)에서 일어나며 그곳에서 평생 물고기 잡는 일에 종사했던 제자들이 등장한다(21:1-14). 제자들은 물 위에서 실패한 밤을 보낸 후 예수를 만나고—하지만 그들은 예수를 알아보지 못한다—예수는 제자들이 기적적으로 물고기(정확하게 말하면 153마리의 큰 물고기)를 잡게 한다. 이 사건을 통해 제자들은 자신들이 부활한 예수와 함께 있다는 것을 깨닫는다. 그들은 바닷가에 도착하고, 예수는 그들과 빵과 생선을 나눈다. 이 모든 이야기는 의도적으로 다른 복음서 이야기들에 대한 암시로 가득하다. 누가복음 5:1-11에서 베드로, 안드레, 야고보, 요한을 부른 일은 요한의 이야기에서 분명히 언급되며, 광야에서 떡과 물고기를 먹인 일(마 14:13-21; 15:32-39; 막 8:1-10; 눅 9:10-17; 요 6:1-15)과 누가복음 24:13-49 역시 요한의 이야기에 언급된다. 여기서 예수의 정체성은 회상하는 행동을 통해 자신을 드러낼 때만 분명해진다.

요한의 다음 에필로그(21:15-19)는 이전 이야기에서 발단한 것이며, 베드로의 회복에 초점을 맞추고 있다. 베드로가 숯불 옆에서 예수를 세 번 부인했는데(18:15-18, 25-27), 지금은 예수가 숯불 옆에서 하나님의 백성을 돌보는 사랑의 목자가 되는 비전을 통해 베드로를 세 번 압박한다. 이것은 베드로에게 고통스럽고 수치스러운 상황이지만, 예수는 베드로를 지도자의 위치로 자비롭게 회복시키며, 베드로가 처음 받았던 "나를 따르라"는 동일한 부르심으로 끝을 맺는다.

　세 번째이자 마지막 이야기(21:20-23)는 두 명의 주요 등장인물인 베드로와 사랑하시는 제자를 다룬다. 이 이야기는 솔직히 조금 이상하다. 이 이야기는 나중에 다른 제자들이 베드로와 예수의 대화를 잘못 해석하여 오해한 것과 관련된다. 구체적으로 말하면, 일부 그리스도인들이 예수가 이 땅에 다시 오기 전에는 사랑하시는 제자가 죽지 않을 것이라고 예수가 약속했다고 믿게 되었던 것으로 보인다. 그러나 이 짧은 글은 예수가 그것을 약속하지 **않았다는 것**을 명확히 한다. 요한은 왜 이 이야기를 여기에 포함했을까? 한 가지 가능성은 요한의 신실한 제자들이 그가 죽은 직후 그의 책의 결론으로서 이 마지막 이야기를 추가했다는 것이다. 이것은 이 이야기가 포함된 이유—잘못된 소문을 바로잡기 위해—를 설명하는 것일 수 있다. 그리고 이것은 3인칭을 사용하여 사랑하시는 제자의 신실한 증언을 언급한 21:24을 이해하도록 도와준다. 이 부분은 모세 오경 끝부분에 모세가 죽었다고 보고하는 것(신 34:1-12)과 비슷한 역할을 한다. 우리는 확실히 알 수 없다. 다만 분명한 것은 이 아름다운 복음서 이야기의 마지막 구절이 사중복음서 전체를 다음과 같이 멋지게 요약하는 역할을 한다는 것이다. "예수께서 행하신 일이 이 외에도 많으니 만일 낱낱이 기록된다면 이 세상이라도 이 기록된 책을 두기에 부족할 줄 아노라"(21:25). 🧑‍🎓

물고기 153마리?

요한복음 21:11에는 매우 기이한 내용이 담겨 있다. 즉 부활한 예수가 많은 물고기를 잡은 것을 통해 제자들에게 자신을 드러냈을 때 요한은 잡은 물고기가 정확히 153마리였다고 우리에게 알려준다. 이런 구체적인 사항이 왜 중요한가?

간단한 대답은 우리가 모른다는 것이다. 그리스도인들은 수천 년 동안 이 구체적인 숫자에 대해 깊이 생각해왔고, 153이 어떻게 삼각수가 되는가에 관한 생각에서부터 시작하여 당시에 알려진 어종의 수인 153에 대한 논쟁, 그리고 어부들의 어획량 집계 성향에 관한 단순한 답변에 이르기까지 다양한 대답을 제시해왔다.

분명한 것은 현대 이전에 유대인과 그리스도인들은 대부분 숫자와 이름의 상징적 사용에 대해 많은 생각을 했다는 점이다. 사실 숫자와 이름 사이의 중요한 연관성을 **게마트리아**(*gematria*)라고 부르는데, 이는 단어의 숫자의 값을 계산하여 그 연관성 안에서 상징적인 의미를 발견하는 방법이다.

일부 현대 학자들은 이런 고대 사상을 재검토하여 요한이 실제로 153마리의 물고기를 언급함으로써 무언가를 의도했을 것이라고 주장한다. 이런 주장들에는 153이 "하나님의 자녀"(요 1:12, 에필로그를 프롤로그와 연결함)에 대한 게마트리아 값이라는 주장, 그리고 153이 10(율법을 나타냄)과 7(성령의 은사를 나타냄)을 합한 소수 17과 관련이 있으며, 우리가 알고 있는 초기 기독교의 중요한 숫자인 18과 관련이 있다는 주장도 포함된다. 아무튼 고대 세계가 일반적으로 숫자를 상징적으로 사용한 것은 사실이며, 여기에는 요한의 물고기 숫자인 153도 포함될 것이다.

실천과 적용—오늘날 요한복음을 기독교 경전으로 읽기

우리는 요한이 그의 복음을 우리가 어떻게 실천하기를 바랄지 궁금해할 필요가 없다. 그는 그의 이야기의 마지막에, 그리고 그 후 그가 쓴 복음서 전기 에필로그의 마지막 말에서 다시 한 번 이렇게 명확히 밝힌다. "오직 이것을 기록함은 너희로 예수께서 하나님의 아들 그리스도이심을 믿게 하려 함이요, 또 너희로 믿고 그 이름을 힘입어 생명을 얻게 하려 함이니라"(20:31). 요한복음에 대한 올바른 반응은 정직하게 자신을 성찰하고 예수의 말씀이 우리 삶에 역사하도록 하는 것이다. 모든 인간이 갈망하는 참되고 영원한 삶은 예수가 주는 것이며(10:10을 보라), 우리는 오직 그를 통해서만 하나님을 알 수 있다. 모든 다른 욕망, 추구, 사랑의 모습은 예수가 주는 영생에 비교하면 시시한 것이다.

예수는 그의 구멍 난 옆구리와 못 자국 난 손을 만져보고 믿은 제자들을 축복하지만, 이미 당신과 나를 생각하고 "보지 못하고 믿는 자들은 복되도다"라고 말한다(20:29). 예수는 최초로 믿은 제자들에게 그가 주었던 초대장을 이제 요한복음을 듣는 모든 사람에게 준다. "너는 무엇을 구하느냐? 나를 따르라. 와서 보라! 이보다 더 큰 일을 보리라!"(1:35-51을 보라)

사중복음서에서 요한복음은 모세 오경에서 신명기와 같다. 이 모음집에서 요한복음은 요약이자 정점이며 명확하게 마무리하는 책이다. 요

한복음과 독수리 상징의 전통적인 연관성은 요한복음의 "고공을 나는" 신학과 기독론에 비추어볼 때 분명하다. 많은 그리스도인과 탐구자들이 요한복음을 출발점으로 사용하는 것 또한 일리가 있다. 요한의 이야기는 흥미롭고 재미있으며, 예수가 독자들에게 이 땅에 성육신한 하나님으로서 제시되고 있다는 점에는 의심의 여지가 없다. 🗨

<h2 style="text-align:center">요한복음의 핵심 구절</h2>

- 태초에 말씀이 계시니라. 이 말씀이 하나님과 함께 계셨으니 이 말씀은 곧 하나님이시니라 (1:1).
- 예수께서 이르시되 "내가 곧 길이요, 진리요, 생명이니, 나로 말미암지 않고는 아버지께로 올 자가 없느니라(14:6).
- 예수께서 제자들 앞에서 이 책에 기록되지 아니한 다른 표적도 많이 행하셨으나 오직 이것을 기록함은 너희로 예수께서 하나님의 아들 그리스도이심을 믿게 하려 함이요, 또 너희로 믿고 그 이름을 힘입어 생명을 얻게 하려 함이니라(20:30-31).

1. 요한복음의 프롤로그(1:1-18)를 그것의 주요 주제들을 주목하면서 여러 번 읽으라. 요한복음의 나머지 부분에서 이 주제들을 추적하라.

2. 요한복음의 일곱 가지 표적을 각각 읽어보라. 당신은 이 각각의 표적이 예수의 인격과 신적인 능력에 대한 여러 다른 측면을 어떻게 드러낸다고 생각하는가?

3. 요한1서를 끝까지 읽어보라. 편지 전체에 걸쳐 어떤 주제들이 나타나고 있는가? 이 주제들은 요한복음의 주제들과 어떻게 비교되고 대조되는가?

4. 당신은 요한복음이 공관복음과 왜 그렇게 다르다고 생각하는가? 그것이 사중복음서에 어떤 가치를 더해주는가?

10장
사도행전

개요

사도행전은 액션으로 가득 찬 드라마로서 하나님의 표적과 기사, 믿기 어려운 회심, 놀라운 공급, 그리고 서서히 펼쳐지는 하나님의 계획으로 가득하다. 그러나 무엇보다도 사도행전은 인생을 변화시키고 세상을 바꾼 인물인 예수 그리스도를 증언한다. 그는 만유의 주님이며, 구세주이자 심판자로 임명되었다. 사도들은 그의 이름을 선포하면서 천하에 사람들을 구원할 수 있는 유일한 이름을 세상에 드러낸다.

사도행전은 신약성경의 다리이며, 우리를 복음서에 나오는 예수의 지상 사역에서 그가 그의 성령을 통해 일하고 그의 성령이 그의 제자들을 통해 일하는 예수의 천상 사역으로 인도한다. 이런 의미에서 사도행전이라는 이름은 잘못 붙여진 것이다. 이 책은 승

> **🙂 역사적 문제**
>
> **사도행전의 역사적 기원**
> **저자:** 의사 누가
> **기록 연대:** 기원후 62년경
> **장소:** 로마
> **배경:** 누가는 누가복음을 저술한 후 그다음 이야기를 알 필요가 있는 데오빌로 및 그와 비슷한 상황의 다른 사람들에게 글을 쓴다.

천한 그리스도 예수의 행전으로 불려야 한다. 😨

또한 사도행전은 구원 역사의 다리이기도 한데, 이는 하나님이 구약 예언을 성취하는 데 있어 유대인뿐만 아니라 믿는 이방인들에게도 그의 성령을 부어주는 것에서 확인할 수 있다. 우리는 이 내러티브가 진행되는 과정에서 하나님의 백성이 더 이상 율법과 관습을 가지고 있는 이스라엘 민족에 국한되지 않으며, 이제는 예수를 하나님의 메시아로 고백하고 그의 이름으로 죄 사함을 받고자 하는 모든 민족에게 열려 있도록 재구성되는 것을 볼 수 있다. 🔑

마지막으로 사도행전은 상대적으로 덜 중요한 유대 지역과 세계 권력과 영향력의 중심인 로마, 즉 제국의 수도를 잇는 다리다. 이 이야기의 끝에 우리는 그리스도의 메시지가 예루살렘에서 붐을 일으키고, 지중해 세계로 이동하며, 세계적인 운동이 되는 것을 보게 된다. 🔑

탐구—사도행전 읽기

"내 증인이 되리라"

■ 사도행전 1:1-14을 읽으라 ■

누가는 자신이 기록한 예수 운동의 역사에 관한 두 번째 책을 데오빌로에게 헌정하는 것으로 시작하며(참조. 눅

🔑 **수용사**

사도행전의 "낯설고 새로운 요리"

비록 누가복음과 사도행전이 함께 회람되거나 정경 안에서 바로 옆에 위치하지 않았다고 할지라도, 적어도 2세기부터는 이 두 책이 동일 저자의 것으로 추정되었다. 대신 누가복음의 역할은 사중복음서의 일부였고, 사도행전은 분리되어 신약성경의 서신서와 연결되었다. 따라서 401년에 요안네스 크리소스토모스는 사도행전에 대한 일련의 설교를 했을 때 사도행전의 "낯설고 새로운 요리"가 많은 그리스도인에게 거의 알려지지 않았다고 불평했다.

그럼에도 수 세기에 걸쳐 사도행전, 특히 사도행전의 전반부(1-12장)는 기독교 신학, 실천, 예술에 많은 영향을 끼쳤다. 예수의 승천, 오순절, 돌에 맞아 죽은 첫 순교자 스데반, 바울의 회심, 베드로를 옥에서 구해내는 이야기가 기독교 신학과 실천에 영감을 주었다.[1]

현대에 사도행전은 종종 날조된 것이며 신뢰할 수 없다는 이유로 공격을 받았지만, 크리소스토모스, 루터, 칼뱅, 키르케고르, 바르트, 본회퍼를 포함하는 많은 저명한 기독교 사상가들이 사도행전의 가르침과 본보기를 자신의 신학의 일부로 사용했다.

서술 vs. 규범

오늘날 사도행전을 읽을 때 가장 분열을 초래하는 문제 중 하나는 사도행전을 사도 시대에 대한 단순한 서술로 읽을 것인지 아니면 교회가 항상 어떤 모습이어야 하는지에 대한 규범으로 읽을 것인지에 대한 것이다. 다시 말해서 사도행전은 "이런 놀라운 일들이 일어난 것을 보라"고 하는가, 아니면 "이런 놀라운 일들이 일어난 것을 보라. 바로 오늘날의 교회가 이렇게 되어야 한다"고 말하는가? 이 질문에 대한 대답은 극적인 결과를 낳는다. 은사주의 및 오

순절 교회는 이 질문에 대해 규범으로 읽어야 한다는 편에 서는 경향이 있기 때문에 교회생활은 방언, 치유, 예언 같은 기적적인 표적을 포함해야 한다. 복음주의 및 주류 교회들은 이 질문에 대하여 서술로 읽어야 한다는 편에 서는 경향이 있는데, 이는 사도행전에 묘사된 표적과 기사가 구원사의 새로운 단계를 보여주는 표시이지만, 오늘날의 교회에 대한 규범은 아니라고 보는 것이다. 고려해야 할 중요한 요소는 신약성경의 서신들이 정상적인 그리스도인의 삶이 어떤 모습일 것으로 기대하는지 여부다.

1:1-4), 첫 번째 책에서 언급한, 예수가 행하고 가르친 모든 것과 부활 후 40일간의 행적에 관한 설득력 있는 증거들을 그에게 상기시킨다(1:1-3).

누가는 헌정사 이후에 예수가 승천하기 직전에 있었던 이야기를 언급하면서 세 번째 복음서의 마지막과 중복되는 이야기를 통해 그의 복음서와 사도행전을 완벽하게 연결한다(누가복음은 승천으로 끝을 맺는다). 누가복음에서 예수는 아버지께서 약속하신 것(성령을 가리킴)을 보내겠다고 말했고, 제자들은 성령으로 능력을 입을 때까지 예루살렘에서 기다려야 했다(24:49). 예수는 사도행전에서도 같은 말을 하지만 이번에는 더욱 노골적으로 제자들이 성령으로 세례를 받게 되리라고 말한다(1:4-5). 성령을 받은 그들은 예루살렘과 유대, 사마리아와 땅끝까지 예수의 증인이 될 것이다(1:8). 🏛

사도행전 1: 8과 사도행전의 구조

이 구절은 성령이 제자들에게 임하면, 그들이 능력을 받고, 예루살렘과 온 유대와 사마리아와 땅끝까지 자신의 증인이 될 것이라는 예수의 말로 이 책 전체를 요약하는 강령적인 구절이다. 사도행전의 구조는 사도들이 먼저 성령의 능력을 받고 예루살렘에서 처음으로 그리스도에 대하여 증언하고(1-7장), 그다음에 예루살렘에서 멀리 떨어진 유대에서(8-12장), 그후 소아시아와 유럽을 거쳐(13-28장), 마지막으로 로마(28장)에서 끝나게 되는 이 책의 개요를 따른다. 제국의 수도 로마는 "땅끝"을 대표하는데, 이는 로마가 전 세계를 대표한다는 뜻일 수도 있고, 혹은 로마가 사도들의 메시지를 전파할 수 있는 영향력과 능력을 지니고 있으므로 로마로부터 시작해서 온 세상이 예수에 관한 사도들의 증언을 들을 것이라는 뜻일 수도 있다.

그 후 예수는 하늘로 승천하고, 두 천사는 사도들에게 예수가 동일한 방식으로 돌아올 것이라고 말함으로써 어느 날 예수가 구름 가운데서 다시 올 것이라는 그들의 기대를 확인해준다(1:9-11). 사도들은 예루살렘으로 돌아와 그곳에서 함께 머물며 기도한다(1:12-14).

열두 번째 사람

■ 사도행전 1:15-26을 읽으라 ■

다음으로 누가는 예수의 승천 이후에 사도들을 재정비한 것에 대한 통찰력을 제공한다. 베드로는 성경이 이미 유다가 예수를 배신할 운명이었다고 말하므로 이 참혹한 사건마저도 하나님의 통제 밖에 있었던 것이 아니라 사실은 하나님의 계획에 따라 일어났다는 것을 암시한다고 주장함으로써 예수의 제자들 사이에서 그의 지도력을 계속 이어나갔다. 또한 그는 열두 명의 사도를 유지하기 위해서는 유다를 대신할 사람이 필요하다고 주장했다. 사도들은 증인의 역할을 해야 하므로, 열두 번째 사람은 예수가 세례를 받은 때부터 승천할 때까지—예수의 지상 사역 전체 기간에—예수를 따른 그의 추종자여야 했다(1:15-22). 그들은 요셉과 맛디아 중 하나를 선택하기 위해 제비를 뽑았고, 그 결과 맛디아가 선택되어 사도들과 합류했다(15:23-26). 😵

성령이 임함

■ 사도행전 2:1-47을 읽으라 ■

누가는 사도들에 대한 예수의 약속이 성취되는 것을 보여주는 데 약간의 시간을 할애한다. 예수가 지적한 대로(1:8), 사도들에게 곧 성령이 임했는데, 이는 오순절에 일어났다. 하늘에서 불어오는 강한 바람처럼, 성령이 불

유다는 어떻게 죽었을까?

사도행전에서 유다의 죽음에 대한 설명은 마태복음 27:1-10의 내용과 상당히 다른 것으로 보인다. 마태에 따르면 유다는 예수를 배신한 대가로 대제사장들과 장로들이 그에게 지불한 은 30을 돌려준 뒤 목을 매 자살했다고 한다. 사도행전 1:18에서 베드로는 유다가 피 묻은 돈으로 밭을 사고, 땅에 곤두박질하여 배가 터져 내장이 흘러나왔다고 말한다. 이 두 가지 설명이 조화를 이루기는 어렵지만 불가능하지는 않다. 마태는 대제사장들이 유다의 돈으로 밭을 샀다고 말하는데, 이는 유다가 밭을 샀다는 말과 크게 다르지 않다. 만약 유다가 목을 맸다면, 목을 매고 난 뒤에 그의 몸이 곤두박질하여 터졌을 가능성이 있다(이것은 아우구스티누스의 견해다). 좀 더 최근의 견해는 마태가 의도적으로 예레미야 18:1-4; 19:1-13; 32:6-15에 의존하고 있다고 주장한다. 이것은 마태가 유다의 죽음을 성경의 예언과 결부시킨 상상력이 풍부한 설명이 될 것이다.

의 혀들을 각 사람 위에 나타나게 했고, 그들은 모두 성령으로 충만해져서 그들이 알지 못하는 언어들을 말할 수 있는 능력을 받게 되었다(2:1-4).

그날은 오순절이었기 때문에 다른 지역과 나라에 사는 유대인들이 예루살렘에 모였다. 그들은 사도들이 제각기 자기 나라의 언어로 말하는 것을 듣고서 놀라워했다. 그러나 그것은 혼란스러운 일이었고, 어떤 이들은 사도들이 술에 취했다고 주장했다(2:5-13).

바로 그때 베드로가 성령을 받은 후 첫 번째 설교를 하는데 그것은 사도행전의 주제에서 매우 중요하다. 물론 사도들이 술에 취한 것은 아니었지만, 베드로는 예언자 요엘의 말씀을 인용하여 그들이 목격한 것이 약속된 하나님의 영이 그들에게 부어진 증거라고 주장했다(2:14-21; 참조. 욜 2:28-32).

그러나 베드로의 오순절 설교는 궁극적으로 성령에 대한 것이 아니라 그리스도에 관한 것이었다. 예수는 표적과 기사를 통해 입증되었으며, 하나님의 계획에 따라 죽음에 넘겨졌다. 그러나 하나님은 그를 죽은 자 가운데서 살려서 시편 16:8-11의 예언을 성취했다. 다윗은 죽어서 땅에 묻혔지만, 진정한 메시아는 죽은 상태에 머물러 있지 않았으며, 사도들은 예수의 부활의 증인이 되었다(2:22-32). 실제로 예수는 하나님의 오른편—즉

하나님이 기름 부어 세운 왕의 존
귀한 지위—에 높이 올랐으며, 바
로 이 천상의 높은 위치에서 그리
스도가 성령을 부어주었다(2:33-
35). 그렇다면 성령을 부어준 것은
예수가 주님이자 메시아라는 증거
다(2:36).

베드로가 행한 설교의 논리
는, 사도들이 다른 언어를 말할 수
있는 능력이 생겼다는 것이 성령
을 부어주었다는 증거고, 이것이
곧 예수가 메시아라는 증거라는
것이다. 다시 말해 베드로의 오순
절 설교는 사실 예수의 메시아 지
위에 관한 것이다.

베드로의 설교를 들은 유대인
청중은 그의 메시지로 인해 마음
의 찔림을 받았고, 죄 사함을 받기
위해 회개하고 예수 그리스도의
이름으로 세례를 받으라는 지시를
받는다. 그렇게 하면 그들은 하나
님의 약속대로 성령을 받게 될 것
이다(2:37-40; 참조. 사 44:3). 그날
약 3천 명이 세례를 받고 예수 공

시편의 메시아 대망 사상

사도들은 예수가 메시아, 즉 하나님의 기름 부음
받은 왕임을 증명하기 위해 구약성경의 몇몇 본
문에 의존했는데, 시편 2, 16, 110편은 특히 중
요했다. 베드로는 그의 오순절 설교에서 뒤의 두
본문을 인용했다. 우리는 사도행전 2:25-28에
서 시편 16:8-11을 언급한 긴 인용문을 발견할
수 있는데, 이 인용문에서 메시아적 인물은 **음부**
(Hades)에 버려지지 않고 생명의 길을 알게 될
것이다. 이것은 예수가 죽은 자 가운데서 부활한
것이 그의 메시아적 지위를 확증하는 것임을 입
증하는 데 사용된다. 베드로는 사도행전 2:34에
서 하나님(주)이 메시아(다윗의 주)에게 가장 영
광스러운 자리인 하나님의 우편에 앉으라고 말
씀할 때를 다윗 왕이 미리 내다보았다는 것을 보
여주기 위해 시편 110:1을 인용한다. 예수의 승
천은 이 예언의 성취로 간주되며, 따라서 예수가
메시아임을 다시 한번 확언한다.

그림 10.1. 오순절 성령 강림(행 2:1-4), 윌리엄
드 브레일즈(William de Brailes)의 작품(13세기)

동체에 편입됐다. 그들은 사도들의 가르침, 새로운 교제, 그리고 기도에 헌신하게 되었다(2:41-42).

새롭게 확대된 이 공동체는 사도들의 표적과 기사로 특징지어졌고, 그들의 물건을 궁핍한 사람들과 나누었으며, 성전과 그들의 집에서 함께 모였다. 그들은 하나님을 찬양하면서 기쁘고 진실한 마음으로 살았고 매일 그 수가 늘어났다(2:41-47).

증언을 시작하다

■ 사도행전 3:1-26을 읽으라 ■

누가는 성령이 사도들의 사역에 얼마나 큰 변화를 만들고 있는지를 보여준다. 성령이 임하고 베드로가 예수의 메시아 됨을 선포한 이후 사도들은 그리스도의 증인으로서의 사명을 수행하기 시작했다. 베드로와 요한이 성전에서 기도할 때 한 남자가 돈을 구걸하며 그들에게 다가갔는데, 그는 태어날 때부터 못 걷는 사람이었다. 베드로는 예수가 행한 일을 연상시키는 방식으로 그에게 그리스도의 이름으로 일어나 걸으라고 말했다(3:1-6; 참조. 막 2:1-12). 그 사람은 즉시 걸었고 하나님을 찬양했으며, 그를 아는 모든 사람이 일어난 일을 목격하고 두려운 마음을 갖게 되었다(3:7-10).

놀란 군중은 베드로에게 예수에 관한 말씀을 선포하라고 촉구했다. 베드로는 예수를 죽인 것에 대해 그들을 꾸짖고 예수의 부활에 대한 사도들의 증언을 다시 한번 확언한 후, 이 치유의 기적이 생명의 근원인 예수가 행한 일이라고 말한다(3:11-16). 베드로는 예수의 삶, 죽음, 부활을 성경에 계시된 하나님의 약속과 다시 한번 연결함으로써 군중에게 회개하라고 촉구했다(3:17-23, 26; 참조. 신 18:15-19). 심지어 그들의 회개도 약속을 성취한 것이었다(3:24-25; 참조. 창 12:3; 18:18; 22:18; 26:4).

박해가 시작되다

■ 사도행전 4:1-37을 읽으라 ■

이제 누가는 예수에 관한 베드로의 담대한 설교에 직면하여 무엇을 기대해야 하는지를 독자들에게 보여준다. 베드로의 설교는 제사장들과 성전 경찰, 그리고 사두개인들의 분노를 샀다. 베드로와 요한은 체포되었지만, 예수의 추종자는 5천 명에 이르렀다(4:1-4). 그다음 날 베드로와 요한은 대제사장 안나스와 다른 사람들 앞에서 날 때부터 못 걷는 사람을 십자가에 못박혔다가 부활한 나사렛 예수가 치유했다고 증언했다. 구원은 오직 그의 이름 안에서만 발견될 수 있다(4:5-12).

베드로와 요한의 담대함과 치유된 사람을 본 유대교 지도자들은 그들을 반대하는 어떤 말도 할 수 없었다. 그러나 그들은 예수의 말씀이 더 이상 퍼지지 않게 하기로 결정하고, 베드로와 요한에게 그의 이름으로 말하지 말 것을 명령했다(4:13-18). 베드로와 요한은 그들에게 직접적으로 저항하며, 사람이 아닌 하나님께 순종해야 한다고 주장했다(4:19-20). 그들은 마지못해 베드로와 요한을 풀어주었고, 베드로와 요한은 공동체로 돌아가 하나님의 주권을 찬양했다(4:21-31). 새 공동체는 그리스도의 부활에 대한 사도들의 증언을 들으며 모든 물건을 계속해서 공유했고, 궁핍한 사람은 아무도 없었다(4:32-37).

🔵 수용사

은사지속론 vs. 은사중지론

앞서 제기된 질문과 관련하여(사이드바 "서술 vs. 규범"을 보라), 이 논쟁은 사도행전에서 볼 수 있는 기적적인 표적들이 현시대에도 **계속되는지** 아니면 사도 시대의 종료와 함께 **중단되었는지**에 관한 것이다. 한편으로 사도행전은 하나님이 성령 시대의 시작을 알리는 이정표 역할을 하는 놀라운 일들을 행한 구원사의 한 시대를 묘사하는 것으로 보인다(**은사중지론**을 지지함). 다른 한편으로 하나님은 제한을 받지 않으며, 만약 그가 원하면 오늘날에도 사도행전에 기록된 표적들의 구원사적 중요성을 훼손하지 않으면서 기적을 행할 수 있다(**은사지속론**을 지지함).

성령께 거짓말하기

■사도행전 5:1-11을 읽으라■

누가는 상당히 이상한 이야기 하나를 소개하면서 아나니아와 삽비라가 그들이 드리는 헌금에 대해 거짓말했던 사건을 통해 나눔이 있는 공동체의 부패한 모습을 그린다. 자신을 위해 그들의 돈의 일부를 보관하는 것은 아무런 문제가 되지 않았겠지만, 그들은 사도 공동체에 땅을 판 수익금 전부를 헌금하는 척했다(5:1-2). 베드로는 무슨 일이 일어났는지 알았고 아나니아의 거짓말을 꾸짖었다. 이것은 하나님께 거짓말을 하는 것과 같았다(5:3-4). 애석하게도 이 책망은 아나니아의 즉각적인 죽음으로 이어졌다. 세 시간 후 그의 아내에게도 같은 일이 일어났고, 이는 그 소식을 들은 모든 사람에게 공포를 불러일으켰다(5:5-11). ✝

✝ 신학적 문제

아나니아와 삽비라는 왜 죽어야 했을까?

사도행전 5장에 나오는 이 기사는 현대 독자들에게 특히 가혹해 보인다. 왜 아나니아와 삽비라가 부동산 수익에 관해 거짓말을 한 죄가 그들의 죽음으로 이어지게 되었을까? 어쨌든 그 이후로도 그리스도인들은 많은 거짓말을 해왔지만, (우리가 아는 한) 그 거짓말 때문에 하나님으로부터 심판을 받은 사람은 아무도 없다. 가장 만족스러운 대답은 사도행전이 구원사 속에서 아주 독특한 시기를 묘사하고 있다는 것인데, 이는 내러티브 안에서 일어나는 이상하고 놀라운 많은 일을 설명해준다. 아나니아와 삽비라의 운명은 모든 죄에 대한 형벌이 죽음이라는 점을 우리에게 상기시킨다(참조. 창 3장; 롬 6:23). 하나님은 보통 죄를 짓는 순간에 죽음으로 심판하지 않고 자비를 베풀지만, 그럼에도 자신의 뜻대로 생명을 허락하고 거두어가는 모든 인간의 심판자다. 아나니아와 삽비라의 죽음은 구원사의 이 중요한 시기에 하나님이 활발하게 활동했음을 강조한다.

더욱 심해지는 박해

■사도행전 5:12-42을 읽으라■

앞으로 계속되는 다음 몇 장에서 누가는 설교하는 사도들에 대한 박해가 더욱 심해지는 것을 보여준다. 그들은 계속해서 표적과 기사를 행하고, 병든 자와 다리 저는 자를 치유하고, 많은 군중을 모이게 했다(5:12-16). 이에 대제사장과 다른 사람들은 다시 한번 분노하며 사도들을 체포했다(5:17-18). 그

신약성경을 기독교 경전으로 읽기

러나 천사가 그들을 풀어주며 성전에서 말씀을 전하라고 지시했다(5:19-21a).

그 사이 대제사장은 산헤드린 공회를 소집하고, 사도들이 탈옥한 줄도 모르고 그들을 데려오라고 명령했다. 사도들이 옥에 없는 것을 알게 된 산헤드린 공회는 그들이 성전에서 가르치고 있다는 것을 알게 되었고, 그들을 산헤드린 공회

역사적 문제

산헤드린

고대 이스라엘의 모든 도시에는 스물세 명의 판사로 구성된 법원이 분쟁에 대한 판결을 내렸다. 이것은 산헤드린(Sanhedrin)으로 알려져 있었다. 산헤드린 대공회(Grand Sanhedrin)는 예루살렘에 있었는데, 이는 일흔한 명의 회원으로 구성되어 있었으며, 대법원의 역할을 행하여 하위 법원이 판결한 사건에 대한 항소를 수락하고, 유대인의 종교적·정치적 문제에 대한 모든 종류의 법률을 제정했다.

앞으로 데려왔다(5:21b-27). 대제사장은 사도들에게 예수의 이름으로 가르치는 것이 금지되었음을 상기시켰지만, 베드로는 자신들이 사람보다 하나님께 순종해야 한다고 재차 강조했고 그들이 전한 메시지도 상기시켰다(5:28-32).

이런 그들의 반응은 오히려 산헤드린 공회를 격분시켰지만, 유명한 바리새인이자 (바울의) 선생인 가말리엘은 그들을 설득하려고 했다. 그는 여러 사회적 운동이 잠깐 있다가 없어지는데, 만약 사도들이 하나님의 도움과 지지를 얻지 못한다면 실패할 것임을 산헤드린 공회에 일깨워주었다. 그러나 그 운동들이 하나님으로부터 나온 것이면, 산헤드린 공회가 그들을 막지 못할 것이다(5:33-39). 그들은 가말리엘의 논리에 동의한 뒤 사도들을 채찍질하고 예수의 이름으로 말씀을 전하는 것을 재차 금지하고 풀어주었다. 사도들은 예수의 이름 때문에 고난받는 것을 기뻐하면서 금지된 사항을 무시하고 예수에 관해 계속 가르쳤다(5:40-42).

죽음을 초래하는 박해

■ 사도행전 6:1-8:3을 읽으라 ■

다음으로 우리는 더욱 심해지는 박해가 치명적인 수준에 도달하는 것을 본다. 예수 운동이 확산하면서 공동체에는 과부들을 돌보는 일과 관련하여 문제가 발생했다. 사도들은 이 책임을 일곱 명에게 위임했고, 자신들은 가르침과 기도에 집중했다(6:1-6). 일곱 명 중 하나인 스데반은 사도들처럼 표적과 기사를 행했다. 따라서 그는 반대와 모함을 불러일으켰다. 즉 스데반은 그에 대한 음모로 인해 체포되었고, 산헤드린에 끌려갔다(6:8-15).

스데반은 그에 대한 모함이 사실인지를 묻자 아브라함부터 요셉, 모세와 이스라엘, 다윗과 솔로몬에 이르기까지 하나님의 백성의 역사를 추적하는 놀라운 설교를 시작했다(7:1-50). 이 설교는 하나님이 이스라엘 역사 내내 그분의 약속에 신실했지만, 항상 그를 거부한 사람들이 하나님께 반항했음을 보여준다(7:39-43). 그 후 스데반은 그가 언급한 사람들의 반항적인 면들과 그를 고발한 자들 및 산헤드린 공회를 연결하고, 그들이 성령을 거역하고 약속된 의인인 예수를 죽였다고 주장했다(7:51-53).

스데반의 설교는 산헤드린 공회를 격분시켰고, 그들은 그를 성 밖으로 끌고 나가 돌로 쳤다. 스데반이 주 예수께 자신의 영혼을 받아달라고 외치는 동안, 내러티브는 곧 사도행전의 주요 인물이 될 사울을 소개한다(7:54-60).

스데반의 죽음은 사울이 교회에 대한 극심한 박해를 주도하도록 했고, 이에 신자들은 유대 전역과 사마리아 전역으로 흩어지게 되었다(8:1). 아직 스데반의 장례를 치르고 있는 동안 사울은 교회를 비난하며 남녀를 잡아 감옥에 끌고 갔다(8:2-3).

예루살렘 외부에서의 사역

■ 사도행전 8:4-40을 읽으라 ■

누가는 예언이 예상치 못한 방법으로 성취될 수 있다는 것을 그의 독자들이 깨달을 수 있도록 돕는다. 사도들은 사울의 박해 때문에 예수가 예언한 대로 예루살렘을 넘어 흩어지기 시작했다(1:8). 빌립은 사마리아에서 설교하면서 큰 표적들을 행했다(8:4-8). 과거에 마술사였던 시몬은 신자가 되었지만, 성령을 주는 사도들의 능력을 돈으로 사고자 했고, 이로 인해 강한 책망을 받았다(8:9-25).

빌립은 예루살렘 외곽에서 마차를 타고 이사야서를 읽고 있는 에티오피아의 중요한 내시를 만났다. 빌립은 이사야의 예언이 담겨 있는 이사야 53:7-8을 그에게 설명하면서 그 예언이 예수 안에서 성취되었음을 증명했다. 그 내시가 이를 믿고 세례를

Wikimedia Commons

그림 10.2. 카라바조(Caravaggio), "다메섹으로 가는 길에서의 회심"

받자, 빌립은 그곳에서 기적적으로 사라지고 가이사랴 근처에서 설교하기 시작했다(8:26-40).

부활한 그리스도를 만난 사울

■ 사도행전 9:1-31을 읽으라 ■

역사학자로서 누가는 사실이 소설보다 더 이상하다는 것을 알고 있다. 그가 다음에 기록한 일은 역사상 가장 예상치 못한 사건 중 하나다. 사울은 교회를 박해하는 지도자로서 교회를 멸하고자 하는 자신의 사명을 계속 이어갔다. 그러나 그가 신자들을 끝까지 추적하려고 다메섹으로 가는 동안 천상의 빛이 그를 에워쌌다. "사울아, 사울아, 네가 어찌하여 나를 박해하느냐?"라는 음성이 그에게 들려왔다. 이에 사울이 자기에게 말을 한 사람이 누구인지 물으니, 그 말을 한 사람은 자신이 바로 사울이 박해하고 있는 예수라고 말했다. 사울은 이 만남 이후 시력을 잃고 다메섹으로 인도되었다(9:1-9).

주님은 다메섹에 사는 제자 아나니아에게 사울을 도우라고 말씀했다. 아나니아가 처음에 거절하자 주님은 사울이 이방인과 임금, 그리고 이스라엘 백성들에게 그리스도를 전하기 위해 선택된 도구라고 말씀했다. 아나니아가 사울에게 손을 얹자 사울은 시력을 회복하고 세례를 받았다(9:10-19).

얼마 후 사울은 다메섹에 있는 회당에서 예수를 전하기 시작했는데, 이 일은 사람들이 그를 교회의 박해자로 알고 있었기 때문에 큰 혼란을 일으켰다. 그럼에도 사울은 더 큰 능력을 얻게 되었고, 그를 죽이려는 음모의 표적이 되었다. 그러나 사울은 바구니를 타고 성벽의 틈을 통해 아래로 내려가 다메섹을 탈출했다(9:20-25).

사울은 예수의 추종자가 된 이후 처음으로 예루살렘을 방문했는데,

그곳의 제자들은 그를 두려워했다. 그러나 바나바는 사울을 사도들에게 데리고 가서 사울이 현재 전하고 있는 부활한 그리스도를 어떻게 만났는지 설명했다. 사도들은 사울을 받아들였고, 그를 가이사랴로 데려가 그의 고향 다소로 돌려보냄으로써 예루살렘에서 계획된 살인으로부터 그를 보호했다(9:26-30). 큰 박해자 사울이 이제 그들 가운데 하나가 된 이후로 교회는 평화와 성장의 시기를 누리게 되었다(9:31).

이방인들이 믿음을 갖게 되다

■ 사도행전 9:32-11:30을 읽으라 ■

누가는 아직 놀라운 이야기를 다 끝낸 것이 아니다. 왜냐하면 이제 초점이 다시 베드로에게로 전환되기 때문이다. 베드로가 병들어 자리에 누워만 있는 한 남자를 치유하고 죽은 여자를 다시 살리면서 그의 명성은 점점 더 높아지고 있었다(9:32-43). 한편 가이사랴의 백부장인 고넬료는 욥바에 있는 시몬 베드로를 데려오라는 천사의 지시를 받았다(10:1-8). 같은 시간에 베드로는 부정한 음식을 먹는 것과 관련된 기이한 환상을 보았는데, 이 환상은 그를 혼란스럽게 만들었다(10:9-16). 그 후 고넬료가 보낸 사람들이 베드로를 만나 그를 데리고 함께 가이사랴로 갔다. 고넬료가 무슨 일이 있었는지 베드로에게 말했고, 베드로는 자신이 본 부정한 음식에 관한 환상이 하나님이 사람을 편애하지 않는다는 사실을 가르치려는 것임을 깨달았다(10:17-35). 베드로는 이 이방인 청중에게 예수에 관해 증언했고, 성령이 그들에게 내려왔으며, 그들은 세례를 받았다(10:36-48).

이 이방 사람들에 대한 소문이 예루살렘에 퍼지게 되었으며, 이는 베드로에 대한 비난으로 이어졌다. 왜냐하면 그는 이런 사람들과 교제해서는 안 되는 사람이었기 때문이다. 그러나 베드로는 하나님이 보여준 환상과 그의 설교에 대한 그들의 반응과 그들이 성령을 받은 일을 포함하여 그 동안 어떤 일이 일어났는지를 설명했다. 베드로는 하나님이 이방인에게 성령의 은사를 주었다면 그들을 차별해서는 안 된다고 판단했다. 그의 말을 들은 사람들은 설득되었고 하나님이 이방인들에게 회개를 주었다고 선언했다(11:1-18).

많은 이방인이 안디옥에서 신앙을 갖게 되었으므로, 예루살렘 교회는 바나바를 보내어 그들을 섬기게 했다. 바나바는 이 일에 필요한 도움을 얻고자 사울을 찾으러 다소로 갔고, 둘은 안디옥에서 1년 동안 함께 섬겼다. 바로 그곳에서 예수의 제자들은 처음으로 그리스도인이라고 불리게 되었다(11:19-25).

헤롯 왕의 박해

■사도행전 12:1-25을 읽으라■

이제 누가의 내러티브는 기쁨이 종종 비극과 뒤섞인다는 것을 우리에게 상기시킨다. 헤롯 왕은 예수의 제자이자 요한의 형제인 야고보를 처형하고 베드로를 체포했다(12:1-5). 주의 천사는 헤롯으로부터 베드로를 구하고 그를 다른 신자들에게 안전하게 데려간다(12:6-19). 연설을 마친 뒤 군중으로부터 신으로 칭송을 받은 헤롯은 주의 천사가 그를 치자 죽는다(12:20-23). 그동안 하나님의 말씀은 흥왕한다(12:24-25). 😵

바울의 첫 선교여행

■사도행전 13:1-14:28을 읽으라■

이방인에 대한 바울의 선교가 이제 여기서부터 끝까지 이 책을 지배하면서 누가는 내러티브의 주요한 전환점에 도달한다. 성령은 바나바와 사울에게 이방인 세계로의 선교를 시작하도록 위임하셨다. 그들이 처음 체류한 곳은 구브로―지중해에 있는 섬으로 바나바의 고향―이며, 그곳에서 그들은 바나바의 사촌인 구브로 출신의 마가 요한과 함께 유대인들의 회당에서 말씀을 전했다. 이 일은 로마 원로원의 지시를 받는 총독 서기오 바울과 관련된 마술사 엘루마와의 갈등으로 이어졌다. 사울―이제는 바울로 지칭됨―은 엘루마의 사악함을 저주하여 눈이 멀게 만들었다. 그 결과 서기오 바울은 믿음을 갖게 되었고 주님에 관한 그들의 가르침을 놀랍게 여겼다(13:1-12). 그는 예수의 제자가 된 최초의 로마 관리였다. 😵

　　선교사들은 구브로에서 떠나 오늘날 터키의 남쪽 해안에 있는 버가로 항해했다. 마가 요한은 이곳에서 선교를 포기했지만, 바울과 바나바는 내륙으로 들어가 갈라디아 (터키 중부) 지역에 있는 비시디아 안디옥으로 갔다. 바울은 그곳의 회당에서 설교했는데, 이는 처음으로 기록된 바울의 설교이며, 그는 이 설교에서

헤롯 왕은 누구인가?

사도행전 12장에 언급된 헤롯 왕은 아리스토불로스의 아들이자 헤롯 대왕의 손자인 헤롯 아그립바 1세다. 헤롯 아그립바는 기원후 41-44년에 유대를 통치했고 유대교에 열심이었다. 아마도 이런 그의 열심이 그가 예루살렘 교회에 폭력을 가한 이유인 것으로 보이는데, 이는 그가 예루살렘 교회를 정통 유대교를 위협하는 이단 종파로 보았기 때문일 수 있다. 사도행전 12장에 나오는 그의 죽음에 관한 기사는 유대인 역사가 요세푸스가 제시한 것과 유사하다. 헤롯의 두 딸 드루실라(24:24)와 버니게(25:13)는 사도행전 뒷부분에서 언급된다.

사울은 왜 바울로 불렸을까?

사울이 예수의 추종자가 되면서 바울로 개명되었다고 추측되곤 하지만, 이는 옳지 않다. 누가는 사울이 그리스도를 만난 지 한참 후에도 그를 계속 사울이라고 부르며, 사울이 그리스도를 따르기 시작한 지 약 14년이 지난 후인 그의 1차 선교여행에서 그를 바울이라고 부르기 시작한다(행 13:9). 로마의 다소 지방에서 태어난 사울에게는 태어났을 때 두 개의 이름이 주어졌는데, 하나는 그의 유대인 이름인 사울이고 다른 하나는 로마 이름인 바울이었다. 그렇다면 왜 사울은 첫 선교여행 중에 바울로 알려지고 그 이후로도 계속 바울로 알려지게 되었을까? 여기에는 그럴듯한 두 가지 이유가 있다. 하나는 그가 구브로의 로마 총독 서기오 **바울**의 환심을 살 수 있었기 때문이었다. 더 중요한 이유는 이 선교여행이 시작되자 사울이 바울이 되었는데, 이는 그가 이방인의 사도가 되었기 때문이라는 것이다. 이방인들을 향한 그의 특별한 사명은 그가 바울로 알려지게 된 이유를 설명해줄 것이다.

하나님이 이스라엘의 구주로 세운, 다윗 왕의 약속된 후손이 바로 예수라고 주장했다(13:13-23). 그는 예수의 사역, 죽음, 부활의 개요를 설명했는데, 이는 예수가 시편 2편과 16편에 나타나는 메시아 대망의 성취임을 보여준다. 이제 죄 사함은 예수에 대한 믿음을 통해 주어진다(13:24-41).

바울과 바나바는 비시디아 안디옥에서 상당히 많은 신자를 얻었고, 온 성읍이 그다음 안식일에 그들의 말을 들으려고 모였다. 그러나 이 일은 몇몇 유대인 사이에서 질투심을 불러일으켰으며 그들은 바울을 반박했다. 바울은 이사야 49:6을 인용하면서 이방 사역으로 전향했고, 이를 통해 많은 사람이 믿게 되었다. 그러나 유대인들은 바울과 바나바에 대한 박해를 선동하여 그들을 다음 목적지로 쫓아냈다(13:42-52).

또한 바울과 바나바가 갈라디아 지방의 이고니온 회당에서도 설교하자 많은 유대인과 그리스인이 믿게 되었다. 그러나 그들은 다시 유대인의 박해에 직면했고, 이 때문에 근처의 루스드라와 더베로 이동했다(14:1-7).

바울은 루스드라에서 발을 쓰지 못하는 사람을 치유했으며, 군중은 바울과 바나바를 각각 헤르메스와 제우스로 숭배했다. 그러나 그들은 그곳 사람들의 숭배를 거부하고, 모든 선한 것을 만든 살아 계신 하나님을 주목하게 했다. 그 후 반대자들은 군중을 선동하여 바울에게 적대감을 갖도록 만들었고, 바울을 돌로 쳐서 동네 밖에서 죽게 내버려 두었다(14:8-20).

🕮 정경적 연관성

바울의 갈라디아서

바울의 갈라디아서가 정확히 누구에게 쓴 것인지에 대해 약간의 논쟁이 있지만, 가장 유력한 답변은 현대의 터키 중심부를 통과한 그의 첫 번째 선교여행에서 세운 교회에 쓴 편지라는 것이다. 이 지역은 갈라디아로 알려졌지만, 갈라디아의 경계는 바뀔 수 있기 때문에 일부 역사가들은 비시디아 안디옥, 이고니온, 루스드라, 더베가 그 경계 밖에 있었다고 생각한다. 그러나 그 도시들이 갈라디아의 일부였고(적어도 한 시기에는), 바울이 갈라디아의 다른 곳에 교회를 세웠다는 기록이 없다는 점을 고려할 때, 바울의 갈라디아서—가장 이른 서신은 아닐지라도 가장 이른 서신 중 하나—가 이곳 사람들에게 쓴 서신으로 남아 있을 가능성이 가장 크다.

바울과 바나바는 더베에서 말씀을 선포한 후에 루스드라, 이고니온, 안디옥 등지에서 새로운 신자들을 격려했다. 그 후 그들은 그들의 본거지인 시리아 안디옥으로 배를 타고 돌아가서 그들이 선교하는 동안 이방인들을 구원하기 위해 하나님이 행한 모든 일을 교회에 보고했다(14:21-28).

예루살렘 공회

■사도행전 15:1-35을 읽으라■

이방인 선교에서 어느 정도 성공을 거둔 것을 이야기한 누가는 이제 더 광범위한 교회에 대한 함의에 관심을 집중시킨다. 바울과 바나바가 안디옥에 있을 때 유대에서 온 몇몇 사람이 이방인들이 구원받기 위해서는 할례를 받아야 한다고 말했다. 바울과 바나바는 그들과 논쟁을 벌였고, 결국 이 문제에 관하여 사도들과 이야기하기 위해 예루살렘으로 갔다(15:1-5).

예루살렘의 사도들과 장로들이 모여 이 문제를 논의했다. 베드로는 그들에게 고넬료에 대한 그의 경험을 상기시켜주었고 하나님이 더 이상 유대인과 이방인을 구분하지 않는다고 결론지었다. 유대인과 이방인은 모두 주 예수의 은혜로 구원을 받는다(15:6-11). 바울과 바나바는 구브로와 갈라디아에서 그들이 선교하는 동안 하나님이 이방인들 사이에서 행한 모든 일을 말했다(15:12). 마지막으로 야고보는 하나님의 구원 사역에 이방인들이 포함된다는 견해를 지지하면서 아모스 9장과 이사야 45장을 인용하여 이방인들에게 모세의 율법으로 부담을 주어서는 안 되지만, 그들이 유대인 신자들을 실족시킬 수 있는 특정한 일을 삼가야 한다는 결론을 내렸다(15:13-21).

그런 다음에 사도들과 장로들은 안디옥 교회에 보낼 편지를 써서 이방인을 그들의 일원으로 받아들이는 것과 그에 따른 요구사항에 대한 그들의 결의를 확정했다. 이 소식은 좋은 반응을 얻었다(15:22-35).

바울의 두 번째 선교여행

■ 사도행전 15:36-18:22을 읽으라 ■

이방인에 관한 사도들의 합의가 이뤄지자 바울은 첫 선교여행길에 세운 교회들을 다시 방문하기로 결심했지만, 그들을 버가에 버려두고 혼자 떠나버린 마가 요한 때문에 바나바와의 사이가 틀어졌다(참조. 13:13). 바나바는 마가를 데리고 구브로로 갔고, 바울은 실라와 함께 안디옥을 떠나 시리아와 길리기아를 여행하며 교회를 격려했다(15:36-41). 갈라디아 지방을 통해 돌아오는 길에 그들은 디모데라는 이름의 제자를 만났는데, 디모데는 바울의 매우 중요한 동반자가 될 사람이었다. 디모데는 이 선교사 팀에 합류했다(16:1-5). ✝

바울이 마케도니아에서 온 사람이 자기에게 그곳에 와서 말씀을 전해달라고 간청하는 환상을 볼 때까지 성령은 그들이 말씀을 전하기 위해 다음 장소로 가는 길을 막았다. 이렇게 누가는 바울의 선교가 하나님의 계획에 따라 전개된다는 사실을 우리에게 일깨워준다. 따라서 그들은 유럽에서 처음으로 복음이 전해졌을 마케도니아로 출발했다. 유럽에서 최초로 개종한

✝ 신학적 문제

디모데는 왜 할례를 받았는가?

예루살렘과 안디옥 교회에서 이방인이 할례를 받아야 하는지에 대한 논쟁이 벌어지고 있었는데, 바울이 디모데에게 할례를 받게 한 것은 놀라운 일이 아닐 수 없다. 어쨌든 바울은 이방인이 할례를 받을 필요가 없다고 주장한 핵심 지도자 중 한 사람이었다(갈라디아서도 보라). 사도행전 16:3은 디모데가 "그 지역에 있는 유대인으로 말미암아" 할례를 받았다고 말하는데, 이는 그의 할례가 선교 목적으로 행해졌다는 것을 의미할 가능성이 크다. 이방인 신자들이 할례를 받아야 한다(바울이 갈라디아서에서 반대한 견해)는 잘못된 믿음과는 달리, 디모데는 영적인 목적으로나 구원을 위하여 할례를 받은 것이 아니었다. 그가 할례를 받은 것은 오히려 바울과 디모데가 섬겨야 할 유대인 공동체에 들어가기 위해서였다.

사람은 빌립보에 사는 여성 루디아였다 (16:6-15). 📖

바울이 점치는 소녀에게서 귀신을 내쫓은 사건 이후에 바울과 실라는 도시를 소란스럽게 만든 죄로 체포되었다. 그들은 발가벗겨지고, 구타당하고, 투옥되었다(16:16-24). 그들은 한밤중에 지진이 나서 탈출할 기회가 생겼지만, 그것을 탈옥할 기회로 삼지 않았다. 감옥을 지키는 간수는 자신이 잠든 사이에 그들이 탈출한

📖 문학적 문제

"그들"이 "우리"가 될 때

누가는 사도행전의 내러티브에 직접적으로 자신을 포함하지 않는다. 하지만 그가 이야기 속의 등장인물들을 "그들"이 아닌 "우리"로 묘사하기 시작하면서 그의 존재감이 느껴진다. 16:8까지 사도행전 전체의 내러티브에서는 "그들"로 표현된다. 그러나 16:9에서 "우리"로 바뀌어 책이 끝날 때까지 계속 "우리"로 표현된다. 이는 누가가 드로아(16:8-10의 장소)에서 바울의 여행 동반자가 되었음을 의미한다. 또한 이것은 누가가 자신이 서술하는 16:9부터 28:31까지의 사건을 직접 본 목격자라는 것을 의미한다.

줄 알고 자신의 직무 유기를 이유로 스스로 목숨을 끊으려고 했다. 그때 바울이 크게 소리를 질러 그들이 아직 그곳에 있다고 안심시켰다. 간수는 이 자비로운 행동에 너무 놀라서 주님을 믿고 그의 온 가족과 함께 세례를 받았다(16:25-34). 다음 날 바울과 실라가 로마 시민임을 알게 된 치안 판사들은 그들을 감옥에서 데리고 나왔고, 그들은 루디아의 집에 들른 후 도시를 떠났다(16:35-40).

그 후 이 선교사들이 데살로니가에 도착했는데, 그곳에 있는 유대인과 그리스인들은 바울이 회당에서 전한 말씀을 처음에는 잘 받아들였다. 그러나 또다시 몇몇 유대인이 질투하게 되었고, 폭도들이 도시에서 폭동을 일으키기 시작했다. 폭도들은 선교사들이 머물고 있는 야손의 집을 습격했으나 그들을 발견하지 못했고, 결국 야손이 안타깝게도 관계자들에게 끌려갔다(17:1-9). 이후 바울과 실라는 베뢰아로 떠났고, 그곳에서 유대인들은 그들이 한 말을 주의 깊게 들으며 성경을 공부했다. 많은 유대인과 이방인들이 믿게 되었다. 그러나 데살로니가에서 문제를 일으키는 몇몇 사

람이 베뢰아로 내려왔고, 결국 바울은 그 도시를 떠나게 되었다(17:10-15).

이 중요한 시점에 누가는 바울이 그리스 지식인들과 정면으로 맞서는 모습을 묘사한다. 바울은 홀로 아테네를 여행하며 회당과 장터에서 사람들과 변론하기 시작했다. 바울은 자신을 **아레오바고**로 데려가 그곳에서 그의 말을 듣고자 했던 철학자들과 토론했다. 바울은 유명한 아레오바고 연설에서 아테네 사람들의 확고한 종교성을 이용하여 그들이 모르는 신에 대해 이야기했다. 이 신은 사실 모든 것을 만들고 인간의 모든 운명을 지배해온 참하나님이다. 하나님은 과거의 무지를 간과했지만, 자신이 죽은 자 가운데서 다시 살린 예수가 세상을 심판할 날이 다가오고 있기 때문에, 이제 모든 백성에게 회개하라고 명령한다. 죽은 자의 부활에 대한 언급은 바울의 청중을 분열시켰지만, 아레오바고의 디오누시오를 포함한 몇몇 사람은 신자가 되었다(17:16-34). 누가는 이런 방식으로 심지어 그리스 종교와

그림 10.3. 아레오바고

사상의 진원지에서조차도 사람들이 바울의 메시지를 듣고 진지하게 받아들였음을 보여준다. 😊

아테네를 떠난 바울은 고린도로 건너가 로마에서 온 두 명의 유대인, 곧 아굴라 및 브리스길라와 연결되었는데, 그들 역시 바울처럼 천막을 만드는 일을 했다. 바울은 실라와 디모데가 그곳에서 그와 합류한 뒤에 설교하는 일에 전념하기 시작했으며, 먼저 유대인들에게 갔고 그다음에는 이방인들에게 가서 말씀을 전했다. 많은 이들이 믿고 세례를 받았다 (18:1-8). 💭

주님은 환상을 통해 바울을 격려했고, 바울은 고린도에 1년 반 동안 머물렀는데, 그곳은 지

금까지 그가 선교여행을 하면서 가장 오랜 시간 머문 장소였다. 유대인들은 총독 갈리오에게 바울을 고발했으나, 갈리오는 곧 그 사건을 기각했다 (18:9-17). 이는 바울이 로마의 권위에 위협이 되지 않았다는 것을 우리에게 상기시킨다. 바울은 에베소에 잠시 들른 후, 가이사랴와 예루살렘으로 갔고, 그 후 그들의 본거지인 안디옥으로 돌아갔다(18:18-22).

바울의 세 번째 선교여행

■ 사도행전 18:23-19:41을 읽으라 ■

바울은 갈라디아와 다른 지역을 다니면서 다시 한번 자신이 이전 선교지에서 개척했던 교회들을 굳건히 세우기 위해 선교여행에 나선다(18:23). 그 사이에 성경에 능통한 유대인 아볼로가 에베소에 와서 주님에 대해 가르치고 있었지만, 그의 지식은 완전하지 않았다. 브리스길라와 아굴라는 그에게 무엇이 빠져 있는지를 설명해주었고, 아볼로는 아가야(즉 그리스)로 가서 그곳에서 위대한 사역을 펼쳤다(18:24-28).

아볼로가 떠난 후, 바울은 에베소에 가서 거의 3년을 머물렀다. 그곳은 그의 선교여행 중 가장 오래 머물렀던 장소다. 바울은 성령에 대한 가르침을 받지 못한 몇몇 신자를 가르쳤고, 회당에서 석 달 동안 강론했다. 바울은 거기서 약간의 반대를 경험한 후 2년 동안 서원에서 매일 가르쳤다(19:1-10). 😊

하나님이 바울을 통해 놀라운 기적을 행했고, 몇몇 유대인 축귀사는 바울을 모방하려고 했다. 스게와의 일곱 아들은 악한 영들을 쫓아낼 능력이 없어 악한 영들이 그들을 제압하자 곤경에 빠졌다(19:11-17). 한편 이전에 마술사였던 자들은 그들이 행했던 일을 포기하고 이교도 서적들을 불태웠다

😊 역사적 문제

에베소의 중요성

바울이 에베소를 처음 방문한 것은 두 번째 선교여행 중이었지만, 체류할 수 있는 시간이 없었다. 그는 아마도 그 짧은 방문 동안 이 도시의 전략적 중요성을 깨닫게 되어, 세 번째 선교여행을 곧바로 그곳으로 가게 되었고, 다른 선교지보다 더 오래 그곳에 머물게 되었을 것이다. 에베소는 로마와 알렉산드리아에 이어 로마 제국에서 세 번째로 큰 도시였으며, 소아시아의 주요 중심지였다. 고대 세계의 7대 불가사의 중 하나인 아르테미스의 웅장한 신전은 에베소를 영성과 경제의 중심지로 만들었다. 에베소는 그 지역의 은행 역할도 했다. 에베소를 지속적으로 오가는 여행객들과 그 도시가 그 지역 전체에 미치는 강력한 영향력으로 인해, 바울은 에베소에서 자신의 사역을 통해 동로마 제국 전역에 그의 메시지가 빠르게 전파되기를 바랐다. 에베소에서 동쪽으로 100마일 떨어진 골로새에 위치한 교회는 정확히 이렇게 해서 세워진 것으로 보인다.

(19:18-20). 누가는 이 사건들을 기록함으로써 바울이 단지 잔재주를 부리고 속임수를 쓰는 당대의 일개 마술사가 아님을 우리에게 보여준다. 심지어 이교도 마술사들조차도 바울의 능력이 하나님에게서 나온다는 것을 인정하게 되었고, 그 결과 속임수를 쓰는 일을 포기하게 되었다. 🔲

바울이 선교여행을 지속할 계획을 세우는 동안 은장색인 데메드리오는 폭동을 선동했다. 에베소에 있는 장인들은 지역 여신인 아르테미스의 은 신전을 만드는 것으로 생계를 꾸렸기 때문에, 신들에 대한 믿음을 떨어뜨리는 바울의 메시지는 그들의 사업에 좋지 못한 영향을 미쳤다. 도시 전체가 광란의 도가니처럼 폭발하여 원형 경기장으로 쏟아져 나왔다. 바울은 군중에게 연설하고 싶었지만, 군중이 "크다, 에베소 사람의 아데미여!"라고 두 시간 동안 외쳤기 때문에 자신의 안전을 지키기 위해 연설할 수 없었다. 마침내 그 도시의 한 서기장이 와서 군중을 진정시키고 집회를 해산시켰다(19:21-41).

바울의 마지막 여정

■ 사도행전 20:1-38을 읽으라 ■

에베소에서 극적인 사건이 일어난 후 바울은 마케도니아를 한 번 더 방문했는데, 이번에는 석 달 동안만 그곳에 체류했다. 바울은 자신에게 위해를 가하려는 음모 때문에 안디옥으로 돌아오는 길에 다시 마케도니아를 거쳐

바울의 에베소서

바울이 에베소 교인들에게 보낸 편지는 바울이 로마에서 가택 연금 동안에 썼을 가능성이 크며, 가장 장엄한 편지 중 하나다. 그러나 에베소에서 거의 3년이나 보낸 바울의 광범위한 사역을 고려할 때 이 편지가 개인적인 언급이 없고 사적인 인사가 없다는 점은 주목할 만하다. 초기 필사본이 1:1의 "에베소에 있는"이라는 구절을 포함하지 않는다는 사실과 더불어 이것은 이 편지가 원래는 서쪽 소아시아의 교회들 사이에서 회람되기 위해 기록된 것임을 시사한다. 에베소가 그 지역의 중심이었기 때문에 이 편지가 그 도시와 연결되었던 것이다. 이 편지의 주제들은 에베소의 영적 관심사에 매우 잘 들어맞지만, 그와 동시에 에베소 주변 지역의 특징이기도 했다.

돌아가게 되었고, 도중에 드로아에서 잠시 멈추었다(20:1-6). 주일에 바울은 장시간 설교했는데, 그 설교를 듣는 동안 유두고라는 젊은이가 졸다가 삼층에 있는 난간에서 떨어져 죽었다. 바울은 그를 살려낸 후 새벽까지 이야기를 계속했다(20:7-12). 죽은 자를 살리는 놀라운 일은 바울의 기적이 주님의 기적을 모방하는 것처럼 그의 사역이 예수의 능력으로 말미암은 것임을 우리에게 상기시킨다.

바울은 아시아에서 더 많은 시간을 지체하지 않기 위해 배를 타고 에베소를 지나 밀레도에 도착한 후 사람을 보내 에베소 교회의 장로들을 밀레도로 불러서 그들과 만났다(20:13-17). 그의 감성적인 고별 설교는 그가 온갖 고난을 무릅쓰고 그들 가운데서 사역한 것을 그들에게 상기시켰으며, 그는 자신에게 어떤 운명이 닥칠지 알지 못하는 상태에서 예루살렘으로 갈 계획을 발표했다. 하지만 그가 알고 있는 단 한 가지가 있었다. 바로

그림 10.4. 에베소의 극장

신약성경을 기독교 경전으로 읽기

이것이 그들이 서로를 볼 수 있는 마지막 시간이 되리라는 것이다(20:18-25). 바울은 그들에게 하나님의 계획 전체를 가르쳐야 할 책임을 충실히 이행했고, 이제 그들에게 하나님의 교회를 목양할 책임을 맡기며 장차 그들 사이에 나타날 거짓 교사들을 조심하라고 지시했다(20:26-35). 그 후 그들은 함께 기도하고 포옹하고 입을 맞추었다. 그다음에 바울은 그의 배에 올랐다(20:36-38).

예루살렘에서 처한 큰 곤경

■ 사도행전 21:1-23:35을 읽으라 ■

여기서 이 내러티브—그리고 바울의 생애와 사역—는 바울이 마지막으로 예루살렘으로 가면서 중요한 전환점에 이른다. 바울과 그의 일행은 지중해를 항해하여 마침내 유대 서쪽 해안에 위치한 가이사랴에 이르러 전도자 빌립과 함께 머물렀다(21:1-9). 거기서 예언자 아가보는 바울에게 예루살렘으로 가면 체포되어 로마인들에게 넘겨질 것이라고 경고했다(21:10-12). 많은 이들이 이 경고 때문에 바울에게 예루살렘으로 가지 말라고 간청했지만, 바울은 주 예수를 위해 고난을 받고 죽을 각오가 되어 있다고 말했다. 그리고 그들은 예루살렘으로 올라갔다(21:13-16).

그들은 예루살렘에 있는 신자들의 열렬한 환영을 받았으며, 바울은 자신의 선교활동을 통해 이방인들 사이에서 하나님이 행한 모든 일을 보고했다(21:17-19). 예루살렘 형제들은 그곳에 수천 명의 신자가 있다고 보고했지만, 바울의 사역에 대한 일부 잘못된 정보도 보고했는데, 그것은 일부 사람들이 바울이 모세로부터 전해 내려오는 유대교 관습을 버리라고 유대인들에게 지시했다고 믿고 있다는 것이었다. 그리하여 그들은 바울에게 의식 준수의 일환으로 그의 머리를 깎음으로써 유대인들을 안심시키라고 지시했다. 이방인과 관련해서는 **예루살렘 공회**의 서신에 기록된 내용이 그대로 유지되었다(21:23-25).

바울은 그들의 충고를 받아들였지만, 그가 성전에 있는 동안 아시아에서 온 몇몇 유대인이 그를 알아보고 온 도시에 폭동을 일으켰다. 그들은 바울을 붙잡아 성전 밖으로 끌고 나왔다(21:26-30). 그러나 로마 천부장이 개입하여 유대인들이 바울을 때리는 것을 멈추게 했다. 이 혼란 속에서 천부장은 바울을 성전 북서쪽 벽 위에 있는 안토니아 요새의 병영으로 데려가라고 명령했다(21:31-36).

그러나 바울은 전형적인 자신의 스타일로 말씀을 전할 기회를 감지하고 로마군의 병영으로 올라가는 계단 위에서 군중에게 연설해도 되는지를 물었다. 그다음에 그는 군중에게 연설했고, 아람어로 자신에 관해 증언했다. 바울은 자신의 유대인 신분, 자신이 교회 박해자였던 시절, 다메섹으로 가는 길에 부활한 그리스도를 만난 사건, 이방인 전도의 소명을 그리스도께 받은 것 등에 대해 말했다(21:37-22:21).

바울이 이방인 사역을 언급하자 군중은 다시 평정심을 잃고 폭발했다. 로마 천부장은 바울을 병영으로 데리고 들어가 채찍질하려고 준비했다. 그러나 바울은 자신의 **로마 시민권**(이는 재판 없이 그와 같은 대우를 할 수 없도록 금함)에 호소했고, 천부장은 이를 받아들였다(22:22-29).

다음날 로마 천부장은 바울의 사건을 듣기 위해 유대인 산헤드린 공회를 소집했다. 바울은 대제사장 아나니아와 충돌한 뒤 죽은 자들의 부활에 호소하며 가까스로 무리를 분열시킬 수 있었다. 산헤드린 공회는 (부활을 믿는) 바리새인들과 (부활을 믿지 않는) 사두개인들로 구성되어 있었기 때문에, 그들 사이에 분쟁이 벌어져 폭력적으로 변했다. 바울은 다시 한번 로마군의 병영 안으로 안전하게 이송되었다(22:30-23:11).

40명의 유대인이 바울에 대한 심각한 음모를 계획하여 그를 죽일 때까지 먹지 않겠다고 맹세했다. 누가는 바울의 가족에 대해 거의 언급하지 않지만, 여기서는 바울의 조카가 바울에 대한 음모를 듣고 이를 로마 천부장에게 보고했다고 전한다(23:12-22). 이 위협에 대응하여 천부장은 470명의 병사에게 바울이 밤사이에 가이사랴로 안전하게 갈 수 있도록 보호할 것을 명령했다. 그는 유대의 로마 총독 벨릭스에게 이런 상황을 설명하는 편지를 썼다(23:23-35).

가이사랴의 재판에 관하여

■ 사도행전 24:1-26:32을 읽으라 ■

이후 2년 동안 바울은 정식 공판을 기다리는 죄수로서 가이사랴에 수감된다. 유대 총독 벨릭스는 천부장이 보낸 편지와 함께 호송된 바울을 만났을 때 고발자들이 예루살렘에서 내려오면 심리하기로 동의했다(23:31-35). 대제사장 아나니아와 다른 사람들은 바울을 고발하기 위해 가이사랴로 내려갔다. 그들은 바울이 로마 제국 도처에서 유대인들의 선동가였다고 주장했다(24:1-9). 그 후 바울은 자신을 변호할 기회를 얻었고, 자신이 재판받게 된 진짜 이유는 죽은 자의 부활 때문이라고 결론지었다(24:10-21).

벨릭스는 그 "도"(즉 기독교)에 대해 잘 알고 있었으며, 며칠이 지난 후부터는 바울이 자신에게 뇌물을 줄 것이라는 희망을 품고 바울이 그리스도에 관해 말하는 것을 자주 듣기 시작했다. 2년이 지난 후 벨릭스는 새로운 총독 베스도로 교체되었고, 바울은 감옥에 남아 있었다(24:22-27). 베스도는 바울의 재판을 재개했고, 그때 바울은 로마 시민으로서 자신의 권리를 행사하여 가이사에게 호소했다. 따라서 베스도는 바울을 로마로 보낼 수밖에 없었다(25:1-12).

아그립바 왕은 누구인가?

헤롯 아그립바 2세(기원후 27-100년)는 사도행전 12장에 언급된 헤롯 아그립바의 아들이었으며, 헤롯 가문의 마지막 왕이었다. 사도행전 25장에 언급된 버니게는 헤롯 아그립바 2세의 여동생으로, 그녀의 남편이자 삼촌인 칼키스의 헤롯이 죽은 후 헤롯 아그립바 2세와 함께 살았다. 아그립바 2세는 나이가 어렸기 때문에, 그의 아버지가 죽자마자 자동으로 아버지의 왕국을 물려받지는 못했지만, 결국 동일한 지역의 통치권을 얻게 되었다.

세 번 기록된 바울의 회심 경험

바울이 부활한 그리스도를 만난 것을 생각할 때 사도행전 9장을 언급하는 것이 일반적이지만, 이 사건은 실제로 사도행전 9:1-18, 22:1-16, 26:1-18에 세 번 기록된다. 각각의 기록이 이전에는 포함되지 않은 세부적인 내용을 추가하기 때문에, 이 사건들을 더 온전히 이해하기 위해서는 세 기사를 모두 검토하는 것이 중요하다. 또한 22:1-16과 26:1-18이 바울이 직접 전하는 것이라는(내레이터인 누가를 통해 전달됨) 점에 주목할 가치가 있다. 따라서 바울은 그의 인생 내러티브의 맥락에 다메섹 도상에서 겪은 자신의 경험을 설정하여, 그리스도가 그의 삶에서 이룬 놀라운 전환을 보여주는 동시에 그리스도가 구원 역사와 바울 자신의 삶에서 하나님의 계획의 성취임을 보여준다.

그러나 그 일이 있기 전에 바울은 가이사랴에 있는 베스도를 방문하러 온 아그립바 왕과 그의 누이 버니게 앞에 서게 된다. 베스도는 바울의 사정을 아그립바에게 설명했고, 아그립바는 바울의 말을 직접 듣기 원했다(25:13-22). 베스도는 바울이 사형에 해당하는 죄를 짓지 않았지만, 그가 가이사에게 호소했기 때문에 로마 황제에게 보고할 적절한 혐의를 찾기 위해 아그립바 앞에 세워야 했다고 말했다(25:23-27). 😀

바울에게는 충분히 발언할 기회가 주어졌다. 그는 자신이 바리새인으로 살면서 예수의 추종자들을 박해하고 다메섹으로 가는 길에 부활한 그리스도를 만난 것에 대해 다시 한번 증언했다. 예수가 친히 바울을 이방인들에게 보내 그들이 어둠에서 돌아서서 빛으로 나아오게 했고, 죄 사함을 받게 했다(26:1-18). 바울은 그리스도가 지시한 대로 행했고, 이런 이유로 유대인들이 바울을 죽이려고 했다. 그러나 바울은 그가 전파한 모든 것이 모든 민족에게 빛을 제공하는 메시아의 고난과 부활을 예언한 예언자들과 모세의 지지를 받았다고 단언했다(26:19-23). 📖

베스도는 바울의 위대한 학문 때문에 그가 제정신이 아니라고 말했지만, 바울은 자신이 공개적으로 말한 사실이 한쪽 구석에서 일어난 일이 아니라고 침착하게 대답했다(26:24-26). 그 후 바울은 아그립바 왕의 믿음에 도전했고, 왕은 신속하게 이를 거절했다. 그러나 바울은 그의 말을 듣는 모든 이들이 믿기를 바란다고 말했다(26:27-29). 결국 왕은 총독에게 바울이 죽을 만한 일을 하지 않았으며 가이사에게 항소하지 않았다면 풀려날 수 있었을 것이라고 말했다(26:30-32).

로마를 향하여

■ 사도행전 27:1-44을 읽으라 ■

누가는 바울이 마침내 로마로 향할 때 자신의 내러티브의 마지막 사건을 말하는데, 바울의 여정은 순탄한 항해가 아니었다. 율리오라는 백부장이 바울과 다른 죄수들을 로마로 안전하게 호송하는 임무를 맡았다. 무라(오늘날의 터키 남부 해안)에서 배를 바꿔 탄 후, 그들의 항해는 날씨 때문에 더디게 진행되었고, 위험해지고 있었다(27:1-9). 바울은 죽음과 파멸이 곧 임박했다고 경고했지만, 백부장 율리오는 항해를 계속 진행하길 원하는 선장의 말을 따랐다(27:10-12).

사나운 바람이 지중해의 그레데 섬 근처에서 그들에게 불어닥쳐 통제 불능 상태로 만들었다(27:13-17). 사나운 폭풍우를 만난 그들은 배의 화물과 장비를 하나씩 버리기 시작했다. 여러 날 동안 폭풍이 계속 맹위를 떨치면서 그들은 해와 별을 보지 못했고 모두 생존의 희망을 잃기 시작했다(27:18-20).

바울은 동료 여행자들이 그의 경고를 듣지 않은 것을 꾸짖은 후, 그가 천사로부터 받은 메시지를 통해 그들을 격려했다. 오직 배만 잃을 것이고 인명 피해는 없을 것이다. 하나님의 뜻은 바울이 가이사 앞에 서는 것이었으므로 그들은 두려워할 이유가 없었다(27:21-26).

그들이 아드리아 해에서 2주 동안 표류한 후, 바울은 생존을 위해 모든 사람에게 음식을 먹으라고 권했고, 배에 탄 276명이 모두 그의 말에 용기를 얻었다(27:27-38). 마침내 육지가 나타났지만, 배가 모래톱에 부딪혀 산산조각이 나기 시작했다. 모든 사람이 배 밖으로 뛰어내려야 했는데, 몇몇은 수영하고 다른 사람들은 파편에 의지하여 모두가 안전하게 육지에 도착했다(27:39-44).

멜리데에서의 짧은 휴식

■ 사도행전 28:1-10을 읽으라 ■

난파당한 생존자들은 그들이 지중해의 섬 멜리데에 상륙했다는 것을 알게 되었고, 그곳에서 특별한 친절과 환대를 받았다. 그러나 바울이 독사에게 물린 후, 사람들은 바울이 신들로부터 죽음의 벌을 받은 살인자라고 결론지었다. 바울이 독사를 떨어버린 후 아무런 해를 입지 않자, 그들은 마음을 바꿔 바울이 신이라고 결론 내렸다(28:1-6).

그 섬의 핵심적 지도자인 보블리오가 바울과 누가를 환대하자 바울은 보블리오의 병든 아버지를 고쳐주었다. 이 일 후에 그 섬의 모든 병든 사람들이 치유를 받고자 바울을 찾아왔다. 멜리데에서 즐겁고 편안한 시간을 보낸 후, 그들은 로마로의 항해를 계속했다(28:7-10).

드디어 로마에!

■ 사도행전 28:11-31을 읽으라 ■

멜리데에서 3개월을 보낸 후, 그들은 보디올에 있는 이탈리아 해안에 도착했고 그곳에서 로마까지 걸어서 갔다. 바울이 로마에 도착했다는 소식이

신약성경을 기독교 경전으로 읽기

그곳의 성도들에게 알려졌고, 바울은 그들을 만나서 격려를 받았다. 로마에 들어가자마자 바울은 가택 연금되었다(28:11-16). 🌐

바울은 로마에 있는 유대인 지도자들을 불러 모아 가장 최근의 이야기를 그들에게 들려주었다. 그 후 바울은 그들에게 예수 그리스도에 대한 메시지를 선포했는데, 몇 사람을 설득하고 다른 이들은 설득하지 못했다. 그리스도에 대한 유대인들의 반대를 고려한 바울은 이사야 6:9-10을 인용하여 이방인에 대한 그의 선교를 강조했다. 바울이 하나님 나라와 주 예수 그리스도를 계속 선포하면서 로마에서 가택 연금된 채로 2년이 흘렀다. 누가는 로마 가택 연금 이후 바울에게 무슨 일이 일어났는지 우리에게 알리지 않은 채 여기서 그의 내러티브를 끝낸다. 😵

실천과 적용─오늘날 사도행전을 기독교 경전으로 읽기

오늘날 사도행전이 교회 생활에 **어떤** 적실성을 지니고 있는지에 대해 독자

📖 정경적 연관성

바울의 마지막 서신들

바울은 로마에서 투옥되었던 동안에 아마도 에베소, 빌립보 및 골로새 교인들과 빌레몬, 디모데, 디도에게 보내는 편지를 썼을 것이다. 만일 이것이 옳다면, 이는 신약성경에서 바울이 쓴 13개의 서신 가운데 절반 이상이 그의 생애 마지막 몇 년 동안 로마에서 작성된 서신이라는 뜻이다.

😮 역사적 문제

그렇다면 다음엔 무슨 일이 일어났을까?

왜 이 내러티브는 바울이 로마에서 가택 연금되어 있는 것으로 끝나는가? 그다음에 바울에게 어떤 일이 일어났을까? 왜 이야기를 마무리 짓지 않았을까? 누가가 자신의 글을 마치기 전에 죽었을 수 있다. 또한 바울이 로마에서 말씀을 선포할 즈음에 이 책이 완성되었을 수 있다. 그 이유는 사도행전 1:8의 과업이 완수되었기 때문이다(로마를 "땅 끝"으로 해석하는 경우에). 어쨌든 사도행전은 바울의 전기가 아니다. 비록 사도행전 15장 이후에는 그렇게 읽을 수 있지만 말이다. 우리는 사도행전 28장 이후 바울에게 일어난 일들과 관련하여, 그가 60년대 중반 네로 황제에게 참수되기 이전에 훨씬 더 혹독한 구금을 당했다는 것을 알고 있다. 우리는 그가 가택 연금에서 곧바로 더 혹독한 구금 상태로 들어갔는지, 아니면 그 둘 사이에 어느 정도의 기간이 있었는지 알 수 없다. 「클레멘스 1서」 5장(기원후 96년)에 따르면 바울은 스페인에서 말씀을 전하고자 하는 그의 꿈을 이루었다(롬 15:24, 28). 만약 이것이 사실이라면, 이는 그의 가택 연금 이후 그리고 더 혹독한 구금 상태 이전에 이루어졌을 것이다.

들의 생각이 다를 수 있지만, 이 책이 **특별히 적실하다**는 것에는 아무도 이의를 제기할 수 없다. 우리는 사도행전에서 교회의 탄생을 목격하고, 그것의 DNA가 우리의 죄를 위해 죽고, 죽은 자 가운데서 살아나고, 승천하여 하나님의 오른편에 앉은 주 예수 그리스도임을 알게 된다. 그는 성령을 통해 통치하고, 연약하고 흠이 있으며 죄 많은 인간을 통해 자신의 놀라운 뜻을 이루어내는 메시아 왕이다.

사도행전은 하나님이 역사를 통해 세상에서 일하고 있다는 깊은 확신을 준다. 여기서 우리는 하나님의 계획과 구원 역사의 전환점을 목격하는데, 이는 지금 우리가 계속 살아가는 새로운 시대로 안내한다. 수 세기 동안 이런 계획이 열매 맺기를 끈기 있게 기다렸던 하나님의 백성들은 실망하지 않을 것이다. 그리고 우리는 그리스도가 언젠가 승천한 대로 다시 돌아와서 이 이야기를 온전히 완성할 것이라는 사실에서 위안을 얻을 수 있다.

마지막으로 사도행전은 하나님이 시련과 고통, 그리고 박해를 통해 일한다는 것을 우리에게 상기시킨다. 실제로 새롭게 태어난 교회에 대한 극심한 박해는 교회가 크게 성장하도록 촉진제 역할을 했다. 오늘날도 마찬가지다. 하나님이 침묵하는 것처럼 보이거나 고난 가운데서 우리를 바로 구원해주지 않을 때 우리는 실망해서는 안 된다. 밤은 동트기 전에 가장 어둡다. 동이 틀 때 어떤 풍요로운 축복이 우리를 기다리고 있는지 알 수 없다. 기쁨은 아침에 찾아온다.

사도행전의 핵심 구절

- "오직 성령이 너희에게 임하시면 너희가 권능을 받고 예루살렘과 온 유대와 사마리아와 땅 끝까지 이르러 내 증인이 되리라" 하시니라(1:8).
- 이 예수를 하나님이 살리신지라. 우리가 다 이 일에 증인이로다. 하나님이 오른손으로 예수

를 높이시매 그가 약속하신 성령을 아버지께 받아서 너희가 보고 듣는 이것을 부어 주셨느니라(2:32-33).

- 많은 변론이 있은 후에 베드로가 일어나 말하되 "형제들아, 너희도 알거니와 하나님이 이방인들로 내 입에서 복음의 말씀을 들어 믿게 하시려고 오래전부터 너희 가운데서 나를 택하시고 또 마음을 아시는 하나님이 우리에게와 같이 그들에게도 성령을 주어 증언하시고"(15:7-8).

- "알지 못하던 시대에는 하나님이 간과하셨거니와, 이제는 어디든지 사람에게 다 명하사 회개하라 하셨으니, 이는 정하신 사람으로 하여금 천하를 공의로 심판할 날을 작정하시고 이에 그를 죽은 자 가운데서 다시 살리신 것으로 모든 사람에게 믿을 만한 증거를 주셨음이니라" 하니라(17:30-31).

- "하나님의 도우심을 받아 내가 오늘까지 서서 높고 낮은 사람 앞에서 증언하는 것은 선지자들과 모세가 반드시 되리라고 말한 것밖에 없으니, 곧 그리스도가 고난을 받으실 것과 죽은 자 가운데서 먼저 다시 살아나사 이스라엘과 이방인들에게 빛을 전하시리라 함이니이다" 하니라(26:22-23).

기독교적 읽기를 위한 질문

1. 본 장의 시작 부분에 있는 사이드바 "서술 vs. 규범"을 참조하라. 각 입장의 장단점을 생각해보라.

2. 사도행전에서 예수의 부활과 승천이 왜 그렇게 중요한가?

3. 바울이 비시디아 안디옥에서 한 설교(행 13:16-41)와 그가 아테네의 아레오바고에서 한 설교(행 17:22-31)를 비교하라. 이 설교들은 어떻게 다른가? 이런 차이점을 어떻게 설명할 수 있을까?

4. 바울이 사도행전 9:1-18, 22:1-16, 26:1-18에서 부활한 그리스도를 만난 사건에 대해 설명하는 세 기사를 비교하고 대조하라. 그 설명들은 어떻게 다른가? 이런 차이점들에서 무엇을 배우는가?

11장
사도 바울의 생애와 가르침

바울의 중요성

바울은 기독교 역사에서 예수 다음으로 가장 영향력 있는 인물이다. 그의 비범한 생애와 사역, 그리고 그보다 훨씬 비범한 그의 글은 그를 세상을 변화시킨 하나의 힘으로 만들었다. 그리고 그는 2천 년이 지난 후에도 계속해서 세상을 변화시키고 있다. 그의 철저한 회심과 변화는 대단히 놀라운 일이었다. 그의 광범위한 사역을 통해 지중해 세계 전역에 교회가 세워졌다. 그의 불굴의 정신, 겸손, 사랑, 그리고 그리스도에 대한 절대적인 믿음은 그를 언제 어디서나 전 세계 모든 그리스도인의 훌륭한 본보기로 만들었다.

바울의 글은 영감을 주고, 심오하며,

그림 11.1. 엘 그레코(El Greco), "성 바오로 사도"

신약성경을 기독교 경전으로 읽기

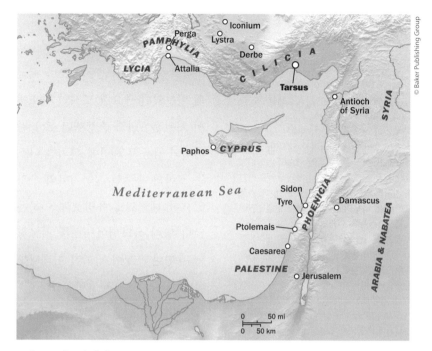

그림 11.2. 다소의 위치

치밀하고, 도전적이다. 그의 글은 사람들이 그리스도를 믿고 그 믿음 안에서 성숙해질 수 있도록 그리스도 안에서 역사하는 하나님에 대한 지식을 공유하는 목회자-신학자의 모습을 보여준다. 그의 서신들은 초기 교회와 그 이후 교회의 모든 세대에 깊이 각인되어 있다. 그 서신들은 계속해서 그리스도의 영광을 위한 온전한 삶뿐만 아니라 깊이 있는 연구 및 토론에 영감을 준다. 그의 가르침과 그의 생애를 종합하면, 우리는 그것이 측량할 수 없이 중요한, 교회에 대한 놀라운 선물임을 알게 된다.

바울 전기의 자료

바울 전기의 주된 자료는 사도행전인데, 사도행전에서 바울의 이야기는 스데반이 돌에 맞아 죽는 것에서부터 시작해서 로마에서 바울이 가택 연금될 때까지의 이야기를 전한다. 그러나 모든 역사는 선택적이며, 사도행전도 다르지 않다. 따라서 바울 서신에 세심한 관심을 기울이는 것이 매우 중요하다. 바울은 자신이 쓴 편지에서 그의 삶을 서술하지 않지만(그러나 갈 1:13-2:10에는 부분적인 서술이 있다), 그의 서신들은 사도행전과 유사하거나 사도행전을 보완하는 부수적인 언급들을 포함한다. 가장 중요한 예는 바울이 아라비아에서 보낸 3년이 사도행전에는 전혀 언급되지 않고, 오직 갈라디아서 1:17에서만 발견된다는 것이다. 신약성경 이외에 1세기의 서신인 「클레멘스 1서」(기원후 96년)는 사도행전이 남긴 의문점, 즉 로마에서 바울의 가택 연금 이후에 일어난 일을 해소하는 데 도움이 되는 정보를 포함하고 있다. 「바울 행전」, 「바울과 테클라 행전」 등 바울에게 헌정된 2세기 작품들도 있지만, 이 작품들은 역사적으로 믿을 만한 것으로 간주되지 않는다.

로마 시민이 된다는 것은 무엇을 의미했을까?

오늘날의 시민권과 달리, 로마 제국의 사람들은 단지 그들이 제국에서 태어났다는 이유만으로 시민권이 주어지지는 않았다. 시민권은 부모가 모두 로마 시민이라면 주어졌지만, 장군이나 황제에 의해서도 수여될 수 있었다. 로마 시민은 정치적·법적 특권을 누리는 신분이며, 노예가 아닌 자유인에게만 해당되었다. 남성 로마 시민은 로마 국가가 규정한 여러 가지 특권과 보호를 받았지만, 로마 여성은 제한된 특권을 누렸다. 예를 들어 여성은 투표를 하거나 공직에 출마하는 것이 허용되지 않았다. 바울은 로마 시민으로서 황제 앞에서 재판을 받을 권리를 행사했다. 로마 시민을 십자가에 못박는 것은 허락되지 않았기 때문에 그는 칼로 처형당했다.

바울의 생애

바울은 기원전 64년부터 로마 제국의 일부였던 중요한 도시인 다소에서 기원후 6년경 출생했다. 오늘날 터키의 남동쪽 해안에 위치한 다소는 로마의 속주인 길리기아의 수도였으며, 대학교로 유명했다. 이곳은 로마 황제 옥타비아누스를 가르쳤던 유명한 스토아 철학자 아테나도루스(Athenadorus)의 고향이었다. ▶

바울은 로마 시민으로 태어났지만(행 21:39), 우리는 왜 그가 그런 특권을 가지고 태어났는지 알 수 없다. 그는 베냐민 지파의 유대인으로 태어났는데(빌 3:5), 베냐민 지파에서 가장 유명한 사울 왕을 따서 이름을 지은 것으로 보인다. 따라서 그는 유대인과 로마 시민으로서, 사울과 바울이라는 두 가지 이름을 가졌다. 그는 성장하는 동안 집에서 히브리어나 아람어를 사용했을 것이다. 그러나 그는 당시에 로마 제국의 공통 언어인 그리스어에도 능통했다.

그의 유산의 이 두 측면—로마 시민으로 태어난 유대인—이 그의 미래 사역을 극적으로 형성했을 것이다.

10대가 되었을 때, 사울(과 그의 가족?)은 다소에서 예루살렘으로 이주한 것으로 보인다. 그는 바리새인이 되었고, 유명한 교사 가말리엘 밑에서 교육받았으며(행 22:3), 동년배의 다른 유대인들보다 훨씬 앞서 있었다(갈 1:14). 그러나 이후에 사울은 예수의 추종자들에 대해 그의 스승인 가말리엘과는 다른 태도를 보이게 되었다. 가말리엘은 평화를 강력하게 촉구한 반면(행 5:34-39), 사울은 "그 도"에 대해 격렬한 분노에 휩싸여 있었다(행 8:3; 9:1; 26:11). 사울이 왜 자신의 멘토이자 스승과 호흡이 맞지 않았는지는 분명하지 않지만, 사도행전은 바울의 분노가 스데반의 설교와 그가 돌에 맞아 죽은 것으로 촉발되었음을 암시한다(행 7장).

사울이 교회를 말살하고자 다메섹으로 가는 길에 부활한 예수 그리스

그림 11.3. 시몬 그리스왈드(Simeon Griswald), "사울의 회심"

도가 사울에게 나타나 왜 사울이 그를 핍박하는지 물었다(행 9:1-9). 이 만남은 사울의 삶과 신학을 철저하게 변화시켰다. 사울은 그동안 예수의 추종자들을 박해해왔지만, 이제는 사울 자신이 예수의 추종자가 될 것이다. 그는 지금까지 폭력적인 사람이었지만, 이제는 폭력의 대상이 될 것이다. 그는 바리새인으로서 마지막 날에 있을 죽은 자의 부활을 믿었지만, 이제는 예수의 부활과 함께 마지막 날이 이미 도래했다고 믿게 되었다. 그리고 사울은 예수의 추종자들을 박해했기 때문에, 예수가 사울이 **그를** 박해했다고 말한 것은 예수와 그의 추종자들이 특별하게 연합되어 있음을 의미한다. 즉 그들을 박해하는 것이 곧 예수를 박해하는 것이었다. 이것이 "그리스도 안에" 있는 것에 대한 바울의 중심적인 신학적 모티프로 발전했을 것이다. ▶

사울은 다메섹의 회당에 가서 예수를 대적하는 연설을 하고 그의 추종자들을 잡아가는 대신 예수를 메시아로서 옹호하고 그의 추종자들을 격려했다. 그러나 예수의 추종자들은 가장 큰 박해자인 사울이 180도 달라진 것에 충격을 받았다(행 9:19b-22). 조만간 그는 그들의 가장 위대한 선교사, 신학자, 목사가 될 것이다.

사울은 다메섹에 얼마간 있다가 아라비아에 가서 3년을 지냈다(갈 1:17). 우리는 이 시기 후반에 아라비아의 왕 아레타스 4세가 사울을 체포하기를 원했다는 것(고후 11:32) 외에

▶ 서론적 문제

바울은 "회심"했을까?

일부 학자들은 바울이 부활한 그리스도와 만난 이후의 경험을 "회심"으로 표현하는 것이 과연 적절한 것인지에 의문을 제기해왔다. 어쨌든 그는 유대교의 메시아 대망 사상에 따라 예수를 유대인의 메시아로 인정했고, 그 자신이 유대인으로 남아 있었다. 그는 유대교를 버린 것이 아니라 그리스도를 유대교의 성취로 이해했다. 하지만 바울의 삶이 완전히 변화되고 특정 핵심 신앙이 바뀐 것은 분명하다. 더욱이 그는 예수를 거부한 유대인을 하나님의 뜻과 조화를 이루지 못한 자로 간주했다. 그리스도를 거부한 유대인은 유대교가 나아가야 할 올바른 길을 거부한 것이었다. 이런 의미에서 "회심"은 바울을 포함하여 그리스도를 받아들이는 유대인에 대한 적절한 표현이다.

는 이 시기에 대해 아는 것이 없다. 사울이 그렇게 문제를 일으킨 것을 고려할 때, 그가 다메섹에서 했던 것처럼 아라비아에서도 말씀을 전했을 것으로 보는 것이 타당하다.

사울이 부활한 그리스도를 만난 후 처음으로 예루살렘을 방문한 것은 다메섹을 거쳐 아라비아에서 3년 동안 체류한 이후였다. 예루살렘에 있던 사도들은 그를 환영했고, 그의 목숨이 벌써 위태로워지자 그를 보호하고자 했다. 그들은 바울을 그의 고향인 다소로 돌려보

바울의 "잠복기"

바울의 생애에는 회심 후 두 번의 "침묵" 기간이 있는데, 그중 한 번만 사도행전에 기록되었다. 그리고 이것은 빠르게 지나가버린다. 따라서 우리는 모두 합해서 약 13년에 달하는 이 기간의 중요성을 인식하지 못할 수 있다. 우리는 바울이 그리스도를 만난 후 즉시 사도로서의 지혜와 지식을 모두 갖춘 이방인의 사도가 되었다고 상상하는 경향이 있다. 하지만 사실은 바울이 오랜 잠복기를 보냈다는 것이다. 새롭게 발견한 진리, 즉 예수가 죽은 자 가운데서 살아난 그리스도라는 진리의 함의를 이해하는 데는 시간이 필요했다. 바울은 이미 경전을 배웠지만, 그리스도에 비추어 그것을 다시 읽어야 했다. 그는 자신의 종말론적 틀을 고쳐서 다시 만들어야 했다. 그는 유대인과 이방인들에게 복음을 설명하는 방법을 배워야 했다. 그는 "그리스도 안에" 있는 것이 무엇을 의미하는지를 배워야 했다. 이 모든 일은 자동으로 일어날 수 없으며(설령 성령이 함께하신다고 하더라도!), 우리는 바울이 그 모든 것을 해결할 시간이 필요했다는 점에 놀라지 말아야 한다.

냈다(행 9:26-30; 갈 1:18-24). 따라서 바울의 생애에서 증거 자료가 없는 두 번째 기간은 약 10년 동안 지속되었다. ▶

안디옥(시리아)에 있는 교회가 상당히 성장한 후 바나바는 안디옥 교회에서 해야 할 사역에 사울의 도움을 얻기 위해 그를 찾으러 다소로 갔다(행 11:19-26). 사울과 바나바는 안디옥에서 1년간 목회하다가 극심한 기근이 닥쳤을 때 유대에 있는 제자들에게 구제 헌금을 전달하기 위해 잠시 예루살렘으로 돌아갔다(행 11:27-30).

그것은 사울이 다메섹으로 가는 길에서 부활한 그리스도를 만난 지 약 14년 만이었다. 이제 그는 이방 세계로 첫 선교여행을 떠날 시간이 되었다. 사울은 바나바와 그의 사촌 마가 요한의 도움을 받아 안디옥을 떠났다(행 13:1-3, 5b). 그들이 오늘날 터키의 중부 지역인 갈라디아 지방으로 가

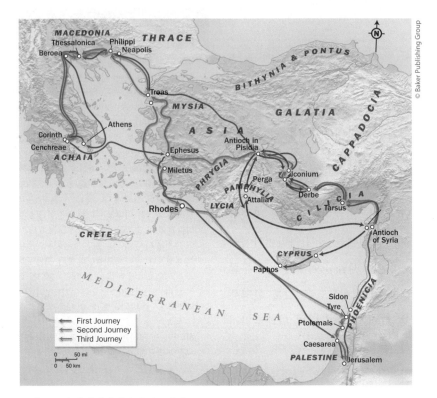

그림 11.4. 세 번에 걸친 바울의 선교여행

기 전에 처음 도착한 곳은 지중해 섬 구브로였는데 그곳은 바나바와 마가 요한의 고향이었다(행 13:4-14:23). 바로 이 이방 선교 기간에 사울은 바울 (그의 로마식 이름)이라는 이름으로 알려지게 되었고 그 후로도 계속 그 이름 으로 알려지게 되었다.

바울의 첫 번째 선교여행은 그의 다음 두 차례의 선교여행에 비해 시 간과 거리 면에서 그다지 대단한 여행이 아니었으며 평범했다. 하지만 그 것은 몇 가지 이유에서 중요한 여행이었다. 가장 중요한 것은 이방인들이 그리스도를 받아들이고 성령을 받고 있다는 바울과 바나바의 증언이었다. 이 일은 예루살렘 공회가 이방인을 교회에 포함시키는 문제에 대해 심사

숙고하는 동안 그들에게 알려지게 되었다(행 15장). 또한 그것은 바울이 앞으로 나아가야 할 패턴을 확립했다. 예를 들어 그는 이 선교여행에서 이방인들에게 말씀을 전하기 전에 먼저 유대교 회당을 방문하는 관행을 만들었다. 이런 패턴은 바울의 선교활동 내내 지속되었다.

우리는 바울이 자신이 부재중인 동안에 그가 세운 교회를 격려(혹은 책망)하기 위해 편지 쓰는 사역을 전개하는 것을 발견한다. 그의 갈라디아서(틀림없이 그의 가장 이른 편지)는 그의 1차 선교여행의 결과로 시작된 교회들에 쓴 것이다. 바울이 교회들에 보낸 거의 모든 편지는 동일한 의도를 갖고 기록된 것이다. 즉 바울의 선교활동을 통해 생겨난 어린 교회를 더 튼튼하게 하기 위함이었다. 또한 바울은 이 교회들이 그에게 의존하지 않도록 장로들을 선택해서 그들을 목양하는 패턴도 정립했다.

바울의 2차 선교여행은 훨씬 더 큰 규모의 야심 찬 여행이었다. 갈라디아 지방의 교회들을 먼저 방문한 후(행 15:36-41), 바울은 실라와 함께 처음으로

왜 바울은 먼저 유대인에게 갔을까?

바울은 유대인들이 먼저 예수가 그리스도임을 들어야 한다고 믿었다. 왜냐하면 그들에게는 오실 그리스도에 대한 약속이 있기 때문이다. 바울이 로마서 1:16에서 말하듯이, 복음은 모든 믿는 자, 먼저는 유대인에게, 그리고 헬라인에게도 구원을 주시는 하나님의 능력이다. 그러나 이방인들에게 복음을 전하기 전에 각 지역의 회당에서 복음을 전하고자 했던 전략적 이유도 있었다. 각 회당에는 그리스도에 대한 소식을 받아들일 준비가 된 유대인들이 있었다. 그들은 성경과 하나님의 약속, 그리고 언약을 알고 있었다. 그들이 그리스도를 받아들였을 때 새로운 교회를 위해 이미 준비된 지도자들이 되었다.

서신 작성자로서의 바울

바울 서신은 고대의 관행에 비해 상당히 길다. 로마서는 약 7,100 단어이지만, 키케로의 편지는 서신 당 평균 300 단어로 되어 있다. 바울의 편지는 매우 계획적이고 신중한 논의가 제시되고 있어서 일반적인 편지라기보다는 문학작품에 가깝다. 그러나 그의 서신들은 일반적으로 예상되는 구조, 즉 인사말, 감사, 본론, 그리고 마지막 인사말의 구조를 따른다. 많은 학자들은 바울의 서신을 고대 수사학, 즉 격식을 차린 연설을 연구하는 학문과 연결했다. 바울이 공식적인 수사학 훈련을 받았다는 증거는 없지만, 그는 위대한 수사학적 기술과 언어의 사용을 보여주었다. 바울의 편지글은 수사학의 특징이었던 중요한 논증 방법을 보여주는데, 바울은 잘 알려진 수사학적 장치와 양식을 사용한다. 그러나 바울의 서신은 엄격하게 일반적 유형의 수사학적 형식에 따라 분류될 수 없다. 어쨌든 실제로 고대의 공식적인 연설은 이런 유형들을 혼합하여 사용했다.

유럽으로 건너가 마케도니아와 아가야(오늘날의 그리스)에서 말씀을 전했다. 빌립보, 데살로니가, 베뢰아에 교회들이 세워졌지만, 그들에 대한 박해가 커지기 시작했다(행 16:1-17:15). 바울은 아테네에서 그의 유명한 아레오바고 연설을 했고, 이에 대해 그곳 사람들의 엇갈린 반응을 접했으며(행 17:22-34), 그다음에 고린도로 갔다.

바울의 아레오바고 연설이 그가 이방인들과 소통하고 관계를 맺고 있음을 보여주는 중요한 사건이긴 하지만(비시디아 안디옥의 유대교 회당에서 설교한 것과 비교하라[행 13:16-41]), 바울의 고린도 사역은 그의 2차 선교여행에서 가장 중요한 요소가 되었다(행 18:1-17). 바울은 고린도에서 전략적 도시를 목표로 하는 그의 우선순위를 보여주었다. 고린도는 그 도시를 오가는 수많은 사람을 볼 수 있는 중요한 항구 도시였다. 이런 이유로 이 도시의 방탕하고 타락한 문화가 교회에 흘러 들어와서 여러 문제를 초래했지만, 바울은 고린도에서 그를 통해 회심한 자들이 그의 메시지를 듣고 도처로 나가 복음을 널리 전파할 수 있다고 생각했기 때문에 고린도를 좋은 기회로 여겼다. 바울은 지금까지 선교여행을 한 어느 곳보다 고린도에서 오래 머물렀으며(18개월), 그곳에서 데살로니가전후서를 썼다(로마서 역시 고린도에서 썼지만, 몇 년 뒤인 3차 선교여행에서 기록했다).

바울은 고린도에서 시리아 안디옥으로 돌아가는 길에 오늘날 터키의 서쪽 해안에 있는 에베소에 잠시 들렀다. 이 도시는 의심할 여지 없이 그에게 깊은 인상을 남겼고, 그는 3차 선교여행에서 그곳으로 곧바로 가서 거의 3년 동안 체류했다. 에베소는 그가 선교 기간 중 체류한 도시 가운데 가장 오래 머물렀던 도시였다(행 19:1-41).

바울은 고린도에 머물렀던 것과 같은 이유로 에베소에 머물렀다. 에베소는 소아시아 전체의 중심지였고, 로마 제국에서 세 번째로 큰 도시였

신약성경을 기독교 경전으로 읽기

으며, 아르테미스 신전을 방문하고 사업
하는 수천 명의 여행객이 오가는 지역이
었다. 바울은 에베소에 집중함으로써 그
의 메시지가 온 지역에 퍼질 것으로 예상
했고, 그의 예상은 적중했다(행 19:10). 대
표적인 예는 골로새 교회다. 바울은 한
번도 골로새에 가지 않았지만, 에베소에
서 바울을 통해 회심한 사람 중 골로새

출신인 한 명이 그곳에 교회를 세웠다. 바울의 골로새서는 이 사실을 인정
한다(골 1:5b-8). ▶

에베소를 떠난 바울은 다시 마케도니아와 아가야를 거쳐 그리스로 가
서 그곳에서 3개월을 보냈다(아마도 대부분 고린도에서 보냈을 것이다[행 21:1-
3]). 이 세 번째 선교여행에서 바울은 고린도전서(에베소에서), 고린도후서
(빌립보에서), 로마서(고린도에서)를 썼는데, 이 세 서신이 그의 가장 긴 서신
들이다. 그는 예루살렘으로 가면서 이것이 이 지역으로 가는 그의 마지막
여행임을 알았다(행 20:25).

바울은 예루살렘에서 위험에 직면할 것이라는 경고를 받았지만, 자신
의 생명을 아무것도 아닌 것으로 여기고 예루살렘으로 가기로 결심했다
(행 20:22-24). 그가 예루살렘 성전에 나타난 것으로 인해 폭동이 일어났고,
로마 병사들이 바울을 위해 이 사건에 개입해야 했다(행 21:26-36). 바울을
죽이려는 음모를 꾀한다는 것을 알게 된 로마 당국은 바울이 유대 총독 벨
릭스 앞에 설 수 있도록 수백 명의 병사의 보호 아래 그를 가이사랴로 보냈
다(행 23:12-24).

벨릭스는 2년 동안 가이사랴 감옥에 갇혀 있던 바울을 어떻게 처리해

바울은 몇 번 투옥되었는가?

사도행전은 바울이 세 번 투옥된 것으로 기록한다. 즉 빌립보에서 하룻밤(16:16-34), 가이사랴에서 2년(24:27), 그리고 로마에서 2년(28:30)이다. 그러나 고린도후서 11:23에서 바울은 자신이 옥에 갇히기를 **많이** 했다고 말하는데, 이는 고린도후서가 바울이 가이사랴와 로마에서 투옥되기 이전에 기록되었다는 사실을 제외하고 사도행전에서 언급되는 세 번의 투옥에 부합할 것이다. 다시 말해서 사도행전은 바울이 기원후 57년에 고린도후서를 기록하기 전에 단 한 번의 투옥(빌립보에서)이 있었다고 보고하는데, 이는 사도행전이 기록하지 않은 다른 투옥 사건이 분명히 있었음을 의미한다. 전통에 따르면, 바울은 에베소에 수감되었다고 한다. (이 투옥의 전통적인 장소로서, 터키 셀추크 근처의 산 중턱에 있는 동굴을 방문하는 것은 여전히 가능하다.) 이에 대한 성경적 증거는 거의 없지만(고전 15:32을 보라), 그것은 전적으로 가능하다. 바울이 "옥에 갇히기도 더 많이 하고"라고 언급한 것을 고려하면, 우리가 모르는 다른 투옥이 적어도 한 번은 더 있었을 것이다.

야 할지 몰랐다. 벨릭스의 후임으로 베스도가 부임했는데(행 24:27), 그는 바울의 문제를 신중하게 다루었다. 그는 바울이 로마 시민으로서 그의 권리를 행사하여 가이사에게 상소하지 않았더라면 바울을 석방했을 것이다(행 25:11; 26:30-32). 베스도는 바울이 황제 앞에 설 수 있도록 그를 로마로 안전하게 이동시킬 수밖에 없었다. 로마에 가고자 했던 바울의 열망을 고려할 때, 그가 로마에 가기 위해 가이사에게 호소했다고 볼 수 있다. 바울은 베스도가 자신을 로마에 보낼 의무가 있음을 알고 있었고, 이런 대응책은 그를 옥에서 나오게 했을 뿐만 아니라 그의 계획을 성취하도록 도와주었다. ▶

바울과 그의 동행자들은 무서웠던 항해 중에 난파되어 지중해의 멜리데 섬에서 3개월 동안 머물며 친절한 환대를 받았다(행 28:1-10). 결국 바울은 로마로 가서 2년 동안 가택 연금에 처해졌다(행 28:11-31).

바울은 그의 나이 60대 중반의 어느 시점에 황제의 명령으로 로마에서 참수형을 당했다. 그러나 그의 가택 연금 이후와 참수 이전에 무슨 일이 일어났는지는 다소 모호한 점이 있다. 바울은 가택 연금에서 더 심각한 형태의 구금 상태로 곧 넘어갔고 그 후 죽음을 맞이했을 것이다. 그러나 바울이 가택 연금 이후에 스페인으로 여행했을 가능성도 있는데, 어쩌면 이것이 더 가능성이 있다고 볼 수 있다. 이것은 그의 열망(롬 15:24)이었으며 초기 자료들이 이를 뒷받침해주는데, 특히 중요한 것은 로마의 클레멘스의 저술이다. 클레멘스는 1세기 말에 로마의 주교였기 때문에 로마에 있는 사도들에게 무슨 일이 일어났는지 잘 알고 있었을 것이다. 그는 「클레멘스 1서」(기원후 96년) 5장에서 바울이 "서쪽의 가장 먼 경계에 이르렀다"고 기록했다.[1] 클레멘스의 단어 선택과 표현이 다소 불분명하긴 하지만, 가장 유력한 독법은 그가 바울의 스페인 선교를 확언한다는 것이다. 또한 그것은 스페인 교회가 사도 바울에 의해 세워졌다는 역사적 전통이기도 하다. 바울은 스페인에서 설교한 후 분명히 다시 체포되었을 것이고, 이번에는 심각한 구금에 처해져서 결국 죽음에 이르게 되었을 것이다.

바울은 로마(와 아마도 스페인)에 있었던 이 시기 동안 신약성경 서신의 절반 이상을 기록했다. 즉 빌립보서, 에베소서, 골로새서, 빌레몬서, 디모데전후서, 디도서다. **옥중 서신**으로 알려진 앞의 네 서신은 바울이 가택 연금으로 있는 동안 기록했을 것이다. **목회 서신**으로 알려진 뒤의 세 서신은 그의 가택 연금과 재구속 사이의 짧은 자유의 기간에 기록되었을 수 있다.

바울의 전기는 신약성경에서 가장 복잡하다. 이는 복음서에 기록된 예수의 전기보다 더 복잡하고 베드로, 요한, 혹은 그 밖의 다른 누구의 전기보다 훨씬 더 복잡하다. 그러나 바울의 생애와 사역의 기본적인 윤곽을 아는 것은 그의 편지를 읽는 데 대단히 도움이 된다. 따라서 이를 돕기 위해 다음과 같은 간략한 연대표를 제시한다. 이 연대기에서 유일하게 확실한 날짜는 바울이 50-52년에 고린도에 있었던 시기—총독 갈리오(행 18:12에 언급됨)가 51-52년에 고린도에 있었기 때문에—와 64년에 일어난 로마 화재 사건이다. 바울의 연대기는 이 두 가지 확실한 날짜(특히 처음 것)를 기준으로 산출한 것이다.

바울의 연대기

1. 초기 사역	연대/시기(기원후)
출생	6년경
회심 및 헌신	33년경
아라비아에 있었던 시기	33-35년경
회심 후 첫 번째 예루살렘 방문	36년경
길리기아와 시리아에서의 사역	36-46년경
안디옥에서 모은 기근 구제 헌금을 예루살렘으로 가져감	46년경
2. 1차 선교여행	**46-47년경**
안디옥에서 구브로까지	46년경
구브로에서 버가, 비시디아 안디옥까지	46년경
갈라디아 남부 도시들인 더베, 루스드라, 이고니온으로	46년경
버가로 돌아온 다음 다시 배를 타고 시리아 안디옥으로	47년경
3. 사도들의 예루살렘 공회	**48년경**
갈라디아서가 이 시기에 기록됨	48년경
4. 2차 선교여행	**49-52년경**
육로로 시리아 안디옥에서 갈라디아를 통과함	49년경
빌립보, 데살로니가, 그리고 베뢰아의 교회들	49년경
아테네 방문	49년경
고린도에서 18개월	50-52년
고린도에서 데살로니가전후서를 기록함	50년
에베소로의 짧은 여행	52년
시리아 안디옥으로 돌아감	52년
5. 3차 선교여행	**52-57년경**
시리아 안디옥에서 갈라디아를 거쳐 에베소까지	52년경
에베소에서 3년	52-55년경
에베소에서 고린도전서를 기록함	54년경
마케도니아로 떠남	55년경
빌립보에서 고린도후서를 기록함	56년경
고린도에서 3개월 체류, 그곳에서 로마서를 기록함	57년경
밀레도에서 에베소 장로들과 작별함	57년경
가이사랴로 항해한 후 예루살렘으로 향함	57년경
6. 가이사랴와 로마에서의 구금	**57년경-??**
가이사랴에서 벨릭스 총독에 의해 구금됨	57-59년경
로마로 항해하다가 멜리데 섬에서 3개월을 보냄	59-60년경
로마에서 가택 연금	60-62년경
빌립보서, 에베소서, 골로새서, 빌레몬서를 기록함	62년경
스페인 방문?	63년경-??
디모데전후서, 디도서를 기록함	63-65년경
로마 대화재와 기독교 박해	64년
바울이 처형당함	65년경?

바울의 가르침

바울은 신약성경의 최고 신학자이며 예수 이후 기독교 교회의 역사에서 가장 중요한 신학자다. 그의 가르침은 기독교 역사에서 모든 주요 사상가에게 영향을 미쳤으며, 그의 서신들은 계속해서 활발하게 토론되고 있다. 바울의 글은 종교개혁에 불을 붙였고, 서구 문화와 그것의 지적인 전통을 크게 활성화했다. 오늘날 바울은 모든 교회의 설교 일정에 자주 등장하는 "단골 메뉴"이며, 전 세계 수백만 명의 성경 독자들이 가장 좋아하는 저자다. 이 뛰어난 인물이 가르친 것의 영향과 중요성은 아무리 과대평가해도 지나치지 않다.

그러나 바울이 학문적인 독자들을 위해 글을 쓰는 전문 신학자가 아님을 기억하는 것이 중요하다. 바울은 무엇보다도 선교사이자 목회자다. 그의 글은 항상 그의 선교와 목회의 목적에 부합한다. 바울이 선교와 목회의 관심사를 다루기 위해 얼마나 다양한 신학적 작업을 시도하는지를 보면 놀랍지만, 그의 가르침은 항상 그런 맥락에서 읽어야 한다. 그는 신학 자체를 위해 추상적인 **조직신학**을 하지 않으며, 그가 그런 생각에 반대하는 것을 상상하기는 어렵지 않다.

그렇지만 우리는 바울의 신학적 사고가 특정한 형태와 논리를 가지고 있다는 점에서 바울이 조직신학자임을 인정한다. (일부 주석가들의 의견에도 불구하고) 바울의 생각에는 매우 중요한 일관성이 있으므로 다양한 주제에 대한 그의 생각을 종합하는 것은 가능하다. 이런 식으로 우리는 바울의 신학이 조직적이지만, 조직적으로 제시되지는 않는다고 말할 수 있다. 바울의 신학은 항상 선교와 목회의 관심사로 제시되며 그런 관심사에 둘러싸여 있다.

바울 신학의 중심은 예수 그리스도의 인격과 사역이다. 그리스도는 다윗의 자손이 하나님의 우편에서 영원히 다스릴 것이라는 하나님의 약속의 성취다. 그는 하나님이 기름 부어 세운 왕, 이스라엘만이 아니라 전 인류를 다스리는 왕이다. 그는 죽음에서 부활하여 승천함으로써 메시아로 임명되었다. 그러나 그리스도는 강력한 통치권을 행사하는 왕이지만, 그의 원수들을 위해 죽은 겸손한 종이기도 하다. 그는 모든 사람—유대인과 이방인 모두—이 하나님과 화해할 수 있도록 인류에 대한 하나님의 사랑을 보여주는 증거다.

승천한 그리스도는 천상에서 그의 하늘 아버지와 함께 앉아 있지만, 멀리 있는 존재가 아니다. 사실 그리스도를 믿는 모든 사람은 성령의 능력으로 그와 하나가 되었다. 신자들은 "그리스도 안에" 있고, 그리스도는 그들 안에 있다. 이는 그리스도와 우리의 관계가 기계적이기보다 지극히 인격적이며, 우리가 하나님과 교제하는 것이 상호 내주의 관계임을 의미한다. 또한 이것은 그리스도와 연합한 개인이 그리스도의 몸을 이루는 일원이기 때문에 모든 신자가 서로 연결되어 있다는 뜻이기도 하다. 하나님이 그의 백성에게 내리는 모든 복은 그리스도 안에서 그리고 그를 통해 나온다. ◗

> **▶ 서론적 문제**
>
> **그리스도와의 연합이란 무엇인가?**
>
> "그리스도와의 연합"은 우리가 그리스도와 하나가 되는 바울의 신학을 설명할 때 사용하는 용어다. 이것은 바울의 매우 흔한 관용구인 "그리스도 안에서", "그리스도와 함께", "그리스도를 통해" 등에 반영되어 있다. 이는 그리스도의 몸, 옷, 성전, 그리고 그리스도의 신부로서의 교회 등과 같은 다양한 은유를 통해서도 나타난다. 우리는 그리스도와의 연합을 연합, 참여, 합일, 통합 등 네 가지 이미지를 통해 가장 잘 이해할 수 있다. **연합**은 성령에 의한 상호 내주를 통해 그리스도와 영적으로 깊이 연결되는 것을 말한다. **참여**는 그리스도의 고난, 죽음, 장사 됨, 부활, 승천, 영화와 같은 그리스도의 내러티브의 핵심 사건들을 공유하는 것을 말한다. **합일**은 우리의 충성을 아담과 죄와 사망의 영역에서 그리스도와 그의 의와 평화의 영역으로 전환하는 것을 가리킨다. **통합**은 그리스도를 통해 형성된 공동체 안에서 함께 구성원이 되는 것을 가리킨다. 하나님의 모든 복은 그리스도와의 연합을 통해 신자들에게 수여된다(엡 1:3).

바울 신학의 중심이 그리스도의 인격과 사역이라면, 성령은 그리스도와 그의 백성이 서로 하나가 되게 하는 매개체다. 성령이 거하는 곳에 그리스도도 거한다. 신자들 가운데 거하는 성령의 임재는 하나님이 사람을 차별하지 않으며, 그리스도를 주로 고백하는 자들 가운데 거한다는 증거이기도 하다. 성령은 말로 표현할 수 없는 탄식으로 우리를 위해 간구하고, 옛 언약인 모세의 율법을 대신해서 신자들의 삶 속에서 그의 열매를 맺는다. 또한 성령은 장차 받을 기업을 보장하는 일종의 보증이 되는데, 이는 성령을 통해 신자들이 하나님 앞에 서게 될 영광스러운 미래와 연결된다는 것을 의미한다. ▶

그리스도의 부활은 두 시대가 중첩된 시대를 열었다. 왜냐하면 그리스도의 부활은 (옛 시대가 지나가기도 전에) 새 시대가 이미 도래한 사실을 알렸기 때문이다. 이는 바로 부활이 종말, 즉 심판의 날에 속하기 때문이다. 죽은 자 가운데서 다시 살아난 그리스도의 부활은 심판에 직면한 그를 의롭다고 선언하고 이제 그리스도 안에 있는 모든 자에 대한 하나님의 판결을 보장한다. 따라서 그리스도의 부활은 바울 신학 전체를 구체화하는 "이미와 아직 아님"의 종말론적 틀을 만들어냈다. 신자들은 더 이상 옛 시대를 통치했던 지배자들

▶ 서론적 문제

율법의 역할은 무엇인가?

모세의 율법에 대한 바울의 이해는 자기 모순적으로 보일 수 있는데, 그 이유는 바울이 신자들이 율법 아래 있지 않다고 선언하지만(롬 6:14), 동시에 우리가 율법을 굳게 세운다고 말하기 때문이다(롬 3:31). 바울은 분명히 이방인 신자들이 모세 율법의 관습들을 계속 유지하기를 바라지 않으면서도(갈 5:1-6), 때로는 율법을 모든 사람에게 권위 있는 것으로서 여기며 그것을 직접 인용하기도 한다(엡 6:2). 이렇게 명백하게 드러나는 긴장에 대한 가장 가능성이 큰 해결책은 다음과 같다. 즉 바울은 그리스도가 율법의 의로운 요구를 성취했고(롬 10:4; 갈 3:13), 신자들이 그리스도 안에 거함으로써 율법을 지킨다고 믿는다. 새 언약이 제정될 때는 새로운 법을 수반하는데, 그리스도의 새 언약은 모세의 율법이 아닌 사랑의 법의 통치를 받는다(갈 6:2). 그럼에도 모세의 율법은 하나님의 도덕적 성품을 반영한다. 이런 이유 때문에 율법을 아는 것과 때때로 그것을 직접 적용하는 것도 유익하다.

바울에 대한 새 관점

바울은 철저한 연구와 토론에 계속해서 영감을 준다. 최근 수십 년간 바울을 둘러싼 가장 유명한 논쟁은 **바울에 대한 새 관점**으로 알려져 있다. E. P. 샌더스, J. D. G. 던, N.T. 라이트 같은 학자들과 관계가 있는 이 논의의 기본 전제는 바울이 비판한 유대교의 유형은 개신교인들이 일반적으로 추측하는 것과 다르다는 것이다. 유대교는 "행위에 의한 구원"의 종교가 아니라 오히려 하나님의 은혜에 의지하는 종교였다. 바울 시대에 율법을 준수했던 유대인들의 문제점은 율법이 그들을 하나님의 백성으로 규정했는데, 그것이 그들의 교만과 자랑의 원천이었다는 것이다. 따라서 그런 유대인들에 대한 바울의 비판은 어떤 방법을 통해 하나님의 백성을 규정하느냐와 관련된 것이다. 즉 하나님의 백성은 모세의 율법을 지키는 것에 의해서가 아니라 그리스도를 믿는 믿음과 성령을 받은 것에 의해 규정된다. 설령 그들이 내린 결론들 중 일부가 추가적인 논의를 필요로 한다고 할지라도, 바울에 대한 새 관점에는 긍정적으로 생각해야 할 점—특히 바울이 유대인-이방인 문제에 대해 매우 우려하고 있었다는 것을 새 관점이 상기시켜준 것—이 많다.

의 노예가 아니라 새 시대에 속한 그리스도 안에서 새로운 피조물로 살아야 한다.

그리스도는 그의 백성을 죄와 죽음의 지배로부터 해방시켰기 때문에 그들의 구원자가 된다. 그는 십자가에서 죄를 위해 죽음으로써 우리가 진 빚을 탕감해주었고, 죽은 자 가운데서 살아남으로써 하나님 앞에서 우리의 의로운 지위를 보장해주었다. 그리스도는 신자들이 그와 함께 부활함으로써 들어가게 될 의와 평화의 새 시대를 열어주었다. 그리스도와 함께 죽는 것은 옛 시대에 대한 그들의 충성을 끝내고, 그와 함께 다시 살아나는 것은 새 시대에 그들의 영생을 보장한다. 이 때문에 구원은 단언컨대 하나님의 은혜로 이루어지며 사람의 행위나 자랑으로는 성취될 수 없다.

구세주로서 그리스도는 이 시대를 지배하고 그리스도를 모르는 이들에게 영향을 미치는 어둠의 권세와 세력을 제압했다. 그는 공개적으로 권력자들을 부끄럽게 했고, 인류에 대한 그들의 지배권을 취소했으며, 모든 권세를 갖고 그들 위에 앉아 있다. 우리는 악과 죄와 죽음을 다스리는 그리스도의 통치를 아직 눈으로 보지 못하지만, 그의 재림은 영광 가운데 그의 우주적 승리를 드러낼 것이다.

그때까지 교회는 자신의 정체성을 기억하고 그리스도의 신부로서 그를 위해 구별된 삶을 살며, 어둠이 아닌 빛 가운데서 살아야 한다. 신자들은 그리스도의 백성에게 어울리지 않는 모든 부끄러운 행위와 태도를 버려야 하는데, 이는 그의 성령이 그들 안에서 그리고 그들 가운데서 역사하기 때문이다. 살아 있는 동안 완벽한 모습에 이르는 신자는 아무도 없겠지만, 교회는 하나님의 은혜가 모두에게 넉넉하게 주어진다는 사실을 기억하면서 거룩한 삶을 살도록 부르심을 받았다.

하나님의 교회는 믿는 유대인과 이방인으로 구성되어 있는데, 그들은 이제 그리스도 예수 안에서 통일되어 있다. 그럼에도 이스라엘은 여전히 하나님의 약속을 받은 자들이며, 아무도 이스라엘의 특권을 잊어서는 안 된다. 즉 구원은 먼저 유대인을 위한 것이고, 그다음은 이방인을 위한 것이다. 이스라엘 가운데 대다수가 그들의 메시아를 거부한 것처럼 보이는 상황에서도 하나님은 이스라엘의 역사에 대한 완전한 주권자다. 그들 가운데 일부가 완악하게 된 것은 이방인들이 구원 안으로 들어올 수 있도록 하기 위한 것이며, 반드시 무한정한 것은 아니다. ▶

하나님을 기쁘게 하는 삶을 살기 위해 신자들은 그리스도 안에서 자신이 누구인지를 기억해야 한다. 그들의 옛 자아는 그리스도와 함께 죽었고 새로운 자아가 그리스도와 함께 다시 살아났다. 우리는 하늘에 계신 아버지의 자녀

> **▶ 서론적 문제**
>
> **바울이 윤리에 접근하는 방식**
>
> 윤리에 대한 바울의 접근법은 항상 신학적이다. 즉 어떻게 살아야 하는지에 대한 그의 가르침은 하나님과 그리스도에 대한 신학적 진리와 그리스도 안에서 하나님의 백성이 된다는 것의 의미에 근거한다. 바울 서신은 그 서신의 "실천적인" 부분들이 서신의 "신학적인" 부분의 함의를 설명해준다는 점에서 이를 잘 보여준다. 하나의 좋은 예는 바울의 에베소서로, 이 서신의 처음 세 장은 그의 주된 신학적 주장을 담고 있고, 나머지 세 장은 그것이 지닌 삶에 대한 함의를 끌어낸다. 이 것은 바울을 도덕주의자로 묘사할 수 없다는 것을 의미한다. 그가 도덕적인 행동을 지시하는 것은 단지 그것이 옳은 일이기 때문이 아니다. 그는 그리스도 안에서 우리가 누구인지에 대한 진리로 시작하고, 그리스도인의 삶에 대한 비전을 묘사하기 위해 그 진리를 활용한다.

로서 그를 본받도록 가르침을 받았다. 그리고 우리는 아래에 있는 것보다 위에 있는 것, 그리스도가 앉아 있는 위에 있는 것을 바라보아야 한다. 신자들은 성령과 보조를 맞추어 살면 성령을 따라 거두게 될 것이다. 그러나 육체를 따라 심으면 죽음과 파멸을 거둘 것이다.

마지막으로 모든 것의 목표는 그리스도 안에 있는 하나님의 영광이다. 결국 그리스도는 하늘에 계신 그의 아버지의 영광으로 모든 피조물에 의해 영화롭게 될 것이다. 그리고 놀라운 희망이 우리를 기다리고 있는데, 이는 그리스도가 그의 영광을 그의 백성과 함께 나눌 것이기 때문이다. 우리가 그와 함께 고난을 받았다면 그와 함께 영광도 누릴 것이다.

실천과 적용

바울은 "내가 그리스도를 본받는 자가 된 것 같이 너희는 나를 본받는 자가 되라"고 기록했다(고전 11:1). 그것은 우리 대부분에게 불가능한 일처럼 보일지도 모른다. 누가 바울을 모방하거나 그가 정한 기준에 따라 살 수 있겠는가? 하지만 우리는 바울로부터 배울 점이 많고 현재 우리의 일상생활에서 실천할 수 있는 것도 많다. 우리의 삶은 여러 면에서 바울의 삶과 완전히 다르게 보일 수 있지만, 그에게서 얻은 원리들을 우리 자신에게 적용할 수 있다.

가장 근본적인 원리는 그리스도 예수가 만유의 주이며, 우리가 그에게 완전히 복종하고 그를 신뢰하는 삶을 살아야 한다는 것이다. 마찬가지로 바울은 우리가 그리스도의 풍성함과 탁월함을 결코 완벽하게 깨닫지 못할 것임을 우리에게 보여준다. 우리는 그리스도에서 다른 것으로 옮겨가기보다는 그리스도 **안으로** 더 깊이 들어가야 한다.

우리가 **우리의** 영광을 위해 사는 것이 아닌 이상, 우리는 그리스도의 영광을 위해 사는 것이 옳다는 것을 바울에게서 배울 수 있다. 우리는 그리스도의 영광을 위해 사는 것을 통해 하나님의 형상을 따라 창조된 하나님의 피조물로서 하나님이 주신 우리의 소명을 이행하면서 우리를 향한 그의 계획을 따라 살아간다. 우리의 기쁨은 우리 자신의 영광이 아니라 그리스도의 영광에서 발견되지만, 우리는 그리스도의 고난을 나누듯이 그의 영광도 나눌 것이다. 그에게 영광이 영원무궁하기를!

기독교적 읽기를 위한 질문

1. 바울의 세 차례 선교여행과 로마로 향하는 마지막 여행을 마음속으로 그려보라. 지중해 지역의 지도를 찾아서 각 여행의 경로를 그려보라.

2. 이제는 바울이 쓴 열세 개의 신약성경 서신들의 목록을 만들어보라. 각각의 서신과 당신이 그린 여행 경로들을 연결할 수 있는가? 각 서신의 목적지와 바울이 각 서신을 기록한 장소와 시기를 생각해보라.

3. 바울이 그가 전하는 "복음"을 언급할 때마다 그의 서신들을 살펴보라. 그는 이 복음을 어떻게 묘사하고 있는가?

4. 로마서 6장을 주의를 기울여 읽으라. 신자들이 계속 죄를 짓는 것이 왜 적절하지 않은지 당신의 말로 표현해보라.

12장
로마서

개요

지금까지 기록된 편지 중 가장 중요한 편지로 널리 여겨지는 로마서는 바울이 선포한 복음에 대한 가장 포괄적인 설명이자 변증이다. 로마서는 개신교 종교개혁에 큰 영향을 미쳤는데, 이신칭의, 그리스도와의 연합, 성령이 이끄는 삶 등 로마서의 주요 주제들이 종교개혁 신학을 형성하는 데 큰 역할을 했다. 😊

바울의 복음은 모든 믿는 자들의 구원을 위한 하나님의 능력이다. 유대인과 이방인들은 모두 죄 아래에 있지만, 하나님은 신자들이 하나님과 올바른 관계를 맺도록 그리스도를 희생제물로 내어줌으로써 자비를 베푼다. 신자들은 그리

😊 역사적 문제

로마서의 역사적 기원
저자: 바울
기록 연대: 기원후 57년
장소: 고린도
배경: 바울은 로마서를 기록할 당시에 고린도 근처에서 3차 선교여행 중에 있었다. 그는 먼저 예루살렘으로 간 다음에 스페인 선교를 시작하려고 계획한다. 그는 스페인으로 가는 길에 로마에 있는 교회를 방문할 계획이며, 이 편지는 그 방문을 준비하기 위해 보낸 것이다.

신약성경을 기독교 경전으로 읽기

스도와 함께 죽음으로써 죄와 죽음의 종에서 벗어나 이제 성령 안에서의 삶을 누리게 되었다. 이 메시지는 이스라엘과 하나님의 관계를 포함하여 역사 전반에 걸친 하나님의 계획과 일치한다. 바울의 복음은 사랑과 예배의 변화된 삶으로 이끈다. 😧

탐구-로마서 읽기

복음은 구원을 위한 하나님의 능력이다

■ 로마서 1:1-17을 읽으라 ■

이 서신은 저자에 대한 다소 긴 소개로 시작한다. 사도 바울은 하나님의 복음을 위해 따로 세움을 받았는데(1:1), 이 복음은 하나님이 약속한 것이고, 예수 그리스도에게 초점을 둔 것이며, 그리스도가 부활을 통해 하나님의 아들로 임명된 것을 포함한다(1:2-4). 바울은 이방인들이 이 그리스도를 믿게 하기 위해 부르심을 받았다(1:5-6). 🌐📖

바울은 온 세상에 믿음의 소문이 널리 퍼져 있는 로마의 신자들을 방문하기를 원하는데, 이는 이방인들에게

🧑 역사적 문제

로마에 있는 교회

로마서는 바울이 개인적으로 알지 못하는 교회에 보낸 두 개의 서신 중 하나다(다른 하나는 골로새서). 로마에 있는 교회가 처음에 어떻게 세워졌는지는 알 수 없지만, 그 기원은 그리스도의 부활과 승천 후 로마 제국 각지에서 온 3천 명의 유대인이 회개하고 믿었던 최초의 오순절까지 거슬러 올라갈 것이다(행 2:1-41). 베드로의 오순절 설교를 들었던 무리 가운데는 로마에서 온 방문객도 있었다고 전해진다(행 2:10). 따라서 3천 명의 새로운 회심자들 중에는 나중에 고향으로 돌아가 그곳에 첫 번째 교회를 세운 로마인들이 있었을 가능성이 있다. 바울은 주로 자신이 직접 세운 교회들을 격려하는 글을 썼지만, 이 경우에 그는 서신을 통해 그 교회와 새로운 관계를 맺기를 희망했다.

🔗 정경적 연관성

하나님의 아들

바울은 예수 그리스도가 죽은 자들 가운데서 부활해서 하나님의 아들이 되었다고 말할 때(1:4), 예수가 그 이전에는 하나님의 거룩한 아들이 아니었다고 말하고 있는 것이 아니다. 오히려 구약성경에서 "하나님의 아들"이라는 용어는 특히 시편 2:7에서처럼 하나님의 기름 부음을 받은 왕 메시아를 가리키는 경우가 많다. 그렇기 때문에 바울은 예수가 다윗의 자손이라는 것을 언급한 것이다. 약속된 메시아는 반드시 다윗의 자손이어야 하기 때문이다. 예수의 메시아적 지위를 선언하는 것은 사도 베드로가 주장한 것처럼 예수가 죽은 자들 가운데서 부활한 사건이다(참조. 행 2:24-36). 따라서 하나님의 복음을 전하기 위해 따로 세우심을 받은 바울이 전하는 이 복음(롬 1:1)은 예수가 하나님의 기름 부음을 받은 왕으로 선포된 것에 중점을 둔 메시지다.

로마서의 구조

이 서신은 뚜렷이 구분되는 네 개의 단원으로 나뉜다. 1-4장은 이신칭의를 다루고, 6-8장은 그리스도와의 연합과 성령의 사역을 다루며, 9-11장은 구원의 역사와 유대인과 이방인의 관계와 관련되고, 12-16장은 이 서신의 실천적인 권면을 풀어 나간다. 5장을 이 구조에 알맞게 분석할 수 있는 유일한 방법은 5장을 둘로 나누어 5:11까지는 이신칭의를 다루는 것으로 보고, 5:12부터는 그리스도와의 연합과 성령의 사역에 대한 논의를 시작하는 것으로 보는 것이다.

🎯 수용사

4세기의 로마서 개요

암브로시아스터의 로마서 주석은 바울 서신에 대한 현존하는 가장 오래된 라틴어 주석 가운데 하나다. 이 주석은 널리 회람되었고 아우구스티누스와 같은 다른 많은 사상가에게 영향을 미쳤다. 암브로시아스터는 로마서 주석의 서론에서 로마서 전체를 간략하게 소개하면서 바울 서신이 다음과 같은 네 가지 주요 논점을 갖고 있다고 설명한다. (1) 인류는 두 부류, 즉 선천적으로 존재하는 자들과 율법을 받은 특혜 그룹으로 나뉜다. (2) 인간은 자연이 하나님을 계시했음에도 그에게 복종하지 않았기 때문에 결국 그를 거부한 것이다. (3) 그러므로 하나님은 이 세상에서 비유대인들보다 유대인들을 더 선호하셨다. (4) 그러나 유대인들은 그리스도를 거부했을 때 하나님이 그들에게 주신 율법에서 떠났고 결국 이방인처럼 되었다. 이제 유대인과 이방인 모두에게 남은 유일한 소망은 율법을 통해서가 아니라 그리스도에 대한 믿음을 통해 주어지는 하나님의 자비뿐이다.

이 개요는 대부분의 서구 교회 역사에서 로마서를 해석하는 방식에 영향을 미쳤지만, 몇몇 부분에 있어서는 가톨릭과 개신교 전통의 후대 해석과 차이가 있다.[1]

그리스도를 전하는 그의 사도적 소명 때문이다(1:8). 바울은 그들을 위한 기도에 신실하며(1:9-10), 그들과 만나서로 격려하기 위해(1:11-12) 그들을 방문하고 싶어 한다. 비록 바울이 이전에 그들을 방문하고자 한 계획은 좌절되었지만, 그는 로마에서 그들에게 복음을 전하기 원한다(1:13-15). 바울은 복음이 구원을 위한 하나님의 능력 (1:16a)이기 때문에 자신이 전해야 할 사명이 있는 이 복음을 부끄러워하지 않는다. 이 메시지는 하나님의 의를 드러내기 때문에 유대인이든 이방인이든 모든 믿는 사람을 구원할 것이다 (1:16b-17). 🎯

하나님 앞에서 이방인의 죄

■ 로마서 1:18-32을 읽으라 ■

모든 사람은 바울이 전하는 복음을 들어야 한다. 바울은 이방인들에게 구원이 필요하다는 것을 보여줌으로써 시작한다. 하나님의 진노는 그분에 관한 진리를 거부하는 자들을 향해 지금도 나타나고 있다(1:18). 하나님은 보이지 않는 자신의 속성과 영원한 능력 등을 통해 모든 사람이 그분에 관해 알 수 있도록 허락했지만(1:19-20), 그들은 하나님을 영화롭게 하지 않고 다양한 우상에게로 돌아섰다(1:21-23). 결과적으로 그들이 창조주 대신에 하나님의 창조세계를 숭배했기 때문에, 하나님은 그들을 그들의 마음속에 있는 욕망에 넘겨주었다(1:24-25).

이방인들의 마음의 욕망은 동성애를 포함한 음행과 관련되었다(1:26-27). 하나님은 그들을 이런 파괴적인 마음의 욕망 및 타락에 넘겨주었다(1:28). 그 결과 그들은 온갖 불의와 악행으로 가득하게 되었다(1:29-31). 하나님이 그런 행위를 비난할 것을 알면서도 그들은 계속 그런 일들을 행하며 다른 이들도 그렇게 하도록 권한다(1:32).

하나님 앞에서 유대인의 죄

■ 로마서 2:1-29을 읽으라 ■

이전 단락이 바울 당대의 유대인 독자들이 확인할 수 있는 이방인들의 죄를 다룬 반면, 다음 단락은 유대인을 책망하기 시작한다. 만약 그들이 이방인 불신자들을 판단한다면 스스로 정죄하는 것인데, 이는 그들도 똑같은 일을 하기 때문이다(2:1-3). 유대인들은 자신들의 죄를 회개하는 대신 마음이 완악해져서 그들이 받을 진노를 스스로 쌓아 올리고 있다(2:4-5).

하나님은 각자의 행위에 따라 판단할 것이다. 즉 선, 영광, 존귀, 썩지 아니함을 구하는 자에게는 영생을 주겠지만, 진리와 의를 거부하는 자에게는 진노와 분노를 내릴 것이다(2:6-8). 동일한 심판이 유대인과 이방인 모두에게 임할 것인데, 이는 하나님이 사람을 편애하지 않기 때문이다(2:9-11). (유대인처럼) 율법을 갖고 있다고 해서 심판을 받을 때 큰 이점이 있는 것은 아닌데, 그 이유는 유대인이 율법을 듣기만 하는 것이 아니라 지켜야

성 티에리의 윌리엄(William of St. Thierry)의 로마서 강해

성 티에리의 윌리엄(1085-1148년)은 프랑스의 시토회 수도사로, 1135년에서 1148년 사이에 시그니의 수도원에서 보낸 그의 생애 동안 『로마서 강해』를 포함한 여러 작품을 저술했다. 윌리엄은 수도사가 되기 전에 랭스(Rheims) 대성당 학교의 학생이었는데, 그가 이곳에서 받은 훈련은 전형적인 시토회 독법과는 다른 그의 면밀한 로마서 독법의 몇 가지 방식에 반영되어 있다. 첫째, 시토회 전통에서 **주해**를 위해 가장 선호하는 책은 단연 아가다. 수도사들은 로마서와 같은 서신서에 대해서는 자주 주석을 달지 않았다. 이것은 학교의 다른 훈련 방식을 반영한 것이다. 둘째, 윌리엄은 여러 면에서 그리스어 텍스트에 대한 지식을 갖고 있었으며, 그리스어 텍스트가 라틴어 불가타보다 더 뛰어난 독법을 갖고 있다고 믿고 이를 더 선호했다. 이것은 그가 오리게네스의 그리스어 로마서 주석에 대한 루피누스의 영향력 있는 번역을 사용했음을 보여준다.

이런 차이점에도 불구하고 윌리엄은 수도원의 성경 읽기 전통의 아름다움을 속속들이 반영하고 있다. 그의 목표는 학문적 읽기가 아니라 개인적 신앙을 위한 읽기였다. 그의 강해는 기쁨과 즐거움이 가득하며, 하나님의 은혜를 거듭 되새긴다. 그는 상세하게 주해하는 가운데서도 자연스럽게 여러 차례 하나님을 직접 부르며 "주 예수여, 사람의 아들들보다 아름다우시며…"와 같은 기도로 나아간다.[2]

하며 이방인은 마음과 양심에 따라 살아가는 올바른 길을 알 수 있기 때문이다(2:12-16). 😊

하나님의 뜻과 율법을 알고, 무지한 자를 가르치고자 하는 유대인들은 자기 자신도 가르쳐야 한다(2:17-21a). 그들은 도둑질, 간음, 우상숭배 등을 하지 말라고 가르치면서 그런 일들을 실제로 하지 않고 있는가?(2:21b-23) 오히려 하나님의 이름이 유대인의 불순종으로 인해 모독받게 되었다(2:24). 마찬가지로 유대인의 할례는 사람이 율법을 지킬 때만 유익하다(2:25). 사실 성령을 통해 "마음의 할례"를 받은 내면의 유대인이 "진정한 유대인"이다(2:26-29).

온 세상이 죄 아래 있다

■ 로마서 3:1-20을 읽으라 ■

바울은 유대인이 이방인처럼 하나님의 심판을 받을 수 있지만 그럼에도 유대인들에게 큰 유익이 있다고 강조하는데, 그 이유는 그들이 하나님의 말씀을 맡았기 때문이다(3:1-2). 비록 하나님의 백성 중 일부가 하나님께 신실하지 못했다고 할지라도, 하나님은 그의 백성에게 여전히 신실한데, 이는 하나님의 의를 강조한다(3:3-4).

그 후 바울은 하나님의 심판에 대하여 어떤 이의를 제기할 수 있는지를 탐구하는데, 그들의 불의가 하나님의 의를 강조하기 때문에 그들이 심판받아서는 안 된다고 누군가 말할 것이라고 예측한다(3:5-7). 그러나 바울은 그들이 심판받아야 마땅하다고 말하면서 그 견해를 간단하게 일축한다(3:8).

이어서 바울이 이방인의 죄(1:18-32)와 유대인의 죄(2:1-29)를 함께 묶어 유대인과 이방인 모두가 죄 아래에 있다는 결론을 내릴 때(3:9) 이 장의 핵심이 등장한다. 바울은 시편과 이사야서가 인용한 일련의 인용문들(3:10-18)로 이 핵심을 뒷받침하면서 "선을 행하는 자는 없나니 하나도 없도다"(3:12)라고 선언한다. 율법은 온 세상을 하나님의 심판의 대상으로 만들기 때문에 바울의 논점을 더욱 강조한다(3:19). 율법으로는 아무도 의롭다고 인정받을 수 없는데, 그 이유는 율법이 인간의 죄를 더욱 드러내기 때문이다(3:20).

은혜로 의롭게 됨

■ 로마서 3:21-31을 읽으라 ■

인류의 보편적 죄를 입증한 바울은 우리에게 열려 있는 유일한 해결책을 다루기 시작한다. 정죄하는 율법과 별개로, 하나님의 의는 예수 그리스도를 믿는 믿음을 통해 나타나게 되었다(3:21-22a). 하나님의 의는 그리스도를 믿는 믿음을 통해 받기 때문에 이 기쁜 소식은 유대인과 이방인에게 똑같이 적용된다(3:22b). 모든 사람이 죄를 짓고 하나님의 영광에 미치지 못했으며(3:23), 마찬가지로 모든 사람이 그리스도 예수 안에 있는 구속으로

신학적 문제

하나님의 의

로마서 3:21-26에서 중요한 개념은 그리스도 안에서 하나님의 의가 나타났다는 것이다. 그러나 이와 관련하여 해석가들이 논쟁하는 매우 중요한 이슈가 있는데, 이 이슈는 이 본문에 대한 우리의 해석에 영향을 미친다. 그리스어 원문에서 "하나님의 의"는 그리스도를 통해 계시된 **하나님 자신의** 의(그분의 올바르고 고결한 성품 등)를 의미하거나, 아니면 그리스도를 믿는 자들에게 주어지는 **하나님으로부터 오는** 의를 가리킬 수 있다. 그러나 어떤 것이 올바른 독법이든지 간에, 이 두 가지 개념이 모두 이 본문에 존재한다. 하나님 자신의 의는 죄에 대한 속죄의 희생으로서 그리스도를 바침으로써 입증된다(3:25-26). 하나님의 의는 그리스도를 믿는 모든 사람에게 주어진다(3:22). "하나님의 의"의 의미에 대한 어떤 결론에 도달하든지 간에, 본문은 두 가지 의미를 모두 전달한다.

신학적 문제

속죄(Expiation)인가 아니면 화해(Propitiation)인가?

바울은 3:25에서 "이 예수를 하나님이 그의 피로써 믿음으로 말미암은 '속죄의 희생'(개역개정은 "화목제물")으로 세우셨으니, 이는 하나님께서 길이 참으시는 중에 전에 지은 죄를 간과하심으로 자기의 의로우심을 나타내려 하심이니"라고 기록하고 있다. 여기서 "속죄의 희생"(중립적 용어)으로 번역된 그리스어 단어는 반세기 이상 뜨거운 논쟁이 되어왔다. 여기서 중요한 쟁점은 이 단어가 **속죄**를 의미하느냐, 아니면 **화해**를 의미하느냐다. "속죄"(expiation)는 희생제사를 통해 죄를 없애는 것을 의미한다. "화해"(propitiation)는 하나님의 진노가 희생제사를 통해 죄인에게서 다른 데로 옮겨졌다는 것을 의미한다. 다시 말하면 이 희생제사는 인간의 죄를 없애는 것인가, 아니면 하나님의 진노를 인간에게서 다른 방향으로 돌리는 것인가? 후자에 대한 반대 주장 가운데 하나는 그것이 하나님을 그리스-로마 종교에서 발견할 수 있는, 분노하는 비합리적인 신으로 묘사할 수 있다는 것이다. 그러나 성경의 하나님은 그 신들과 분명히 같지 않으며, 마땅히 죄와 악에 대한 분노를 표현한다. 만일 화해가 여기서의 의미로 받아들여진다면, 하나님의 성품을 주로 이기적이고 변덕스럽고 화를 내는 다른 신들의 성품에 비유해서는 안 된다.

말미암아 값없이 의롭게 된다(3:24).

그리스도 안에 있는 구원은 칭의를 가져다주며, 이것은 그의 피의 희생제사로 성취되는데, 이는 믿음으로 받는다(3:25a). 다시 말해서 그리스도의 육신을 십자가에 못 박아서 드린 것이 속죄 또는 화해를 성취하는 희생제사라는 것이다. 이 희생제사는 그리스도를 믿는 모든 사람에게 효력이 있다.

또한 이 희생제사는 하나님의 의를 보여주는데, 그 이유는 하나님이 이전에 죄가 제대로 다루어지지 않도록 허용했기 때문이다(3:25b). 죄가 온전히 처벌되지 않았기 때문에 하나님이 불의하다는 비난을 받을지도 모른다. 그러나 그리스도의 희생제사는 인류의 죄를 온전히 처리하여 하나님의 의를 입증했다. 즉 그

희생제사로 죄가 적절한 심판을 받았다. 따라서 그리스도의 속죄의 희생은 하나님의 의뿐만 아니라 그리스도를 믿는 모든 백성의 의도 선언한다 (3:26).

그리스도의 속죄의 희생에 대한 믿음을 통해서만 의로움을 얻을 수 있기 때문에, 바울은 그것을 자랑하려는 모든 유혹을 물리친다. 사람은 어떤 개인의 업적이 아닌 그리스도의 업적에 대한 믿음으로 의롭게 된다 (3:27-28). 유대인이 이방인보다 높은 지위에 있는 것이 아닌데, 그 이유는 모든 사람이 같은 그리스도를 믿는 같은 믿음으로 의롭게 되기 때문이다 (3:29-30). 어쩌면 아이러니하게도 믿음으로 의롭게 되는 것은 율법을 무효화시키는 것이 아니라 오히려 굳게 세우는 것일 수 있다(3:31).

그것은 항상 믿음으로 이루어졌다

■ 로마서 4:1-25을 읽으라 ■

바울은 오직 그리스도에 대한 믿음으로 말미암아 사람들이 의롭다고 선언될 수 있다는 과감한 주장을 펼친 후, 아브라함과 다윗의 예에 호소함으로써 이 점을 입증한다. 그는 이 두 사람이 모두 (행위가 아닌) 믿음으로 의롭게 되었다고 주장하는데, 이는 의롭게 됨이 항상 믿음에 의한 것이었음을 보여준다. 그러므로 바울의 메시지는 전혀 새로운 것이 아니다.

아브라함은 하나님을 믿었고 그 믿음이 의롭다고 인정받기 때문에 자랑할 것이 없었다(4:1-3). 그의 의는 그의 선행에 대한 보상이 아니라 그에게 선물로 주어진 것이었다(4:4-5). 다윗 역시 마찬가지로 선한 행위에 대한 보상이 아니라 의의 선물을 받은 것이었다. 사실 그가 잘못한 행위는 용서받았고, 그의 장부에 오르지 않았다(4:6-8). ⓒ

그 후 바울은 믿음으로 의롭게 됨이 유대인이든 이방인이든 모든 사

아브라함과 다윗

로마서 4장의 대부분은 아브라함에 대한 바울의 논의를 중심으로 전개되며, 다윗은 조연 역할로 소개된다. 4장에서 가장 중요한 요점은 아브라함과 다윗이 모두 그들의 행위와는 별개로 하나님에 의해서 의롭게 되었다는 것이다(창 15:6; 시 32:1-2). 그들이 하나님과 올바른 관계를 맺게 한 것은 바로 그들의 믿음이었다. 이런 방식으로 그들의 사례는 하나님이 모세의 율법을 지키는 자들이 아니라 믿음이 있는 자들을 의롭다 하신다는 바울의 폭넓은 주장을 뒷받침한다(3:21-31). 이 두 인물은 이스라엘 역사에서 대단히 중요한, 구약성경의 위대한 인물들이다. 그러나 아브라함은 이 논증에서 특히 중요한데, 그 이유는 그가 할례를 받기 **전에** 의롭게 되었기 때문이다(할례는 이후에 모세 율법의 요구 조건을 나타낸다). 이것은 칭의가 할례에 좌우되지 않으므로, 일반적으로 **율법의 행위**에 좌우되지 않는다는 바울의 주장을 확증한다.

람에게 열려 있다는 것을 보여주는 데 초점을 맞춘다. 아브라함이 할례를 받기 **전에** 믿음을 통해 의롭다 함을 얻었으므로, 의롭게 되는 것은 유대인의 관습에 의해 좌우되는 것이 아니다(4:9-10). 아브라함이 할례를 통해 의롭다 함을 얻은 것이 아니라, 할례가 그가 믿음으로 이미 얻은 의의 표식이 되었다(4:11). 따라서 아브라함은 진실로 (그의 이름이 의미하는 것처럼) 모든 사람의

조상이다. 왜냐하면 할례를 받은 자들(유대인)과 받지 않은 자들(이방인)이 모두 그의 믿음의 발자취를 따를 수 있기 때문이다(4:12).

의가 할례나 다른 어떤 종류의 인간적 자격이 아니라 오직 믿음으로 말미암은 것이어야 하는 이유는 믿음이 하나님의 약속에 달려 있기 때문이다. 하나님이 아브라함에게 그의 자손이 이 세상을 상속할 것이라고 했던 약속은 율법을 지켜서 준 것이 아니다(4:13). 율법에 의존하는 사람에게 약속은 무의미한 것이다(4:14-15). 그러나 그 약속은 율법이 아니라 믿음을 요구하는데, 이는 약속이 하나님의 은혜—그의 순수한 선물—에 따르는 것임을 의미한다. 그것이 은혜로 말미암은 것이라면, 아브라함의 믿음을 가진 모든 사람은 그 약속을 공유할 수 있다(4:16).

그 후 바울은 하나님에 대한 아브라함의 믿음의 본질에 초점을 맞춘다. 비록 자신이 늙고 사라의 태는 닫혔지만, 아브라함은 자기가 많은 민족

의 조상이 되리라는 하나님의 약속을 믿었다(4:17-19). 아브라함이 ─ 심지어 생물학적인 분명한 사실에도 불구하고 ─ 믿었기 때문에, 하나님은 그것을 그의 의로 여겼다(4:20-22). 이와 같은 방식으로 예수를 죽은 자 가운데서 살린 하나님을 믿는 모든 사람은 누구든지 의롭다고 인정받을 것이다(4:23-24). 그리스도는 우리의 죄를 위하여 죽고 우리의 의를 위해 살아났다(4:25). 하나님은 사라의 죽은 태에 생명을 주었던 것처럼, 예수의 죽은 몸에도 생명을 주었다. 예수 자신이 생명을 다시 얻은 것처럼, 그를 믿는 모든 사람도 생명을 다시 얻었다.

하나님과의 평화

■ 로마서 5:1-11을 읽으라 ■

앞의 두 장에서 바울은 신자들이 믿음으로 의롭게 되었다는 것을 입증했다. 이제 그는 그 사실 때문에 우리가 하나님과 평화를 누리게 되었다고 말한다(5:1). 이제 신자들은 하나님의 원수가 되는 대신에 그분과의 평화로운 화합 안에서 다시 회복되었다. 하나님과의 이런 평화로 인해 신자들은 하나님 앞에 설 수 있게 해주는 은혜로 나아가며, 그 결과로 기쁨을 얻게 된다(5:2).

이런 기쁨은 고난 가운데서도 생겨나는데, 이는 고난을 당하는 신자들 속에서 인내를 키운다(5:3). 인내 역시 마찬가지로 인격을 단련시키는데, 단련된 인격은 소망을 낳는다(5:4). 소망은 확실한 것을 고대하는 것으로, 결코 우리를 실망시키지 않을 것이다. 왜냐하면 하나님의 사랑이 성령을 통해 우리에게 이미 주어졌기 때문이다(5:5).

이제 바울은 하나님의 사랑에 초점을 맞춘다. 인간에 대한 하나님의 사랑은 우리가 아직 하나님의 원수였을 때 그리스도가 우리를 위해 죽었다는 사실로 입증된다(5:6-8). 또 예수의 피로 말미암아 의롭다고 선언되었으므로, 믿는 자들은 바울이 이미 주장한 대로 하나님의 진노에서 구원받을 것이다(5:9). 우리가 하나님의 원수로 있을 동안에도 하나님이 기꺼이 우리와 화해했다면, 우리는 장차 다가올 심판에서도 그분이 우리를 구원해줄 것이라는 확신을 가질 수 있는데(5:10), 이는 우리가 기뻐할 수 있는 또 다른 이유가 된다(5:11).

아담 vs. 그리스도

■ 로마서 5:12-21을 읽으라 ■

지금까지 바울은 그의 복음이 아브라함으로 거슬러 올라가는 과거에 하나님이 행한 일들과 어떻게 일치하는지를 보여주었다. 이제 바울은 그리스도를 최초의 인간인 아담과 비교함으로써 훨씬 더 큰 그림을 보여주고자 한다. 죄와 죽음은 아담으로 말미암아 인간 세상에 들어와 모든 사람에게 전파되었다(5:12). 죄를 더욱 명백하게 하는 율법은 아직 생기지 않았지만, 죄가 이미 세상에 있었고 죽음이 아담의 시대부터 모세의 시대까지 왕 노릇을 했다(5:13-14).

바울은 부정적인 방식으로 그리스도와 아담을 비교했다. 아담 한 사람의 범죄는 인류 전체에 심판과 비난을 가져왔다. 그러나 인간의 죄가 널리 퍼진 후, 의라는 선물이 예수 그리스도를 통해 왔다(5:15-16). 사망이 아담 한 사람의 죄를 통해 왕 노릇을 했다면, 그리스도의 은혜와 의를 받은 자들은 그리스도를 통해 왕 노릇을 할 것이다(5:17). 한 사람의 죄로 인해 모든 사람이 정죄를 받게 되었지만, 한 사람의 의로운 행동은 모든 사람에게 의와 생명을 줄 것이다(5:18-19). 마침내 율법이 생겼을 때 죄가 증가했는데, 그 이유는 율법이 죄의 목록을 만들게 하고 죄의 기록을 남길 수 있

신약성경을 기독교 경전으로 읽기

기 때문이다. 그러나 죄가 증가할수록 은혜도 더욱 커졌다(5:20). 한마디로 현실은 아담의 세계에서 죄와 사망이 왕 노릇 했다는 것이다. 그러나 그리스도 안에서는 은혜와 의가 왕 노릇 할 것이다(5:21).

우리가 계속 죄 가운데 머물러 있어야 하겠는가?

■ 로마서 6:1-23을 읽으라 ■

그 후 바울은 지금까지 자신이 말했던 모든 것에 비추어 중요한 질문 하나를 예상한다. 구원이 은혜로 말미암은 것이라면, 왜 계속해서 죄에 거하면 안 되는 것일까? 실제로 죄가 증가할수록 하나님의 은혜가 더욱 넘친다면(6:1), 죄를 계속 지으면 안 되는 것일까? 그 질문에 대한 그의 짧은 대답은 **"안 된다!"**다(6:2a). 하지만 그다음에 그는 더 긴 답변을 시작한다.

그 더 긴 대답은 그의 질문으로 시작한다. "죄에 대하여 죽은 우리가 어찌 그 가운데 더 살리요?"(6:2b) 이 장의 나머지 부분에서는 이 질문의 중요성을 설명한다. 먼저 바울은 그의 독자들이 그리스도와 연합하는 세례를 받은 것이 그의 죽음과 연합한 것임을 상기시킨다(6:3). 그리스도의 죽음 안에서 그와 연합했다면, 그들은 그의 부활 안에서도 그와 연합한 것이며, 그 결과로 "새 생명"을 얻게 된 것이다(6:4-5).

그리스도의 죽음 안에서 그와 연합했다는 것은 "옛 사람"이 십자가에 못박혀 죄 많은 육체를 무력하게 만들었다는 것을 의미한다. 이것은 신자들이 더 이상 죄의 노예가 아님을 의미한다(6:6-7). 그리고 그리스도가 단번에 죽었기 때문에, 죽음은 그에게 더 이상 아무런 힘이 없다. 이는 그리스도 안에서 신자들 역시 죄에 대해서는 죽고 그리스도 안에서 하나님께 대해서는 살아 있다는 것을 의미한다(6:8-11). 우리가 그와 연합했기 때문에 그리스도가 살아난 것과 죽음을 정복한 것은 우리의 것이 된다. 🔟

그리스도와 함께 죽고 그리스도와 함께 다시 살기

그리스도와 함께 죽고 그리스도와 함께 다시 산다는 개념은 바울 신학 전체에서 엄청나게 중요하지만, 오늘날 많은 이들이 그의 글을 읽으면서 이를 간과하거나 오해하는 경우가 많다. 사람이 그리스도를 믿게 될 때, 그는 그리스도와 연결되어서 그리스도의 죽음이 그의 죽음이 되고, 그리스도의 부활이 그의 부활이 된다. 바울이 옛 사람은 죽었다라고, 혹은 그가 그리스도와 "함께 죽었다"라고 말할 수 있는 이유가 바로 이것이다. 그리고 그 사람은 그리스도와 함께 다시 살아났기 때문에 새 생명을 얻는다. 이렇게 그리스도와 함께 죽고 다시 살아나는 것은 그리스도인들의 구원, 정체성, 행위에 엄청난 의미를 지닌다. 신자들은 더 이상 죄의 노예였던 옛 사람을 따라서 살지 말아야 한다. 왜냐하면 그 사람은 이제 죽었기 때문이다. 그리스도 안에 있는 새 사람은 죄의 노예가 아닌 의의 노예로 살아야 한다.

죄에 대하여 죽은 신자들은 죄가 그들의 몸을 지배하도록 허락해서는 안 된다. 죄에서 해방된 그들은 어떤 지배권도 죄에 다시 주어서는 안 된다. 그들은 자기 몸을 불의의 무기가 아니라 의롭게 하나님을 섬기는 무기로 드려야 한다(6:12-14).

마침내 바울은 원래의 질문으로 돌아간다. 우리가 은혜 아래에 있기 때문에 죄를 지어야 할까? 간단한 대답은 동일하다. **안 된다!**(6:15) 신자들은 한때 죄의 종이었지만, 죄에서 해방되어 의와 하나님의 종이 되었다(6:16-23).

율법과 결혼하다

■ 로마서 7:1-13을 읽으라 ■

그리스도의 죽음 안에서 그와 연합한 것은 신자들이 모세의 율법과 관계를 맺는 방식에도 영향을 미친다. 바울은 율법이 배우자와 같다고 주장한다. 즉 당신은 죽을 때까지 함께 묶여 있는 것이다. 그러나 당신이 그리스도와 함께 죽었다면, 당신은 더 이상 율법과 "결혼"한 것이 아니다(7:1-3). 이제 신자들은 율법에 속하지 않고 하나님께 속하게 된 것이다. 율법이 한때 죽음에 이르게 하는 죄의 정욕을 불러일으켰지만, 이제 신자들은 율법에서 벗어나 성령으로 살아간다(7:4-6).

하지만 율법의 문제는 율법 자체의 잘못이 아니다. 율법의 문제는 그것이 죄를 지적해낸다는 것이고, 사람이 일단 죄에 대해 생각하기 시작하면 죄가 더욱 살아난다는 것이다(7:7-8). 율법은 생명으로 인도하기 위한 것인데, 죄 때문에 결국 죽음으로 인도하게 되었다. 율법 자체는 거룩하고 의롭고 선한 것인데 말이다(7:9-12). 결국 죽음은 율법의 잘못이 아닌 죄의 잘못이지만, 율법을 통해 죄가 진정으로 "죄"가 된 것이다(7:13).

내적인 싸움

■ 로마서 7:14-25을 읽으라 ■

그 후 바울은 죄와 싸우는 1인칭 이야기로 전환한다. 이 본문은 열띤 논쟁이 되고 있는데, 그 이유는 바울이 단순히 자신의 경험을 묘사하는 것처럼 들리지만, 많은 주석가들은 바울이 "비그리스도인" 버전으로 말하고 있거나,

아마도 "그리스도인이 되기 이전"의 버전으로 말하는 것으로 믿기 때문이다. 🛈

여기서 말하고 있는 사람이 누구든지, 그는 죄의 종이며, 그 안에 사는 죄 때문에 자신이 싫어하는 일들을 계속해서 행한다(7:14-17). 그의 육신 안에는 선한 것이 아무것도 없기 때문에, 그는 올바른 일을 하고 싶어도 그 일을 할 능력이 없어 악을 행할 수밖에 없다(7:18-20). 그는 하나님의 법을 즐거워하지만,

🛈 신학적 문제

로마서 7:14-25의 "나"는 누구일까?

이 구절에 대한 논쟁은 바울이 자신이 아닌 다른 누군가를 말하고 있다고 생각할 이유가 전혀 없이 그가 1인칭으로 말하는 것처럼 들린다는 사실에서 비롯된다. 그러나 동시에 그가 자신에 대해 말한 내용은 로마서 6장과 8장에 나오는 그의 주장과 모순되는 것처럼 보인다. 예를 들어 그는 자신을 죄의 노예라고 부르지만(7:14), 6:17에서는 신자들이 더 이상 죄의 노예가 아니라고 말한다(참조. 8:2). 7:14-25이 바울이 6장과 8장에서 확인한 것과 상충되는 것처럼 보이는 다른 예들이 있다. 그 예들은 7:14-25의 "나"가 그리스도인 바울이 **아니라는** 강력한 증거를 제시한다. 그것이 개종 전 바울인지, 아니면 다른 사람인지는 중요하지 않다. 이 증언은 율법 아래 있는 삶이 어떻게 죄인을 죽을 수밖에 없는 자로 정죄하는지를 잘 보여준다. 그러나 우리 주 예수 그리스도로 말미암아 구원을 허락한 하나님께 감사를 드려야 마땅하다!(7:25)

그의 육신은 죄의 법을 선호한다(7:21-23). 그는 이 사망의 몸에서 구조되어야 하는데, 감사하게도 하나님이 우리 주 예수 그리스도를 통해 그를 구해낸다(7:24-25).

성령 안에서의 삶

■ 로마서 8:1-17을 읽으라 ■

그리스도 안에 있는 사람들은 정죄를 받지 않는다. 왜냐하면 성령이 그들을 죄와 사망에서 해방했기 때문이다(8:1-2). 하나님은 예수를 육신을 지닌 모습으로 보내어 속죄제물로 죽게 함으로써 그의 육신에 죄를 선고했고, 그 결과 율법이 요구하는 바를 이루었다(8:3-4). 이제 신자들은 죽음으로 인도하는 육신을 따라 사는 대신에 생명으로 인도하는 성령을 따라 산다(8:5-7). 육신을 따르는 자들은 하나님을 기쁘게 할 수 없다. 신자들은 육신 안에 있지 않고 성령 안에 있으므로 그리스도에게 속한다(8:8-9). 믿는 자들 안에 거하는 성령은 그리스도를 죽은 자들 가운데서 살린 분과 동일하며, 그리스도 안에서 죽은 자들도 살릴 것이다(8:10-11).

하나님의 모든 자녀가 성령의 인도함을 받는 것처럼 신자들은 성령의 힘으로 육신의 악한 행실을 죽일 것이다(8:12-14). 실제로 성령은 신자들이 그들의 아버지 하나님께 부르짖을 수 있게 해주고, 그들을 그의 자녀로 확인시켜준다(8:15-16). 하나님의 자녀로서 그들은 또한 그의 상속자이며, 그리스도와 공동 상속자다. 신자들은 그리스도의 공동 상속자로서 그의 영광뿐만 아니라 고난도 함께 받을 것이다(8:17).

장차 나타날 영광

■ 로마서 8:18-39을 읽으라 ■

이런 진리는 바울이 고난에 대한 자신의 태도를 깊이 생각하도록 해준다. 이 세상에서 어떤 고난들을 겪는다 하더라도 그것들은 장차 나타날 영광에 비하면 아무것도 아니다(8:18). 피조물은 하나님의 자녀들의 영광을 고대하고 그들과 함께 자신의 해방을 간절히 기다린다(8:19-22). 신자들 안에 거하는 성령은 장차 도래할 것을 미리 보여주는 첫 열매다. 그는 우리를 그리스도 안에 있는 영광스러운 미래와 연결하며 그것을 소망 가운데 인내하며 기다리도록 돕는다(8:23-25). 그동안 성령은 말할 수 없는 깊은 탄식을 아버지께 표현하며 우리를 위해 중보한다(8:26-27). ◐

바울은 현재의 삶 속에서 무슨 일이 일어나든지 모든 것을 통해 일하는 하나님의 선한 목적이 있음을 확언한다(8:28). 결국 하나님은 신자들이 그리스도를 닮도록 예정했는데, 이것이 바로 그들의 궁극적인 선이다(8:29). 또한 하나님은 예정한 신자들을 부르고, 의롭게 하고, 영화롭게 할 것이다(8:30). 만일 하나님이 아들을 내어줄 뿐만 아니라 이 모든 일을 기꺼이 한다면, 이 모든 것을 그의 자녀들에게 주지 않겠는가?(8:31-32) 하나님은 그들을 의

🔵 정경적 연관성

피조물의 운명

피조물의 현재의 좌절과 미래의 해방에 관한 바울의 논의는 전반적으로 성경에서 말하는 소망과 연결되어 있다. 창세기 3:14-19에서 창조 질서는 아담과 하와가 하나님께 반역했기 때문에 훼손되었다. 그러나 이사야 66장은 인류의 타락과 피조물들이 받은 저주의 결과에 대한 반전과 함께 새 하늘과 새 땅을 고대한다. 베드로후서 3:12-13은 옛 하늘과 옛 땅이 불에 타서 없어지고 난 후 새 하늘과 새 땅이 올 것임을 보여준다. 요한계시록 21:1-2 역시 옛 하늘과 옛 땅이 사라진 이후의 새 하늘과 새 땅을 그린다. 그러나 미래에 대한 바울의 비전은 창조질서의 대체라기보다는 **갱신**이다. 베드로후서 3장과 요한계시록 21장의 언어는 창조세계가 완전히 정결하게 되었고 죄가 완전히 멸절되었다는 것을 전달하기 위한 극적인 수사학으로 보는 것이 가장 적절하다. 궁극적으로 두 개의 창조세계가 아니라 하나의 창조세계가 존재할 것이다. 그 창조세계는 완전히 새것처럼 보일 정도로 새롭게 될 것이다.

롭게 하는 분이고, 그리스도는 모든 이들의 심판자이며 이미 그들의 편에 섰기 때문에 아무도 그들의 지위를 빼앗을 수 없다(8:33-34). 이는 그리스도 안에서 그 누구도, 그 무엇도 우리를 하나님의 사랑으로부터 갈라놓을 수 없다는 것을 의미한다(8:35-39).

그렇다면 이스라엘은 어떠한가?

■ 로마서 9:1-33을 읽으라 ■

바울은 8장을 끝으로 자신이 전한 복음에 대한 주요 해설을 끝맺으면서 그리스도 안에서 하나님의 자녀들이 누릴 미래의 영광으로 멋지게 마무리 짓는다. 그는 9장에 들어서서 자신의 주장과 관련한 중요한 문제를 다루기 시작한다. 그 문제는 왜 이스라엘의 대다수가 그리스도를 거부했느냐 하는 질문이다. 바울은 그의 복음이 역사에 나타난 하나님의 계획 및 섭리와 일치한다는 것을 보여주고자 애써왔기 때문에, 이스라엘이 그리스도를 거부하는 심각한 문제를 제기한다. 그는 이 문제들을 다루기 위해 앞으로 나올 세 장을 할애한다.

바울은 자기 백성인 이스라엘 민족에 대한 개인적 고뇌를 표현하는 것으로 시작하며, 그들이 그리스도께로 돌아서기만 한다면 심지어 그들과 처지를 바꿔 자신이 기꺼이 그리스도와 단절되기를 바란다고까지 말한다(9:1-3). 그들은 하나님의 특별한 백성으로서, 언약, 율법, 성전, 그리고 하나님의 약속을 받은 자들이다. 사실 그리스도조차도 그들의 후손이다 (9:4-5).

이스라엘 백성들이 그리스도를 거부한 것은 과연 그들을 향한 하나님의 말씀이 실패했느냐는 질문을 제기한다. 그러나 이것에 답하기 위해 바울은 다시 이스라엘의 조상 아브라함으로 거슬러 올라간다. 아브라함의 진정한 자녀는 단순히 아브라함의 육체적 후손이 아니라 "약속의 자녀"다 (9:6-8). 이 점은 아브라함의 아들들에 의해 설명된다. (여종인 하갈과의 사이에서 태어난 이스마엘이 아니라) 아브라함과 그의 아내 사라 사이에서 태어난 이삭이 아브라함의 진정한 아들인데, 이는 이삭이 인간의 노력(약속의 결실을 억지로 이루기 위해 아브라함이 하갈과 동침한 것)이 아닌 아브라함과 사라에게 하신 하나님의 약속을 통해 얻은 아들이기 때문이다. 이삭의 아들 야곱도 마찬가지다(9:9-13).

아브라함의 자손이 되는 것은 인간의 자격이 아닌 하나님의 약속에 의한 것이기 때문에, 이것은 하나님의 의에 대한 의문을 제기한다. 하나님은 불의한 분이신가? 바울의 짧은 대답은 "**아니오!**"다(9:14). 하나님이 모세에게 말씀한 대로, 그분은 자신이 긍휼히 여기고자 하는 사람을 긍휼히 여기고, 바로와 같이 그분이 완악하게 하고자 하는 사람을 완악하게 한다 (9:15-18). 누구를 선택할지는 하나님의 특권이다. 따라서 모든 것이 인간의 뜻이 아닌 하나님의 긍휼에 달려 있다(9:16).

그렇다면 다음과 같은 질문이 제기된다. 즉 모든 것이 사람의 뜻이 아니라 하나님의 뜻에 달려 있다면 왜 우리에게 책임을 묻는가?(9:19) 여기서 바울의 대답은 한층 더 무뚝뚝해진다. "이 사람아, 네가 누구이기에 감히 하나님께 반문하느냐?"(9:20) 결국 하나님은 자신이 창조한 백성을 자기 마음대로 할 권리가 있다. 아마도 하나님은 그의 능력, 긍휼, 영광을 드러내기 위해 어떤 것들은 긍휼로 선택하고 다른 것들은 선택하지 않았다 (9:21-23). 결론적으로 그는 유대인 가운데서 어떤 이들을, 그리고 이방인 가운데서 어떤 이들을 불렀다(9:24-26). 예언자 이사야가 가르친 대로 이스라엘의 남은 자들만이 구원받을 것이다(9:27-29). 따라서 어떤 이방인들은 믿음으로 의를 얻었지만, 어떤 이스라엘 백성들은 율법으로 의를 얻고

이스라엘 역사에 나타난 선택

바울은 로마서 9장에서 하나님이 항상 선택 (election)을 통해 일했음을 보여주기 위해 이스라엘 역사의 세 가지 주요 시대에 의존한다. 하나님은 아브라함의 모든 자손을 하나님의 자녀로 선택하지 않고, 오직 하나님의 약속을 따라 난 자들만을 선택했다. 이삭의 아들들도 이와 마찬가지인데, 이는 하나님이 에서가 아닌 야곱을 선택했기 때문이다(9:7-13; 참조. 창 21:12; 18:10, 14; 25:23; 말 1:2-3). 다음 시대에 하나님은 이스라엘 백성을 이집트의 종살이에서 구했는데, 그때 모세에게 자신이 선택한 사람들에게는 긍휼을 베풀지만, 자신의 목적을 이루기 위해 바로의 마음을 완악하게 한다고 말씀한다(9:14-18; 참조. 출 33:19; 9:16). 세 번째는 장차 한 백성을 자기 백성으로 모으는 하나님의 미래 사역을 예언자들이 기대하는 시대다. 호세아에 따르면 하나님은 그의 백성이 아닌 사람들을 부를 것이며, 이사야에 따르면 이스라엘 안에서 남은 자들만이 구원받을 것이다(9:25-29; 참조. 호 2:23; 1:10; 사 10:22-23; 28:22; 1:9).

자 했기 때문에 의를 얻지 못했다 (9:30-33). 🕐

구원으로 가는 길

■ 로마서 10:1-21을 읽으라 ■

바울이 마음속으로 원하는 것은 이스라엘이 구원받는 것이다 (10:1). 그러나 그들은 하나님을 향한 열정은 있으나 그에 대한 지식이 없다(10:2). 이스라엘은 믿음으로 하나님의 의를 이해하고 받아들이는 대신 율법을 통해 자신의 의를 세우려고 했다(10:3). 그러나 오직 그리스도만이 율법을 이루었기 때문에, 의는 오직 그리스도에 대한 믿음을 통해서만 얻을 수 있다(10:4-7). 구원을 얻는 데 요구되는 것은 예수가 부활한 주님임을 믿고 고백하는 것뿐이다(10:9-10). 그렇게 하는 사람은 유대인이든 헬라인이든 누구나 구원받을 것이다(10:11-13).

하지만 사람들이 이 말씀을 듣지 못했다면 어떻게 그것을 믿을 수 있는가? 이 말씀을 듣기 위해서는 그것을 전하는 사람이 있어야 하고, 그것을 전하려면 반드시 누군가를 보내야 한다(10:14-15). 그러나 현실은 듣는 것과 믿는 것이 같지 않으며, 심지어 많은 이방인이 그 말씀을 받아들이는 동안에도 이스라엘 가운데 많은 이들이 그 말씀을 거역하리라는 것이다 (10:16-21).

하나님이 이스라엘을 버렸는가?

■ 로마서 11:1-36을 읽으라 ■

바울이 씨름하는 그다음 질문은 하나님이 그의 백성을 버렸는가 하는 것이다. 다시 한번 그의 짧은 대답은 **"아니오!"**다(11:1). 더 길고 충분한 대답은 이스라엘 역사(예. 엘리야 시대)에서 늘 그래왔던 것처럼 이스라엘 안에서 구원받게 될 남은 자들이 있다는 것이며, 바울 자신도 그들 가운데 하나라는 것이다(11:2-5). 바울은 선택받은 남은 자들의 구원이 은혜로 말미암는 것임을 다시 한번 강조하는데, 그 이유는 그것이 인간의 행위나 의지로 결정되는 것이 아니기 때문이다(11:6). 오직 선택된 남은 자들이 진리를 발견하겠지만, 나머지 이스라엘 백성은 완악해질 것이다(11:7-10).

이것은 다음과 같은 또 다른 문제로 이어진다. 이스라엘은 심각하게 걸려 넘어져서 다시 일어설 수 없는 회복 불능의 상태에 있는 것인가? 또다시 그의 짧은 대답은 **아니오!**다(11:11a). 바울의 더 길고 충분한 답변은 이방인의 구원이 이스라엘의 질투를 유발할 것이며, 이로 인해 그들 가운데 일부라도 믿게 되기를 바란다는 것이다(11:11b-15). 그러나 바울은 이방인들이 참감람나무에 접붙인 돌감람나무 가지와 같기 때문에 이 모든 일에서 교만한 마음을 가질 여지가 전혀 없음을 상기시킨다(11:17-21). 그리고 만약 그 가지들이 접붙인 것이라면 그들은 다시 잘릴 수 있지만, 원래의 가지들은 언제나 다시 접붙임을 받을 수 있다(11:22-24). 따라서 바울은 이스라엘 백성의 불신앙이 이방인들에게 그리스도를 믿도록 기회를 주기 때문에 사실상 그들이 이방인들을 돕는 것이라고 단언한다(11:25-32). 마지막으로 9-11장에 이르는 긴 단락의 결론은 바울이 말로 다 헤아릴 수 없는 하나님의 지혜를 찬미하는 **송영**을 발화하며 하나님을 찬양하는 모습을 보여준다(11:33-36).

실력이 시험되는 장(場)

■ 로마서 12:1-21을 읽으라 ■

우리는 바울이 1-11장 전체에서 복음을 신학적으로 풀어나가면서 제기될 수 있는 여러 가지 이견과 질문에 답하는 모습을 보았다. 이제 드디어 12장에서 그는 이 모든 것이 그리스도인의 삶에 미치는 영향력을 다루기 시작한다. (1-11장에서 설명한) 하나님의 놀라운 긍휼을 생각할 때, 신자들은 자신을 하나님께 산 제물로 드려야 하며, 세상의 이데올로기에 저항하고 마음의 변화를 받아 하나님의 뜻을 이해해야 한다(12:1-2). 자신을 제물로 바치고 하나님의 뜻을 알라는 이 요청은 이 서신의 나머지 부분을 이해하는 틀을 제공해준다.

변화된 마음을 갖는 것이 가져다주는 결과는 자신을 너무 높이 평가하지 않고, 자신이 그리스도의 몸의 일부라는 것을 이해하는 것이다. 신자들은 서로에게 속하며 각자의 은사는 전체를 섬기는 데 쓰인다(12:3-8). 신자들은 서로 깊이 사랑하고, 서로 존경하며, 열심이 충만하고, 즐거워하며, 참고, 궁핍한 사람들과 나눌 수 있어야 한다(12:9-13). 그들은 조화를 이루어 살고, 원수를 축복하며, 겸손하고, 존경받을 만하며, 그들을 억압하는 자들을 하나님이 친히 심판하도록 맡겨야 한다(12:14-21).

권세에 복종하라

■ 로마서 13:1-10을 읽으라 ■

변화된 마음을 가지고 사는 또 다른 측면은 권력을 가진 권세자들을 향한 태도와 관련된다. 바울이 글을 쓸 당시에는 무자비한 폭군인 네로 황제가 로마의 통치자였지만, 바울은 독자들에게 모든 다스리는 권세에 복종하라고 지시한다(13:1a). 이 가르침은 네로와 같은 억압적인 통치자들의 손에 모든 권력을 맡기는 것처럼 보일 수 있다. 하지만 바울은 곧바로 모든 권세가 하나님의 뜻에 종속되어 있다고 덧붙인다. 이는 신자들이 하나님께 복종한다는 의미에서 통치자들에게 복종하라고 촉구하지만, 동시에 네로의 권력을 상대화한다. 다시 말하면 네로 같은 최고 통치자조차도 사실상 하나님의 권한 아래 있다는 것이다. 로마 황제가 어떤 생각을 했든지 그것과 달리, 황제는 최고의 절대 권력을 지닌 자가 아니다.

신자들에게 복종하라는 가르침은 진지하고 심각한 것이다. 왜냐하면 반란은 사실상 모든 권세를 세우는 하나님께 반대하는 것이기 때문이다 (13:2). 복종하지 않으면 하나님의 심판을 받게 되는데, 이는 통치자들이 일반적으로 선한 행위에 상을 주기 때문이다. 사람들이 올바르게 살면 두려워할 필요가 없다(13:3-4a). 그러나 만약 그들이 법을 어겼다면 징계를 받을 수도 있는데, 이는 궁극적으로 하나님의 진노를 나타내는 것이다(13:4b). 신자들은 단지 진노에 대한 두려움 때문이 아니라 양심에 따라 복종해야 한다 (13:5). 🔲

신자들은 권세에 복종하는 것의 일환으로서 세금을 내야 하는데, 이는 (궁극적으로 하나님을 섬기는) 통치자들의 일을 돕는

🔲 수용사

나치는 어떠한가?

로마서 13:1-7을 읽으면 불가피하게 독재자가 통치하는 국가, 특히 히틀러의 나치 독일과 같은 정권에 관한 질문이 제기된다. 바울은 그리스도인들에게 히틀러와 같은 사악한 독재자에게도 복종하라는 뜻으로 말한 것인가? 바울이 로마서를 기록했을 당시 로마 역사상 가장 사악한 통치자 중 하나인 네로가 왕좌에 앉았음을 감안하면, 바울이 히틀러와 같은 나쁜 통치자를 배제한다고 말하기는 어렵다. 많은 독일 그리스도인과 교회들은 정확히 이런 이유로 히틀러에게 충성을 맹세했다. 그들은 그의 권세가 하나님으로부터 온 것이라고 믿었다. 바울은 하나님이 통치자들에게 권세를 주셨기 때문에 그리스도인들이 통치자들에게 복종할 것을 기대하지만, 그 사실 역시 그들의 권세를 상대화한다. 네로에게는 절대적인 권세가 없었다. 그의 권세는 하나님이 주신 것이었다. 이것은 하나님께 순종하는 것과 통치자에게 순종하는 것 사이에 갈등이 있을 때 신자들은 다니엘이 한 것처럼(단 3장) 하나님께 순종해야 하는 것이 확실하다는 의미이다. 이런 추론은 디트리히 본회퍼와 칼 바르트 같은 많은 신실한 그리스도인들이 히틀러의 통치에 저항하고 반대하도록 만들었다.

것이다(13:6). 실제로 신자들은 누군가에게 빚진 것이 있으면 무엇이든지 그에게 갚아야 하는데, 이렇게 빚을 갚는 것에는 두려워해야 할 사람을 두려워하고 존경해야 할 사람을 존경하며(13:7), 사랑해야 할 사람을 사랑하는 것(13:8-10)이 포함된다.

그날이 이른 것처럼 살라

■ 로마서 13:11-14을 읽으라 ■

변화된 마음으로 살아가는 또 다른 측면은 지금이 어떤 때인지를 깨닫는 것이다(13:11). 밤이 거의 다 끝나가고 낮이 가까워지니 신자들은 빛을 따라서 살아야 한다(13:12). 밤과 낮, 어둠과 빛의 은유들은 세계 역사의 현재 시기가 끝나가고 있다는 것을 전하기 위해 종말론적으로 사용된 것이다. 주님이 오는 날은 모든 것을 변화시킬 것이며, 신자들은 그날을 바라보며 살아야 한다. 이것은 신도들이 음행과 질투를 포함하여 이 어두운 세상에 속한 일들을 피해야 한다는 의미다(13:13). 신자들은 "그리스도로 옷 입고" 육신의 정욕을 거부해야 한다(13:14).

사랑은 모든 것을 참는다

■ 로마서 14:1-15:13을 읽으라 ■

교회가 해결해야 할 과제 중 하나는 교인들이 사소한 의견 차이에도 서로 사이좋게 잘 지내는 것이다. 바울은 아마도 서로에게 사랑의 빚을 지라는 권면을 확대해서(13:8), 독자들에게 논쟁을 불러일으키는 일에 얽매이지 말고 믿음이 약한 자들을 받아들이라고 격려하고 있는 것으로 보인다(14:1). 1세기 교회들에 중요한 이슈 중 하나는 음식의 문제였다. "강한" 믿음을 가진 사람은 무엇이든 먹을 수 있는 반면에, "약한" 믿음을 가진 사람은 자신이 먹는 것을 제한한다(14:2). (13장의 사이드바 "우상들에게 제물로 바친 음식"을 보라.)

이 문제에 대해 어떤 편에 속하든, 그들은 다른 의견을 가진 사람들을 무시해서는 안 된다. 이것은 논쟁의 여지가 있는 문제고, 하나님은 이미 양편의 신자들을 모두 받아들였으므로 우리는 서로 판단해서는 안 된다(14:3-4). 또 다른 예로는 안식일과 같은 날에 관한 문제를 들 수 있다. 어떤 신자들은 안식일을 지키고 싶어 하겠지만, 다른 신자들은 지키고 싶어 하지 않을 것이다(14:5). 그러나 다시 말하지만, 신자들은 서로를 판단하지 말아야 한다. 왜냐하면 각자가 우리 모두가 속한 하나님 앞에서 선한 양심을 갖고 행동하기 때문이다(14:6-8). 그리스도가 우리를 자기의 것으로 주장하기 위해 죽었기 때문에 우리가 서로 판단하는 것은 적절하지 않다. 오히려 각 개인은 참된 심판자인 하나님께 설명해야 할 것이다(14:9-12).

신자들은 판단하기보다 서로 사랑해야 한다. 바울 자신이 "깨끗하지 않은" 음식은 아무것도 없다는 것을 알고 있지만, 아무도 다른 의견을 가진 형제나 자매에게 걸림돌이 되어서는 안 된다. 먹는 것에 대한 그들의 자유는 그보다 더 높은 우선순위에 있는 사랑 아래에 놓여야 한다(14:13-21). 사람이 이런 문제에 대해 어떻게 생각하든 간에 그것은 그들과 하나님 사이의 문제여야 하며, 아무도 양심에 어긋나는 행동을 해서는 안 된다(14:22-23).

그리스도가 자기 자신을 위해서가 아니라 다른 사람들을 위해 이 땅에 왔다는 사실은 신자들이 따라야 할 모범이다. 이는 강자가 다른 사람들의 약점을 짊어지고 자기 이웃들을 기쁘게 하려고 노력하는 것을 의미한다(15:1-4). 서로 조화롭게 사는 것을 통해 하나님과 그리스도가 영광을 받을 것이다(15:5-6). 그리스도가 유대인과 이방인 모두를 받아들인 것처럼 신자들도 서로를 받아들여야 한다(15:7-12). 이때 바울은 서신을 마무리하기 전에 잠시 멈추고 하나님의 소망, 기쁨, 평화로 독자들을 축복한다(15:13).

마무리

■ 로마서 15:14-33을 읽으라 ■

바울은 독자들에게 이방인들을 위해 세워진 그리스도의 종으로서 그의 특별한 소명을 상기시키면서 위엄 있는 그의 편지를 마무리 짓기 시작한다. 그는 자신의 사명에 대해 담대하게 그들에게 썼는데, 이 사명은 이방인들도 하나님이 받을 합당한 제물이 되게 하는 것이다(15:14-17). 바울은 성령의 기적적인 능력으로 예루살렘에서부터 일루리곤(그리스의 북서부)에 이르기까지 복음을 전했다. 그의 목적은 그리스도가 알려지지 않은 곳마다 그리스도를 전하는 것이다(15:18-21).

바울은 이 지역들 전체에서 그리스도를 전하느라 바빴기 때문에 지금까지 로마를 방문할 수 없었다. 그러나 이제 그는 스페인으로 가는 길에 교제를 나누고 선교를 위한 후원을 받기 위해 로마 교회를 방문하고 싶어 한다(15:22-24). 바울은 세 번째 선교여행을 마칠 무렵 가난한 신자들 때문에 예루살렘으로 가는데, 그리스 전역에 있는 교회들은 그들을 돕기 위해 물질적인 지원을 아끼지 않았다(15:25-27). 그 일을 마치면, 바울은 스페인으로 가는 길에 로마에 들를 것이다(15:28-29). 그동안 바울은 자신이 예루살렘에서 안전할 수 있도록, 그리고 자신이 원하는 대로 그들을 로마에서 볼 수 있도록 그들에게 간곡히 기도를 부탁한다(15:30-32). 바울은 다시 한번 독자들을 하나님의

그림 12.1. 성 바울이 그려진 큰 메달(1100년경)

신약성경을 기독교 경전으로 읽기

평안으로 축복한다(15:33). 😵

마지막 인사말

■ 로마서 16:1-27을 읽으라 ■

바울이 아직 방문하지 않은 교회지만, 그는 확실히 그곳의 많은 사람을 알고 있었다! 로마서의 마지막 장은 마지막 인사를 위한 것이다. 그는 그리스 고린도 근처의 겐그레아에 있는 교회의 영적 자매인 뵈뵈를 추천하는 것으로 시작한다. 그녀는 로마 방문을 계획하고 있는 것으로 보이는데, 그 이유는 바울이 로마 독자들에게 그녀가 로마에 갔을 때 그녀를 환영해달라고 권하기 때문이다(16:1-2). 📖

바울은 브리스길라와 아굴라에게 인사를 전하는데, 그들은 바울을 위해 생명의 위험을 무릅쓰고 로마에 있는 그들의 집에서 교회가 모이도록 주선했다(16:3-5). 바울과 함께 감옥에 갇혔던 유대인 신자 안드로니고와 유니아에게 전한 인사도 있다(16:7). 바울은 그리스도의 모든 교회를 대신하여 다양한 다른 신자들과 동료들에

바울의 계획은 이루어졌지만, 그가 기대한 방식으로 이루어지지는 않았다

바울은 로마 교인들에게 그가 여러 차례 그들을 방문하려고 했던 것이 막혔고, 이제 스페인으로 가는 길에 그곳에 갈 생각이라고 말한다(15:22-24). 분명히 바울은 한동안 로마를 방문하고 싶어 했으며, 현재 그의 계획은 그런 방향으로 나아가고 있다. 사도행전 21-28장에 따르면 바울은 실제로 로마에 도착했다. 하지만 그것은 그가 계획한 방식대로 이루어진 것이 아니었다. 그가 이 편지를 쓴 후 예루살렘을 방문했을 때 일부 유대인들이 그곳에 나타난 바울을 비방하면서 성전 안에서 폭동을 일으켰다. 로마군은 그를 보호하기 위해 체포했고, 그 후 재판을 기다리도록 그를 빌립보 가이사랴로 보냈다. 그곳에서 2년 동안 구류된 후, 그는 가이사에게 상소하기 위해 로마 시민의 특권을 행사했고, 당국자들은 그에게 로마로 가는 안전한 길을 제공해야 할 의무가 있었다. 따라서 바울은 로마를 방문하겠다는 그의 목표를 달성했지만, 로마로 가는 여정은 로마 군사들의 보호 아래 있었고, 그는 그곳에서 가택 연금 상태로 지냈으며, 결국 처형되었다.

바울의 편지에 나타난 마지막 인사는 종종 건너뛰고 싶은 유혹을 받게 하지만, 이 단락들은 많은 통찰을 제공해줄 수 있다. 먼저 그 단락들은 바울이 얼마나 관계적인 사람이었는지, 얼마나 많은 사람이 그에게 중요한 인물들이었는지를 상기시켜준다. 둘째, 보통 이 단락들은 바울의 여행, 목회, 그리고 그 서신들과 사도행전 내러티브의 관계를 연결하는데 도움을 주는 역사적 자료를 포함하고 있다. 셋째, 이 단락들은 종종 인사에 묻혀 있는 숨겨진 권면과 신학적 견해를 담고 있는데, 독자들이 이 서신에서 이 단락을 그냥 건너뛴다면 이런 것들을 놓치게 될 것이다.

로마서가 지닌 회심의 능력

역사상 로마서는 교회 지도자들에게 큰 영향을 끼쳤으며, 그 가운데 많은 이들은 그들의 회심이 이 서신을 주목한 결과라고 믿었다. 서구 교회에서 가장 영향력 있는 신학자인 아우구스티누스(354-430년)는 성경을 들고 읽으라는 음성을 듣고 성경을 펴서 임의로 로마서 13:13-14을 읽었다. 그 순간 자신의 영혼이 빛으로 넘쳐나는 것을 느낀 그는 세례를 받았다. 개신교 종교개혁의 창시자 마르틴 루터(1483-1546년)는 새로 제작된 그리스어 판본(라틴어 대신)으로 로마서를 공부하고 있었는데, 로마서 1:17을 읽을 때 하나님이 우리를 의롭다 하는 것은 은혜와 자비를 통해서라는 것을 깨닫게 되었다. 그는 처음으로 죄책감과 속박으로부터의 해방을 경험했다. 그리고 이것은 교회 개혁이라는 그의 비전을 실현시켰다. 대각성 운동에 참여한 위대한 설교자이자 감리교의 창시자인 존 웨슬리(1703-91년)는 예배당에서 누군가가 루터의 로마서 주석의 서문을 읽는 것을 듣고 회심했다. 웨슬리는 나중에 이렇게 기록했다. "그가 그리스도에 대한 믿음을 통해 하나님이 마음속에서 역사하시는 변화를 묘사하는 동안 나는 내 마음이 이상하게 따뜻해지는 것을 느꼈다. 나는 구원을 얻기 위해 내가 오직 그리스도만을 신뢰하고 있다는 것을 느꼈다. 나는 그분이 심지어 내 죄까지도 없애주시고, 나를 죄와 죽음의 법에서 구원해주셨다는 확신을 얻었다."[3]

게도 인사를 전한다(16:8-16).

바울은 로마 교회를 향해 불필요한 분열과 장애물을 만들고 감언이설로 사람들을 속이는 자들을 피하라는 가르침을 준다(16:17-18). 로마 교인들은 교회들 사이에서 좋은 평판을 받고 있으며, 따라서 현명하고 악에 물들지 않고 순결해야 한다(16:19). 하와가 에덴동산에서 그녀의 자손이 뱀의 머리를 상하게 할 것이라는 약속을 받은 것처럼(창 3:15), 하나님은 곧 사탄을 그들의 발아래에서 짓밟히게 할 것이다(16:20).

마지막으로 바울과 동역하는 디모데, 누기오, 야손, 소시바더 역시 로마 교회에 안부를 전한다. 바울은 이 편지를 쓰기 위해 더디오라는 이름의 **대필자**(서기)를 분명히 사용했으며, 그 역시 로마에 있는 교회에 문안 인사를 한다(16:22). 이 편지의 마지막에서 바울은 이방인에 대한 하나님의 계시에 초점을 맞춘 송영을 통해 하나님께 영광을 돌린다(16:25-27). 🔲

실천과 적용―오늘날 로마서를 기독교 경전으로 읽기

로마서는 복음에 대한, 그리고 이 복음이 어떻게 모든 것을 변화시키는지에 대한 영광스러운 해설이다. 비록 온 세상이 하나님 앞에서 정죄되지만, 하나님은 그리스도를 믿는 모든 자를 의롭게 여긴다. 신자들은 그리스도와 함께 죽었고, 죄의 종에서 벗어났으며, 유대인과 이방인은 모두 하나님의 영광의 상속자다. 이런 하나님의 은혜에 응답하여 신자들은 변화된 마음, 적극적인 마음, 그리고 서로에 대한 사랑을 갖고 살아가야 할 것이다.

이신칭의에 초점을 맞춘 1-5장, 그리스도와의 연합에 초점을 맞춘 6-8장, 유대인과 이방인의 관계에 초점을 맞춘 9-11장, 그리스도인의 삶에 초점을 맞춘 12-16장 등 로마서의 다양한 부분은 역사적으로 서로 다른 시기에 사랑을 받았다. 오늘날 교회가 당면한 과제는 로마서의 **전체** 메시지를 수용하는 것이다. 우리는 복음을 이신칭의 혹은 그리스도와의 연합으로 축소하기보다 복음이 이 모든 것을 포함하고 있다는 것을 이해해야 한다.

복음은 그리스도의 속죄의 희생과 이신칭의를 훨씬 뛰어넘는다. 또한 우리는 하나님이 우리를 구원하는 방법이 그리스도의 죽음과 부활 안에서 우리를 그리스도와 연합시키는 것을 통해서 이루어진다는 것을 깨달아야 한다. 이는 악한 세력, 특히 죄와 죽음으로부터의 구원과 관련되며, 우리가 하나님의 영광에 동참할 수 있도록 성령의 권능으로 우리를 높인다.

마찬가지로 복음의 함의는 단순히 믿음과 구원을 훨씬 뛰어넘는다. 하나님이 우리에게 베푼 은혜로 인해 신자들은 서로 사랑하고, 권세에 복종하며, 연약함을 긍휼히 여기고, 타인 중심의 삶을 살아야 한다. 궁극적으로 신자들은 그리스도 안에서 하나님의 영광을 경탄하게 될 것이다.

로마서의 핵심 구절

- 내가 복음을 부끄러워하지 아니하노니, 이 복음은 모든 믿는 자에게 구원을 주시는 하나님의 능력이 됨이라. 먼저는 유대인에게요, 그리고 헬라인에게로다(1:16).

- 곧 예수 그리스도를 믿음으로 말미암아 모든 믿는 자에게 미치는 하나님의 의니 차별이 없느니라. 모든 사람이 죄를 범하였으매 하나님의 영광에 이르지 못하더니(3:22-23).

- 만일 우리가 그의 죽으심과 같은 모양으로 연합한 자가 되었으면 또한 그의 부활과 같은 모양으로 연합한 자도 되리라. 우리가 알거니와 우리의 옛 사람이 예수와 함께 십자가에 못박힌 것은 죄의 몸이 죽어 다시는 우리가 죄에게 종노릇하지 아니하려 함이니, 이는 죽은 자가 죄에서 벗어나 의롭다 하심을 얻었음이라(6:5-7).

- 내가 확신하노니 사망이나 생명이나 천사들이나 권세자들이나 현재 일이나 장래 일이나 능력이나 높음이나 깊음이나 다른 어떤 피조물이라도 우리를 우리 주 그리스도 예수 안에 있는 하나님의 사랑에서 끊을 수 없으리라(8:38-39).

- 그러므로 내가 말하노니 하나님이 자기 백성을 버리셨느냐? 그럴 수 없느니라. 나도 이스라엘인이요, 아브라함의 씨에서 난 자요, 베냐민 지파라. 하나님이 그 미리 아신 자기 백성을 버리지 아니하셨나니(11:1-2a).

- 그러므로 형제들아, 내가 하나님의 모든 자비하심으로 너희를 권하노니 너희 몸을 하나님이 기뻐하시는 거룩한 산 제물로 드리라. 이는 너희가 드릴 영적 예배니라. 너희는 이 세대를 본받지 말고 오직 마음을 새롭게 함으로 변화를 받아 하나님의 선하시고 기뻐하시고 온전하신 뜻이 무엇인지 분별하도록 하라(12:1-2).

기독교적 읽기를 위한 질문

1. 여러분이 유대인 독자라고 가정하라(어쩌면 당신은 정말 유대인인지도 모른다!). 바울의 복음 메시지에 대한 반대 의견을 최대한 많이 생각해보라. 이제 편지를 대충 훑어보고 반대 의견들에 대한 바울의 답변을 찾아보라. 당신이 발견한 것은 무엇인가?

2. 대부분의 해석자들은 이 서신을 네 단락으로 나눈다. 당신은 이 단락들이 무엇이라고 생각하는가? 그리고 그 단락들의 주요 주제는 무엇인가?

3. 바울은 결국 이스라엘이 어떻게 되리라고 생각하는가?(롬 9-11장)

4. 로마서 12-16장을 통해 사랑의 주제를 추적하라. 이 편지에서 그것이
   왜 그렇게 중요한 주제인가?

13장
고린도전서

개요

🧑 역사적 문제

고린도전서의 역사적 기원

저자: 바울

기록 연대: 기원후 53-54년

장소: 에베소

배경: 바울은 고린도 교인들이 그에게 써 보낸(그들의 편지는 분실되었다) 문제에 대해 답변하고 있다. 또한 바울은 고린도 교인들 사이에 문제가 있다는 보고를 이미 들었다.

📖 문학적 문제

고린도"전서"

이 편지는 고린도"전서"로 알려져 있지만, 이 서신 자체는 이것이 바울이 고린도 교회에 보낸 첫 번째 서신이 아니라는 점을 밝힌다(고전 5:9). 그는 이미 여러 가지 문제를 다루는 편지를 그들에게 썼고, 그들은 그의 편지에 대한 답장을 그에게 보냈다. 우리가 고린도전서라고 부르는 편지는 사실 바울이 고린도 교회에 보낸 두 번째 편지다. 하지만 첫 번째 편지는 남아 있지 않다.

고린도 교회는 정말 엉망진창인 교회다. 그들은 분열, 음행, 우상숭배, 오만함, 세속적인 마음 등 여러 문제로 시달리고 있다. 하지만 무엇보다도 그들은 가장 중요한 **사랑**이 부족하다. 고린도 교회의 상황에 대한 바울의 목회적 대응은 그의 가장 위대한 문학적 보고 중 하나인 고린도 교인들에게 보내는 "첫 번째" 편지를 만들어 낸다. 🧑📖

그림 13.1. 고린도의 위치

이 편지는 고린도 교회의 많은 문제를 바울이 하나씩 해결해가는 과정에서 목회 사역에 대한 그의 놀라운 통찰력을 우리에게 보여준다. 그러나 이 편지는 단순히 질책과 격려의 모음집이 아니다. 바울은 교회의 결함과 맹점에 신학적 진리를 적용하기 때문에, 사실상 이 서신은 전체적으로 볼 때 매우 신학적이다. 😵

특히 이 편지는 십자가의 의미와 그리스도의 부활에 대한 가장 의미심장한 몇몇 성찰을 우리에게 제공해준다. 이 쌍둥이 주제가 이 서신의 앞부

🌐 **역사적 문제**

바울과 고린도 교회

바울은 유럽으로 건너간 후 기원후 50년에 그의 두 번째 선교여행길에 올라 처음으로 고린도를 방문했다(빌립보, 데살로니가, 베뢰아, 아테네, 그 후 고린도 순서로, 행 18장). 그곳에서 그는 약 1년 반 동안 사역을 지속했고, 고린도 교회를 세웠다. 이 서신은 바울이 3차 선교여행 중 기원후 53년 또는 54년에 에베소에 있는 동안 쓴 것이다. 바울은 에베소에 머문 후(그리고 이 서신을 기록한 후), 그의 3차 선교여행의 일환으로서 고린도를 다시 방문한다.

고린도전서의 이상한 구조

학자들은 오랫동안 고린도전서의 구조를 이해하기 위해 애써왔다. 일반적인 해결책은 이 구조를 바울에게 보낸 고린도 교인들의 편지에 언급된 주제들을 무작위로 모아놓은 것으로 보는 것이다. 몇 가지 다른 주제도 있지만, 모든 것을 하나로 묶는 논리, 즉 **몸**이라는 주제가 나타나는 것으로 보인다. 이 서신은 몸(교회) 안의 분열(1:10-4:21), 섹스와 결혼(물리적 몸과 관련됨; 5:1-7:40), 우상에게 바친 음식(음식은 몸을 위한 것; 8:1-11:1), 그리고 공동 예배를 위한 지침(몸인 교회가 함께 모였을 때; 11:2-14:40)을 다루고 있다. 그리고 이 서신은 그리스도의 몸이 십자가에 못박히는 것(1:18-25)으로 시작해서 그의 몸과 신자들의 몸이 부활하는 것으로 끝을 맺는다(15장). 그러므로 "몸"(그리스도의 실제 몸, 신자들의 육체적인 몸, 그리스도의 몸으로서의 교회로 이해됨)은 고린도전서의 구조를 설명해줄 수 있다.

고린도의 문화

고린도전서는 바울의 어떤 서신보다 그 교회가 존재했던 도시의 문화를 어느 정도 이해할 것을 요구한다. 고린도는 도시의 음행과 세속적인 생각과 행위로 악명이 높았다. 이 도시는 아크로코린토스로 알려진 높은 산기슭에 자리하고 있었는데, 펠로폰네소스 반도와 그리스 본토를 연결하는 작은 영토로서 이오니아해와 에게해가 서로 나뉘는 곳에 있어 해운업을 위한 전략적 위치에 있었다. 이런 위치 때문에 고린도는 상업, 군사, 수송 활동의 중요한 중심지였다. 그리고 이 도시는 범죄, 성적 타락, 종교적 신전 등으로 명성을 얻었다. 아리스토파네스(기원전 450-385년경)에 따르면, "고린도 사람처럼 행동하는 것"은 "간음하는 것"을 의미했다. 플라톤(기원전 428-348년)은 "고린도 소녀"라는 표현에 대해 언급했는데, 이는 창녀에 대한 완곡한 표현이었다. 그리고 스트라본의 기록에 따르면(기원전 7년), 아크로코린토스에 위치한 아프로디테 신전은 천 명의 신전 매춘부들의 거주지였다. 고린도의 새로운 교회가 하나님의 거룩한 백성으로서 살기 위해 극복해야 할 문화적 장애물이 많았음은 두말할 나위가 없다.

분과 뒷부분을 마무리하는데, 그리스도의 십자가가 초반부의 장들을 주도하고 그리스도의 부활이 영광스럽게 서신의 끝부분에 상세히 설명된다. 실제로 고린도전서 15장은 신약성경 전체에서 그리스도의 부활과 신자들의 부활에 대해 가장 풍부하게 논의한 가장 중요한 장이다. 📖

아마도 이 편지의 가장 놀라운 요소는 그의 독자들이 진정한 구원을 받았는지에 대해 어떻게 바울이 의문을 제기하지 않을 수 있는가 하는 것이다. 바울이 그들을 "고린도에 있는 하나님의 교회", "거룩하여지고", "성도라 부르심을 받은 자들"(1:2)로 묘사하는 편지의 서두부터 시작해서 그리스도 안에서 그들을 향한 그의 사랑을 다시 확인하는(16:24) 끝부분에 이르기까지 고린도 교인들은 진정한 신자들로 간주된다. 비록 그들의 몇몇 결점과 단점이 그야말로 충격적이지만 말이다. 이는 바울이 전하는 복음에 대해 많은 것을 우리에게 알려준다. 극단적인 도덕적·영적 실패조차도 그리스도 안에서 신자들에게 약속된 것을 그들에게서 박탈할 수는 없다. 물론 그들은 평생 회개하고 그리스도를 따라야 하지만, 바울은 하나님과 그들의 관계를 의심하지 않는다. 이것은 역사상 지금까지 그래온 것처럼 다양한 면에서 자신의 실패와 씨름하는 오늘날 교회에 큰 격려가 된다. 😵

탐구–고린도전서 읽기

고린도 교회의 분열

■고린도전서 1:1-17을 읽으라■

바울은 그의 독자들을 "고린도에 있는 하나님의 교회", "그리스도 예수 안에서 거룩하여지고", "성도라 부르심을 받은 자들"(1:2)로 묘사한다. 이런 묘사는 바울이 그리스도 안에서 그들의 정체성에 부응하는 삶을 살 것을 그들에게 촉구하는 이 서신 전반에 걸쳐 반향을 불러일으킬 것이다. 또한 바울은 하나님이 그들을 "모든 은사에 부족함이 없고"(1:7), "주 예수 그리스도의 날에 책망할 것이 없도록"(1:8) 만들 것을 감사하는데, 이는 그가 곧 다룰 주제들을 예상하게 한다. 🔵

그 후 바울은 즉시 고린도 교회를 괴롭히는 많은 문제 중 하나를 언급하며 본격적으로 문제를 다루기 시작한다. 그들 사이에는 분열과 경쟁이 있는데, 이는 바울파, 아볼로파, 게바파, 심지어 "그리스도"파 등 다양한 파벌로 나타났다!(1:10-12) 이런 태도에 대한 바울의 비판은 "그리스도께서 어찌 나뉘었느냐?"(1:13)라는 질문으로 요약된다. 그의 논리는 그리스도는

암브로시아스터의 그리스도에 대한 올바른 이해

암브로시아스터는 고린도전서에 대한 그의 초기 라틴어 주석에서(아마도 4세기) 바울이 편지의 서두에서(1:1) 하나님과 그리스도를 어떻게 묘사하는지를 주목한다. 바울은 "그리스도는 하나님이지만 아버지가 아니며, 아버지 역시 하나님이지만 그리스도가 아들이므로 두 분은 동일한 분이 아니다"라는 것을 보여주기 위해 "하나님"의 이름과 "그리스도"의 이름을 서로 구별하여 사용한다. 이를 통해 바울은 예수 그리스도를 이와 같이 올바르게 이해하지 못하는 거짓 사도들을 반박한다. 암브로시아스터는 그리스도를 잘못 전한 많은 종파가 생겨났으며 "그들의 말라버린 가지들이 오늘날에도 여전히 우리와 함께 있다"고 말한다.[1]

사람들을 분열시키는 분이 아니라 연합시키는 분이라는 것이다.

또한 그는 "바울"파에 대한 생각을 거부하고, 고린도 교인들에게 자기가 그들을 위해 십자가에 못박힌 것이 아니며, 그들이 그의 이름으로 세례를 받지 않았다는 것을 상기시킨다(1:13). 핵심은 그들이 충성을 다해야 할 사람은 그리스도이며, 파벌을 만들 여지가 전혀 없다는 것이다. 바울은 자신이 고린도에서 누구에게 세례를 주었는지—"바울"파임을 나타낼 수 있는 표시—에 민감하게 반응하지 않고 매우 느긋한 태도를 보이며, 그리스도가 자신을 보낸 것은 복음을 전하기 위함이지 사람들에게 세례를 주기 위함이 아니며, 특히 바울의 이름으로 세례를 주기 위한 것이 아님을 상기시킨다(1:14-17).

십자가의 어리석음

■ 고린도전서 1:18-31을 읽으라 ■

그 후 바울은 이 서신의 주요 주제 중 하나인 세상의 "지혜"와 십자가의 "어리석음"을 대조하는 것에 집중한다. 고린도 교인들은 영적인 은사를 받았지만(1:7), 그들 주변의 세상과 마찬가지로 겉으로 드러나는 힘과 권력을 중요하게 여기는 것처럼 보인다. 그러나 하나님은 십자가에 못박힌 그리스도의 메시지로 세상의 지혜를 뒤집었는데, 그 이유는 이 명백한 약함의 행위가 사실은 하나님의 능력과 지혜이기 때문이다. 따라서 "하나님의 어리석음이 사람보다 지혜롭고 하나님의 약하심이 사람보다 강하[다]"(1:18-25).

고린도 교인들은 세상의 시각에서 볼 때 지혜로운 자들이 아니지만, 하나님은 강한 것을 부끄럽게 하기 위해 세상의 시각에서 볼 때 어리석고 약하며 하찮고 멸시받는 것들을 택했다(1:26-28). 이는 그리스도가 우리에게 "지혜와 의로움과 거룩함과 구원함"이 되었기 때문에 아무도 자랑

그림 13.2. 외젠 들라크루아(Eugène Delacroix), "십자가 위의 그리스도"

하지 못하게 하기 위한 것이다(1:29-31). 고린도 교인들을 하나님의 교회로 만든 존재는 오직 그리스도이며(1:2), 그들 자신이 이룬 것이 절대 아니다. 이 전체 단락은 하나님이 그리스도의 십자가의 약함을 통해 세상의 힘을 이긴다는 것을 보여줌으로써 세상의 힘과 지혜에 대한 고린도 교인들의 확신을 약화시키기 위한 것이다. 십자가의 이 메시지는 모든 것을 뒤집어엎는다.

지혜에 대한 이야기

■ 고린도전서 2:1-16을 읽으라 ■

바울은 인상적인 기법을 사용하지 않고 십자가에 못박힌 그리스도의 메시

📖 정경적 연관성

이사야 29:14

바울은 1:19에서 사람의 지혜와 십자가의 도 사이의 근본적인 대조를 보여주기 위해 이사야 29:14을 인용한다. 이사야서의 이 본문은 인간의 여러 행위가 정죄를 받고 하나님이 "지혜자의 지혜"를 심판하는 탄식 신탁의 일부다. 바울은 이 본문에 의존하여 하나님의 심판과 구원이 고린도 사람들 사이에서 이미 일어나고 있으며, 아직도 인간의 지혜를 중요시하는 사람들은 하나님이 십자가를 통해 그런 지혜를 심판하는 것을 이해하지 못하고 있음을 알린다.

십자가의 삶 구현하기(Cruciformity)

1-4장의 주요 주제는 **십자가의 삶 구현하기**다. 이것은 십자가가 빚어낸 삶, 생각, 관계의 방식을 말한다. 그리스도의 십자가는 모든 것을 뒤집어놓는다. 십자가의 도는 세상 사람들에게는 미련한 것이지만, 하나님의 능력이다(1:18). 신자들은 인간적인 관점에서 볼 때 강하지 않지만, 주 안에서 자랑한다(1:26-31). 바울은 화려하고 멋진 말솜씨를 사용하지 않고 약한 모습으로 그들 가운데로 들어왔다(2:1-5). 하나님의 종들은 보잘것없는 사람들이지만, 하나님은 그들을 통해 자신의 교회를 세운다(3:1-17). 이 모든 주제를 관통하는 개념은 하나님의 능력이 인간의 약함 안에서 발견된다는 것이다. 이것이 바로 그리스도의 십자가가 인류를 구원하는 방식이다. 비록 약해 보일지라도 하나님은 그 약함을 통해 강하게 역사했다. 고린도 교인들의 문제점은 인간의 힘, 권력, 영광을 가치 있게 여기는 것이지만, 바울의 권면은 그들이 십자가에 의해 빚어져야 한다는 것이다.

누가 주님의 마음을 알았는가?

바울은 2:16에서 이사야 40:13을 인용할 때 기독론적 반전을 꾀한다. 원 본문의 맥락에서 "누가 주의 마음을 알았는가?"라는 질문에 대한 예상된 대답은 "아무도 없다"이다. 하지만 바울은 "그러나 우리가 그리스도의 마음을 가졌느니라"(2:16b)라는 말로 그 인용구를 계속 이어나간다. 여기서 중요한 것은 그리스도 없이는 우리가 주님의 마음을 알 수 없지만. 그리스도의 마음을 갖고 있으면 주님의 마음을 알 수 있는데, 이는 그가 그것을 계시했기 때문이라는 것이다. 이것은 성령의 사람, 즉 영적인 사람은 주의 뜻에 따라 모든 문제를 평가할 수 있지만, 그리스도의 영이 없는 사람들은 인간의 지혜에 매여 있으므로 십자가의 지혜를 이해할 수 없다는 개념을 지지해주는 더 광범위한 문맥으로 이어진다(2:10-15).

지로 고린도 교인들을 가르친 방식을 그들에게 상기시키면서 십자가에 못박힌 그리스도라는 주제를 계속 이어간다(2:1-2). 그가 가르친 방식은 그의 메시지를 반영하는데, 이는 인상적인 언어보다는 연약함으로 말하지만, 성령의 능력으로 말하는 것이다(2:4-5). 🔲

바울은 세상이 말하는 지혜의 기준에 따라 말하는 대신 "감추어져 있는 하나님의 지혜"를 말하는데, 이는 하나님이 태초부터 지켜온 비밀의 수수께끼다. 이 수수께끼는 하나님의 성령을 통해 사람들에게 계시되지만, 성령이 없이는 하나님의 비밀스러운 뜻을 알 수가 없다(2:6-16). 이 단락은 십자가의 메시지와 연관이 있는데, 이는 지혜로운 자들에게 어리석게 보이지만 구원을 위한 하나님의 능력이다(1:18). 사람들은 오직 성령을 통해서만 이 메시지를 이해하고 받아들일 수 있다. 📖

그리스도께 속함

■ 고린도전서 3:1-23을 읽으라 ■

안타깝게도 고린도 교인들이 성령을 따라 행하지 않기 때문에 바울은 그들을 "육신에 속한 자"와 "그리스도 안에서 어린아이들"처럼 대해야 한다(3:1-2). 그들의 세속성은 그들 사이의 갈등과 분열에서 확연히 드러났는데, 어떤 이들은 자기들이 바울에게 속해 있다고 말하고, 다른 이들은 아볼로에게 속해 있다고 말한다(3:3-4; 참조. 1:10-17). 바울과 아볼로는 고린도 교회의 인기 경연대회에서의 경쟁자가 아니라 하나님의 동역자들이다(3:8-9). 바울이 고린도에 교회를 세웠고 아볼로가 그의 뒤를 이어 일했지만, 성장하게 하는 분은 하나님이다(3:5-7). 이것은 하나님이 칭송을 받아야 마땅한 상황에서, 둘 중 하나를 선호하는 것이 얼마나 어리석은지를 강조한다.

바울은 자신을 하나님의 건물―고린도 교회―의 토대를 세운 주요 건축가로 보고 있으며, 그가 세운 토대는 다름 아닌 예수다(3:10-11). 그 토대 위에 세워지는 모든 것은 언젠가 심판받게 될 것이다. 품질이 나쁜 자재를 건축에 사용하면, 그 세운 것이 멸망할 것이다. 그러나 고품질 자재를 사용하면 심판을 견뎌낼 수 있다(3:12-15). 이것은 고린도 사람들을 대상으로 하는 사역의 질이 언젠가 평가받을 것임을 의미한다. 그들 자체가 건물이기 때문에, 바울은 그들이 어떤 종류의 질 좋은 건물이 되어가고 있는지에 대해 질문을 제기하고 있다.

바울은 고린도 교인들에게 하나님 앞에서 그들의 지위를 상기시킨다. 그들이 하나님의 성전이므로 하나님의 성령이 그들 안에 거한다. 하나님의 성전이 거룩하므로, 그들도 거룩하다(3:16-17). 이 서신은 계속해서 그들이 거룩하지 못한 방식으로 살고 있다는 것을 드러내지만, 그럼에도 이

것이 하나님 앞에서 그들의 신분이므로, 그들은 그 정체성에 부응해서 살아야 한다. 그들이 그렇게 사는 것은 부분적으로 더 이상 이 세상의 지혜를 수용하지 않겠다는 것을 의미한다. 만일 그들이 세상의 지혜를 내려놓는 다면, 바울이나 아볼로 같은 인간 지도자들을 자랑하지 않을 것이다(3:18-22a). 대신에 그는 그들이 그리스도께 속하고, 그리스도가 하나님께 속하기 때문에 "모든 것이 다 너희 것"이라고 말한다(3:22b-23). 바울은 이런 방식으로 교회의 분열로 시작된 단락을 마무리한다(1:10). 궁극적인 결론은 바로 그들이 계파가 아닌 그리스도께 속한다는 것이다.

하나님의 비밀을 맡은 관리인들

■ 고린도전서 4:1-21을 읽으라 ■

바울과 아볼로는 그리스도의 종이자 하나님의 비밀을 맡은 관리인으로 여겨져야 하며, 그들이 맡은 관리에 신실할 것으로 기대된다(4:1-2). 그들이 한 일에 대한 심판은 사람이 아닌(심지어 바울 자신도 아닌) 주가 할 일이며, 이는 그리스도가 다시 올 때 이루어질 것이다. 그는 모든 사람의 은밀한 의도를 드러낼 것이며, 이는 사람들이 그들 안에 숨겨진 것을 볼 수 없으므로 사람들이 아닌 그분이 심판자가 되는 이유를 강조한다(4:3-5).

바울은 고린도 교인들이 한 명의 지도자를 다른 지도자보다 선호하는 것을 마치 그들이 지도자들 사이에서 판단할 위치에 있는 것처럼 우월함을 표현하는 것으로 간주한다. 그러나 사실 고린도 교인들이 무슨 능력을 가졌든지 그것은 주님으로부터 받은 것이다. 따라서 그들의 우월감으로 자랑하거나 우쭐거릴 여지가 전혀 없다(4:6-7).

그 후 바울은 다음과 같이 고린도 교인들의 우월감을 냉소적으로 비판하기 시작한다. "너희가 이미 배부르며 이미 풍성하며 우리 없이도 왕이 되었도다"(4:8). "우월한" 고린도 교인들과는 달리, 사도들은 맨 끝자리에 있고, 죽을 운명이며, 그리스도를 위하여 어리석게 되고, 약하고, 모욕당한다(4:9-10). 그들은 배고프고, 목마르고, 헐벗고, 거할 집이 없다(4:11). 그러나 그들은 그리스도처럼 욕설을 들을 때 축복하고, 중상모략을 당할 때 너그럽게 반응한다(4:12-13). 고린도 교인들이 이와 정반대의 방식으로 행동한다는 사실은 그들이 얼마나 그리스도와 **다른지**를 여실히 보여준다.

그러나 바울은 재빨리 냉소적인 태도를 버리고 이를 가족의 사랑으로 대체한다. 그는 고린도 교회의 영적인 아버지로서 그의 자녀인 그들에게 경고한다(4:14-15). 그는 마치 아버지처럼 자기가 조만간 그곳에 가서 그들 가운데 있는 허풍쟁이들로 인해 발생한 문제를 해결할 것임을 고린도 교인들에게 상기시킨다. 그가 영적인 아버지로서 어떤 측면을 보여줄지는 그들에게 달려 있다. 그는 그들을 훈육하기 위해 채찍을 들고 올 수도 있고, 부드럽고 사랑스럽게 그들에게 다가갈 수도 있다(4:18-21).

음행 문제

■ 고린도전서 5:1-13을 읽으라 ■

고린도 교인들은 교만을 버리고 바울이 듣게 된 것, 즉 그들 가운데 있는 죄로 인해 슬퍼해야 한다. 그들의 음행은 이방인들의 그것보다 더 심각한데, 고린도 교인 중 한 사람은 그의 계모와 동침한다!(5:1-2) 그의 회복을 위해서는 이런 일을 한 사람을 사탄에게 넘겨주어야 하는데, 이는 아마도 그가 그리스도인 공동체에서 추방되어야 함을 의미할 것이다(5:3-5, 13). 실제로 신자들은 사람들이 형제나 자매라고 하면서도 여전히 음행을 저지르고, 탐욕을 부리고, 우상숭배를 하고, 남에게 모욕을 주고, 술에 취한다면 그들과 절대로 어울리지 말아야 한다(5:11-13). 그런 사람들은 회복을 위해 공동체에서 추방되어야 한다.

법적 분쟁의 문제

■ 고린도전서 6:1-11을 읽으라 ■

음행은 고린도 교회 내의 많은 문제 중 하나일 뿐이다. 또 그들은 서로를 법정으로 끌고 가서 세상 권력이 그들 내부에서 발생한 분쟁을 해결하도록 했다. 그러나 신자들은 언젠가 그리스도가 세상을 판단하는 일에, 심지어 천사들을 판단하는 일에도 참여하게 될 것이다. 분명히 그들 중 적어도 한 명은 내부의 문제를 올바르게 판단할 만큼 현명해야 한다(6:1-6).

신자들은 차라리 불의한 일을 당하고 속는 편을 택해야 하는데, 고린도 사람들은 오히려 서로에게 불의를 행하고 서로를 속인다(6:7-8). 이는 본질적으로 악한 것이며, 바울은 그런 악한 행동이 심각한 결과를 낳을 것이라고 그들에게 경고하며ㅡ"불의한 자가 하나님의 나라를 유업으로 받지 못할 줄을 알지 못하느냐?"ㅡ그런 사람들의 예를 든다(6:9-10). 고린도 교인들은 과거에 이런 자들이었지만, 그리스도 안에서 하나님의 성령을 통해 씻음과 거룩함과 의롭다 하심을 받았다(6:11). 또다시 그들은 하나님 앞에서 자신의 지위를 기억하고 그에 따라 행동해야 한다.

왜 음행이 문제가 되는가?

■ 고린도전서 6:12-20을 읽으라 ■

바울은 고린도 교회가 당면한 심각한 문제 가운데 하나였던 음행이라는 주제로 돌아가서 먼저 제한받지 않는 자유라는 인기 있는 개념을 비판한다. 신자가 **할 수 있는** 모든 것이 자신 혹은 다른 사람들에게 좋은 것은 아니다(6:12). 구체적으로 그는 음행이 잘못인 이유가 몸이 음행을 위해 존재하는 것이 아니라 주님을 위해 존재하며(6:13), 몸이 부활할 것이기 때문(따라서 영원한 면을 지님)이라고 말한다(6:14). 하지만 여기서 중요한 점은 "너희 몸이 그리스도의 지체"라는 것이다. 따라서 당신은 그리스도의 지체를 가져다가 창녀와 합하게 할 수 없다. 신자들은 창녀와 합하지 말고, 주와 하나의 영으로 합해야 한다(6:15-17). 이런 이유 때문에 신자들은 "음행을 피해야 한다." 이런 죄는 성령이 거하는 성전인 자신의 몸을 대적하는 것이다. 하나님이 값—그의 아들의 죽음—을 치르고 신자들을 샀으므로 그들은 자신의 몸으로 하나님께 영광을 돌려야 한다(6:18-20).

결혼과 독신

■ 고린도전서 7:1-40을 읽으라 ■

바울은 고린도 교인들이 그에게 써 보낸 문제에 답변하면서 결혼과 독신에 대한 자신의 생각을 7장에서 풀어나간다. 음행에 대한 유혹이 있기 때문에(이전 장에서 다루었음), 사람들은 결혼하여 배우자의 성적 욕구를 충족시키는 것이 좋다. 그러나 바울은 이것이 명령이 아닌 허용이라는 점을 분명히 하는데, 이는 그처럼 독신으로 지내는 것이 더 좋기 때문이다(7:1-9).

결혼한 사람은 배우자와 헤어지지 말아야 한다(7:10-11, 39-40). 그러나 믿지 않는 배우자가 결혼을 파기하면, 그 신자는 더 이상 혼인 관계에 얽매이지 않는다. 그러나 신자는 믿지 않는 배우자가 결혼생활을 유지할 의향이 있다면 결혼생활을 유지해야 한다(7:10-16).

그들의 상황이 어떻든 간에 신자들은 그들의 지위나 처지를 향상하려고 노력하기보다는 만족하는 법을 배워야 한다. 주의 부르심이 그들의 처지와 지위를 향상했기 때문에 주의 부르심을 받은 노예는 주께 속한 자유인이다. 그는 그리스도 안에 있는 진정한 자유를 알기 위해 세상의 시각

바울은 결혼을 반대하는가?

바울은 자신처럼 독신으로 사는 것이 더 낫다고 몇 차례 말한다(7:7, 8, 26). 하지만 바울이 결혼에 반대한다고 생각하는 것은 잘못이다. 유대교의 신실한 바리새인으로 훈련받은 바울은 결혼에 관한 긍정적인 성경적 견해를 키워나갔을 것이며, 이는 그의 글에도 반영되어 있다(예. 엡 5:22-33). 그러나 바울이 고린도전서 7장에서 독신을 지지한 것은 두 가지 이유 때문으로 보인다. 첫째, 결혼하지 않은 사람은 가족 문제로 그들의 주의력이 분산되지 않으며 주를 섬기는 데 시간을 자유롭게 할애할 수 있다(7:32-34). 다시 말해서 가족을 갖는 것은 분명히 잘못이 아니지만, 바울은 가족이 있는 사람에게 요구되는 현실을 직시한 것이다. 둘째, 7장에는 "임박한 환난"(7:26[그러나 우리는 그것이 무엇인지 잘 모른다])이 초래하는 긴박감이 나타난다. 따라서 바울은 신자들에게 그들이 이미 처해 있는 상황을 그대로 유지할 것을 권면하고 있다.

으로 자유인이 될 필요가 없다. 결국 신자들은 하나님께 속하기 때문에 사람의 노예가 되어서는 안 된다. 이것은 인간의 기준과 제도의 노예가 되어서는 안 된다는 뜻이다(7:17-24). 🔱

이 원칙은 결혼에 적용된다. 만일 당신이 독신이라면 그렇게 독신으로 지내는 것이 나쁘지 않다. 만일 당신이 결혼했다면 결혼생활을 유지해야 한다. 그러나 당신이 현재 독신이고 앞으로 결혼할 것이라면, 그것은 죄가 아니다(7:25-28, 36-38). 여기서 핵심은 "그때가 단축하여진 고로"인데, 바울은 "이 세상의 외형은 지나감이니라"는 묵시적 이미지를 사용하여 이를 강조하고 있다(7:29-31). 이것의 의미는 다음과 같다. 즉 바울이 원하는 것은 신자들이 자신의 개인적인 상황에 얽매이기보다 하나님이 무엇을 하고 계신가라는 큰 그림을 더 많이 생각하는 것이다. 바울은 결혼하는 것 또는 노예가 자유를 얻는 것의 중요성을 부인하지 않는다. 하지만 이런 것들은 우리의 관심을 쉽게 빼앗고 독차지할 수 있다. 그 대신에 신자들은 종말이 다가오고 있음을 깨달아야 한다. 이런 점에서 기혼자는 배우자를 기쁘게 하는 일에 얽매일 수 있지만, 독신인 사람들은 주를 기쁘시게 하는 데 집중할 수 있다(7:32-34).

우상에게 제물로 바친 음식에 대하여

■ 고린도전서 8:1-13을 읽으라 ■

갑자기 화제를 바꾼 것 같지만, 바울은 이제 고린도 교인들이 그에게 써서 보낸 다른 문제, 즉 우상에게 제물로 바친 음식에 관한 문제를 다루기 시작한다(7:1). 고린도 교인들이 사는 세상에서 시장에서 파는 고기는 팔리기 전에 주로 이교도 우상이나 신들에게 바쳐진 것들이었다. 이것은 신자들에게 양심의 문제를 제기했다. 그들은 그런 고기를 먹어야 할 것인가? 아니면 그렇게 하는 것이 그리스도에 대한 그들의 헌신을 더럽히는 것인가? 😟

바울은 이 문제와 그 기저에 있는 문제들을 다루는 데 세 장(8-10장)을 할애한다. 그는 "지식은 교만하게 하며 사랑은 덕을 세우나니"(8:1)라는 핵심 원리로 시작한다. 이 원리는 한편으로 이 질문에 대한 **"정답"**이 있다고 말함으로써 당면한 질문과 연관시키지만, 우리는 다른 한편으로 타인을 **가장 사랑하는 행동**이 무엇인지를 물어보아야 한다.

바울의 답변 중 첫 부분은 하나님이 오직 한 분이므로 우상은 아무것도 아니라고 말한다(8:4-6). 그러나 모든 사람이 이 점을 이해하는 것은 아니며, 아마도 그들은 과거에 우상숭배에 익숙한 삶을 살았던 것으로 보인다(8:7). 그들에게 이런 음식을 먹는 행위는 과거에 있었던 그들의 우상숭배 경험 때문에 그들의 양심에 문제를 일으킬 수 있다. 따라서 여기서 진리는 음식이 아무런 상관이 없으며, 우상이 아무것도 아니라는 것이다. 그러나 이러한 지식으로 인해 다른 사람이 실족하면 안 된다(8:8-9; 참조. 8:1). 만일 당신이 우상에게 제물로 드려졌던 음식을 먹는다면, 이런 당신의 행동으로 인해 그리스도를 믿는 동료 신자들의 양심에 상처를 입히게 될까? 이에 대해 바울은 "그러므로 만일 음식이 내 형제를 실족하게 한다면 나는 영원히 고기를 먹지 아니하여 내 형제를 실족하지 않게 하리라"고 결론짓는다(8:10-13). 이런 식으로 8:1에 명시된 원칙, 즉 사랑이 지식보다 더 중요하다는 원칙이 적용된다. 당신은 우상이 아무것도 아니고, 당신이 우상에게 제물로 바쳐진 음식을 먹는 것이 아무것도 아니라는 것을 알고 있을 수 있다. 하지만 당신이 그 음식을 먹는 것이 결국 타인을 사랑하지 않는 일이라면 먹지 말아야 한다.

바울의 본보기에서 배우기

■ 고린도전서 9:1-27을 읽으라 ■

바울은 자신의 삶을 통해 사랑의 핵심 원리를 보여준다. 사도로서 바울은 다양한 특권을 누릴 권리가 있는데, 이는 결혼을 하는 것과 그의 사역에서 재정적인 지원을 받는 것을 포함한다(9:1-14). 그러나 그는 값없이 복음을 전하기 원하기 때문에 이런 특권을 사용하지 않았다(9:15-18). 그는 자유인이지만, 다른 사람들을 위해 스스로 종이 되기로 선택했다(9:19-23).

자유와 특권은 가장 중요한 가치가 아니다. 오히려 다른 사람을 사랑으로 섬기는 것이 최고의 선이다. 바울의 삶은 고린도 교인들이 그들의 지식을 사랑의 원리에 복종시킬 것인지를 놓고 고민할 때 그들에게 본보기가 된다(참조. 8:1).

그림 13.3. 틴토레토(Tintoretto), "바위를 치는 모세"

이스라엘의 과거로부터 배우기

■ 고린도전서 10:1 - 11:1을 읽으라 ■

우상에게 제물로 바친 음식에 관한 질문과 문제를 다루는 세 번째 장은 가장 혼란스럽다. 중요한 핵심은 이스라엘이 주께서 공급해준 동일한 음식과 음료를 먹고 마셨지만, 여러 가지 죄를 지어 심판받았다는 것이다. 하나님과 올바른 관계를 맺게 하는 것은 당신이 먹는 음식이 아니다. 음식은 당신이 하나님께 받을 심판을 막지 못할 것이다! ○

　이스라엘 백성은 "세례를 받아 모세에게 속하게 되었고",

○ 정경적 연관성

이스라엘의 역사로부터 배우기

바울은 10:1-22에서 이스라엘의 출애굽(1-2절), 광야에서의 방황(3-4절), **배교**(5절)를 모형론적으로 해석하는데, 이는 이스라엘의 경험과 교회의 경험 사이의 유사성을 보여준다(6절). 이스라엘 자손은 하나님의 은혜의 수혜자였지만 하나님을 거역했고 심판을 받았다. 그러므로 오늘날 신자들은— 음행을 저지르고, 그리스도를 시험하고, 불평함으로써—하나님을 거역하고 그의 심판의 대상이 되어서는 안 된다(7-10절). 이스라엘의 경험은 신자들에게 본보기이자 경고다(6, 11절).

모세에게 세례를 받았다?

모세는 아무에게도 세례를 베풀지 않았다. 그렇다면 "[모두가] 바다 가운데로 지나며 모세에게 속하여 다 구름과 바다에서 세례를 받고"(고전 10:1-2)는 무엇을 의미하는가? 바울은 이 본문에서 이스라엘 백성들의 경험과 그리스도인의 경험 간의 평행 관계에 주목하면서, 모세의 지도히에 이스라엘이 이집트에서 구원받은 것을 그리스도의 지도하에 신자들이 죄와 사망에서 구원받은 것에 비유한다. 홍해를 건넌 것은 이스라엘이 이집트의 종살이에서 해방된 것에서 결정적인 순간이었으며, 홍해 반대편에서 이스라엘 백성들은 모세가 중재한 언약을 통해 하나님의 백성이 되었다. 그 후 하나님은 자신의 임재를 나타내는 구름을 통해 광야에서 그들을 인도했다. 이와 같은 방식으로 오늘날의 세례는 죄의 종에서 해방된 것을 상징하며(참조. 롬 6:1-14), 죄의 종으로부터 해방된 신자들은 그리스도를 통해 하나님과 새로운 언약 관계에 들어간다. 이런 이유로 "모세에게 속하여…세례를 받고"는 그리스도를 예고한다.

하나님이 주는 동일한 음식을 먹었지만, 하나님은 그들 대다수를 기뻐하지 않고 그들을 쳤다(10:1-5). 바울은 이스라엘의 불순종이 오늘날 신자들에게 본보기가 된다고 강조한다. 그들은 우상숭배와 간음을 행했고, 불평하고 투덜거렸으며, 시험을 당했을 때 그 시험을 통과하지 못했다(10:6-11). 그러므로 바울은 "선 줄로 생각하는 자는 넘어질까 조심하라"고 경고한다(10:12). 영적인 자기만족에 빠지거나 영적인 과신을 피하라는 것이다. 시험은 계속되겠지만 하나님은 당신이 견뎌내기 불가능한 시험을 당하지 않게 할 것이다(10:13). 🔵

바울은 이제 고린도 교인들의 문제로 돌아가서 그들이 음행을 피해야 하는 것처럼(6:18), "우상숭배하는 일을 피하라"고 경고한다(10:14). 우상은 아무것도 아니지만, 우상에게 제물로 바친 음식을 먹는 것은 결국 우상숭배에 가담하는 것을 시사한다. 이는 우상이 중요하기 때문이 아니라, 모든 우상숭배 뒤에 악의 세력이 있기 때문이다. 따라서 주의 만찬에서 음식을 나누는 것이 **그리스도의 식탁에 참여하는 것**을 의미하는 것처럼, 우상에게 제물로 바친 음식을 먹는 것은 귀신의 식탁에 참여하는 것이다(10:16-22). 이것은 마치 음식이 전혀 중요한 것이 아니고, 사람들은 그들이 원하는 것을 무엇이든 먹을 수 있다는 이전의 주장을 뒤집는 것처럼 이상하게 보인다(8:8).

그러나 바울은 두 주장을 조화시킨다. 여기에는 다음과 같은 핵심 원칙이 다시 적용된다. "누구든지 자기의 유익을 구하지 말고 남의 유익을 구하라"(10:24). "땅과 거기 충만한 것이 주의 것"이기 때문에 신자들은 육류 시장에서 파는 어떤 것이든 먹을 수 있다(10:25-26; 참조. 시 24:1). 만일 믿지 않는 이웃이 고기를 신자들에게 대접하면 신자들은 그 고기를 먹을 수 있지만, 만약 그 이웃이 그 고기가 우상에게 제물로 바쳤던 것이라고 말하면, 신자들은 그 고기를 먹지 말아야 한다. 하지만 이것은 믿지 않는 그 이웃을 위한 것이다. 불신자의 관점에서 볼 때, 그런 고기를 먹는 것은 우상숭배에 참여하는 것이기 때문에 신자는 그것을 먹어서는 안 된다. 그러나 음식을 대접하는 주인의 마음에 그것이 단지 고기일 뿐이고 그 이상의 의미가 없다면, 신자는 그것을 먹을 수 있다. 다시 말해서 만일 불신자가 우상숭배를 하도록 당신을 초대한다면 당신은 그것을 거절해야 한다. 하지만 만약 그들이 단지 함께 식사하자고 당신을 초대하는 것이라면 아무 문제가 없다.

우상에게 제물로 바친 음식에 관한 질문에 대하여 바울이 써 내려간 장문의 대답은 복잡하고 종종 혼란을 초래하지만 결론은 다음과 같이 매우 분명하게 정리될 수 있다. "너희가 먹든지 마시든지 무엇을 하든지 다 하나님의 영광을 위하여 하라." 이는 외부인과 하나님의 교회를 욕되게 하지 말라는 뜻이다. 바울이 다른 사람들의 유익을 구하는 것처럼, 고린도 교인들도 그리스도를 따르는 바울을 본받아야 한다(10:31-11:1). 이 모든 일에서 바울이 8:1에서 말한 다음과 같은 원리가 실현될 것이다. 즉 사랑이 덕을 세우기 때문에 다른 사람을 가장 사랑하는 일은 무엇이든 행하라.

예배에서의 머리 가리개?

■ 고린도전서 11:2-16을 읽으라 ■

이전의 세 장이 혼란스러워 보였다면, 바울이 다루는 다음 주제는 훨씬 더 큰 혼란을 초래할 수 있다. 그 주제들은 바로 회중의 **머리 가리개**, 남자와 여자, 삼위일체다. 바울은 세 가지 주제를 모두 함께 묶어서 다루기 시작한다. 여자의 머리는 남자고, 남자의 머리는 그리스도이며, 그리스도의 머리는 하나님이다(11:3). 남자와 여자는 그들의 머리가 되는 분에게 경의를 표하는 방식으로 기도하고 예언해야 한다(11:4). 이는 남자가 머리 가리개를 쓰지 않고 기도하고 예언해야 하지만, 여자는 머리 가리개를 써야 한다는 것을 의미한다. 🌀

그 후 바울은 남자와 여자가 상호 의존한다는 점과 그들이 하나님께 의존한다는 점에 초점을 맞춘다(11:7-12). 그는 여자가 머리 가리개를 쓰고 기도하는 것이 분명히 적절하다는 결론을 내린다(11:13-16). 이런 많은 이슈와 바울이 주장하는 것들이 21세기의 우리에게는 완전히 낯설게 보이지만, 그의 핵심은 우리가 어떻게 우리 자신을 장식하는가(우리가 무엇을 입는가) 하는 것이 상징적인 가치를 지니고 있으며, 경건한 태도와 관계를 반영해야 한다는 것이다. 이 본문의 대부분은 문화를 충분히 반영해서 적용되어야 하겠지만, 이 근본적인 원칙은 오늘날 교회의 공동 예배와 여전히 관련이 있다.

🌀 정경적 연관성

머리 가리개

지중해 지역에서 여성의 머리는 흔히 성적 욕망의 대상이었기 때문에 결혼한 여성은 그들의 머리를 가려야 했다. 이것은 특히 유대인 여성에게 적용되는 것이었지만, 부유한 로마 여성들은 때때로 고가의 비용이 드는 그들의 헤어스타일을 자랑하고 싶어 했다. 하지만 그렇게 함으로써 그들은 성적으로 추파를 던지는 것으로 이해될 수도 있었다. 고린도에서는 문화의 충돌이 있었던 것으로 보이는데, 로마 여성과 유대인 여성은 그들의 머리에 대해 다른 시각을 갖고 있었을 것으로 보인다. 바울은 이런 상황에서 아내가 있는 남편들을 존중하는 보수적인 선택을 권한다.

예배에서의 주의 만찬

■ 고린도전서 11:17-34을 읽으라 ■

고린도 교인들이 함께 모일 때 유념해야 할 사항은 예배하는 사람들의 머리 가리개만이 아니었다. 안타깝게도 그들의 파벌주의는 그들이 함께 모이는 시간에 영향을 미쳤고, 주의 만찬을 시행하는 데도 매우 문제가 많았다. 그들은 주님을 기억하고 서로에 대한 사랑을 보여주는 감사의 식사를 나누는 대신에 그 실천을 오용해왔다(11:17-22).

따라서 바울은 고린도 교인들에게 주의 만찬의 중요성을 일깨워준다. 그는 자신에게 전해 내려온(아마도 사도 베드로로부터일 것이다) 다음과 같은 예수의 말씀의 구전을 반복한다. "이것은 너희를 위하는 내 몸이니 이것을 행하여 나를 기념하라." "이 잔은 내 피로 세운 새 언약이니 이것을 행하여 마실 때마다 나를 기념하라"(11:24-25; 참조. 눅 22:19-20). 주의 만찬은 "주님의 죽으심을 그가 오실 때까지 전하는 것이다"(11:26). 이는 고린도 교인들의 식탁 교제를 대체하거나 그들 사이의 분열을 더 심각하게 하려는 것이 아니다.

고린도 교인들은 철저히 그들 자신을 돌아볼 필요가 있다. 주의 만찬을 오용하는 것은 죄악이며, 몸(고린도 교회의 회중을 의미함)을 생각하지 않고 먹고 마시는 행위는 심판받는다(11:27-32). 대신에 그들은 서로를 환영하고 그리스도 안에서 그들의 이 특별한 교제를 함께 즐겨야 한다(11:33-34).

예배에서의 신령한 은사

■ 고린도전서 12:1-31을 읽으라 ■

그 후 바울은 **신령한 은사**에 대한 중요한 논의로 전환하는데, 이 논의는 예수가 주님임을 깨닫는 모든 사람이 하나님의 영을 소유하고 있다는 주장

"신령한 은사"란 무엇인가?

이 말은 "신령한 은사"로 번역되어 있지만, 사실 바울이 12:1에서 사용한 그리스어 단어는 문자적으로 "영적인 것" 또는 심지어 "영적인 사람들"도 의미한다. 그러나 우리는 이 본문에 나타난 "은사"라는 주제를 12:4의 "은사는 여러 가지나 성령은 같고"에서 확인할 수 있다. 이는 "신령한 은사"가 단순히 성령이 주신 은사나 능력이라는 것을 보여준다. 그것들은 본질적으로 반드시 기적적인 것은 아니다(그러나 일부 그런 것들도 있다). 그 은사들의 "신령한" 특성은 교회 전체의 유익을 위해 이런 좋은 것들을 사람들에게 나누어주시는 하나님의 영에서 유래한다.

으로 시작한다(12:1-3). 고린도 교인들은 모든 신자가 성령을 소유하고 있다고 생각하지 않았을 가능성이 큰데, 이는 그들이 놀라운 은사와 신령한 것에 집착한 것을 보면 알 수 있다. 따라서 바울은 이와 반대로, 은사나 겉으로 드러나는 것에 상관없이 예수의 주 되심을 인정하는 모든 사람이 성령을 소유하고 있다고 주장한다. 🏛

모든 신자가 같은 성령을 공유하지만, 성령은 사람마다 다른 은사를 준다. 은사가 다양하다는 것은 교회 안에 공동의 유익을 위한 다양한 사역과 활동이 있을 것임을 의미한다. 어떤 사람들은 지혜나 지식의 말씀을 전할 것이고, 다른 사람들은 믿음, 치유, 기적, 예언 등의 은사를 행사할 것이다(12:4-11).

교회 내 은사와 역할의 이런 차이는 바울이 그리스도의 몸 안에 있는 통일성과 다양성의 문제를 성찰하는 것으로 이어진다. "몸"의 이미지는 통일성과 다양성을 논의하는 데 탁월한 소재인데, 이는 정의상 몸이 하나의 개체여야 하기 때문이다. 하지만 이와 동시에 몸에는 많은 다른 지체가 있는데, 그것들은 모두 몸이 적절한 기능을 하는 데 필요하다. 몸의 모든 지체는 서로를 필요로 한다. 모든 지체는 불가결하다(12:12-26).

그리스도의 몸은 하나님이 설계하고 만든 것이기 때문에 그 안에 질투나 분열이 있어서는 안 된다. 모든 지체는 하나님이 대의를 위해 계획한 대로 움직인다. 여기에는 사도가 될 사람, 예언자가 될 사람, 선생이 될 사람 등이 포함된다. 모두가 사도나 예언자, 혹은 선생이 아니다. 모든 개인은 그리스도의 몸의 구성원이다(12:27-31).

당신에게 필요한 것은 사랑이다.

■ 고린도전서 13:1-13을 읽으라 ■

궁극적으로 신령한 은사의 사용에 대한 지침은 우상에게 제물로 바친 음식에 대한 지침과 같다. 답은 **사랑**이다. 바울의 유명한 "사랑 장"은 신자들이 함께 모였을 때 어떻게 행동해야 하는지, 서로를 어떻게 대해야 하는지를 배경으로 한다. 🔊

　단순히 누군가가 어떤 은사를 받았는지는 중요하지 않다. 사람은 방언, 예언, 이해, 지식, 심지어 큰 믿음의 은사를 갖고 있을 수 있지만, 사랑이 없으면 모든 것이 헛되다(13:1-3). 사랑은 인내, 친절, 용서, 진리, 믿음, 희망, 끈기를 특징으로 한다. 사랑은 시기, 자랑, 무례, 이기심, 불의로 특징지어지지 않는다(13:4-7). 예언, 방언, 지식과 같은 많은 은사의 기능이 사라지지만, 사랑은 없어지지 않는다(13:8-12). 사실 믿음, 소망, 사랑—신자의 고유한 특징—이 남을 것인데, 그중에 제일은 사랑이다(13:13).

🔊 수용사

"아무것도 아닌" 예언의 위험성

암브로시아스터는 고린도전서 13:1-2에 대한 그의 주석에서 성경의 한 본문을 다른 여러 유사한 가르침과 연결하는 기독교 전통의 매우 전형적인 읽기 방식을 보여준다. 바울은 만약 자신이 사랑 없는 예언을 한다면 아무것도 아니라고 말한다. 암브로시아스터는 이것을 성경에 나오는 비슷한 많은 예들과 연결한다. 그 예들은 발람, 가야바, 불순종한 왕 사울, 유다, 그리고 심지어 천국의 비밀을 알면서도 그 비밀이 그에게 아무런 도움이 되지 못하는 사탄까지도 포함한다. 암브로시아스터는 이 구절을 계속 설명하면서 사랑이 없는 지식은 아무것도 아니며, 이를 바리새인들이 그랬던 것처럼 시작은 좋았으나 분파주의에 빠져버린 테르툴리아누스와 노바티아누스의 예에서 볼 수 있다고 말한다. 그는 "귀신을 쫓아내는 일을 하는 사람이 사랑의 사람이 되기 위해 올바르게 행동하기로 결심하지 않는 한", 심지어 귀신을 쫓아내는 그 일조차도 무가치하다고 결론 내린다.[2]

다른 사람들을 세워주는 신령한 은사를 추구하라

■ 고린도전서 14:1-40을 읽으라 ■

바울은 교회 내의 은사에 관한 토론을 재개하면서—그러나 그가 실제로 이 토론에서 벗어났던 것은 아니다—고린도 교인들에게 사랑을 추구하고 다른 이들을 세워주는 은사를 사모하라고 격려한다. 예언은 단지 개인이 아닌 교회를 세우기 때문에 방언보다 더 나은 은사다(14:1-12). 그러나 방언의 은사가 있는 사람은 누구나 그들의 은사를 회중과 나눌 수 있도록 통역의 은사를 받기 위해 기도해야 한다(14:13-17). 바울 자신도 일만 마디의 방언을 말하는 것보다 이해할 수 있는 다섯 마디의 말을 하는 것이 더 낫다고 말한다(14:18-19). 사랑으로 행하고 다른 사람들을 세워주어야 한다는 동일한 원칙을 통해 그들의 모임 안에서 질서가 유지되어야 한다(14:20-40). 🔼

🔵 신학적 문제

교회 안에서의 여성

바울은 질서라는 주제하에 여성들에게 교회 안에서 잠잠하라고 가르친다. 만약 질문이 있다면, 그들은 집에서 남편에게 물어봐야 한다(14:34-35). 이 어려운 본문은 오늘날 많은 사람을 불쾌하게 할 것이고, 일부 성경학자들은 이 본문이 편지의 원본이 아니라는 이유를 대며 이 본문을 완전히 거부한다. 어떤 해석을 하든지, 몇 가지 요점은 유념해야 할 가치가 있다. 첫째, "잠잠하라"로 번역된 단어는 철저한 침묵을 나타내기보다는 단순히 "조용하라"는 의미일 수 있다. 둘째, 이것이 중요한데, 그 이유는 바울은 여성들이 침묵하기를 분명 기대하지 않기 때문이다. 그는 이미 여성에게(남성과 함께) 회중 안에서 기도하고 예언하는 법을 가르쳤다(11:5-16). 그들은 적어도 기도와 예언을 통해 회중 안에서 목소리를 낼 수 있다. 그렇다면 왜 여성이 회중 안에서 "잠잠해야" 하는가? 일부는 고린도 여성에게 문제가 있었다고 추측한다. 예를 들어 아마도 그들이 특이할 정도로 공격적이거나 제멋대로였을 것이라고 말이다. 다른 이들은 유대교 회당의 특성상 이것이 예상된 질서의 일부일 뿐이라고 주장한다(14:40). 어떤 경우든지 간에, 가장 중요한 원칙은 그들이 존중받아야 한다는 것이다. 즉 회중은 사랑 안에서 서로를 세우기 위해 질서정연하게 행동해야 한다.

죽음으로부터의 영광스러운 부활

■ 고린도전서 15:1-58을 읽으라 ■

이 서신의 신학적 결론은 이 서신의 영광스러운 절정이기도 하다. 처음에는 그것이 서신의 나머지 부분과 어떤 관련이 있는지 분명해 보이지 않을 수 있지만, 우리가 서신을 읽어나가면서 분명해질 것이다. 바울은 고린도 교인들이 이미 복음을 받아들였고 복음이 그들을 이미 구원했다고 말하면서 복음을 설명하는 것으로 시작한다. 성경에 의하면 그리스도는 우리의 죄를 위해 죽었고, 장사되었으며, 성경의 말씀대로 사흘째 되는 날에 다시 살아났다(15:1-4). 그다음에 바울은 그리스도의 부활을 증언하는 여러 중요한 증인들의 목록을 작성한다. 여기에는 게바(시몬 베드로), 열두 제자, 다른 오백 명의 무리, 예수의 형제 야고보, 모든 사도, 그리고 마지막으로 바울 자신이 포함된다(15:5-8). 😨

분명히 고린도 교회의 또 다른 문제는 주류 유대교 및 성경의 신념인 마지막 때에 있을 죽은 자의 부활을 일부 사람들이 부정하는 것이었다(참조. 단 12:1-2; 요 11:24). 그러나 바울은 자신이 이미 역사적 사실이라고 주장한 예수의 부활에 호소함으로써 이 오류를 간단히 뒤집어 바로잡는다. 그의 주장은 다음과 같이 간단하다. 그리스도가 죽은 사람들 가운데서 살아났다면 어찌 죽은 사람들의 부활이 없다고 말할 수 있겠는가?(15:12-13) 그리고 그들이 부활(즉 그리스도의 부활)을 부정하는 것은 다른 모든 종류의 문제들을 만들어낸다. 만일 그리스도가 다시 살아나지 않았다면, 그들이 여전히 죄 가운데 있으므로 그들의 믿음은 헛된 것이다. 그리스도 안에서 이미 죽은 자들은 멸망한 자들이며, 그 누구보다 신자들이 가장 불쌍한 사람들이다

🔵 역사적 문제

그리스도의 부활의 증인

고린도전서 15:5-8은 그리스도의 부활 현현의 역사성을 뒷받침하는 매우 중요한 기록이다. 예수가 게바(시몬 베드로)를 비롯한 주요 제자들에게 부활한 모습으로 나타난 것은 복음서에 잘 기록되어 있지만, 우리는 고린도전서가 마태복음, 마가복음, 누가복음, 요한복음이 기록되기 전에 기록되었다는 사실을 알아야 한다. 따라서 고린도전서 15:5-8은 예수의 부활을 목격한 사람들의 이야기에 대한 가장 이른 시기의 역사적 기록이다. 5백 명의 목격자들의 무리는 오직 이곳에서만 알려져 있다. 그러나 바울은 (이 서신을 기록할 당시) 그들 대부분이 아직 살아 있다고 덧붙이는데, 이는 고린도 교인들이 그들에게 가서 그들의 주장을 직접 확인할 수 있음을 암시한다.

크리소스토모스가 말한 부활과 그 함의

유명한 설교자 요안네스 크리소스토모스(347-407년)는 성경을 자주 설교했는데, 그중에는 고린도전서에 대한 그의 마흔네 편의 설교가 포함된다. 이 설교들 중 다섯 편(38-42번)은 부활에 대한 바울의 유명한 탐구인 고린도전서 15장에 집중되었다.

크리소스토모스는 부활—예수의 부활과 그에 따른 다른 인간들의 부활—이 실로 영적인 것일 뿐만 아니라 육체적인 것임을 강조했다. 이 주장에서 크리소스토모스는 부활을 본질적으로 육체적인 것으로서가 아니라 죄로부터의 자유로만 해석한 **마니교**라는 **이단**을 의도적으로 반박했다.

또한 크리소스토모스는 미래의 부활에서 모든 부활한 몸이 똑같이 영화롭지는 않을 것이라고 가르쳤다. 영광에는 계급이 있을 것인데, 금욕적인 생활 방식을 실천한 사람들—순교자, 처녀, 수도사, 은둔자들—이 가장 높은 단계에 있는 영광을 받을 것이다. 크리소스토모스에게 이것은 기독교의 금욕적인 관습을 장려하는 데 있어 중요한 주장이었는데, 특히 공식적으로는 기독교 도시였지만 그가 보기에 도시의 많은 악을 행하며 경건한 자들이 거의 없는 그의 도시 안디옥에서는 더더욱 중요했다.[3]

(15:14-19).

하지만 그리스도는 정말 살아났으며, 그의 부활은 세상에서 죽음의 문제를 극복하기 위해 신학적으로 꼭 필요한 것이다. 죽음이 한 사람(아담)을 통해 이 세상에 들어왔기 때문에, 한 사람, 즉 예수를 통해 부활이 일어나야 한다(15:21-22; 참조. 롬 5:12-21). 예수는 부활의 첫 열매인데, 이는 다른 사람들이 그의 뒤를 이을 것을 보장한다. 이 이미지는 첫 수확이 본 수확보다 먼저 이루어졌던 농업의 세계에서 따온 것으로, 본 수확이 뒤따를 것임을 보장할 뿐만 아니라 장차 얻게 될 수확의 질도 나타낸다. 예수의 부활은 모든 신자의 부활의 첫 열매인데, 이는 예수의 부활이 그들의 부활을 보장하고, 그들의 부활의 본질을 보여주기 때문이다. 즉 신자들의 부활은 예수의 부활과 같을 것이다(15:20, 23).

그리스도께 속한 자들이 마침내 부활하고, 그 후에 종말이 올 때, 그리고 하나님의 모든 원수가 멸망할 때, 그중 맨 마지막으로 멸망할 원수는 죽음이다(15:24-28). 부활의 소망이 없다면 죽은 자를 위하여 세례를 받는 것도, 복음의 말씀을 위해 고난을 받는 것도 모두 쓸데없는 일이다. 사실 현세가 전부라면, 우리는 스스로 즐기기만 하면 된다. 왜냐하면 내일이 되면 우리는 죽을 것이고 모든 것이 끝날 것이기 때문이다(15:29-34).

그 후 바울은 피할 수 없는 다음 질문을 예상한다. 죽은 자들은 어떻게 다시 살아나며, 그들은 어떤 종류의 몸을 갖게 되는가?(15:35) 그는 농사와 관련된 문제를 다시 언급하며, 자신의 질문에 대해 씨의 이미지로 답변한다. 씨는 먼저 죽어야만 자라날 것이다. 그 후 씨는 생산해내고자 하는 것으로 자라난다. 현재의 몸(씨)은 부패하고, 비천하고, 약하고, 자연적이다. 그러나 부활한 몸은 썩지 않고, 영광스럽고, 강력하고, 신령할 것이다(15:36-44). 그다음에 바울은 다시 아담과 그리스도를 대조하며 우리가 가지고 있는 "씨"의 존재가 아담의 형상을 지니고 있지만, 부활 시 우리는 그리스도의 형상을 입게 될 것이라고 말한다(15:47-49).

하나님은 만물을 그리스도의 발아래 두셨다

바울은 말세에 일어날 일에 관해 말하는 문맥에서 하나님이 모든 원수를 그리스도의 발아래 둘 때까지 그리스도가 반드시 다스려야 한다는 사실을 논의한다. 그는 이를 뒷받침하기 위해 15:27에서 시편 8:6의 "하나님이 만물을 그의 발아래 두셨으니"를 인용한다. 이 시편은 하나님이 인류에게 허락한 격상된 지위를 다루고 있는데, 하나님은 그들을 하나님보다 조금 못하게 하고 영화와 존귀로 관을 씌워주었다(8:4-5). 하나님은 인류가 그의 창조세계를 다스리게 하고, 모든 것을 그들의 발아래 두었다(8:6). 바울은 그리스도와 관련하여 시편 8:6을 사용하는데, 이는 그가 인류의 정점을 대표하고, 실제로 "마지막 아담"이기 때문이다(15:45). 인류의 정점인 그리스도는 시편 8:6을 성취하고, 인류에게 주어진 명령, 즉 마지막 원수인 사망을 포함하여 모든 창조세계를 다스리라는 명령을 이행한다.

죽은 자들을 위한 세례?

바울은 죽은 자를 위한 세례를 언급하면서 부활이 없다면 그런 관습은 의미가 없는 것이라고 말한다(15:29). 우리는 이 관습이 정확히 무엇인지 모르지만, 그것은 다음과 같은 시나리오를 말하는 것일 수 있다. 만약 어떤 사람이 그리스도인이 되었으나 세례를 받기 전에 죽었다면, 그 사람이 죽은 후에 그를 위한 세례를 상징적으로 행했을 것이다. 다시 말하지만, 이것은 단지 추측일 뿐이며 우리는 확실한 것을 알 수 없다. 또한 우리는 바울이 과연 이런 관습을 지지하고 있는지도 알 수 없다. 비록 그가 지지하지 않더라도(그럴 가능성이 크다), 그의 요점은 여전히 유효하다. 즉 부활이 없다면, 그런 관습은 무의미한 것이다.

"살과 피는 하나님 나라를 유업으로 받을 수 없기 때문에" 신자들의 부활한 몸은 현재의 몸과 다른 종류여야 한다(15:50). 마지막 나팔이 울리면 신자들의 몸은 눈 깜짝할 사이에 변화하고 썩지 않을 것으로 다시 살아날 것이다(15:51-53). 이 시점에

The Walters Art Museum. Acquired by Henry Walters, 1928.

그림 13.4. 그리스도의 부활을 보여주는 장식품, 장 리모쟁(Jean Limosin)의 작품

사망은 마침내 패배하고, 승리가 죽음을 삼켜버릴 것이다(15:54-57).

이 모든 것은 궁극적으로 고린도 교인들의 삶을 다루는데, 그 이유는 죽은 자의 부활이 주의 일을 열심히 하도록 그들을 고무시켜야 하기 때문이다. 그들의 부활은 그들이 수고의 열매를 영원히 누릴 것을 의미하기 때문에, 그런 노력과 수고는 헛되지 않을 것이다(15:58). 또한 죽은 자들의 부활은 고린도 교인들의 다른 문제들을 균형 잡힌 시각으로 보게 한다. 그들은 마치 자신들이 이 세상에 속한 것처럼 육신의 것을 탐하며 이 세상을 위해 살아서는 안 된다. 대신에 그들은 미래에 자신들이 죽은 자들 가운데서 부활할 것을 고대하며 그들의 영광을 그리스도 안에서 찾아야 한다.

마지막 권면과 인사말

■ 고린도전서 16:1-24을 읽으라 ■

고린도 교인들은 현재 기근으로 고통당하는 예루살렘의 성도들을 위해 바울이 모으고 있는 헌금에 기여할 것으로 기대된다(16:1-4). 바울은 에베소에 장기 체류한 후, 그의 세 번째 선교여행 중에 고린도를 다시 방문할 계획이 있음을 설명한다(16:5-9). 그는 디모데와 아볼로의 방문 가능성을 고린도 교인들에게 알린다(16:10-12; 참조. 4:17). 그 밖에 다른 여러 가지 권면

과 인사가 뒤를 이어 나오고(16:13-20), 바울은 이 놀랍고도 어려운 목회적 서신을 그리스도 안에서 모든 고린도 교인들을 향한 자신의 사랑을 표현하면서 마무리한다(16:24).

실천과 적용―오늘날 고린도전서를 기독교 경전으로 읽기

고린도전서가 보여주듯이, 이 서신은 고린도 교인들의 많은 문제로 인해 탄생했다. 고린도전서는 그리스도의 십자가에 비추어 살아가는 방법과 죽은 자 가운데서의 부활을 소망하며 살아가는 방법을 가르치는 다양한 목회적·신학적 통찰력이 풍부한 서신이다. 이 서신은 따뜻한 애정과 강한 질책을 결합하고, 심오한 신학과 실천적 가르침을 결합한다. 이 서신은 흥미로우면서 고뇌하게 만들고 도전적이면서 고무적이다.

오늘날의 교회가 고린도전서로부터 배울 수 있는 교훈이 몇 가지 있다. 많은 면에서 고린도 교회와 닮은 서구 문화 안에 살고 있는 우리는 모두 우리를 둘러싼 세상의 태도에 저항하는 것이 얼마나 중요한지 알게 될 것이다. 십자가의 길은 우리에게 오만함, 인간의 힘, 우월감보다는 겸손, 약함, 타인을 섬기는 것을 중요시하라고 가르친다. 교회는 하나님의 거룩한 성전이며, 불경건과 부도덕을 회개해야 한다. 비록 우리가 사방에서 공격받더라도 말이다.

오늘날 신자들은 자유보다 사랑을 더 중요한 우선순위로 받아들일 필요가 있다. 특히 미국에서 자유는 흔히 최고의 미덕으로 여겨지지만, 고린도전서는 자유보다 사랑이 더 중요하다고 가르친다. 우리는 다른 사람들을 사랑하기 위해 우리의 자유를 버릴 각오를 해야 한다.

마지막으로 교회는 영광에 대한 희망을 붙들 필요가 있다. 십자가의 길, 겸손한 섬김과 고통의 길은 언젠가 그리스도 안에서 부활 영광의 찬란함으로 바뀔 것이다. 죽음을 무찌르고 사망에 종말을 고하고 승리하는 불멸의 영광스러운 몸은 우리가 성령의 능력으로 서로 사랑하고 섬길 수 있게 해주는 소망이 된다.

고린도전서의 핵심 구절

- 십자가의 도가 멸망하는 자들에게는 미련한 것이요, 구원을 받는 우리에게는 하나님의 능력이라(1:18).

- 너희는 너희가 하나님의 성전인 것과 하나님의 성령이 너희 안에 계시는 것을 알지 못하느냐? 누구든지 하나님의 성전을 더럽히면 하나님이 그 사람을 멸하시리라. 하나님의 성전은 거룩하니 너희도 그러하니라(3:16-17).

- 우상의 제물에 대하여는 우리가 다 지식이 있는 줄을 아나 지식은 교만하게 하며 사랑은 덕을 세우나니(8:1).

- 내가 사람의 방언과 천사의 말을 할지라도 사랑이 없으면 소리 나는 구리와 울리는 꽹과리가 되고, 내가 예언하는 능력이 있어 모든 비밀과 모든 지식을 알고 또 산을 옮길 만한 모든 믿음이 있을지라도 사랑이 없으면 내가 아무것도 아니요, 내가 내게 있는 모든 것으로 구제하고 또 내 몸을 불사르게 내줄지라도 사랑이 없으면 내게 아무 유익이 없느니라(13:1-3).

- 이 썩을 것이 썩지 아니함을 입고 이 죽을 것이 죽지 아니함을 입을 때에는 사망을 삼키고 이기리라고 기록된 말씀이 이루어지리라. 사망아, 너의 승리가 어디 있느냐? 사망아, 네가 쏘는 것이 어디 있느냐?(15:54-55)

기독교적 읽기를 위한 질문

1. 고린도전서 1:18-25을 읽고 그리스도에 관한 이 말씀에 대해 현대에는 어떤 반대 의견이 있을지 생각해보라. 어떤 면에서 이 말씀이 어리석다고 생각하는가? 어떻게 그것이 오늘날 사람들을 실족시키는가? 그리고 하나님의 지혜는 그런 우려를 어떻게 해결하는가?

2. 고린도전서 3-4장을 읽으라. 고린도 교인들을 대상으로 한 바울의 사역
이 지닌 모든 특징을 적어보라.

3. 우상에게 제물로 바친 음식을 언급하는 고린도전서 8-10장의 어떤 원
칙들이 오늘날 교회 내의 문제에도 적용될 수 있는가?

4. 고린도전서 12-14장을 깊이 생각해보라. 오늘날 교회는 이 본문들에
제시된 지침과 원칙을 얼마나 잘 적용하고 있는가?

14장

고린도후서

개요

고린도후서는 바울의 글 가운데 숨겨진 보석이다. 자매 서신인 고린도전서의 그늘에 가려져 있는 이 서신은 고린도전서와 같은 주제와 문제들을 다루고 있지만, 진정한 기독교 사역을 한다는 것이 무엇을 의미하는지에 대한 더 깊이 있고 개인적인 설명을 제공한다. 😊

고린도 교인들이 바울의 사역이 지닌 가치—다른 뛰어난 전도자들과 비교하여—에 대해 다시 한번 의문을 제기하고 있기 때문에, 바울은 그리스도의 진정한 사도와 종을 나타내는 징표가 그리스도의 고난에 동참하는 것이라고 주장한다. 그리스도의 십자가는 세상의 가치를 뒤집는 것이

😊 역사적 문제

고린도후서의 역사적 기원
저자: 바울
기록 연대: 기원후 56-57년
장소: 빌립보
배경: 이것은 바울이 고린도 교인들에게 보낸 네 번째 편지다(첫 번째와 세 번째 편지는 분실되었다). 고린도 교인들은 그의 세 번째 편지에 좋은 반응을 보였지만, 바울을 반대하는 몇몇 사람은 문제를 일으켰다.

기 때문에 겉으로 드러나는 멋지고 화려한 것들은 그리스도의 사자를 평가하는 올바른 기준이 아니다. 📖

그리스도의 메시지는 하나님과의 화해를 가져다주는 보배지만, 그 메시지를 전하는 사람들은 깨지기 쉬운 질그릇에 불과하다. 실제로 이 메시지는 그리스도의 겸손과 자기희생을 포함하기 때문에 그 메시지를 전하는 사람들은 그것에 부합하도록 사는 것이 마땅하다. 바울이 그리스도를 전하기 위해 견뎌낸 고난과 겸손은 그의 사역에 대한 참된 칭찬이자 상이다. 만일 고린도 교인들이 그것을 볼 수 없다면, 그들은 십자가의 메시지를 진정으로 이해하지 못한 것이다.

탐구―고린도후서 읽기

고통 속의 위로

■ 고린도후서 1:1-11을 읽으라 ■

바울과 공동 서명인인 디모데의 짧은 인사를 마친 후(1:1-2), 이 서신은 곧이어 하나님을 모든 위로의 하나님으로서 찬양하는 송영으로 이어진다(1:3). 고난 가운데서 얻는 하나님의 위로는 바울과 그의 동역자들이 고난 가운데 있는 다른 이들을 위로할 수 있도록 해준다(1:4). 바울에게 고난이 찾아오는 이유는 그가 그리스도의 고난에 동참하기 때문이며, 이는 바울이 그리스도의 이름으로 행하는 자신의 사역 때문에 당하는 고난에 대해 말하는 방식이다(1:5). 그러나 이것은 바울의 고난이 고린도 교인들을 **위**

고린도후서의 구조

이 서신은 일종의 "변호와 도전"이라는 구조로 되어 있으며, 이는 자신에 대한 바울의 변호 (1:12-2:13), 그의 새 언약 사역에 대한 변호(2:14-7:16), 고린도 교인들을 향해 궁핍한 예루살렘 교회에 너그럽게 베풀라는 도전(8:1-9:15), **지극히 크다는 사도**들에 대한 바울 자신의 변호(10:1-12:13), 고린도 교인들에게 바울의 다음 방문을 준비할 것을 당부하는 도전(12:14-13:13)으로 구성되어 있다. 이 "변호와 도전" 구조는 고린도후서가 논쟁적이라는 느낌을 주는데, 이는 고린도 교인들이 바울에게 도전하고 바울이 그에 대한 반응으로 그들에게 도전하기 때문이다.

세상으로부터 자신을 멀리하라는 요청

대바실레이오스는 4세기 갑바도기아의 교부 중 한 명이며, 가이사랴의 주교이자 수도원의 설립자였다. 그가 수도원에 내린 지시는 후대에 "성 바실레이오스의 수도 규칙"이라고 불리게 되었으며 수 세기 동안 동방 교회의 **수도원주의**를 크게 발전시켰다.

바실레이오스의 수도사적 민감함은 고린도후서 1:8에 대한 그의 주석에 뚜렷하게 드러난다. 이 본문에서 바울은 고난에 너무 짓눌려서 살 희망마저 잃을 지경에 이르렀다고 말한다. 바실레이오스는 바울의 이 말을 세상에 대한 모든 사랑을 포기하는 생활방식에 적용한다. 세상을 사랑하지 않는 생활방식에서 바울을 본받는 방법은 자기 자신을 모든 외적인 것, 즉 "재산, 허영심, 사회 안에서의 삶, 쓸데없는 욕망"으로부터 멀리하는 것으로 시작한다.[1] 이렇게 세상의 것을 포기하는 것은 자신의 배와 사업을 두고 떠난 야고보와 요한 같은 예수의 거룩한 제자들의 본보기를 따르는 것이다. 이것은 마태가 세금을 징수하는 일에서 떠난 것과도 비교될 수 있다. 그는 세금 징수 임무를 완수하지 못함으로써 그와 그의 가족이 치안관들에게 당할 수 있는 위험에 개의치 않았다. 바실레이오스와 그의 수도원 규칙에 따르면, 이것은 바울과 같은 헌신적인 제자가 되는 것을 의미한다.

한 것임을 의미한다. 왜냐하면 그가 그들을 위해(그리고 그가 개척한 다른 교회들을 위해) 사역하는 중에 이런 고난을 당하고 있기 때문이다. 이와 마찬가지로 하나님으로부터 받는 모든 위로는 그들을 위한 위로가 된다(1:6a). 고린도 교인들은 바울이 받는 고난과 똑같은 고난을 받고 있기 때문에 위로를 받아야 한다(1:6b). 그들은 고난에 동참한 것처럼, 위로도 함께 받을 것이다(1:7). 📖

그다음에 바울은 아시아(아마도 에베소?)에서 거의 죽을 뻔했던 특별한 고난을 이야기하지만, 그와 그의 동역자들은 죽은 자를 살리고 그들을 죽음에서 건진 하나님을 신뢰한다(1:8-10a). 그들은 하나님을 계속 신뢰하고, 바울은 고린도 교인들에게 기도를 요청한다(1:10b-11). 📖

복잡한 관계

■ 고린도후서 1:12-2:11을 읽으라 ■

바울은 고린도 교인들과 진지하게 교제를 나누어온 것을 반추하며, 그가 지금 쓰는 글이 그들이 그를 더 잘 이해하는 데 도움이 되기를 바란다(1:12-14). 언뜻 보기에는 바울의 여행 계획과 관련하여 고린도 교회에 약간의 혼동이 있었던 것 같다. 바울은 마케도니아로 가는 길에 그들을 방문하고 마케도니아에서 유대로 돌아오는 길에 다시 그들을 방문할 계획이었다(1:15-16). 문제는 바울이 이 계획을 지키지 못했다는 것이다. 그러나 그는 이 점에 대해 자신이 원래 계획을 세울 때 마음을 확실히 정하지 못하고 망설인 것이 아니라고 변호한다. 하나님의 약속이 예수 그리스도 안에서 "예"인 것처럼(1:19-20), 그의 "예"는 "예"를 의미하고 그의 "아니오"는 "아니오"를 의미한다(1:17-18).

그의 계획이 변경된 것은 고린도 교인들이 또 한 번의 "아픔을 주는 방문"을 경험하지 않도록 하기 위해서였다(1:23-2:3). 바울은 이전 편지에서(현재 분실됨) 고린도 교인들을 향한 자신의 사랑을 알리기 위해 고통스러운 마음으로 그들에게 편지를 썼다(2:4). 이처럼 고린도 교인들도 그들에게 고통을 준 어떤 사람에 대한 그들의 사랑을 다시 확인해야 한다. 그들은 이런 사람을 훈계한 후 용서하고 위로해야 한다(2:5-8). 이런 방식으로 고린도 교인들은 바울의 모범을 따라 훌륭한 인격과, 바울에 대한 순종을 보여주어야 한다(2:9). 고린도 교인들이 누군가를 용서하면 바울도 마찬가지로 그들을 용서할 것이다(2:10-11).

로마의 개선 행렬

"그리스도의 개선 행렬"(2:14)은 그리스도가 전쟁에서 승리한 장군이나 황제로서 로마 거리를 통과하는 승리의 행진을 이끄는 모습을 그린다. 이러한 승리 행진은 패배한 지도자들을 행렬의 맨 뒤에 두었다. 그들의 몸은 묶여 있었고, 때로는 벌거벗겨졌으며, 군중은 그들을 조롱하고 학대했다. 일반적으로 포로들은 행진이 끝날 때 처형되었다. 바울이 이 이미지를 사용한 것은 진정한 사도직에 대한 그의 묘사와 일치한다. 이전에 믿지 않았던 바울에 대한 그리스도의 승리는 그의 조롱, 학대, 그리고 결국 그의 처형으로 이어질 것이다.

사역의 본질

■ 고린도후서 2:12-3:6을 읽으라 ■

이 단락에서 바울은 디도를 만나고자 한 그의 바람이 좌절된 것과 그의 사역의 본질이 겸손임을 밝히면서 사역의 어려움을 보여준다(2:12-13). 그리스도의 **개선 행렬**의 일부로서 바울은 로마인들이 정복한 적들에게 행하는 것처럼, 자기 자신을 그리스도의 군대에 정복당하여 거리를 행진하는 그리스도의 포로로 여긴다(2:14). 그리스도는 그의 "향기"를 모든 곳에 전하기 위해 바울을 사용한다. 바울이 선포하는 말씀은 "그리스도의 향기" 또는 "사망의 냄새"로 받아들여질 것이다. 그 말씀을 향기로 받는 자는 생명을 얻지만, 사망의 악취로 받는 자는 사망에 이를 것이다(2:15-16). 이것이 바울이 행한 사역의 본질이다. 그의 사역은 사리사욕을 추구하지 않지만, 그 과정에서 좋은 일과 나쁜 일이 함께 일어난다(2:17). 😰

바울의 사역은 일반적인 인간의 추천서로 칭찬을 받을 수 없다. 대신에 고린도 교인들이 바울의 추천서인데, 이는 그들이 바울의 사역을 통해 그들 가운데 임한 성령으로 말미암아 그리스도의 사역을 증언하기 때문이다(3:1-3). 그것은 바울과 그의 동료들이 매우 유능하다는 것이 아니다. 하나님이 그들을 새 언약의 일꾼으로 세웠다는 것이다(3:4-6).

새 언약의 사역

■ 고린도후서 3:7-18을 읽으라 ■

이전 단락에서 새 언약이라는 주제를 꺼낸 바울은 이제 옛 언약과 새 언약의 주요 차이점을 숙고한다. 돌에 십계명을 새긴 옛 언약은 영광스럽지만 죽음과 정죄를 가져왔다. 이는 모세의 율법이 죄를 정죄하기 때문이다. 그러나 성령의 사역은 더욱 영광스러우며 정죄 대신에 의를 가져다준다 (3:7-11).

다음에 이어지는 다소 혼란스러운 단락은 옛 언약과 새 언약뿐만 아

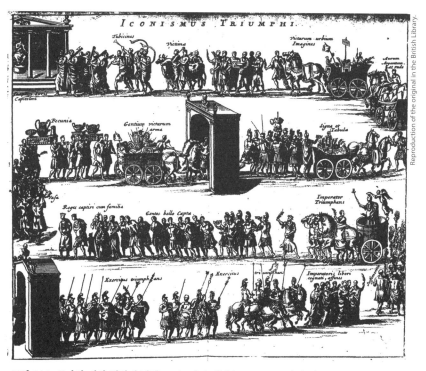

그림 14.1. 로마의 개선 행렬에 관한 묘사, 바질 케넷(Basil Kennett)의 작품, *Romae Antiquae Notitia*, 혹은 *The Antiquities of Rome* (런던, 1699년)

그림 14.2. 미켈란젤로 부오나로티
(Michelangelo Buonarroti), "모세"

니라, 옛 언약과 새 언약 아래 사는 사람들도 비교한다. 모세의 사역은 바울의 사역과 다르고, 둘의 사역 아래에 있는 신자들도 서로 다르다. 옛 언약과 그 사역은 수건 아래에 무언가를 감추지만, 새 언약과 그 사역은 그 감추어져 있던 것을 드러낸다. 이것은 그리스도 안에 있는 하나님의 영광을 말하는데, 이는 새 언약 아래에서 온전히 드러난다.

모세는 이스라엘 자손이 옛 언약의 영광을 보지 못하도록 자신의 얼굴을 수건으로 가려야 했다. 하지만 모세와 달리 바울은 담대히 행동한다(3:12-13). 바울은 옛 언약을 읽을 때마다 여전히 그 위에 상징적인 수건이 덮여 있다고 말한다. 이 "수건"은 오직 그리스도 안에서만 제거된다. 다시 말해 그리스도 안에서 옛 언약의 성취에 대한 진리는 그가 그것을 계시하기 전까지는 가려져 있다(3:14). 이와 같은 방식으로 주님께서 그들이 명확히 보도록 수건을 벗길 때까지 옛 언약 아래 있는 사람들의 마음에는 수건이 덮여 있는 것이다(3:15-16). 바울이 주라고 부르는 성령은 우리의 얼굴에서 수건을 벗겨줌으로써 우리가 주의 영광을 직접 바라보고 그와 같은 영광스러운

🕮 정경적 연관성

수건으로 가린 모세의 얼굴

바울은 출애굽기 34장에서 모세가 돌판에 하나님의 율법을 기록하기 위해 (두 번째로) 시내산 정상에 올라간 때를 언급한다. 하나님의 임재 앞에 있었던 까닭에 시내산에서 내려오는 모세의 얼굴에서 빛이 났는데, 이로 인해 이스라엘 백성들은 그를 두려워하게 되었다(출 34:29-30). 결국 그는 주님과 다시 대화할 때를 제외하고는 얼굴을 가리기 위해 수건을 썼다(출 34:33-35). 바울은 이것을 새 언약과 대조하여, 새 언약 아래에서는 수건이 벗겨져서 모든 신자가 하나님의 영광을 볼 수 있게 해준다고 말한다.

모습으로 변화되게 한다(3:17-18).

질그릇에 담긴 보배

■ 고린도후서 4:1-18을 읽으라 ■

바울은 자신의 새 언약 사역에 관한 주제를 계속 이어가면서 그 사역의 일부 원리들을 반추한다. 그는 포기하지 않고, 부끄러운 일을 하거나 진리를 왜곡하지 않으며, 모두가 인정할 수 있는 방식으로 행동한다(4:1-2). 그러나 복음을 거부하는 사람들은 바울의 마음을 비추는 그리스도의 영광의 빛을 보지 못했다(4:3-6).

그리스도 안에 있는 하나님의 영광에 대한 지식은 바울이 아니라 하나님이 주는 능력이다. 그 보배는 인간의 육체라는 "질그릇"에 "담겨" 있는데, 이 육체는 고난당하고 박해받지만 죽지 않는다(4:7-9). 바울은 예수의 생명이 나타나도록 예수의 죽음을 그의 몸에 짊어진다고 말한다. 이것은 복음을 전하는 자들이 복음 선포가 초래하는 위험 때문에 끊임없이 죽음에 직면한다는 것을 의미한다. 하지만 그들의 치명적 위험이 예수를 알리는 역할을 하므로 그리스도 안에 있는 생명은 그들의 죽음을 통해 드러난다(4:10-12). 예수를 죽은 자 가운데서 일으킨 하나님이 그리스도 안에 있는 자들을 다시 살릴 것이며, 그때까지 고린도 교인들은 바울의 사역으로부터 유익을 얻는다(4:13-15).

이런 진리를 안다는 것은 바울이 낙심하지 않는다는 뜻이다. 비록 육신의 "껍데기"는 날마다 쇠퇴하고 있지만, 속사람, 즉 내면의 영적 존재는 끊임없이 새로워진다(4:16). 그가 현세에서 당하는 고난이 무엇이든지, 그 고난은 그에게 "지극히 크고 영원한 영광의 중한 것"을 만들어낸다(4:17). 현세는 일시적인 어려움과 함께 지나간다. 그러나 장차 나타날 영광은 영

수용사

인도에서 진리가 승리하다

많은 인도의 동전에는 1950년에 독립 국가가 된 인도의 국시로 채택된 *Satyamev Jayate*(진리만이 승리한다)라는 말이 새겨져 있다. 이는 문다카 우파니샤드(Mundaka Upanishad)라고 불리는 고대 산스크리트 베다 힌두교 문헌의 만트라를 줄인 말이다. 이 만트라는 진리를 통해 신성한 길이 펼쳐지고, 이 지혜자를 통해 깨달음이라는 궁극적인 보물을 발견할 수 있다고 말한다.

제이콥 체리안(Jacob Cherian)은 고린도후서 4:1-6을 묵상하면서 인도의 전통적인 깨달음에 대한 이런 이해와 바울이 예수 그리스도를 통한 하나님의 빛의 계시에 대해 말한 것을 대조한다. 따라서 모든 문화에서 그리스도인들이 해야 할 임무는 "복음의 진리를 각 사람의 양심을 향해 담대하고 분명하게 선포하는 것"이다. 인도 문화에서 그리스도인들에게 위임된 사명은 성령의 능력을 받아 문화적으로 민감하고 겸손한 방식으로 "사람들에게 자유와 참된 깨달음을 줄 **그나나**(gnana, 지식)", 즉 복음의 진리를 선포하는 것이다.[2]

원하며 현재의 가벼운 고난보다 훨씬 더 크다(4:18). **수용사**

영원한 집

■ 고린도후서 5:1-10을 읽으라 ■

바울은 무엇이 영원한가에 대해 말하면서 현세와 장차 다가올 삶의 차이를 반추하기 시작한다. 그는 현재 우리의 몸을 "땅에 있는 우리의 장막 집"으로 묘사하는데, 이것은 무너지고 하늘에 있는 "영원한 집"으로 대체될 것이다(5:1). 이 하늘에 있는 영원한 집은 바울이 고린도전서 15:44-49에서 논의한 "신령한" 부활의 몸에 해당한다. 바울은 "죽을 것이 생명에 삼킴을 받게 하려"고—성령을 보증으로 주셔서 미래의 소망을 보장함(5:2-5)—이렇게 더 나은 천상의 몸을 갈망한다. 그 결과 부활의 몸을 받기 이전인 이 현재의 시기는 눈에 보이는 것이 아닌 믿음으로 살고 그리스도를 기쁘게 하려는 삶을 추구하는데, 이는 모든 것이 그의 심판대 앞에 나타나서 현세에서 몸으로 행한 모든 일에 대해 보응받을 것이기 때문이다(5:6-10).

사역의 본질

■ 고린도후서 2:11-6:13을 읽으라 ■

이런 이유들로 인해 바울은 이에 부합하도록 자신의 사역을 수행한다. 그는 그리스도의 사랑으로 사람들을 설득하고자 노력한다. 결국 그리스도가 모든 사람을 위해 죽은 것은 신자들이 더 이상 자신을 위해 사는 것이 아니라 그를 위해 살게 하려는 것이다(5:11-15). 누구든지 그리스도 안에서 새로운 피조물이 되었으므로, 바울은 사람들을 세속적인 관점에서 바라보지 않는다(5:16-17). 하나님이 그리스도를 통해 우리를 자신과 화해하게 하기 때문에 바울의 사역은 일종의 화해 사역이며, 그와 그의 동료들은 하나님의 대사로서 일한다(5:18-20). 그 화해의 핵심에는 죄인들이 하나님이 보기에 의인이 될 수 있도록 그리스도가 죄인들을 대신했다는 메시지가 자리하고 있다(5:21). 그러므로 신자들은 지금이 구원의 날이기 때문에 하나님의 은혜를 받아야 한다(6:1-2). 🛡️🌏

🛡️ 신학적 문제

그리스도를 죄로 삼았다?

고린도후서 5:21은 죄인들이 하나님과 어떻게 화해할 수 있는지를 요약한 매우 압축된 진술이다(5:20도 보라). 이는 신자들을 "하나님의 의"가 되게 하려고 죄가 없는 그리스도를 "우리를 대신하여 죄로 삼은" 것을 말한다. 그리스도를 "죄"로 삼았다고 바울이 말할 때, 그것은 죄가 없는 그리스도의 신분을 훼손하지 않는다. 오히려 하나님은 그리스도가 하나님과 인류 사이의 화해가 이뤄질 수 있도록 인류의 죄를 짊어진 것으로 여긴다. 죄의 제거가 없이 화해는 불가능하다. 이와 같이 "그 안에" 있는 자들은 하나님 앞에서 의롭게 여겨지는데, 이는 우리가 그리스도의 의를 공유하고 있기 때문이다.

🌏 정경적 연관성

구원의 날

바울은 고린도후서 6:2에서 이사야 49:8을 인용하며 하나님이 그의 백성을 돕는 "은혜받을 만한 때", "구원의 날"을 다가올 메시아 시대의 징표로 간주한다. 바울은 유대교의 **페셰르**(*pesher*) 스타일로 그의 본문을 인용한 다음, 그 본문과 자신이 살고 있는 시대를 연결하는 해석을 다음과 같이 덧붙인다. "지금은 은혜 받을 만한 때요, 보라, 지금은 구원의 날이로다"(6:2b). 바울은 그리스도의 현 시대를 이사야 예언의 성취로 간주한다. 그것은 이사야가 보았던 메시아 시대이며, 하나님의 은혜로 그리스도를 통해 구원을 얻을 수 있는 시대다(6:1).

바울과 그의 팀은 그들이 당한 많은 고난뿐만 아니라 성령의 감화, 진리의 말씀, 하나님의 능력으로 그들에게 맡겨진 일을 감당함으로써 하나님의 사역자로서 칭찬을 받는다(6:3-7). 또한 그들의 삶은 영광과 욕됨, 중상모략과 진리, 죽은 자 같지만 살아 있는 자, 아무것도 가지지 못한 자이지만 모든 것을 가진 자라는 일련의 대조로 특징지어진다(6:8-10). 비록 감정이 서로 통하고 일치하지는 않았지만, 바울과 그의 팀은 고린도 교인들에게서 그들의 애정을 거두지 않았다(6:11-13).

진실한 회개

■ 고린도후서 6:14-7:16을 읽으라 ■

신자들은 온갖 더러운 것에서 떠나 자신을 깨끗하게 해야 하는데(7:1), 이는 믿지 않는 자들과의 부적절한 협력 관계를 포함할 것이다(6:14-18). 이것은 신자들이 모든 불신자를 피해야 한다는 것이 아니라 그들로부터 지나친 영향을 받지 않고 잘못된 방향으로 나가지 않도록 조심해야 한다는 것을 의미한다. 결국 이 단락의 주제는 신자들이 모든 더러운 것으로부터 깨끗해질 것이라는 점이다. ◔

🕑 정경적 연관성

하나님과 함께 거하기

바울은 고린도후서 6:16b-18에서 몇몇 구약성경 본문에 의존하여 신자들이 살아 계신 하나님의 성전이며 이 성전이 우상 숭배로부터 자신의 순수성을 지켜야 한다는 것을 뒷받침한다(6:15-16a). 이 본문들은 레위기 26:12, 이사야 52:11, 사무엘하 7:14에서 취한 것으로, 신자들이 하나님의 백성임을 주장하기 위해 함께 사용된다. 그들은 하나님의 아들딸이자 그의 소유다. 그러므로 그들은 하나님의 백성답게 구별되고 더럽혀지지 않아야 한다. 이것이 지지하는 보다 폭넓은 관점은 신자들에게 믿지 않는 자들과 깊은 관계를 맺지 말라는 바울의 권면인데, 여기서 믿지 않는 자들은 우상들을 성전으로 들여오는 부정함으로 묘사된다(6:14-16).

바울과 그의 팀은 고린도 교인들에게 어떤 잘못도 하지 않았다. 그들은 고린도 교인들이 마음을 넓혀서 그들을 받아주기를 희망한다(7:2-4). 비록 바울이 고린도 교인들에게 보낸 네 통의 편지 중 하나가 그들의 마음을 상하게 했지만, 그들은 바울이 꾸짖은 것에 대해 진실한 회개를 하면서 적절하게 반응했다(7:5-12). 또한 고린도 교인들은 바울의 사랑하는 동역자인 디도에게 환대를 베풀었는데, 이는 고린도 교인들이 얼마나 사랑으로 행하는지를 보고 바울이 기뻐할 수 있게 해주었다(7:13-16).

모금

■ 고린도후서 8:1-9:15을 읽으라 ■

바울은 이제 화제를 바꿔 역경과 가난에도 불구하고 도움이 필요한 다른 신자들을 돕기 위해 아낌없이 베푼 마케도니아의 신자들에 관해 고린도 교인들에게 말한다(8:1-6). 바울은 고린도 교인들의 사랑을 확인하고자 그들에게 헌금하는 일에 동참할 것을 부탁한다(8:9). 그는 이 일을 하라고 명령하지는 않지만, 부요한 그리스도가 그들을 부요하게 하려고 가난해졌다는 것을 상기시킨다(8:9). 다시 말해 바울은 고린도 교인들이 복음을 경제적 관점으로 해석할 수 있음을 깨닫도록 돕는다. 예수가 다른 사람을 위해 목숨을 바쳤으므로 신자들 역시 그들의 자원으로 같은 사랑과 헌신을 표현해야 한다.

다만 헌금하는 일에서 중요한 것은 얼마나 헌금하느냐가 아니라 헌금하는 그들의 마음과 태도가 올바르냐 하는 것이다(8:10-12). 그러나 만일 그들이 자신의 필요보다 더 많은 것을 가지고 있다면 다른 사람들의 필요를 충족시키는 것이 좋은데, 미래에 상황이 달라져 입장이 뒤바뀐다면, 그 사람들도 그렇게 할 것이다(8:13-15). 이 모든 일에서 바울과 그의 동료들은 이렇게 큰 헌금을 모금하는 일을 올바른 방법으로 하고자 조심했으며, 자신들이 하는 일이 올바른 일로 **보이도록** 신중하게 처신했다(8:16-24).

바울은 고린도 교인들에게 그들이 이미 보여준 헌신을 상기시킨 후(9:1-5), 그들의 마음을 따라 헌금하라고 권면한다. 하나님은 기쁜 마음으로 드리는 사람을 사랑하기 때문에 마지못해 억지로 헌금해서는 안 된다(9:6-7). 하나님은 그들이 드리는 헌금을 축복하여 그들의 필요를 채울 것이며 그들은 영적으로 풍성해질 것이다(9:8-12). 실제로 고린도 교인들의 관대함은 다른 사람들이 고린도 교인들을 위해 깊은 애정으로 기도할 때 하나님께 영광을 돌리게 할 것이다(9:13-15).

하나님을 알게 하는 사역

■ 고린도후서 10:1-18을 읽으라 ■

관대함으로 헌금하는 문제를 다룬 바울은 그의 사역의 본질에 대한 또 다른 확대된 논의를 시작한다(10-12장). 첫 번째 단락(10:1-11)은 온유함과 강경함을 다룬다. 바울은 자신이 특정 사람들을 책망할 때 너무 강경하게 대해야 할 필요가 생기지 않게 해달라고 그리스도의 온유함으로 고린도 교인들에게 호소한다. 그 사람들은 바울과 그의 동역자들을 "육신에 따라 행하는 자"—즉 그들의 사역 전략이 이 세상의 전략과 비슷함(10:1-2)—라고 생각한다. 그러나 바울은 자신과 동료들이 육신을 갖고 살고 있지만, 육신을 따라 사역하지 않는다고 그들에게 확신을 준다. 바울과 그의 동료들은 하나님을 아는 지식을 가로막는 모든 주장을 무너뜨리며, 모든 생각을 사로잡아 그리스도께 복종시킨다(10:3-6).

바울은 고린도 교인들에게 그들 모두가 그리스도께 속한다는 사실을 상기시키며, 그리스도가 바울에게 권위를 준 것은 신자들을 무너뜨리기 위함이 아니라 세우기 위함이라고 말한다. 그의 편지는 그들을 겁주기 위한 것이 아니라 힘을 주기 위한 것이지만, 만약 그가 개인적으로 강경해져야 할 필요가 있다면, 그는 그렇게 할 것이다(10:7-11). 바울의 사역은 일반적인 기준이 아닌 오직 하나님이 정한 기준으로만 평가된다(10:12-13). 자신을 스스로 칭찬하는 것은 아무 의미가 없고, 오직 주님의 칭찬만이 의미가 있다(10:14-17).

바울 vs. 지극히 크다는 사도들

■ 고린도후서 11:1-12:13을 읽으라 ■

바울은 그의 사역의 주제를 계속 말하면서, 자신을 가장 친한 친구(그리스도)와 순결한 처녀(고린도 교인들)의 결혼을 주선한 신랑 들러리에 비유한다. 바울은 그들이 신랑을 위해 순결을 지키기를 원하면서 경건하게 그들을 질투하고 있다(11:1-2). 바울은 고린도 교인들이 최초의 아내인 하와처럼 사탄에게 속아서 그리스도에 대한 헌신에서 멀어지지 않을까 염려한다(11:3). 구체적으로 바울은 고린도 교인들이 다른 누군가가 전한 "또 다른 예수"를 너무 쉽게 받아들일까 염려한다. 사실 그런 복음 전도자들은 다른 영의 능력을 빌려 다른 예수와 다른 복음을 전한다. 다시 말해 그들은 거짓 교사들이다(11:4).

바울은 이런 거짓 교사들을 "지극히 크다는 사도들"이라고 부르는데, 이는 그들이 겉으로 보기에 특히 수사학적인 능력이 뛰어나기 때문이다. 바울은 훈련된 연설가는 아니지만 지식이 풍부하여 고린도 교인들에게 필요한 모든 것을 가르쳐주었다(11:5-6). 😲

바울은 고린도 교인들이 세속적으로 멋지고 훌륭해 보이는 것을 좋아하는 것을 보면서, 그가 그들 앞에서 스스로 낮추고 겸손하게 행동한 것이 과연 잘못된 행동인지를 궁금해한다. 바울은 훈련된 연설가와는 달리 고린도 교인들에게 부담을 주지 않기 위해 다른 교회들의 도움과 지원에 의존했다

🔵 역사적 문제

"지극히 크다는 사도들"은 누구인가?

바울에 따르면 "지극히 크다는 사도들"은 바울이 고린도 교인들에게 가르쳤던 것과는 다른 복음과 예수를 가르쳤다(11:4). 한편으로 바울은 그들이 당대의 전문 순회 연설가와 같은 수사학 훈련을 받았음을 암시하기 때문에(11:6), 그들은 그리스 로마의 대중 연설가인 것처럼 보인다. 반면에 그들은 분명히 이스라엘 사람들이다(11:22). 따라서 이 이스라엘의 "그리스도인" 설교자들은 이방 세계에서 말씀을 전하도록 훈련받은 자들로 보인다. 더 이상 확실하게 말하기는 어렵다.

(11:7-11).

바울은 고린도 교인들이 어떻게 생각하든 자신이 지금 하는 방식을 그대로 고수할 것이다. 왜냐하면 바울은 지극히 크다는 사도들이 그들 자신을 바울과 똑같은 경기장에 있는 것으로 생각할 기회를 주고 싶지 않기 때문이다(11:12). 그다음에 그는 곧이어 그들이 거짓 사도요, 속이는 일꾼들이요, 하나님으로부터 온 빛의 천사로 변장하는 사탄처럼 그들 자신을 그리스도가 보낸 자처럼 가장하는 자들이라고 말한다(11:13-15).

그다음에 바울은 사도로서 그의 자격에 대해 "자랑하는" 특별한 단락을 시작한다. 그러나 지극히 크다는 사도들이 "육신을 따라" 자랑하는 반면, 바울은 그들과 반대로 자신의 약점과 고난에 대해 자랑한다. 지극히 크다는 사도들과 바울은 유대인의 혈통을 공유하고 있지만(11:22), 그리스도의 진정한 종인 바울은 고난에 있어 그들을 능가한다(11:23-33). 바울이 자신의 고난을 자랑할 수 있는 이유는 그의 메시지가 세상의 관점에서 보면 어리석고 약한 십자가의 메시지이기 때문이다(고전 1:18). 바울이 당한 고난은 그와 같은 메시지와 일치한다.

바울은 계속 자랑을 이어가다가 이제 자신이 본 환상과 계시를 말하기 시작한다. 이것은 일종의 절반의 자랑인데, 여기서 그는 "셋째 하늘에 이끌려 간", "그리스도 안에 있는 한 사람"에 대해 이야기한다(12:1-5). 그는 자신의 이야기를 하고 있을 가능성이 크지만, 고린도 교인들이 평가할 수 없는 것을 자랑하고 싶지 않아서 3인칭으로 말한다(12:6-7a). ✚✚

세 번째 고린도 방문을 준비하다

■ 고린도후서 12:14-13:13을 읽으라 ■

바울은 고린도를 다시 방문할 계획을 밝히지만, 그가 다시 올 때 고린도 사람들에게 부담을 주지 않을 것이라고 밝힌다. 결국 그는 그들이 가지고 있는 것이 아니라 **그들 자신**을 원한다!(12:14-18) 그가 이 편지에서 말한 모든 것은 모두 고린도 교인들을 더 건강하고 튼튼하게 만들기 위한 것이지만, 그는 자신이 그들에게 갈 때 약간의 갈등이 있을 수 있다고 예상한다(12:19-21). 사실 바울은 그리스도의 권한을 갖고 죄를 지은 사람들에 대해 조치를 취하기 위해 다시 오려는 것이다(13:1-4). 고린도 교인들은 그들이 정말로 그리스도를 따르고 있는지 자신을 확인하고, 바울과 그의 동역자들을 점검해야 한다(13:5-8). 그러나 바울은 무엇보다 신자들로서 고린도 교인들의 성장과 성숙을 위해 이 서신을 쓰고 있다(13:9-13). 😊

🗓 신학적 문제

셋째 하늘은 무엇일까?

해석자들은 바울이 **셋째 하늘**을 언급한 것에 대해 오랫동안 고민해왔다(12:2). 바울의 우주론에 따르면, 이것은 아마도 천상에서 가장 높은 영역을 가리킬 것이다. 고대 세계의 우주에 대한 이해에서 천상의 영역에는 여러 층이 있었는데, 하나님은 가장 높은 층인 세 번째 층에 계셨다. 바울이 천국의 가장 높은 층에 있었던, 자신의 육체를 벗어난 경험에 대해 말하는 것일 가능성도 있다.

그다음에 바울은 자신이 교만하지 않도록 **육체의 가시**를 주신 것에 대해 이야기한다. 그것이 바울을 겸손하게 하려고 그에게 고통을 주는 "사탄의 사자"(12:7b)라는 것 외에 이 육체의 가시가 무엇인지는 알 수 없다. 가시를 빼달라는 바울의 기도에 대해 하나님은 그의 은혜가 족하며 인간의 약함을 통해 하나님의 능력이 강력하게 나타난다고 말씀했다(12:8-9a). 이 모든 것은 바울의 약함과 고난이 그리스도의 능력을 빛나게 한다는 것이다(12:9b-10). 그는 자신이 지극히 크다는 사도들보다 부족하지 않으며, 고린도 교인들이 이 사실을 알아야 한다고 결론짓는다(12:11-13).

🗓 신학적 문제

바울의 육체의 가시

해석자들은 바울이 "육체의 가시"(12:7)를 언급한 것에 대해 논쟁을 벌인다. 이에 대한 제안은 시력의 문제와 같은 신체적 질병에서부터 성적 유혹과 같은 도덕적 약점, 그리스도를 만나기 이전의 삶에서 행했던 과거 행위에 대한 죄의식 등과 같은 영적 문제에 이르기까지 다양하다. 여기에는 세 가지 단서가 있다. 첫째, 그것은 "육체에" 있는 가시인데, 바울에게 "육체"가 주로 죄를 짓는 본성을 가리키기 때문에 육체적이거나 도덕적인 무언가를 암시한다. 둘째, 그것은 "사탄의 사자"인데, 이는 시력을 잃는 것과 같은 것이 악한 것이 아니기 때문에 육체적인 가능성을 배제할 수 있다. 셋째, 이 가시를 없애달라는 바울의 거듭된 요청에 대한 하나님의 응답은 "내 은혜가 네게 족하다"는 것이다(12:8-9). 은혜에 대한 언급은 바울의 가시가 도덕적인 것일 수 있음을 암시한다. 은혜는 도덕적 유혹과 실패에도 불구하고 용서를 베푼다. 그럼에도 이 모든 것은 추측이며, 만약 바울이 도덕적인 문제로 씨름했다면 그것이 무엇이었는지 밝히는 것은 불가능하다.

바울의 세 번의 고린도 방문

사도행전에는 바울의 고린도 방문이 두 번만 기록되어 있지만(18:1-17; 20:2), 이 서신에서 그는 고린도 교인들에게 세 번째 방문을 계획하고 있다고 말하고 있다(12:14). 이 문제를 해결하기 위해서는 두 가지 방법이 있다. 첫째, 바울은 고린도에 다시 가고 싶었음에도 불구하고 세 번째 방문을 하지 않았다. 둘째로, 더 가능성이 있는 것은 사도행전 20:2의 그리스 방문이 바울의 세 번째 고린도 방문이라는 것이다. 이는 사도행전에는 기록되지 않은 두 번째 방문이 있었다는 것을 의미한다. 그것은 그가 "근심 중에 나아[간]" 아픔을 준 방문이었다(2:1). 즉 그는 3차 선교여행 당시 3년 가까이 에베소에 머물렀을 때, 그곳에서 에게해를 건너 고린도에 잠시 다녀왔을 수 있다. 고린도에 있었던 모든 문제를 고려할 때, 바울은 고린도 교인들이 그에게 보낸 편지 중 한 통에 자극을 받아, 긴급한 목회적 필요성을 느꼈기 때문에 고린도를 방문했을 것이다. 그는 에베소에서 3년을 보낸 후 마케도니아의 빌립보로 갔고, 거기서 그의 마지막 세 번째 방문 계획을 그들에게 알리는 고린도후서를 썼다.

실천과 적용―오늘날 고린도후서를 기독교 경전으로 읽기

만약 목회 서신(디모데전후서, 디도서)이 교회 지도자들에 대한 바울의 기대를 보여주고, 데살로니가전서가 바울의 목회적 사랑을 보여준다면, 고린도후서는 바울의 사역의 본질에 대한 가장 심오한 신학적 성찰을 제공한다. 그의 사역의 진정성은 그가 그리스도의 고난에 동참하고 그리스도의 포로로서 고통당하기 때문에 그가 당하는 고난을 통해 명백히 드러난다. 그리스도 안에 있는 하나님을 아는 지식이라는 보배는 이 땅에 있는 그의 육신의 연약한 질그릇 안에 담겨 있는데, 이는 겉모습이 중요하지 않고 안에 담겨 있는 것이 가장 중요하다는 것을 나타낸다. 고린도 교인들이 고난당하는 겸손한 바울보다 멋지고 화려해 보이는 지극히 크다는 사도들을 귀히 여기는 것은 잘못된 일이다. 왜냐하면 그것은 그들이 기독교 사역에 대해 십자가가 부여하는 의미를 아직 이해하지 못한다는 것을 보여주기 때문이다.

이 서신의 어조와 핵심은 전반적으로 오늘날의 교회에 할 말을 많이 갖고 있지만, 특히 목회자들에게 더욱 그렇다. 이 서신은 목회의 성공, 권력, 그리고 인기에 대한 세속적인 관점을 바로잡는다. 이 서신은 진정한 기독교 사역이 연약하고 깨지기 쉬운 그릇을 통해 복음이라는 보배를 전하면서 그리스도의 고난에 동참하는 십자가의 사역임을 일깨워준다.

현대에는 "지극히 크다는 사도들"이 넘쳐나는데, 그들은 외적으로 다양한 면에서 멋지고 화려해 보이지만, 고린도후서는 세속적 기준에 따라 사역의 질과 도덕성을 평가하지 말 것을 상기시킨다. 고통을 인내하고 고난 속에서 겸손한 마음을 지니는 것은 하나님과의 관계 회복의 메시지에 의해 형성된 사역의 표시다. 바울은 자신의 약함을 부끄러워하기보다 그것이 그리스도의 능력을 극대화한다는 사실에 영광을 돌린다. 오늘날 그리스도의 대사들도 이와 마찬가지이기를 바란다.

고린도후서의 핵심 구절

- 항상 우리를 그리스도 안에서 이기게 하시고 우리로 말미암아 각처에서 그리스도를 아는 냄새를 나타내시는 하나님께 감사하노라. 우리는 구원받는 자들에게나 망하는 자들에게나 하나님 앞에서 그리스도의 향기니(2:14-15).

- 그러므로 우리가 낙심하지 아니하노니, 우리의 겉사람은 낡아지나 우리의 속사람은 날로 새로워지도다. 우리가 잠시 받는 환난의 경한 것이 지극히 크고 영원한 영광의 중한 것을 우리에게 이루게 함이니(4:16-17).

- 그러므로 우리가 그리스도를 대신하여 사신이 되어 하나님이 우리를 통하여 너희를 권면하시는 것 같이 그리스도를 대신하여 간청하노니 너희는 하나님과 화목하라. 하나님이 죄를 알지도 못하신 이를 우리를 대신하여 죄로 삼으신 것은 우리로 하여금 그 안에서 하나님의 의가 되게 하려 하심이라(5:20-21).

- 우리 주 예수 그리스도의 은혜를 너희가 알거니와 부요하신 이로서 너희를 위하여 가난하게 되심은 그의 가난함으로 말미암아 너희를 부요하게 하려 하심이라(8:9).

- 그러므로 도리어 크게 기뻐함으로 나의 여러 약한 것들에 대하여 자랑하리니, 이는 그리스도의 능력이 내게 머물게 하려 함이라(12:9b).

1. 고린도후서 전체에 걸쳐 자랑에 대한 주제를 추적하라. 바울은 무엇을 왜 자랑하는가?

2. 네 개의 서신과 세 번의 방문은 다소 혼란을 초래한다. 사도행전에 기록된 바와 같이 바울의 선교여행과 관련하여 바울과 고린도 교회의 상호작용을 면밀하게 살펴보라.

3. 고린도후서 5장의 주장을 요약하라. 5장의 주제는 이 서신의 나머지 부분과 어떤 관계가 있는가?

4. 오늘날 교회가 바울로부터 사역의 본질에 대해 배워야 하는 방식을 명확하게 설명해보라. 교회들이 올바르게 하고 있는 것은 무엇인가? 어떤 점을 수정해야 하는가?

15장

갈라디아서

개요

갈라디아서는 우리에게 정의로운 분노가 어떤 것인지를 보여준다. 바울은 갈라디아 교회에 분노했는데, 그 이유는 그들이 진정한 복음을 버리겠다고 위협하기 때문이었다. 다른 곳에서 바울이 그렇게까지 화가 난 모습은 도무지 찾아볼 수 없는데, 심지어 말도 안 되는 큰 실수를 저지른 다른 교회들에도 그렇게 화를 내지는 않았다(고린도 교회를 생각해보라!). 이 서신에서 흥분과 격한 감정이 드러나는 이유는 복음 자체가 공격받고 있고, 복음이 없는 곳에는 구원도 없기 때문이다. 심지어 바울은 갈라디아 교인들 중 일부가 전혀 구원받지 못할까 봐 걱정하기까지 한다. 그러나 바울의 분노의 힘은 갈라디아 교인들에 대한 그의 큰 사랑을 말해준다. 바울은 그들과 그들의 구원을 걱정하기 때문에 분노한다. 이 서신은 더 늦기 전에 자기 교인들이 정신을 차리길 바라는 목회자의 애정 어린 질책이다. 😮

문제의 핵심은 이방인인 갈라디아 교인들이 좋은 그리스도인이 되기

위해서는 율법 아래 있는 유대인이 되어야 한
다고 생각한다는 것이다. 이것은 할례를 받고
자 하는 그들의 열망으로 상징된다. 그들에게
필요한 것은 오직 그리스도이기 때문에 바울
은 그들의 이런 생각에 격분한다. 그들은 유대
인이 되거나, 율법에 복종하거나, 할례를 받을

🧩 **역사적 문제**

갈라디아서의 역사적 기원
저자: 바울
기록 연대: 기원후 49년
장소: 안디옥일 가능성이 크다.
배경: 바울이 선교여행 중에 세
운 교회들은 좋은 그리스도
인이 되기 위해서는 유대인
처럼 되어야 한다고 믿도록
오도되었다.

필요가 없다. 만약 그들이 이런 것들이 필요하다고 생각한다면, 그리스도
의 참된 복음을 거부한 것이고, 그리스도에게 무언가를 더하려고 함으로
써 오히려 그리스도를 잃어버린 것이다. 이 서신은 바울이 비슷한 이유로
사도 베드로를 질책한 것까지 기록되어 있는 매우 강력한 편지다.

이 서신은 바울의 시대에 논쟁을 불러일으켰는데, 이 논쟁은 이후 수
세기 동안 계속되었다. 마르틴 루터는 개신교 종교개혁의 신학을 형성하
는 데 있어 갈라디아서에 크게 의존한 것으로 유명하다. 그의 갈라디아서
강의는 1519년에 처음 출간되었
고, 그가 장차 개신교가 될 것을
향해 나아가고 있음을 보여주었
다. 그의 두 번째 갈라디아서 주석
(1535년)은 그의 확립된 신학적 입
장을 변호한 것이다. 루터는 갈라
디아서와 관련하여 그리스도에 대
한 믿음에 어떤 것이든 추가하는
것은 진리의 왜곡이라고 여겼다.
중세 로마 가톨릭교회는 구원을
위해 그리스도 이외에 많은 것을

© Baker Publishing Group

그림 15.1. 갈라디아 지방

추가하도록 요구했다. 그러나 복음에 무언가를 추가하는 것은 복음을 훼손하는 일이며, 사람들을 자유가 아닌 노예 상태가 되도록 이끌게 되어 있었다. 문제는 바울의 시대와 달랐지만, 원리는 그대로였다.

탐구─갈라디아서 읽기

진짜 사도가 전한 진짜 복음

■ 갈라디아서 1:1-2:10을 읽으라 ■

처음부터 갈라디아서는 바울의 다른 편지들과 눈에 띄게 다른 점이 있다. 바울은 1절에서 자신이 사람에 의해서가 아니라 예수 그리스도와 하나님 아버지에 의해 직접 사도로 세움을 받았다고 주장하면서 사도직을 변호한다(1:1). 이것은 그가 이어서 뒤에 할 말을 예상하게 만든다. 📖

그러나 더욱 놀라운 것은 갈라디아 교인들에 대한 감사가 전혀 없다는 점이다. 교회에 보내는 다른 모든 편지는 바울이 그들로 인해 하나님께 감사하는 내용을 포함하고 있지만(고린도후서는 예외인데, 바울은 하나님께 감사 대신에 찬양을 드렸다), 그는 갈라디아 교인들로 인해서는 하나님께 감사하지 않는다. 이것은 불길한 시작이다!

바울은 감사 대신에 단도직입적인 책망으로 시작한다. 갈라디아 교인들은 바울이 그들에게 전한 복음과는 다른 복음으로 돌아섰는데(1:6-7), 이는 재

> **📖 문학적 문제**
>
> **갈라디아서의 구조**
>
> 갈라디아서는 두 부분으로 나뉘는데, 1-3장은 이신칭의, 4-6장은 아들 됨과 자유를 다룬다. 바울은 전반부에서 자신이 갈라디아 교인들에게 전한 참된 복음을 그들이 버렸다고 책망하고(1-2장), 왜 하나님의 약속이 율법을 통해서가 아니라 믿음으로 오는 것인지 그 이유를 설명한다(3장). 후반부에서 그는 하나님의 자녀와 그분의 상속자가 되는 특권(4장)과 성령과 사랑으로부터 오는 자유(5-6장)에 대해 다룬다. 이런 구조는 편지에서 문제와 오해를 먼저 분류하는 느낌을 주고 복음에 대한 긍정적이고 축하하는 결과로 이어진다.

앙이나 다름없다. 누구든지, 심지어 바울 자신이나 하늘에서 내려온 천사라도 다른 복음을 전하는 자는 저주받을 것이다(1:8-9). 이것은 갈라디아 교인들의 잘못이 얼마나 심각한지를 말해준다. 참된 복음을 외면하는 것은 그리스도를 외면하는 것이며, 구원의 모든 희망을 없애버리는 것이다.

참된 복음, 즉 바울이 갈라디아 교인들에게 전한 복음의 기원은 인간이 아니며, 바울이 그리스도로부터 직접 받은 것이다(1:11-12). 그다음에 바울은 갈라디아 교인들에게 그리스도의 계시에 대한 그의 경험과, 뒤따르는 그의 사도적 사역을 상기시킨다(1:13-2:10). 바울은 사도가 되기 전에는 이 신앙의 원수였으며, 하나님의 교회를 열심히 박해했다(1:13-14). 그러나 하나님은 바울이 다메섹으로 가는 길에 그에게 그리스도를 나타내셨는데, 이는 바울이 이방인들에게 그리스도를 전하게 하기 위해서였다(1:15-16a; 참조. 행 9:1-19). 바울은 승인을 받기 위해 누구와도 의논하지 않았고, 대신 예루살렘에서 사도들을 만나기 전에 아라비아와 다메섹에서 3년을 보냈다는 사실을 지적한다(1:16b-17). 그다음에 바울은 게바(베드로)와 예수의 형제 야고보를 만나서 그들과 함께 머물렀다(1:18-19). 그다음에 바울은 명성 외에는 이스라엘 교회들에 알려지지 않은 상태에서 시리아와 길리기아로 사라졌다. 즉 과거에 이 신앙을 박해했던 사람이 이제는 그것을 전하는 자가 되었다는 소문만 남겼다(1:21-24).

14년(아라비아, 다메섹, 길리기아, 시리아에서 머문 기간을 합한 기간) 후에 바울은 예루살렘으로 다시 가서 그곳의 교회 지도자들(야고보와 게바[베드로], 요한)과 함께 이방인들을 위한 그의 사역을 논의했다. 이 문제가 제기된 것은 일부 "거짓 형제들"이 그들에게 침투해서 이방인들이 유대인의 관습을 채택할 필요가 있다고 말하면서 그들이 그리스도 안에서 누리는 자유를 빼앗으려고 했기 때문이었다(2:3-4). 반면에 예루살렘의 지도자들은 바울

예루살렘 공회?

학자들은 바울이 예루살렘에 가서 사도들인 야고보, 베드로, 요한과 이야기를 나눈 것(2:1-10)이 사도행전 15장에 기록되어 있는 예루살렘 공회를 말하는 것인지, 아니면 사도행전 11:30에 기록된 그 이전의 방문을 가리키는 것인지를 두고 논쟁을 벌인다. 이 두 가지 모두에 대한 훌륭한 주장들이 있지만, 특히 사도행전 15장과의 연관성에 대해서는 더더욱 그렇다. 비록 바울이 자신의 관점에서 방문을 설명하고 있지만, 누가가 예루살렘 공회에 대해 설명한 것과 연관되는 몇 가지 부분이 있다(행 15장). 이 두 기사에서 바울과 바나바는 사도들을 만나 이방인 사역을 논의하고, 바울과 바나바가 이방인 선교의 특별한 소명을 가지고 있다는 점에 모두가 동의한다. 예루살렘 공회가 기원후 49년에 열렸기 때문에, 이는 갈라디아서가 49년(또는 조금 뒤)에 기록되었다는 것을 의미한다. 그러나 만일 갈라디아서 2:1-10이 사도행전 15장이 아닌 사도행전 11:30의 내용을 언급하는 것이라면, 갈라디아서는 49년 이전에 기록된 것이 틀림없다.

에게 이방인을 위한 복음 사역이 맡겨졌음을 인식하고 그의 말에 아무것도 덧붙이지 않았다(2:6-10). 🙂

안디옥 교회의 문제

■ 갈라디아서 2:11-21을 읽으라 ■

바울은 하나님이 예루살렘의 지도자들에게 주신 권위를 인정했지만, 지도자들이 저지르는 잘못을 그냥 놔두지 않았다. 이는 바울이 베드로를 책망하는 것에 대한 이어지는 기록에서 분명히 알 수 있다. 베드로가 당시 바울의 본거지였던 안디옥에 이르렀을 때, 바울은 그가 "책망받을 일이 있기로 내가 그를 대면하여 책망하였노라"고 말한다 (2:11). 베드로의 실수가 처음에는 조금 이상해 보일 수 있지만, 바울은 그것이 복음 자체를 훼손하는 위협이 된다고 이해했다. 🔟

문제는 바로 베드로가 이방인 그리스도인들과 자유롭게 교제하고 식사하다가 예루살렘에서 유대인 신자들의 무리가 오자 교제를 중단하고 다른 유대인 그리스도인들과만 시간을 보낸다는 것이었다. 이른바 **할례파**는 유대인이든 이방인이든 모든 신자가 할례를 받아야 한다고 분명히 주장하면서, 모두가 그리스도를 믿는다고 할지라도 할례를 받지 않은 이방인들과 교제하는 것을 거부했다. 그러나 바울은 이를 복음에서 벗어난 것으로 보았는데, 그 이유는 오직 사람을 구원하는 것은 그리스도를 믿는 믿음이기 때문이다. 그들은 할례가 필요하지 않음에도 할례를 고집함으로써 복음을 바꾸어놓았다(2:12-14). 이것이 바로 바울이 이 서신의 나머지 부분에서 하나씩 풀어나가는 요점이다.

유대인이든 이방인이든 모든 신자는 율법의 행위가 아니라 그리스도를 믿는 믿음으로 의롭게 된다(2:15-16). 사실 아무도 율법의 행위를 통해서는 하나님과 올바른 관계를 맺을 수 없는데, 이는 율법이 모든 사람이 죄인이라고 지적하기 때문이다(2:17). 율법은 사람들을 죽음에

베드로와 바울에 대한 루터와 에라스무스의 해석

성경 본문 해석에서 작은 차이는 더 큰 신학적 성향을 보여줄 수 있다. 이것은 바울이 안디옥에서 베드로의 얼굴을 마주 보고 그를 책망한 일을 기록한 갈라디아서 2:11에 대한 루터와 에라스무스의 해석에도 해당한다. 에라스무스는 그보다 앞선 일부 해석자들처럼 안디옥에서 일어난 베드로와 바울 사이의 불일치가 갈라디아 교인들에게 신학적 교훈을 가르치기 위해 사용된 **위장된 논쟁**(*dissimulatio*)이라고 믿었다. 베드로가 실제로 잘못된 일을 한 것이 아니라 그런 역할을 맡고 있다는 것이다. 하지만 루터는 아우구스티누스의 견해를 따라서 바울이 베드로와 대립한 것은 연출된 것이 아니라 복음의 진리를 둘러싼 실제의 갈등이었다고 믿었다. 에라스무스와 루터는 서로 반대되는 주장을 펼친 그들의 논문 『자유의지론』(*The Freedom of the Will*, 에라스무스, 1524년)과 『노예의지론』(*The Bondage of the Will*, 루터, 1525년)을 출간하기 이전에 둘이 서로 교환한 서신에서 그들이 이런 신학 논문들을 쓰게 된 이유로 갈라디아서 2:11을 언급했다. 에라스무스는 그들의 신학적 논쟁이 분열된 유럽 교회를 회복시키기를 바랐다. 그러나 루터는 자신의 논문을 복음의 진리에 관한 기준선이라고 해석했다. 에라스무스는 몹시 실망했다.[1]

처하도록 만들기 때문에(죄가 사형을 요구하기 때문에), 바울은 "내가 그리스도와 함께 십자가에 못박혔나니"라고 말할 수 있다. 그리스도는 **율법의 저주**를 받기 위해 십자가에 못박혔는데(뒤에 나오는 3:13을 참조하라), 이는 율법이 요구하는 죽음의 형벌이 그리스도 안에서 이미 치러졌다는 것을 의미한다. 바울은 그리스도와 함께 십자가에 못박혔기 때문에 더 이상 이전의 바울로 살지 않고 이제 예수를 믿는 믿음으로 살아간다(2:20). 실로 율법을 통해 의를 이룰 수 있다면, 그리스도가 죽을 필요가 없었다(2:21). 🔟

율법의 행위?

바울은 하나님과 올바른 관계를 맺기 위한 수단으로서의 "율법의 행위"에 반대한다(예. 2:15-16; 3:2-3). 우리는 오직 그리스도에 대한 믿음으로 의롭게 된다. 그러나 그가 말하는 "율법의 행위"가 무엇을 의미하는지에 대해서는 논란이 있다. 이 행위는 주로 모세의 율법에 순종하고 올바르게 사는 것에 관한 것인가? 어떤 이들은 바울이 사람들을 이방인이 아닌 유대인으로 규정짓는 것을 염두에 두고 있다고 주장한다. 그것은 할례에 초점을 두는 이유를 설명해줄 수 있는데, 할례는 이스라엘이 체결한 언약의 구성원임을 보여주는 표지로 간주되는 것이다. 다시 말해서 갈라디아 교인들은 그들의 선행이 하나님과 올바른 관계를 맺게 한다고 믿는 것일까? 아니면 그들의 "유대인 됨"이 하나님과 올바른 관계를 맺게 한다고 믿는 것일까? 아마도 답은 두 가지를 모두 포함할 것이다. 율법의 행위는 순종과 선행뿐만 아니라 이스라엘의 언약의 구성원으로서 유대인의 정체성과도 관련된다. 그러나 그리스도에 대한 믿음으로 의롭게 된다는 것의 핵심은 어떤 인간의 공로―행위 혹은 정체성―도 누군가가 하나님과 올바른 관계를 맺게 할 수 없다는 것이다.

아브라함의 진정한 자손

■ 갈라디아서 3:1-26을 읽으라 ■

이 서신에서 가장 복잡하지만 가장 중요한 부분은 3장에서 발견된다. 주요 의제는 사람들이 **믿음**으로 아브라함의 자손이 된다고 주장하는 것이다. 아브라함의 참된 자녀로 인정받는 것은 율법의 행위 또는 아브라함의 후손으로 태어나는 것을 통해서가 아니다.

바울은 갈라디아 교인들의 어리석음을 책망한 후(3:1), 그들이 율법을 통해 성령을 받았는지 아니면 믿음을 통해 성령을 받았는지를 묻는다. 물론 의도된 대답은 믿음을 통해서이지만, 이것은 그의 다음 질문으로 이어진다. 만약 그들이 성령으로 말미암아 그리스도인의 삶을 시작했다면, 그들은 이제 육체로 계속 살고자 하는 것인가?(3:2-3) 함축적인 요지는 그리스도인의 삶이 믿음과 성령으로 말미암아 시작되기 때문에 그들의 삶도 믿음과 성령으로 계속된다는 것이다. 신자들은 믿음과 성령을 대신하여 율법과 육체로 옮기지 않는다.

신자들은 믿음으로 성령을 받았으며, 이는 아브라함의 믿음과 같은 것이다. 아브라함과 같은 믿음을 가진 자들이 바로 아브라함의 참된 자녀들이다(3:5-7). 이는 모든 민족이 아브라함을 통해 복을 받을 것이라는, 아

브라함에게 했던 하나님의 약속을
통해 성경에 예언된 것이다. 아브라
함과 같은 믿음을 가진, 그리스도를
믿는 이방인들은 아브라함에게 했
던 이 약속의 성취다(3:8-9; 참조. 창
12:1-3).

어떤 이들은 그리스도를 믿는
믿음이 아닌 율법의 행위에 의존한
다. 그러나 그런 사람들은 율법을
지키지 못하기 때문에 저주 아래에
있는 것이고, 따라서 율법의 정죄를
받는 것이다. 그렇다면 모든 사람
이 율법을 지키지 못하기 때문에 율
법을 지킴으로써 의롭게 될 수 있는
사람은 아무도 없다(3:10-11).

그리스도가 십자가에 못박힌
것은 율법의 정죄를 받은 자들에게
율법이 요구하는 저주를 그가 스스
로 떠맡은 것을 나타낸다. 그리스도
는 "우리를 위하여 저주를 받은 바
되사" 저주 아래에 있는 자들을 속
량한다(3:13). 이는 하나님이 원하

아브라함의 믿음

비록 아브라함의 행위가 완벽한 것은 아니었지
만, 그는 하나님이 자기에게 주었던 약속을 믿
었고, 하나님은 그것을 "그의 의로 여겼다"(창
15:6; 갈 3:6). 하나님은 아브라함과 땅을 축복
하고 그의 자손이 위대한 민족이 되리라고 약
속했다. 세상의 모든 사람은 그를 통해 복을 받
을 것이다(창 12:1-3). 아브라함은 자기에게 자
식이 없고 그의 몸이 늙었다고 걱정했지만(창
15:1-3), 주님은 아브라함의 몸에서 상속자가
태어날 것이고 그의 자손이 별처럼 많아질 것이
라고 약속했다(창 15:4-5). 바울은 하나님의 약
속에 대한 아브라함의 믿음을 하나님과 인간이
어떻게 올바른 관계를 맺을 수 있는지를 보여주
는 본보기로 사용한다. 그것은 하나님의 약속을
믿는 것이다. 따라서 바울 당대의 신자들은 하
나님의 약속, 즉 그리스도를 받아들인 사람들이
그와 올바른 관계를 맺을 것임을 믿어야 했다.
아브라함의 믿음을 가진 자들이 아브라함의 진
정한 자손이다(3:7).

그림 15.2. 니콜로 다 폴리뇨(Niccolò
da Foligno), "예언자 아브라함"

는 수준에 부응하여 살지 못하는 모든 사람이 하나님과 올바른 관계를 맺
게 될 것(의롭게 됨)을 의미하는데, 그 이유는 하나님의 율법이 죄의 대가로

요구하는 형벌을 그리스도가 십자가에서 치렀기 때문이다.

이것은 앞서 바울 자신이 그리스도와 함께 십자가에 못박혀 더 이상 옛 바울처럼 살지 않는다고 말한 이유이기도 하다(2:20). 율법 아래에서 정죄를 받은 옛 바울은 이제 죽었는데, 그 이유는 그가 그리스도와 함께 죽었기 때문이다. 새 바울은 이제 그 정죄에서 벗어나 더 이상 율법의 요구에 얽매이지 않는다. 그러므로 십자가는 그리스도의 사랑과 하나님의 은혜를 나타낸다(2:20-21). 이 모든 것은 이방인들이 복을 받을 것이라고 아브라함에게 주신 약속을 성취한다. 신자들은 그리스도를 믿는 믿음을 통해 성령을 받음으로써 복을 받는다(3:14).

아브라함이 받은 약속은 그로부터 430년이 지난 후 율법이 제정될 때 파기되지 않았다. 이는 아브라함과 그의 씨(그리스도)에게 약속한 복이 율법을 통해 올 수 없고, 오히려 하나님이 했던 본래의 약속을 통해 온다는 것을 의미한다(3:15-18). 이는 애초에 이 율법이 왜 주어졌는지에 대한 의문을 제기한다. 바울은 그 목적이 결국 죄를 지적하여 궁극적으로 그리스도를 가리키기 위한 것이라고 말한다. 그리스도가 왔을 때 모든 것이 율법의 속박에서 벗어나 그리스도를 믿는 믿음으로 의롭게 될 수 있었다. 율법은 한동안 하나님의 백성에 대한 보호자 또는 보모 역할을 했다. 그러나 이제 하나님의 백성은 그리스도 예수 안에서 하나님의 성숙한 아들들이 되었으므로 더 이상 보모가 필요 없다(3:19-26).

아들과 상속자

■ 갈라디아서 3:27-4:7을 읽으라 ■

그리스도와 하나가 되는 세례를 받은 모든 사람은 그리스도로 옷을 입은 것이다(3:27). 그리스도는 신자들이 입는 옷과 같아서 유대인, 그리스인,

신약성경을 기독교 경전으로 읽기

노예, 자유인, 남성, 여성 사이에 의미 있는 차이가 없다. 모두 "그리스도 예수 안에서 하나"다(3:27-28). 이는 사람 사이의 모든 차이가 없어졌다는 뜻이 아니라, 모든 사람이 그리스도와 함께 서로 동등한 관계에 있다는 것을 의미한다. 그들의 차이는 더 이상 서로를 나누지 않는다.

그리스도께 속한 신자들은 아브라함의 씨의 일부가 되었는데, 앞서 바울은 오직 그리스도만이 아브라함의 씨라고 말했다(3:16). 사람들은 그리스도께 속함으로써 그 씨, 즉 그리스도에 대한 약속을 공유한다. 따라서 아브라함의 씨는 그리스도를 믿는 믿음을 통해 아브라함의 자손이 된다 (3:29). 🔲

그다음에 바울은 어린 상속자와 성인이 된 상속자의 차이를 반추한다. 보호자와 보모의 권한 아래 있는 어린 상속자는 종과 다를 바 없다. 같은 방식으로 하나님의 백성들도 율법 아래 있는 종이었다. 그들은 비록 상속자이지만, 여전히 보모의 권한 아래 있다. 그러나 이후에 하나님의 아들이 와서 다른 사람들이 하나님께 입양될 수 있게 했다. 입양은 이제 우리가 하나님의 아들들이라는 것을 의미한다. 어린아이가 아니라 성인인 아들들이다. 따라서 우리는 이제 더 이상 율법이라는 보모 아래에 있지 않다. 그리고 우리가 아들

🔲 수용사

"세상의 원리들": 스리랑카식의 독법

바울은 갈라디아서 4:3, 9에서 이 세상의 **스토이케이아**(*stoicheia*, "요소", "원리", "힘" 등으로 다양하게 번역됨)를 언급한다. 바울은 한때 그리스도인들의 보호자 역할을 했던 이 실체들이 이제 하나님이 그리스도를 보내서 그의 백성들을 그들의 속박에서 구원했기 때문에 약하고 쓸모없는 존재가 되었다고 말한다(4:4-6). 모든 시대에는 문화적 **스토이케이아**가 자신의 기독교 신학에 깊이 파고들어 건강하지 못한 방식으로 영향을 미칠 가능성이 있다.

오늘날 스리랑카의 일부 그리스도인들은 그들이 기독교를 이해하는 특정 측면이 기독교의 핵심보다는 서구 기독교의 문화적 요소들(*stoicheia*))의 영향과 더 깊은 연관이 있을 수 있다고 인식하게 되었다. 이 그리스도인들은 이런 문화적 영향력의 영적 의미가 스리랑카 그리스도인으로서 그들의 독특한 정체성에 어떤 영향을 미치는지에 대해 계속 씨름하고 있는데, 이런 문화적 힘은 그리스도 안에서 그들의 정체성을 더 이상 규정하지 않는다.[2]

하나님의 아들들…그렇다면 여성은 어떠한가?

바울이 신자들을 "그리스도 예수 안에서 하나님의 아들들"(3:26; 4:6-7)로 묘사할 때 성차별주의자가 되는 것은 아니다. 그의 의도는 여성을 배제하려는 것이 아니라 신학적 논점을 강조하려는 것이다. 4장 후반부에서 그는 아브라함에게서 태어난 두 아들에 대해 논의힐 것이다. 하나는 여종 하갈이 낳은 아들이고, 다른 하나는 아이를 낳지 못했던 아내 사라가 낳은 아들이다(4:21-31). 바울은 신자들을 "아들들"이라고 부르면서 그들과 아브라함의 아들들의 연관성을 보여주고 있다. 육체를 따라 태어난 아들들과 달리, 약속을 믿는 자들이 아브라함의 참된 아들들이다. 게다가 하나님이 "그 아들의 영(4:6)을 우리 마음 가운데" 보내주었다. 즉 하나님의 아들들이 되게 하는 예수의 영이 우리 안에 있다. 우리의 아들 됨은 예수의 아들 됨을 공유한다. 이것이 비록 "아들들"이 남성과 여성 모두를 가리키지만, 바울이 모든 신자를 아들들로 지칭하는 이유다.

들이기 때문에, 하나님의 아들의 성령이 우리의 마음속에 거하여 하나님을 "**아바**(*Abba*), 아버지!"라고 부르게 한다. 이는 우리가 입양된 신분에 의해서만이 아니라 마음으로 하나님을 아버지로서 알고 있다는 것을 의미한다. 신자들은 더 이상 율법이나 그 밖의 어떤 것의 노예가 아니라 하나님의 아들이자 상속자다(4:1-7). ⚜

다시 갈라디아 교인들의 문제로 돌아가서

■ 갈라디아서 4:8-20을 읽으라 ■

갈라디아 교인들은 과거에 종이었으나 이제 하나님이 알고 있는 존재가 되었는데, 다시 종으로 돌아가야 하겠는가? 그들이 유대교의 제의적 관습을 준수할 것을 고집하고 있으므로, 바울은 갈라디아 교인들에게 자신의 에너지를 헛되이 낭비한 것은 아닌지 궁금해한다(4:8-11). 이것은 그가 다른 어떤 회중에게도, 심지어 엉망진창인 고린도 교인들에게조차도 말하지 않는 놀라운 일이다!

비록 갈라디아 교인들이 처음에는 바울을 하나님의 천사("천사"는 메신저, 즉 "사자"를 의미한다)처럼 받아들였지만, 이제 바울은 자신이 그들의 원수가 되었음을 염려한다(4:14-16). 바울은 자기 자신을 마치 아이가 태어나기를 기다리면서 산고를 겪는 어머니처럼 묘사한다. 그는 그리스도의 형상이 갈라디아 교인들 속에 이루어지기를 기다리고 있다(4:19). 그들은 아직 그것을 이루지 못했으며, 이는 바울에게 고뇌와 고통을 초래한다.

두 언약, 두 어머니

■ 갈라디아서 4:21-31을 읽으라 ■

바울은 모형론—옛날의 일들이 오늘날의 일들을 가리킴—을 사용하여 때로는 혼란스러운 확대된 실례를 설명하기 시작한다. 이 실례는 아브라함의 두 아들, 즉 여종 하갈에게서 태어난 이스마엘과 아브라함의 (자유인) 아내 사라에게서 태어난 이삭과 관련된 것이다. 바울은 이 두 어머니를 가리키며 그들을 통해 두 언약 간의 연관성을 보여준다. 시내산에서 체결된 모세의 언약은 하갈에 해당하며, 종이 될 자녀를 낳는다. 또한 이는 바울 당시의 예루살렘에 해당하는데, 그곳의 주민들은 모세의 율법에 종노릇하고 있다(4:21-25).

그러나 "오직 위에 있는 예루살렘은 자유자니, 곧 우리 어머니라"(4:26). 바울은 하늘에 있는 예루살렘을 말하고 있는데, 이 하늘의 예루살렘은 종이 될 자녀를 낳지 않는다. 그다음에 바울은 이사야 54:1의 말씀을 인용하여 아이를 낳지 못하는 여자가 많은 아이를 낳게 될 것을 강조한다(4:27). 아브라함의 아내 사라는 불임 상태에 있었으나 기적적으로 이삭을 낳았고, 그 뒤를 이어 아브라함의 자손이 많이 생겨났다. 이는 하나님이 아브라함에게 했던 약속의 성취였으며, 이것이 하갈의 아들들과 사라의 아들들 사이의 핵심적인 차이점이다. 하갈의 아들은 육체의 결과를 따라 자연적으로 태어났지만, 사라의 아들은 약속의 결과를 따라 기적적으로 태어났다(4:28). 그리스도인들은 자유인 여자의 자녀이지, 종의 자녀가 아니다(4:31). 즉 그들은 하나님이 아브라함에게 했던 약속(첫 번째 언약)으로 태어

그림 15.3. 카미유 코로(Camille Corot), "광야의 하갈"

The Metropolitan Museum of Art. Rogers Fund, 1938.

🔵 정경적 연관성

하갈과 사라

아브라함의 두 아들에 대한 바울의 논의는 창세기 16장과 21장을 언급한다. 하나님은 아브라함이 자녀를 낳을 것이라고 약속했지만, 아브라함의 아내 사라는 자신이 아이를 낳지 못하므로 아브라함에게 자신의 종인 하갈과 동침할 것을 제안했다(창 16:1-2). 그 결과로 이스마엘이 태어났다. 그러나 이는 하나님이 뜻한 것이 아니었다. 하나님은 사라가 불임이라고 할지라도 아브라함에게 아들을 낳아줄 것이라고 말씀했다(창 18:9-15). 이삭은 그 결과로 태어났다. 바울은 이 이야기를 통해 하갈의 아들이 육체의 결과로 태어났다고 주장하는데, 그 이유는 아브라함이 스스로(자신의 노력으로 혹은 육체를 따라서) 하나님의 약속을 이루려고 했기 때문이다. 그러나 하나님이 기적적으로 사라가 아이를 낳도록 해주었기 때문에 사라의 아들은 약속으로 말미암아 태어난 것이다(갈 4:21-23). 이삭은 육체를 따라 태어난 것이 아니었는데, 그 이유는 그가 인간의 노력이 아니라 하나님의 약속으로 태어났기 때문이다.

난 것이지, 율법(두 번째 언약) 아래에서 태어난 것이 아니다. 🔵

이 모든 것은 이 이방인 갈라디아 교인들이 모세의 언약 아래에서 살지 않기 때문에 모세 언약의 율법을 지킬 필요가 없다는 점을 강조한다. 그들은 율법의 노예가 아니라 아브라함의 자유인 아들들이며, 그에 따라 살아야 한다.

자유!

■ 갈라디아서 5:1-15을 읽으라 ■

그리스도가 노예를 해방했으므로, 갈라디아 교인들은 다시는 자신들을 율법 아래 두어 종이 되지 말아야 한다(5:1). 오직 그리스도에 대한 믿음만이 사람을 의롭게 하고 하나님과 올바른 관계를 맺게 할 수 있다. 이는 할례를 받는 것으로도, 모세의 율법이 규정한 어떤 유대교 관습을 지키는 것으로도 할 수 없다(5:2-6). 사실 이 문제는 신자가 할례를 받아야 하느냐 말아야 하느냐보다 훨씬 더 심각한 것인데, 바울은 다음과 같이 직설적으로 말한다. "율법 안에서 의롭다 함을 얻으려 하는 너희는 그리스도에게서 끊어지고 은혜에서 떨어진 자로다"(5:4). 다시 한번 바울은 다른 교회들에 대한 그의 책망과는 달리, 갈라디아 교인들이 정말 구원을 받았는지에 대해 의문을 제기한다. 그러나 이것은 그들이 성격이나 도덕성이 더 나쁘기 때문이 아니다. 이것은 그들이 복음의 메시지 자체를 바꾸기 시작했기 때문이다. 앞서 바울이 말했듯이, 누구든지 다른 복음을 전하는 자는 저주를 받는다(1:8-9).

바울은 누가 갈라디아 교인들에게 이런 잘못된 메시지를 전했는지 궁금해하며, 그들이 이 죄 때문에 심판을 받을 것이라고 말한다(5:7-10). 그는 심지어 그들이 "스스로 베어 버리기를 원하노라"고 말한다!(5:12) 이것은 할례라는 단어에 대한 언어유희인데, 그 이유는 이 교사들이 이방인이 할례를 받아야 한다고 주장했기 때문이다. 이것은 유난히 거친 발언이긴 하지만, 이들의 거짓 메시지가 얼마나 심각한 것인지를 보여준다. 그 메시지는 다른 사람들에게 해를 끼치며, 바울은 이런 메시지를 전한 자들에게도 부정적인 결과가 뒤따를 것이라고 예상한다.

갈라디아 교인들은 율법의 종이 되기 위해서가 아니라 그리스도 안에서의 자유를 위해 부르심을 받았다. 그러나 자유를 죄의 구실로 삼지 말고, 오히려 그들이 서로 사랑할 수 있는 기회로 삼아야 한다(5:13-15).

성령 vs. 육체

■ 갈라디아서 5:16-26을 읽으라 ■

율법의 역할, 이신칭의, 신자들의 아들 됨에 대해 자세히 논한 바울은 이제 신자들이 살아나가야 할 삶의 방식을 다루기 시작한다. 성령으로 시작한 후(3:3), 신자들은 계속해서 육체가 아닌 성령을 따라서 행해야 한다. 그들이 성령을 따라서 행하면 육체가 원하는 대로 이끌려 살지 않을 것이다(5:16). 이 둘은 서로 대립하는데, 육체의 일은 음행, 우상숭배, 질투, 파벌주의 등을 포함한다. 육체를 따라 사는 사람들은 하나님의 나라를 물려받지 못할 것이며, 결국 아브라함의 자녀가 되지 못할 것이다(5:17-21).

그러나 성령을 따라 행하면 사랑, 희락, 화평, 오래 참음, 자비, 양선, 충성, 온유, 절제 등 성령의 열매를 맺을 것이다(5:22-23). 만약 당신이 그리스도께 속한다면, 육체가 그것의 열정 및 욕망과 함께 십자가에 못박힌 것이므로, 신자들은 육체가 원하는 것을 따르는 대신에 성령과 함께 보조를 맞춰야 한다(5:24-25).

성령 대 육체에 대한 이런 논의 전체는 이 서신의 대부분을 차지한 신학적 이슈를 마무리 짓는다. 신자들은 율법의 행위가 아닌 믿음으로 성령을 받았다. 그들은 성령으로 시작한 후에 육체로 끝마치지 않는다(3:2-3). 이것이 바로 바울이 하나님과 올바른 관계를 맺는 것에서 율법의 행위가 아닌 믿음의 역할을 소개하는 방식이었다. 따라서 신자들은 육체의 행위를 통해서가 아니라 믿음으로 성령을 받았으므로, 이제 육체가 아닌 성령을 따라 계속해서 같은 길을 걸어야 한다.

그리스도의 법

■ 갈라디아서 6:1-10을 읽으라 ■

바울은 그리스도인이 모세의 율법에 복종할 필요가 없다고 주장하는 일에 서신의 많은 부분을 할애했지만, 이제 다른 사람의 짐을 서로 짊어지고 "그리스도의 법"을 성취하라고 말한다(6:2). 이것은 "율법"이라는 용어에 대한 언어유희인데, 왜냐하면 엄밀히 말해서 그리스도의 "법"은 없기 때문이다. 그러나 의심할 여지 없이 바울은 **사랑**이 "그리스도의 법"임을 의미한다. ✝

✝ 신학적 문제

그리스도의 법

사랑은 그리스도의 "법"이다. 이것은 갈라디아서의 맥락에 분명하게 나타나지만, 모세의 율법 및 예수가 그 율법에 관해 말한 것과 연관성이 있다. 십계명(그 자체가 율법 전체의 요약임)은 하나님에 대한 사랑과 이웃에 대한 사랑으로 요약될 수 있다. 실제로 이것이 정확하게 예수가 율법을 요약한 것이다(마 22:34-40). 신자들은 모세의 율법에 복종할 필요가 없는데, 그 이유는 그 요구가 이제 그리스도 안에서 성취되었기 때문이다(3:10-13). 하지만 하나님을 사랑하고 이웃을 사랑함으로써 율법의 목적을 구현할 수 있다. 이것이 바로 바울이 서로의 짐을 짊어지는 것이 그리스도의 법을 성취하는 것이라고 말하는 이유다(6:2). 이는 행동으로 옮기는 사랑이다.

이런 사랑은 신자들이 잘못된 방향으로 가고 있는 동료 신자들을 돕기 원한다는 것을 의미할 것이다. 그들은 그런 사람을 온유한 마음으로 바로잡아주어야 한다(6:1). 그들은 서로의 짐을 질 것이며, 서로 비교하지 않고 정직하게 자신을 평가할 것이다(6:2-5). 사람은 뿌린 대로 거둔다. "자기의 육체를 위하여 심는" 사람은 멸망을 거둘 것이다. 즉 육체를 따라 사는 사람은 그런 삶의 방식의 파괴적인 결과를 경험하게 될 것이다. 그러나 성령을 따라 사는 사람은 영생을 거둘 것이다(6:6-8). 신자들은 기회가 생기는 대로 모두에게 선을 베풀어야 한다(6:9). ✝

마지막 권면

■ 갈라디아서 6:11-18을 읽으라 ■

바울은 갈라디아 교인들에게 할례를 강요하려고 하는 사람들을 향해 다시

이스라엘과 하나님, 교회와 그리스도

정통 기독교의 신앙고백은 항상 예수 그리스도의 신성을 주장해왔다. 그는 "하나님으로부터 오신 하나님"이다(**니케아 신경**). 현대에서도 여러 학자가 신약성경이 기독교의 유일신론을 고수하는 동시에 이런 신적 기독론을 제시하는 방식을 연구해왔다. 하나님은 오직 한 분이지만 예수도 하나님이다. 신약성경은 이 복잡한 개념을 어떻게 이해하고 있는가?

리처드 보컴은 신약성경이 예수가 그의 행동을 통해 "신적 정체성을 공유하고 있다"는 것을 보여준다고 주장했다.[3] 래리 허타도는 예배의 개념이 핵심이며, 신약성경이 하나님께만 드려야 할 예배와 헌신을 예수께도 드리고 있음을 보여준다고 주장했다.[4] 크리스 틸링은 이런 개념들 중 어느 것도 신약성경의 신적 기독론을 이해하기에 충분하지 않다고 제안했다.[5] 틸링이 제안한 가장 강력한 주장은 유대인들이 하나님과 이스라엘 사이에 특별한 **관계**가 있다는 것을 이해하고 있었으며, 바울이 이와 동일한 언어를 사용하여 그리스도와 교회의 관계를 묘사하고 있다는 것이다. 즉 구약성경과 제2성전기 유대교 문서에서 하나님과 이스라엘의 독특한 관계를 묘사하기 위해 사용된 언어가 이제는 부활한 그리스도와 신자들의 관계를 묘사하기 위해 동일한 방식으로 사용되면서 강한 연관성을 만들어내고 있다는 것이다. 따라서 이것은 바울과 신약성경의 나머지 부분에서 예수가 신적 존재라는 것을 보여준다. 우리가 하나님을 "주"라고 부르듯이 예수를 "주"라고 부르는 것은 결코 우연이 아니다.

한번 경고한다. 사실은 심지어 할례를 종용하는 사람들조차도 율법을 제대로 지키지 않지만, 갈라디아 교인들의 "육체" 안에서 자랑하기를 원한다는 것이다. 그러나 바울은 그리스도의 십자가 외에는 아무것도 자랑하지 않을 것이다. 세상이 그에 대해 십자가에 못박혔고 그가 세상에 대해 십자가에 못박혔다. 결국 할례를 받고 안 받는 것이 문제가 되는 것이 아니다—"오직 새로 지으심을 받는 것만이 중요하니라"(6:12-15). 가장 중요한 점은 누군가가 그리스도 안에서 그리고 성령을 통해 새롭게 지음을 받았느냐의 여부다. 율법을 지키는 것, 할례를 받는 것, 그 밖의 다른 것들은 그 점을 간과한다.

실천과 적용─오늘날 갈라디아서를 기독교 경전으로 읽기

드라마틱하다. 대담하다. 불같다. 이런 표현들은 바울의 갈라디아서를 설명하는 몇 가지 방법일 뿐이다. 확실히 갈라디아서는 강렬하다. 그러나 이것들보다 더 중요한 것은 진정한 복음을 보존해야 할 필요성을 분명하게 촉구하는 것이다. 그리스도에 대한 믿음만이 사람들이 하나님과 화해하는 방법이다. 그것은 특정 집단에 속하거나, 특정한 관습을 따르거나, 어려운 규칙을 지키는 것을 통해 이루어지는 것이 아니다. 그리스도가 우리를 위해 율법의 저주가 된 것은 우리가 하나님의 기준을 지키지 못하는 것 때문에 정죄를 받지 않도록 하기 위함이다.

더욱이 그리스도를 믿는 사람들은 아브라함에게 주신 언약의 상속자들이며, 하나님의 자녀가 되었다. 하나님의 자녀로서 신자들은 자유로우며, 다시 종노릇하면 안 된다. 그러나 그들의 자유는 그들이 육체가 아닌 성령을 따라 행하듯이 무절제가 아닌 사랑을 위해 사용되어야 한다.

갈라디아서는 개신교 종교개혁 이후 수 세기 동안, 그리고 갈라디아 교회에서 문제가 생긴 이후 수천 년 동안 계속해서 교회를 지도하고 있다. 비록 할례와 율법 준수라는 문제가 교회 안에서 예전처럼 논의되지 않을 수 있지만, 바울의 서신 배후에 있는 원칙은 여전히 유효하다. 복음에 무언가를 더하는 것은 복음을 잃는 것이다. 그리스도께 무언가를 더하는 것은 그리스도를 잃는 것이다.

갈라디아서의 핵심 구절

- 그러나 우리나 혹은 하늘로부터 온 천사라도 우리가 너희에게 전한 복음 외에 다른 복음을 전하면 저주를 받을지어다(1:8).
- 그리스도께서 우리를 위하여 저주를 받은 바 되사 율법의 저주에서 우리를 속량하셨으니, 기록된 바 "나무에 달린 자마다 저주 아래에 있는 자라" 하였음이라(3:13).
- 너희는 유대인이나 헬라인이나 종이나 자유인이나 남자나 여자나 다 그리스도 예수 안에서 하나이니라(3:28).
- 내가 이르노니 너희는 성령을 따라 행하라. 그리하면 육체의 욕심을 이루지 아니하리라. 육체의 소욕은 성령을 거스르고 성령은 육체를 거스르나니, 이 둘이 서로 대적함으로 너희가 원하는 것을 하지 못하게 하려 함이니라(5:16-17).

• 너희가 짐을 서로 지라. 그리하여 그리스도의 법을 성취하라(6:2).

1. 갈라디아서 1:13-2:10을 읽고 사도행전 9:1-30, 15:1-35과 비교하라. 어떤 연관성을 발견할 수 있는가? 이 둘 사이에 어떤 긴장이 존재하는가?

2. 갈라디아서 3장의 주장을 당신의 말로 표현해보라. 아브라함에게 주신 언약이 모세의 율법과 어떤 관련이 있는지, 그리고 예수의 죽음이 어떻게 관련되는지 특별히 주목하라.

3. "지금 있는 예루살렘"과 "위에 있는 예루살렘"의 차이점은 무엇인가?(갈 4:25-26)

4. "성령을 따라 행하라"는 것은 무엇을 의미하는가?(갈 5:16) 5장의 더 넓은 맥락에 주목하라.

16장
에베소서

개요

에베소서는 장엄한 편지다. 위대한 개신교 종교개혁자 장 칼뱅은 성경책 중에서 에베소서를 가장 좋아했다. 영국의 시인이자 문학 평론가인 새뮤얼 테일러 콜리지(Samuel Taylor Coleridge)는 에베소서를 "인간의 가장 신성한 작품 중 하나"라고 묘사했다. 20세기의 대표적인 성경학자 F. F. 브루스(F. F. Bruce)는 이 책을 "바울 신학의 정수"라고 불렀고, 동시대의 주석가들은 이 책을 지금까지 기록된 가장 중요한 문헌 중 하나로 간주한다. 🌐📘

에베소서는 그리스도와의 연합, **예정**, 구원, 은혜, 교회, 유대인과 이방인의 관계, 결혼, 그리고 **영적 전쟁** 같은 주제들에 주요한 공헌을 했으며, 시대를 통틀어 교회의 신학에서 중추적인 역할을 해왔다. 이 짧은 서신은 매우 커

🧑‍🤝‍🧑 **역사적 문제**

에베소서의 역사적 기원

저자: 바울, 그러나 이것은 논쟁의 여지가 있다(사이드바 "에베소서의 저자"를 보라).
기록 연대: 기원후 61-62년
장소: 로마일 가능성이 크다.
배경: 바울은 로마에 수감되어 있었을 가능성이 크다.

　　　신약성경을 기독교 경전으로 읽기

에베소서의 저자

에베소서는 바울이 쓴 것으로 주장되는데(1:1; 3:1), 이것은 대부분의 교회 역사에서 논쟁의 여지가 없었다. 그러나 현재는 많은 학자가 이 편지를 **위명 저자의 작품**(편지에서 바울이 쓴 것이라고 주장되지만, 실제로는 다른 누군가가 쓴 것)으로 간주하고 있다. 그동안 언어적·문체적·신학적 근거를 이유로 저자에 대한 의문이 제기되어왔다. 에베소서의 언어는 "바울 저작에 대해 논란이 없는" 바울 서신들과 비교했을 때 다소 차이가 있지

만, 반드시 다른 저자가 쓴 것으로 보아야 할 정도로 그렇게 다르지는 않다. 우리는 그것에 대해 과학적인 판단을 내릴 만큼 충분한 분량의 바울 저작을 갖고 있지 않다. 신학적으로 이 서신은 골로새서와 유사하지만(이것 역시 논쟁의 여지가 있다), 이 서신의 강조점은 로마서 및 갈라디아서와 상당히 다르다. 문제가 복잡하긴 하지만, 에베소서는 그리스도의 사역을 우주적이고 보편적인 맥락 안에 배치함으로써 바울의 초기 저작들을 보완하는 진정한 후기 작품으로 보는 것이 바람직하다.

다란 유산을 남겼다. 😨😨📖

탐구─에베소서 읽기

그리스도 안에서 모든 영적인 축복

■ 에베소서 1:1-14을 읽으라 ■

바울은 기본적인 인사말(1:1-2)을 한 후에, 3절부터 소개되는 "찬송하리로다! 하나님 곧 우리 주 예수 그리스도의 아버지께서 그리스도 안에서 하늘에 속한 모든 신령한 복을 우리에게 주시되"라는 긴 송영을 시작한다. 이 서신의 핵심 내용은 천상의 영역과 영적 축복이다. 이런 복은 "그리스도 안에서" 우리에게 오는 것이며, 그리스도와의 연합이 핵심 주제다. 몇 가지 복이 송영에 언급되는데, 여기에는 예정, 입

바울의 투옥

에베소서는 바울이 투옥되었던 동안 기록한 옥중 서신 가운데 하나다(3:1; 4:1; 6:20을 보라). 그는 이 편지를 그의 인생 말년인 기원후 61-62년에 기록했는데, 아마도 그가 로마에 수감되었을 때 기록했을 것이다. 그러나 바울이 에베소나 가이사랴에 수감되었던 동안 에베소서를 기록한 것이라면, 그 기록 연대는 각각 55년 또는 58년이 될 것이다. 바울은 그의 3차 선교여행에서 다른 어느 지역보다 에베소에서 더 길게 3년(52-55년)을 보냈다(행 19장).

에베소

에베소는 오늘날 터키의 서쪽 해안에 위치하고 있었다. 그곳은 당시 로마 영토인 아시아의 수도였고, 제국 내에서 세 번째로 큰 도시였다. 또한 그곳은 세계 7대 불가사의 중 하나인 아르테미스 여신의 유명한 신전이 있었던 종교적 중심지였으며(행 19:27), 황제 숭배의 중심지이기도 했다. 비록 이 서신이 에베소 교인들만을 위해 기록된 것은 아니지만, 이 도시의 종교적·정치적 중요성은 이 지역 전체에 영향을 미쳤다.

에베소에 있는

가장 탁월하고 이른 시기의 필사본들에는 "에베소에 있는 성도들과 그리스도 예수 안에 있는 신실한 자들에게"라고 처음 시작하는 부분에 "에베소에 있는"이라는 문구가 없기 때문에, 이 서신은 아마도 에베소에 있는 교회에 직접 쓴 것은 아닐 것이다. 이런 추론은 이 서신에 개인적인 언급이 없다는 점, 교회 내부의 문제를 거론하지 않는다는 점, 바울이 특정 회중을 다루고 있음을 보여주지 않는다는 점을 통해 설명될 수 있다. 바울이 3차 선교 여행 동안 에베소에서 3년을 보냈기 때문에(행 19

장), 만일 이 서신이 특별히 그 교회를 향해 쓴 편지라면, 이 서신에서 그의 친구들과 인사를 나누지 않는 것은 이상해 보일 것이다. 그 대신에 에베소서는 여러 회중에게 쉽게 회람될 수 있는 일반 서신으로 여겨진다(참조. 골 4:16). 이 서신은 소아시아에 있는, 에베소 인근 지역의 교회들에 보냈을 가능성이 크며, 시간이 흐르면서 이 지역의 가장 중요한 도시인 에베소와 연관지어졌을 것이다. 이것이 나중에 필사자들이 이 문서에 "에베소에 있는"을 추가한 이유다.

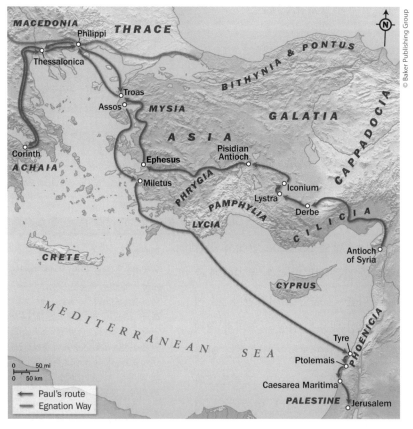

그림 16.1. 에베소의 위치

양, 속량, 죄 사함, 성령이 포함된다. 이런 복들은 "그 안에서" 우리에게 베풀어진다 (1:4-13). 🅷🈯🈹

송영은 분명히 이 서신의 주제 구절을 포함하고 있다. "그 뜻의 비밀을 우리에게 알리신 것이요, 그의 기뻐하심을 따라 그리스도 안에서 때가 찬 경륜을 위하여 예정하신 것이니, 하늘에 있는 것이나 땅에 있는 것이 다 그리스도 안에서 통일되게 하려 하심이라"(1:9-10). 하늘과 땅에 있는 모든 것이 그리스도 안에서 하나가 된다. 그리스도

는 우주 전체의 중심이자 핵심축인데, 우주는 그리스도 안에서 목적과 목표를 찾는다. 📖

에베소서의 구조

이 서신은 두 부분으로 깔끔하게 나뉘는데, 전반부(1-3장)는 그리스도 안에서 하나님의 화해 작업에 중점을 둔 심오한 신학 논문을 제공한다. 하나님은 영적으로 죽은 사람을 그리스도와 함께 살아나게 함으로써 구원을 베푼다. 그 결과 유대인과 이방인—이전에 원수였던 자들—이 그리스도 안에서 하나가 된다. 후반부(4-6장)는 전반부의 신학적 주장을 교회와 가정, 그리고 개인 신자들의 삶에 적용한다. 이 후반부에서도 여전히 주요한 신학적 통찰을 발견할 수 있지만, 후반부는 주로 악한 영적 세력에 대항하면서 그리스도의 몸을 이루는 구성원으로서 함께 살아가는 것과 관련된다.

그리스도에게 참여하는 것

우리가 그리스도에게 **참여**하는 것은 신자들을 **그리스도와 함께** 살리고, **그리스도와 함께** 일으키며, **그리스도와 함께** 하늘에 앉혔다고 바울이 말하는 2:1-10에서 확실하게 볼 수 있다. 신자들은 믿음을 통해 그리스도와 연결되므로, 우리는 그의 내러티브의 사건들에 참여한다. 우리는 우리의 마차를 그의 마차에 매어놓았기 때문에 이제는 그가 가는 곳에 우리도 간다. 하나님이 그의 백성들이 죽음, 부활, 승천을 통과하게 했으므로, 신자들은 이제 우리가 그리스도와 함께 죽었고, 그리스도와 함께 새 생명으로 다시 살아났으며, 그리스도와 함께 하늘로 들려 올라갔다고 말할 수 있다. 참여는 하나님이 그의 백성을 구원하는 방식에서 핵심적인 메커니즘이다.

기도

■에베소서 1:15-23을 읽으라■

바울은 그다음에 하나님이 독자들에게 "지혜와 계시의 영을" 주기를 기도한다(1:17). 그는 그들이 영광스러운 상속의 풍성함과, 예수 그리스도를 죽은 자 가운데서 다시 살리고 그의 오른편에 앉힌 하나님의 능력을 알기를 원한다(1:18-21). 하나님은 만물을 그리스도의 발아래 두고, 그를 그의 몸인 교회의 머리가 되게 했다(1:22-23).

우리는 여기서 **지식**의 중요성을 알 수 있다. 지혜, 계시, 하나님을 더 잘 아는 것, 그리고 하나님의 능력을 아는 것은 신자들에게 중요하다. 또한 우리는 다른 모든 영적 세력보다 뛰어난 고귀한 그리스도를 발견한다. ✝

구원

■ 에베소서 2:1-10을 읽으라 ■

이 서신의 논증은 2장에서 그리스도 이전에는 모든 사람이 "[그들의] 허물과 죄로 죽었다"라는 주장과 함께 본격적으로 시작된다(2:1). 모든 백성이 이 세상과 공중의 권세 잡은 자(마귀)를 따랐고 육체의 만족을 위해서 살았다(2:2-3). 이것은 절망적인 상황인데, 그 이유는 영적으로 죽은 자들은 하나님을 기쁘시게 하거나 스스로 하나님께 다가갈 수 없기 때문이다. ☕

그리스도의 비밀

유대인-이방인 주제와 관련된 것은 그리스도의 "비밀"에 대한 계시다(엡 3:3-7). 이것은 아브라함에게 허락한 언약, 즉 모든 백성이 그를 통해 복을 받을 것이라는 언약을 하나님이 어떻게 성취할 것인가를 가리킨다(창 12:3). 구약성경은 이 일이 어떻게 일어날지에 대해 직접적으로 답하지 않고, 때가 차면 그렇게 **될 것이라고**만 말하기 때문에 하나님이 어떻게 그것을 성취할 것인지는 비밀로 남아 있었다. 바울은 이것을 에베소서에서 설명하지 않지만, 로마서 4장과 갈라디아서 4장에서는 아브라함의 관점에서 이방인의 구원을 바라본다. 유대인과 **이방인**이 이제 믿음을 통해 그리스도 안에서 하나님의 백성이 될 수 있다는 사실은 과거의 세대에 설명되지 않았던 이 비밀에 대한 답이다. 이제 이방인들이 아브라함을 통해 어떻게 복을 받을 것인지는 분명하다. 그리스도에 대한 믿음을 통해서다.

하나님만이 상황을 바꿀 수 있다. 그는 그리스도와 함께 사람들을 살리고 그들을 일으켜서 그분과 함께 하늘에 앉게 한다. 구원의 수단은 그리스도에게 참여하는 것이다. 그의 부활은 우리의 부활이 되고, 그의 승천은 우리의 승천이 되며, 우리는 죽어 장사 지낸 자에서 하늘에 계신 하나님과 함께 보좌에 앉는 자로 변화된다. 우리를 그리스도와 함께 살린 것은 하나님의 일이기 때문에, 우리는 믿음으로 말미암아 은혜로 구원을 받는다(2:4-9). 우리의 행위는 구원을 이룰 수 없다. 대신 우리는 "그리스도 예수 안에서 선한 일을 위하여 지음을 받은" 하나님의 작품이 된다(2:10).

화해

■ 에베소서 2:11-22을 읽으라 ■

그리스도 안에서 하나님과의 수직적 화해는 수평적 함의를 지니는데, 바울은 이것이 유대인과 이방인들에게 어떤 의미가 있는지를 간결하게 설명한다(2:11-22). 이방인들은 이스라엘과 하나님의 약속을 전혀 모르는 낯선 사람들이며, 이런 것들과는 거리가 먼 자들이었다(2:11-12). 그러나 이제 그리스도가 십자가를 통해 화해하게 함으로써 이 둘(유대인과 이방인)을 하나가 되게 했다(2:13-16). 🌐

한때 이방인들은 성전에서 하나님의 임재 앞으로 나아가는 것이 제한되었지만, 이제는 믿는 유대인들과 함께 하나님이 성령을 통해 거하는 거룩한 성전으로 함께 지어져간다(2:18-19). 이는 이방인들에게는 놀라운 행운을 가져다주는 반전이다. 이제 그들은 그리스도 안에서 공동 상속자가 되어 믿는 유대인들과 동등한 자격을 지닌 파트너가 되었다. ✝

계시된 비밀

■ 에베소서 3:1-21을 읽으라 ■

바울은 이방인들에게 그리스도를 선포하는 자신의 역할과, 하나님이 이전에 감추어졌던 비밀을 어떻게 계시했는지를 반

🌐 정경적 연관성

민족 간의 평화

바울은 2:13-17에서 유대인과 이방인의 화해를 논의할 때 이사야 57:19을 암시하는데, 이는 민족들과 이스라엘과 하나님 사이에 있을 미래의 평화를 가리킨다. 이것은 이사야서(2:2-4; 11:10; 19:24-25; 45:14, 22; 51:4-5; 52:10; 55:5; 56:6-7; 60:11; 66:18-23)의 공통 주제이며, 때때로 새 창조라는 개념과 연결된다(66:18-23). 바울은 유대인과 이방인의 연합을 새 사람의 창조(2:15)로 여기는데, 이 새로운 창조라는 주제는 에베소서 전체에서 볼 수 있다(2:10; 3:9; 4:13, 22, 24).

✝ 신학적 문제

통합

바울이 신자들을 **그리스도의 몸**의 일부로 말하는 것처럼, **통합**은 에베소서 4장에서 주요한 모티프다. 개인이 그리스도와 연합하는 것은 우리 역시 서로 연합되어 있음을 의미한다. 서로 통합된 그리스도의 구성원으로서, 몸을 구성하는 각 지체는 몸 전체를 섬기는 역할을 한다.

신약성경을 기독교 경전으로 읽기

추한다. 그리스도 안에서 이방인은 공동 상속자이며 함께 약속에 참여하는 자다(3:1-6). 이 "약속"은 하나님이 아브라함에게 약속한 말씀, 즉 이 땅의 모든 민족이 그를 통해 복을 받을 것이라는 말씀을 언급하는 것으로 보인다(창 12:1-3). 구약성경의 마지막에 남아 있는 큰 물음표는 아브라함을 통해 이 땅의 백성들이 정확히 어떻게 복을 받을 것인가 하는 것이다. 바울의 요점은 이제 그리스도 안에서 이 질문에 답이 제시되었다는 것이다. 이제 모든 사람은—이스라엘 민족의 일원이 되는 것을 통해서가 아니라—믿음을 통해 구원받는다. 이방인은 그리스도 안에서 복을 받게 될 것이다. ✝

그리스도의 몸

■ 에베소서 4:1-32을 읽으라 ■

바울은 편지의 후반부를 그리스도의 몸이 하나임을 강조함으로써 시작한다. 우리는 한 몸, 한 성령, 한 소망, 한 주님, 한 믿음, 한 세례, 모든 이들의 아버지이신 한 하나님을 공유한다(4:1-6).

　하지만 그다음에 바울은 몸 안의 다양성에 주목하기 시작한다. 승천하여 영광스러운 자리에 앉은 그리스도는 각 사람에게 은혜를 나누어주었다(4:7-10). 그는 특히 사도, 예언자, 복음 전도자, 목사, 교사를 주었다(4:11). 그

✝ 신학적 문제

교회론: 교회에 대한 신학

에베소서는 신약성경에서 교회에 대한 가장 발전된 신학(**교회론**)을 제시한다. 바울은 믿음으로 말미암아 은혜로 받은 구원(2:1-10)으로 시작해서 곧바로 유대인과 이방인의 화해를 다루는 주제로 옮겨간다(2:11-22). 4장에서 교회는 그리스도를 머리로 하는 그리스도의 몸으로 묘사되고(4:15-16), 몸의 다른 지체들은 사도, 예언자, 전도자, 목사, 교사 등 다양한 기능을 수행한다(4:11). 교회 내에는 **통일성**과 **다양성**이 존재한다. 몸은 분명히 하나지만, 몸의 적절한 기능을 위해 함께 일하는 다른 지체들을 갖고 있다. 5:22-33에서 교회는 그리스도의 신부로 간주된다. 신부 은유는 구약성경에서 흔하며, 하나님과 이스라엘의 혼인 관계를 말한다(예. 렘 2:2; 겔 16:32; 호 1-3장). 이 이미지가 이제는 그리스도를 남편으로, 교회를 신부로 지칭한다는 것은 놀라운 일이다. 결혼은 교회에 대한 그리스도의 사랑과 헌신을 강조한다. 그는 교회를 위해 죽으며(5:2) 교회의 구세주다(5:23). 그는 계속해서 교회를 양육하고 보살피며(5:29) 교회가 깨끗하고 거룩하며(5:26), 아름답고 영광스러운(5:27) 모습을 보여주기를 바란다.

에베소서와 골로새서

왜 에베소서와 골로새서는 서로 비슷한가? 하나가 다른 하나를 확대한 것인가? 하나가 다른 하나를 요약한 것인가? 이 서신들은 서로 다른 두 사람—바울과 그를 모방한 사람?—이 쓴 것인가? 흥미로운 사실은 에베소서에서 발견되는 구약성경 인용문들과 암시들이 골로새서에는 빠져 있다는 것이다. 아마도 이것은 바울이 먼저 골로새서를 쓰고 나서 성경의 더 든든한 지지를 받아 일반 회중을 위해 그것을 확대하기로 했음을 의미한다. 이 두 서신은 가족 관계(형제자매 또는 사촌?)처럼 보이지만, 서로 어느 정도 독립적인 성격을 띠고 있다. 두 서신은 목적, 독자, 그리고 일부 내용에서 차이가 있다.

들의 역할은 그리스도의 몸을 세우는 사역을 할 수 있도록 성도들을 준비시키는 것이다(4:12). 이 모든 것의 목표는 몸이 하나가 되고, 성숙해지며, 구성원들이 더 이상 잘못된 가르침과 인간의 교활함으로 인해 흔들리는 어린아이들이 되지 않게 하는 것이다(4:13-14).

신자들은 몸을 이루는 구성원으로서 옛 자아를 벗어버리고 과거의 행위와 태도를 다른 사람을 세워줄 수 있는 경건한 행위와 태도로 바꾸어야 한다. 신자들은 거짓말을 하지 않고 참된 말을 해야 하고(4:25), 도둑질하지 않고 일을 해야 하고, 남에게 나누어주어야 하고(4:28), 증오심과 악의를 품지 말고 친절하게 대하고, 긍휼히 여기며, 용서해야 한다(4:31-32). 📖

사랑, 빛, 지혜 가운데서 행하기

■ 에베소서 5:1-17을 읽으라 ■

자녀들은 그들의 아버지를 본받는다. 따라서 그리스도가 우리를 사랑하고 우리를 위해 자신을 내어준 것처럼 신자들도 사랑 가운데서 행해야 한다(5:1-2). 바울은 하나님의 자녀들이 어둠의 행위와 양립할 수 없음을 강조하면서 "행하다"의 은유에 더욱 의존한다(5:3-14). 신자들은 이제 주 안에서 빛이므로 빛의 자녀들처럼 행해야 한다(5:8-9). 그들은 어둠의 일에 관여하지 않을 뿐만 아니라 그 일들을 폭로할 것이다(5:11). 신자들은 자신이 어떻게 행해야 할지 신중하게 고민하고, 지혜 가운데 행하는 것을 선택하며(5:15), 세월을 아끼며 주님의 뜻을 이해해야 한다(5:16-17).

성령 충만

■ 에베소서 5:18-6:9을 읽으라 ■

신자들은 포도주에 취하기보다 성령으로 충만해야 한다(5:18). 성령 충만한 삶은 시와 찬미와 신령한 노래로 서로 화답하고, 하나님 아버지께 감사하며, 서로에게 복종하는 것이다(5:19-21). ⓣ

복종은 에베소서의 가정 규범에서 중심이 되는데, 바울은 아내가 남편에게 복종하고, 자녀가 부모에게 복종하고, 종이 주인에게 복종하는 일련의 불균형적인 비대칭 관계를 서술한다. 남편은 그리스도가 교회를 사랑하듯이 아내를 사랑하고, 아버지는 자녀를 화나게 자극하지 않으면서 가르치고, 주인은 자신도 하늘에 주인이 있음을 기억해야 한다(5:22-6:9). ⓣ

영적 전쟁

■ 에베소서 6:10-20을 읽으라 ■

편지의 결말 부분은 신자들의 싸움이 살과 피를 지닌 사람들에게 대항하는 것이 아니라 어둠의 영적 세력에 대항하는 것임을 인정한다(6:10-12). 신자

ⓣ 신학적 문제

그리스도와의 결혼

바울은 우리와 그리스도의 **연합**을 5:22-33에서 강조하는데, 여기서 바울은 인간의 결혼과 그리스도와 교회의 결혼을 연결한다. 그리스도는 남편이고, 교회는 신부다. 그리스도는 교회를 위해 자신을 희생하고 교회를 양육하며 소중히 여긴다. 바울은 5:31에서 창세기 2:24을 인용하면서 남자가 부모를 떠나 아내와 합하여 둘이 하나가 될 것이라고 말할 때, 사실 그리스도와 교회에 관해 이야기하고 있다고 말한다(5:32).

ⓣ 신학적 문제

상호 복종?

일부 해석자들은 5:21의 "그리스도를 경외함으로 피차 복종하라"라는 말씀을 남편과 아내, 부모와 자녀, 종과 주인 사이에서 요구되는 **상호 복종**을 가르치는 것으로 간주한다. 다른 해석자들은 "피차 복종하라"를 각각의 관계에 따라(아내가 남편에게, 자녀가 부모에게, 종이 주인에게) 그에 맞는 적절한 복종을 하라는 것으로 해석하기 때문에 결국 상호 복종을 지지하지 않는다.

큰 영향력

에베소서는 초기 교회에 상당히 큰 영향력을 행사했는데, 이는 에베소서가 초기 기독교 문헌에 많이 인용되는 것과 수 세기 동안 기독교 예전과 신앙심에 영향을 끼친 것에서 볼 수 있다. 4세기 말 요안네스 크리소스토모스는 에베소서에 바울의 숭고한 사상과 교리가 가득하다고 주장했다. 에베소서는 종교개혁의 신학에도 중요한 역할을 했다. 장 칼뱅은 1558년 5월부터 1559년 3월까지 에베소서에 대한 마흔여덟 편의 설교를 했다. 칼뱅과 다른 이들을 통해 이 서신은 개혁주의 개신교 전통에 상당한 영향을 미쳤다.

들은 악에 대항하기 위해 하나님의 전신 갑주를 입어야 하는데, 진리의 허리띠, 의의 호심경과 평화의 신발, 믿음의 방패와 구원의 투구, 성령의 검 곧 하나님의 말씀을 지니고 있어야 한다(6:13-17). 🔲

이 잘 알려진 로마 군인의 모습은 주님과 그의 메시아가 그들의 원수들과 싸우는 이사야서에 배경을 두고 있다. 하나님의 갑옷은 그의 백성들과 공유하는 것이기 때문에 그들은 대항할 충분한 장비를 갖춘 것이다.

마지막 인사말

■ 에베소서 6:21-24을 읽으라 ■

에베소서는 바울의 독자들의 이름이 언급되지 않는 짧은 인사로 마무리한다. 두기고라는 사람의 이름이 유일하게 언급되는데 그는 바울이 이 서신을 전달하기 위해 보낸 사람으로 보인다.

실천과 적용—오늘날 에베소서를 기독교 경전으로 읽기

에베소서의 신학적 공헌은 아무리 강조해도 지나치지 않다. 이 책은 우주적 그리스도에 대한 관점을 제시하고, 예수가 우주 전체의 화해를 위한 핵심 인물이며, 인류의 모든 역사가 창조 이전부터 창조의 완성에 이르기까지 하나님의 계획 내에 있었고, 모든 인류가 세상의 세력과 영적 세력 간의 싸움에 휘말려 있다는 것을 보여준다.

개신교 전통은 이신칭의, 예수의 대속적인 죽음과 같은 주제에 초점을 맞추는 경향이 있지만, 에베소서는 그리스도와의 연합의 중요성, 예수의 하나님 우편으로의 승귀, 영적 전쟁의 실재와 같은 상호 보완적인 주제들에 관해 성찰하라고 강력히 요구한다.

이 서신은 믿음으로 말미암아 은혜로 얻은 구원, 그리고 그리스도 안에서 유대인과 이방인의 화해에 대한 명료한 설명을 제공한다. 그리스도의 몸으로서 교회의 본질은 가정 규범과 마찬가지로 주목할 만하다. 이 모든 이슈는 교회의 신학과 실천을 깊이 있게 형성한다.

에베소서의 핵심 구절

- 찬송하리로다, 하나님 곧 우리 주 예수 그리스도의 아버지께서 그리스도 안에서 하늘에 속한 모든 신령한 복을 우리에게 주시되(1:3).
- 긍휼이 풍성하신 하나님이 우리를 사랑하신 그 큰 사랑을 인하여 허물로 죽은 우리를 그리스도와 함께 살리셨고 (너희는 은혜로 구원을 받은 것이라)(2:4-5).
- 그러므로 사랑을 받는 자녀같이 너희는 하나님을 본받는 자가 되고, 그리스도께서 너희를 사랑하신 것 같이 너희도 사랑 가운데서 행하라. 그는 우리를 위하여 자신을 버리사 향기로운 제물과 희생제물로 하나님께 드리셨느니라(5:1-2).
- 마귀의 간계를 능히 대적하기 위하여 하나님의 전신 갑주를 입으라. 우리의 씨름은 혈과 육을 상대하는 것이 아니요, 통치자들과 권세들과 이 어둠의 세상 주관자들과 하늘에 있는 악의 영들을 상대함이라(6:11-12).

기독교적 읽기를 위한 질문

1. 에베소서 1:3-14의 송영을 읽고 그곳에 언급된 각각의 영적인 복이 예수 그리스도를 통해 어떻게 신자들에게 전해지는지를 숙고하라. 어떻게

"그 안에서" 이런 복이 오는가?

2. 에베소서 2:1-4:16의 주장에 나타난 논리를 설명하라. "믿음으로 말미 암아 은혜로 받은 구원"이 어떻게 그리스도의 몸을 세우는가?

3. 골로새서를 읽고 이 편지와 에베소서 간의 유사점과 차이점을 나열하 라.

4. 갈라디아서를 읽은 후, 에베소서와 갈라디아서의 목적, 어조, 주장의 차 이점에 주목하라.

17장

빌립보서

개요

갈라디아서가 바울이 쓴 분노의 편지라면, 빌립보서는 그의 순수한 기쁨의 편지다. 이 서신에는 따뜻한 애정과 진실한 감사, 그리고 진정 어린 사랑이 가득하다. 바울은 빌립보 교인들을 매우 소중히 여겼는데, 그 교인들이 여러 면에서 그를 염려하고 있다는 것을 보여주면서 자신들이 복음을 전하는 데 있어 바울의 진정한 동역자임을 입증했기 때문이다. 바울은 이 서신을 기록할 당시에 쇠사슬에 묶여 죽음이 임박했던 것으로 보이지만, 여전히 "주 안에서 항상 기뻐하라!"고 말할 수 있었다. 😮

이 서신은 그리스도의 겸손과 승귀에 관한 찬양으로 유명하다. 예수는 다른 사람들을 위해 자신을 낮춤으로써 진정한 겸손을 보여주었고, 그 후 하나님은 그를 다른 모든 사람

> **😮 역사적 문제**
>
> **빌립보서의 역사적 기원**
> **저자**: 바울
> **기록 연대**: 기원후 61-62년
> **장소**: 로마
> **배경**: 바울은 황제 친위대의 감시 하에 로마에 수감되어 있다.

신약성경을 기독교 경전으로 읽기

보다 지극히 높았다. 또한 바울이 "육체에 대한 신뢰"를 비판한 것도 잘 알려져 있는데, 그는 신실한 유대인으로서 자신의 자격을 열거하지만, 그리스도를 아는 것에 비하면 그것들이 형편없는 쓰레기 같은 것이라고 일축한다. 하나님으로부터 오는 의는 인간의 자격과 조건이 아니라 그리스도에 대한 믿음에 근거한다. 😀

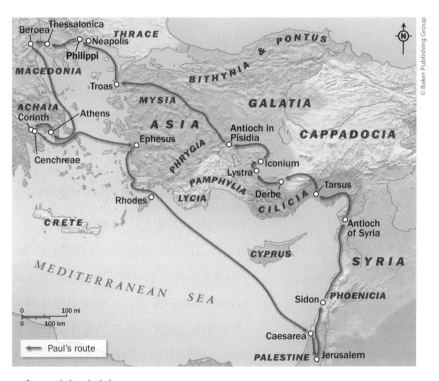

그림 17.1. 빌립보의 위치

탐구—빌립보서 읽기

복음을 전하는 일에 동역하다

■ 빌립보서 1:1-11을 읽으라 ■

이 서신의 인사말은 바울과 디모데를 "그리스도 예수의 종"으로 묘사하고, 빌립보에 있는 독자들 가운데서 **감독**과 집사를 특별히 언급하면서 섬김에 초점을 맞춘다(1:1). 이런 초점은 바울이 동역이라는 주제를 강조하면서 하나님께 감사를 드리는 1:3-11까지 계속 이어진다. 바울은 모든 빌립보 교인이 복음을 전하는 일에 동역하고 있는 것에 감사를 표한다(1:3-5). 그들은 "[바울]의 매임과 복음을 변명함과 확정함"에 있어 함께 은혜에 참여한 동역자들로서 그의 마음속에 있는 자들이다(1:7). 그는 빌립보 교인들을 매우 그리워하며(1:8), 그들이 그리스도의 날에 순결하고 흠 없는 사람이 되기 위해 그들의 사랑과 지식, 통찰력이 계속 성장하고, 그리스도로 말미암아 의로 가득 차서 하나님의 영광과 찬송이 되기를 기도한다(1:9-11). 📖

사는 것은 그리스도니 죽는 것도 유익함이라

■ 빌립보서 1:12-30을 읽으라 ■

바울은 그리스도 때문에 옥에 갇혔는데, (모든 황제 친위대를 포함하여) 모든 사람이 그가 쇠사슬에 묶이게 된 이유를 알게 되었기 때문에 이것이 오히려 복음을 위해서는 잘된 일이라고 여긴다(1:12-13). 이 일로 말미암아 다른 사람들이 확신 있게 복음을 전하게 되

📖 **문학적 문제**

빌립보서의 구조

기쁨으로 가득한 이 서신에는 빌립보 교인들을 향한 바울의 감사가 넘쳐난다(1:1-11). 그다음에 바울은 자신에게 복음이 최우선이라는 것(1:12-26)과 빌립보 교인들이 복음에 합당하게 생활하는 것의 중요성을 말한다(1:27-2:18). 바울은 두 명의 훌륭한 복음의 종, 디모데와 에바브로디도를 칭찬하며(2:19-30), 거짓 교사들에게 저항하고 그들을 반대하라고 촉구한다(3:1-21). 이 편지는 마지막 권면, 감사, 인사로 끝맺는다(4:1-23).

었다. 비록 모든 사람이 순수한 동기로 복음을 전하는 것은 아니었지만 말이다(1:14-17). 그러나 바울의 유일한 관심사는 그 동기가 무엇이든 간에 그리스도가 전파되는 것이다(1:18).

바울은 자신이 살든지 죽든지, 그의 몸에서 그리스도가 존귀하게 되기를 원한다(1:20). 만약 그가 계속 살게 된다면 그것은 그리스도를 위한 것이다. 만일 그가 죽게 된다면 그것은 개인적으로 그에게 유익이다(1:21). 그는 죽어서 그리스도와 함께 있기를 원하지

바울의 생애에 대한 그림

교회의 역사상 성경의 어떤 부분은 다른 부분들보다 더 광범위한 영향을 미쳤다. 예를 들어 산상수훈이나 로마서는 해석의 역사에서 아모스서나 유다서보다 더 쉽게 발견된다. 빌립보서의 신학적 풍부함에도 불구하고 이에 대한 주석이나 설교 시리즈를 많이 찾아보기가 힘들다. 특히 2:5-11의 그리스도 찬가와 같은 빌립보서의 매우 중요한 부분들이 있지만, 일반적으로 빌립보서의 많은 부분은 주석의 대상으로서 간과되었다.

하지만 한 걸음 물러서서 바울이 누구였는지, 그리고 교회 역사상 그의 사역이 어떠했는지를 생각해 보면 빌립보서가 매우 중요하고 아름다운 그림을 제공하는 것이 드러난다. 우리는 빌립보서에서 사슬에 매여 있으나 기뻐하고(1:3-20), 죽음이 그리스도와 함께 있는 것을 의미하기 때문에 그것을 유익한 것으로 여기며(1:21-23), 부활한 그리스도를 아는 것에 비하면 열성적인 유대인으로서 자신의 정체성은 아무것도 아니라고 여기고(3:1-14), 우리의 시민권이 하늘에 있음을 이해하며(3:20), 모든 형편에 자족하는 것을 배운(4:11), 기쁨에 찬 사도의 모습을 발견할 수 있다. 바울의 생애에 대한 이 그림은 역사적으로 하나님의 백성들의 삶에 영감을 주고 그들의 삶을 형성해왔다.[1]

만, 지금은 자신이 다른 사람들을 위해 계속 살아 있어야 한다고 생각한다(1:22-26). ●

빌립보 교인들은 하늘나라의 백성으로서 그리스도의 복음에 합당하게 살아야 한다(1:27). 이것은 그들이 한 성령 안에서 하나가 되어 믿음을 위해 함께 씨름하고 두려움에 굴복하지 않는 것을 의미한다(1:27-28). 빌립보 교인들은 바울이 당하는 같은 싸움에 참여하면서 그리스도를 믿을 뿐만 아니라 그리스도를 위해 고난도 함께 받는다(1:29-30).

그리스도처럼 겸손을 보이라

■ 빌립보서 2:1-11을 읽으라 ■

만약 빌립보 교인들이 그리스도 안에서 격려와 위로, 교제, 애정과 자비를 경험한다면, 바울은 그들이 같은 마음과 목적을 갖고 하나가 되기를 원한다(2:1-2). 이렇게 되려면 신자들은 이기적인 야망에서 비롯된 행동을 해서는 안 되며, 겸손하게 다른 사람들의 유익을 생각해야 한다(2:3-4). ⊕

거짓된 겸손과 달리 진정한 겸손은 그리스도가 자신의 삶에서 증명했듯이 다른 사람들을 높이기 위해 자신을 낮추는 것이다. 그는 인간이 되기 위해, 그리고 인류를 섬기기 위해 십자가에서 죽음으로써 하나님과 동등한 특권을 포기했다(2:5-8). 하지만 예수가 직접 가르친 것처럼 자신을 낮추는 자가 높임을 받게 되기 때문에, 하나님은 예수를 지극히 높이고 모든 이름 위에 뛰어난 이름을 그에게 주었다(2:9). 모든 사람이 그의 이름 앞에 무릎을 꿇을 것이며, 모든 입이 그리스도를 주라고 고백할 것이다(2:10-11). 이것은 예수의 영광이 마침내 모든 사람에게 드러나고, 하늘과 땅의 모든 존재가 예

⊞ 신학적 문제

그는 자신을 비웠다

예수가 사람이 되었을 때 "자기를 비웠다"(2:7)라는 말씀은 수 세기에 걸쳐 많은 논쟁을 불러일으켰다. 어떤 이들은 이런 자기 비움 혹은 케노시스(*kenosis*, "비우다"를 의미하는 그리스어 동사에서 유래)가 예수가 인간이 되었을 때 자신의 신성을 포기했음을 의미한다고 이해했다. 즉 인간이 되기 위해 하나님이 되는 것을 그만두었다는 것이다. 그러나 초기 교회는 이런 해석을 거부했고, 예수가 인간이 되기 위해 자신의 **신적 특권**을 포기했으나 결코 완전한 하나님이 되는 것을 그만두지 않았다고 주장했다. 예수는 "하나님과 동등한"(2:6) 자신의 지위를 누리는 대신 사람이 되고 종이 되어 죽기 위해 자신을 겸손하게 낮추었다(2:7-8).

⊙ 정경적 연관성

이사야서의 주의 종

2:5-11의 그리스도 찬가는 이사야서에 나오는 "죽기까지 복종한"(사 53:12) 주의 종에 대한 여러 함축적 의미를 담고 있다. 그는 존귀하게 되고(사 52:13; 빌 2:9), 종의 모습으로 나타나고(사 52:14; 빌 2:7), 하나님으로부터 높임을 받았다(사 53:12; 빌 2:9). 이사야서는 "모든 무릎이 꿇겠고 모든 혀가 맹세하리라"라는 구절까지 포함한다(사 45:23; 빌 2:10-11). 분명히 이 찬가는 예수를 주의 종에 대한 이사야의 예언의 성취로 간주한다.

신약성경을 기독교 경전으로 읽기

수의 위엄에 무릎을 꿇게 될 날을 묘사하는 그림이다. 🎧

세상에서 별처럼 빛나다

■ 빌립보서 2:12-30을 읽으라 ■

바울은 빌립보 교인들에게 하나님이 그들의 삶에서 그의 뜻과 목적을 이루기 때문에 그들이 그에 합당한 삶을 살아야 한다고 격려한다(2:12-14). 그렇게 함으로써 그들은 비뚤어지고 비정상적인 세상에서 하나님의 자녀로서 별처럼 빛날 것이며(2:15), 생명의 말씀을 붙들게 될 것이다(2:16).

세상에서 별처럼 빛나는 신자들의 훌륭한 예로는 디모데와 에바브로디도가 있는데, 이 두 사람은 다른 사람들을 염려하는 가운데 그리스도를 닮은 겸손을 드러낸다(2:19-30). 디모데는 진심으로 빌립보 교인들의 유익을 위했으며, 에바브로디도는 병으로 거의 죽게 되었지만 빌립보 교인들이 자신을 염려한다는 것을 더 걱정했다.

그리스도를 알기

■ 빌립보서 3:1-21을 읽으라 ■

바울은 이방인 신자들이 할례를 받아야 한다고 주장하는 자들에게 경고한다(3:2). 신자들은 (할례에서처럼) 육체를 신뢰하지 않고 하나님의 성령으로 예배한다(3:3). 바울은 이런 거짓 교사들과 비교하면 육체를 신뢰할 이유가 그 누구보다 많다. 왜냐하면 그는 "히브리인 중의 히브리인"이고, 열심히 교회를 박해한 바리새인이었으며, 율법의 의로는 흠이 없는 자였기 때문이다(3:4-6). 그러나 이 모든 것은 그리스도를 아는 것에 비교하면 아무것도 아니다(3:7-8). 🔟

바울은 인간의 업적이나 유대인의 정체성과 같은 육체적인 요소를 의

육체에 대한 신뢰

바울은 "개들", "행악하는 자들", "몸을 상해하는 자들"에 반대한다(3:2). 이 노골적이고 호의적이지 않은 용어들은 이방인 신자들이 할례를 받고 모세의 율법 아래 있어야 한다고 주장하는 사람들을 말한다. 다시 말해서 그들은 이방인들이 그리스도를 따르려면 유대인이 되어야 한다고 생각한다. 그는 이런 생각을 "육체를 신뢰"하는 것이라고 불렀는데, 이는 그것이 하나님과 올바른 관계를 맺기 위해 육체적이고 외적인 관습에 의존하기 때문이다. 바울은 몇몇 편지에서 이 견해에 반대하지만, 빌립보서의 이 본문에서는 유대인으로서 자신의 자격에 주의를 집중시킴으로써 이 문제를 특별하게 다룬다. 비록 유대인으로서 뛰어난 자격을 갖추고 있지만, 그는 이런 것들이 그리스도를 아는 것에 비하면 무의미하고 사실상 손해라고 여긴다(3:7-8).

그리스도 안에서 발견됨

바울은 그리스도를 얻고 "그 안에서 발견되려고" 모든 것을 잃었다(3:9). 한때 그를 정의했던 유대인으로서 그의 자격은 더 이상 존재하지 않으며, 바울은 이제 그리스도에 의해 정의된다. 그의 삶과 정체성은 그리스도 안에서 발견된다. 따라서 그는 그리스도와 고난을 함께 나누고 그리스도의 죽음을 본받을 것이다(3:10). 이런 개념들은 그리스도에게 참여하는 것에 대한 바울의 신학을 나타낸다. 그는 믿음을 통해 그리스도와 연결되었으며 그리스도의 의로움과 부활뿐만 아니라 고난과 죽음도 공유한다. 그리스도가 죽음에 이르기까지 겸손하게 낮추어졌다가 그 후에 높임을 받은 것처럼(2:5-11), 바울은 자신의 삶도 이와 동일한 십자가의 길이라고 여긴다. 이것은 부활과 승귀에 앞서 굴욕, 고난, 죽음이 반드시 선행되어야 한다는 것을 말한다(3:10-11).

존하지 않고 모든 것을 잃었지만, 그리스도 안에서 발견되었다(3:8-9). 그리스도 안에서 그는 겉으로 드러나는 육체의 행위가 아니라 하나님으로부터 오는 의를 갖고 있다(3:9). 바울은 더 이상의 종교적 자격을 추구하지 않고, 그리스도를 더욱 깊이 알아가고, 그의 부활, 고난, 죽음을 구현하는 삶을 살기를 원한다(3:10). 🕀

바울은 아직 그의 목표를 이루지 못했지만 "그리스도 예수 안에서 하나님이 위에서 부르신 부름의 상"을 향하여 계속 나아간다(3:12-14). 그리스도인의 삶은 이 목표를 향해 끊임없이 앞으로 나아가는 것이며, 모든 성숙한 신자들은 이렇게 생각해야 한다(3:15). 그들은 바울처럼 살아야 하며 십자가의 원수들처럼 살아서는 안 되는데, 이런 자들은 땅의 일에 몰두하다가 언젠가 멸망할 것이다(3:17-19). 🖳

신자들은 하늘나라의 시민이기 때문에 땅의 것에 집중하지 않고(참조. 1:27), "거기로부터 구원하는 자 곧 주 예수 그리스도를 기다린다"(3:20). 신자들은 땅이 아닌 하늘에 대한 충성심을 갖고 있으며, 그리스도가 재림할 때 그들의 몸을 그의 몸과 같이 변화시킬 것을 고대하면서 항상 그곳을 바라본다 (3:21).

주 안에서 기뻐하라!

■ 빌립보서 4:1-9을 읽으라 ■

바울은 독자들이 그가 방금 이야기한 것들을 기억하며 주 안에 굳건히 서기를 갈망한다(4:1). 이것은 바울이 유오디아와 순두게라는 두 여성에게 바라는 불화와 반목에서의 화해와 같은 그들의 일상에 영향을 미칠 것이다 (4:2-3). 우리가 어떤 상황을 만나든지(바울이 이 서신을 쓰고 있을

바울, 아우구스티누스, 그리고 회심 내러티브

서구 문명에서 가장 유명하고 영향력 있는 책 중 하나는 아우구스티누스의 『고백록』이다. 만일 당신이 아직 읽어보지 않았다면 읽어보아야 한다. 『고백록』은 아우구스티누스가 다양한 철학과 부도덕에서 자신을 돌이켜 기독교로 회심한 것을 매우 개인적이고 강력한 방식으로 묘사하고 있다. 아우구스티누스는 이런 **회심 내러티브**ー누군가가 어떻게 세상을 다르게 보게 되었는지에 대한 자전적 이야기ー를 기록한 첫 번째 (또는 마지막) 인물이 아니지만, 이후의 역사와 신학에 대한 그의 큰 영향력 때문에 그의 능숙하고 흥미로운 회심 내러티브가 큰 영향을 미쳤다.

세계사에서 회심을 통해 그보다 더 큰 영향을 미친 인물은 오직 사도 바울뿐이다. "사울"에서 "바울"이 된 그는 그리스도인들을 죽이려 했던 열성적이고 지성적인 유대교 지도자에서 기독교의 가장 대담한 옹호자이자 그 누구보다 많은 신약성경을 저술한 저자가 되었다.

빌립보서 3:4-14은 바울의 회심 이야기의 축소판을 포함하고 있다(행 9:1-18; 22:6-16; 26:12-20도 보라). 바울은 이보다 더 분명하고 충격적일 수 없는 언어로 유대인으로서 그의 과거의 삶(그는 록스타와 같은 지위에 있었다)을 예수 그리스도(에 대한 지식)와 자신의 개인적인 관계와 비교하면서 그것을 배설물과 쓰레기로 표현한다. 이런 그의 철저한 회심과 그리스도에 대한 헌신적인 비전은 그 후로 수백만 명의 그리스도인들에게 영향을 끼쳤고, 부활한 그리스도를 알고 따르는 경험을 표현하는 언어를 제공해주었다.

때 감옥에 있었다는 것을 기억하라), "주 안에서 항상 기뻐할 수 있는" 이유가 있다(4:4). 신자들은 걱정할 이유가 없으며, 불안해하는 우리의 마음에 평안을 주실 하나님께 기도하면서 그들의 염려를 맡겨야 한다(4:6-7).

주 안에서 굳건히 서 있다는 것은 바울의 본보기를 따라서 참되고, 경건하며, 옳고, 순결하며, 사랑스럽고, 훌륭하며, 칭찬받을 만한 것에 집중하는 것을 의미한다(4:8-9).

향기로운 제물

바울이 빌립보 교인들의 선물을 향기로운 제물, 즉 하나님을 기쁘시게 하는 제물로 묘사한 것(4:18)은 출애굽기 29:18과 같은 구약성경의 제의 본문과 연관이 있는데, 이 본문에서 주님께 번제의 희생제물로 드려진 동물은 주님을 기쁘시게 한다. 하지만 여기서 바울은 제물로 드리는 동물이 아닌 헌금을 표현하기 위해 이 용어를 사용한다. 바울은 이스라엘의 제사 제도가 변형되어 기독교 교회에 적용된 결과, 신자들이 좀 더 일반적인 방식으로 주님을 기쁘시게 하는 제물을 바칠 수 있게 되었다고 보는 것 같다. 이것은 (구약성경의 번제물처럼) 죄 사함을 받기 위해 드리는 것이 아니라, 주를 기쁘시게 하려는 마음에서 드리는 것이다.

진정한 동역

■ 빌립보서 4:10-20을 읽으라 ■

바울은 그의 사랑과 감사를 빌립보 교인들에게 알리기를 주저하지 않는다. 그들은 그에게 진정한 관심을 보였고(4:10), 그의 필요를 충족시켰다(4:15-18). 바울은 빌립보 교인들이 자신에게 베푼 너그러움에 감사하면서, 자신이 가진 것이 무엇이든 그것으로 생계를 꾸리며 만족할 수 있는 "일체의 비결"을 터득했다고 말한다(4:11-12). 하나님은 바울의 필요를 공급하고(4:13) 빌립보 교인들도 돌볼 것이다(4:19). 🍥

마지막 인사말

■ 빌립보서 4:21-23을 읽으라 ■

이 서신은 "가이사의 집 사람들"을 포함하여 바울과 함께 있는 사람들이 전하는 인사말로 끝맺는데, 가이사의 집 사람들은 가이사의 광대한 토지를 관리하는 신자들을 가리키는 것으로 보인다(4:22).

실천과 적용─오늘날 빌립보서를 기독교 경전으로 읽기

빌립보 교인들에게 보내는 이 서신은 교인들을 향한 바울의 마음과 복음을 전하는 일에 동역하는 의미를 통찰하게 한다. 바울은 냉담한 모금자처럼 빌립보 교인들의 자원을 사용하지 않고, 그들이 그들의 자원을 그와 나누는 것을 바울과 그리스도에 대한 사랑의 표현으로 여긴다. 이것은 우리가 오늘날 선교사들과 다른 기독교 기관에서 일하는 사람들을 재정 및 기도로 후원하는 것을 그들의 사역에 진심으로 동역하는 일로 여기도록 격려한다.

또한 빌립보서는 자신을 겸손하게 낮추고 고난을 당하며 지극히 높임을 받은 그리스도의 놀라운 영광을 가리킨다. 신자들은 영광을 얻기 전에 이와 동일한 고난의 패턴을 공유하게 될 것인데, 그것은 모든 상황에서 기뻐해야 할 이유를 우리에게 준다. 비록 바울이 이 서신을 기록할 때 고난을 당한 것처럼 우리 역시 고난을 당한다고 할지라도, 우리는 고난 뒤에 영광이 온다는 것을 알고 있다.

더욱이 우리가 하나님으로부터 의를 얻는 것은 높임을 받은 그리스도에 대한 믿음을 통해서다. 그것은 유대인의 정체성이나 다른 자격이나 인간의 업적을 통해 얻는 것이 아니라 오직 그리스도 안에서만 얻을 수 있다. 그리스도 안에서 발견되는 것은 더 이상 외부 요인이나 인간의 지위에서 발견될 수 없는 우리의 정체성의 궁극적인 열쇠다.

빌립보서의 핵심 구절

• 내게 사는 것이 그리스도니 죽는 것도 유익함이라(1:21).

• 아무 일에든지 다툼이나 허영으로 하지 말고 오직 겸손한 마음으로 각각 자기보다 남을 낫게 여기고(2:3).

• 또한 모든 것을 해로 여김은 내 주 그리스도 예수를 아는 지식이 가장 고상하기 때문이라. 내가 그를 위하여 모든 것을 잃어버리고 배설물로 여김은 그리스도를 얻고 그 안에서 발견되려 함이니, 내가 가진 의는 율법에서 난 것이 아니요, 오직 그리스도를 믿음으로 말미암은 것이니 곧 믿음으로 하나님께로부터 난 의라(3:8-9).

• 주 안에서 항상 기뻐하라. 내가 다시 말하노니 기뻐하라(4:4).

기독교적 읽기를 위한 질문

1. 바울이 "내게 사는 것이 그리스도니 죽는 것도 유익함이라"(1:21)고 한 말이 무슨 뜻인지 자신의 말로 설명해보라. 이것은 당신의 삶에서 어떤 모습일까?

2. 빌립보서 2:1-11, 19-30, 4:10-19을 읽고 다른 사람과의 관계에서 진정한 겸손을 보여주는 것이 무엇을 의미하는지 생각해보라.

3. 현대 사회에서 바울의 "육체를 신뢰할" 이유(빌 3:4-6)에 해당하는 것은 어떤 것이 있을까?

4. 빌립보서 전체에서 동역이라는 주제를 추적하라. 바울에 따르면 동역이란 정확히 무엇이며, 무엇을 포함하는가?

18장

골로새서

개요

골로새서는 종종 더 잘 알려진 자매 서신인 바울의 에베소서에 가려져 빛을 보지 못한다. 골로새서는 여러 면에서 에베소서와 비슷하지만, 에베소서가 더 포괄적인 서신이고, 은혜로 말미암은 구원을 가르치며, 교회의 본질을 다룬다는 이유로 주목받는 경향이 있다. 그러나 이것은 부당하다. 왜냐하면 골로새서 자체가 교회를 향한 매우 중요한 메시지를 담고 있기 때문이다. 그 메시지는 바로 그리스도가 모든 피조물보다 뛰어나며, 참된 영성을 추구하는 데 충분하다는 것이다. 골로새서만큼 거짓된 영성을 강력하게 반박하는 서신은 없다. 🖊️📖📖

📖 정경적 연관성

골로새서의 역사적 기원

저자: 바울, 그러나 이는 에베소서처럼 비슷한 이유로 논쟁이 된다.

기록 연대: 기원후 61-62년

장소: 로마

배경: 바울은 황제 친위대의 감시 하에 로마에 감금되어 있다.

탐구─골로새서 읽기

복음의 열매

■ 골로새서 1:1-14을 읽으라 ■

바울과 공동 서명인인 디모데는 골로새 교인들에게 문안하며 (1:1-2), 그리스도인의 삶의 특징인(참조. 고전 13:13) 그들의 **믿음, 소망, 사랑**에 대해 감사를 표한다(1:3-5). 그들의 소망은 진리의 말씀 곧 복음으로부터 나오는데, 이 복음은 그들에게 들어온 이후 그들 사이에서 열매를 맺어왔다 (1:5-8).

바울과 디모데는 골로새 교인들이 하나님의 뜻을 알고, 주께 합당하게 행하며, 계속 열매를 맺고, 하나님을 아는 지식이 자라나며, 하나님의 능력으로 강해지기를 간구하면서, 지금까지 열심히 기도해왔다(1:9-11). 이렇게 능력으로 강해져야 하는 것은 그들을 흑암의 권세에서 건져내시고 그의 아들의 나라로 데려가신 하나님 아버지께 감사를 드리면서 오래 참고 견디기 위한 것이다. 신자들은 그 아들 안에서 죄 사함을 통해 구속받았다(1:12-14). 😇

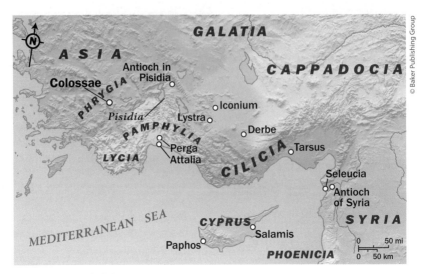

© Baker Publishing Group

그림 18.1. 골로새의 위치

📖 역사적 문제

골로새

골로새는 히에라볼리와 라오디게아의 더 큰 중심지들 근처에 있었으며, 에베소에서 동쪽으로 약 100마일 떨어진 곳의 작은 도시로, 한때는 이 도시들보다 더 중요했다. 바울은 골로새를 방문한 적이 없지만, 골로새의 신자인 에바브라(에바브로디도라고도 알려짐)를 통해 에베소에서 전한 바울의 메시지가 그곳에 전파되었다.

그리스도의 탁월성

■ 골 1:15-20을 읽으라 ■

바울은 그리스도의 탁월성에 대한 놀라운 찬가와 함께 이 서신의 논증을 시작한다. 이 찬가는 바울 자신이 직접 만든 찬양시일 수도 있고, 인용한 것일 수도 있다. 어느 쪽이든 이 그리스도 찬가에 나타나는 그리스도의 탁월성은 이 서신의 논증에서 큰 역할을 하는데, 바울은 그리스도가 어떤 거짓된 형태의 영성이나 예배보다 뛰어나다고 주장한다.

그리스도는 보이지 않는 하나님의 형상이고, 모든 피조물보다 먼저 난 자인데(1:15), 이는 그가 하나님의 형상을 궁극적으로 드러낸 인간이고, 보이지 않는 하나님을 인간에게 계시하며, 모든 것을 상속받을 성자임을 의미한다. ✝

보이는 권력과 보이지 않는 권력을 모두 포함하여 창조세계 안에 있는 모든 것은 그리스도로 말미암아 창조되었다. 그는 모든 만물보다 뛰어나며 만물을 하나로 묶는다(1:16-17). 그리고 그는 교회의 머리이자 죽은 자들 가운데서 가장 먼저 살아난 자로서 교회와 특별한 관계를 맺고 있다(1:18). 하나님의 충만함이 그리스도 안에 존재하며, 하나

님은 그를 통해 만물을 자신과 화해시킨다(1:19-20).

그리스도 찬가는 그리스도에 대한, 그리고 모든 피조물보다 뛰어난 그의 탁월성에 대한 놀라운 관점을 제공해주는데, 모든 피조물은 그리스도로 말미암아 그를 위해 창조되었다(1:16).

그리스도를 통한 화해

■ 골 1:21-2:3을 읽으라 ■

골로새 교인들은 이전에 마음과 행실에서 그리스도로부터 멀리 떠나 있었지만, 이제는 그리스도의 죽음을 통해 그와 화해했기 때문에 그 앞에서 흠 없는 존재가 되었다(1:21-22). 하지만 그들은 복음의 소망을 계속 붙잡아야 하며, 바울은 이 복음의 일꾼이 되었다(1:23).

바울은 복음의 일꾼으로서 교회를 위해 고난을 많이 당했는데, 이것을 "그리스도의 남은 고난을 그의 몸 된 교회를 위하여 내 육체에 채우노라"라고 표현한다(1:24). 이것은 그리스도의 죽음이 사람들을 하나님과 화

드러난 비밀

바울이 골로새서에서 네 번(1:26, 27; 2:2; 4:3) 언급한 "비밀" 또는 수수께끼는 하나님이 아브라함에게 했던 약속대로 모든 민족이 아브라함을 통해 어떻게 복을 받을지에 관한 것이다(창 12:3). 이스라엘의 역사 내내 이 질문은 답이 없는 채 계속 남아 있었는데, 이제 그리스도 안에서 이 수수께끼가 풀린다. 이방인들은 아브라함의 자손인 예수를 통해 복을 받았다.

해시키는 데 뭔가 부족했다는 의미가 아니라(바울은 결코 그렇게 말하지 않았을 것이다), 사람들의 삶에 영향력을 미치기 위해서는 반드시 말씀이 선포되어야 한다는 의미다. 거기서부터 바울의 고통은 시작된다.

바울은 "이 비밀은 만세와 만대로부터 감추어졌던 것인데, 이제는 그의 성도들에게 나타났고"라고 알리는데(1:26), 이는 바로 이방인들 가운데 계신 그리스도다(1:27). 바울은 "그 안에는 지혜와 지식의 모든 보화가 감추어져 있[기]" 때문에 모든 사람이 그리스도를 깨닫게 되기를 바란다(2:2-3). 이것은 그리스도가 예배와 삶에 충분하다는 바울의 주장에 추가된다. 🔵

"골로새 교회의 이단"에 대항하여

■ 골 2:4-23을 읽으라 ■

바울이 이 단락에서 철학과 종교적 관습에 기초한 영성과 예배의 형태를 비판하고 있으므로, 이 서신의 주요 목적은 바로 이곳에서 발견된다. 바울은 아무도 교묘한 주장에 속거나(2:4) 철학이나 인간의 전통에 사로잡히지 않기를 바란다(2:8).

대신에 골로새 교인들은 그들이 시작한 대로 계속해서 그리스도 안에서 성장해가야 한다(2:6-7). 그리스도 안에는 하나님의 성품의 충만함이 있으며, 신자들은 그리스도로 말미암아 충만해진다(2:9-10). 이것은 다른 어떤 형태의 영성도 그리스도와 경쟁할 수 없다는 것을 의미한다. 하나님의 충만함이 그리스도 안에 있고, 그는 당신 안에 있다! 하나님 자신보다

더 큰 영적 "충만함"은 없다. 😵

　신자들의 영성은 그들이 그리스도에게 참여하는 것을 통해 결정된다. 그들은 "그 안에서 할례를 받았고", "그와 함께 장사되었고", "그 안에서 함께 일으키심을 받았다"(2:11-13). 이런 것들은 신자들이 그리스도를 통해 하나님을 위해 따로 구별되었고(영적 "할례"), 영적으로 그리스도와 함께 죽었으며, 그와 함께 살아났음

을 의미한다. 이런 일에서 그리스도에게 참여한다는 것은 신자들이 새로운 사람들이 되었다는 것을 의미한다. 다른 형태의 영성과 예배는 그리스도 안에 있는 새로운 삶에 비하면 아무것도 제공해주지 않는다.

　하나님은 그리스도의 십자가를 통해 우리의 죄를 용서하고 빚을 탕감해주었다(2:14). 그리고 십자가를 통해 그리스도는 "통치자들과 권세들을 무력화하여 드러내어 구경거리로 삼았다"(2:15). 이것은 그리스도의 죽음이 단지 인간의 죄 문제만이 아니라 그를 대적하는 영적 세력까지도 정복했다는 것을 의미한다.

　결과적으로 신자들은 그리스도에 기초하지 않은 어떤 규정—음식과 음료, 안식일이나 절기의 준수, 금욕적 행위, 천사 숭배, 환상 체험—도 따라서는 안 된다(2:16-18). 일부 사람들은 그들의 영성에 대해 부풀려진 견해를 갖고 있지만, 그들은 그리스도에게서 떨어져 나간 자들이다. 그러나 그리스도에게 붙어 있는 자들은 하나님이 성장하게 하므로 그리스도 안에서 계속 자라난다(2:19).

　신자들은 그리스도와 함께 이 세상의 원리에 대해 죽었기 때문에(참

이 세상의 원리

"이 세상의 원리"(2:8, 20)는 물리적·물질적 영역을 구성하는 기본적 요소를 가리킨다. 음식, 음료, 외적 제의가 우리의 물질 세계를 구성하지만, 이 모든 것은 사용하고 나면 없어지는 것들이다(2:22). 신자들은 그리스도와 함께 죽고 다시 살아났으므로 더 이상 자신들의 영적 생명을 유지하기 위해 세상의 원리에 묶이지 않는다. 따라서 그들은 영적 충만에 도달하기 위한 하나의 방법으로서 이런 원리에 의존하는 규정을 따라서는 안 된다.

조. 2:12), 세상의 원리와 관련된 규범을 따라서는 안 된다(2:20-22). 일부 사람들은 그와 같은 규정이 그들의 영성을 발전시킨다고 생각할지 모르지만, 궁극적으로 그것은 쓸모없다(2:23). ✝

위의 것을 바라보라

■ 골 3:1-17을 읽으라 ■

그리스도에게 참여한다는 것은 그리스도인의 삶과 직접적인 연관이 있다. 그리스도와 함께 다시 살리심을 받은 신자들은 "그리스도께서 하나님 우편에 앉아 계신, 위의 것을 추구해야 한다"(3:1). 신자들은 세상의 원리(2:8, 20)에 사로잡히지 말고, 더 높은 곳에 마음을 두어야 한다. 신자들은 이미 죽었고, 이제 그들의 삶은 그리스도와 밀접한 관계에 있다(3:3-4).

신자들은 세상의 원리와 그것과 관련되는 모든 것에 대해 죽었으므로(2:20) "땅에 있는 지체를 죽여야 한다"(3:5). 그들은 한때 음란, 부정, 사욕, 악한 정욕, 우상숭배적 탐심에 따라 살았지만 이제 더 이상 그런 식으로 사는 것은 적절하지 않다(3:5-7). 분노, 노여움, 악의, 중상모략, 음란하고 추잡한 말이나 거짓말

그림 18.2. "그리스도의 승천", 불가리아 미추린에서 발견된 성화

을 하는 것도 옳지 않다(3:8-9). 이런 일들은 옛 사람에 속한 것이고, 신자들은 하나님의 형상을 따라 "새사람을 입었다"(3:9-10). 이것은 그리스도에게 참여한 결과이며, 그리스도와 함께 죽고 다시 살아났다는 사실은 현세의 모든 것을 변화시킨다. 그리고 사람들 사이에 있던 오래된 차별은 그리스도 안에서 사라졌다(3:11).

하나님이 선택한 사람들은 이전의 삶의 방식 대신 긍휼, 자비, 겸손, 온유, 오래 참음, 용서, 사랑, 평안의 특징을 지니게 될 것이다(3:12-15). 그들의 공동체는 노래와 감사를 통해 서로를 격려하고 모든 것을 그리스도의 이름으로 행하며 그리스도의 말씀으로 충만해질 것이다(3:16-17). 그리스도와 함께 죽고 다시 살아나는 것은 삶을 완전히 변화시킨다.

가정 안에서의 그리스도

■ 골 3:18-4:1을 읽으라 ■

이것은 골로새서의 자매 서신인 에베소서와 비교하면 비교적 간단한 가정 규범이다(참조. 엡 5:22-6:9). 에베소서에서처럼 여기서 우리는 아내가 남편에게 복종하고, 자녀가 부모에게 순종하며, 종이 주인에게 복종하는 한편, 남편은 아내를 사랑하고, 아버지는 자식을 격분하게 하지 않으며, 주인은 종을 올바르게 대해야 하는 일련의 불균형적인 관계를 관찰할 수 있다(3:18-4:1). 이에 대해 신학적으로 타당한 이유는 제시되지 않는데(에베소서와는 대조적으로), 아마도 바울은 그것을 제시할 필요가 없다고 생각했을 것이다. 현대 독자들은 그것을 환영했겠지만 말이다!

종들에게 초점을 둔 것 역시 흥미롭다. 그들은 가정 규범에서 다른 사람들보다 더 많은 관심을 받고 있다. 우리는 바울이 노예제를 비난하기를 바라지만, 대신에 그는 종들에게 모든 일에 주인에게 온전한 순종을 하라고 지시한다(3:22-23). 하지만 당시 종들은 노동에 대한 대가를 받지 못했으므로, 바울은 그들이 "주 그리스도를 섬기기 때문에"(3:24), "기업의 상을 주께 받을" 것임을 상기시킨다. 로마 세계에서는 종이 상속받을 자격이 없었기 때문에 이것은 매우 이례적인 말이다. 이것은 믿는 종들이 사실상 하나님의 법적인 아들딸로 간주된다는 것을 의미한다.

그리스도의 비밀을 알리다

■ 골 4:2-6을 읽으라 ■

(마지막 인사 전에 있는) 서신의 마지막 단락은 외부인들을 위해 기도하고 그들에게 관심을 두라고 권면한다(4:2-6). 골로새 교인들은 바울과 그의 동역자들이 그리스도의 비밀을 선포하는 일을 하고 있음을 기억하면서 기도에 전념해야 한다(참조. 1:25-27). 바울이 이 서신을 쓸 당시에 "[사슬에] 매임을 당했던" 상태였음에도 이 비밀을 선포하도록 하나님이 "전도할 문을 열어준" 것은 놀라운 일이다(4:3). 바울은 골로새 교인들에게 옥문이 열리기를 기도하라고 요청하지 않고 단지 말씀을 전할 수 있는 문이 열리도록 기도해달라고 부탁할 뿐이다.

바울이 그리스도의 비밀을 선포할 특별한 책임이 있지만, 모든 신자가 외부인들과 친근하고 좋은 관계를 유지하고, 그들의 말에 주의를 기울이며, 신앙에 관한 그들의 질문이나 반대 의견에 답변할 준비가 되어 있어야 한다(4:5-6).

마지막 인사말

■ 골 4:7-18을 읽으라 ■

골로새서의 가정 규범은 에베소서에 비해 미미하지만 마지막 인사는 그와 반대다. 에베소서는 바울의 독자나 동역자 중에 편지를 전달한 두기고 외에는 아무 이름도 밝히지 않지만, 골로새서는 개인적인 언급으로 가득하다.

두기고는 다시 한번 이 서신의 전달자 역할을 하지만(4:7), 이번에는 바울이 빌레몬에게 보낸 서신의 주제인 오네시모와 동행한다(4:9). 사실 골로새서와 빌레몬서에 공통으로 나타나는 인물들은 두기고, 오네시모, 에바브라, 아리스다고, 데마, 누가인데, 이는 같은 시기에 두 편지를 써서 보냈음을 시사한다(빌레몬은 골로새에 살았다).

또한 우리는 골로새 교인들에게 보낸 바울의 편지가 라오디게아에 있는 교회와 공유되기를 바라는 바울의 기대를 엿볼 수 있는데, 라오디게아의 교회는 아마도 눔바라는 여인의 집에서 모였던 것으로 보인다(4:15). 그리고 그가 라오디게아에 쓴 편지(지금은 분실됨)는 골로새 교인들과 공유될 것이다(4:16).

실천과 적용―오늘날 골로새서를 기독교 경전으로 읽기

골로새서는 신약성경에서 (요한복음과 함께) 가장 높은 고기독론을 제시한다. 그리스도는 모든 통치자와 권세의 머리일 뿐만 아니라 만물이 그로 말미암아 그를 위해 창조되었다. 그리스도는 창조의 수단이자 목적이다. 하나님의 충만함은 모든 지혜와 지식의 보화와 함께 그리스도 안에 있다.

신자들은 그리스도와 함께 죽고 다시 살아났는데 이는 그들이 더 이상 이 땅의 삶의 기준에 얽매이지 않는다는 것을 의미한다. 그들은 이제 더 높은 실재에 속하는데, 이것은 그들이 영광 가운데 그리스도와 함께 드러날 때까지 그리스도와 함께 감추어져 있다.

이것은 골로새 교회의 이단이 완전히 그 힘을 잃었음을 의미한다. 그 통치자와 권세들은 그리스도의 적수가 되지 못하며, 그들이 제공하는 지혜와 영성은 사람들을 잘못된 방향으로 인도하는데, 이는 지혜와 영성이 오직 그리스도 안에서만 발견되기 때문이다. 이 이단은 세상의 원리들에 사로잡혀 있지만, 신자들은 위의 것을 바라본다.

바울은 단순히 골로새 교회의 이단이 잘못된 것이므로 피해야 한다고 말하는 대신 긍정적이고 부정적인 주장을 모두 펼치면서 그리스도가 탁월하고 충분하다는 것을 증명함으로써 왜 골로새 이단이 어리석고 궁극적으로 도움이 되지 않는지를 설명한다. 이 메시지는 성취와 지혜를 제공하는 여러 형태의 영성에 휩싸여 있는 오늘날의 교회에 할 말이 많다. 이런 것들은 골로새 교회의 이단처럼 보이지 않을 수도 있지만, 비슷한 이상―수행자들을 하나님의 충만함으로 인도한다고 주장하는 영적 관습과 규범―에 기초한 것이다. 그러나 바울이 골로새 교인들에게 상기시킨 것처럼, 그리스도는 여전히 탁월하며 충분하다. 우리에게 필요한 것은 오직 그분뿐이며, 다른 모든 길은 거짓으로 밝혀질 것이다.

골로새서의 핵심 구절

- 그는 보이지 아니하는 하나님의 형상이시요, 모든 피조물보다 먼저 나신 이시니(1:15).
- 누가 철학과 헛된 속임수로 너희를 사로잡을까 주의하라. 이것은 사람의 전통과 세상의 초등학문을 따름이요, 그리스도를 따름이 아니니라(2:8).
- 그러므로 너희가 그리스도와 함께 다시 살리심을 받았으면 위의 것을 찾으라. 거기는 그리스도께서 하나님 우편에 앉아 계시느니라(3:1).
- 외인에게 대해서는 지혜로 행하여 세월을 아끼라. 너희 말을 항상 은혜 가운데서 소금으로 맛을 냄과 같이 하라. 그리하면 각 사람에게 마땅히 대답할 것을 알리라(4:5-6).

기독교적 읽기를 위한 질문

1. 골로새서 1:15-20을 읽고 그리스도가 누구인지 이해하고, 이 구절의 중요성과 의미를 되새겨보라.

2. 바울이 말하는 "그리스도의 비밀"이 무엇을 의미하는지 당신의 말로 설명해보라.

3. 골로새서 2:20-3:4을 읽고 그리스도와 함께 죽고 다시 살아나는 것이 오늘의 삶에 어떤 영향을 미칠지 생각해보라.

4. 골로새서 전체는 누군가가 각 사람의 질문에 답하는 방법을 알 수 있도록(4:6) 준비하는 데 어떤 도움을 줄 수 있을까?

19장
데살로니가전서

개요

데살로니가전서는 바울이 가장 먼저 쓴 서신으로 알려져 있으며, 따라서 많은 사람이 이 서신을 신약성경에서 가장 먼저 기록된 글로 간주한다. 데살로니가전서는 그리스도의 재림을 강조하는 것으로 유명하다. 이 주제는 4장과 5장의 절반을 차지하지만, 모든 장의 끝부분에서도 언급된다. 데살로니가에 세워진 새 교회는 너무 어린 교회였고, 그리스도의 재림에 관심이 너무 큰 나머지 그가 다시 오기 전에 죽은 신자들에게 무슨 일이 일어날지에 대해 확신이 없었다. 😟

그러나 이 서신은 데살로니가 교인들을 향한 바울의 사역 방식, 동기, 감정을 엿볼 수 있는 훌륭한 통찰력을 보여준다는 점에서 높이 평가되어야 한다. 데살로니가전서는 자신의 교인들을 사랑하는 목

😊 **역사적 문제**

데살로니가전서의 역사적 기원
저자: 바울
기록 연대: 기원후 50년
장소: 고린도
배경: 바울은 데살로니가에서 쫓겨난 후 고린도에 머무르고 있었다.

회자의 모습을 보여주는 진심 어린 서신이다. 😯

탐구―데살로니가전서 읽기

우상에서 참하나님으로

■ 데살로니가전서 1:1-10을 읽으라 ■

바울과 실루아노 그리고 디모데의 첫 인사가 끝난 후(1:1), 데살로니가전서 1장 전체는 데살로니가 교인들에 대한 감사를 표현하는 데 할애된다. 이 감사의 표현은 매우 긍정적이며, 데살로니가 교인들의 믿음, 사랑, 소망을 통해 생겨난 그들의 행위, 수고, 사랑을 인정한다(1:2-3). 이 복음의 메시지는 데살로니가 교인들 사이에서 강력한 영향을 미쳤고, 그들은 심한 박해에도 불구하고 바울과 그의 동료들을 본받은 자가 되었다(1:4-6). 📖

데살로니가 교인들은 주님의 말씀이 그들에게서부터 퍼져나간 것처럼(1:7-8), 마케도니아와 아가야(그리스) 전역에서 신자들에게 본보기가 되었다. 그들의 변화에서 가장 중요한 핵심은 데살로니가 교인들이 "우상을 버리고 하나님께로 돌아와서 살아 계시고 참되신 하나님을 섬긴다"는 것이다(1:9). 그들은 죽은 자 가운데
서 다시 살아난 하나님의 아들이
하늘로부터 다시 올 것을 기다리는
데, 그는 "장래의 노하심에서 우리
를 건지는" 분이다(1:10). 또한 이
핵심은 이 서신의 두 가지 주요 주
제를 나타낸다. 하나는 그리스도의
재림이고, 다른 하나는 그가 심판으
로부터 신자들을 건진다는 것이다.

그림 19.1. 데살로니가의 위치

친자식처럼 돌보다

■ 데살로니가전서 2:1-12을 읽으라 ■

바울은 자신의 동역자들과 함께 데살로니가 교인들을 방문한 것(참조. 행 17:1-9)과 그들에게 복음을 전할 때 자신과 동역자들의 동기와 행동을 반추한다. 그들은 사람들이 아닌 하나님을 기쁘게 하려고 했고, 아첨하는 말을 사용하거나 사람에게서 영광을 구하지 않았다(2:1-6). 대신 그들은 데살로니가 교인들을 그들의 친자식처럼 대했고(2:7, 11), 그들과 함께 삶을 나누었으며, 열심히 일했고, 그들 사이에서 흠 잡힐 것 없이 살았다(2:8-10). 그들의 목표는 데살로니가 교인들이 하나님께 합당한 삶을 살도록 격려하는 것이었다(2:12).

하나님의 말씀을 기꺼이 받아들이다

■ 데살로니가전서 2:13-20을 읽으라 ■

바울이 데살로니가 교인들을 방문했을 때 그들은 하나님의 말씀을 사람의 말이 아닌 진정한 하나님의 말씀으로 받았다(2:13). 또 예수를 배척한 유대인들로 인해 고난을 당한 유대의 신자들과 마찬가지로 데살로니가 교인들 역시 동족에게 박해를 받았다(2:14-16). 바울과 그의 일행은 얼마 지나지 않아 할 수 없이 데살로니가를 떠나야 했고(참조. 행 17:5-10), 그들의 영광과 기쁨인 데살로니가 교인들을 다시 볼 수 있기를 간절히 원했다(2:17-20). 🔟

간절히 보기를 원하다

■ 데살로니가전서 3:1-13을 읽으라 ■

바울은 혼자서 아테네로 갔고(참조. 행 17:14-15), 디모데는 데살로니가 교인들을 격려하고 그들의 신앙이 어떻게 자라고 있는지 바울에게 보고하기 위해 그곳에 파견되었다(3:1-5). 디모데는 바울이 그들을 간절히 보기 원하는 것처럼, 그들도

기독교 내의 반유대주의?

바울은 데살로니가전서 2:14-16에서 데살로니가 신자들에게 그들이 경험한 고난이 유대에 있는 본래의 (유대인) 그리스도인들이 겪은 것과 다르지 않다고 격려한다. 그들은 바울의 복음 전파를 막으려는 유대인들에게 극심한 박해를 받았고, 그 결과 그 유대인들은 하나님의 진노의 심판 아래 놓이게 되었다.

이런 발언은 현대인들의 귀에 불편하게 들리며, 특히 반유대주의—유대인에 대해 말과 행동으로 드러내는 편견—의 성향이 있는 것으로 느껴진다. 불행하게도 교회 역사상 여러 시대와 장소에서 발생했던 기독교와 유대교 사이의 갈등은 실제로 반유대주의였으며, 종종 끔찍한 결과를 낳기도 했는데, 홀로코스트는 미쳤다고 표현할 수밖에 없는 유형의 반유대주의였다. 그리스도인들은 때때로 유대인들을 "예수를 죽인 자들"로 지칭했는데, 가장 생생하고 충격적인 것은, 마르틴 루터가 유대인들을 "마귀의 배설물로 가득 찬 곳에서 돼지처럼 뒹구는 자들", "쓰레기로 간주해야 하는", "창녀와 같은 민족"이라고 부르며 참기 어려운 표현을 사용했다는 것이다.[1]

그러나 우리는 이런 후대의 논쟁이 초래한 잘못된 이해를 신약성경에 소급 적용해서 그 의미를 해석해서는 안 된다. 기독교가 세상에 가져온 사회질서의 극심한 혼란으로 인해 예수와 제자들과 사도들은 유대인 지도층에게 박해받고 종종 죽임을 당했다. 그러나 신약성경 자체는 이것이 일반적인 유대인들(거의 모든 1세대 회심자들을 구성하는)이 아니라 유대교 내의 경건하지 못한 지도자들의 책임이라고 주장한다. 신약성경은 믿지 않는 유대인들이 하나님의 아들, 즉 예수의 추종자가 될 것이라는 큰 희망을 말하고 있다(롬 11:25-32).

바울을 몹시 보고 싶어 한다는 사실과 그들의 믿음과 사랑에 대한 소식을 가져왔다(3:6, 10). 데살로니가 교인들의 믿음은 바울과 그의 동료들에게 기쁨과 감사의 원천이다(3:7-9). 바울은 그들을 다시 보게 되기를, 그들이

서로에 대한 사랑으로 넘치고, 그리스도가 다시 올 때 하나님이 그들을 흠이 없게 해주기를 기도한다(3:10-13).

자신의 일에 계속 전념하라

■ 데살로니가전서 4:1-12을 읽으라 ■

바울은 데살로니가 교인들이 그들의 가르침에 따라 하나님을 기쁘게 하는 삶을 살도록 격려하길 원한다. 사실 그들은 이미 그렇게 살고 있지만, 바울은 그들이 더욱더 그런 삶을 살기를 원한다(4:1-2). 첫째, 이것은 음행을 멀리하는 것을 의미할 것이다. 신자들은 정욕을 피해야 하고 서로를 이용해서는 안 된다. "이 모든 일에 주께서 신원하여 주시기" 때문에 성적 부도덕과 착취는 하나님의 진노를 초래할 것이다(4:3-6). 대신 하나님은 우리를 거룩함에 이르게 하려고 불렀다. 이 가르침을 거부하는 것은 하나님 자신과 우리 가운데 계신 하나님의 임재, 즉 성령을 거부하는 것이다(4:7-8).

둘째, 데살로니가 교인들은 이미 어떻게 서로를 사랑하는지를 알고 있으며 마케도니아 전역에서 이를 증명했다. 그러나 그들은 더욱더 그렇게 해야 한다(4:9-10). 그들은 "조용한 삶"을 살아야 하는데, 이는 아마도 불필요한 극적 사건이 없는 삶을 의미하는 것으로 보이며, 그들은 자급자족하기 위해 부지런히 일해야 한다(4:11-12).

소망을 갖고 슬퍼하다

■ 데살로니가전서 4:13-18을 읽으라 ■

바울은 데살로니가 교인들을 염려하게 만든

것으로 보이는 질문에 주목하기 시작한다. 이 질문은 예수가 재림하기 전에 죽은 사람들은 과연 어떻게 되는가 하는 것이다. 이와 같은 질문이 제기된 이유는 데살로니가 교인들이 그리스도인 1세대에 속하며 처음으로 그리스도인의 죽음이라는 문제와 씨름하고 있기 때문이다. 바울은 이 질문에 답하기 전에 목회자로서의 결론을 먼저 내린다. "[너희가] 소망 없는 다른 이와 같이 슬퍼하지 않[을 것이다]"(4:13).

"우리가 예수께서 죽으셨다가 다시 살아나심을 믿을진대, 이와 같이 예수 안에서 자는 자들도 하나님이 그와 함께 데리고 오시리라"는 짧은 답변이 먼저 나온다(4:14). "예수 안에서 자는"이라는 표현은 죽음에 대한 은

그림 19.2. 설교단 난간에서 나팔을 부는 천사 기둥, 지오반니 피사노(Giovanni Pisano)의 작품

유로, 죽음의 비영구성, 즉 죽은 자가 부활한 생명으로 깨어날 것임을 암시한다. 그리고 잠자던 사람들은 예수가 그랬던 것처럼 죽은 자들 가운데서 다시 살아날 것이다. 하나님은 예수를 통해 이 일을 행할 것이며, 죽음에서 부활한 자들은 예수와 동행할 것이다. 🕮

그 뒤를 이어 더 긴 답변이 나온다. 예수가 다시 올 때, 일부 신자들

🕮 신학적 문제

산 자와 죽은 자를 심판하러 돌아오다

신약성경은 철저하게 미래 지향적이다. 복음의 메시지는 예수가 과거에 세상에 온 사건, 즉 1세기에 있었던 그의 삶과 죽음, 그리고 부활을 기초로 하고 있지만, 세상에 드러날 미래의 구원에 비추어 현재를 사는 데 초점을 맞춘다. 그리스도인들의 삶과 사랑은 하나님이 장차 가져다줄 미래에 대한 소망으로 형성된다.

이런 미래에 대한 소망의 중심에는 심판의 개념이 있는데, 예수는 의인과 악인을 나눌 왕이자 심판자다(마 25:31-46). 사도신경은 이것을 "[그가] 산 자와 죽은 자를 심판하러 오시리라"고 말한다. 이 고백은 매우 긍정적으로 들리지 않지만, 사실 긍정적인 고백이다! 선하고 공정하고 정의로운 심판자를 두려워해야 할 사람들은 오직 사악하고 정의롭지 못하며 불의한 자들뿐이다. 그리스도인들은 그리스도의 의를 받았고(고후 5:21), 그로 말미암아 흠이 없는 사람이 될 것이다(엡 5:27). 하지만 이 세상의 모든 악에 대하여는 공정한 심판이 내려질 것이다.

주께서 하늘로부터 강림하시다

바울은 데살로니가전서 4:16에서 주의 재림을 하늘에서 호령과 천사장의 소리와 하나님의 나팔 소리와 함께 하늘로부터 강림하는 것으로 묘사한다. 여러 구약성경 본문에서 **주의 날**은 하나님이 악인을 심판하고 의인을 구원하러 오는 때로 묘사된다(사 2:10-12; 겔 7:19; 욜 1:15; 암 5:18-20; 습 1:7-8; 슥 14:1; 말 3:2). 구약성경에서 나팔은 소식을 전하는 데 사용되는 도구이며, 하나님의 현현(출 19:13, 16, 19; 20:18)과 장차 도래할 주의 날(사 27:13; 욜 2:1; 습 1:14-16; 슥 9:14)을 표현한다. 따라서 바울은 그리스도의 재림을 하나님의 심판 및 구원과 관련된 예언의 성취로 생각하고 있다.

신학적 문제

휴거

휴거에 대한 일반적인 개념은 신자들이 이 세상에서 공중으로 들려 올라가 지상의 삶에서 사라지고, 다른 모든 사람이 이 땅에 남겨지는 것을 생각한다. 이 "휴거"(rapture)는 "들어 올림"을 가리키는 그리스어를 라틴어로 번역한 "라페레"(*rapere*)에서 유래한다(살전 4:17). 그러나 이 본문은 "남겨지는" 것에 대한 견해를 지지하지 않는다. 대신 이것은 그리스도의 재림 및 죽음에서 부활한 자들과 아직 살아 있는 신자들이 그리스도 자신과 한데 모이는 것을 묘사한다.

신학적 문제

공중에서 주를 만나다

주의 재림과 그분을 만나는 신자들을 묘사하는 언어(살전 4:15, 17)는 로마 황제가 한 도시를 방문하여 그곳에 가까이 이르렀을 때 그를 만나기 위해 그 도시에서 나온 환영단의 이미지에서 차용한 것이다. 이 환영단은 황제가 그 도시에 들어갈 때 그와 동행한다. 이 이미지는 그리스도의 백성들이 그리스도가 이 세상에 다시 돌아올 때 그를 만날 것이고, 그가 이 세상에 도착할 때 그와 동행할 것이라는 생각을 뒷받침한다. 관련된 이미지들 때문에 바울이 한 말이 문자적으로 예수가 이 땅에 강림할 때 신자들이 공중에 떠오를 것임을 의미하지 않을 가능성이 있다. 하지만 반대로 그의 말이 정말로 그것을 의미할지도 모른다!

은 이미 죽었겠지만, 다른 신자들은 여전히 살아 있을 것이다. 이미 죽은 자보다 아직 살아 있는 자들에게 더 이점이 있지는 않을 것이다(4:15). 예수가 재림할 때는 다음과 같은 묵시적 이미지가 함께 나타날 것이다. 그는 "호령과 천사장의 소리와 하나님의 나팔 소리와 함께 친히 하늘로부터 내려오실 것이다." 그때 이미 신자로서 죽은 자들이 죽은 자들 가운데서 살아날 것이다(4:16). 그다음에 그리스도가 재림할 때 살아 있는 신자들은 "구름 속으로 이끌려 올라가서, 공중에서 주님을 영접할 것이다"(4:17). 🔖🔖🔖

밤에 도둑같이

■ 데살로니가전서 5:1-11을 읽으라 ■

바울은 그리스도의 재림에 관해 말하면서 언제 이런 일이 일어나는가의 질문에 초점을 맞춘다. 그는 이에 대해 마태복음 24:42-44에 있는 예수의 말씀을 떠올리게 하는 "주의 날이 밤에 도둑같이 이를 것"이라는 짧은 답변을 내놓는다. 예수의 재림은 예측할 수 없으므로, 그를 기다리지 않는 자들은 놀라게 될 것이다(5:1-3).

예수가 언제 다시 올지는 아무도 모르지만, 신자들은 그 상황에 당황하지 않을 것이다. 신자들은 낮과 빛의 자녀들이며, 어둠이나 밤에 속하지 않는다(5:4-5). 밤과 낮의 은유들은 사람들이 어떻게 살아야 하는지를 지시한다. 즉 밤에 속한 사람들은 어둠에 가려진 일들을 하지만, 신자들은 믿음, 소망, 사랑의 갑옷을 입고 깨어 있어야 하며, 절제해야 한다(5:6-8). 이것은 우리로 하여금 그리스도와 함께 살게 하려고 하나님이 신자들을 위해 작정한 구원과 일치를 이루는 삶일 것이다(5:9-10).

마지막 격려

■ 데살로니가전서 5:12-28을 읽으라 ■

바울은 마지막 몇 가지 격려를 함으로써 편지를 마무리하고자 한다. 바울은 데살로니가 교인들이 자기들을 위해 열심히 일하는 영적 지도자들을 존경하고 사랑하기를 원한다(5:12-13). 한편 열심히 일하지 않는 사람들은 모두 훈계를 받아야 한다(5:14). 모든 사람은 서로를 위해 선을 추구해야 한다(5:14-15). 그들은 기뻐하고, 기도하며, 감사하고, 선을 행하며, 악을 멀리하는 사람이 되어야 한다(5:16-21).

바울은 그리스도의 재림을 위해 평화의 하나님이 신자들의 영과 혼과 몸을 흠이 없게 해달라는 기도로 마무리한다. 하나님은 신실하기 때문에 그 일을 행할 것이다(5:23-24). 📖

실천과 적용 — 오늘날 데살로니가전서를 기독교 경전으로 읽기

바울의 데살로니가전서는 그리스도의 재림에 관한 신약성경의 가르침에 중요하게 기여한다. 바울은 어린 신자들을 격려하기 위해 그리스도가 다시 올 때 죽은 자들의 부활이 있다는 것과 이런 일이 일어나는 시기에 관해 가르친다. 데살로니가 교인들처럼 오늘날 신자들도 그리스도의 재림을 내다보도록 격려받을 수 있다. 죽은 자들의 부활은 우리가 그리스도 안에서 잠자는 자들에 대해 소망을 갖고 슬퍼할 수 있게 해준다.

데살로니가 신자들은 이교도 우상숭배자에서 참되고 살아 계신 하나님의 일꾼이 되는 근본적인 변화를 통해 오늘날에도 교회의 모범이 된다. 오늘날의 우상숭배는 그들과 동일한 형태를 취하지는 않지만, 부와 성공, 명성, 섹스에 집착하는 우리 문화 안에 명백히 존재하고 있으며, 헌신의 문제를 놓고 하나님과 경쟁하고 있다. 오늘날의 교회는 데살로니가 교인들의 철저

🔊 수용사

"예언"이란 무엇인가?

데살로니가전서 5:19-22은 성령을 소멸하거나 예언을 무시하지 말라고 명령한다. 바울이 말하는 이 예언은 무엇인가? 오늘날 많은 사람들은 "예언"이 미래에 대한 예측을 말하며, 보통 어떤 초자연적인 수단에 의해 주어진다고 생각한다. 현대의 오순절 전통에서 예언은 교회나 개인을 향한 즉흥적인 말씀 선포로 이해되고 실행되고 있다. 그러나 대부분의 교회사를 통틀어 "예언"은 매우 다르게 이해되었는데, 이는 오늘날 우리가 "설교"라고 부르는 것과 동일한 것이다. 장 칼뱅은 데살로니가전후서에 대한 주석에서 "예언은 성경을 해석하는 기술을 의미한다"라고 명쾌하게 설명한다. 존 웨슬리와 매튜 헨리와 같은 수많은 다른 이들도 5:19-20에 대한 주석에서 예언은 "성경을 해석하고 적용하는 것"이라고 말한다. 그러나 이것은 단지 개신교와 현대 초기의 견해가 아니다. 아우구스티누스 역시 이와 마찬가지로 그의 시편 강해에서 예언을 성경을 설명하는 해설로 묘사하며, 아퀴나스는 5:20의 예언을 신적 교리로, 이를 가르치는 모든 사람을 예언자로 해석한다.[2]

신약성경을 기독교 경전으로 읽기

한 방향 전환과 하늘로부터 하나님의 아들이 오기를 바라는 그들의 소망을 본받아 마땅히 그들을 따라야 한다.

바울의 본보기 역시 모든 신자에게 큰 격려가 되지만, 특히 교회 안에서 사람들을 지도하고 이끄는 지도자들에게는 더욱 그렇다. 데살로니가 교인들을 향한 바울의 사랑스럽고 애정 어린 자세는 오늘날 많은 교회에서 볼 수 있는 전문화되고 때로는 인간미 없고 비인격적인 접근법보다 기독교 사역에 더 나은 모델을 제공한다.

데살로니가전서의 핵심 구절

- 또 죽은 자들 가운데서 다시 살리신 그의 아들이 하늘로부터 강림하실 것을 너희가 어떻게 기다리는지를 말하니, 이는 장래의 노하심에서 우리를 건지시는 예수시니라(1:10).
- 이러므로 우리가 하나님께 끊임없이 감사함은 너희가 우리에게 들은 바 하나님의 말씀을 받을 때에 사람의 말로 받지 아니하고 하나님의 말씀으로 받음이니, 진실로 그러하도다. 이 말씀이 또한 너희 믿는 자 가운데에서 역사하느니라(2:13).
- 우리가 예수께서 죽으셨다가 다시 살아나심을 믿을진대, 이와 같이 예수 안에서 자는 자들도 하나님이 그와 함께 데리고 오시리라(4:14).
- 주께서 호령과 천사장의 소리와 하나님의 나팔 소리로 친히 하늘로부터 강림하시리니, 그리스도 안에서 죽은 자들이 먼저 일어나고, 그 후에 우리 살아남은 자들도 그들과 함께 구름 속으로 끌어 올려 공중에서 주를 영접하게 하시리니, 그리하여 우리가 항상 주와 함께 있으리라(4:16-17).
- 하나님이 우리를 세우심은 노하심에 이르게 하심이 아니요, 오직 우리 주 예수 그리스도로 말미암아 구원을 받게 하심이라. 예수께서 우리를 위하여 죽으사 우리로 하여금 깨어 있든지 자든지 자기와 함께 살게 하려 하셨느니라(5:9-10).

1. 사도행전 16:6-18:5과 데살로니가전서 1:1-3:6을 읽으라. 두 본문 사이에서 찾을 수 있는 모든 연관성을 주목하라.
2. 데살로니가전서 1-2장에서 발견되는 데살로니가 신자들에 대한 모든 묘사를 나열하라.
3. 데살로니가전서 2장에서 발견할 수 있는, 데살로니가 교인들 사이에서 바울이 행한 사역의 특징을 서술하라.
4. 데살로니가전서 4:13-18과 고린도전서 15장을 읽으라. 두 본문을 비교하고 대조하라.

20장

데살로니가후서

개요

바울의 데살로니가후서보다 더 종말론적인—즉 "종말"에 관심을 두는—서신은 없을 것이다. 이 서신은 짧지만, 서신의 전반부는 그리스도의 재림을 통해 도래할 이 세대의 종말과 관련된 이슈를 전적으로 다루고 있다. 😧

데살로니가 교인들은 그동안 박해를 견뎌왔으며, 바울이 그들에게 가리키는 소망은 그리스도의 재림이다. 주께서 올 때 고난당하는 자에게는 평안을 주고 하나님의 백성을 박해하는 자에게는 진노를 내릴 것이다. 주의 날에는 그리스도의 영광과 함께 하나님의 끔찍한 복수를 보게 될 것이다. 그날은 구원과 심판을 가져올 것이다. 그동안 신자들은 굳건히 서서, 그리스도가 직접 그들의 마음을 격려해줄 것을 확실히 알고 그들이 배운 것을 붙잡아야 한다.

😧 역사적 문제

데살로니가후서의 역사적 기원

저자: 바울
기록 연대: 기원후 50년
장소: 고린도
배경: 바울은 데살로니가 교회에 첫 번째 편지를 보낸 후 몇 달 뒤에 같은 교회에 비슷한 문제를 다루는 편지를 다시 쓴다.

탐구—데살로니가후서 읽기

심판과 영광

■ 데살로니가후서 1:1-12을 읽으라 ■

이 서신은 바울, 실루아노, 디모데의 인사말
로 시작되는데(데살로니가전서에서도 그랬듯이),
그 후 바울은 데살로니가 교인들의 발전하는

믿음과 풍성한 사랑, 그리고 박해와 고난 속에서도 인내한 것에 대해 감사
를 표한다(1:3-4).

　데살로니가 교인들이 겪은 박해와 고난은 하나님의 의로운 심판에 대
한 바울의 가장 불같은 묘사 중 하나를 촉발한다. 그들이 당한 박해는 데살
로니가 교인들이 하나님의 나라에 합당한 자들로 여겨질 것이라는 증거지
만, 하나님이 "너희로 환난을 받게 하는 자들에게는 환난으로 갚을" 것이
다(1:5-6). 하나님은 하늘로부터 주 예수가 나타날 때 고난을 당하는 자들
을 구원할 것이며, 하나님을 거부하는 자들에게는 "불꽃 가운데 나타나"
그들을 벌할 것이다(1:7-8). 📖

　불순종한 자들은 그들에 대한 하나님의 형벌로 말미암아 영원히 멸망
할 것이다. 이 멸망은 "주의 현존으로부터" 임하게 될 것이다(1:9). 비록 이
멸망을 "주의 현존에서 떠나는" 것으로 이해하는 사람도 있지만 말이다. 이
멸망이 "주의 현존으로부터" 임할 가능성이 크며, 이는 주가 자신의 영광스
러운 힘을 통해 심판 아래에 놓인 자들을 멸망시킬 것임을 나타낸다.

　이 모든 일은 예수가 재림하는 날에 일어날 것이다. 그날은 심판의 날
이 되겠지만, 영광의 날이기도 한데, 그리스도가 그를 믿는 모든 사람으로
부터 영광을 받을 것이기 때문이다(1:10). 이렇게 영광과 심판은 뗄 수 없

는 밀접한 연관이 있다. 그리스도와 그의 백성의 최후 승리는 악을 물리치고 완전히 소멸할 때 비로소 온전히 완성될 수 있다. 그리스도의 최후 승리와 악의 심판은 모두 그리스도의 재림 때 마무리된다.

이런 현실은 데살로니가 교인들이 그리스도에게 합당하게 행하며 주 예수가 하나님의 은혜를 따라 그들의 삶 속에서 영광을 받기를 바라는 바울의 기도에 영감을 준다(1:11-12).

주의 날이 이를 때

■ 데살로니가후서 2:1-12을 읽으라 ■

바울은 지금까지 그리스도의 재림에 관해 이야기해왔기 때문에, 이제 이런 일이 언제 일어날지 혹은 일어나지 않을지에 관한 문제를 언급한다. 그는 주의 날이 이미 왔으나 데살로니가 교인들이 어떻게 된 일인지 그것을 놓쳐버렸다고 주장하는 사람들로 인해 그들이 괴로워하지 않기를 바란다(2:1-2). 🔎

📖 정경적 연관성

주의 날

구약성경에서 중요한 개념인 주의 날은 하나님이 미래에 심판과 구원을 위해 인간의 역사에 개입할 것이라는 기대를 나타낸다. "여호와께서 만국을 벌할 날이 가까웠나니 네가 행한 대로 너도 받을 것인즉 네가 행한 것이 네 머리로 돌아갈 것이라"(옵 15절; 다른 예로는 사 2:1-4:6; 렘 46:10; 겔 30:2-3 등이 있다). 신약성경은 "주의 날"이란 표현에 언급된 주를 예수로 이해한다. 그가 재림하는 날, 이런 구약성경의 기대가 최종적으로 실현될 것이다.

주의 날이 오기 전에 특정한 일들이 먼저 일어날 것이기 때문에 데살로니가 교인들은 그와 같은 잘못된 주장에 속지 말아야 한다. 주의 날이 오기 전에 먼저 "배교하는 일"이 있을 것이고, "불법의 사람"이 나타날 것이다. 이 불법의 사람이 누구든지 간에 그는 스스로 하나님이라고 선포하면서 자신을 예배의 대상으로 만들 것이다. 이 불법의 사람은 현재는 억제되어 있지만, 장차 풀려나서 자신을 드

러낼 것이다(2:3-8). 🔟🔜

하지만 이 불법의 사람은 주 예수의 입김으로 멸망하여 물거품처럼 사라질 것이다. 불법의 사람은 사탄과 손잡고 거짓 기적, 표적, 속임수를 행한다. 안타깝게도 그는 속임수를 써서 사람들을 미혹할 것이다. 심지어 하나님은 사람들이 그에게 속도록 허락하는데, 이는 그것이 그들이 진리를 거부했음을 확인시켜줄 것이기 때문이다(2:8-12). 대체로 이 부분은 풀리지 않은 여러 의문점이 제기되는 어려운 본문이다. 우리는 바울의 독자들이

🔠 특수용어

진노, 심판, 지옥, 불

기독교 역사상 기독교 신앙 안에 있는 대부분의 전통은 하나님의 진노가 심판, 지옥, 불의 형태로 죄 많은 세상에 임하는 것에 대해 분명하게 말해왔다. 비록 성경에서 데살로니가전후서와 동일한 방식으로 말하는 곳이 많이 있지만, 현대 서구에서 이런 주제들은 그다지 강조되지 않는다(살전 2:16; 4:15-16; 5:3, 9; 살후 1:5-9; 2:10-11).

이런 식으로 하나님을 생각하고 말하는 것이 현대 독자들에게는 불편할 수 있지만—그리고 그것은 분명히 하나님의 사랑을 훼손하는 지나친 것일 수 있지만—교부들은 심판과 처벌의 형태로 세상에 정의를 가져오는 하나님의 정당성과 확실성에 대해 말하기를 꺼리지 않았다.

이 주제에 대해 설교하는 두 가지 동기는 (1) 사람들의 도덕적 발전을 독려하고, (2) 하나님에 대한 그릇된 견해와 싸우기 위한 것이었다. 첫 번째 예로, 요안네스 크리소스토모스는 그의 독자들에게 노아의 시대와 소돔과 고모라에 있었던 사람들처럼 회의적이고 믿음이 없는 자가 되지 말 것을 경고한다. 그러나 그는 "나는 당신을 겁주기 위해 이런 말을 하는 것이 아니라 건강에 유익한 약이 되라고 이런 말을 하는 것이다"라는 말로 끝맺는다.[1] 그가 데살로니가후서 1장에 대한 「설교 2」(Homily 2)에서 말하는 것처럼, "만일 우리가 항상 지옥을 생각한다면, 곧 그 지옥에 쉽게 빠지지는 않을 것이다.…지옥을 두려워하는 영혼이 쉽게 죄를 짓는 것은 불가능하다."

두 번째 예로, 이레나이우스와 테르툴리아누스는 영지주의와 마르키온파의 잘못된 신학에 대한 경고로서 장차 임할 하나님의 진노의 중요성을 강조한다. 이 그룹에 속한 사람들은 구약성경의 창조주 하나님이 신약성경의 하나님과 다르고, 구약성경의 하나님은 진노하지만 신약성경의 하나님은 오직 사랑이 충만하고 온화한 분이라고 잘못 믿었다.[2] 이것은 영원불변하신 하나님을 모욕하는 방식으로 성경을 망가뜨리는 것이다.

그의 입의 기운

이 표현은 이사야 11:4에서 유래한 것으로, 그 구절에 메시아적인 인물이 "그의 입의 막대기로 세상을 치며 그의 입술의 기운으로 악인을 죽일 것"이라고 기록되어 있다. 바울은 이런 메시아적 용사의 이미지에 의손해서 불법의 사람이 주 예수와 그의 강력한 말씀을 당할 수 없을 것이라고 주장하는데, 바울은 그의 강력한 말씀을 다른 본문에서는 "성령의 검"으로 부른다(엡 6:17).

그가 무슨 말을 하고 있는지를 알았다고 추측할 수 있을 뿐이다(2:5). 🔵

구원을 위해 택함

■ 데살로니가후서 2:13-3:5을 읽으라 ■

바울은 데살로니가 교인들로 인해 하나님께 다시 감사를 드리며 그들이 처음부터 하나님의 택함을 받았다는 사실을 숙고한다. 하나님은 그들을 성령으로 거룩하게 하고, 그들이 복음을 통해 그리스도의 영광에 참여하도록 불렀다. 하나님이 데살로니가 교인들의 삶에서 이런 일을 행했기 때문에 그들은 자기들이 배운 것을 굳건히 지켜야 한다(2:13-15). 하나님은 신자들이 하는 모든 선한 일에 힘을 북돋고자 영원한 위로와 선한 소망을 준다(2:16-17).

바울은 자신과 그의 팀이 자신들을 위해 기도하듯이, 그곳 교인들 역시 자신들의 필요를 위해 기도해달라고 부탁한다. 바울은 주의 말씀이 널리 퍼지고 영광스럽게 되도록 기도해달라고 부탁한다. 또한 그는 자신과 그의 팀이 악한 사람들로부터 벗어나도록 기도해달라고 부탁한다. 바울은 악한 자들로부터 데살로니가 교인들을 지켜줄 하나님의 신실함을 믿는다. 그들은 지금까지 잘해왔으며, 주님은 바울에게 그들이 앞으로도 계속 잘할 것이라는 확신을 준다(3:1-5).

게으름에 대항하여

■ 데살로니가후서 3:6-15을 읽으라 ■

데살로니가 교회 안에서는 게으름이 다소 문제가 된 것 같다. 바울은 데살

로니가전서 4:10-12에서 부드럽고 온유하게 격려한 후, 이제는 본격적으로 훈육을 위한 조치를 취하기 위해 나선다. 신자들은 게으름 피우는 자와 관계를 끊어야 한다(3:6, 14-15). 신자들은 게으름을 피우지 말고 바울의 본보기를 따라야 한다. 바울과 그의 동료들은 밤낮으로 열심히 일했으며 아무에게도 짐이 되지 않았다(3:7-8).

그림 20.1. 피에터 휴이스(Pieter Huys), "최후의 심판"

The Walters Art Museum. Acquired by Henry Walters with the Massarenti Collection, 1902.

　　복음의 일꾼들은 금전적으로 지원을 받을 권리가 있지만, 바울과 그의 팀은 데살로니가 교인들이 본받아야 할 모범을 보이며, 모든 사람이 일함으로써 의미 있는 기여를 해야 한다고 주장한다. 데살로니가 교회에는 자신의 일을 하느라 바쁘기보다 가십이나 잡담에 몰두하는, "남의 말을 하고 참견하기 좋아하는 사람들"이 더러 있었다. 바울은 그들에게 다시 일하여 스스로 부양하라고 명령한다(3:9-13).

마지막 인사말

■ 데살로니가후서 3:16-18을 읽으라 ■

바울은 신자들이 모든 면에서 평안하기를 빌며 친필 인사로 서신을 마무리한다. 평강의 주님이 그들에게 평강을 주고, 그들과 함께하며, 그들에게 은혜를 줄 것이다(3:16-18).

실천과 적용─오늘날 데살로니가후서를 기독교 경전으로 읽기

신자들에 대한 박해는 오늘날에도 여전히 일어나고 있다. 비록 서구 사회의 신자들이 언어적으로나 사회적으로만 박해를 경험할 수 있긴 하지만, 그럼에도 이런 미묘한 형태의 박해는 그리스도에 대한 믿음을 삶으로 구현하도록 우리에게 도전한다. 그리고 전 세계의 많은 비서구권 신자들이 경험하는 가혹한 현실은 물리적 박해와 폭력을 포함한다. 비록 종종 등한시되긴 하지만, 데살로니가후서는 박해받는 신자들에게 계속해서 희망을 제공해준다.

모든 역사는 주 예수 그리스도의 재림을 향해 나아가고 있으며, 그가 올 때 그의 놀라운 영광이 모든 사람이 볼 수 있도록 드러날 것이다. 그러나 그의 영광과 함께 그의 진노 역시 뒤따를 것인데, 이는 하나님을 대적하는 자들과 신실한 자들을 심하게 박해한 자들에게 쏟아질 것이다.

오늘날의 신자들과 바울 시대의 신자들을 향한 권면은 동일하다. 즉 "굳건히 서 있으라"는 것이다. 하나님은 신자들이 그리스도의 영광을 얻도록 복음을 통해 그들을 불렀다. 우리가 알고 있는 이 세상은 지나가고 있으며, 영광이 도래하고 있다. 그때까지 우리는 주님이 우리의 마음을 하나님의 사랑과 그리스도의 인내로 인도하도록 구해야 한다.

데살로니가후서의 핵심 구절

• 이런 자들은 주의 얼굴과 그의 힘의 영광을 떠나 영원한 멸망의 형벌을 받으리로다. 그날에 그가 강림하사 그의 성도들에게서 영광을 받으시고 모든 믿는 자들에게서 놀랍게 여김을 얻

으시리니, 이는 (우리의 증거가 너희에게 믿어졌음이라)(1:9-10).

- 누가 어떻게 하여도 너희가 미혹되지 말라. 먼저 배교하는 일이 있고 저 불법의 사람 곧 멸 망의 아들이 나타나기 전에는 그날이 이르지 아니하리니, 그는 대적하는 자라. 신이라고 불 리는 모든 것과 숭배함을 받는 것에 대항하여 그 위에 자기를 높이고 하나님의 성전에 앉아 자기를 하나님이라고 내세우느니라(2:3-4).

- 주께서 사랑하시는 형제들아, 우리가 항상 너희에 관하여 마땅히 하나님께 감사할 것은 하 나님이 처음부터 너희를 택하사 성령의 거룩하게 하심과 진리를 믿음으로 구원을 받게 하심 이니, 이를 위하여 우리의 복음으로 너희를 부르사 우리 주 예수 그리스도의 영광을 얻게 하 려 하심이니라(2:13-14).

- 어떻게 우리를 본받아야 할지를 너희가 스스로 아나니, 우리가 너희 가운데서 무질서하게 행하지 아니하며 누구에게서든지 음식을 값없이 먹지 않고 오직 수고하고 애써 주야로 일함 은 너희 아무에게도 폐를 끼치지 아니하려 함이니(3:7-8).

기독교적 읽기를 위한 질문

1. 예수가 보복한다는 개념을 받아들이는 데 어려움이 있는가?(살후 1:7-8) 왜 그런가? 혹은 왜 그렇지 않은가?

2. "그들은 주의 현존으로부터 영원한 멸망의 형벌을 받으리로다"(살후 1:9)라는 구절을 "그들은 주의 현존을 떠나는 영원한 멸망의 형벌을 받 을 것이다"라는 구절로 표현할 수도 있다. 어떤 것이 가능성이 큰 해석 인지, 그리고 왜 그런지 토론하라.

3. 교회 역사상 "불법의 사람"(살후 2:3-4)이 누구인지에 대한 해석이 많다. 당신은 누구일 것 같다고 생각하는가? 그것은 실제의 사람을 가리키는 가, 아니면 어떤 "유형"의 사람을 가리키는가?

4. 게으름은 정확히 무엇이 잘못된 것인가?(3:6-15) 왜 신자들은 일해야 하 는가? 그리고 건강, 나이, 상황 등의 이유로 일할 수 없는 사람들을 우리 는 어떻게 생각해야 하는가?

21장

목회 서신

디모데전후서 및 디도서

개요

바울의 서신 가운데 네 개는 교회가 아닌 개인에게 보낸 것인데, 그 가운데 세 개는 믿음의 아들들인 디모데와 디도에게 보낸 것으로, 그들이 에베소와 그레데 교회에서 마땅히 해야 할 지도자의 역할을 가르친다. 우리는 이 서신들을 목회 서신이라고 부른다. 이 서신들의 목적은 매우 단순해 보이지만, 목회 서신을 중심으로 소용돌이치는 이슈는 결코 단순하지 않다. 첫째, 오늘날 많은 학자들은 이 서신들이 진짜 바울이 쓴 편지인지 의심한다. 둘째, 이 서신들은 신약성경 전체에서 가장 논란이 많이 되는 본문들 가운데 일부를 포함하고 있는데, 이는 여성과 교회 안에서의 가

⚙️ 역사적 문제

목회 서신의 역사적 기원

저자: 바울, 그러나 이것은 매우 논란이 되고 있다(아래를 보라).

기록 연대: 기원후 63-65년경(디모데전서, 디도서, 디모데후서 순으로 기록했을 것이다)

장소: 디모데전서의 기록 장소는 마케도니아고 디도서와 디모데후서의 기록 장소는 로마일 것이다.

배경: 바울은 로마에서 가택 연금된 후, 에베소와 그레데에 있는 교회를 이끌고 있는 디모데와 디도에게 서신을 쓴다.

르침에 관한 것이다. 이런 각 각의 이슈를 고려해야 하겠지 만, 목회 서신은 기독교 정경 의 일부이며 교회의 이해와 실천에서 항상 중요한 역할을 해왔다. 🙂

우리는 목회 서신에서 한 목회자가 다른 목회자에게 조 언한 흥미로운 내용을 엿볼 수 있다. 바울은 하나님의 백 성을 이끌어가야 할 디모데와 디도의 책임과 관련된 광범위 한 문제를 다룬다. 각 서신을 관통하는 한 가지 주제는 거 짓 교사와 그들이 초래하는

목회 서신의 저자

디모데전서, 디모데후서, 디도서의 저자가 바울이라는 것은 19세기까지 거의 2천 년 동안 심각하게 의심받지 않았다. 그 후에 이 서신들은 바울의 이름이 기록되어 있 지만, 다른 누군가가 쓴 위명 저자의 작품이라고 주장 되었다. 고대 세계에는 위명의 문서들이 흔했지만(그러 나 위명의 서신은 흔하지 않았다), 교회는 정경에서 이 런 문서들을 강력하게 거부했다. 따라서 만약 목회 서신 이 실제로 위명 저자의 작품이라면 초기 교회는 이 작품 들을 진정한 작품으로 알고 속은 것이 된다. 하지만 교회 는 이 서신들을 진정한 바울의 서신으로 받아들였다. 현 대의 논쟁들은 서신의 언어, 역사적 배경, 교회 구조에 대한 지침들을 중심으로 이루어진다. 이 서신들의 언어 는 바울의 다른 서신들과는 다르지만, 판단을 내리기에 는 글의 견본이 너무 적다. 역사적 배경은 사도행전에 나 타난 바울의 연대기에 쉽게 들어맞지 않지만, 사도행전 에 기록된 사건들은 선택적인 것이며, (바울이 로마에서 가택 연금이 된 후에 일어난 일을 포함하여) 배제되거나 빠진 것들도 있다. 마지막으로 목회 서신이 2세기 교회 리더십의 구조를 반영한다는 주장은 과장된 것이다. 바 울이 이 교회들에 장로를 임명한 것은 그가 그들을 재방 문했을 때였다. 간단히 말해서 바울의 저작에 대한 논쟁 은 2천 년의 전통과 초기 교회의 만장일치 신념을 뒤집 을 만큼 그렇게 강력하지 않다.

멸망에 대한 경고다. 디모데와 디도는 이런 거짓된 교사들과는 대조적으 로 행실과 가르침에서 자기 자신을 경건한 모범으로 제시해야 한다. 📖

탐구-디모데전서 읽기

순수한 마음, 선한 양심, 그리고 진실한 믿음

■ 디모데전서 1:1-11을 읽으라 ■

바울이 디모데를 "믿음 안에서 참아들 된 디모데"(1:2)라고 언급하는 것 은 디모데에 대한 바울의 애정을 분명하게 확인하게 해준다. 곧이어 바울

디모데는 누구였을까?

바울은 2차 선교여행에서 디모데를 만났다 (행 16:1-5). 디모데는 이 시기에 이미 제자였으므로, 아마도 바울이 1차 선교여행 중 루스드라를 방문한 이후에 그리스도인이 되었을 것이다(행 14:8-20). 디모데의 어머니는 유대인이었지만 아버지는 그리스인이었으며, 디모데는 모두가 그를 높이 평가했기 때문에 바울의 선교 동반자가 되기에 적합한 인물이었던 것으로 전해진다. 디모데는 마케도니아와 그리스로 가는 바울의 2차 선교여행 동안, 그리고 바울의 3차 선교여행의 일부 동안 그와 동행했다(행 20:4).

디모데전서의 구조

비록 앞선 시기의 학자들이 디모데전서의 구조를 일관성이 없다고 여겼지만, 우리는 이 서신이 젊은 목사인 디모데에게 그의 스승이 보낸 개인적인 편지라는 것을 기억해야 한다. 바울은 단순히 디모데에게 가르침이 필요하다고 생각되는 문제에 관해 다룬다. 첫 장은 바울을 향한 하나님의 자비를 디모데에게 상기시키고, 거짓 교사들로부터 교인들을 보호해야 하는 디모데의 책임을 상기시킨다. 2-4장은 교회 내 예배와 질서를 다룬다. 5장은 과부를 돌보는 방법과 나이 많은 자들을 대하는 방법을 다루고, 6장은 종이나 주인 같은 구체적인 개인들을 가르치고 권면하는 방법에 대한 지침으로 구성된다.

은 에베소에서 사역하는 디모데의 책임에 대해 말하기 시작한다. 디모데는 하나님의 계획이 아닌 헛된 사상을 조장하는 잘못된 가르침에 맞서야 한다(1:3-4). 진정한 사역은 불순한 동기가 아니라 순수한 마음에서 나온다. 그것은 거짓 교사의 "사역"과는 달리 선한 양심과 성실한 믿음에서 나온다(1:5). 🧑‍🤝‍🧑

이런 거짓 교사들은 자신들이 무엇을 하고 있는지도 모르는 채 교사가 되겠다는 야망에 사로잡혀 있었다(1:6-7). 그들의 가르침의 핵심 요소는 모세의 율법과 관련이 있지만, 그들은 그 율법의 진정한 기능을 알지 못한다. 바울은 율법의 목적이 한 개인의 죄와, 복음의 참된 가르침에 어긋나는 것을 강조하는 것이라고 주장한다(1:8-11). 📖

선한 싸움을 싸우라

■ 디모데전서 1:12-20을 읽으라 ■

바울은 복음의 사역자라는 자신의 역할을 반추한다. 그는 한때 하나님을 모독하는 자요 박해자였지만 하나님은 그에게 복음의 사역자라는 역할을

허락했다. 하나님은 바울에게 자비를
베풀었다. 바울과 같은 사람이 구원
받을 수 있다면 누구나 영생을 얻을
수 있다(1:12-16). 이제 디모데는 믿
음과 선한 양심을 가지고 바울이 했
던 것처럼 선한 싸움을 싸워야 한다.
애석하게도 믿음에 파선당한 다른 이
들이 있지만, 만약 그들이 올바르게
돌이킨다면 심지어 그들에게도 희망
이 있다(1:18-20). 🔲

공동 기도

■ 디모데전서 2:1-7을 읽으라 ■

바울은 주제를 바꿔서 에베소 교회와 관련된 것을 다루기 시작한다. 첫 번
째는 기도다. 기도는 모든 사람을 위해 드려져야 하는데, 여기에는 왕과 권
력자들이 포함된다. 이 서신을 쓸 당시 바울이 타락한 네로 황제 치하에서
투옥되어 있었다는 사실을 주목할 필요가 있다. 그러나 이런 기도를 드리
는 목적은 사람들이 큰 어려움 없이 경건한 삶을 살기 위한 것이다(2:1-2).
이런 기도는 우리의 구주 하나님을 기쁘게 한다. 그리고 이 하나님은 "모
든 사람이 구원을 받으며 진리를 아는 데에 이르기를 원하는" 분이다(2:3-
4). 비록 모든 사람이 구원을 받지는 못하겠지만, 이 말씀은 모두를 향한 하
나님의 사랑을 보여준다. 🔵

실로 하나님과 인류 사이의 유일한 중재자인 예수 그리스도는 자신을
모든 백성을 위한 대속물로 내어주었다. 그의 구원 사역은 스스로 포기한

하나님은 모든 사람이 구원받기를 원한다?

신학자들은 때때로 "하나님은 모든 사람이 구원을 받으며 진리를 아는 데에 이르기를 원하시느니라"(2:4)는 말씀에 대해 고민한다. 왜냐하면 그가 하나님이라면 왜 이것이 이루어지지 않는가라는 의문이 생기기 때문이다. 모든 사람이 구원받는 것은 하나님의 뜻일까 아닐까? 사실 이 말씀은 때때로 2:6 및 4:10과 함께 디모데전서가 **만인구원론**, 즉 모든 사람이, 심지어 회개하지 않고 예수를 믿지 않더라도, 궁극적으로 천국에 갈 것이라는 교리를 가르친다는 암시로 받아들여진다. 그러나 영생을 위해 믿음이 필요하다는 것은 분명하다(1:16; 2:15; 4:16; 6:12). 그뿐 아니라 이 서신 전체에는 진리에서 등을 돌린 자들에게 끔찍한 결과가 있다는 것도 명백하게 나타난다(예. 1:19; 3:6; 4:1-3; 5:6, 15, 24; 6:9-10, 20-21). 그러므로 2:4의 말씀은 모든 인류에 대한 하나님의 사랑을 나타내는 것으로 이해하는 것이 가장 좋다. 비록 하나님이 결국에는 일부만을 구원하겠지만 말이다(롬 9:10-24; 엡 1:2-4).

자를 제외하고는 아무도 배제하지 않는다. 그의 사역은 모든 사람을 구원하기에 충분하다(2:5-6). 이 모든 일에서 바울이 맡은 역할은 이 기쁜 소식을 특히 이방인들에게 전하는 것이지만, 그는 신실하지도 않고 참되지도 않은 거짓 교사들과는 달리 믿음과 진리 안에서 이 일을 하도록 세움을 받았다(2:7; 참조. 1:6, 19).

교회 안에서 남성과 여성

■ 디모데전서 2:8-15을 읽으라 ■

바울은 에베소 교회와 관련된 이야기를 계속하면서 그의 글 가운데서―사실 신약성경 전체에서―가장 논란이 되는 본문 중 하나를 언급하기 시작한다. 이 본문은 남성과 여성에 관해 말하는데, 남성은 단지 한 가지 지시―분노와 다툼이 없이 기도하라(2:8)―만을 받지만 여성을 다루는 문제에는 여러 구절이 할애된다(2:9-15).

여성은 검소하고 정숙하게 옷을 입어야 하며 겉모습보다는 그들의 선행으로 칭찬받아야 한다. 그들은 온전히 복종하면서 조용히 배워야 하고, 남자를 가르치거나 지배할 수 없다(2:9-12). 바울은 논쟁의 여지가 있는 이런 가르침을 창세기의 아담과 하와 내러티브에 고정시킨다. 아담은 하와보다 먼저 지음을 받았으며, 동산에서 뱀에게 속은 사람도 하와였다(창 2-3장을 보라). 그러나 여성은 믿음, 사랑, 거룩함을 지니고 살면 "출산"을 통해 구원받을 것이다. 말할 필요도 없이, 이 부분은 좀 더 상세하고 충분한 설명을 필요로 한다.

이 본문을 이해하기 위해서는 몇 가지 이슈를 다룰 필요가 있다. 바울은 여성 혐오자인가? 그는 여성이 남성보다 열등하다고 생각하는가? 왜 여성은 남성을 가르칠 수 없는가? 왜 여성은 교회 안에서 조용해야 하는가? 이 모든 것이 아담 및 하와와 무슨 관계가 있는가?

첫째, 바울에게 여성 혐오자라는 꼬리표를 붙이는 것은 불공평하다. 그는 남성과 여성이 결혼 생활과 교회 안에서 서로 다른 역할을 한다고 믿는 것처럼 보이지만(그러나 이것은 심각한 논쟁이 된다), 이것이 그가 남성과 여성의 평등을 부정한다는 것을 의미하지는 않

는다. 평등을 동일한 역할과 연결하는 것은 현대 서구식 이해다. 즉 오늘날 우리는 누구나 자신이 원하는 것을 무엇이든 할 수 있어야 하며, 모든 종류의 역할 기대는 억압이나 불평등의 한 형태라고 믿는 경향이 있다. 이런 생각은 바울과 1세기에 사는 모든 사람에게는 완전히 낯설고 이질적이다.

둘째, 여성이 남성보다 열등하다고 바울이 믿고 있음을 보여주는 단서는 없다. 그가 2:14에서 하와를 속은 자로 언급한 것은 그런 의미가 아니며 (아래의 다섯째 내용을 보라), 그의 서신 어디에도 그런 의미를 나타낸 곳

그림 21.1. 지오반니 바티스타 포기니(Giovanni Battista Foggini), "인간의 타락"

은 전혀 없다. 사실 그는 자주 여성의 존엄성을 옹호하며, 그의 옆에서 그를 도와준 여성들이 했던 중요한 일들을 거리낌 없이 인정한다(예. 롬 16:1-3, 6-7, 12).

셋째, 만일 우리가 바울의 말을 액면 그대로 받아들인다면, 정말 그는 여성이 남성을 가르치는 것을 금하는 것처럼 보인다. 이것은 일반적인 진술—마치 여성이 남성에게 아무것도 절대로 가르칠 수 없는 것처럼—이 아니고 이 본문의 문맥에 해당하는 교회의 신자들에게만 적용되는 것이며, 권위를 갖고 가르치는 역할에만 적용된다. 일부 학자들은 이곳에 나타난 바울의 지시가 에베소에 있는 교회—아마도 특별히 그곳 여성들에게 어떤 문제가 있었을 것이다—에만 해당한다고 주장한다. 바울이 5:11-15에서 젊은 과부에 대해 말한 것을 고려해볼 때 이런 주장이 가능하다. 하지만 이 주장은 왜 이 진술이 (단지 젊은 과부들만이 아니라) 모든 여성을 대상으로 하는지를 제대로 설명해주지 못한다.

넷째, 바울이 여자들은 교회 안에서 조용히 배워야 한다고 말할 때, 이것은 "침묵하라"는 뜻이 아니다. 바울이 교회가 모일 때 여성이 침묵하기를 의도하지 않는다는 것을 다른 본문에서도 분명히 알 수 있다(참조. 고전 11:5, 13). 여기서 그가 의미하는 것은 교회가 모일 때 여성은 권위 있는 가르침을 조용히 배우라는 것이다.

다섯째, 이 모든 것이 아담 및 하와와 어떤 관련이 있는 것일까? 먼저 바울은 둘 사이의 순서를 정한다. 아담이 먼저 만들어졌고, 그다음에 하와가 만들어졌다. 이것은 그들 사이에 존재하는 관계의 질서를 암시하는 것처럼 보인다. 마치 아담이 일종의 지도자의 책임을 맡고 있는 것처럼 말이다. 그러나 하와는 속아 넘어갔고, 선을 넘었다. 이것은 여성이 남성보다 다소 더 쉽게 속는다는 것을 의미하지 않으며, 그런 이유로 여성이 남성을 가르치는 것을 바울이 원하지 않는다는 것―그것은 진정한 여성혐오일 것이다―을 의미하지도 않는다. 오히려 핵심은 아담이 책임 있는 역할을 맡았음에도 그것에 부응하지 못하고 대신 하와의 잘못된 지시를 따랐다는 것일 가능성이 크다.

여성이 "해산함으로 구원을 얻는다"고 말하는 이 구절은 아마도 이 본문에서 가장 이해하기 어려운 부분일 것이다(2:15). 이 구절은 여성이 아내와 어머니의 역할에만 충실하다면 모든 것이 괜찮다는 것을 의미할 수 있다(참조. 5:14). 또한 이것은 1세기의 많은 여성이 출산 중에 사망했기 때문에 여성이 출산 중에 육체적인 보호를 받을 것임을 의미할 수도 있다. 그러나 이것은 창세기 3:15에서 하나님이 하와를 통해 뱀의 머리를 상하게 함으로써 악을 물리치겠다고 했던 약속을 가리킬 가능성이 크다. 그러므로 이것은 죄와 사탄을 정복하고 모든 사람을 구원받게 하는 예수에 대한 언급이다. 그는 여성에게서 태어났으며 여성의 구원자다. ☐

이 본문과 관련해서는 다양한 해석이 가능하다. 그러나 중요한 첫 단계는 본문이 무엇을 말하고 무엇을 말하지 않는지를 주의 깊게 살펴보는 것이다. 그다음에 독자들은 하나님이 오늘날 우리에게 말씀하시는 것이 무엇인지 솔직하게 물어야 한다. 바울의 이 본문을 단순히 "문화적" 이유

☐ 정경적 연관성

아담과 하와

창세기 2-3장은 몇 가지 상징적 뉘앙스를 지닌, 면밀하게 만들어진 내러티브다. 아담의 조력자이자 동반자로서 하와의 역할이 분명하게 나타난 것처럼, 아담과 하와 사이의 질서는 분명하다(2:18, 21-23). 아담과 하와는 둘 다 하나님의 형상으로 만들어진, 창조세계를 다스리는 공동 통치자이자 동등한 존재로 간주되지만(1:26-28), 그럼에도 그들 사이의 질서는 남아 있다. 그런 질서는 가치나 본질에 관한 것이 아니라 그들의 관계가 지닌 특성에 관한 것이다. 창세기 3장에서는 뱀으로 인해 이 질서가 뒤집혔다. 이 뱀은 아담과 하와가 다스려야 하는 동물계의 일부였는데(1:28), 뱀이 하와에게 해야 할 일을 말해주고, 그다음에 하와가 아담에게 해야 할 일을 말함으로써(3:1-7) 이 질서가 뒤집힌 것이다. 그렇다면 창세기 3장은 죄가 관계를 어떻게 파괴하는지에 대한 설명이다.

로 일축하기는 어렵다. 왜냐하면 바울은 일부 문화가 아니라 모든 문화에 적용되는 창세기 2-3장의 내러티브를 이 본문에 대한 분명한 근거로 삼고 있기 때문이다. 어떤 해석이 적절해 보이든지 간에, 우리는 다른 모든 본문과 마찬가지로 이 성경 본문을 기독교 경전으로 읽어야 한다는 것을 기억해야 한다.

감독과 집사

■ 디모데전서 3:1-16을 읽으라 ■

바울은 에베소 교회에 대한 그의 우려와 함께 교회 안에서 두 가지 중요한 역할, 즉 감독과 집사에 관해 다룬다. 한 개인이 감독으로서의 자격을 갖추기 위해서는 기독교 공동체 내부와 외부 모두에서 모범적인 그리스도인의 삶을 살아야 한다. 바울이 언급한 유일한 능력은 가르치는 능력이다(3:1-7). 이것은 바울이 교회 안에서 가르칠 책임이 감독에게 있다고 여긴다는 것을 의미한다. 집사들도 마찬가지로 모범적인 그리스도인의 삶을 살아야 하지만 가르치는 능력은 언급되지 않는다(3:8-10). 따라서 감독과 집사 사이의 주요한 차이점은 전자가 가르치는 것을 통해 교회를 섬기는 권위를 갖고 있는 반면, 후자는 다른 방식으로 교회를 섬긴다는 것이다.

바울은 3:11에서 집사의 아내 혹은 여성 집사를 언급하고 있다. 3:1-7에 감독들의 아내들이 언급되지 않았기 때문에, 여기서 바울이 집사의 아내를 말하는 것 같지는 않다. 그러므로 우리는 여기서 바울이 여성 집사들을 언급하고 있으며, 교회 안에서 여성의 리더십과 섬기는 역할을 분명히 염두에 두고 있음을 알 수 있다. 그러나 남성처럼 가르치는 일이 여성이 해야 할 일의 일부는 아니었다(참조. 2:12).

바울은 이런 문제들을 다룸으로써 교회가 어떻게 행해야 하는지를 디모데가 알 수 있도록 한다. 그는 교회를 하나님의 가정으로 묘사하기 때문에, 교회의 질서 있는 행동은 하나님을 영화롭게 해야 한다(3:14-15). 실로 교회는 경건해야 하며, 경건의 최고의 모범인 성육신한 예수를 바라보아야 한다(3:16).

목회를 위한 가르침

■ 디모데전서 4:1-5:2을 읽으라 ■

바울은 다시 거짓 가르침이라는 주제로 돌아가서(4:1-5), 동료 신자들에게 이 문제를 지적해야 할 책임이 디모데에게 있다고 말한다. 이것은 그를 탁월한 가르침으로 무장한 그리스도의 좋은 일꾼으로 만들 것이다. 디모데는 경건함으로 자신을 훈련해야 하는데, 이는 현세와 내세의 생명에 유익을 준다. 바울과 디모데의 사역의 핵심은 모든 사람의 구주이신 하나님께 소망을 두도록 다른 사람들을 이끄는 것이다(4:6-10). ⊞

디모데는 젊지만 진리를 가르쳐야 하며, 다른 이들이 본받아야 할 모범이 되어야 한다(4:11-12). 그는 장로들이 그에게 안수한 것을 통해 확인되는 것처럼, 성경 읽기, 권면, 가르치는 일에 전념하고, 그가 받은 은사를 소홀히 여겨서는 안 된다(4:13-14). 디모데는 이런 일들에서 그가 발전하는 것을 모든 사람에게 분명히 나타내야 하며, 자신의 삶과 가르침을 주의 깊게 살펴야 한다. 이것이 그와 그의 신자들을 바른길로 인도할 것이다(4:15-16). 그는

> ### ⊞ 신학적 문제
>
> **모든 사람, 특히 믿는 자들의 구주?**
>
> 하나님이 "모든 사람, 특히 믿는 자들의 구주"(4:10)라는 진술은 때로 만인구원론을 지지하는 것으로 이해된다(사이드바 "하나님은 모든 사람이 구원받기를 원한다?"를 보라). 그러나 이 진술은 그리스도 안에서 하나님의 구원 사역이 충분하다는 것을 나타내는 표현으로 이해하는 것이 더 적절하다. 이 구원 사역은 모든 사람을 구원하기에 충분하지만, 믿는 자들에게만 효과적이다. 영생을 위해 믿음이 필요하다는 것은 서신 전체에 분명히 나타난다(1:16; 2:15; 4:16; 6:12).

교회 구성원을 자기 가족으로 대하며, 나이 많은 남자는 아버지로, 어린 남자는 형제로, 나이 든 여자는 어머니로, 어린 여자는 자매로 대해야 한다 (5:1-2).

나이 많은 신자들을 어떻게 대해야 하는가?

■ 디모데전서 5:3-6:2을 읽으라 ■

바울은 교회 구성원을 가족처럼 대해야 하는 것에 대해 말하면서 디모데에게 도움을 필요로 하는 과부를 돌보라고 가르친다. 하지만 만약 그들에게 자녀나 손자가 있다면 그들이 먼저 그 과부를 돌볼 책임이 있다. 실제로 자신의 가족을 돌보지 않는 것은 신앙을 부정하는 것이다(5:3-8).

도움을 받을 자격이 있는 과부는 나이가 60세 이상이어야 하며 신실하고 선한 일을 행한 것으로 알려진 자라야 한다(5:9-10). 하지만 젊은 과부들은 교회의 도움을 받는 것보다 재혼하는 것이 더 낫다. 이를 통해 교회가 진짜 도움이 필요한 과부들을 돌볼 수 있게 될 것이다(5:11-16).

교회 안에서, 특히 설교와 가르침을 통해 신자들을 잘 이끄는 장로들은 두 배로 존경받을 만하다(5:17-18). 그런 지도자들에 대한 존중과 그들의 지위에 대한 존중에서, 온당한 확증 없이 그들에 대한 비난이 제기되어서는 안 된다. 그러나 만약 그들을 대중 앞에서 바로잡아야 할 필요가 있다면 그들은 편견 없이 질책받아야 한다. 이는 장로를 경솔하게 안수하지 말고 신중하게 안수해야 한다는 것을 의미한다(5:19-22, 24-25).

다시…거짓된 가르침

■ 디모데전서 6:3-21을 읽으라 ■

디모데는 다시 한번 거짓 교사들의 위험성과 그들의 잘못된 교리에서 나오는 불의함에 대한 경고를 받는다. 가르치는 일은 거짓 교사들이 생각하는 것처럼 부를 얻을 수 있는 수단이 아니며, 재물에 대한 욕망은 멸망으로 이르게 하는 함정이다(6:3-10, 17-19). 이와 반대로 디모데는 의와 경건을 추구하고 믿음의 선한 싸움을 싸우며 영생을 붙잡는 하나님의 사람이다(6:11-12). 바울은 디모데에게 그리스도가 다시 나타날 때까지 이 명령을 흠 없이 지키라고 명령한다(6:13-14). 모든 존귀와 영원한 권능을 소유하신 하나님께서 만왕의 왕이시며 만주의 주로서 이를 행하실 것이다(6:15-16).

바울이 디모데에게 하는 마지막 말은 그가 맡은 것, 즉 복음의 참된 가르침과 그의 보살핌을 받는 사람들을 지키라는 것이다. 그는 거짓 교사들이 빠지는 함정을 피해야 하며, 사람들을 올바른 영적 길로 인도해야 한다(6:20-21).

탐구―디모데후서 읽기

복음을 부끄러워하지 말라

■ 디모데후서 1:1-18을 읽으라 ■

바울은 그의 사랑하는 아들 디모데에게 두 번째 편지를 쓴다(1:2-4). 디모데는 그의 어머니 및 할머니와 마찬가지로 진실한 믿음을 갖고 있으며, 바울은 디모데에게 이제 "나의 안수함으로 네 속에 있는 하나님의 은사를 다시 불일듯 하게" 하려고 한다고 말한다(1:5-6). 아마도 바울은 자신과 에베소 교회의 장로들이 그에게 위임한 가르침의 은사를 언급하고 있을 것이다(딤전 4:13-14). 디모데는 박해와 어려운 상황 속에서 이 은사를 감당해야 한다. 그러나 하나님은 그에게 두려움의 영을 주지 않았다. 오히려 디모데는 능력과 사랑과 건전한 분별력을 주시는 성령을 소유하고 있다(1:7).

디모데후서의 구조

바울은 자신의 마지막 유언으로서, 젊은 목사 디모데에게 가장 깊게 각인시키고 싶은 중요한 문제에 대해 그를 격려한다. 디모데는 자신이 받은 하나님의 은사를 불붙게 하고, 복음을 위하여 고난에 참여하며, 복음을 지켜야 한다(1:1-18). 그는 예수 그리스도의 좋은 병사가 되어야 하고, 이 모든 것이 그리스도께 달려 있다는 것을 기억해야 한다(2:1-13). 그는 하나님의 인정을 받은 일꾼으로서 온유함과 사랑을 갖고 거짓 교사들에게 대항해야 한다(2:14-3:9). 디모데는 성경에서 배운 방식을 계속 견지해야 하며, 바울이 그의 생애의 마지막 때에 했던 것처럼, 때를 얻든지 못 얻든지 항상 말씀을 전해야 한다(3:10-4:8). 이 서신은 마지막 가르침과 인사말로 마무리된다(4:9-22).

성령으로 무장한 디모데는 그리스도에 관한 증언(또는 바울에 대한 증언)을 부끄러워해서는 안 된다. 그는 명예-수치의 문화에서 대중의 반감을 살 수 있는 말씀을 기피하고 싶은 유혹을 받을 수 있다. 그것은 강력한 사회적 힘이다. 그러나 그것이 진리를 부인하는 것을 의미한다면, 디모데는 그런 사회적 힘에 굴복해서는 안 된다. 대신에 그는 하나님의 능력을 힘입어야 할 것이다(1:8).

디모데에게 고난을 안겨줄 복음은 하나님이 행위가 아닌 은혜에 따라 사람들을 구원하고 불렀다는 메시지다. 이는 시간의 경계를 신비롭게 무시하는 사실이다. 하나님의 계획은 "사망을 폐하신" 그리스도 안에서 드러났고, 생명을 주는 그의 사역은 바울과 디모데가 전하는 복음의 말씀을 통해 드러난다(1:9-11). 실로 이것이 바울이 세움을 받은 이유이며, 그가 고난을 받는 이유다. 그러나 그가 사회적 수치라는 압력에 굴복하지 않는 이유는 그가 해야 할 일을 할 수 있게 해주는 하나님을 믿기 때문이다(1:12). 디모데도 마찬가지로 바울을 따라 "[그에게] 부탁한 아름다운 것", 즉 그에게 맡겨진 복음의 말씀을 지켜내야 한다(1:13-14).

그리스도의 은혜 안에서 강건하라

■ 디모데후서 2:1-13을 읽으라 ■

디모데가 자신의 사역을 감당하고 복음을 위해 고난을 받는 데 필요한 힘의 원천은 자신이 아닌 그리스도 예수 안에 있는 은혜다(2:1). 디모데의 사역의 일부는 그가 이미 행하고 있는 가르침을 다른 교사들이 할 수 있도록 그들을 키우는 일일 것이다(2:2). 여기서 바울은 자신의 시대를 초월하는 사역의 비전을 보여준다. 즉 바울이 디모데를 가르쳤고, 디모데가 다른 사람을 가르칠 것이며, 그 사람들이 또 다른 사람들을 가르칠 것이다. 디모데는 "예수 그리스도의 좋은 병사로"(2:3) 함께 고난을 받을 것이다(참조. 1:8). 바울은 군인, 운동선수, 그리고 농부의 이미지에 의존하여 그의 사역에서 열심과 헌신의 중요성을 강조한다(2:4-6).

무엇보다 디모데는 "다윗의 씨로 죽은 자 가운데서 다시 살아난 예수 그리스도를 기억"해야 한다(2:8). 그리스도를 전하는 자에게 이런 말을 하는 것은 이상하게 들릴지도 모른다. 이것은 디모데가 예수 그리스도를 잊었을 가능성을 암시하는가? 그러나 여기서는 바울의 목회적 강조점이 중요하다. 아이러니하게도, 그리고 비극적이게도, 그리스도의 복음을 가르치는 사람들이 그리스도를 망각할 수 있다. 바울은 디모데에게 인내하며 끝까지 신실하기 위해서는 디모데의 삶에 그리스도가 필요하다는 것을 다시 상기시킨다. 바울은 그리스도의 복음을 위해 죄인처럼 고난을 당하지만, 택함 받은 자들과 그들의 구원과 영원한 영광을 위해 모든 것을 참아낸다(2:9-10). ⓗ

그다음에 바울은 "미쁘다 이 말이여"로 시작하는데(2:11-13), 이는 인내와 신실함에 관한 시적인 진술로 보인다. 그리

> **ⓗ 신학적 문제**
>
> **바울의 복음에 따르면**
>
> 바울은 2:8에서 그의 복음을 묘사할 때, 예수가 죽은 자들 가운데서 다시 살아난 것과 다윗 왕의 자손인 예수의 혈통을 언급한다. 이와 같은 진술은 그것이 전부라는 의미가 아니라, 바울이 전한 복음이 무엇인지를 명확하게 말할 수 있는 몇 가지 다른 방법이 있다는 것을 의미한다. 그러나 우리는 예수의 부활과 다윗의 혈통이 복음에 대한 우리의 이해에 얼마나 많은 영향을 미치는지 질문할 필요가 있다. 이 두 가지는 모두 바울의 글에서 메시아로서의 예수의 정체성과 연관된다(참조. 롬 1:1-4).

스도와 함께 죽는 것은 그와 함께하는 삶을 보장한다. 그리스도를 위해 참는 것은 하늘나라에서 그와 함께 왕 노릇하는 것을 보장할 것이다. 하지만 그리스도를 부인하는 것은 그가 심판 날에 우리를 부인하는 결과를 낳을 것이다. 사람들은 신실하지 않으나, 그는 신실하다(그는 자신을 부인할 수 없다). 이것이 그가 그리스도를 부인하는 사람들을 부인해야 하는 이유다. 그렇지 않으면 그리스도가 자신을 부인하는 일이 될 것이다. 이 시적인 진술은 그리스도를 위해 당하는 고난의 장기적인 가치를 알리는 독려의 글이다. 결국 그리스도는 그를 위해 고난당하는 사람들의 결백을 증명해줄 것이다. 그러나 박해 속에서도 그리스도를 포기해서는 안 된다.

인정받는 일꾼이 되라

■ 디모데후서 2:14-26을 읽으라 ■

디모데는 진리의 말씀을 올바르게 가르치는 인정받는 일꾼으로서 하나님 앞에 서야 한다. 그의 주변에 계속해서 진리를 부정하는 사람들이 있지만, 주의 이름을 부르는 자들은 모두 구원을 받을 것인데, 그 이유는 주께서 자신의 백성이 누군지를 알기 때문이다(2:14-19). 거짓 가르침이 난무하는 가운데서 궁극적으로 하나님의 주권이 위안이 되는 이유는 그가 자신이 선택한 사람들을 잃어버리지 않을 것이기 때문이다. 그럼에도 디모데는 모든 선한 일에서 하나님께 유용한 특별한 도구가 되기 위해 자신을 준비해야 한다(2:20-21).

이런 준비는 주로 디모데의 인격과 관련된 것이다. 그는 청년의 정욕을 피하고 경건의 성품을 추구해야 한다. 디모데는 비교적 젊지만(참조. 딤전 4:12), 젊음이 지닌 위험성으로 사람들에게 평가받아서는 안 된다. 이 맥락에서는 아마도 특히 젊은이의 자존심과 오만함을 언급할 것이다. 그는 다투지 않고 온유함과 인내심을 갖고 가르쳐야 한다. 그는 심지어 그를 반대하는 자들까지도 온유함으로 대해야 하며 그들의 회개를 하나님께 맡겨야 한다(2:22-26).

거짓 교사와 참된 교사의 대조

■ 디모데후서 3:1-17을 읽으라 ■

말세에는 거짓 교사들이 많아질 텐데, 그들은 그들의 생활방식으로 알려질 것이다. 즉 그들은 자신과 돈을 사랑하고, 교만하고 거룩하지 않으며, 하나님이 아닌 쾌락을 사랑하는 자들이다(3:1-5). 그들은 속임수를 써서 약자를 먹잇감으로 삼고 진리에 저항한다. 모세를 대적했던 얀네와 얌브레처럼 그들은 자신들의 어리석음을 모든 사람에게 드러낼 것이다(3:6-9). 🔵🟢

디모데는 그들과 대조적으로 가르침, 행실, 목적, 믿음, 인내, 사랑, 오래 참음에 대한 바울의 모범을 따랐다(3:10). 이런 것들은 그동안 바울이 겪은 고난에 동반되었는데, 이 모든 고난에서 주님이 지금까지 바울을 건져냈다. 그러나 "무릇 그리스도 예수 안에서 경건하게 살고자 하는 자는 박해를 받기" 때문에, 이런 점에서 바울을 특별하게 여겨서는 안 된다(3:12). 성경에 대한 지식은 그리스도 예수에 대한 믿음을 만들어냄으로써 (거짓 교사들의 속임수와 대조적으로) 구원을 얻도록 디모데와 모든 사람을 준비시킨다

그림 21.2. 성 바울의 프레스코 벽화, 성 베드로 교회(맨스필드, 오하이오)

(3:13-15).

성경에 대한 이런 주장은 신약 성경의 본질에 관한 가장 중요한 구절 중 하나인 다음과 같은 주장으로 계속 이어진다. "모든 성경은 하나님의 감동으로 된 것으로 교훈과 책망과 바르게 함과 의로 교육하기에 유익하니, 이는 하나님의 사람으로 온전하게 하며 모든 선한 일을 행할 능력을 갖추게 하려 함이라"(3:16-17). 🛡

성경의 영감이 무엇을 말하든지 간에 그 기능은 매우 분명하다. 성경은 가르치고, 책망하고, 바로잡고, 교육하는 역할을 한다. 하나님의 영감으로 된 말씀은 단순한 정보 제공 이상의 목적을 이룬다. 즉 말씀은 사람들이 섬기는 일을 감당할 수 있도록 그들을 훈련한다. 나아가 성경은 사람들이 그런 일을 감당할 수 있도록 그들을 **온전히** 다듬어간다.

> **🛡 신학적 문제**
>
> **성경의 영감**
>
> 바울은 문자적으로 모든 성경은 "하나님의 감동으로 된 것"(3:16)이라고 말한다. 이는 성경의 말씀들이 하나님의 입에서 직접 나온다고 상상하게 만든다. 우리는 성경의 각 부분에 대한 인간 저작설—각 저자의 독특한 문체, 신학적 강조점 및 개성을 모두 포함하는—을 긍정하는 동시에 성경이 하나님의 말씀으로 이루어져 있다는 점도 긍정한다. 성경의 변함없는 권위는 성경이 하나님이 말씀하고자 하는 바를 성실히 기록하고 있다는 가르침에 뿌리를 둔다.

말씀을 선포하라

■ 디모데후서 4:1-8을 읽으라 ■

바울은 서신의 말미에 들어서서 디모데에게 마지막 한 가지를 당부한다. 그는 하나님 앞에서, 그리고 산 사람과 죽은 사람을 심판할 그리스도 예수 앞에서, 그분의 나타남과 그의 나라를 두고 엄중히 당부한다. 디모데는 말씀을 선포해야 한다. 그는 성경의 목적, 즉 사람들을 훈련하고 인격을 형성시키고 빚어내는 일과 동일한 목적으로 모든 상황에서 말씀을 선포할 준비가 되어 있어야 한다(4:1-2). 이것은 디모데에게 주어진 중대한 임무다(참조. 1:6; 딤전 4:13-14).

하지만 사람들이 건전한 교리를 원하지 않을 것이기 때문에 이것은 쉬운 일이 아닐 것이다. 그들은 자신들의 마음에 드는, 거짓 교사들이 제공하는 가르침을 선호할 것이며, 진리를 외면할 것이다(4:3-4). 그러나 디모데는 모든 혼란 속에서도 침착하게 정신을 차려야 한다. 그는 스스로 절제하고, 힘든 시기를 견디며, 전도자의 일을 하고, 자신의 목회 사역의 책임을 완수해야 한다(4:5).

바울은 다시 한번 자신을 디모데가 따라야 할 본보기로서 제시한다. 그의 삶은 이미 하나님께 제물로서 바쳐졌고, 부어졌으며, 이 땅에서 그의 시간은 끝나가고 있다. 그는 선한 싸움을 싸웠고, 경주를 완주했으며, 믿음을 지켰다. 그는 이제 그 경주의 마지막 완성과 그에 대한 상, 즉 자신을 위해 예비된 의의 면류관을 고대하고 있다. 이 면류관은 의로운 재판장인 예수가 직접 그에게 수여할 것이다. 그러나 바울 혼자만이 이러한 면류관을 기다리는 것이 아니라 그리스도를 사랑한 모든 사람도 바울과 함께 그 면류관을 받게 될 것이다(4:6-8).

바울의 마지막 말

■ 디모데후서 4:9-22을 읽으라 ■

바울은 디모데와 우리 모두에게 자신의 마지막 말을 기록하면서 자신을 방문해달라고 디모데에게 요청한다. 바울은 로마에 수감되어 있었을 가능성이 크며, 그의 오랜 여행의 동반자인 누가를 제외한 다른 사람들에게 버림받았을 것이다. 바울은 두기고를 에베소로 보냈고ㅡ아마도 디모데가 바울을 방문하는 동안 디모데를 대신하기 위해ㅡ디모데에게 두루마리와 양피지에 쓴 것을 가져오라고 부탁한다. 바울의 사역은 사실상 끝났지만, 그는 아직도 앞으로의 말씀 사역을 계획하고 있다(4:9-13).

바울은 다른 사람들에게 버림받았지만, 이방인들에게 말씀을 전하도록 주님이 그에게 힘을 주었다. 하나님은 그를 사자의 입에서 건져내셨는데 이는 아마도 네로 황제에 대한 언급일 것이다. 그리고 주님은 계속해서 그를 죽음이 아닌 악으로부터 구할 것이다. 그는 바울을 그의 하늘나라로 안전하게 인도할 것이다(4:16-18). 결국 아무도 바울을 해칠 수 없다. 그들이 할 수 있는 최악의 일은 그를 죽이는 것이다. 하지만 바울에게 그것은 사랑하는 하나님의 품에 안기는 궁극적인 구원이다.

탐구ㅡ디도서 읽기

그레데에서의 목회

■ 디도서 1:1-16을 읽으라 ■

바울은 이례적으로 긴 인사말을 통해 자신이 그리스도의 사도가 된 목적을 반추한다. 그것은 택함을 받은 사람들의 믿음, 진리에 대한 그들의 지식, 영생의 소망을 위한 것이다. 하나님은 이런 목적을 위해 바울에게 말씀을 선포하는 책임을 맡겼다(1:1-3). 그는 디도에게 편지를 쓰고 있으며, 바울은 그를 믿음 안에서 참아들로 생각한다(1:4). 📖

바울은 각 도시의 교회에 장로들을 세우고자 디도를 그레데에 남겨두고 떠나왔다고 말한다. 장로들은 모범적인 인격을 갖추어야 하며, 건전한 교리를 가르쳐야 한다(1:5-9; 참조. 딤전 3:1-7). 이것은 매우 중요한 것인데,

그 이유는 진리에서 벗어난 사람들, 특히 이방인을 유대인으로 만들고자 하는 사람들(할례파로 알려진다)이 많기 때문이다. 그들의 가르침은 파괴적이며, 그레데의 예언자들은 이렇게 말했다. "그레데인들은 항상 거짓말쟁이며, 악한 짐승이며, 배만 위하는 게으름뱅이라." 바울은 이에 동의한다! 그러므로 그들을 꾸짖고 바로잡아야 한다(1:10-16). 😰

건전한 가르침을 선포하라

■ 디도서 2:1-15을 읽으라 ■

이런 상황을 고려하여 디도는 사람들이 각자 자신에게 맞는 경건한 삶을 살 수 있도록 도울 수 있는 적절한 가르침을 그들에게 주어야 한다. 나이 많은 남자는 존경받을 만해야 하고, 나이 많은 여자는 거룩해야 하며, 젊은 여자는 남편과 아이를 사랑해야 하고, 젊은 남자는 자제력을 가져야 하며, 종들은 주인에게 복종해야 한다(2:1-10).

결국 하나님의 은혜가 임하여 모든 사람에게 구원을 가져오고 그리스

📖 문학적 문제

디도서의 구조

오로지 그레데 교회의 건강을 염려한 바울은 디도에게 경건한 장로들을 지도자로 임명하고, 거짓 교사들이 말하지 못하도록 침묵시키라고 지시한다(1:1-16). 2장과 3장은 나이 많은 남성과 여성, 젊은 남성과 여성, 종과 주인에게 합당한 그리스도인의 행동(2:1-10)과, 하나님의 은총, 경건함, 구원에 관한 기독교적 가르침에 초점을 맞추고 있다(2:11-3:11). 이 서신은 마지막 지시를 하면서 마무리된다(3:12-15).

🗿 역사적 문제

바울은 언제 그레데에 체류했는가?

바울이 그레데에 머물러 있었다는 유일한 기록은 그가 죄수의 신분으로 로마에 이송되는 동안이다(행 27:7-12). 이 배의 선원들은 겨울을 그레데에서 보낼 계획을 갖고 있었지만, 그들이 실제로 그렇게 했는지는 불분명하다. 하지만 그들은 그렇게 하지 않은 것으로 보인다(행 27:21). 따라서 이 특별한 항해에서 바울은 그레데에서 겨울을 보냈거나 아니면 그곳에 체류할 시간이 전혀 없었을 것이다. 비록 그들이 그곳에서 겨울을 났다고 해도, 바울은 백부장의 감시하에 있는 죄수였기 때문에(행 27:1) 그레데에 교회를 세울 수 없었을 것이다(딛 1:5). 다른 두 가지 가능성이 있다. 첫째, 누가가 기록하지는 않았지만, 바울은 그의 선교여행 중 하나에서 그레데를 방문했을 수 있다. 누가가 모든 것을 우리에게 다 말하지는 않았다(모든 역사는 선택에 의한 것이기 때문이다). 둘째, 바울은 로마의 가택 연금에서 석방된 후(기원후 62년), 더욱 가혹하여 그를 죽음에 이르게 한 두 번째 투옥을 당하기 전에 그레데를 방문했을 수 있다.

도의 나타남을 기다리는 동안 경건하게 살라고 지시한다. 그리스도가 자기 몸을 내어준 것은 사람들을 속량하고 깨끗하게 해서 그에게 속한 백성이 되게 하려는 것이다. 이렇게 바울은 구원과 속량의 목적을 언급한다. 즉 그것은 단순히 사람들이 그들의 죄를 용서받기 위한 것이 아니라 그리스

도께 속한 백성이 되도록 그들을 변화시키기 위한 것이다. 이것은 그리스도가 자신을 위해 사람들을 새롭게 창조하는 것에 관한 것이며, 따라서 신자들은 그리스도의 백성들에게 어울리는 방식으로 살아야 한다. 디도는 권위를 갖고 이런 것들을 선포해야 한다(2:11-15). ✝

✝ 신학적 문제

우리의 위대하신 하나님과 구주

이 서신에서 가장 논란이 되는 특징 중 하나는 2:13에서 바울이 누구를 하나님으로 규정하고 있는가다. "복스러운 소망과 우리의 크신 하나님 구주 예수 그리스도의 영광이 나타나심을 기다리게 하셨으니." 그는 예수를 직접 "하나님"으로 부르는가? 그는 여기서 하나님 아버지와 구주 예수 그리스도("우리의 위대하신 하나님과 우리의 구주 예수 그리스도")를 언급하거나, 아니면 예수를 "하나님과 구주"로 부른 것일 수 있다. 이에 대한 해답은 부분적으로 그리스어 구문론의 복잡한 문제(그랜빌 샤프의 법칙으로 알려진 것과 관련됨)에 달려 있지만, 고려해야 할 다른 몇 가지 문제가 있다. 바울은 일반적으로 예수를 "구주"라고 부르지, 하나님 아버지를 "구주"라고 부르지 않지만, 이 서신의 1:3과 3:4에서는 그렇게 부르는 것처럼 보인다. 구원은 하나님의 은혜(2:11)에 달려 있으므로 그가 그렇게 부르지 못할 이유는 없다. 하지만 그는 2:13과 3:6에서도 예수를 "구주"라고 부른다. 그러나 실질적인 문제는 과연 바울이 하나님을 "구주"로 부를 수 있는지가 아니라 "우리 구주 하나님"(1:3; 3:4)에 대한 이 언급이 2:13에 부합하면서 실제로 예수를 가리킬 수 있느냐는 것이다. 이런 표현들을 둘러싼 논쟁이 지속되고 있지만, 바울은 2:13에서 예수를 "하나님"이라고 불렀을 가능성이 크고, 1:3과 3:4도 예수를 지칭하는 것일 수 있다(그러나 이것은 가능성이 작다). (26장의 사이드바 "베드로는 예수를 '하나님'이라고 부르는가?"도 보라.)

세상에서의 삶

■디도서 3:1-11을 읽으라■

신자들은 바깥세상에서 그리스도가 높임을 받도록 살아야 한다. 이 것은 통치자들에게 복종하고, 선한 일을 하며, 사람들에게 친절하게 대하는 것을 포함한다. 우리는 한때 어리석고 불순종하는 백성이었지만, 하나님의 자비와 사랑이 우리의 행위가 아닌 그분의 긍휼을 따라 우리를 구원했다. 그리고 하나님은 그

신약성경을 기독교 경전으로 읽기

리스도를 통해 그의 성령을 부어주어 신자들이 영생의 상속자가 되게 했다(3:1-7).

디도는 지도자로서의 임무를 수행하고 사람들을 가르침에 있어서 이런 것들을 강조해야 한다. 이것은 하나님을 믿는 자들이 단순히 믿는 일뿐만 아니라 선한 일에도 전념할 수 있도록 하기 위해서다. 어리석은 논쟁과 불필요한 분열을 피해야 한다. 이런 모든 일은 유익이 되지 않으며 자기를 정죄하도록 이끈다(3:8-11).

마지막 인사말

■ 디도서 3:12-15을 읽으라 ■

바울은 그의 동역자 중 하나인 아데마 혹은 두기고를 그레데로 보낸 후에 디도가 니고볼리(그리스)에 있는 자신에게 오기를 원한다. 바울은 서명하기 전에 선한 일과 열매의 중요성을 다시 한번 강조한다(3:12-15).

실천과 적용—오늘날 목회 서신을 기독교 경전으로 읽기

목회 서신에서 다루어진 거의 모든 문제가 오늘날 교회의 삶과 여전히 연관이 있다. 과부를 돌보는 일은 예전만큼 절박하지 않을지 몰라도, 자기 가족의 일원처럼 사람들을 돌보는 원칙은 여전히 교회의 임무다. 거짓 가르침의 위협은 디모데와 디도가 직면한 것과는 다른 형태를 띠고 있지만 여전히 강력하다. 디모데와 디도, 그리고 교회의 모든 지도자가 신실하게 가르치고 경건한 삶을 사는 것은 여전히 교회의 건강을 위한 핵심으로 남아 있다.

디모데전후서와 디도서의 핵심 구절

- 만일 내가 지체하면 너로 하여금 하나님의 집에서 어떻게 행하여야 할지를 알게 하려 함이니, 이 집은 살아 계신 하나님의 교회요, 진리의 기둥과 터니라(딤전 3:15).
- 네가 네 자신과 가르침을 살펴 이 일을 계속하라. 이것을 행함으로 네 자신과 네게 듣는 자를 구원하리라(딤전 4:16).
- 너는 진리의 말씀을 옳게 분별하며 부끄러울 것이 없는 일꾼으로 인정된 자로 자신을 하나님 앞에 드리기를 힘쓰라(딤후 2:15).
- 모든 사람에게 구원을 주시는 하나님의 은혜가 나타나 우리를 양육하시되 경건하지 않은 것과 이 세상 정욕을 다 버리고 신중함과 의로움과 경건함으로 이 세상에 살고 복스러운 소망과 우리의 크신 하나님 구주 예수 그리스도의 영광이 나타나심을 기다리게 하셨으니(딛 2:11-13).

기독교적 읽기를 위한 질문

1. 디모데전서 1장에서 디모데에게 그의 사역에 대해 직접 가르침을 주는 내용을 살펴보라. 그의 책임을 당신의 말로 요약하라.
2. 바울이 디모데에게 "네가 네 자신과 가르침을 살펴 이 일을 계속하라. 이것을 행함으로 네 자신과 네게 듣는 자를 구원하리라"(딤전 4:16)고 말할 때, 이것은 디모데에게 무엇을 의미하는가?
3. 디모데후서에서 고난에 대한 언급을 모두 찾으라. 왜 이 서신에서 고난이 그렇게 중요한 요소인가?
4. 디도서에서 선한 일과 경건한 삶에 대한 모든 언급을 찾으라. 하나님께서 사람을 구원하시는 것이 우리의 행위가 아니라 그분의 긍휼 때문이라면(딛 3:4-5), 바울은 왜 이 편지에서 선한 일의 중요성을 그렇게 강조하는가?

22장

빌레몬서

개요

바울의 서신 중 가장 짧은 빌레몬서는 박진감이 있다. 빌레몬서는 주제, 이 서신의 배경이 되는 상황, 그리스도 안에 있는 형제에게 큰 부탁을 하는 바울의 방식으로 볼 때 매우 특별하다. 바울은 옥에 수감되어 있는 중에(에베소일 가능성도 있지만, 아마도 로마에 수감되었을 것이다) 골로새에 살고 있는 그의 친구 빌레몬에게 편지를 쓴다. 😵

> 😵 **역사적 문제**
>
> **빌레몬서의 역사적 기원**
> **저자**: 바울
> **기록 연대**: 기원후 61-62년
> **장소**: 로마
> **배경**: 바울은 황제 친위대의 감시하에 로마에 수감되어 있다.

이 편지는 도망친 노예 오네시모에 관한 것이다. 분명히 오네시모는 빌레몬의 소유였으나 주인으로부터 도망친 후 바울을 만나 그리스도를 믿게 되었다. 지금 바울은 (이 편지를 지닌) 오네시모를 빌레몬에게 돌려보내면서, 오네시모의 자유를 허락해달라고 그리 모호하지 않게 빌레몬에게 간청한다. 😵

신약성경을 기독교 경전으로 읽기

바울이 이런 요청을 하는 방식은 흥미롭다. 그는 자신이 하고 싶은 말을 곧바로 꺼내지 않는다. 대신에 그는 그의 바람을 밝히는 일련의 강력한 힌트를 준다. 바울은 빌레몬을 존중하기 때문에 이런 방식으로 말하는 것으로 보인다. 바울은 빌레몬에게 오네시모를 보내달라고 명령하지 않는데, 그 이유는 바울이 빌레몬이 꼭 그렇게 해야 할 의무가 없다는 것을 알고 있으며, 원하지 않는 일을 친구에게 강요하고 싶지 않았기 때문이다. 하지만 동시에 바울은 그들의 우정—그리고 자신이 빌레몬을 그리스도께 인도한 사실—에 의지하여 그가 옳은 일을 하도록 격려한다.

이 서신의 중심에는 주인과 노예가 그리스도 안에서 형제가 되었다는 확신이 있다. 바울에 대한 빌레몬의 사랑이 빌레몬이 바울의 요청을 고려하게 만드는 하나의 요소로

그림 22.1. 벤자민 웨스트(Benjamin West), "오네시모의 회심"

The Museum of Fine Arts, Houston, The Bayou Bend Collection, gift of Miss Ima Hogg

작용하지만, 빌레몬의 새로운 형제인 오네시모에 대한 그의 사랑 역시 마찬가지로 작용한다. 따라서 이 서신은 문화적 경계와 사회적 구조를 초월해서 관계를 변화시키는 그리스도의 놀라운 능력을 증언한다. 😊

🏛 역사적 문제

그리스-로마 세계의 노예 제도

1세기 로마 제국 인구의 약 3분의 1 또는 4분의 1은 노예로 구성되어 있었다. 이 노예 제도는 미국과 유럽의 역사에서처럼 인종에 기초한 것이 아니라, 로마인들이 다른 민족들을 정복했을 때, 또는 큰 빚을 진 결과로, 혹은 범죄에 대한 처벌로 생겨난 것이었다. 일부 노예들은 큰 고통을 경험하고 최저 생계를 이어갔지만, 다수의 노예들은 교육과 기술 훈련을 받았고 가정, 사업, 정부에서 중요한 역할을 담당했다.[1]

노예가 전체 인구의 많은 부분을 차지했기 때문에, 주인들이 철학자와 도덕 교사들에게 노예를 다루는 방법에 대한 지침을 구하는 것은 일반적인 일이었으며, 적어도 노예들이 한 개인의 재산을 관리한다는 실질적인 이유 때문에 주민들은 흔히 노예들을 잘 대우하라는 권면을 받았다.

신약성경도 이와 마찬가지로 그리스도인 주인들에게 그들의 종과 노예들에게 친절과 공평의 본보기가 되고, 그들을 형제처럼 대하도록 가르치고 있다(엡 6:9; 골 4:1). 또한 신약성경의 서신들은 노예들을 직접 다루면서 그들에게 그리스도를 닮을 것을 권면하는데, 이는 그들도 그리스도인들의 모임에서 환영받았다는 것을 나타낸다(골 3:22-24; 딤전 6:1-2; 벧전 2:18-21).

📖 문학적 문제

빌레몬서의 구조

빌레몬서는 매우 짧은 서신이기 때문에 그 구조가 간단하다. 바울은 빌레몬에게 감사를 표하는 것으로 시작하고(1-7절) 그다음에 오네시모를 대신하여 빌레몬에게 바라는 바를 간청한다(8-22절). 이 서신은 간단한 인사말로 끝을 맺는다(23-25절).

탐구—빌레몬서 읽기

믿음에 참여함

■ 빌레몬서 1-7절을 읽으라 ■

바울은 공동 발신자인 디모데와 함께 그들의 사랑을 받는 자요 동역자인 빌레몬과 그의 집에서 모이는 교회에 편지를 쓴다(1-3절). 바울은 빌레몬의 사랑과 믿음에 감사하며 믿음 안에서 그가 동역해온 것과 그와 나눈 교제가 좋은 열매를 맺기를 기도한다. 바울은 빌레몬이 골로새에 있는 다른 신자들을 사랑해왔다는 사실에서 기쁨과 격려를 얻는다(4-7절). 📖

빌레몬이 믿음 안에서 지금까지 해온 동역이 열매를 맺게 해달라는 바울의 기도에는 충분한 이유가 있다. 이는 바울이 빌레몬에게 간청할 수 있도록 준비 작업을 하는 것이다. 바울은 빌레몬이 그의 믿음을 매우 구체적인 방식으로 실천하는 것을 보고 싶어 한다.

간청

■ 빌레몬서 8-16절을 읽으라 ■

바울은 그의 주요 관심사를 다루기 위해 우회적으로 말하기 시작한다. 그는 빌레몬에게 그가 원하는 바를 행해달라고 명령할 권한이 있다고 느끼지만, 그렇게 하지 않겠다고 단호하게 말한다. 대신에 바울은 사랑에 기초하여 빌레몬에게 간청한다. 이것은 옥에 갇힌 한 노인의 간청이다(8-9절).

바울의 간청은 그가 자신의 아들이라고 표현한 오네시모를 위한 것이다. 바울이 갇혀 있는 동안 오네시모의 아버지가 되었다는 것은 바울이 수감되어 있는 동안 오네시모가 바울을 통해 그리스도를 믿게 되었음을 의미한다. 알고 보니 오네시모는 주인으로부터 도망친, 원래 빌레몬에게 속한 노예였다(16절). 오네시모는 빌레몬에게서 도망치는 중에 바울을 만났고, 이제 그리스도 안에서 형제다.

바울은 오네시모를 그의 합법적인 주인 빌레몬에게 돌려보낸다. 바울은 오네시모가 회심하기 전에는 빌레몬에게 쓸모없는 사람이었지만, 이제는 그리스도인으로서 빌레몬과 바울 모두에게 유용한 사람이라고 말한다. 다시 말해 오네시모는 새로운 사람이며, 빌레몬이 한때 알고 있던 사람이 아니라는 것이다. 그럼에도 바울은 자신이 "심복"이라고 표현한 오네시모를 다시 빌레몬에게 돌려보낸다(11-12절).

바울은 다음 구절인 "그를 내게 머물러 있게 하여 내 복음을 위하여 갇힌 중에서 네 대신 나를 섬기게 하고자 하나"(13절)에서 그가 원하는 것에 가장 근접한 말을 한다. 바울은 오네시모가 자신과 함께 있기를 원한다.

미국 남부에서 빌레몬서와 노예 제도

미국에서 18세기와 19세기에 인종에 기초하여 아프리카인들을 노예로 삼은 것은 극악무도한 일이었으며, 미국의 역사에 인종적·사회적·경제적 갈등이라는 오점과 상처를 지속적으로 남겼다. 남부에 거주하는 사람들은 노예 제도 폐지에 반대하는 많은 주장을 펼쳤는데, 여기에는 노예 제도의 종식이 농업 경제를 파괴하고 엄청난 실업과 사회적 혼란을 초래할 것이라는 주장도 포함된다. 존 C. 캘훈 및 여러 다른 사람들은 미국의 노예 제도가 실제로 아프리카의 미개하고 교육받지 못한 이교도들에게 유익을 주었고, 이제 그들이 일자리를 얻고 주인들로부터 보살핌을 받고 있다고 주장했다. 안타깝게도 노예 소유주들과 설교자들은 노예 소유권과 심지어 노예들에 대한 부당한 대우를 지지하고 옹호하는 데에도 기독교와 성경을 자주 이용했다. 가장 인기 있는 본문 중 하나가 빌레몬서였는데, 그 이유는 바울이 노예 제도를 폐지하지 않고, 오히려 빌레몬에서 도망친 노예인 오네시모를 빌레몬에게 돌려보냈기 때문이다. 이런 방식으로 빌레몬서를 사용하는 것에는 많은 문제점이 있는데, 고대 세계의 노예 제도가 매우 달랐다는 점과 무엇보다 가장 중요한 것으로서 바울이 그 당시의 상황을 전혀 지지하지 않았다는 점이 포함된다. 바울은 빌레몬에게 과거에 그의 노예였던 오네시모와의 관계를 다시 정립해서 이제 오네시모를 더욱 중요한 존재, 즉 사랑받을 만한 가치를 지닌 동료 형제로 여길 것을 호소한다(9, 16절).

오네시모는 이제 신자가 되었으니 유용한 사람이다. 오네시모는 바울이 옥에 갇혀 있는 동안 바울과 함께 일할 수 있다.

그러나 바울은 자신이 원하는 대로 행동하지 않고, 오네시모의 합법적이고 정당한 주인인 빌레몬이 옳은 일을 하기를 원한다고 말한다. 이로써 빌레몬은 오네시모에게 어떤 일을 행할지 결정할 자유를 갖게 되었고, 그의 "선한 일"은 의무에서가 아닌 자의에서 나오게 되었다(14절). 바울이 직접 대놓고 말하지는 않지만, 빌레몬의 "선한 일"이 오네시모의 자유를 허락하는 것이어야 함은 분명하다. ■탐

바울은 이 사건들을 통해 하나님의 계획을 추측해본다. 하나님의 주권적 계획 속에서, 아마도 오네시모가 도망친 것은 그를 회심시키기 위한 목적이 있었을 것이다. 그리스도를 영접한 후 오네시모는 빌레몬에게 영원히 돌아갈 것인데, 이는 그들이 그리스도 안에서 형제애를 나누는 영원한 관계를 시작할 것을 의미한다. 오네시모는 분명히 바울의 형제로서 사랑받고 있으며, 빌레몬으로부터는 더욱 그러할 것이다. 즉 육신과 주 안에서 형제가 될 것이다(16절). 아마도 이것이 이 사건의 핵심일 것이다.

오네시모가 도망친 것은 하나님의 뜻이었다. 이제 과연 빌레몬은 하나님의 계획에 따를 것인가? 🅰

당신의 새 형제를 따뜻하게 환영하라

■ 빌레몬서 17-25절을 읽으라 ■

바울은 빌레몬에게 자신과 빌레몬이 동역자 관계임을 생각해서 바울을 환영하듯 오네시모를 환영해달라고 부탁한다(17절). 오네시모가 빌레몬에게 빚진 것—아마도 도망

육신과 주 안에서 형제?

바울이 오네시모를 육신과 주 안에서 빌레몬의 형제라고 묘사할 때, 그것이 무슨 의미인지 정확히 알기는 어렵다. 분명히 그들은 주 안에서 영적인 형제다. "육신 안에서"의 형제는 혈연관계를 지칭하지 않는다(만약 그렇다면 이 서신은 전혀 다른 편지가 되었을 것이다). 이는 아마도 빌레몬이 오네시모의 자유를 허락하면 두 사람 사이에 새로운 관계가 형성될 것을 의미할 가능성이 크다. 그들은 이미 영적으로 주 안에서 형제로서 동등한 위치에 있다. 바울이 육신 안에서 그들의 형제관계를 언급한 것은 오네시모의 자유를 간청하는 또 다른 요소라고 할 수 있는데, 그렇게 될 때 그들은 더 이상 주인과 노예가 아니라 "형제"가 된다(그들은 영적으로 이미 형제이므로 인간적으로도 대등한 관계에 있다).

치기 전에 빌레몬에게서 훔친 것—은 바울이 갚을 것이다. 빌레몬이 바울에게 빚을 지고 있음에도 불구하고 바울은 그것을 갚을 것이다!(18-19절)

바울은 골로새 교인들이 빌레몬의 사랑으로 인해 새 힘을 얻은 것처럼(7절), 자신의 마음도 빌레몬의 도움을 받아 새 힘을 얻게 되기를 바란다(20절). 이는 의심의 여지 없이 빌레몬이 오네시모를 애정 어린 마음으로 풀어주는 것을 통해 바울의 마음이 새 힘을 얻게 되길 바란다는 것을 의미한다. 바울은 빌레몬의 순종을 확신하며(비록 그에게 아무것도 명령하지 않았지만) "네가 내가 말한 것보다 더 행할 줄을 안다"고 말한다(21절). 이것은 오네시모를 사랑하는 형제로서 환영해달라는 단순한 요청을 넘어 빌레몬이 그런 결정을 내리도록 그를 부드럽게 자극하고 유도하는 방식을 사용한 것이다. 빌레몬이 스스로 결정할 수 있도록 자유를 허락하는 것도 그를 부드럽게 자극하고 유도하기 위한 한 가지 방법일 수 있다. 🅑

이제 바울은 표면적인 요청(오네시모를 환영하는 것)과 그 기저에 있는

빌레몬서와 골로새서의 관계

바울의 빌레몬서는 전통적으로 그의 골로새서와 관련이 있다. 빌레몬은 골로새 교회의 훌륭한 신자였고, 두 서신은 모두 바울이 수감되어 있을 때 기록된 것이다(골 4:18; 몬 1, 23절). 디모데는 두 서신의 공동 지지이며(골 1:1; 몬 1절), 바울과 함께 동역하는 동일한 인물들, 즉 누가, 마가, 데마, 아리스다고, 에바브라가 두 서신에 모두 열거된다(골 4:10-14; 몬 23-24절). 중요한 것은 오네시모를 보낸다는 것이 두 서신에 모두 언급된다는 점이다(골 4:9; 몬 10, 12, 17절). 이 두 서신을 골로새 교회에 함께 보냈을 것으로 보인다.

더 깊은 요청(오네시모에게 자유를 주는 것)을 통해 자신의 요구를 모두 말하고, 자신이 빌레몬을 방문하기 원한다고 말한다(22절). 이는 빌레몬에 대한 바울의 사랑을 재확인하는 것이며, 이런 사랑 안에서 바울은 오네시모에 대한 자신의 요청을 빌레몬에게 말한 것이다.

마지막으로 바울은 골로새에 교회를 세운 동료 죄수 에바브라(골 1:7)와 바울의 동역자 마가, 아리스다고, 데마, 누가가 그들에게 안부를 전한다고 말한다(23-24절).

실천과 적용―오늘날 빌레몬서를 기독교 경전으로 읽기

주인과 노예가 그리스도 안에서 형제가 된다는 신학적인 현실은 참으로 감동적이다. 이것은 바울의 빌레몬서가 남긴 영원한 유산이다. 이는 문화적 차이와 사회적 구조에 의해 나뉠 수밖에 없는 사람들을 그리스도가 형제와 자매로 만드는 방법을 증언한다. 가난한 자와 부유한 자, 유대인과 이방인, 주인과 노예가 모두 그리스도 예수 안에서 하나다. 빌레몬은 엄밀히 말해 (바울의 요청을 들어주기 전까지는) 여전히 오네시모의 주인이지만, 그들은 그리스도 안에서 형제다. 바울은 이런 관점에서 빌레몬에게 오네시모를 생각해달라고, 오네시모를 그와 동등한 존재로 여겨달라고 요청한다.

비록 오늘날의 사회에는 주인-노예 구조가 합법적으로 존재하지 않지만, 그럼에도 어떤 사람들은 높이고 어떤 사람들은 낮게 평가하는 구조가 많다. 직장, 주류 미디어, 정치, 소셜 미디어는 모두 위계에 따라 사람을 평가한다. 권위와 리더십은 필요하고 좋은 것이지만, 이런 것들이 인간의 가치를 결정해서는 안 된다. 그리스도 안에서 사회적 스펙트럼의 양극에 있는 사람들은 하나가 될 수 있다. 특정 사회 구조를 존중하는 것이 여전히 적절할 수 있지만―예를 들어 한 그리스도인이 다른 그리스도인의 고용주일 경우―그럼에도 우리를 갈라놓는 사회적·문화적 구조가 믿음과 사랑을 통해 극복된다는 것은 여전히 사실이다.

우리는 빌레몬이 바울의 요청을 들어주었는지 여부를 알 수 없다. 그러나 우리는 핵심 지도자 하나가 나중에 에베소라는 주요 도시에서 두각을 나타냈다는 것을 알고 있다. 실제로 그는 에베소의 감독이었는데, 그의 이름은 오네시모였다.

빌레몬서의 핵심 구절

- 이로써 네 믿음의 교제가 우리 가운데 있는 선을 알게 하고 그리스도께 이르도록 역사하느니라(6절).

- 이러므로 내가 그리스도 안에서 아주 담대하게 네게 마땅한 일로 명할 수도 있으나 도리어 사랑으로써 간구하노라. 나이가 많은 나 바울은 지금 또 예수 그리스도를 위하여 갇힌 자 되어(8-9절).

- 아마 그가 잠시 떠나게 된 것은 너로 하여금 그를 영원히 두게 함이리니, 이 후로는 종과 같이 대하지 아니하고 종 이상으로 곧 사랑받는 형제로 둘 자라. 내게 특별히 그러하거든 하물며 육신과 주 안에서 상관된 네게랴(15-16절).

1. 이 편지에서 바울과 빌레몬의 관계를 언급한 곳을 모두 찾아보라. 당신은 그 관계의 특징을 어떻게 묘사할 것인가?
2. 오네시모를 어떻게 해야 하는지에 대해 바울이 빌레몬에게 주는 각각의 "힌트"를 이 편지 전체에서 추적하라.
3. 이 서신은 노예 제도에 대한 바울의 태도에 관해 무엇을 말하고 있는가?
4. 미국의 노예 제도를 옹호하는 18세기 또는 19세기의 누군가에게 당신은 빌레몬서를 근거로 하여 어떻게 대응하겠는가?

23장
히브리서

개요

히브리서는 신약성경에서 가장 신비로운 책이다. 이 서신의 저자와 독자는 우리에게 알려지지 않았다. 히브리서는 이스라엘의 종교 곧 옛 언약이 어떻게 그리스도를 가리키는지, 그리스도가 어떻게 옛 언약의 궁극적인 성취인지에 가장 직접적으로 초점을 맞춘 책이다. 😕

이 서신은 특히 그리스도 중심적이며, 그 주요 내용은 하나님의 모든 계시, 천사, 모세, 이스라엘의 제사장 신분, 성전, 제사 제도보다 뛰어난 그리스도의 우월성에 초점을 맞추고 있다. 예수는 인간과 하나님 사이를 중재하는 위대한 대제사장이기 때문에 다른 모든 중재자

😕 역사적 문제

히브리서의 역사적 기원
저자: 불명
기록 연대: 60년대 중반?
장소: 불명
배경: 전통적인 이해는 박해를 경험하고 유대교로 다시 돌아가고 싶은 압박이나 유혹을 느낄 수 있는 유대인 그리스도인들에게 쓴 글이라는 것이었다. 그러나 최근 학계는 유대교 관습을 지키라는 압박에 시달리는 이방인 독자들을 위해 쓴 것이라는 견해를 지지한다.

를 불필요하게 만든다. 예수는 옛 언약
보다 훨씬 더 나은 새 언약을 중재하고,
죄에 대한 궁극적이며 최종적인 제사로
서 자신을 드린다. 📖

저자는 하나님에 대한 이전의 모든
계시, 옛 언약, 이스라엘의 종교에 비해
그리스도가 월등히 뛰어나기 때문에 그
의 독자들에게 압제나 박해에 직면했을
때 그리스도에게서 돌아서지 말 것을
강력히 당부한다. 대신 그들은 반대에
직면했을 때, 이스라엘 역사에서 믿음
을 보여준 본보기를 따라서 끝까지 견
뎌내야 한다. 📖

탐구-히브리서 읽기

우월한 아들

■ 히브리서 1:1-14을 읽으라 ■
히브리서는 하나님의 아들이 다른 모든
사람보다 뛰어나다는 것을 확증함으로
써 시작한다. 그는 하나님과 이야기를
나누었던 이스라엘 역사의 영웅들보다
뛰어난데(1:1-2), 이는 마치 그가 하늘
의 천사들보다 뛰어난 것과 같다(1:3-

히브리서의 구조
히브리서의 구조는 예수의 우월성을 중
심으로 전개된다. 예수는 하나님의 뛰어
난 최후의 말씀이고(1:1-4), 천사들보다
뛰어나며(1:5-2:18), 모세보다 뛰어나다
(3:1-4:13). 예수는 더 나은 새 언약(8:1-
13)과 더 나은 새 **성막**(9:1-10:39)에서
의 뛰어난 대제사장이다(4:14-7:28). 마
지막 세 장은 믿음의 본보기(11:1-12:3),
징계와 예배(12:4-29), 그리고 일반적인
가르침(13:1-25)을 통해 독자들을 훈계
한다.

누가 히브리서를 썼는가?
히브리서의 저자는 신약성경의 큰 수수께
끼 중 하나로 남아 있다. 신약성경의 초기
필사본에는 히브리서가 바울 서신에 포
함되어 있었지만, 초기 교회는 바울이 과
연 그 저자인지에 대해 의견이 나뉘었다.
히브리서는 저자가 바울인지 아니면 다
른 사람인지를 나타내지 않으며, 그 언어
는 바울 서신들과 매우 다르다. 일부는 바
울이 히브리서의 원저자이고 누가가 그리
스어로 번역했다고(알려진 형태) 추측했
는데, 이는 히브리서의 언어가 바울의 언
어보다는 누가의 언어와 훨씬 더 유사하
기 때문이다. 최근의 제안은 바울이 히브
리서의 내용을 아람어로 설교했고 누가가
그 설교를 그리스어로 기록했다는 것이
다. 히브리서 저자에 대한 다른 제안들에
는 아볼로(루터), 로마의 클레멘스(칼뱅),
바나바 등의 인물들이 포함된다. 그러나
간단히 말해서 이런 제안을 뒷받침할 충
분한 증거는 없다. 우리는 누가 히브리서
를 썼는지에 대해 무지하다는 것을 인정
한다. 아마도 히브리서의 원래 독자들은
저자를 알고 있었을 것이며, 그 저자는 교
육 수준이 높은(헬레니즘의 교육?) 구약
성경에 정통한 유대인 신자였을 것이다.

히브리서는 정말 서신일까?

히브리서는 일반적인 서신의 특징이 부족하다. 인사말도 없고, 저자도 언급되지 않으며, 수신자의 이름도 나오지 않는다. 저자는 이 문서를 자신이 기록한 것처럼 언급하지만, 이 글을 가리켜 "권면의 말"(13:22)이라고 지칭하는데, 이는 일반적으로 설교를 가리키는 말이다. 또한 히브리서에는 이야기하고, 말하고, 듣는 것에 대한 언급이 서신 전반에 걸쳐 많이 등장한다. 이런 사실들로 인해 일부 해석자들은 히브리서를 기록된 설교로 간주하게 되었다. 아마도 히브리서는 이를 처음에 설교한 사람에 의해 기록되었을 수도 있고, 아니면 이를 들은 누군가에 의해 기록되었을 수도 있다. 어느 쪽이든 간에 이 설명은 이 문서의 특이한 특징을 설명하는 데 큰 도움이 된다.

히브리서는 왜 정경으로 받아들여졌을까?

히브리서의 저자를 알 수 없다는 점을 고려하면(사이드바 "누가 히브리서를 썼는가?"를 보라), 어떻게 그리고 왜 히브리서가 신약성경에 포함되었는가를 묻는 것은 당연한 일이다. 초기 교회의 교부들이 일부 히브리서의 권위를 암묵적으로 인정하며 그것을 인용하거나 언급하긴 했지만, 초기 서방 교회는 히브리서를 즉시 정경으로 받아들이지 않았다. 히브리서는 아마도 2세기 알렉산드리아에서 바울 서신 모음집에 포함되었을 것이며, 따라서 동방 교회에서 정경으로 간주되었을 것이다(우리가 아는 한 의심의 여지가 없다). 따라서 동방 교회에서는 히브리서의 신학적 권위가 처음부터 확실했다. 교회 역사가인 카이사레아의 에우세비오스(260-340년경)는 히브리서를 "승인된" 책 중 하나로 목록에 등재했고, 히에로니무스(347-420년경)와 아우구스티누스(354-430년)의 영향력을 통해 서방 교회가 동방 교회에 설득당하게 되었다. 히브리서는 기원후 397년에 마침내 카르타고 공의회에서 정경의 지위를 확보했다.

14). 초반의 구절들은 이 아들의 우월성을 설명하는데, 그는 하나님을 계시하는 일, 창조 안에 나타난 그의 능력, 인류를 죄에서 구원한 일, 만물에 대한 그의 지위에서 우월하다. 하나님은 이스라엘의 족장들에게, 그리고 사무엘과 이사야 같은 이스라엘의 예언자들에게 자신을 계시했지만, 마지막 날에는 그의 아들을 통해 말씀했다(1:1-2a). 이 아들은 만물의 상속자요, 만물은 그로 말미암아 지은 바 되었다(1:2b). 이 아들은 하나님의 영광과 본성을 완벽하게 드러내며, 창조된 우주를 지탱하는 힘이다(1:3a). 그는 인간의 죄를 처리했고, 하나님의 우편에 있는 최고 권위의 지극히 높은 자리에 올랐다(1:3b). 📖

또한 이 아들은 천사들보다도 뛰어나다(1:4). 저자는 이 점을 입증하기 위해 시편, 사무엘하, 역대상, 신명기 등에서 발췌한 구약성경 본문 모음집("catena"로 알려졌음)을 활용한다. 이 본문 모음집은 아들이 아버지와 독특한 관계를 맺고 있고, 하나님의 기름 부음을 받은 왕(메시아)으로서 보좌에 앉아 있으며, 천지 만물이 그들의 존재를 그에게 빚지고 있음을 분명히 선언한다. 만물은 일시적이지만, 그는 영원하다. 천사들은 아들의 우월함을 인정하고, 그들의 일은 아들을 통해 구원받을 자들을 돕고 섬기는 것이다(1:14). 😨

너희의 구원을 굳게 붙들라

■ 히브리서 2:1-18을 읽으라 ■

저자는 1장에서 설명한 모든 내용에 기초하여 권면으로 전환한다. 우리는 방향을 잃고 헤매지 않도록 들은 말씀에 유념해야 한다(2:1). 이제는 1장에서 천사와 비교한 내용이 적용된다. 만일 천사들을 통하여 준 말씀이 법적 구속력을 지니고 있어서(모세의 율법을 언급함) 실패에 대해 처벌한다면, 우월한 아들을 통해 얻는 구원을 무시하는 것은 얼마나 더 심각한 일이겠는가?(2:2-3) 다시 말해 옛 언약이 매우 중요하지만, 그것을 능가하는 언약은 얼마나 더 중요하겠는가? 하나님은 표적과 기사, 즉 기적과 성령이 주는 선물을 통해 이 말씀을 확증했다(2:4). 🌀

예수는 천사들보다 뛰어나지만, 우리 인류에 동참하기 위해 사람이 되었다. 시편 8편은 하나님이 사람을 "천사들보다 조금 못한 존재"로 만들었으나 영광과 존귀로 관을 씌우시고 만물을 그들의 발아래에 두셨다고 말한다(2:6-8). 우리

🔵 정경적 연관성

"천사들을 통하여 하신 말씀"이란 무엇인가?

저자는 2:2에서 "천사들을 통하여 하신 말씀"을 언급하는데, 이는 맥락상 모세의 율법을 말하는 것으로 보인다. 왜 율법을 천사들을 통하여 하신 말씀으로 묘사하는가? 모세는 신명기 33:2에서 "일만 성도"와 함께 시내산(하나님이 모세에게 율법을 준 곳)에서 오신 하나님에 대해 말했다. 이 "성도들"은 전통적으로 천사들로 이해되어왔고, 천사들이 모세에게 율법을 전달했다는 유대교 전통으로 이어졌다. 히브리서 저자가 이미 천사보다 뛰어난 아들의 우월성을 확증했기 때문에, 요점은 천사를 통하여 하신 말씀이 "법적 구속력이 있었다면"(2:2), 아들이 말씀하신 구원의 메시지는 얼마나 더 중요한가 하는 것이다(2:3).

영광, 강하, 승천, 영광

신학자들은 예수의 이야기가 거대한 U자로 유용하게 묘사될 수 있다는 것을 오랫동안 관찰해왔다.

그림 23.1.

이 U자형은 그가 하나님의 신적 아들로서 과연 어떤 존재인지, 그가 이 땅에서 무엇을 성취했는지, 그리고 그가 하나님 우편으로 승천한 구주로서 현재 어디에 있는지에 대한 많은 진술을 종합한 것에서 나온 것이다. 하나님의 영원한 아들은 세상의 창조 이전에 영화로운 분이었다. 그는 육신을 입고 나사렛의 사람 예수로 이 땅에 내려왔다(마 1:18-24; 요 3:13; 엡 4:9). 그는 고난을 당하고 죽었다가 부활했다(막 15:1-47). 그다음에 그는 하나님 아버지와 함께 하늘에서 다시 영광 가운데 거하기 위해 육체를 갖고 승천했으며(행 1:9-11; 히 1:3), 모든 이름 위에 뛰어난 이름을 받았다(빌 2:5-11).

는 아직 이런 현실을 볼 수 없지만, 예수가 인류를 위해 죽으려고 천사들보다 낮아진 후에 영광과 존귀로 관을 쓰고 있는 것을 본다(2:7-9). 다시 말해서 예수가 인류를 위한 하나님의 뜻을 성취했다는 것이다. 🔟

예수가 인류를 구원하기 위해 우리의 인성에 동참하기 때문에, 거룩하게 하는 이(예수)와 거룩하게 된 사람들(예수를 믿는 자들)은 "모두 한 아버지를 갖고 있으며", 예수는 그들을 형제자매라고 부른다(2:11-13). 예수가 우리와 같이 살과 피를 가진 것은 마귀를 멸하고 마귀와 죽음에 종노릇하는 사람들을 해방하기 위함이다(2:14-15). 예수는 천사를 구원하기 위해서가 아니라 아브라함의 자손을 구원하기 위해 인간이 되었는데(2:16), 이는 예수가 우리를 위해 대제사장으로서 섬기고, 우리를 대속하고, 우리처럼 인간의 유혹을 경험하기 위해 모든 면에서 우리와 같이 되어야 했다는 것을 의미한다(2:17-18).

이 모든 것은 우리가 받은 구원의 위대함을 강조한다(참조. 2:3). 예수가 천사들보다 뛰어날 뿐만 아니라(1:4-14), 그가 가져오는 구원 역시 예수의 사역 이전의 어떤 것보다 우월하다. 예수는 우월하지만, 인간을 구원하고 하나님과 인간 사이의 중재자 역할을 하기 위해 자신을 낮추었다.

예수는 모세보다 뛰어나다

■ 히브리서 3:1-19을 읽으라 ■

신자들은 "우리가 믿는 도리의 사도이며 대제사장"인 예수를 깊이 생각해야 한다(3:1). 하나님이 그를 보냈고(사도), 그는 하나님과 인간 사이를 중재한다(대제사장). 예수는 모세처럼 자기를 보낸 이에게 신실했지만, "집 지은 자가 그 집보다 더욱 존귀하기" 때문에 모세보다 더 큰 영광을 받을 만하다(3:3). 히브리서 저자가 설명하는 것처럼, 하나님은 집을 지었고 모세는 그 집에서 종으로 섬겼다(3:4-5). 그러나 그리스도는 **아들**로서 그 집에 성실했다(3:6a). 예수는 하나님의 아들로서 아버지의 집을 다스리는데, 그 이유는 아들로서 아버지에게 상속받은 집이 그의 소유이기 때문이다. 그러나 모세는 아들의 집 안에 있는 종에 불과했다. 저자는 "우리는 그의 집이라"(3:6b)고 덧붙이는데, 이는 그가 말하는 집이 하나님의 백성의 모임이라는 것을 나타낸다.

그리스도가 그 집을 다스리므로, 신자들은 그를 거부해서는 안 된다. 저자는 시편 95:7-11을 길게 인용하면서 독자들에게 이스라엘 백성이 광야에서 40년 동안 그랬던 것처럼 마음을 완고하게 하지 말라고 경고한다(3:7-11). 대신에 그

그림 23.2. 크리스토발 드 빌랄판도 (Cristóbal de Villalpando), "모세와 놋뱀 그리고 예수의 변용"

들은 반역한 이스라엘 민족과는 달리(3:16-19) 확신한 것을 끝까지 굳게 붙들고 하나님의 안식에 들어갈 수 있도록 매일 서로 격려해야 한다(3:13-15).

약속된 안식 얻기

■ 히브리서 4:1-13을 읽으라 ■

반역한 이스라엘 백성은 하나님의 안식(이스라엘의 약속된 땅)에 들어가지 못했지만, 그리스도 안에 있는 신자들은 하늘의 안식에 대한 하나님의 약속을 놓치지 않아야 한다(4:1-3). 이 안식은 창조 후에 하나님이 취한 안식에 기초한 것이다(4:4). 하나님의 안식에 기초한 이 안식일에는 그의 백성들이 참여할 수 있지만, 만일 그들이 계속 불순종한다면 불가능하다(4:5-11). 하나님의 말씀은 마음의 생각과 의도를 판단하는 도구이므로 아무도 그에게 숨길 수 없다(4:12-13). 이는 불순종이 무시되거나 간과될 수 없다는 의미다.

우리의 위대한 대제사장

■ 히브리서 4:14-5:10을 읽으라 ■

예수는 인간의 경험을 몸소 체험하고 우리의 연약함을 이해하는 위대한 대제사장이기 때문에, 신자들은 그들의 신앙고백을 굳게 지켜야 한다(4:14-15). 예수는 하나님과 우리 사이의 제사장과 같은 중재자로서 신자들이 두려움이 아닌 담대함을 갖고 하나님의 보좌에 나아갈 수 있게 한다(4:16).

이는 이스라엘 백성들의 종교에서 대제사장과 비슷하지만, 그들은 예수와 달리 죄가 있었기 때문에 백성의 죄를 위해 제사하기 전에 먼저 자신의 죄를 위해 제사해야 했다(5:1-3). 대제사장이 그 역할을 감당하기 위해 부르심을 받은 것처럼, 예수 역시 멜기세덱의 반차를 따라 제사장이 되기 위해 하나님의 부르심을 받았다(5:4-6, 10). 그리스도는 고난을 통해 죽음에 이르기까지 순종했기 때문에 이제 그에게 순종하는 모든 이들에게 구원을 준다(5:7-9). ✝

믿음의 성장

■ 히브리서 5:11-6:12을 읽으라 ■

이제 저자는 독자들의 게으름을 꾸짖고, 이미 교사가 되어 있어야 할 그들이 오히려 기초적인 것을 다시 배워야 할 학생의 처지에 놓여 있다는 사실을 책망하기 시작한다. 그들은 "단단한 음식"을 먹을 수 있을 만큼 충분히 성숙하지 못하고 여전히 젖과 같은 음식이 필요한 믿음을 지닌 유아들이다. 따라서 이제는 그들이 기초적인 것들을 넘어서야 할 때다(5:11-14).

신앙의 성숙에서 퇴보하는 것은 영적으로 매우 위험한 일이기 때문에 앞으로 나아가는 전진만이 그들이 택할 수 있는 유일

✝ 신학적 문제

속죄에 대한 다양한 표현

영어 단어 "속죄"(atonement)는 그 어원, 혹은 단어의 기원이 매우 흥미롭다. 이 단어는 두 사람이나 집단이 "하나가"(at-one) 된 상태를 묘사한다. 신학적으로 속죄는 예수를 통해 성취된 거룩한 하나님과 죄 많은 인류 사이의 하나 됨(at-one-ness)을 가리킨다.

하나가 된 이 새로운 상태는 성경 전체에서 여러 가지 방법으로 묘사된다. 예를 들어 예수의 죽음은 죄 용서라는 결과를 가져다주는 구약성경의 희생제물과 비슷하지만, 그것을 뛰어넘는다. 또한 예수의 죽음과 부활은 세상에 있는 악의 세력에 대한 승리이며, 심지어 죽음 자체도 물리친 것이다. 또한 예수의 구원 사역은 속전과 구속으로도 묘사되는데, 이는 죄의 종이 된 사람들을 구하고 사는 것이다. 또한 예수의 죽음은 대체(substitution)로 표현되는데, 이는 그가 죄 많은 인류에게 올바르게 선포된 법적 처벌을 대신 받는 것을 묘사한다(이는 **대체적 속죄**[substitutionary atonement]로 알려진다).

교회 역사에서 다양한 신학자 및 전통은 이것들 중 하나 혹은 그 이상을 다른 것들보다 더 강조해왔다. 다른 교리적인 문제들과 달리, 이들 중 하나가 다른 것들보다 더 성경적이라고 명시한 신조는 지금까지 결코 없었다. 대신에 속죄는 매우 풍부하고 아름다운 개념이기 때문에 성경은 그 풍부함을 묘사하기 위해 이 모든 표현을 다 사용한다.

한 방향이다. 그리스도를 저버리고 떠나갔다가 다시 돌아오고자 하는 것은 그리스도를 다시 십자가에 못박고 그를 모욕하는 것이다(6:1-8). 하지만 저자는 과거에 선행과 사랑을 베풀었던 독자들에게는 더 좋은 것이 있다고 확신한다. 이제 그들은 믿음을 통해 하나님의 약속을 상속받는 사람들과 같이 끝까지 이 일을 계속해야 한다(6:9-12). 🔟

하나님의 약속은 믿을 수 있다

■ 히브리서 6:13-7:28을 읽으라 ■

저자는 믿음으로 하나님의 약속을 상속받은 자들에 대해 이야기하면서 아브라함의 예를 생각한다. 하나님은 아브라함에게 복을 주며 번성하게 해주겠다고 약속했는데, 이는 그의 자손이 많아질 것을 의미한다. 아브라함은 인내심을 갖고 기다렸고 그 약속을 받았다(6:13-15).

그러나 하나님은 아브라함의 상속자들(예수를 믿는 사람들)에게도 이 약속을 지키겠다고 맹세했기 때문에 신자들은 어려움 속에서도 소망을 붙들 수 있다 (6:17-18). 이 소망은 우리 영혼의 닻이 되어 신자들을 하나님이 거하는 가장 거룩한 장소인 지성소의 "휘장 안에 들어가게 해준다"(6:19). 이 소망은 우리를 위

> ### 🔟 신학적 문제
>
> #### 그리스도를 저버린 후 다시 돌아온다?
>
> 저자는 히브리서 6:4-8에서 그리스도에게서 멀어진 사람은 다시 회개할 수 없다고 말한다. 이 경고의 가혹함은 "한 번 구원받으면 영원히 구원받은 것이다"라는 개신교 종교개혁 원칙과 모순되는 것으로 보인다. 어떻게 진정한 그리스도인이 타락할 수 있는가? 그리고 만일 신자가 예수를 거부한 후 다시 돌아온다면, 어떻게 그들을 용서하지 않을 수 있는가? 일부는 이것이 진정한 신자를 지칭하는 것이 아니라, 겉으로 보기에는 진정한 신자처럼 보이지만 실제로는 그렇지 않은 사람을 지칭하는 것이라고 주장해왔다. 하지만 하늘의 은사를 맛보고 성령을 나누어 받고 하나님의 선한 말씀과 내세의 능력을 맛보았다는 표현들은(6:4-5) 이런 해석에 역행하는 것처럼 보인다. 게다가 심지어 사도 베드로조차도 그리스도를 모른다고 부인한 후 회복되었다. 히브리서는 박해로 인해 그리스도에게서 멀어지는 문제를 다루기 때문에, 저자는 독자들에게 공적이고 최종적인 배교를 경고한다. 일단 그리스도를 단호하게 거부하면 회복될 가능성은 없다.

해 지성소에 들어간 예수에 의해 보장되는데, 이는 그가 멜기세덱의 반차를 따른 대제사장이기 때문이다(6:20). 🌀

저자는 멜기세덱의 중요성을 설명하며 그를 아브라함을 축복한 제사장으로 묘사하는데, 그의 이름은 "의의 왕"이라는 의미다. 이상하게도 그에게는 아버지, 어머니, 혹은 족보가 없었고, 생명의 시작이나 끝도 없다. 사실 그는 하나님의 아들을 닮았다

멜기세덱

멜기세덱은 구약성경에 두 번 등장하는데, 하나는 창세기 14:18-20이고 다른 하나는 시편 110:4이다. 창세기 14장에서 멜기세덱은 느닷없이 나타나서 살렘(예루살렘)의 왕이자 지극히 높은 하나님의 제사장으로만 소개된다. 그는 아브라함(이 시점에는 아직 아브람으로 불렸다)에게 떡과 포도주를 가져오고 그를 축복한다. 그 후 아브라함은 자신이 가진 것에서 10분의 1을 멜기세덱에게 준다. 그리고 멜기세덱은 그가 나타난 것처럼 신비롭게 사라지고 다시는 언급되지 않는다. 시편 110편은 신약성경에서 가장 많이 인용된 시편이며, 다윗의 "주"인 예수 안에서 성취된 것으로 보인다. 그는 하나님의 우편에 앉아 있으며(110:1) 그의 원수들을 다스리고(110:2), 멜기세덱의 반차를 따른 영원한 제사장이다(110:4). 신약성경에서 멜기세덱은 오직 히브리서에만 나오는데(5:6, 10; 6:20-7:1; 7:10-11, 15, 17), 여기서 히브리서 저자는 시편 110:4을 두 차례 인용한다(5:6; 7:17).

(7:1-3). 저자는 다소 복잡한 짧은 논증에서 멜기세덱이 아브라함뿐만 아니라 후대에 아브라함의 자손에서 나올 **레위 계통의 제사장**보다 우월하다는 것을 효과적으로 주장한다(7:4-10).

그다음에 저자는 레위 계통의 제사장과 멜기세덱을 대비하는 데 초점을 맞추기 위해 아브라함에 대한 언급을 중단한다. 레위 계통의 제사장으로는 온전함을 얻을 수 없으므로 다른 반차의 제사장이 필요했다(7:11). 저자는 예수가 레위 계통의 모든 제사장의 뿌리인 레위 지파가 아니라 유다 지파 출신인데도 불구하고 어떻게 대제사장으로 간주될 수 있는지를 논의한다(7:12-17). 그리고

그림 23.3. 아브라함과 그의 사병들이 멜기세덱을 만난 것을 묘사한 16세기 로마 동전

레위 계통의 제사장

레위는 야곱의 열두 아들 중 하나였고(창 35:23-26), 그의 자손은 이스라엘의 열두 지파 중 하나가 되었다. 민수기 8장에서 레위 지파의 사람들(레위인으로 알려짐)은 회막에서 하나님을 섬기기 위해 구별된 제사장들로, 그 임무를 수행하도록 위임받았다. 이 레위 계통의 제사장들은 25세에서 50세 사이의 레위 지파에 속한 남성들로 구성되었다(민 8:24-25).

수용사

조너선 에드워즈의 설교에서의 멜기세덱

히브리서 7:1-3에 나오는 아브라함 시대의 신비로운 제사장인 멜기세덱에 대한 언급은(창 14:18-20) 교회 역사 내내 신학자와 설교자들의 흥미를 불러일으켰고 그들을 당혹스럽게 했다. 위대한 청교도 설교자이자 미국 초기의 뛰어난 지성인이었던 조너선 에드워즈는 불가사의한 멜기세덱을 탐구하고 분석하기를 좋아했던 유명한 설교자 중 한 명이었다. 에드워즈는 멜기세덱에게서 매우 중요한 그리스도의 모형 또는 그리스도와 유사한 묘사를 발견했다. 에드워즈는 멜기세덱이 그리스도가 누구인지를 미리 보여주는 그림, 즉 본체인 예수의 그림자임을 다양한 방법으로 탐구했다. 멜기세덱의 이름은 "의의 왕" 또는 "평화의 왕"을 의미하는데, 이것은 궁극적으로 이 땅의 어느 사람보다 예수에게 해당하는 것이다. 또한 에드워즈는 멜기세덱이 아브라함을 축복하기 위해 빵과 포도주를 갖고 나왔는데(창 14:18), 이것이 교회가 주의 만찬을 기념하는 것과 강력한 연관성을 제시해준다고 언급한다. 멜기세덱은 왕과 제사장의 역할을 겸한 임무를 수행했는데, 이는 구약성경에는 없었으나 예수 자신이 실제로 구현한 것이었다. 이런 방식을 통해 에드워즈는 정경 본문 간의 연관성을 자유롭고 기쁘게 탐구하면서 성경 전체를 읽는 기독교 독법의 모델을 제시한다.[1]

예수의 제사장 직분을 통해 신자들에게는 더 좋은 소망이 주어지는데, 이는 그가 신자들이 하나님께 가까이 나아갈 수 있도록 해주기 때문이다(7:18-19).

하나님은 옛 언약보다 더 좋은 언약과 관련하여, (레위 계통의 제사장들과는 다르게) 맹세를 통해 예수가 제사장이 되게 했다(7:20-22). 옛 언약 아래에서 레위 계통의 제사장들은 각각 다 죽기 때문에 제사장직에 계속 머물러 있을 수 없었지만, 영원한 예수는 영원한 제사장이기 때문에 그의 백성을 위해 부단히 중재할 수 있다(7:23-25). 그는 잘못이나 죄가 없으며, 오직 단 한 번의 제사—자기 자신—를 드렸다. 약점을 지닌 과거의 대제사장들과는 전혀 다른, 하나님의 온전한 아들이 최후의 제사장으로 세움을 받았다(7:26-28).

새 언약의 대제사장

■히브리서 8:1-13을 읽으라■

대제사장 예수는 하나님의 우편에 앉

왔고, 하나님의 임재 앞
에서 그의 백성을 섬긴
다(8:1-2). 이전의 대제
사장들이 예물과 제사
를 드린 것처럼, 예수도
대제사장으로서 제사를
드린다(8:3). 그러나 이
땅의 제사장들은 예수
안에서 성취된 하늘의
실재의 모조품이자 그
림자에 불과하다(8:4-

우측 여백 세로: Wikimedia Commons

그림 23.4. 제물을 바치는 대제사장을 그린 그림, 헨리 데븐
포트 노스롭(Henry Davenport Northrop)의 *Treasures of
the Bible*에서 발췌함

5). 예수의 사역은 그들의 사역보다 뛰어나고, 그가 중재하는 언약은 옛 언
약보다 뛰어나다(8:6).

저자는 이제 방향을 전환하여 이 새 언약의 우월성에 초점을 맞추기
시작한다. 저자는 예레미야 31:31-34의 매우 긴 인용문을 통해 독자들에
게 모세를 통해 이스라엘과 맺은 언약과 다른 새 언약을 세울 것이라는 하
나님의 약속을 상기시킨다. 이 새 언약은 하나님이 율법을 백성들의 생각
과 마음에 새기겠다는 것이며, 각 사람은 하나님을 인격적으로 알게 될 것
이다. 그는 그들의 죄를 영원히 용서할 것이다(8:7-12). 그다음에 저자는
새 언약에 대한 예레미야의 언급을 이제 옛 언약은 낡고 쇠퇴하여 더 이상
쓸모없다는 의미로 해석한다(8:13).

옛 언약과 새 언약을 위한 사역

■ 히브리서 9:1-28을 읽으라 ■

저자는 장막 안에 있는 이 땅의 성소를 묘사한다(9:1-5). 제사장들은 성소의 첫 번째 방에 정기적으로 들어갔지만, 오직 대제사장만이 일 년에 단 한 번 두 번째 방에 들어갈 수 있었다(9:6-7). 이 모든 것은 지성소로 들어가는 길이 아직 인간에게 열리지 않았으며, 죄를 위하여 드리는 제사가 사람의 양심을 깨끗하게 하지는 못했다는 사실을 가리키는 상징으로 기능했다(9:8-10).

그러나 최후의 대제사장인 그리스도는 사람의 손으로 만들지 않은 온전한 장막에서 직무를 수행하며 그의 피의 제물을 드림으로써 영원히 지성소로 들어간다(9:11-12). 동물의 피가 제물의 목적에 부합했다면, 그리스도의 피는 얼마나 더 신자들의 양심을 깨끗하게 하고 하나님을 섬길 수 있게 하겠는가?(9:13-14)

그리스도는 새 언약의 중보자로서 신자들이 영원한 유업을 받을 수 있게 하며 옛 언약 아래에서 지은 죄를 처리한다(9:15). 유업은 누군가가 죽은 후에만 받을 수 있으므로, 신자들은 그리스도의 죽음으로 말미암아 영원한 유업을 받게 된다. 피 흘림 없이는 죄를 용서할 수 없으므로(9:16-22) 옛 언약 아래에서는 피가 필요했다. 이것은 새 언약 아래에서도 마찬가지다. 하지만 그리스도가 자신을 제물로 내어준 것이 과거에 동물을 제물로 드린 것을 대체한다(9:23). 그리스도는 최후의 대제사장으로서 우리와 하나님 사이를 중재하기 위해 하늘의 성소에 들어갔다(9:24). 그는 이 일을 단 한 번 행했으며, 죄를 단번에 없앴다(옛 제사장들과는 대조적으로). 그리고 그리스도는 두 번째 나타나 그를 믿는 자들에게 구원을 베풀 것이다(9:25-28).

최후의 희생제사

■ 히브리서 10:1-18을 읽으라 ■

옛 언약 아래에 있는 제사 제도는 황소와 염소의 피를 통해 예배드리는 자들을 온전하게 만들 수 없었는데, 이는 매년 계속해서 제사를 드려야 한다는 사실에서 분명히 나타난다(10:1-4). 그러나 예수가 자기 몸을 제물로 드린 것은 하나님의 뜻을 성취하여 신자들을 온전히 정결하게 한다(10:5-10; 참조. 시 40:6-8). 이 땅의 제사장들은 서서 반복적으로 제사를 드려야 하지만, 예수는 단 한 번의 제사를 드리고 하나님의 우편에 **앉았는데**, 이는 그가 이 일을 완성했음을 상징한다(10:11-13). 그가 완성한 일은 예레미야가 고대했던 새 언약과 최종적인 죄 사함의 성취로, 그의 백성들을 온전히 거룩하게 만들었다(10:14-18).

경건함과 고의적인 죄

■ 히브리서 10:19-39을 읽으라 ■

신자들은 예수의 피와 그가 제사장인 것을 힘입어 자신 있게 성소에 들어갈 수 있으므로, 이제 우리는 하나님께 가까이 나아가야 한다(10:19-22). 우리는 소망을 붙잡고, 서로 사랑하며, 선한 일을 행하고, 계속 함께 모여야 한다(10:23-25).

그러나 저자는 신자들의 **고의적인 죄**는 죄를 위한 그리스도의 희생 밖에 있으며, 이는 하나님의 심판과 진노로 이어질 것이라고 독자들에게 경고한다(10:26-27). 그리스도와 그가 행한 모든 일을 고의로 거부하고 외면하는 것은 그를 짓밟고 새 언약과 성령을 모욕하는 것이다(10:28-29). 하나님은 이런 반역에 복수하고 그의 백성을 심판할 것이다(10:30-31). ✝

저자는 대중으로부터 받는 조롱과 재산 몰수와 같이 그리스도에 대한

고의적인 죄란 무엇인가?

신학자들은 다음과 같은 히브리서의 구절에 따라 용서받을 수 없는 "고의적인 죄"가 무엇인지에 대해 논쟁을 벌인다. "우리가 진리를 아는 지식을 받은 후 짐짓 죄를 범한즉 다시 속죄하는 제사가 없고"(10:26). 히브리서의 맥락에서 "고의적인 죄"는 그리스도를 의식적이고, 의도적이고, 영구적으로 거부하는 것일 가능성이 가장 크다. 결국 그리스도 외에는 구원이 있을 수 없다. 그리고 히브리서의 원래 독자들은 박해에 직면해서 그리스도를 거부하고 싶은 유혹을 받았을 것으로 보인다(10:32-36). 그렇게 하는 것은 배교하는 일이 되었을 것이다.

믿음을 지키기 위해 독자들이 과거에 견뎌냈던 박해를 그들에게 상기시킴으로써 그가 염두에 두고 있는 죄가 무엇인지를 분명히 밝힌다(10:32-34). 신자들은 박해에 직면해서 믿음을 포기할 것이 아니라, 그리스도에 대한 확신을 가지고 인내하며 끝까지 달음질해야 한다(10:35-38). 그러나 그리스도인이 되기 이전의 삶으로 되돌아가는 사람들은 하나님의 심판을 받아 멸망할 것이다(10:39).

위대한 믿음의 본보기

■ 히브리서 11:1-39을 읽으라 ■

저자는 독자들이 그리스도에 대한 신앙고백을 저버리지 않도록 이스라엘 영웅들의 굳건한 신앙에 대한 긴 논의를 제공한다. 믿음은 바라는 것들을 보증해주고, 보이지 않는 것들을 확신하게 해주는 것으로 정의된다(11:1). 결국 믿음은 하나님이 보이지 않는 것에서 보이는 것을 창조했다는 것을 깨닫는 것이다(11:2). 저자는 아브라함 이전의 아벨, 에녹, 노아의 신실한 본보기를 통해 자신의 주장을 펼친다(11:3-7). 아브라함과 사라는 유업으로 받을 땅과 그 땅을 물려받을 자손에 대한 하나님의 약속을 믿었다(11:8-12). 그들과 그들의 자손들—실제로 여기에 언급된 이스라엘의 모든 영웅—은 하나님의 모든 약속을 받기 전에 죽었고, 모든 신자가 그래야 하듯이, 하늘나라에 있는 더 나은 집을 기대하며 이 세상에서 외국인과 나그네로서 믿음을 갖고 살았다(11:13-22).

믿음으로 모세는 바로의 가족이 되는 대신에 고통당하는 백성들과 하나가 되기로 했으며, 이스라엘 백성을 이집트의 노예생활로부터 인도해냈다(11:23-29). 이스라엘 백성들은 믿음으로 약속의 땅을 차지했으며, 여러 개인은 업적을 세우고 큰 박해와 고난을 견디면서 믿음을 증명했다(11:30-38). 이 모든 신실한 신자들은 그리스도 안에 있는 후대의 신자들이 그들과 함께 유업에 동참할 수 있도록 약속된 것을 기다려야 했다(11:39-40).

인내로써 경주하기

■ 히브리서 12:1-29을 읽으라 ■

이미 경주를 마친 달리기 선수들처럼, 이 신실한 사람들은 현재 달리고 있는 사람들을 응원한다. 그들의 격려를 받은 신자들은 그들의 경주의 속도를 늦추는 것들은 무엇이든 벗어던지고 포기하지 말고 끝까지 경주를 계속해야 한다(12:1). 그들은 계속 달리면서 상을 주시해야 한다. 이 상은 믿음의 경주를 시작하여 끝까지 완주한 예수를 말한다(12:2). 예수는 경주자의 모범이며, 그가 적의를 견뎌낸 것처럼 신자들도 반대를 참고 견뎌야 한다(12:3-4). 하나님은 징계를 통해 경주자들을 훈련하고, 그런 징계는 우리가 그의 자녀임을 일깨워준다. 징계를 통한 훈련은 항상 즐거운 것은 아니지만, 그럼에도 좋은 열매를 맺게 한다(12:5-11). 그리스도인의 삶은 마라톤과 같기 때문에 경주자들은 무릎을 튼튼하게 해야 하고, 그들의 발을 위해 깨끗이 정돈된 길을 만들어야 한다(12:12-13). 이는 그들이 쓴 뿌리와 음행을 멀리하고, 평화와 거룩함을 추구해야 함을 의미한다(12:14-17).

모세 시대에 시내산에서―타오르는 불, 흑암, 폭풍과 함께―하나님의 임재를 두려워했던 사람들과 달리, 신자들은 이제 하늘의 시온산 즉 하늘의 예루살렘에 이르렀다(12:18-22). 신자들은 하늘 도성에 오름으로써 무

윌리엄 퍼킨스의 『구름같이 둘러싼 신실한 증인들』

윌리엄 퍼킨스는 16세기 후반(1558-1602년)에 살았던 영국 케임브리지의 학자이자 설교자였다. 그는 영국 국교회의 개혁주의 전통에서 매우 영향력 있고 유명한 지도자였으며, 정교(政敎) 분리주의자들과는 대조적으로 내부로부터 교회를 정화하고자 노력했다. 1585년과 1618년 사이에 케임브리지에서 출판된 책 210권 중 50권 이상을 퍼킨스가 저술했는데, 이 책들에는 많은 성경 주석이 포함되어 있다.

1590년대에 그는 히브리서 11장에 대한 시리즈 설교를 했고, 그의 사후에 이 설교들이 『구름같이 둘러싼 신실한 증인들』(*A Cloud of Faithful Witnesses*)이라는 제목으로 출간되었는데, 이 책은 그 후에 수없이 번역되고 증쇄되었다.

퍼킨스에게 개혁주의 전통을 따르는 **소명** 또는 부르심에 대한 기독교 교리는 그의 믿음에 대한 논의에서 핵심적인 역할을 한다. 구원에 이르게 하는 믿음은 일반적인 믿음을 넘어 정결한 마음에서 선한 행위로 가는 "유효한 부르심"이다. 이런 행위는 구원을 얻지는 못하지만, 그 행위의 존재는 구원에 이르게 하는 믿음의 징표다. 히브리서 11장에서 본보기들을 열거한 긴 목록은 삶으로 유효한 부르심을 입증한 후 후대의 모든 그리스도인에게 모범이 되는 사람들에 대해 말한다. 그리스도인들은 성경에 나타난 신실한 사람들의 본보기를 따라서 "복음 아래에서 살도록" 초대받는다.[2]

수한 천사들과, 하나님과 예수를 믿는 신자들의 무리와 연합한다(12:23-24). 모세의 시대에 이스라엘 백성이 하나님을 거부했던 것과 달리 오늘날 신자들은 하나님을 거부해서는 안 된다. 대신 우리는 우리에게 주신 하나님의 은혜를 굳게 붙잡아야 한다(12:25-29). 🔲

마지막 권면

■ 히브리서 13:1-25을 읽으라 ■

저자는 결론을 내리면서, 독자들에게 마지막 권면을 한다. 그들은 형제들을 계속해서 사랑하고, 환대를 베풀며, 옥에 갇힌 자들을 기억하고, 결혼을 존중하고, 탐욕에 저항해야 한다(13:1-5). 그들은 자기들의 지도자를 존경해야 하며 거짓 가르침에 미혹되지 말아야 한다(13:7-9).

동물 제물들이 진영 밖에서 태워졌던 것처럼, 예수도 그의 피로 사람들을 거룩하게 하려고 예루살렘 성문 밖의 십자가에서 고통을 당했다(13:10-12). 또한 신자들은 은유적인 문 밖에서 그의 치욕에 동참하면서 그와 자신을 동일시해야 한다(13:13). 결국 이 세상은 우리의 본향이 아니며, 우리는 장차 올 이에게 속한다(13:14). 신자들은 하나님께 찬송의 제사를 드리고, 선을 행하며, 지도자들에게 순종해야 한다(13:15-17). 저자는 평화의 하나님이 그의 뜻을 행하는 데 필요한 모든 좋은 것을 독자들이 갖추게 해주시기를 기도하며(13:20-21), 그들에게 그가 쓴 메시지를 받아들일 것을 당부한다(13:22). 저자는 디모데가 옥에서 풀려났으며 그가 이탈리아에서 방문할 때 자신이 그와 함께 그들을 방문할 수 있다고 알린다(13:23-24).

실천과 적용—오늘날 히브리서를 기독교 경전으로 읽기

히브리서는 무섭기도 하고 고무적이기도 하다. 이 서신은 신약성경에서 그리스도에게서 멀어지는 것의 위험성에 대한 가장 강력한 경고를 포함하고 있다. 그러나 이 서신은 이전에 있었던 하나님의 종들, 옛 언약, 그리고 하나님에 대한 이전의 모든 계시보다 뛰어난, 놀랍도록 우월한 예수를 보여준다. 그는 이 모든 것의 완성이자 정점이다. 따라서 신자들은 어떤 고난 가운데서도 그에게서 떨어지지 않고 붙어 있어야 한다. 심지어 혹독한 박해에 직면할 때조차도 예수를 저버리는 일은 결코 가치 있는 일이 아니다. 신자들은 끝까지 경주를 견뎌내야 한다. 예수 자신도 이미 경주를 마쳤고, 유혹에 맞섰으며, 끝까지 견뎌냈다. 그는 결승점에 서서 자신처럼 경주를 잘 끝내라고 손짓하고, 포기하지 말라고 격려하며, 경주하는 동안 하나님과 우리 사이를 중재한다.

개별 신자들과 교회는 모두 히브리서의 기독론, 격려, 경고의 깊은 우물에서 물을 마심으로써 풍부한 유익을 얻을 것이다. 그러나 우리는 히브리서에서 성경 전체를 이해하는 방법도 배울 수 있다. 히브리서에는 옛 제사장직과 새 제사장직, 중재자, 하나님의 계시가 설명되는 것과 마찬가지로 옛 언약과 새 언약의 관계가 설명된다. 모든 면에서 새것이 옛것보다 우월하며, 예수는 모든 것의 열쇠다. 따라서 우리 신자들은 구약성경을 읽을 때, 그것이 성경 전체의 틀 안에 얼마나 잘 들어맞는지, 그리고 그것이 구약의 궁극적 성취인 예수를 어떻게 가리키는지를 이해할 수 있다.

히브리서의 핵심 구절

- 옛적에 선지자들을 통하여 여러 부분과 여러 모양으로 우리 조상들에게 말씀하신 하나님이 이 모든 날 마지막에는 아들을 통하여 우리에게 말씀하셨으니, 이 아들을 만유의 상속자로 세우시고 또 그로 말미암아 모든 세계를 지으셨느니라(1:1-2).
- 그러므로 우리에게 큰 대제사장이 계시니, 승천하신 이 곧 하나님의 아들 예수시라. 우리가 믿는 도리를 굳게 잡을지어다. 우리에게 있는 대제사장은 우리의 연약함을 동정하지 못하실 이가 아니요, 모든 일에 우리와 똑같이 시험을 받으신 이로되 죄는 없으시니라(4:14-15).
- 그러므로 형제들아, 우리가 예수의 피를 힘입어 성소에 들어갈 담력을 얻었나니, 그 길은 우리를 위하여 휘장 가운데로 열어 놓으신 새로운 살 길이요, 휘장은 곧 그의 육체니라. 또 하나님의 집 다스리는 큰 제사장이 계시매 우리가 마음에 뿌림을 받아 악한 양심으로부터 벗어나고 몸은 맑은 물로 씻음을 받았으니 참마음과 온전한 믿음으로 하나님께 나아가자(10:19-22).
- 이러므로 우리에게 구름 같이 둘러싼 허다한 증인들이 있으니, 모든 무거운 것과 얽매이기 쉬운 죄를 벗어 버리고, 인내로써 우리 앞에 당한 경주를 하며, 믿음의 주요 또 온전하게 하시는 이인 예수를 바라보자. 그는 그 앞에 있는 기쁨을 위하여 십자가를 참으사 부끄러움을 개의치 아니하시더니 하나님 보좌 우편에 앉으셨느니라(12:1-2).

기독교적 읽기를 위한 질문

1. 시편 8편과 110편을 읽으라. 이 두 시편은 어떻게 히브리서 전체에서 예수에 대한 저자의 이해를 알려주는가?
2. 히브리서 전체에서 "더 나은"이라는 단어를 추적하라. 몇 번이나 등장하며, 각각의 경우에 "더 나은"이 의미하는 것은 무엇인가?
3. 그리스도인들이 더 이상 짐승을 제물로 드리지 않고, 더 이상 제사장이

필요하지 않으며, 더 이상 성전이 필요하지 않은 이유를 당신의 말로 표현하라. 히브리서의 적절한 본문들로 당신의 결론을 뒷받침하라.

4. 히브리서는 신자들이 끝까지 버틸 수 있도록 돕기 위해 어떤 격려를 하고 있는가? 그 격려는 오늘날 신자들에게 어떻게 적용되는가?

24장
야고보서

개요

야고보서는 복음서나 로마서 같은 정경의 많은 "형제자매들"보다 훨씬 짧고 훨씬 덜 유명하기 때문에 간과하기 쉽다. 그러나 야고보서는 예수 그리스도의 복음을 실천하기 위한 직접적이고 현실적인 접근법을 위한 책이기 때문에 신약성경의 어떤 다른 책도 이와 견줄 수 없다.

야고보서는 "윤리를 위한 지혜 회람 문서"로 가장 잘 묘사될 수 있다. 이것은 야고보서가 필사되어 다양한 기독교 공동체에 보내기 위한 서신(**회람 문서**)으로 기록되었고, 서신의 내용이 그리스도(지혜) 안에서 어떻게 훌륭한 삶을 살 것인가에 대한 도덕적 가르침(**파라이네시스**[paraenesis])에 초점을 맞추고 있음을 멋진 말로 표현한 것이다. 야고보서의 저자는 오순절 이후 수십 년 동안 예루살렘 교회의 지도자였던, 예수의 생물학적 형제임이 거의 확실하다. 바울이 등장하기도 전에 "의인" 야고보는 다른 많은 유대교 현자의 전통에서, 특히 예수의 전통에서 뛰어난 지혜 선생으로 여겨

신약성경을 기독교 경전으로 읽기

졌던 영향력 있고 존경받는 지도자였다.

야고보서는 놀랍고도 도전적이며 적절한 방식으로 우리에게 지혜를 가르치기 위해 고안된 어록 모음집이다. 이 모음집은 다양한 주제를 다루고 있지만, 우리는 주제의 패턴들(시련과 시험; 우리의 말; 부와 가난; 믿음과 행위)이 하나의 주요한 목표를 갖고 있음을 식별할 수 있다. 그것은 **독자들이 온전하고, 완성되고, 성숙한 방향으로 성장하리라는 것이다.** 이것의 반대되는 개념은 "두 마음을 품은" 것이며, 따라서 불안정한 것이다(1:8; 4:8). 야고보는 온전함 또는 성숙에 해당하는 중요한 그리스어 단어(*teleios*, 텔레이오스)를 다섯 번 사용한다. 현대 영역본은 종종 이것을 "완벽한"으로 표현하는데 이는 진정한 의미를 오해한 것이다. "텔레이오스"가 되라는 야고보의 권면은 우리가 죄 없는 상태("완전한")에 도달할 것이라는 기대가 아니라, 우리의 삶이 예수 그리스도, 즉 하나님의 지혜에 기초하여 더욱 온전해지고 성숙한 삶으로 나타날 것이라는 기대를 담고 있다. 이런 전인격적인 지혜는 현재와 내세에서 참된 삶을 약속한다. 😊

탐구─야고보서 읽기

올바른 관점

■ 야고보서 1:1-27을 읽으라 ■

야고보는 그보다 앞서 예수가 행한 것처럼, 세상에 대해 어떻게 생각해야 하는지와 그 안에서 어떻게 올바르게 살 수 있는지를 독자들에게 가르쳐서 그

그림 24.1. 러시아 정교회의 의인 야고보를 그린 성화

야고보서의 역사적 기원

저자: 전통적으로 이 서신은 베드로가 죽은 후 예루살렘 교회의 지도자가 된 예수의 생물학적 형제인 의인 야고보가 쓴 것으로 간주된다.

기록 연대: 아마도 빠르면 기원후 40년대 중반일 것이다. 전통에 따르면 야고보는 62년에 순교했다.

장소: 이 서신은 예루살렘에서 기록된 것으로, 팔레스타인 밖에 거주하는 그리스도인들, 특히 과거 바빌로니아 지역에 거주하는 유대인 그리스도인들에게 회람되기 위해 기록되었다.

자료: 야고보서는 예수의 가르침에 대한 지식을 보여주며, 특히 마태복음과 많은 주제를 공유한다. 또한 야고보서는 **지혜 문학** 장르에 정통함을 보여준다.

배경: 야고보서는 온전함에 중점을 두며, 유대교 지혜 전통을 반영한다. 또한 야고보서는 믿음과 선행의 관계와 관련하여 초기 교회에 있었던 갈등에 대한 인식을 보여준다.

들이 인생의 온전함과 충만함을 경험할 수 있게 하는 것을 목표로 한다. 우리는 야고보서의 시작부터 이것을 발견할 수 있는데, 명시된 목표는 독자들이 성숙하고 온전해지는 것이다(1:4). 또한 이것은 지혜라고 불린다(1:5). 이 지혜는 견실함, 인내, 인격을 만들어내며, 궁극적으로 생명의 면류관을 얻게 한다(1:2-3, 12). 이것과 반대되는 삶은 주님을 떠나서 흔들리고, 불안정하며, 단절되는 두 마음을 품은 삶이다(1:6-8).

무엇이 이런 차이를 만들어내는가? 이 모든 것은 한 개인의 삶을 올바르게 바라보는 것에 달려 있으며, 이는 관점의 재조정을 필요로 한다. 첫째, 그리스도인들은 시련을 좋은 것으로 받아들이는 법을 배워야 하는데, 이는 시련이 그들의 인격을 형성하기 때문이다(1:2-4, 12). 그러나 그리스도인들은 시련이 그들로 하여금 죄를 짓게 유혹하도록 내버려 두어서는 안 된다. 사람들이 죄에 대한 유혹을 받는 것은 하나님의 잘못이 아니라 그릇된 욕망의 결과다. 하나님은 선하고 은혜로운 분이다(1:13-18). 또한 사람들은 부가 안전과 지위를 제공한다고 생각해서는 안 된다. 이것은 어리석은 생각인데, 그 이유는 부와 영광은 사라질 것이기 때문이다(1:9-11).

관점을 바꾸는 것 외에도 그리스도인들은 소극적인 태도를 버리고 적극적인 태도를 보여야 한다. 단지 하나님의 가르침을 듣고 이해하는 것만으로는 충분하지 않다. 그들은 하나님이 가르치시는 것을 실천해야 한다. 만약 누군가가 하나님의 말씀을 듣지만, 그의 삶이 분노와 음행, 상처를 주는 말, 남을 돌보지 않는 삶으로 특징지어진다면, 그것은 자기기만에 지나지 않는다(1:19-27). 📖

이웃 사랑으로 나타나는 온전함

■ 야고보서 2:1 – 13을 읽으라 ■

야고보서를 포함하여 고대 세계의 지혜에 관한 교훈은 종종 나선형 패턴으로 제시된다. 주제를 소개하고 간략하게 탐구한 후 다시 자세히 다루며 더욱 심도 있는 이해를 위해 더 깊이 들어간다. 야고보서의 첫 장은 지혜에 관한 주제들을 소개한다. 이어지는 장들에서는 이 주제들을 다시 다루면서 심층적으로 설명한다. 첫 번째 주제는 부의 문제와, 가난한 사람들을 무시하면서 부유한 사람들을 편애하는 유혹을 다룬다. 야고보서는 매우 날카롭고 직설적이다. 사회의 비천한 사람들보다 부유하고 힘 있는 사람들을 선호하고 존중하는 경향은 신자들의 삶에 나타나야 할 성숙에 반하는 유치한 차별을 보여준다. 야고보서는 왜 이런 관행이 죄인지 두 가지 이유를 제시한다. 첫째, "차별"("얼굴을 받는다"는 의미의 그리스

> **📖 문학적 문제**
>
> **야고보서의 구조**
>
> 만약 누군가가 바울 서신에서 발견되는 직설적인 문답식 논증을 읽는 데 익숙하다면 야고보서는 다소 혼란스러울 수 있다. 사실 학자들은 야고보서의 구조에 대해 오랫동안 논쟁해왔다. 야고보서는 서신이기 이전에 지혜 문학이다. 이것은 서론(1:1-27)에서 앞으로 다룰 주제를 열거한 후, 다양한 주제에 대한 일련의 윤리적 가르침을 다시 다루는 것을 의미한다. 야고보서 1:26-27은 거시적 차원에서 다른 모든 주제를 하나로 통합하는 개념이다. 야고보는 독자들에게 거짓되고 쓸모없는 종교와 구별되는 참된 신앙의 표징을 깊이 고려할 것을 촉구한다. 이런 참된 신앙은 사람과 세상을 바라보는 하나님의 관점과 일치하는 말과 행동으로 증명된다. 궁핍한 자들을 향한 말과 섬김에서의 성숙은 이 책을 이끌어가는 주요 개념이다. 야고보서의 나머지 부분은 이 진리를 점진적으로 확대하는 방식의 탐구를 기반으로 한다.

어 관용어를 번역한 것)은 겉으로 드러나는 외적인 모습에 초점을 맞추고 어리석게도 한 사람을 다른 사람보다 더 가치 있는 사람으로 판단하는 것이다(2:1-4). 하지만 겉으로 드러난 모습에도 불구하고, 야고보는 가난한 자들이 믿음에서 가장 부유한 자이며, 가장 큰 유업(하나님 나라)을 상속받을 자라고 말한다(2:5). 차별이 잘못인 또 다른 이유는 그것이 하나님의 율법에서 두 번째로 큰 계명인 "네 이웃을 사랑하기를 네 몸과 같이 하라"는 계명에 불순종하기 때문이다(2:8). 율법의 일부라도 불순종하는 사람은 율법 전체를 위반하는 것이다(2:9-11). 하나님이 우리에게 원하는 온전함은 우리가 모든 사람에게 자비를 베푸는 것이다(2:12-13).

믿음과 행함에서의 온전함

■ 야고보서 2:14-26을 읽으라 ■

성경은 독자들에게 하나님이 보이지 않지만 그를 믿고 의지하라고 계속 권면한다. 이것이 믿음이다(히 11:1). 그러나 인간은 흔히 믿음에 대한 이런 촉구를 자신을 지키고 보호하는 이기적인 방식으로 왜곡한다. 한 가지 왜곡의 방식은 우리가 우리 몸으로 하는 행위에 대한 언급 없이 생각을 강조하면서 믿음과 행위 사이에 벽을 세우는 것이다. 우리는 하나님을 올바르게 이해할 수 있지만, 귀신들 역시 진리를 이해하고 있다는 점에서 그들보다 낫지 못할 수 있다(2:19). 야고보서에 따르면, 핵심은 생각과 행위 간의 온전함이다. 선한 행위(**올바른 실천**, orthopraxy)로 구현되지 않은 올바른 정신적 믿음(**정통적 교리**)은 성경적 믿음이 아니다. 행위가 없는 믿음은 살아 있는 것이 아니라 죽은 것이므로 진정한 믿음이 아니다. 진정한 믿음—1:26-27의 참된 경건처럼—은 발과 손이 제 기능을 하는 믿음이다. 진정한 믿음은 결국 가난하고 힘없는 사람들을 도와주고(1:27; 2:15-16), 말하기를 더디 하고 성내기를 더디 하며(1:19), 가난한 사람들을 부유한 사람들만큼 품위 있게 대한다(2:1-13). 우리는 아브라함(2:22-23)과 라합(2:25) 같은 성도들에게서 진정한 믿음을 엿볼 수 있는데, 그들은 하나님을 **믿었기 때문에** 그가 명령하신 것을 그대로 **행했다.** 🔵🔵

말의 온전함

■ 야고보서 3:1-12을 읽으라 ■

야고보서 3:1-12은 1장에서 제기된 주제, 즉 말의 힘이라는 주제를 풀어나간다. 야고보에 따르면 자신이 신앙심이 깊다고 생각하면서도 혀를 절제하지 못하는 사람들은 스스로 기만하는 자들이며, 그들의 신앙은 가치가 없다(1:26). 마치 불이 유용하거나 파괴적일 수 있듯이 혀도 마찬가지다. 야고보는 배의 키, 말의 입에 물리는 재갈, 그리고 맹렬히 타오르는 불의 비유를 사용하여 자신의 주장을 분명하게 펼친다. 혀는 작지만 충격적일 정도로 강력한 힘을 지니고 있다. 말은 다른 사람을 축복하고, 하나님을 찬양하며

🟦 신학적 문제

야고보와 바울의 칭의와 행위

야고보서는 5백 년 전에 시작되어 현재까지도 계속 진행 중인 논쟁 때문에 아마도 가장 유명한 서신으로 알려져 있다고 말할 수 있는데, 이 논쟁은 바울이 행위가 아닌 믿음으로 의롭게 된다고 말할 때 그것의 의미에 관한 것이다(롬 3:28; 갈 2:16). 개신교 신자들에게 이 개념은 종교개혁의 핵심이었다. 결과적으로 루터 자신도 이 서신을 싫어했는데, 왜냐하면 그는 야고보서 2:14-26이 오직 믿음을 통한 칭의의 메시지를 훼손할 수 있는 위험한 표현이라고 생각했기 때문이다. 실제로 이 본문에는 바울과 야고보 사이의 명백한 모순이 나타나는데, 두 사람이 모두 동일하게 아브라함의 예를 사용하여 반대되는 주장을 펼친다(약 2:23).

그러나 이것은 모순처럼 보이지만 단지 그렇게 보일 뿐이다. 바울과 야고보 모두에게 참된 믿음의 증거가 되는 믿음과 행위는 둘 다 필요하다(고후 5:10; 엡 2:8-10을 보라). 부조화처럼 보이는 이 문제는 우리가 바울과 야고보가 "칭의"와 "행위"를 서로 다른 의미에서 다루고 있음을 깨닫게 될 때 해결된다. 바울은 예수를 따르는 것을 통해서가 아니라 모세의 율법을 준수함으로써 하나님과의 언약 관계에 들어가는 것은 모두(유대인 혹은 이방인)에게 불가능하다고 말한다. 한 개인은 일련의 규정들을 준수하는 것(행위)으로 의롭다고(칭의) 선언될 수 없다. 야고보는 예수를 따르는 자(그를 믿는 자)가 된다는 것은 결코 올바른 교리를 믿는 것만을 의미하지 않는다고 주장함으로써 똑같이 참된 실재에 관해 말한다. 이 점에서 바울과 야고보는 완전히 일치한다.

야고보와 바울은 서로 모순되는가?
정경의 통일성과 성경 언어의 문제

창세기 15장에서 하나님은 아브라함이 셀 수 없이 많은 자손의 아버지가 되리라고 약속한다. 창세기 15:6은 아브라함이 하나님의 약속을 믿었고, "여호와께서 이를 그의 의로 여기셨다"라고 말한다. 사이드바 "야고보와 바울의 칭의와 행위"에서 이미 논의한 것처럼, 바울과 야고보는 아브라함의 예를 사용하여 칭의에서 행위의 역할에 대해 서로 다른 주장을 펼친다.

이것은 성경 언어에 대한 중요한 의문을 제기한다. 성경을 기독교적으로 읽는다는 것은 우리가 두 부분으로 구성된 정경의 다양한 관점 사이를 관통하는 신학적 통일성을 전제함을 의미한다. 이는 좋은 일이지만, 우리가 만일 성경의 다양성, 특히 성경 언어와 관련한 다양성을 허물어버리는 방식으로 통일성을 추구한다면 문제가 될 수 있다. 창세기, 로마서, 야고보서에서 "의롭게 된다"라는 표현 사이에는 궁극적으로 신학적 통일성이 존재하지만, 단순히 이 개념의 내용을 이 본문에서 저 본문으로 이동시킴으로써 그 통일성을 발견할 수는 없다. 우리는 각 저자가 "칭의"와 "행위" 같은 용어를 정경 전체에서 다양한 방식으로 말하고 사용할 수 있음을 이해해야 한다. 정경의 통일성은 신학적 전문 용어의 획일적 사용이 아니라 다양성 안에 존재한다.

(3:9), 진리를 가르치는 데(3:1) 사용될 수 있다. 그러나 혀는 자랑하고 속이는 데 사용될 수도 있으며(3:14), 하나님의 형상대로 지음을 받은 사람을 저주하는 데 사용될 수도 있다(3:9). 이렇게 일구이언하는 것에는 하나님이 원하는 온전함이 없다. 온전한 사람은 말하는 데 성숙하며, 그의 삶에서 온전함을 추구한다(3:2).

겸손이라는 온전함

■ 야고보서 3:13-4:12을 읽으라 ■

성경은 계속해서 미덕과 악덕의 목록을 제시하는데, 전자는 생명을 주는 아름다운 덕목인 반면 후자는 파괴적이고 일그러진 존재 방식 및 인격의 특성이다. 이 구절들에서 야고보는 미덕과 악덕에 속하는 몇 가지에 주목한다. 악덕에는 이기적인 야망, 시기, 자랑, 비방, 교만, 그리고 다른 사람들을 판단하는 것이 포함된다. 미덕에는 평화를 조성하는 것, 자비, 성실, 공평, 타인을 배려하는 것이 포함된다. 야고보는 악덕과 반대되고 미덕의 기저에 있는 하나의 덕목을 보여준다. 그것은 겸손이다.

선한 삶은 지혜에서 나오며 겸손과 유사하다(3:13). 겸손은 오랫동안 미덕의 여왕으로 생각되어왔다. 하나님은 교만한 사람을 물리치지만, 반대로 겸손한 사람에게는 은혜를 베푼다 (4:6; 잠 3:34; 벧전 5:5도 보라).

이 경고는 분명하다. 즉 교만한 삶을 사는 사람은 하나님의 친구(4:4)가 되지 않고 오히려 하나님과 대립한다 (4:6). 그러나 하나님의 약속은 무서운 경고보다 더 멋지고 놀랍다. 하나님은 그분께 가까이 나아가고 그분의 길에 기쁘게 순종하는—겸손의 행위—사람들을 가까이하고 그들과 함께하겠다고 약속한다(4:8). 하나님은 스스로 겸손하게 낮추는 자들을 높이겠다고 약속한다(4:10). 🔵ㅌ

재물에 대한 온전함과 겸손

■ 야고보서 4:13-5:6을 읽으라 ■

야고보는 겸손에 대한 그의 권면을 바탕으로, 이 미덕을 돈에 대한 문제에 적용한다. 그는 잠시 멈추고 독자들에게 듣기를 권면하는데, 이는 그가 말하려는 내용에 듣는 이의 주의를 집중시키기 위한 접근법이다(4:13; 5:1).

겸손을 부에 적용한 첫 번째 예는 자기 의존, 그리고 하나님을 제쳐놓고

Royal Library of Denmark

그림 24.2. 죄얀 키르케고르의 스케치, 닐스 크리스티안 키르케고르(Niels Christian Kierkegaard)의 작품

삶을 계획하는 성향에 관한 것이다. 사람들은 종종 자신이 통제하는 것이 아니라 **하나님**이 통제한다는 것을 생각하지 않고 말만 그럴싸하게 하면서 살아간다. 야고보는 사람들이 여행이나 사업 계획을 세울 때 하나님의 주권을 인정하지 않는 어리석은 행동을 한다고 말한다(4:13-14). 왜 이것이 어리석은 일인가? 그것은 인생이 너무나 불확실하기 때문이다. 모든 사람은 금방 증발해버리는 입김일 뿐이다. 살아 계신 하나님을 전혀 알지 못하고 살아가는 것은 완전한 교만이다(4:16). 이것은 계획을 세우는 것이 잘못되었다는 것을 의미하지 않는다. 그렇게 하는 것이 현명하다. 그러나 그 사람의 태도가 겸손에 뿌리를 둔 것이어야 한다. 그리스도인들은 "주님의 뜻이라면…"(4:15)이라는 기치 아래 일상의 삶을 살아감으로써 자신을 낮추라는 권면에 순종할 수 있다(4:7, 10). 이것은 마법의 주문이 아니라 겸손하게 하나님의 지배에 굴복하는 마음을 표현하는 것이다.

부에 대한 겸손의 두 번째 적용은 부를 부도덕하게 사용하고 가난한 사람들을 억압하는 사람들을 고발한다. 이런 불의와 오만은 하나님이 세상에 정의를 세울 때를 위해 분노를 쌓아놓는 것이다(5:3). 또다시 해법은 하나님 앞에서의 겸손이다. ◉

인내하는 올바른 관점…다시 한번

■ 야고보서 5:7-20을 읽으라 ■

야고보서의 도입부는 지혜롭게 살기 위해 올바른 관점을 갖는 것에 초점을 맞추고 있다. 야고보는 자신의 권면을 동일한 요점으로 마무리한다. 타락한 세상에 사는 인간으로서 사람들은 종종 고통과 시련에 직면한다. 성숙한 사람은 하나님이 다시 와서 정의를 가져다주고 그의 자녀들의 결백을 증명해줄 것이라는 희망을 붙잡아야 한다. 야고보는 좋은 지혜 교사처

럼 자신이 말하고자 하는 핵심을 이
해시키기 위해 이미지와 실례를 나
열한다. 좋은 농부는 비와 태양이
열매를 맺게 하기를 인내하며 기
다린다(5:7). 신실한 욥을 비롯하
여 과거의 경건한 백성들은 하나님
의 정의를 끈기 있게 기다렸기 때문
에 복을 받았다(5:10-11). 마찬가지
로 그리스도인들도 미래에 있을 주
님의 재림을 염두에 두고 인내할 수
있다.

그리스도인들은 기도에서도
인내심과 끈기가 있어야 한다. 야고
보는 엘리야의 예를 들어(5:17-18)

기도의 힘을 약속하면서(5:15-16) 다시 하나님께로 주의를 돌린다. 현명한
삶은 궁극적으로 위에 계신 하나님을 의지하는 삶과 연결되어야 한다.

우리가 야고보서라고 부르는 이 지혜 회람 문서는 다소 용두사미 식
으로 끝맺는다(5:19-20). 야고보는 개인적인 마지막 인사를 하는 대신 다
른 사람들이 죽음과 멸망으로부터 구원을 얻도록 그들을 세심하게 가르치
라고 독자들을 격려한다. 이 구절들은 야고보가 주장하는 일관된 핵심을
반복하며, 사람들이 온전하고 성숙해질 수 있도록 경건한 지혜를 갖고서
성장하고 인내할 것을 촉구한다. 🔵

📖 수용사

야고보서와 "익명의 알코올 중독자들"

전 세계 수백만 명의 사람이 "익명의 알코올 중독자들"(Alcoholics Anonymous[AA])의 유명한 12단계 프로그램으로부터, 그리고 중독에서 벗어날 수 있도록 사람들을 돕는 데 헌신하는 여러 관련 단체로부터 많은 혜택을 받아 왔다. AA의 실립자들은 아고보서에, 특히 "행함이 없는 믿음은 그 자체가 죽은 것"이라는 생각(2:14-26)과 겸손하게 자신의 죄와 실패를 서로에게 고백하는 관습(5:16)에 큰 영향을 받았다. 온전한 삶을 위한 야고보의 현실적인 조언은 매우 영향력이 있어서 AA의 초기 멤버들은 그들의 모임 이름을 "야고보 클럽"이라고 짓기 원했다.[2]

실천과 적용—오늘날 야고보서를 기독교 경전으로 읽기

야고보서는 처음부터 끝까지 실제적이고 예리하며 신랄하므로, 오늘날 이 서신을 읽고 나서 그 내용을 적용하는 것은 어렵지 않다. 야고보서에는 오늘날의 독자들에게 해석과 재설명이 필요한 교리들이 거의 없다. 오히려 오늘날 야고보서의 독자들 앞에 놓인 과제는 야고보 자신이 우리에게 가장 바라고 요구하는 것을 실천하는 데 있다. 즉 우리는 단지 말씀을 듣고 아무런 변화도 없이 그대로 자리를 떠나서는 안 된다(1:22-25). 지혜 가르침의 핵심은, 비록 그것이 듣기에 불편하고 도전적이더라도, 듣는 사람들이 그 말을 숙고하고 자신의 가치관, 말, 행동을 기꺼이 바꿀 수 있어야 한다는 것이다.

야고보서가 그리스도인 독자들에게 제기하는 주제들은 고대 세계에서 그랬던 것처럼 오늘날에도 실제적이다. 그리스도의 제자들은 진실하고 순수한 믿음을 추구해야 한다. 이것은 다른 사람을 비방하거나 자신의 생각에 지나친 자신감을 지니지 않으며 자신의 말을 통제하는 것으로 나타날 수 있다. 이는 사회에서 "더 작은" 자들, 즉 고아와 과부 그리고 가난에 시달리는 사람들을 돌보는 동시에 부유한 사람들에게 찬사를 보내거나 그들을 존경하고자 하는 어리석은 유혹을 거부하는 것으로 나타날 수 있다. 이 모든 것에서 믿음과 말은 실제 삶의 행동과 일치해야 한다. 자신이 올바르게 생각하고 말한다고 하면서도 정작 사랑과 봉사의 삶을 살지 않는 사람들은 모두 자신을 기만하는 사람들이다.

좀 더 긍정적인 관점에서 말하면, 사람들이 야고보가 독자들에게 요구하는 온전함과 완전함을 추구할 때, 그 결과는 번영하는 삶이다. 고난을 믿음으로 받아들이고 타인의 이익을 추구할 때 그들은 복을 받고 하나님 및 다른 인간들과 올바른 관계를 맺을 것이다. 이것이 바로 하나님이 주는 지혜다.

야고보서의 핵심 구절

- 누구든지 스스로 경건하다 생각하며 자기 혀를 재갈 물리지 아니하고 자기 마음을 속이면 이 사람의 경건은 헛것이라. 하나님 아버지 앞에서 정결하고 더러움이 없는 경건은 곧 고아와 과부를 그 환난 중에 돌보고 또 자기를 지켜 세속에 물들지 아니하는 그것이니라(1:26-27).
- 영혼 없는 몸이 죽은 것 같이 행함이 없는 믿음은 죽은 것이니라(2:26).
- 너희 중에 지혜와 총명이 있는 자가 누구냐? 그는 선행으로 말미암아 지혜의 온유함으로 그 행함을 보일지니라(3:13).

기독교적 읽기를 위한 질문

1. 마태복음 5-7장에 나오는 산상수훈을 읽으라. 그다음에 이 설교의 주요 주제들을 야고보서에서 추적하라.
2. "온전하다는 것은 무엇을 의미하는가?"라는 질문을 품고 야고보서를 읽은 후 야고보서가 제시하는 답의 목록을 작성하라. 그다음에 야고보서 1:5-6의 정신에 비추어 망가지고 불완전한 당신의 삶의 영역을 성찰하고, 하나님께 지혜와 성숙함을 주실 것을 간구하는 소망의 기도문을 작성하라.

3. 당신의 가까운 주변에 현재 고난과 시련(질병, 재정적 어려움, 죽음, 이혼 등) 가운데 있는 사람들을 생각하라. 말과 행동으로 그들을 격려할 계획을 세우라.

4. 야고보서에서 부와 가난을 다루는 본문들의 목록을 작성하라. 그런 다음 부자들을 존중하고 가난한 사람들을 무시하고 싶은 유혹을 받을 수 있는 상황들을 생각하고 적어보라. 당신은 이런 삶의 영역에서 어떻게 온전함을 추구할 수 있는가?

25장

베드로전서

개요

신약성경에는 열두 제자의 우두머리였던 사도 베드로와 관련된 서신이 두 개 있는데, 이들 서신의 스타일은 매우 다르다(26장도 보라). 이 두 서신은 우리가 교회의 초대 지도자인 용감한 베드로에게 거는 기대보다는 적은 분량일 것이다. 이 서신들은 흔히 더 분량이 많은 바울 문헌에 가려져 있지

그림 25.1. 복음을 전하는 베드로를 묘사한 목판화

(좌측 세로) Library of Congress Prints and Photographs Division

신약성경을 기독교 경전으로 읽기

만, 그러나 바울 문헌 못지않게 중요하며 고유의 아름다움과 힘을 지니고 있다.

베드로전서는 일반 서신이다. 즉 특정 기독교 집단에 쓴 것이 아니라 널리 돌려가면서 읽도록 쓴 것이다. 이 편지는 전달자가 직접 전달하여 교회에서 큰 소리로 읽고 그것을 필사한 후 그다음 교회로 보내졌을 것이며, 그 교회에서 다시 같은 과정이 시작되었을 것이다. 먼저 베드로전서 1:1은 이 편지를 받는 광범위한 수신자 집단이(아마도 이 서신이 전달되는 순서대로) 오늘날 터키 동부 전역에 흩어져 있는 그리스도인들이라고 밝힌다.

고대 세계에서 이와 같은 일반 서신들은 종종 널리 회람되기 위한 것이었는데, 이는 이 서신들이 그것을 듣는 이들에게 미덕과 인격의 성장을 권면하기 위한 목적으로 기록되었음을 의미한다. 베드로가 회람 서신을 쓴 목적은 명확하다. 베드로는 그리스도인들이 고난과 고통 속에서도 거룩함과 겸손에서 더 자라나기를 촉구하고 있다. 거룩함은 경건하지 않은 세상에 살면서도 하나님을 본받는 것을 말한다. 겸손은 심지어 부당한 대우를 받을 때조차도 섬김과 사랑의 자세로 타인과 관계를 맺는 동시에 하나님이 세상을 다스리는 것에 굴복하는 것을 의미한다. 베드로는 이 모든 일에서 예수가 거룩함과 겸손의 최고 본보기임을 끊임없이 일깨워준다.

거룩함과 겸손에 대한 이 권면은 그리스도인이 된다는 것이 무엇을 의미하는지에 대한 베드로의 강력한 비전에 기초한다. 그리스도인이 되는 것은 하나님의 선택을 받은 자가 되는 것이고, 하나님께 소중한 존재가 되는 것이며, 하나님께 신실한 자가 됨으로써 큰 상을 받을 자가 되는 것을 의미한다. 🗿

베드로전서의 역사적 기원

저자: 전통적으로 이 서신은 사도 베드로로부터 온 것으로 알려져 있으며, 아마도 대필자 실루아노의 도움을 받아 기록된 것으로 보인다(5:12).

기록 연대: 박해 및 베드로의 죽음과 관련된 전통에 근거하여 이 서신은 기원후 64년과 66년 사이에 기록된 것으로 보인다.

장소: 베드로는 그가 "바벨론"에서 이 서신을 쓰고 있다고 말한다(5:13). 이것은 확실히 베드로가 살던 시대에 위대한 제국의 수도였던 로마에 대한 은유적인 묘사다.

자료: 첫째, 베드로는 여러 구약 본문에 대한 언급과 예수의 가르침, 특히 산상수훈을 결합한다. 바울과 야고보 사이에는 유사한 가르침과 상당히 중복되는 부분이 있는데, 이것은 그들에게 공통된 전승이 있다는 것을 보여준다.

배경: 처음 몇 세기 동안 그리스도인들은 박해에 직면했는데, 그들이 받은 박해의 정도는 다양했고, 여러 장소에서 이루어졌으며, 박해가 공식적으로 승인되어 널리 확산한 때도 있었고, 때로는 더 국지적이기도 했다. 베드로전서는 소아시아(오늘날의 터키)의 그리스도인들에게 쓴 것인데, 그들은 아마도 네로의 통치 기간에 어떤 형태로든 일반적인 박해를 경험하고 있었을 것이다.

탐구—베드로전서 읽기

억만장자 나그네들이여, 하나님을 찬양합시다!

■ 베드로전서 1:1-12을 읽으라 ■

베드로전서의 도입부는 먼저 하나님이 예수 그리스도를 통해 행한 일에 대해 놀라운 찬양을 드린다. 하나님은 신자들을 선택하여 예수의 피를 뿌리고 자신의 영으로 그들을 거룩하게 한다(1:2). 하나님은 그분의 자비로운 속성 때문에 영적으로 죽은 인간들을 거듭나게 하여 엄청나고 영원한 영적 유산을 받게 했는데, 이 유산은 지금 예수가 있는 하늘에 보관되어 있다(1:3-5). 이 진리가 너무나 놀랍기 때문에 천사들조차도 그 깊이를 이해하기를 갈망한다. 그리스도인들은 현재 큰 역경을 겪을 수 있지만 여전히 기쁨으로 충만할 수 있다(1:6-12).

시련과 영광스러운 기쁨의 이런 조합은 서신 전반에 깔린 주제이며, 베드로가 1:1에서 "선택받은 나그네"라고 표현한 그리스도인들에 대한 역설적인 묘사로 요약된다. 그리스도인들은 하나님이 선택한 존재인 동시에 나그네다. "선택받은"이란 표현은 이스라엘 백성이 모세의 언약 아래 있었던 것처럼 하나님과의 특별한 언약 관계를 위해 선택되고 따로 구별된 것을 의미한다. 베드로는 (신약의 나머지 책들과 마찬가지로) 그리스도와 연합한 모든 사람, 즉 유대인과 이방인 모두가 이제 이 특별한 관계에 있다고 말한다. "나그네"라는 표현은 그리스도인들이 현재 집도 없고 땅도 없으며, 본향에서 살지 못하고, 어려움을 겪고 있음을 의미한다. 그리스도인은 이 땅에 살고 있는 하늘나라의 난민이다. "선택"과 "나그네"의 이런 조합은 매우 아이러니하고 역설적이다. 그것은 그리스도인들의 경험을 잘 묘사하고 있으며, 예수 자신의 경험이기도 하다. 그것은 그들이 선택받은 나그네, 억만장자 난민이라는 것이다. 📖 ⛪

베드로전서의 구조

베드로전서는 고대 서신의 전형적인 패턴을 따르고 있으며, 위엄이 넘치는 서신의 서두에서 보낸 이와 받는 이—이 경우에는 다양하게 흩어진 사람들—를 모두 밝힌다 (1:1-2).

이 서신의 본론은 다음과 같이 크게 세 부분으로 나뉜다.

- 1:3-2:10—첫 번째 부분은 그리스도 예수 안에서 하나님의 백성이 되는 특권과 책임에 초점을 맞춘다. 이 단원은 1:1-2의 반복으로 끝나며, 하나님이 목적을 위해 택했다는 개념을 강조한다.
- 2:11-4:11—두 번째 부분은 그리스도인들이 죄로 가득한 그들의 욕망이 명령하는 것과 그들 주변의 사회가 강요하는 것과는 다른 삶을 살아야 한다는 절박한 권면이 나온다. 순종이라는 핵심 개념은 주요 부분 (2:13-3:12)과 연결되어 있으며, 그리스도인들에게 다양한 관계에서 겸손할 것을 권면한다.
- 4:12-5:11—세 번째 부분은 고난에 어떻게 반응해야 하는지에 대한 마지막 권면을 하면서 하나님에 대한 그리고 서로에 대한 겸손의 기본적인 미덕을 반복해서 말한다.

베드로전서는 전통을 따르는 마무리 말과 축복으로 끝을 맺는다(5:12-14).

삼위일체의 역할

삼위일체 하나님에 대한 정통적인 이해는 교회 역사의 4세기에 걸쳐 점점 더 명확하게 설명되었다. 하지만 이 개념은 이미 신약성경의 많은 본문에 제시되고 있다. 베드로전서 1:2은 신약성경 저자들이 각자 고유의 역할과 활동을 지닌 삼위로 존재하는 한 분 하나님에 대해 말하는 방식을 보여주는 좋은 예를 제시한다.

1:2에서는 성부 하나님의 주권적 지식과 통제를 강조한다. 성자 예수는 마땅히 순종할 만한 분으로 묘사되며, 그가 뿌린 피와 관련하여 그의 성육신과 제사장직이 언급된다. 성령의 역할은 하나님의 백성들의 지속적인 성화—거룩하게 만드는 것—에서 강조된다. 이 삼위일체의 한 하나님은 서로 다른 사역을 통해 하나가 되어 활동한다.

하나님의 거룩한 사람들

■ 베드로전서 1:13-2:10을 읽으라 ■

베드로는 1:1-12에서 기뻐할 수 있는 이유를 말한 다음 연이어 자연스럽게 1:13-2:3에서 거룩함을 촉구한다. 베드로는 일련의 강력한 이미지를 사용하여 하나님으로 말미암아 다시 태어난 그리스도인들에게 이제는 하나님이 누구인지에 기초를 둔 새로운 삶을 살라고 권면한다. 이는 자연스럽고 선한 일이다. 하나님은 예수의 부활을 통해 모든 신자를 다시 살렸으며, 따라서 그리스도인의 정체성과 헌신 및 행동은 하나님의 본성에 그 뿌리를 두어야 한다. 하나님은 어떤 분인가? 그는 거룩하다. 즉 그는 한결같고, 선하며, 어떤 식으로든 악한 분이 아니다(1:14-16). 그는 사랑이 많은 분인데, 이는 그리스도인들도 서로 진실하게 사랑하는 사람들이어야 함을 의미한다(1:22). 그는 선한 분인데, 이는 그리스도인의 삶이 악의, 기만, 위선, 시기, 비방에서 점점 더 벗어나야 한다는 것을 의미한다(2:1-3).

베드로는 매우 능숙한 솜씨로 격려의 말을 하고 있으며, 2:4-10에서는 신약성경에서 그리스도인에 대한 묘사 중 가장 아름답고도 강력한 묘사를 제공한다. 이런 일련의 이미지들은 어려움 속에서 그리스도인들의 삶을 격려하고 힘을 북돋기 위한 것이다. 인간에게는 거부를 당하지만 하나님께 선택받는 이 역설("선택받은 나그네"에 대한 논의를 보라)은 예수 자신에게도 적용되었으며, 따라서 예수의 모든 추종자에게도 적용될 것이다. 이 구절들에서 베드로는 특히 "하나님의 택함을 받은" 것이 어떤 것인지를 풀어나간다. 베드로는 구약성경에 나오는 하나님의 사람들에 대한 묘사를 기초로 하여 일련의 이미지들을 나열한다. 그리스도인들은 살아 있는 돌들과 같으며, 함께 성전으로 세워져가고 있다. 동시에 그리스도인들은 성전에서 하나님을 찬양하며 제사를 드리는 제사장들과 같다. 그리스도인들은 모두 거룩한 민족이고, 하나님의 긍휼을 얻은 자들이며, 이제는 분명한 사명을 가진 자들인데, 이 사명은 그들을 어둠에서 빛으로 인도한 자비로운 하나님을 마음껏 찬양하는 것이다. ⭕

겸손한 섬김의 기독교적 방식

■ 베드로전서 2:11-3:7을 읽으라 ■

그리스도인들이 외부 세계와 맺는 힘들고 어려운 관계는 이 서신에 이미 암시되어 있지만, 이제는 그것이 베드로의 권면의 전면에 등장한다. 그리스도인들은 이방인이자 나그네이기 때문에(1:1; 2:11), 세상의 오해를 받고, 부당하게 악하다고 비난받으며, 모욕을 당하는 등 갈등과 긴장이 생길 수밖에 없다(2:12; 4:14; 참조. 마 5:10-12). 베드로는 이런 일을 피할 수 없음을 알고 있지만, 그리스도인들이 악한 일을 한다는 비난이 단지 부당하고 **그릇된** 비난일 뿐임을 확인하고 싶어 한다. 그리스도인들은 사실 진정으로 선을 행하고 있어야 하며, 하나님이 돌아올 때 그들의 선한 행위가 하나님께 영광과 영예를 돌리게 될 것이다(2:12; 3:16; 4:16-19;

🔵 정경적 연관성

베드로의 구약성경 사용

구약성경은 신약성경의 가르침과 권면을 위한 지속적인 원천이다. 베드로전서 2:4-10은 신약성경에서 구약성경을 미묘한 방식으로 사용한 좋은 예다. 베드로가 그리스도인을 묘사하기 위해 사용하는 은유와 이미지의 조합은 먼저 일반적인 의미로 이스라엘 백성에게 주신 말씀, 그리고 몇몇 경우에 단지 이스라엘 내의 특정 그룹, 즉 제사장들에게 주신 말씀에서 유래한다. 즉 그리스도인들은 하나님의 선택을 받은 사람들, 하나님의 나라의 제사장, 거룩한 나라, 하나님의 집이다(2:4-5, 9).

이처럼 성경 본문을 이스라엘에서 교회로 다시 적용한 것은 이스라엘에 대한 하나님의 사랑(롬 9:1-33)을 부정하는 것도 아니고, 구약성경을 무의미하게 만드는 것도 아니다. 오히려 정반대로 예수는 이스라엘에 대한 모든 약속의 성취다(고후 1:20). 예수는 모든 구약성경이 고대했고, 예언자들이 말했으며, 천사들이 이해하기를 간절히 바랐던 메시아다(1:10-12). 이것은 구약성경 본문을 예수를 믿는 모든 사람(유대인과 이방인)에 관한 말씀으로 재전유하는 것이 절대적으로 타당함을 의미한다. 예수의 부활은 이런 본문들이 다시 활기를 띠게 만들고, 예수의 백성들이 하나님이 택한 백성, 즉 세상을 위한 제사장이 되는 새로운 시대에 다시 태어나게 만든다.

마 5:16의 예수의 가르침에 근거함).

그렇다면 그릇된 비난을 받을 때 선한 일을 한다는 것은 무엇을 의미할까? 베드로는 기독교적인 방식이 모든 권력자에게 겸손하게 복종하는 것이라고 말한다(2:13-14). 그리스도인들은 자유를 갖고 있지만, 이 땅의 권력자들, 심지어 황제에게도 적절한 존경심을 보임으로써 그리스도인들에 대한 비난이 잘못된 것임을 입증해야 한다(2:15-17).

그다음에 베드로는 겸손한 복종이 어떤 것인지에 대한 두 가지 구체적인 예, 즉 종과 주인의 관계, 남편과 아내의 관계에 대한 예를 제시한다. 베드로는 주인의 선함과 악함에 관계없이 그리스도인 종들은 겸손하게 그들이 할 일을 해야 한다고 권면한다(2:18). 만일 종이 반항하여 고난을 자초하면 칭찬받을 일이 없지만, 부당하게 고난을 받으면 그들의 겸손한 복종이 하나님의 눈에 칭찬할 만하고 영광스러운 일이 된다(2:20). (22장의 사이드바 "그리스-로마 세계의 노예 제도"를 보라.)

두 번째 예는 결혼 관계에서 볼 수 있는 것으로서, 비록 두어 가지 중요한 자격을 언급하고 있지만, 요점—겸손해야 한다—은 동일하다. 첫 번째 자격을 언급하면서 베드로는 여성에게 학대를 견디라고 권하지 않고 남편이 그리스도를 믿는 사람이든 아니든 간에 그와의 관계에서 미덕을 쌓고 선한 일을 행하는 것에 힘쓰라고 권면한다(3:1-6). 두 번째로 베드로는 곧이어 남편들에게 아내를 배려하고, 존중하는 마음을 갖고 그들을 대하라는 중요한 명령을 한다(3:7). 🌀

이런 종과 아내의 예는 포괄적인 것이 아니라 그리스도인들을 향한 명령, 즉 지위나 성별과 관계없이 모든 사람을 대하라는, 겸손한 섬김과 자기희생의 명령을 대표한다.

이런 권면의 근거와 출처는 다름 아닌 예수가 보여준 본보기에서 나온 것이다. 베드로는 예수의 추종자들을 위해 본보기가 되는 예수의 삶에 대한 가장 깊은 성찰 가운데 하나를 신자들에게 다음과 같이 제시한다. "그리스도도 너희를 위하여 고난을 받으사 너희에게 본을 끼쳐 그 자취를 따라오게 하려 하셨느니라"(2:21). 예수가 의롭게 고난을 당한 것은 그가 사람들에게 오해받고 학대당했음에도 불구하고 보복하지 않고, 대신에 "정의롭게 심판하는 분에게 다 맡기셨다"는 것을 의미한다(2:23). 고난 가운데서 하나님을 믿는 본을 보인 예수는 베드로전서의 권면 전체를 이끌어나가는 동력이다. 🧑‍🦰🔛

그리스도가 주다

■ 베드로전서 3:8-4:11을 읽으라 ■

이 단락은 2장의 논의를 계속 이어가며 확장한다. 종과 아내의 상황에 적용되었던 그리스도인의 겸손은 이제 모든 그리스도인에게로 확대된다. 베드로는 모든 그리스도인이 서로 동정하는 마음을 갖고, 사랑하며, 불쌍히

그리스도인들의 시민 불복종

일반적으로 신약성경은 그리스도인들에게 그들이 살고 있는 사회의 법과 관습에 복종하라고 권면한다(롬 13:1-7; 딤전 2:1-3; 벧전 2:13-17). 그 이유는 기독교가 정치적인 혁명 운동이 아니기 때문이다. 우리는 가이사의 것은 가이사에게, 하나님의 것은 하나님께 바쳐야 한다(마 22:15-21). 예수는 왕이지만 그의 나라는 이 세상에 속한 것이 아니기 때문에(요 18:36), 그의 추종자들은 평화와 사랑의 사람들이어야 한다.

그러나 이러한 미덕을 실천하는 가운데서도 교회와 개별 그리스도인들이 불의와 악에 맞설 수 있고 맞서야 할 때가 있다. 그리스도인들이 시민 불복종에 지혜롭게 참여해야 할 때가 있다.

현대의 그리스도인들이 저항한 사례로는 마틴 루터 킹 주니어가 미국에서 발생한 인종적 불평등에 저항한 것과, 루마니아의 폭군 니콜라에 차우셰스쿠 정부를 타도한 개혁 교회 목사 퇴케시 라슬로(László Tőkés)가 주도한 운동 등이 있다. 두 경우에(그리고 다른 많은 경우에도) 기독교 지도자들은 고난을 당했지만, 신실함과 겸손함으로 이런 일들을 해냈다. 결과적으로 이런 일들은 실로 사회적·정치적 혁명이었다. 하지만 이것은 하나님의 뜻에 대한 복종, 그리고 베드로가 말하고 있으며 예수 자신이 본을 보인 기독교적 미덕의 실천을 통해 이루어졌다.

여기고, 겸손해야 한다고 말함으로써 자신이 말하고자 하는 핵심을 요약한다(3:8; 4:8-9). 이런 존재 방식과 선한 삶은 그것이 하나님을 영화롭게 하고 선함과 생명을 얻는 결과를 가져다줄 것이라는 약속을 통해 다시 한번 지지를 받는다(3:9-12). 베드로는 모든 그리스도인이 본받아야 할 최고의 모범으로서 또다시 예수를 제시

그리스도와 그리스도인들의 본받음

이 서신에서 베드로는 예수의 모범에 근거하여 다음과 같이 권면한다. "그리스도도 너희를 위하여 고난을 받으사 너희에게 본을 끼쳐 그 자취를 따라오게 하려 하셨느니라"(2:21). 다른 신약성경 본문들도 이와 동일한 방식으로 말하는데, 예를 들면 빌립보서 2:5-11의 그리스도 찬가와 같은 것이 있다. 이 찬가에서 죽기까지 겸손하게 섬긴 예수의 모범은 그리스도인들이 어떻게 서로 관계를 맺어야 하는지에 대한 바울의 권면의 기초를 형성한다. 한 인격체 안에 있는 그리스도의 두 본성(신성과 인성)은 예수를 본받는 것을 강력하고 중요한 것으로 만든다. 그는 완전한 인간이기 때문에(**단성설**이나 가현설 같은 비정통적인 견해와는 달리) 예수가 보여준 지상에서의 삶의 본보기는 기독교에서 매

우 중요하다. 그가 보여준 인간으로서의 모범은 단순한 실례가 아니다. 그것은 성경의 윤리적 가르침의 기초다. 예수는 성부 하나님을 온전하고 신실하게 본받았기 때문에 그리스도인들 역시 그의 모범을 따라야 한다.

이런 본받음의 패턴은—많은 결점과 불완전함에도 불구하고—교회 안에서 계속된다. 바울은 여러 차례 신자들에게 그들이 그리스도를 본받는 것처럼 자신과 다른 지도자들을 본받으라고 권면한다(고전 4:16; 11:1; 빌 3:17; 4:9; 살전 1:6). 하나님은 경건한 사람들이 하나님을 완벽하게 본받은 그리스도를 본받고, 다른 사람들도 그 경건한 사람들의 모범을 따라서 경건하게 성장할 수 있도록 세상을 만드셨다.

한다. 그리스도는 죽음에 이르기
까지 부당하게 고난당했다(3:17-
18). 이는 그리스도를 개인의 마음
과 삶의 중심으로 삼음으로써 동
일한 일을 행하도록 그리스도인들
에게 용기를 줄 수 있다. "너희 마
음에 그리스도를 주로 삼아 거룩
하게 하고"(3:15).

예수의 죽음과 부활에 대한 언
급은 베드로를 위대한 신학적 보물
이 담긴 여담으로 이끈다. 베드로
전서 3:19-22은 이해하기 어려운
본문이며 교회 역사에서 논란이 되

그림 25.2. 지옥의 참상을 묘사한 스테인드글
라스

어왔다. 베드로는 예수가 옥에 간힌 영들에게 선포했다고 언급하지만, 그
가 무엇을 선포했는지, 누구에게 선포했는지는 분명하지 않다. 노아의 시
대 동안 옥에 간힌 영들에게, 불순종하지 않은 자들(영들? 인간들?)에게 선포
했다는 것은 무슨 의미일까? 그다음에 베드로는 노아에 관한 논의를 중단
하고 노아 방주의 유비를 통해 구원의 수단이 되는 물세례에 관한 논의를
시작한다. 그러나 이 세례는 정말 물에 관한 것이 아니라 예수의 부활을 통
해 속사람을 씻는 것에 관한 것이다(3:20-21). 이 모든 신속한 해석 과정이
의미하는 것은 완전히 명확하지 않다. 우리는 4:5-6에서 조금 더 자세한
정보를 얻을 수 있다. 즉 예수는 산 자와 죽은 자 모두를 심판하는 이이고,
모든 사람은 하나님께 모든 사실을 다 설명해야 할 것이며, 그 결과는 심판
또는 생명으로 귀결될 것이다. 이 전체 단락에서 분명한 것은 이제 예수가

The Metropolitan Museum of Art. The Cloisters Collection, 1986.

옥에 있는 영들에게 선포하다

베드로전서 3:19-22은 교회 역사에서 매우 다양한 방식으로 해석되어왔다. 첫째, 이미 2세기에 많은 사람들은 이 구절들이 예수가 직접 지옥으로 가서 그곳에서 복음을 선포하고, 그가 부활할 때 많은 사람을 거기서 데리고 나왔음을 의미한다고 해석했다. 이런 해석은 신약 외경 「베드로복음」과 이후 수 세기 동안 많은 종교 예술 작품에서 발견된다.

두 번째 해석은 후대의 그리스도인 독자들보다는 베드로전서의 수신인들에게 더 분명히 이해되었을 것이다. 이 해석은 이 구절들이 창세기에 나오고 「에녹1서」(6-36장)에서 확대되는 파수꾼들의 이야기를 언급하는 것으로 이해한다. 창세기 6장에는 하나님이 노아와 대화하고 홍수를 보내기 직전에, 천사들이 하나님을 거역하고 땅의 여자들과 함께 아이를 낳아 거인들이 생겨났다는 이야기가 있다. 「에녹1서」는 이 불순종한 영들이 하나님이 그들을 심판할 때까지 옥에 갇혀 있게 된다고 말한다. 이 해석에서 베드로는 이 이야기들과 이 불순종한 영들을 언급하고 있으며, 예수가 세상에 와서 모든 악을 물리치고 승리한다는 관점에서 일어난 일들을 재해석하고 있다.

그리스도의 지옥 하강과 승천

기독교 신앙의 가장 중요한 초기 진술 중 하나인 사도신경은 "그는 지옥으로 내려가시고 장사한 지 사흘 만에 죽은 자 가운데서 다시 살아나시며"라는 고백을 포함한다. 이 고백을 뒷받침하는 성경 말씀은 로마서 10:7, 에베소서 4:8-9, 베드로전서 3:19-20이다.

기독교의 다양한 분파는 그리스도가 지옥 또는 죽은 자들의 자리로 내려간다는 생각을 각각 다른 방식으로 해석해왔다. 일부 개신교 신자들은 이런 생각을 경시했지만, 로마 가톨릭 전통은 이것이 예수가 그리스도 시대 이전부터 고결한 유대인과 이방인들을 어떻게 구원했는지를 이야기한다고 강조해왔다. 동방 정교회 기독교는 예수의 하강과 승천이 어떻게 아담과 하와로부터 시작된 죽음을 물리쳤는지를 강조해왔다.

기독교의 모든 이해의 핵심은 그리스도의 죽음, 장사 됨, 부활, 그리고 승천으로 인해 죽음이 그것의 힘과 독침을 잃었다는 것이다. 그리스도인들은 그들의 고백과 세례를 통해 예수와 연합하여 예수가 육체적으로 경험했던 것과 동일한 여정을 영적으로 경험했다. 즉 삶에서 죽음으로, 죽음에서 다시 삶으로의 여정이다(고전 15:12-58). 그리스도가 죽은 자들의 자리로 내려간 것과 죽음을 이기고 승천한 것은 기독교 신학의 핵심에 있다.

하늘에 계신 하나님 아버지와 함께 권능의 자리에 앉아 있다는 것이다(3:22). 이것이 바로 그리스도인들이 지금 고난당할지라도 미래에 대한 확실한 희망을 품을 수 있는 이유다. 🔵 🔵

목자인 그리스도

■ 베드로전서 4:12-5:14을 읽으라 ■

전형적인 회람 서신(사람들에게 고결한 삶을 살 것을 권면하는 서신)을 대표하는 베드로전서는 마지막 단락 직전에 요점을 반복하는 것으로 이 서신의 본론을 끝맺는다. 우리는 이것을 4:12-19에서 발견하는데, 이는 베드로가 그의 독자들이 무엇을 이해하고 행동하길 원하는지를 잘 요약해준다. 한마디로 그리스도인으로서 고난을 받는 것은 불가피한 일이기 때문에 놀라지 말라는 것이다. 고난이나 박해는 수치스럽고 슬픈 일이 아니라 사실상 큰 기쁨의 원천이 될 수 있는데, 그 이유는 그것이 그리스도와 하나가 되었음을 의미하기 때문이다. 그렇다면 그리스도인들은 어떻게 해야 할까? "하나님의 뜻대로 고난을 받는 자들은 또한 선을 행하는 가운데에 그 영혼을 미쁘신 창조주께 의탁할지어다"(4:19). 베드로의 비전을 이보다 더 잘 요약한 것은 찾아보기 어렵다.

또한 이와 같은 전형적인 고대 서신의 마무리 단락은 특정 인물에 대한 마지막 인사말과 교훈을 포함한다. 첫째, 베드로는 독자 중에서 장로들에게 말한다(5:1-4). 여기서 "장로들"은 (5:5의 젊은 자들과 비교했을 때) 나이 많은 장년들을 의미하지 않는다. 그것은 실제 연령 이상의 것을 가리킨다. 베드로는 양 떼를 돌보는 목자처럼 기독교 공동체를 인도하는 데 도움을 주는 그리스도인들, 즉 겸손하고, 배려하고 보살피며, 필요한 것을 공급하고, 섬기며, 롤 모델이 되는 그리스도인들에게 말하고 있다. 이 모든 일

그림 25.3. 카라바조(Caravaggio), "성 베드로의 십자가형"

목자이신 하나님

하나님은 성경에서 다양한 이미지 혹은 은유를 통해 자신을 드러내는데, 이는 각각 그가 누구인지, 그리고 그가 특별한 방식으로 그의 창조세계와 어떻게 관계를 맺고 있는지에 대한 우리의 이해에 도움을 준다. 목자 하나님에 대한 개념은 고대 근동의 농입 세계에서 유래한 것이며, 구약성경의 여러 본문에서 발견된다(예. 시 23편; 사 40:11; 겔 34:11-22). 목자는 그의 양 떼를 인도하고, 보호하며, 그들의 필요를 공급한다. 그렇다면 이는 왕의 역할과 연관되며, 특히 그들의 위대한 왕인 다윗이 목자였기 때문에 이스라엘의 역사에 적절한 이미지다. 구약성경은 다윗의 새로운 후손이 목자-왕으로서 올 때를 고대한다(미 5:2-4).

신약성경은 예수를 다윗 혈통의 목자-왕으로 이해하며(마 2:1-6), 예수는 자신을 "선한 목자"로 묘사했다(요 10:11-16).

베드로전서 5:2-4에서 베드로는 교회를 하나님의 양 떼로, 교회의 지도자들을 목자들로, 예수를 자신의 신실한 백성들에게 상을 주기 위해 하늘에서 다시 올 목자장으로 묘사함으로써 이런 전통을 이어간다.

에서 예수는 또다시 훌륭한 모범이 되며, 밑에서 일하는 신실한 목자들에게 상을 줄 목자장이다 (5:4). 둘째, 베드로는 장로가 아닌 사람들에게 말하면서 서신 전체에서 일관되게 지금까지 말한 것처럼 다시 한번 모두에게 겸손하라고 권면한다. 이번에 겸손에 대한 촉구는 하나님이 교만한 자를 대적하고, 반대로 겸손한 자에게는 은혜와 자비를 베푼다는 사실에 근거한다(5:5). 🔵

그다음에 베드로는 이 세상에서는 하나님의 백성을 대적하는 마귀가 활발하게 활동하고 있으므로 그리스도인들이 나태해서는 안 된다는 것을 마지막으로 상기시키며 그의 짧은 서신을 마무리한다. 확실한 희망은 그리스도가 더 강하며, 영광 가운데 재림하여 그의 백성의 명예를 회복할 것이라는 데 있다(5:8-11). 베드로의 서신은 "평화"의 축도로 마무리된다(5:14). 🔵

실천과 적용─오늘날 베드로전서를 기독교 경전으로 읽기

서유럽과 북미의 현대 그리스도인들은 신약성경에서 그리스도인이라는 이유로 겪는 고난에 대해 읽을 때 정서적·경험적으로 공감하기 어렵다. 베드로가 증언하고 있는 신앙에 근거한 박해는 현대 서구의 그리스도인들에게는 대부분 낯선 것이다. 그러나 오늘날 아프리카와 아시아에 있는 많은 그리스도인들에게는 생소하지 않다.

그럼에도 불구하고 베드로의 메시지는 그리스도인이라는 이유로 박해를 경험했는지와 관계없이 오늘날에도 여전히 매우 적실하다. 그 이유는 베드로의 권면이 하나님 자신의 본성과 인격이라는 보편적 실재에 뿌리를 두고 있기 때문이다. 베드로전서는 모든 그리스도인이 자신을 주변의 세상과 전혀 다른 사람으로 새롭게 인식하는 정체성을 채택

할 것을 촉구한다. 그리스도인들은 새로운 유산과 소망, 즉 새로운 이야기로 다시 태어났다! 이 새로운 이야기는 놀라운 영광, 유익, 부요함, 기쁨의 이야기다.

이 새로운 내러티브 정체성은 조만간 역사 속 여러 시대와 장소에서 그리스도인들이 주변 사회와 껄끄러운 관계를 맺게 될 것임을 의미한다. 베드로는 이 관계가 세상에 대한 하나님의 관계와 마찬가지로 주변 사회의 사람들을 사랑하고, 그들의 마음을 얻으며, 그들과 구별되고, 그들을 존

중하는 관계가 되어야 한다고 분명히 말한다. 이 새로운 그리스도인의 정체성은 현세와 관련이 있지만, 예수가 하늘에서 땅으로 재림하여 세상을 하나님께 복종시키는 미래에 대한 소망에 뿌리를 두고 있다. 따라서 교회 안에 있는 하나님의 가족은 온 땅에서 하나님의 나라가 될 것이다.

베드로전서의 핵심 구절

- 그러므로 너희 마음의 허리를 동이고 근신하여 예수 그리스도께서 나타나실 때에 너희에게 가져다 주실 은혜를 온전히 바랄지어다. 너희가 순종하는 자식처럼 전에 알지 못할 때에 따르던 너희 사욕을 본받지 말고 오직 너희를 부르신 거룩한 이처럼 너희도 모든 행실에 거룩한 자가 되라 기록되었으되 "내가 거룩하니 너희도 거룩할지어다" 하셨느니라(1:13-16).
- 사람에게는 버린 바가 되었으나 하나님께는 택하심을 입은 보배로운 산 돌이신 예수께 나아가 너희도 산 돌 같이 신령한 집으로 세워지고, 예수 그리스도로 말미암아 하나님이 기쁘게 받으실 신령한 제사를 드릴 거룩한 제사장이 될지니라(2:4-5).
- 사랑하는 자들아, 너희를 연단하려고 오는 불 시험을 이상한 일 당하는 것 같이 이상히 여기지 말고 오히려 너희가 그리스도의 고난에 참여하는 것으로 즐거워하라. 이는 그의 영광을 나타내실 때에 너희로 즐거워하고 기뻐하게 하려 함이라(4:12-13).

기독교적 읽기를 위한 질문

1. 베드로전서는 하나님의 백성들의 정체성에 초점을 두고 있다. 그의 편지에서 그는 어떻게 그들의 정체성을 묘사하고 있으며, 이런 이해는 당신이 그리스도인으로서 당신 자신을 생각하는 방식을 어떻게 바꾸었는가?
2. 불신자에게 "선택받은 나그네"가 되는 것을 어떻게 설명할 수 있는가?
3. 당신은 어떤 상황에서 정부에 대한 시민 불복종을 어느 정도 실행에 옮겨야 할 필요가 있다고 생각하는가? 당신이 시민 불복종을 추구하는 방

식에서 베드로는 어떤 덕목을 당신의 삶에서 유지하기를 바랄 것이라고 생각하는가?

4. 당신은 베드로가 쓴 편지의 수신인인 그리스도인들이 어떤 박해를 경험하고 있었다고 생각하는가? 박해와 관련된 그의 권면이 당신의 삶에 어떻게 적용될 수 있다고 생각하는가?

26장

베드로후서

개요

베드로후서는 신약성경의 못난 의붓자식으로 불려왔다. 베드로후서가 신약성경에 포함되어서는 안 되는 이유만을 집중적으로 다룬 책들도 있다. 그렇지만 베드로의 열정적인 두 번째 서신은, 만약 올바르게 받아들인다면, 교회를 근본적으로 변화시킬 수 있는 메시지를 담고 있다.

> **역사적 문제**
>
> **베드로후서의 역사적 기원**
>
> **저자**: 시몬 베드로, 그러나 이것은 매우 논란이 된다.
> **기록 연대**: 기원후 65년경
> **장소**: 로마
> **배경**: 베드로는 교회의 권위를 거부하고 여러 가지 죄악 된 행위를 일삼는 거짓 교사들에게 대항하기 위해 기록한다.

이 서신의 메시지는 예수의 영광(부활)에 대한 베드로의 목격자 증언에 근거하며, 장차 주의 날에 일어날 그리스도의 확실한 재림을 내다본다. 이 두 사건(부활과 재림) 사이에 살고 있는 신자들은 거짓 가르침을 거부하고, 심판의 불을 통해 곧 정화될 이 세상의 죄를 피하면서 두 가지 사건 모두에 확신과 자신감을 가지고 살아야 한다.

베드로후서의 저자

베드로후서는 신약성경의 서신들 가운데 학자들에게 저자와 관련하여 가장 큰 의심을 받는 서신이라는 불명예를 안고 있다. 서신 자체는 "예수 그리스도의 종이자 사도인 시몬 베드로"(1:1)가 쓴 것이며 개인적인 기억(1:13-14, 15-16)을 포함하고 있다고 주장하지만, 학자들은 여러 가지 이유로 베드로가 저자라는 것을 의심한다. 첫째, 이 서신의 언어는 갈릴리의 어부라기보다는 정식 교육을 받은 사람의 언어로 보인다. 둘째, 초기 교회는 베드로후서의 진위성 논란을 인식하고 이 서신을 정경으로 받아들이는 데 어려움을 겪었다. 셋째, 베드로가 3:15-16에서 바울의 편지들을 언급하는데, 일부 학자들은 이것이 바울의 편지 모음집을 가리키며, 베드로가 죽은 후에 발견되었을 것이라고 생각한다. 넷째, 일부 사람들은 베드로가 반대하는 거짓 가르침을 2세기의 영지주의로 간주한다.

그럼에도 불구하고 이런 각각의 비판은 과장되었으며, 이에 대한 합리적인 답변들도 존재한다. 신약성경에서 논쟁을 일으키는 다른 서신들과 마찬가지로, 우리는 초기 교회의 견해를 섣불리 무시해서는 안 된다. 그들은 이런 생각들을 놓고 신중하게 고민했으며, 현재 우리보다 베드로후서가 기록된 시기와 훨씬 더 가까운 시대에 살았다. 때때로 현대의 학자들은 우리의 조상들이 우리보다 덜 똑똑하거나 더 잘 속는다고 생각하는 "시대적 우월감"(C. S. 루이스가 그렇게 부른 것처럼)을 갖고 있다. 그러나 베드로후서의 저자 문제와 관련하여 시대적 우월감이 존재한다고 하더라도, 우리가 아니라 고대인들의 손을 들어주어야 할 것이다.

탐구—베드로후서 읽기

부르심과 택하심을 확인하라

■ 베드로후서 1:1-15을 읽으라 ■

베드로는 자신을 그리스도의 종이자 사도인 "시몬 베드로"(Simon Peter, 일부 필사본은 "시므온 베드로"[Simeon Peter])라고 소개하며, "우리 하나님과 구주 예수 그리스도"로 말미암아 같은 믿음을 지닌 사람들에게 편지를 쓴다(1:1). 베드로는 그리스도가 신자들에게 경건한 삶을 사는 데 필요한 모든 것을 주었다고 주장하면서 시작하는데(1:3), 이는 신자들이 "신성한 성품에 참여하는 자가 되게" 하고 이 세상의 타락에서 벗어나게 하겠다는 위대하고 소중한 약속을 포함한다(1:4). 🔖 🔖

이와 같이 신자들은 선, 지식, 절제, 인내, 경건함, 형제애, 사랑을 따르는 삶을 살아야 한다(1:6-7). 이런 것들은 신자들이 근시안이거나 앞을 보지 못하는 사람들보다 더 열매를 맺도록 만들어줄 것이다(1:8-9). 이를 통

신학적 문제

베드로는 예수를 "하나님"이라고 부르는가?

간략한 대답은 "그렇다"이다. 더 길게 답을 하자면 복잡해진다. "우리 하나님과 구주이신 예수 그리스도"를 언급할 때(1:1), 베드로는 "우리의 하나님, 그리고 우리의 구주 예수 그리스도"를 의미하면서, 하나님과 예수를 구별하는 것일 수 있다. 하지만 그리스어 구문론의 법칙(그랜빌 샤프의 법칙으로 알려짐) 때문에, "우리 하나님"과 "구주 예수 그리스도"는 모두 같은 사람을 가리킨다. 다시 말해 베드로는 실제로 예수를 하나님으로 직접 지칭하고 있다. (21장의 디도서 단락에 나오는 사이드바 "우리의 위대한 하나님과 구주"도 보라.)

신학적 문제

"신성한 성품에 참여한다"는 것은 무슨 뜻인가?

베드로는 하나님이 그의 위대하고 소중한 약속을 통해 신자들이 "신성한 성품에 참여"하게 했다고 말한다(1:4). 동방 정교회는 항상 이 구절을 신자의 **신성화**(deification)를 가리키는 것으로 여겨왔는데, 이는 우리가 어떤 방식으로든 **하나님처럼** 되는 것을 의미한다. 이것은 때로 우리 자신이 신이 된다는 의미로 오해되기도 하지만, 그것은 올바른 해석이 아니다. "신성화"는 신자들이 심오한 의미에서 하나님과 교제를 나누는 것을 의미하는데, 이것이 바로 베드로가 의미하는 것일 가능성이 크다. 그는 우리가 하나님의 **파트너** 혹은 **동료**가 된다고 말한다. 이는 신자들이 하나님과 깊은 교제의 삶을 나누는 것을 의미한다.

문학적 문제

베드로후서의 구조

이 서신은 자신의 약속을 이행하는 하나님의 신실함을 설명하고, 신자들이 그들의 믿음을 경건한 삶으로 살아야 할 책임이 있음을 분명히 말함으로써 시작한다(1:1-11). 베드로는 그 자신이 하나님의 예언 성취의 증인이었다(1:12-21). 베드로는 거짓 교사와 그들이 받을 심판의 확실성(2:1-3:7)을 경고하고, 대재앙을 초래할 주의 날이 임박했음을 경고한다(3:8-13). 신자들은 이런 일들을 인내하며 기다려야 한다(3:14-18).

해 그들은 그들의 부르심과 선택받음을 확인하고 실족하지 않게 될 것이며, 그리스도의 영원한 나라에 확신을 가지고 들어갈 것이다(1:10-11). 베드로가 할 일은 살아 있는 동안 이런 것들을 독자들에게 상기시키는 것이다. 그는 자신이 죽을 날이 가까이 다가오고 있음을 알고 있다. (1:12-15).

꾸며낸 신화가 아닌 목격자의 증언

■ 베드로후서 1:16-21을 읽으라 ■

베드로는 그의 독자들이 그리스도의 재림에 대해 알게 된 것이 꾸며낸 신화가 아니라 그와 사도들이 직접 예수의 크신 위엄을 목격한 사실임을 그들에게 상기시킨다(1:16). 그다음에 베드로는 예수의 변용에 대한 그의 경험을 회상한다. 그 당시에 베드로, 야고보, 요한은 예수가 모세 및 엘리야와 함께 빛나는 영광 속에 나타나는 것을 보

그림 26.1. 티치아노(Titian), "그리스도의 변용"

았고, 하늘로부터 예수에 관해 "이는 내 사랑하는 아들이요, 내 기뻐하는 자라!"고 말하는 음성을 들었다(1:17-18; 참조. 마 17:1-9).

또한 베드로는 우리가 구약성경이라고 부르는 것을 언급하면서 성경의 예언적 특성에 호소한다. 그는 성경의 예언이 그리스도 안에서 강력하게 확인된 것을 보았으며(예. 벧전 2:21-25을 보라), 신자들은 그것을 주목해야 한다. 예언자들이 성령의 인도하심을 받는 것처럼, 예언은 하나님으로부터 나온다(벧후 1:19-21).

예수의 변용

세 복음서가 예수의 변용에 관한 이야기를 기록한다(마 17:1-9; 막 9:2-10; 눅 9:28-36). 예수는 그의 가장 가까운 제자들인 베드로, 야고보, 요한을 데리고 높은 산으로 올라갔다. 그곳에서 예수는 그들 앞에서 "변화했는데", 그의 얼굴은 해처럼 빛나고 그의 옷은 눈부시도록 희게 빛났다. 바로 그때 모세와 엘리야가 예수와 함께 나타났다. 율법을 준 사람(모세)으로서, 그리고 아마도 이스라엘의 가장 위대한 예언자(엘리야)로서 그들은 이스라엘의 역사에서 가장 중요한 인물들 가운데 두 명이다. 이 모임의 효과는 예수를 존경받는 사람들과 함께 소개함으로써 그의 위대함을 드러내는 것이다. 그러나 하늘에서 음성이 들릴 때 오직 예수만이 하나님의 아들이자 그를 기쁘시게 하는 자로 강조되며, 다른 사람들은 들어야 하는 대상으로서 지목된다(마 17:1-5). 거기에 다른 사람들이 서 있었다는 점을 고려하면 이것은 상당히 중요하다. 예수의 권위는 심지어 모세와 엘리야까지도 능가한다. 유명한 인물이지만 여기에 나타나지 않은 인물은 다윗 왕이다. 이것이 말하는 암묵적인 요점은 예수가 새로운 다윗, 하나님의 기름 부음을 받은 왕이라는 것이다.

거짓 교사에 대한 경고

■ 베드로후서 2:1-22을 읽으라 ■

이 서신의 본론은 파괴적인 이단 사상을 퍼뜨리고, 주를 부인하며, 방탕한 삶을 살고, 장차 심판받을 거짓 예언자와 거짓 교사들에 대한 베드로의 경고로 이루어져 있다(2:1-3). 그다음에 베드로는 하나님이 과거에 타락한 천사들, 온 세상(노아와 그의 가족을 제외하고), 혹은 소돔과 고모라를 아까워하지 않고 심판한 것에 대한 긴 설명을 시작한다(2:4-8). 그러나 하나님은 이 심판 가운데서 노아와

그림 26.2. 카미유 코로(Camille Corot), "불타는 소돔"(구 "소돔의 멸망")

그의 가족(2:5) 그리고 롯(2:7-8)과 같은 의인을 구했기 때문에, 악인을 심판하면서 동시에 경건한 자를 구하는 방법을 알고 있다(2:9-10a).

거짓 교사들은 하나님의 영광스러운 자들을 비방하기를 두려워하지 않는 "이성 없는 짐승"이고, 장차 멸망할 것이며, 그들이 행한 악에 대한 대가를 치르게 될 것이다(2:10b-13). 그들은 간음을 저지르고, 유혹과 욕심으로 가득 차 있으며, 저주 아래에 있는 자들이다(2:14). 그들은 나귀의 질책을 필요로 했던 정신 나간 악한 예언자 발람의 발자취를 따른다(2:15-16; 참조. 민 2:22-35).

그런 거짓 교사들은 물이 없는 샘처럼 공허한 약속을 하고 자유를 약속하지만, 그들 자신이 욕망의 노예가 된다(2:17-19). 그들은 그리스도를 통해 자유를 얻었지만, 다시 세상의 노예가 되어서 처음 형편보다 더 나쁜 형편에 처하게 된다(2:20-21). "개는 자기가 토한 것을 다시 먹는다"라는 속담이 그들을 가장 잘 묘사한다(2:22; 참조. 잠 26:11). 📖

📖 **문학적 문제**

베드로후서와 유다서

베드로후서와 유다서(신약성경의 끝에서 두 번째 책) 사이에는 믿을 수 없을 정도로 강한 연관성이 있다. 사실 유다서의 대부분—스물다섯 구절 중 열아홉 구절—이 베드로후서에서 사용되었다. 대다수 학자들은 대부분 베드로후서가 유다서를 자료로 사용했다는 데 동의하는데, 이는 짧은 문서(유다서)가 더 긴 문서(베드로후서)의 자료였을 가능성이 더 크기 때문이다. 그러나 유다서의 사상들이 베드로후서에서 사용되었으나 어법이 다르므로, 베드로는 자신의 목적에 따라 그 내용을 구성한 것이다. 다음의 표는 베드로가 유다서를 자료로 사용한 곳을 보여준다.

베드로후서	유다서
2:1	4절
2:2	4절
2:3	4절
2:4	6절
2:6	7절
2:9	6절
2:10	7b, 8절
2:11	9절
2:12	10절
2:13	12a절
2:15	11절
2:17	12b, 13절
2:18	16절
3:1-2	17절
3:3	18절
3:14	24절
3:18	25절

우주는 멸망할까?

베드로는 주의 날에 일어날 일을 묘사하기 위해 매우 강력한 표현을 사용한다. 하늘은 사라지고, 물질은 불에 타서 녹아내릴 것이다(3:10). 이것은 요한계시록 21:1과 평행하는 것으로 보이지만(참조. 사 66:22), 창조세계가 **교체**되는 것이 아니라 **새롭게 될 것**이라고 말하는 바울과 모순된다(롬 8:18-22). 베드로는 다른 곳에서 세상의 멸망을 묘사하기 위해 홍수의 이미지를 사용하지만(벧전 3:18-22), 심지어 그 본문에서도 세상은 멸망하여 다른 것으로 교체되는 것이 아니라 그것의 죄가 **깨끗하게 씻어진다**. 하나님이 다시는 세상에 홍수가 범람하지 않게 하겠다고 약속했기 때문에(창 9:11), 여기서 베드로는 불의 이미지를 사용한다(벧후 3:10). 그러나 이것은 동일한 방식으로 이해되어야 한다. 즉 이 "불"을 통해 죄가 심판받고 세상이 깨끗해질 것이다. 베드로의 언어는 장차 세상에 임할 철저한 정화를 강조하기 위해 수사적으로 강한 표현을 사용하지만, 이것을 문자적으로 이해해서는 안 된다. 하나님은 그의 창조세계를 새롭게 할 것이다.

주의 날을 기억하라

■ 베드로후서 3:1-13을 읽으라 ■

베드로는 거짓 교사에 대한 경고를 마치고 이제 주의 날에 관하여 격려하기 시작한다. 그는 자신의 독자들이 (구약성경에 나오는) 거룩한 예언자들의 말씀과 예수가 사도들을 통해 그들에게 명령한 것을 기억하기를 원한다(3:1-2). 특히 독자들은 예수가 아직 재림하지 않았기 때문에 사람들이 이런 생각을 비웃고 그의 재림을 의심하리라는 것을 알아야 한다(3:3-4). 그러나 하나님은 홍수로 이 땅을 심판한 것처럼(창 6-9장) 미래에 심판의 날을 예비했다. 그날에 하늘과 땅이 불에 탈 것이며, 악인은 멸망할 것이다(3:5-7).

신자들은 그날이 반드시 온다는 하나님의 약속을 의심하지 말고 주님께는 하루가 천년 같고 천년이 하루 같다는 것을 깨달아야 한다(3:8). 하나님은 지체하는 것이 아니라 더 많은 사람이 늦기 전에 회개할 수 있도록 인내하고 있는 것이다(3:9). 그날은 갑자기 예상치 못한 때 올 것이며, 하늘과 땅은 모든 악에서 완전히 깨끗하게 씻음을 받을 것이다(3:10). 따라서 신자들은 의로 충만한 새 하늘과 새 땅의 새벽을 볼 그날을 기다리며 거룩하고 경건하게 살아야 한다(3:11-13). ⊕

마무리

■ 베드로후서 3:14-18을 읽으라 ■

베드로는 사도적 증언의 신뢰성을 독자들에게 확신시키고, 거짓 교사에 대해 경고하며, 주의 날이 반드시 온다는 사실을 상기시킨 후, 마지막 권면을 하면서 불같은 그의 두 번째 편지를 마무리한다. 신자들은 그날을 기다리면서 흠 없이 평화 가운데 살 수 있도록 모든 노력을 다해야 한다(3:14). 사도 바울이 기록한 대로 주의 인내는 다른 사람들을 구원하는 결과를 낳는다. 베드로는 바울의 글 중에서 일부가 이해하기 어렵다는 것을 인정하지만, 거룩한 성경으로서 그 글들의 지위를 확언한다(3:15-16). 베드로는 그의 독자들이 길을 잃지 않도록 경계하고, 주님이자 구주인 예수 그리스도의 은혜와 지식 안에서 자라나기를 원한다(3:17-18). 아멘!

실천과 적용―오늘날 베드로후서를 기독교 경전으로 읽기

베드로의 두 번째 편지는 때때로 부당한 평가를 받는다. 사람들은 대부분 이 편지를 사도 베드로가 쓴 것이 아니고, 이 편지가 유다서의 말씀을 상당히 많이 차용하고 있으며, 심판과 거짓 교사에 대한 경고에 집착하고 있다고 생각한다. 하지만 이건 불공평한 평가다. 이 서신은 그리스도에 대한 믿음을 통해 악에 대한 마지막 심판을 고대하게 함으로써 신자들에게 경건하지 못한 세상에서 벗어날 것을 촉구한다. 장차 도래할 주의 날은 신자들이 종반전에 시선을 고정하고 우리를 너무 쉽게 얽어매는 욕망과 죄에 빠지지 않도록 돕는다. 이 서신은 신자들에게 그리스도에 대한 믿음을 뒷받침해주는 목격자들의 증언을 상기시키고, 그의 재림이 지연되는 것에 대한 그들의 의심을 잠재운다. 이 서신은 궁극적으로 기독교적 희망에 관한 깊은 종말론적 서신이다.

오늘날 교회는 분명히 베드로후서의 종말론적 시각으로부터 유익을 얻을 수 있다. 특히 서구 교회는 그리스도가 어느 날 반드시 재림할 것을 너무 자주 잊어버린다. 주의 날은 현재의 삶과 거의 관련이 없는 먼 훗날의 사건으로 여겨진다. 베드로는 이런 근시안적인 시각에 도전하며, 그날이 다가오고 있으며 그날이 반드시 온다는 사실이 우리의 삶에 극적인 영향을 미쳐야 함을 일깨워준다.

베드로후서의 핵심 구절

- 이로써 그 보배롭고 지극히 큰 약속을 우리에게 주사 이 약속으로 말미암아 너희가 정욕 때문에 세상에서 썩어질 것을 피하여 신성한 성품에 참여하는 자가 되게 하려 하셨느니라(1:4).
- 우리 주 예수 그리스도의 능력과 강림하심을 너희에게 알게 한 것이 교묘히 만든 이야기를 따른 것이 아니요, 우리는 그의 크신 위엄을 친히 본 자라(1:16).
- 그러나 백성 가운데 또한 거짓 선지자들이 일어났었나니, 이와 같이 너희 중에도 거짓 선생들이 있으리라. 그들은 멸망하게 할 이단을 가만히 끌어들여 자기들을 사신 주를 부인하고 임박한 멸망을 스스로 취하는 자들이라(2:1).
- 사랑하는 자들아, 주께는 하루가 천년 같고 천년이 하루 같다는 이 한 가지를 잊지 말라. 주의 약속은 어떤 이들이 더디다고 생각하는 것 같이 더딘 것이 아니라 오직 주께서는 너희를 대하여 오래 참으사 아무도 멸망하지 아니하고 다 회개하기에 이르기를 원하시느니라(3:8-9).

기독교적 읽기를 위한 질문

1. 베드로후서를 모두 읽으라. 거짓 교사의 특징을 나열한 목록을 작성하고 베드로가 신자들이 나타내기를 기대하는 특징들과 비교하라.
2. 마태복음 17:1-9과 베드로후서 1:16-18을 읽으라. 베드로의 주장에서 예수의 변용은 어떤 역할을 하는가?

3. 베드로후서와 유다서를 읽으라. 당신은 이 책들이 서로 연관성이 있다고 확신하는가? 왜 그렇게 생각하는가? 혹은 왜 그렇게 생각하지 않는가?

4. 주의 날은 당신의 삶에 어떤 영향을 미치는가? 당신은 그날에 관해 많이 생각하는가? 왜 그런가? 아니면 왜 그렇지 않은가?

27장

요한 서신

요한1-3서

개요

🌐 **역사적 문제**

요한 서신의 역사적 기원

저자: 요한이다. 그러나 요한1서는 엄밀히 말하면 익명의 저자가 기록한 것이며, 요한2서와 요한3서는 "장로"가 기록한 것이다. 초기 교회는 요한1서의 저자가 사도 요한이라고 만장일치로 믿었지만, 요한2서와 요한3서에 대한 의구심은 남아 있었다. 오늘날 학자들은 이 세 서신 모두 사도 요한이 저술했다는 주장에 대해 대체로 회의적이다.

기록 연대: 90년대 초반

장소: 소아시아의 에베소 및 주변 지역

배경: 요한은 진리 및 다른 신자들과의 교제에서 떠난 거짓 교사들로부터 교회(와 요한3서의 가이오)를 보호하기 위해 서신을 쓴다.

요한의 서신들은 신약성경에서 등한시되는 책들이라고 할 수 있는데, 특히 성경에서 가장 짧은 책들인 요한2서와 요한3서가 그렇다. 이 서신들은 짧고 간결하며, 표면적으로 볼 때 오늘날에 필요한 많은 가르침을 주지 않는 것처럼 보이므로 등한시되는 경향이 있다. 요한1서는 이해하기 어렵고 심지어 설교하기에는 더 어렵다는 이유로 도외시되곤 한다. 하지만 이 세 서신은 모두 매우 풍부한 신학과 실천적 적용, 그리고 그리스도 안에 있는 하나님의 사랑에 관한 가장 심오한 진술을 제공해준다.

이 세 서신이 공
유하는 쌍둥이 주제
는 사랑과 진리다. 신
자는 타인에게 사랑
을 보이지 않으면서
동시에 하나님과 그
리스도에 관한 진리
를 알고 있다고 주장

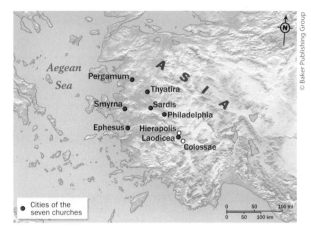

그림 27.1. 소아시아의 일곱 교회

할 수 없다. 사랑이 없음은 진리와 양립할 수 없다. 이와 마찬가지로 진정
으로 사랑하는 사람은 진정으로 하나님을 알고 있음을 입증하는데, 이는
하나님이 사랑이기 때문이다. 하나님의 사랑은 그의 아들을 속죄제물로
내어준 것에서 가장 깊게 드러나는데, 신자들 역시 말로만 사랑을 표현하
는 것이 아니라 실제로 사랑을 보여주어야 한다. 😀

이 서신들에서 사랑과 진리가 함께 나타나는 방식은 사귐이라는 주제
를 통해서다. 특히 요한1서에서는 신자들이 하나님 및 다른 신자들과 서로
사귐을 나눈다고 말한다. 요한2서와 요한3서에서 사귐은 환대라는 실제적
인 방법을 통해 표현된다. 환대는 진리를 믿는 사람들에 대한 사랑의 표현
이다. 마찬가지로 환대를 유보하는 것은 거짓 교사들이 그들의 속임수를
퍼뜨리는 것을 막아내는 하나의 방법이다. 이 경우에 환대를 유보하는 것
은 궁극적으로 사랑의 행위인데, 그 이유는 그것이 거짓으로부터 다른 사
람들을 보호하는 역할을 하기 때문이다.

요한1서의 구조

요한1서의 구조는, 우리가 그것에 관하여 다르게 생각하지 않는 한, 고도로 어려운 문제를 제기한다. 이 서신은 바울 서신과 달리 단계적으로 논리정연하게 정돈되어 있지 않다. 대신에 이 서신은 주제가 계속해서 되풀이되는 반복 구조이기 때문에 이 주제들은 독자들에게 깊은 영향을 끼친다. 요한1서의 구조를 이해하는 가장 좋은 접근 방법은 단순히 그 내용을 아래와 같이 나열하는 것이다.

1:1-4	프롤로그
1:5-10	빛 가운데로 행하기 vs. 어둠 속에서 행하기
2:1-6	죄를 피하고 하나님의 계명을 지키기
2:7-11	사랑 vs. 증오
2:12-17	아버지의 사랑 vs. 세상의 사랑
2:18-27	아들 안에 거하는 것 vs. 잘못된 길로 빠지는 것
2:28-3:10	하나님의 자녀답게 존재하고 행동하기
3:11-18	행위로 표현되는 사랑
3:19-24	하나님 앞에서의 확신과 담대함
4:1-6	진리의 영과 거짓의 영을 식별하기
4:7-21	사랑은 하나님으로부터 오는 것이므로 서로 사랑하기
5:1-12	신학적 결론
5:13-21	목회적 결론

요한1서, 이상한 "편지"

히브리서와 마찬가지로 요한1서도 일반적인 서신의 특징이 대부분 나타나지 않는다. 인사말도 없고, 서신을 쓴 사람도 언급되지 않으며, 수신자의 이름도 없다. 또한 이 문서가 전개되면서 서신처럼 변하는 것도 아니고, 주제들은 서로 얽히고설키면서 반복된다. 이것은 원래 문서로 기록된 것이 분명하지만(히브리서처럼 구두로 전달된 것이 아니라 기록된 것임; 요일 2:1, 7, 8, 12-14, 26을 보라), 일반적인 의미에서의 서신은 아니다. 요한1서를 신학 논문이나 회람 문서로 간주하는 것이 더 낫다. 구체적인 수신인이 없는 것을 볼 때, 요한이 그의 생의 마지막 수십 년을 보냈던 소아시아 지역의 여러 교회에 회람되도록 요한1서를 기록했을 가능성이 있다.

탐구-요한1서 읽기

우리는 당신에게 이것을 전한다.

■요한1서 1:1-4을 읽으라■

요한1서는 일반적인 서신과 달리 인사말도 없이 수심 깊은 곳으로 곧장 다이빙하면서 시작한다. 이 서신은 이것을 처음 읽는 독자가 정확히 저자가 무슨 말을 하는지 알 수 없도록 모호하게 시작한다. 무언가가 "태초부터" 있었는데(1:1a), 저자와 "우리"가 지칭하는 그 밖의 사람들이 그것을 듣고, 보고, 관찰하고, 만졌다(1:1b). 이 **무언가**는 생명의 말씀과 연관된 것이다(1:1c). 📖📖

2절에서는 주제가 조금 더 드러나기 때문에 1절의 **무언가**는 이제 "생명"(1:2a)으로 불린다. 이 생명이 나타나서 우리가 이것을 보았으며, "이는 아버지와 함께 계시다가 우리에게 나타내신 바 된 이시다"(1:2b). 이 시점에서 독자들은 아마도 저자가 예수에 대해 말하고 있다는 것을 깨달을 수 있을 것이다. 비록 그가 여전히 추상적이며 비인격적인 방식으로 언급되고 있지만 말이다. 이렇게 보면 처음 두 절은 예수를 "말씀"(요 1:1)으로 지칭한다는 점에서 요한복음의 시작과 비슷하다. 이런 비인격적인 칭호는 결국 그것이 예수를 지칭한다는 것을 독자들이 알게 되면서 서서히 풀린다(요 1:14). 요한1서에서 "생명"은 예수를 가리키며, 그는 저자가 듣고 보고 관찰하고 만져본 분이다.

 문학적 문제

"우리"는 누구인가?

"우리"는 요한1서에서 적어도 두 종류의 다른 그룹을 가리킨다. 처음 네 절에 언급된 "우리"는 부활한 예수의 목격자들을 가리키는데, 요한은 그중에서 마지막 남은 증인이다. 다른 증인들은 죽었지만, 요한은 그들의 증언을 대변하며, 예수의 추종자에게 지속적으로 그들의 증언을 전한다. "우리"를 이와 다르게 사용한 용례는 포괄적인 의미에서 모든 신자를 가리키며, 1:6-10에서 시작을 볼 수 있다.

신학적 문제

정확히 무엇을 목격했는가?

요한이 나중에 그리스도의 인성, 즉 그가 "육체로" 왔다는 것을(4:2-3) 부인하는 오류에 관해 말하는 것을 고려하면, 이 서신의 서두(1:1-4)는 예수의 인성에 대한 증언으로 이해되어왔다. 사람들은 그의 말씀을 들었고 그를 보았고 만졌다. 이 증언은 예수의 육체적 인성(그는 유령 혹은 영혼이 아니다)을 분명히 확인해주지만, 1:1-4은 부활 후 그리스도의 모습에 대한 언급일 수도 있다. 보고 듣고 만지는 것은 예를 들어 부활한 예수가 도마에게 자신의 손과 옆구리를 만져보고 믿으라고 요청한 요한복음 20:24-29과 아주 잘 맞는다.

요한은 특정한 목적을 위해 예수에 대한 자신의 목격담을 독자들에게 말한다. 그 목적은 독자들과 요한 및 다른 신자들의 사귐을 위한 것이다(1:3a). 그리고 이 사귐은 단순히 예수를 믿는 신자들을 위한 것이 아니라, 예수 및 그의 아버지와 **더불어** 사귐을 갖게 하기 위한 것이다(1:3b). 실제로 이 서신의 주요 주제 중 하나는 신자들이 예수 그리스도에 대한 믿음을 통해 하나님과 깊고도 친밀한 사귐을 가질 수 있다는 것이다. 아마도 요한1서는 신약성경의 다른 어떤 서신보다 그리스도인의 삶을 하나님과 깊은 관계를 맺는 삶으로 묘사할 것이다.

그림 27.2. 카라바조(Caravaggio), "성 도마의 불신"

마지막으로 요한은 "우리의 기쁨이 충만하게 하려고"(1:4) 이 글을 쓴다고 말한다. 다시 말해서 요한과 그의 동료 증인들은 궁극적으로 1:3에 언급된 사귐을 가져오는 데 관심이 있다. 이것은 그들에게 기쁨을 가져올 것이다. 그들은 단지 신학적 정보나 역사적 신빙성을 위해 예수의 성육신과 부활의 실재를 증언하지 않는다. 그들이 증언하는 목적은 신자들이 하나님과 갖는 사귐에 다른 사람들도 끌어들이는 것이다. 그렇게 하는 것은 그들에게 충만한 기쁨을 가져다준다.

하나님과의 사귐이란 어떤 것인가

■ 요한1서 1:5-10을 읽으라 ■

요한은 예수에게서 들은 소식, 즉 하나님이 자신 안에 어둠이 전혀 없는 순수한 빛이라는 말씀을 전한다(1:5). 빛은 진리의 계시뿐만 아니라 하나님의 영광과 거룩함을 나타내기 위해 성경 전체에서 흔히 사용되는 은유다. 하나님은 순수한 빛이기 때문에, 만일 우리가 어둠 속에서 걸으면 그와 사귈 수 없다(1:6). 빛/어둠의 은유는 부분적으로 진리와 거짓의 대조를 가리키지만, 1:7에서 분명히 알 수 있듯이, 거룩함과 죄의 대조를 가리키기도 한다. 빛 가운데로 행하면 서로 사귐을 가질 수 있고, 모든 죄는 예수의 피로 깨끗하게 씻어진다. 예수의 피는 우리의 죄를 제거하기 때문에 죄인들이 빛 가운데로 행하고 하나님과 사귐을 갖게 해준다. 만약 죄가 남아 있다면, 우리는 여전히 어둠 속에 있게 될 것이다. ⓒ

빛 가운데로 행하는 것은 우리 자신에 관한 정직함을 요구하며, 이는 죄가 우리 삶 가운데 있음을 인정하는 것을 의미한다. 따라서 요한은 만약 우리가 죄가 없다고 주장한다면, 이는 우리가 우리 자신을 속이는 것이며, 진리가 우리 안에 없는 것이라고 말한다(1:8). 그러나 만약 우리가 우리의 삶에 죄가 있다는 것을 인식하고 시인한다면, 우리는 그것을 고백할 수 있다. 또 우리가 죄를 고백하면 하나님이 우리를 용서하고 깨끗하게 할 것이다(1:9). 그러나 다시 말하지만, 만약 우리가 죄가 없다고 주장한다면, 우리는 우리 자신을 속일 뿐만 아니라 하나님을 거짓말쟁이로 만드는 것이기도 하다(1:10). 하나님이 우리를 죄인으로 판단했으므로, 그렇지 않다고 주장하는 것은 그의 말을 거짓으로 간주하는 것이다. 일부 독자들에게는 이것이 놀라움으로 다가올지도 모른다. 하나님을 진정으로 알고, 그의 빛 가운데로 행하는 사람은 자신이 죄인이라는 것을 거리낌 없이 인정하는 사람이다. 하나님은 우리가 그렇지 않은 척하는 걸 원하지 않는다. 오직 진실을 인정해야만 우리는 깨끗하게 씻김을 받고 회복될 수 있다. ⓓ

선한 대언자

■ 요한1서 2:1-6을 읽으라 ■

우리의 죄를 인정하는 것은 좋은 일이지만, 그것이 계속 죄를 짓는 것이 괜찮다는 의미는 아니다! 요한은 그의 독

🄒 정경적 연관성

하나님은 빛이다

구약성경은 하나님과 빛의 연관성으로 가득 차 있다. 그는 세상에 빛을 들여왔고(창 1:3), 신자들은 그의 빛 속에서 걷는다(시 89:15). 하나님은 옷을 입는 것처럼 빛을 입으며(시 104:2), 그것은 그의 영광과 관련이 있다(사 60:1). 구약성경에서 빛은 오직 하나님의 **속성**으로만 묘사되지만, 요한복음에서 예수는 자신이 세상의 빛이라고 말한다(요 8:12; 9:5). 그는 어둠을 없애고 사람들을 빛의 자녀로 만들기 위해 왔다(요 12:35-36, 46). 이런 의미에서 예수는 하나님의 신성한 빛의 인격화다.

죄 사함

기독교의 많은 신앙고백에는 우리가 "죄 사함"을 믿는다는 진술이 포함되어 있다. 이는 아담과 하와로부터 시작해서 모든 인간이 하나님을 거역하고 불순종했지만 하나님이 은혜와 자비로 기꺼이 그들의 죄를 용서한다는 성경 전체의 증언에 뿌리를 둔 것이다. 모세의 언약에는 인간이 죄 사함을 받기 위해 드릴 수 있는 많은 제사가 있었고, 이 제사를 드리고 감독하기 위해 제사장을 세웠다(특히 레위기를 보라). 신약성경에서 예수는 영원한 죄 사함을 보장하는 최종적이고도 온전한 제물로서 이 세상에 와서 고난을 겪고 죽은 것으로 이해된다(히 10:14). 예수는 빵과 포도주로 이루어진 제의적 식사를 "죄 사함을 얻게 하려고" 흘린 자신의 피와 부서진 몸으로 묘사한다(마 26:28). 사람들은 이 진리에 대하여 어느 편에서든 실수를 저지를 수 있는데, 그것은 자신이 죄인이라는 사실 혹은 그것이 하나님께 매우 중요한 문제라는 것을 부인하거나(요일 1:8), 아니면 자신의 죄가 용서받을 수 없을 정도로 너무 크다고 생각하여 절망하는 것이다(시 103:12). 성경에 나타나는 기독교적 이해의 핵심은 예수의 삶, 죽음, 부활이 모든 죄를 용서하기에 충분하다는 것이다(요일 1:9).

자들이 죄를 짓지 않게 하려고 이 서신을 쓴다. 그러나 우리가 죄를 짓더라도—요한은 우리가 죄를 지을 것이라는 점을 이미 확실히 했다—요한은 예수 그리스도가 "아버지 앞에서 우리에게 대언자"로 봉사한다는 확신으로 그의 독자들을 위로한다(2:1). 그리스도는 법정에서 당신의 사건을 변호하는 변호사와 같다. 그는 당신 편이다. 게다가 그는 **의로운** 대언자다

(2:1c). 그는 사기꾼들을 대변하여 음흉해 보이는 부패한 변호사와는 다르다. 그리스도는 그의 아버지 앞에서 의로운 분이기 때문에 그의 대리권은 효력이 있다.

하지만 그리스도는 단지 아버지 앞에서 우리의 대언자만 되는 것이 아니다. 그는 우리의 "화목제물"이기도 하다(2:2). 십자가에 못박힌 그의 죽음은 우리의 죄와 온 세상의 죄에 대한 대가를 지불했다. 이는 예수가 아버지 앞에서 우리의 대언자로서 변호할 뿐만 아니라 우리의 실패와 죄를 보상해준다는 것을 의미한다. 그는 하나님과 우리의 관계를 보장하는 데 필요한 모든 일을 했다. 🔲🔲

예수는 우리 편이다. 그는 우리의 대언자이자 대속자다. 하지만 문제는 우리가 과연 그의 편인가 하는 것이다. 요한1서가 다루는 주요 질문 중

하나는 다음과 같다. 즉 신자들이 예수를 정말로 알고 있는지 어떻게 알 수 있을까? 요한은 우리가 하나님의 계명을 지키면, 이를 통해 우리가 그분을 알고 있음을 비로소 알 수 있다고 말한다 (2:3). 물론 이것은 이 계명들이 무엇인지에 대한 의문을 제기하지만, 요한은 이에 대해 나중에 언급할 것이다. 여기서 그의 요점은 신자가 예수를 안다고 주장하면서 동시에 예수가 명령한 것을 행하지 않을 수는 없다는 것이다. 이런 사람은 거짓말쟁이다(2:4). 아는 것과 행하는 것 사이에는 연관성이 있다. 마찬가지로 하나님의 말씀을 지키는 사람은 그 사람 안에 하나님의 사랑이 완성된 것이다. 그러므로 신자들은 그들이 예수 안에 있다는 것을 알 수 있다. 예수 안에

📖 정경적 연관성

우리를 위한 속죄의 희생

그리스도의 희생의 본질이 무엇인지에 대한 논쟁이 계속 활발히 진행되어왔는데, 이는 특히 과연 그것이 속죄로서의 희생인지 아니면 화해로서의 희생인지와 관련된다. **속죄**는 대속죄일의 염소와 같은 제물을 통해 죄인의 죄를 없애는 제사의 형태를 가리킨다(레 16:20-22). 백성들의 죄는 염소의 머리 위에 얹혔고, 이스라엘의 죄를 짊어진 그 염소를 광야로 내보냈다. **화해**는 하나님의 진노가 죄인에게서 제물로 바치는 동물에게로 옮겨가는 것을 말한다. 죄로 인해 황소와 염소가 죽임을 당하는 이런 종류의 제사는 이스라엘에서 매일 행해졌다. 그 동물들은 사람들을 대신하여 죄의 형벌을 받았고, 이로써 하나님의 진노를 그들에게서 다른 방향으로 돌렸다. 비록 화해라는 개념이 이교도들의 종교 행위와의 연관성 때문에 비판받아 왔지만, 요한1서 2:2이 이것을 가리킬 개연성은 매우 높다. 예수가 아버지 앞에서 우리를 변호한다는 사실(2:1)은 심판의 맥락과 죄에 대한 형벌을 피하는 것을 암시한다. 이런 문맥에서는 화해가 그리스도의 희생을 이해하는 가장 좋은 방법이다.

🔵 수용사

온 세상의 죄?

프랑스의 위대한 개혁가 장 칼뱅은 온 세상의 죄를 위한 예수의 희생이(요일 2:2) 예수가 모든 사람을 위해 죽은 것이 아니라 오직 온 세상에서 선택받은 자들만을 위해 죽었음을 의미한다고 주장했다. 이 견해는 **제한 속죄**(limited atonement) 혹은 **한정 속죄**(definite atonement)로 알려지게 되었으며, 칼뱅주의로 알려진 운동의 핵심적 특징이다. 제한 속죄의 핵심적인 주장은 하나님이 예정한 사람들을 구원하기 위해 예수의 죽음을 계획했다는 것이다. 예수가 모든 사람을 위해 죽었지만 모든 사람이 구원받지 못한다면, 이는 하나님의 목적이 성취되지 않은 것이다. 이것은 제한 속죄를 지지하는 자들이 받아들일 수 없는 결론이다. 왜냐하면 하나님의 모든 목적은 그리스도 안에서 성취되었기 때문이다. 요한1서 2:2은 칼뱅주의와 관련하여 "어려운" 본문이 되었는데, 그 이유는 이 구절이 예수의 죽음이 온 세상을 위한 것이라고 말하는 것처럼 보이고, 칼뱅의 설명은 여전히 가장 많은 인기를 얻고 있기 때문이다. 그러나 이 문맥에서 요한이 예수의 희생이 가리키는 대상을 제한하려고 했음을 암시하는 증거는 없다.

있는 사람은 그가 행한 대로 행할 것이다(2:5-6).

옛 계명과 새 계명

■ 요한1서 2:7-11을 읽으라 ■

요한은 예수의 계명을 지키는 것이 중요하다고 방금 언급했다. 이제 요한은 한 가지 계명에 관한 논의를 시작하는데, 이 계명은 오래되었지만 새로운 것이기도 하다. 그는 먼저 자신이 새 계명을 쓰고 있는 것이 **아니라** 독자들이 이미 알고 있는 오래된 계명을 쓰고 있는 것이라고 말한다(2:7). 그 다음에 그는 다시 자신이 새로운 계명을 쓰고 있다고 말한다(2:8a). 이 명백한 모순은 요한이 말하는 계명이 무엇인지를 알아야 해결될 수 있다. 그가 사랑과 미움을 논하는 것을 고려해보면(2:9-11), 옛/새 계명은 사랑과 관련이 있는 것이 분명하다. 따라서 우리는 이것을 통해 옛것과 새것의 모순을 이해할 수 있다. 예수는 "새 계명을 너희에게 주노니 서로 사랑하라. 내가 너희를 사랑한 것 같이 너희도 서로 사랑하라"고 말했다(요 13:34). 그는 이것을 "새 계명"이라고 불렀다. 그러나 이 계명은 과거에 이스라엘 백성들이 하나님을 사랑하고(신 6:5) 이웃을 사랑하라는(레 19:18) 가르침을 받았기 때문에 "옛" 계명이기도 하다. 다시 말해 예수의 "새" 계명은 옛 계명을 다시 내리는 것이다. 그렇기 때문에 요한은 서로 사랑하라는 가르침을 옛 계명과 새 계명으로 모두 부를 수 있다. 사랑하는 사람은 빛 가운데로 행하는 것이고, 미워하는 사람은 어둠 속에 있는 것이다(2:9-11).

요한의 독자들은 이미 변화되었다

■ 요한1서 2:12-14을 읽으라 ■

2장의 중간에 시적으로 구성된 이 단락은 논란의 여지 없이 이 서신의 핵심이다. 요한은 독자들 가운데 세 그룹, 즉 자녀들, 아비들, 그리고 젊은이들에게 말한다. "자녀들"은 요한이 다른 곳에서도 그들을 언급한 것처럼 (예. 2:1), 아마도 요한의 독자 전체를 지칭할 것이다. 아비들과 젊은이들은 교회 안에서 지도력을 발휘할 수 있는 하위 그룹이다. 요한은 각 그룹(자녀들, 아비들, 젊은이들)에게 두 번씩 말한다. 요한은 각 그룹에 말할 때 먼저 "내가 너희에게 쓰는 것은"(2:12-13)이라는 표현을 사용하고, 그다음에 "내가 너희에게 쓴 것은"(2:14)이라는 표현을 사용한다. 이 구조는 시적 형태를 강화하고 요한 서신을 기록한 다양한 동기를 제공한다.

요한은 하나님이 그들의 삶 속에서 이미 행한 일 때문에 이 집단들에 편지를 쓴다. 자녀들은 죄 사함을 받았고(2:12) 아버지를 알게 되었다(2:14a). 아비들은 태초부터 계신 분을 알게 되었다(2:13a, 14b). 젊은이들은 악한 자를 이겼고(2:13b), 하나님의 말씀이 그들 안에 있다(2:14c). 다시 말해 요한이 이 신자들에게 편지를 쓰는 이유는 하나님이 행한 일이 그들 사이에 이미 분명하기 때문이다. 요한의 주요 목표 중 하나는 신자들이 진리 안에 그리고 하나님과의 사귐 안에 있다는 것을 확신하게 하는 것이다. 그가 그들에게 이런 것들을 확신시키는 이유는 이미 그곳에 증거가 있기 때문이다. 🔲

요한 벵엘(Johann Bengel)과 난외주 (Annotations) 전통

고대 교육 전통에 뿌리를 둔 그리스도인들은 항상 성경에 기초한 주석을 써서 후대의 독자들에게 성경 본문이 분명히 말하고 강조하는 것이 무엇인지를 설명해왔다. 정식 주석서와 비슷하지만 다소 다른 점을 지닌 **난외주**를 쓰는 전통이 있었는데, 이것은 어구 또는 구절을 따로 설명하는 짧은 주석들의 목록이다. 난외주는 그 목적에 따라 좀 더 경건하거나 좀 더 학문적일 수 있다. 이와 같이 좀 더 학문적인 주석 가운데 하나는 중요한 기독교 교사인 요한 알브레히트 벵엘(1687-1752년)이 쓴 신약성경에 대한 다섯 권의 주석으로, 오늘날에도 여전히 출간되고 있으며, **그노몬**(Gnomon, "색인" 또는 "화살표")이라고 불린다. 벵엘의 주석은 그리스어와 라틴어, 본문비평, 문학적·수사학적 기법에 대한 그의 지식의 폭과 깊이를 보여준다. 이것들은 좀 더 학문성을 추구하는 그리스도인들에게 성경을 매우 세밀하고 상세하게 읽는 방법을 가르치는 데 오랫동안 도움을 주었다.

그러므로 진리 안에 거하라

■ 요한1서 2:15-29을 읽으라 ■

하나님이 이미 독자들의 삶 속에서 일하고 있기 때문에 이제 요한은 그들에게 진리 안에 거하라고 격려한다. 첫째, 그들은 세상 또는 세상에 있는 어떤 것도 사랑하지 말아야 한다(2:15a). 요한은 문자적으로 세상에 있는 모든 것을 말하는 것이 아니라 하나님을 대적하는 세상을 의미하는 것이다. 세상에 있는 모든 것에는 동료 신자들도 포함되는데, 오히려 요한은 그들을 사랑해야 한다고 주장한다. 만약 누군가가 욕망과 교만을 포함하고 있는 이 세상을 사랑한다면 아버지의 사랑이 그 안에 있지 않다(2:15b-16).

둘째, 신자들은 **적그리스도**들이 교회에서 나갔다는 것을 주의해야 한다(2:18-19). 이들은 그리스도에 관한 진리를 저버리고 현재 적그리스도가 된 사람들이다. 이런 현실은 지금이 "마지막 때"라는 증거인데, 이는 구원 역사의 마지막 시기를 언급하는 방식이다.

그러나 이러한 적그리스도들과는 달리 참된 신자들은 하나님으로부터 기름 부음을 받고 진리를 알고 있다(2:20). 이 기름 부음은 신자들을 진리로 인도하는 성령의 은사를 가리키는 것으로 보인다(참조. 요 14:16-17). 적그리스도들은 예수가 그리스도임을 부인하지만 진정한 신자들은 그리스도를 받아들이고, 따라서 아버지와도 사귐을 갖게 된다(22-25). 성령의 기름 부음은 신자들이 미혹하는 자들의 속임수를 거부할 수 있도록 그들을 가르치고(2:26-27), 확신을 가지고 그리스도 안에 거할 수 있게 해준다(2:28). 그리스도가 다시 올 때 신자들은 부끄러움을 당할 이유가 없을 것이다. 왜냐하면 올바른 일을 하는 사람들은 모두 하나님으로부터 태어났기 때문이다(2:29).

당신의 아버지는 누구인가?

■ 요한1서 3:1-10을 읽으라 ■

이 단락에서 요한은 하나님의 자녀
와 마귀의 자녀를 대조한다. 하나님
의 사랑으로 말미암아 신자들은 그
의 자녀가 되었는데(3:1), 이는 그들
이 그분과 같이 될 것임을 의미한다
(3:2-3). 그러나 계속 죄를 짓는 자들
은 하나님을 알지 못한다(3:4-6). 그
런 사람들은 사실 마귀에게 속한 자
들이고, 마귀는 처음부터 죄를 범했

그림 27.3. 제임스 조셉 티소(James Joseph
Tissot), "가인이 아벨을 죽음으로 인도하다"

으며, 하나님의 아들이 온 것은 이 마귀의 일을 멸하기 위함이다(3:7-8). 그
러나 하나님의 참된 자녀는 하나님에게서 태어났기 때문에 죄를 지을 수
없고(3:9), 서로 사랑함으로써 하나님의 자녀임을 드러낸다(3:10).

미워하지 말고 사랑하라

■ 요한1서 3:11-18을 읽으라 ■

요한은 사랑이 하나님의 자녀를 드러냄을 이미 보여주었는데, 가인과 아
벨의 사례가 이를 잘 설명해준다. 가인은 세계 최초의 살인자로, 자신의 의
로운 형제인 아벨을 죽였다(3:11-12; 참조. 창 4:1-16). 이와 마찬가지로 하
나님을 대적하는 세상은 하나님의 자녀를 미워할 것이며, 사람을 미워하
는 모든 자는 가인과 같은 살인자다(3:13-15). 반대로 사랑하는 사람들은
살인하지 않고, 오히려 예수가 한 것처럼 남을 위해 자신의 목숨을 바친
다(3:16-17). 그런 사랑은 말뿐만 아니라 실천적인 방식으로도 표현된다

가인과 아벨

요한1서에서 구약성경을 유일하게 직접 언급한 것이 가인과 아벨에 대한 논의라는 점은 매우 놀랍다(3:12; 참조. 창 4:1-16). 왜 요한은 형제를 살인한 악명 높은 가인을 언급하면서도 아브라함, 모세, 다윗, 엘리야와 같은 중요한 인물들에 대해서는 언급하지 않는 것일까? 왜 살인에 대한 이야기를 하면서도 하나님이 아브라함에게 준 약속, 이집트에서 이스라엘을 구원한 것, 또는 약속의 땅을 허락한 것에 대해서는 언급하지 않는 것일까? 첫째, 가인과 아벨에 관한 이야기는 사람을 미워하는 것이 사실상 살인의 한 종류라는 요한의 요점을 완벽하게 설명해준다(3:15). 살인은 진정한 미움을 물리적으로 표현한 것이다. 둘째, 요한1서는 구약성경과의 직접적인 연관성을 보여주지 않지만, 요한복음과의 직접적인 연관성을 몇 가지 보여준다. 요한복음이 구약성경에 큰 빚을 지고 있으므로, 요한1서는 사실상 요한복음과 하나님의 포괄적인 이야기의 연관성에 의존하고 있다. 요한1서는 요한복음의 틀을 채택함으로써 구약성경의 이야기가 전개되는 것을 전제한다.

(3:17-18). ■

하나님 앞에서 담대하라

■ 요한1서 3:19-24을 읽으라 ■

이 서신에서 요한의 관심사 중 하나는 신자들이 하나님과 함께 있다는 것을 확신시키는 것이다. 여기서 그는 이 문제를 직접적으로 언급한다. 만일 우리의 마음이 우리를 책망한다면―우리가 실패한 것을 알고 그에 대한 죄의식을 느낀다는 의미―하나님의 용서는 그것보다 크다(3:19-20). 그리고 만일 우리의 마음이 우리를 책망하지 않는다면―죄책감이 없다는 의미― 우리는 하나님 앞에서도 담대함을 얻을 수 있다(3:21-22). 우리가 죄책감을 느끼든 그렇지 않든 이런 담대함의 근거는 예수 그리스도에 대한 믿음인데, 이는 서로에 대한 사랑으로 이어진다(3:23). 서로를 사랑하고 아들을 믿음으로써 신자들은 하나님의 계명들을 지키고, 하나님이 주는 성령으로 말미암아 그분 앞에서 담대함을 얻게 된다(3:24).

영을 분별하라

■ 요한1서 4:1-6을 읽으라 ■

요한은 하나님이 주는 성령에 관해 말하면서 거짓 영들에 대해 경고한다. 세상에는 거짓 예언자가 많으므로, 신자들은 그것의 근원을 밝히기 위해 그 영을 "분별"해야 한다(4:1). 거짓 예언자가 있다는 것은 거짓된 영이 있다는 것을 가리키는데, 이는 거짓된 영이 거짓 예언자들에게 권능을 부여하기 때문이다. 하나님으로부터 온 성령은 신자들이 예수 그리스도가 육신을 입고 왔음을 고백할 수 있도록 힘을 주는 반면, 거짓된 영은 그런 고백을 할 수 없게 만든다(4:2-3). 이 영들은 예수에 관한 진리를 부인하는 적그리스도의 영들이다(2:18-22). 그러나 하나님의 자녀들은 거짓된 영을 이기는데, 이는 하나님의 자녀 안에 있는 성령이 마귀에게 속한 자들의 영보다 더 크기 때문이다(4:4). 그들은 세상에서 왔고 세상의 말에 귀를 기울이지만, 신자들은 하나님으로부터 왔고, 진리의 성령의 능력으로 말미암아 요한의 메시지를 듣는다(4:5-6).

최고의 사랑

■ 요한1서 4:7-21을 읽으라 ■

요한은 서로 사랑하라고 다시 촉구한다. 이것은 우리가 하나님으로부터 태어나 하나님을 안다는 증거가 되는데, 그 이유는 하나님이 사랑이기 때문이다(4:7-8). 하지만 하나님을 "사랑"이라고 부르는 것은 공허한 표현이 아니다. 그는 자기 아들을 세상에 보내 우리의 죄를 위한 화목제물이 되게 함으로써 자신의 사랑을 보여주었다(4:9-10, 14, 16a). 하나님의 사랑은 자기희생적 행동으로 표현되며, 우리도 이처럼 서로 사랑해야 한다(4:11). 하나님이 사랑하는 것처럼 우리가 서로 사랑할 때, 하나님이 그의 성령에 의해 우리 안에 온전히 거하는 것이다(4:12-13, 16b).

사랑이 우리 안에서 완성됨으로써 우리는 심판 날에 더 담대함을 갖게 되는데, 이는 사랑하는 사람들이 하나님의 인격을 닮을 것이기 때문이다(4:17). 사랑은 두려움을 몰아내며, 하나님이 우리를 먼저 사랑했다는 사실에는 큰 위로가 담겨 있다(4:18-19). 동료 신자들을 사랑하지 않는 사람은 하나님을 진정으로 사랑하지 않는 것인데, 그 이유는 하나님을 진정으로 사랑하는 사람이 다른 사람들도 사랑할 것이기 때문이다(4:20-21).

모든 것을 종합하기

■ 요한1서 5:1-21을 읽으라 ■

요한은 마지막 장에서 자신이 이 편지에서 말한 다양한 이야기를 한데 모은다. 그는 독자들에게 예수를 그리스도로 믿는 모든 사람이 하나님에게서 태어났으며, 아버지를 사랑하는 모든 사람이 그의 자녀들도 사랑할 것임을 상기시킨다. 그들은 하나님의 아들에 대한 참된 믿음으로 그들을 대적하는 세상을 이길 것이다(5:1-5).

요한은 이 서신의 가장 혼란스러운 짧은 단락에서 물과 피로 오는 예수 그리스도에 관해 말한다. 이 물과 피와 함께 성령이 그에 관해 증언한다(5:6-8). 이 구절들의 세부사항은 더 많은 설명을 요구하지만("물, 피, 그리고 성령"을 다루고 있는 사이드바를 보라), 전체적인 요점은 분명하다. 즉 예수에 관한 사람의 증언보다 (물, 피, 성령을 통해 표현되는) 하나님의 증언이 더 위대하다(5:9). 신자들은 예수에 대한 하나님의 증언을 받아들이지만, 이를 거부하는 자들은 하나님을 거짓말쟁이로 만드는 것이다(5:10). 그리고 하나님의 증언은 그가 자기의 아들 안에서 우리에게 영생을 주었다는 것이다(5:11-13). 🕆

신자들은 하나님의 자녀로서 그의 뜻에 따라 무엇이든 구할 수 있고, 그것을 받을 것이라는 확신을 가질 수 있다(5:14-15). 이런 간구의 한 예로는 죄에 빠진 성도를 위해 기도하는 것인데, 그 죄가 "사망에 이르지 아니하는 죄"라면 하나님이 그 사람을 회복시켜줄 것이다(5:16). 요한에 따르면 모든 죄가 불의한 것이지만 모든 죄가 영적 죽음으로 이어지는 것은 아니다 (5:17). 영적 죽음을 초래하는 유일한 죄는 아마도 죄를 회개하고 예수 그리스도를 믿는 것을 거부하는 것이다. 회개와 믿음을 통해 모든 죄가 용서받을 수 있으므로, 궁극적으로 영적 죽음으로 이어지지는 않는다.

하나님으로부터 태어난 사람은 아무도 계속 죄를 지으며 살지 않으

며, 하나님의 아들 예수는 그의 형제자매들을 악한 자와 그의 영향력 아래 있는 적대적인 세상으로부터 안전하게 지켜준다(5:18-19). 하나님의 아들은 참되신 하나님에 대한 참된 지식을 신자들에게 줌으로써 신자들을 안전하게 지켜낸다(5:20). 그렇다 하더라도 신자들은 거짓된 신들을 경계해야 한다(5:21).

탐구—요한2서 읽기

택하심을 받은 부녀에게

■ 요한2서 1-3절을 읽으라 ■

요한2서는 그 맏형인 요한1서와 달리 사실상 편지의 형태를 띠고 있긴 하지만 그 인사말은 역시 이상하다. 이 서신은 "장로"가 보낸 것으로, 전승은 그 장로를 사도 요한으로 간주한다. 이는 "택하심을 받은 부녀와 그의 자녀들"에게 쓴 서신이다(1절). 이 택하심을 받은 부녀는 실존 인물일 수도

요한2서의 구조

신약성경에서 두 번째로 짧은 요한2서의 구조는 매우 단순하다. 장로는 간단한 인사(1-3절)를 한 후에 그의 독자들이 진리 안에서 행하고 사랑 안에서 사는 것에 대해 그들을 칭찬한다(4 6절). 그는 세상에 나타난 미혹하는 자들에 대해 경고하고, 그들을 지원하지 않는 것의 중요성을 강조한다(7-11절). 장로는 독자들을 만나길 원하는 자신의 열망을 표현하며 이 서신을 끝맺는다(12-13절).

있지만, 교회를 상징하는 은유적인 인물일 가능성이 더 크다. 그녀의 자녀들은 교회를 구성하는 신자들이다. 📖

요한은 이 짧은 서신을 특징짓는 서로 얽혀 있는 주제를 즉시 말하기 시작한다. 이 주제들은 사랑과 진리다. 그는 진리를 알고 있는 모든 사람이 그렇게 하듯이, 진리 안에서 그의 독자들을 사랑한다(1절). 이 진리는 신자들 안에서 영원히 살아 있다(2절). 성부와 성자의 은혜와 긍휼과 평강을 바라는 평범한 기도조차도 진리와 사랑을 특징으로 한다(3절).

진리와 사랑 안에서 살아가기

■ 요한2서 4-11절을 읽으라 ■

이 장로의 독자들은 가르침을 받은 대로 이미 진리 안에서 행하고 있지만(4절), 그는 이제 그들이 서로 사랑하기를 바란다(5절). 사랑하라는 계명은 새로운 것이 아니라 그들이 처음부터 받았던 계명이다(요일 2:7-11을 보라). 사랑하는 것은 하나님의 계명을 지키는 것이며, 하나님의 계명은 사랑하는 것이다. 이것은 하나님께 순종하는 것이 결국 사랑으로 표현된다는 것을 보여준다(6절).

진리를 대적하는 자들은 예수 그리스도가 육신으로 왔음을 부정하는 속이는 자들이다. 그런 사람은 참된 그리스도를 대적하는 것이기 때문에 **적**그리스도다(7절; 요일 2:18-22을 보라). 진리 안에 머무는 자들만이 아버지 및 아들과 관계를 맺게 될 것이기 때문에 장로의 독자들도 진리를 잃지 않도록 주의할 필요가 있다(8-9절). 놀랍게도 장로는 심지어 그의 독자들이 사람들을 현혹하는 적그리스도들에게 환대를 베푸는 것조차도 금지한다 (10절). 그렇게 환대를 베푸는 것은 그들의 악한 일에 참여하는 것이다(11 절). 🚪🧍

작별

■ 요한2서 12-13절을 읽으라 ■

장로는 요한2서의 끝부분에서 자신이 독자들을 직접 대면하여 대화하고자 그들을 방문할 날을 고대하면서 그들을 향한 그의 사랑을 보여준다. 그들은 주 안에서 형제자매로서 서로 사랑하기 때문에, 그렇게 그들을 방문하는 것이 그와 그들의 기쁨을 충만하게 해줄 것이다(12절). 장로는 독자들의 "택하심을 받은 자매의 자녀들이" 안부를 전하는 것으로 끝을 맺는다(13절). 이는 1절의 택하심을 받은 부녀가 사실 실제 개인이라기보다 교회라는 추가적인 증거다. 장로의 서신을 받는 교회는 현재 장로가 머물고 있는 교회의 "자매"다. 신자 개개인이 서로에게 형제자매인 것처럼 교회도 자매와 같다.

🚪 신학적 문제

육신을 입은 예수

요한2서 7절에 나오는 미혹하는 자들은 "예수 그리스도께서 육체로 오심을" 부정했다. 이것은 영지주의의 초기 형태인 가현설과 일치한다. 가현설은 예수가 신적 존재이나 인간은 아니라는 믿음이다. 즉 그는 그렇게 보일 뿐 실제로는 인간의 육신을 입지 않았다는 것이다. 요한1서와 요한2서는 이런 오류를 강하게 부정하는데, 그 이유는 그리스도의 인성이 인류를 위한 구주로서 그의 역할에 필수적이기 때문이다. 예수의 인성을 부정한다면 하나님을 진정으로 알 수 없다. 장로가 환대를 금한 것은 무례해 보일 수도 있지만, 사실상 다른 사람들에 대한 사랑이 동기를 부여한 것으로, 하나님이 주는 온전한 상을 잃게 만드는 중대한 신학적 오류에 그들이 빠지지 않게 하려는 것이다(8절).

🧍 역사적 문제

고대 세계의 환대

요한2서 10-11절에서 장로가 말하는 환대는 식사나 커피를 함께 나누는 것을 의미하지 않는다. 그것은 누군가를 손님으로 맞이하여 하룻밤, 어쩌면 며칠 밤을 묵게 하는 것을 말한다. 고대 세계에는 오늘날처럼 호텔이나 값싼 숙소가 없었다. 이용 가능한 대중 숙박 시설은 안전하지 않거나 도덕적으로 문제가 있는 경우가 많았다. 예를 들어 유대인들은 그런 시설들의 불경스러운 평판 때문에 결코 그곳에 머물지 않았을 것이다. 이것은 왜 환대를 거부하는 것이 거짓 교사들에 대한 중요한 방어책인지 설명해준다. 사적인 숙소를 구하지 못한다면, 그런 사람들은 어쩔 수 없이 계속 이동하게 될 것이고, 따라서 그들이 어느 한 지역에서 행사할 수 있는 영향력을 제한받게 될 것이다.

탐구–요한3서 읽기

진리와 사랑 안에서 살기

■ 요한3서 1-8을 읽으라 ■

요한3서는 성경에서 가장 짧은 책이며(요한2서는 두 번째로 짧다), 이 또한 "장로"가 쓴 서신이지만, 이번에는 실제 개인인 가이오에게 보내는 편지다. 우리는 이 편지에 나온 것을 제외하고는 가이오에 대해 아무것도 알지 못한다. 요한2서와 마찬가지로 사랑과 진리라는 서로 얽혀 있는 주제가 곧바로 소개되는데, 이는 장로가 진리 안에서 가이오를 사랑하기 때문이다(1절). 장로는 가이오의 건강을 위해 기도하며 그가 진리 안에서 살아가는 것을 칭찬하는데, 이는 장로에게 큰 기쁨을 준다(2-4절). 📖

가이오는 진리 안에서 살고 있을 뿐만 아니라 형제자매, 특히 그가 알지 못하는 자들에게도 사랑을 보여준다(5절). 여기서 말하는 믿음을 지닌 나그네들은 그리스도의 "이름"을 위해 여행하는 선교사들일 것이다(6-7절). 가이오는 이 선교사들을 환대하고 보살피는 것을 통해 진리를 위해 함께 동역하는 자가

📖 **문학적 문제**

요한3서의 구조

신약성경의 가장 짧은 이 책 역시 매우 단순한 구조다. 장로는 인사말(1-4절)을 한 후, 가이오의 사랑을 칭찬하고(5-8절), 악행을 일삼는 디오드레베에 대해 경고하며(9-10절), 데메드리오를 본받아야 할 모범으로 칭찬한다(11-12절). 이 서신은 가이오를 만나고 싶어 하는 장로의 바람으로 끝을 맺는다(13-15절).

👤 **역사적 문제**

선교사와 환대

환대를 거부하는 것이 거짓 교사들의 영향력을 약화시키는 중요한 방법이었던 것처럼(요이 10-11절), 환대는 진리를 전하는 선교사들에게는 필수적인 도움이었다(마 10:9-14를 보라). 고대 세계에서 그리스도인들과 유대인들은 위험성이나 좋지 못한 평판 때문에 호텔이나 호스텔의 이용을 꺼렸다. 이것은 여행객들이 개인의 환대를 통해 제공되는 특정 개인의 숙소에 의존했다는 것을 의미한다. 그러므로 이런 환대는 선교 활동을 지원하고 그것에 동참하는 중요한 방법이었다. 장로가 말하는 것처럼, 그것은 진리를 위하여 함께 일하는 것이다(요삼 8절).

된다(8절). 그러므로 우리는 가이오가 진리에 헌신한 사람들에게 사랑을 보여줌으로써 진리에 대한 그의 헌신을 증명한다는 것을 알 수 있다.

그림 27.4. 복음 전도자 성 요한을 묘사한 비잔틴 메달, 성화 액자에서

디오드레베 vs. 데메드리오

■ 요한3서 9-15절을 읽으라 ■

가이오가 진리와 사랑 안에서 잘 행하고 있다면, 그와 대조적으로 두 가지 점에서 모두 실패한 디오드레베가 있다. 그는 사도적 권위를 거부하며 으뜸이 되기를 좋아한다(9절). 그는 비방하는 자이며, 신자들을 환영하지 않고 심지어 신자들을 환영하길 원하는 자들을 배척하기까지 한다(10절). 우리는 이 디오드레베가 누구인지 모르지만, 진리와 사랑에 관한 한 그가 가이오와 정반대되는 사례라는 것을 알 수 있다.

가이오가 이미 모범적인 신자이지만, 장로는 그에게 디오드레베와 같은 악한 자들에게 영향을 받지 말 것을 권면한다. 선을 행하는 것은 하나님과의 관계를 입증하는 증거가 되지만, 악한 일을 하는 사람은 하나님을 알지 못하는 자들이다(11절). 긍정적인 예로는 데메드리오를 들 수 있으며, 그의 인격은 모든 사람에게 칭찬받는데, 장로는 심지어 진리 자체가 그를 칭찬한다고 말한다!(12절) 그런 사람은 디오드레베와 극명한 대조를 이루고 가이오와 같은 다른 신자들에게는 본보기가 된다. 장로는 가이오에게 더 많은 말을 하고 싶지만 직접 대면하여 말하고 싶은 자신의 마음—그와의 내적인 관계를 표현한다—을 표현하면서 편지를 마무리한다(13-14절).

실천과 적용―오늘날 요한 서신을 기독교 경전으로 읽기

사랑과 진리는 심각한 문제다. 사랑 없이는 하나님을 알 수 없다. 왜냐하면 하나님은 사랑이기 때문이다. 오늘날 신자들은 하나님에 대한 지식이 단순히 올바른 교리, 설교, 전도에 관한 것이 아님을 상기할 필요가 있다. 신자들은, 이런 일이 잘되고 있으면, 하나님과의 관계를 잘 유지해나가고 있다고 생각하기 쉽다. 그러나 현실은 사랑이 없이도 이런 많은 일을 잘할 수 있다는 것이다. 그리고 이것은 신자들과 더 넓은 교회 전체에서 큰 문제라고 할 수 있다. 더욱이 사랑은 단순한 감정이나 기분 좋은 말 그 이상이 되어야 한다. 사랑은 하나님이 우리의 죄를 위해 그의 아들을 제물로 내어주고 우리를 사랑한 것처럼 희생적인 행동으로 표현되어야 한다. 사랑이 없다면, 우리는 하나님 자신을 부인하는 것이다.

　그러나 요한 서신은 사랑이 올바른 믿음과 일치해야 한다는 것을 보여준다. 요한은 모든 것을 받아들이고 갈등을 일으키지 않는 가볍고 얄팍한 사랑을 지지하지 않는다. 사랑이 하나님으로부터 나오는 것처럼 진리도 그러하며, 진리 없이는 아무도 하나님과 사귐을 가질 수 없다. 그러므로 교회가 진리와 사랑의 적절한 균형을 유지한다는 것은 상당히 까다로운 일이다. 한편으로 우리는 신앙에 상관없이 모든 사람에게 사랑, 수용, 자비를 보여주길 원한다. 그러나 다른 한편으로 하나님이 누구인지에 대한 핵심을 공격하는 거짓을 지지하거나 용인하는 것은 불가능하다. 하나님과의 관계는 사랑과 진리로 이루어져야 한다. 우리가 할 수 있는 한 이 두 가지를 함께 붙드는 것이 교회의 과제다.

요한1-3서의 핵심 구절

- 나의 자녀들아, 내가 이것을 너희에게 씀은 너희로 죄를 범하지 않게 하려 함이라. 만일 누가 죄를 범하여도 아버지 앞에서 우리에게 대언자가 있으니, 곧 의로우신 예수 그리스도시라. 그는 우리 죄를 위한 화목제물이니 우리만 위할 뿐 아니요, 온 세상의 죄를 위하심이라(요일 2:1-2).

- 거짓말하는 자가 누구냐? 예수께서 그리스도이심을 부인하는 자가 아니냐? 아버지와 아들을 부인하는 그가 적그리스도니, 아들을 부인하는 자에게는 또한 아버지가 없으되, 아들을 시인하는 자에게는 아버지도 있느니라(요일 2:22-23).

- 사랑은 여기 있으니, 우리가 하나님을 사랑한 것이 아니요, 하나님이 우리를 사랑하사 우리 죄를 속하기 위하여 화목제물로 그 아들을 보내셨음이라. 사랑하는 자들아, 하나님이 이같이 우리를 사랑하셨은즉 우리도 서로 사랑하는 것이 마땅하도다(요일 4:10-11).

- 지나쳐 그리스도의 교훈 안에 거하지 아니하는 자는 다 하나님을 모시지 못하되, 교훈 안에 거하는 그 사람은 아버지와 아들을 모시느니라(요이 9절).

- 사랑하는 자여, 악한 것을 본받지 말고 선한 것을 본받으라. 선을 행하는 자는 하나님께 속하고 악을 행하는 자는 하나님을 뵈옵지 못하였느니라(요삼 11절).

기독교적 읽기를 위한 질문

1. 요한1서에 따르면 사랑과 진리는 어떤 관계가 있는가?

2. 예수가 우리의 대언자가 되는 것이 무엇을 의미하는지 당신의 말로 표현하라(요일 2:1).

3. 예수의 가르침을 지나치게 앞서 나가는 것이 나쁜 이유는 무엇인가?(요이 9절)

4. 선교사들이 이방인들로부터 아무것도 받지 않았다는 것이 왜 중요했는가?(요삼 6-7절)

28장

유다서

개요

유다서의 간결함을 고려할 때 이 서신은 몇 가지 흥미로운 요소를 포함하고 있다. 이 서신은 예수의 형제가 쓴 것이다. 이 서신은 성경 밖의 본문 하나를 인용하고 또 다른 본문 하나를 암시한다. 이 서신은 죄를 짓고 심판에 직면한 사람들에 대한 구약성경의 언급으로 가득하다. 베드로후서가 거의 전적으로 이 서신을 표절했다. 그리고 이 서신은 극도로 부정적이고 가혹하다. 😣

이런 요소에도 불구하고 유다서는 사랑으로 쓴 서신이다. 그의 긍휼은 이 서신의 끝에 믿음 안에서 자신을 세우고 믿음에서 실패하고 있는 다른 사람들을 돌보라고 신자들을 격려하는 부분에서 뚜렷이 드러난다. 이것은 진정한 믿음과 참된 신자를 보호하고자 하는 이 편지의 궁

😵 **역사적 문제**

유다서의 역사적 기원
저자: 예수의 형제 유다
기록 연대: 기원후 50년대?
장소: 이방 세계 어딘가에 위치한 유대인 공동체
배경: 유다는 도덕적 권위를 거부하고 음란한 행위에 빠져 있는 무리에 대항한다.

극적인 관심사를 드러낸다. 유다
서의 부정적이고 가혹한 성격은
이렇게 긍정적이고 사랑이 가득
한 목적을 이루기 위함이다. 😲📖

탐구－유다서 읽기

믿음을 위해 싸우라

■ 유다서 1-4절을 읽으라 ■

유다는 자신을 그리스도의 종이
요 야고보의 형제로 밝힌다(1a절)
(사이드바 "유다의 주와 형제"를 보라).
그는 하나님 아버지로부터 부르
심과 사랑을 받고, 예수그리스도
를 위해 지키심을 받은 모든 이들
에게 편지를 쓴다(1b절). 이 서신
은 하나님 아버지를 구원의 창시
자이며 그의 백성들을 사랑하여
부른 분으로 소개하며, 그의 백성
들이 예수를 위해 하나님 아버지
로부터 부르심과 지키심을 받았
다고 말한다. 예수께 속하는 것이
우리 소명의 궁극적인 목표이자
목적이다. 📖

😲 역사적 문제

유다는 누구였을까?

유다는 전통적으로 예수의 네 명의 형제 중 하나인
유다로 취급되었고(마 13:55; 막 6:3), 이를 의심
할 이유는 거의 없다. 다른 형제들과 마찬가지로 유
다 역시 예수가 지상에서 사역하던 기간에는 그의
추종자가 아니었으나 그의 부활 후에 신앙을 갖게
되었을 것이다(행 1:14). 바울은 예수의 형제들을
선교사들로 표현했는데(고전 9:5), 그들은 비록 팔
레스타인에만 국한된 것은 아니더라도 유대인들 사
이에서 활동한 선교사였을 가능성이 크다.

📖 문학적 문제

유다서와 베드로후서

베드로후서를 다룬 26장에서 언급했듯이, 유다서
와 베드로후서는 매우 강한 연관성이 있다. 사실 유
다서의 대부분－스물다섯 구절 중 열아홉 구절－
이 베드로후서에서 사용된다. 학자들은 대부분 짧
은 문서(유다서)가 더 긴 문서(베드로후서)의 자료
일 가능성이 크기 때문에, 베드로후서가 유다서를
자료로 사용했다는 데 동의한다. 다음의 표는 베드
로후서가 유다서를 자료로 사용한 곳을 보여준다.

유다서	베드로후서
4절	2:1
4절	2:2
4절	2:3
6절	2:4
6절	2:9
7절	2:6
7b, 8절	2:10
9절	2:11
10절	2:12
11절	2:15
12a절	2:13
12b, 13절	2:17
16절	2:18
17절	3:1-2
18절	3:3
24절	3:14
25절	3:18

유다의 주와 형제

유다는 자신을 "예수 그리스도의 종이요 야고보의 형제인 유다"로 밝히는 것으로 시작한다(1절). 만약 이 편지에 대한 전통적인 믿음이 받아들여진다면 이 두 가지 서술은 모두 흥미롭다. 전통에 따르면, 유다는 예수의 형제이며, 따라서 야고보의 형제이기도 하다. 그렇기 때문에 그가 자신을 예수의 종이라고 부르는 것은 놀랍다! 그는 그들이 형제지간이라는 사실에 관심을 집중하지 않는데, 이는 아마도 그의 겸손함에서 비롯된 것일 수도 있고, 아니면 주님의 가족이라는 친밀함 때문에 특별한 대우를 바라지 않는 것일 수도 있다. 그는 자신이 예수의 형제임을 언급하지 않았지만, 야고보와 형제 관계임을 밝힌다. 다시 말하지만, 이것은 겸손함에서 비롯된 것일 수도 있다. 그는 야고보의 형제라는 것으로 자신이 유다임을 밝히지만, 예수가 그의 형제라는 사실에 직접적으로 관심을 집중시키지는 않는다.

유다서의 구조

유다서는 독자들에게 믿음을 위해 싸우라고 호소하고(1-4절), 현재의 완악한 사람들과 매우 유사했던 과거의 완악한 사람들을 상기시킨다(5-16절). 그의 독자들은 사도들이 그들에게 말한 것을 기억하고(17-19절), 그들의 믿음을 실천해야 한다(20-23절). 이 서신은 영광스러운 송영으로 끝을 맺는다(24-25절).

유다는 일반적인 인사말(2절)을 한 다음에 그들의 구원에 대해 더 긍정적인 편지를 쓰려고 했지만, 좀 더 방어적인 서신을 써야 할 필요가 있었다고 말한다. 그는 독자들에게 믿음을 지키기 위해 싸우라고 촉구한다. 그들은 교회에 전해져 내려온 진정한 믿음을 위해 싸우고 씨름해야 한다(3절). 이런 방어적 자세를 취하는 이유는 일부 사람들이 하나님의 은혜를 왜곡했기 때문이다. 그는 이 사람들을 교회에 침투해 들어온 경건하지 못한 자들로 묘사하며, 가장 충격적인 것은 그들이 이미 하나님의 심판을 받도록 정해져 있다는 것이다(4a절). 그들의 죄는 하나님의 은혜를 핑계로 삼아 "방탕"에 빠진 것인데, 이는 의심의 여지 없이 그들이 음행과 다른 일들에 빠진 한편, 하나님의 은혜를 핑계 삼아 그들의 행위를 변명하는 것을 의미한다. 그들은 만약 하나님이 용서한다면 차라리 그런 일들을 하는 것이 낫다고 판단하고 있다. 유다서에 따르면 이것은 전적으로 받아들일 수 없는 행위다. 📖

문제

■ 유다서 5-16절을 읽으라 ■

유다는 이어서 이스라엘의 역사에 호소하면서 하나님이 자신의 백성을 이집트의 노예 생활에서 구해낸 때의 구원 사역을 돌아본다(출 12장). 여기서 중요한 것은 비록 하나님이 사람을 구원하지만, 이스라엘의 경우와 같이 그를 거부하는 자들을 멸하기도 한다는 것이다(5절). 심지어 반항한 천사들도 하나님의 심판을 받았다(6절). 소돔과 고모라의 이야기는 하나님이 악을 멸하기 위해 어떤 일을 행할 것인지를 보여주는 무서운 경고다(7절; 참조. 창 18:16-19:29). ▶

유다서는 이런 사례들과 그가 현재 싸우고 있는 거짓 교사들을 비교한다. 그들은 하나님의 말씀 대신 자신들의 꿈을 의지하고, 하나님의 말씀을 더럽히고, 거부하고, 중상모략한다(8절). 중상모략이 얼마나 잘못된 것인지를 보여주기 위해 유다는 모세의 시체에 관해 논쟁을 벌였던 **천사장** 미가엘과 마귀에 관한 예를 사용한다(9a절). 이런 이야기는 구약성경에서는 찾아볼 수 없고, 이에 대한 많은 추측이 난무하지만, 요점은 분명하다. 심지어 그런 상황에서도 미가엘은 마귀를 중상하지 않고 주의 이름으로 그를 꾸짖

🔒 정경적 연관성

예수가 이스라엘을 구원했다?

유다가 예수를 이집트에서 이스라엘을 구원한 구세주로 묘사한 것은(5절) 매우 놀라운 일인데, 이는 예수가 수 세기가 지나서 태어났기 때문이다. 몇몇 고대 필사자는 분명히 이것이 너무 이상하다는 것을 발견하고서 그들의 필사본을 "예수" 대신에 "주" 또는 "하나님"으로 바꿔서 기록했다. 하지만 만약 원문에 "예수"라고 쓰여 있었다면 이는 유다가 예수의 사역을 그의 성육신 이전에 존재하는 것으로 간주함을 의미한다. 구약성경은 하나님 혹은 야웨를 이스라엘의 구원자로 묘사하지만, 유다서는 예수를 그 신적 인물과 동일시한다. 다시 말해 예수는 신적 실체의 일부이며, 야웨의 구원 행위는 예수의 활동을 포함한다.

그림 28.1. 성 유다를 묘사한 장식품(12세기)

미가엘과 마귀?

천사장 미가엘과 마귀의 논쟁에 대한 이 기이한 언급에서 유다는 「모세의 승천기」(Assumption of Moses)로 알려진 유대교 문서를 의존하고 있을 가능성이 있다. 그러나 우리에게는 이 문서의 사본이 없기 때문에 이를 확신하기는 어렵다. 그리고 우리는 유다가 그것을 인용했다고 믿었던 교부 알렉산드리아의 클레멘스의 주장에 의존한다. 한편 「모세의 유언」(Testament of Moses)으로 불리는 책이 있는데, 이 책은 존재하지만 그 결말 부분이 소실되었다. 이 잃어버린 결말 부분에 유다가 여기서 언급하는 이야기가 포함되어 있을 가능성이 있다. 스가랴 3:2부터 시작하는 천사들과 마귀가 서로 논쟁을 벌이는 전승이 있는데, 이 전승은 유대교 문헌의 일부가 된다.

그림 28.2. "마귀 위에 서 있는 성 미가엘"(작자 미상), Wändemmu Gashaw의 책 Anaphora of Mary에서 발췌함.

The Walters Art Museum. Gift of Mr. Daniel M. Friedenberg, 1993.

가인, 발람 그리고 고라

유다서는 구약성경에 등장하는 세 명의 "악당"을 잘못된 길로 가는 예시로서 그린다. 가인은 질투심 때문에 동생의 목숨을 앗아간 최초의 살인자다(창 4:1-16). 발람은 이스라엘 백성들이 약속의 땅에 들어갈 때 그들을 방해한 예언자인데(민 22-24장), 이스라엘 사람들이 죄를 짓도록 유도하여(계 2;14) 하나님의 심판을 받게 했다(민 31:16). 고라(시편의 고라와 혼동하지 말 것)는 권위에 대한 욕망으로 인해 모세와 아론에 맞서 반란을 주도한 레위 지파 지도자였다(민 16장). 고라와 모든 반역자들에 대한 심판으로 땅이 그들을 삼켰고, 그들은 곧바로 스올로 내려갔다(민 16:31-33). 세 사람은 모두 잘못된 길로 들어섰고, 이는 그들에 대한 심판으로 이어졌다.

는다(9b절). 미가엘이 보여 준 자기절제와 달리 이 거짓 교사들은 동물처럼 본능에 따라 행동하며(10절), 가인, 발람, 고라처럼 잘못된 길을 택했다(11절). 〇〇

유다는 12-13절에서 이 사람들이 얼마나 위험하고 쓸모없는 존재인지를 전하기 위해 일련의 은유를 사용한다. 그들은 배가 난파되도록 원인을 제공하는 위험한 암초들과 같고, 양들을 돌보지 않고 자신만 생각하는 목자들과 같으며, 비의 영양분을 공급해야 하는 구름의 역할을 하지 않는 물 없는 구름과 같고, 열매만 없을 뿐 아니라 뿌리까지도 뽑힌 나무와 같다(12절). 그들은 바다의 파도와 같이 거칠고, 그들의 행실은 파도처럼 수면으로 떠오른다. 그들은 마치 그 집이 영원한 흑

암인 밤하늘의 별들과 같다(13절).

그다음에 유다는 「에녹1서」로 알려진 성경 외의 유대교 문헌에 호소한다. 그 책에 따르면, 에녹은 장차 수만 명의 천사와 함께 임할 하나님의 심판이 경건하지 않은 자들의 경건치 못한 말과 행실을 정죄하기 위한 것이라고 예언했다(14-15절). 이런 사람들은 하나님께 감사하지 않는 대신에 투덜대고 불평한다. 그들은 경건하게 살지 않고 대신 자신의 욕망을 따른다. 겸손과 사랑으로 말하지 않고 대신 오만하게 말하고 자신의 이익을 추구한다(16절). 🅣

친구들이여, 당신들은 그렇게 되지 않기를…

■ 유다서 17-25절을 읽으라 ■

유다는 독자들에게 사도들이 이 마지막 때를 가리켜 경건하지 못하게 조롱을 일삼는 자들이 세속적이고, 분열을 조장하며, 성령을 받지 못했음을 드러낼 것이라고 지적한 것을 상기시킨다(17-19절). 그들의 존재는 놀랄 일이 아니다. 이것은 신자들이 마치 하나님이 통제하지 못하는 것처럼 낙심해서는 안 된다는 의미다. 그런 사람들의 현실은 하나님의 심판에 앞서 이미 예견된 것이므로, 하나님의 권위와 통제를 의심할 이유가 없다. 🅐🅟

드디어 유다는 독자들이 그들의 믿음을 세우고, 성령으로 기도하며,

유다서가 정경에 미치는 영향

유다서가 「에녹1서」를 인용하기 때문에, 일부 그리스도인들은 「에녹1서」를 경전으로 간주하고 그것을 정경에 포함시켰다. 「바나바의 서신」과 알렉산드리아의 클레멘스, 이레나이우스, 테르툴리아누스와 같은 몇몇 초기 교부들의 경우도 이에 해당한다. 이후 교회는 대체로 「에녹1서」의 정경 자격을 받아들이지 않았지만, 에티오피아 정교회와 에리트레아 정교회에서는 그 책이 정경의 일부로 남아 있었다. 그러나 오늘날 대다수 교회 교파는 「에녹1서」를 경전으로 간주하지 않지만, 그것의 일부 역사적·신학적 중요성은 받아들인다.

하나님의 사랑 안에 머물고, 그리스도 안에서 약속된 영원한 삶을 기다리는 것을 내다보면서 조금 더 긍정적인 방향으로 전환한다. 그러나 그들의 믿음이 굳건해지더라도 그들 가운데는 의심이 생기거나 그리스도와 함께 걷다가 비틀거리는 사람도 있다. 신자들은 그런 자들에게 자비를 베풀고 더 나쁜 상황으로부터 그들을 구하고자 노력해야 한다. 그러나 그들은 긍휼을 베풀 때 자신이 더럽혀지지 않도록 스스로 돌아볼 필요가 있다(22-23절).

이 서신은 신자들을 보호하시고 흠 없이 기쁨으로 그분의 영광 가운데 서게 하시는 하나님을 찬양하는 송영으로 다음과 같이 마무리된다. 하나님께 영광과 위엄과 권력과 권세가 영원토록 있을지어다(24-25절).

실천과 적용-오늘날 유다서를 기독교 경전으로 읽기

유다서는 의심의 여지 없이 대부분 부정적인 내용의 서신이다. 아마도 이 사실이 유다서가 신약성경의 다른 책들에 비해 인기를 얻지 못하는 하나의 이유일 것이다. 이 서신은 그다지 고무적인 서신으로 보이지 않으며, 우리로서는 오늘날 우리의 반대자들에 대해 이렇게 심한 말을 하는 것도 불편하다.

그럼에도 유다서는 정경에서 중요한 역할을 한다. 오직 유다서만이 거짓 가르침과 거짓 신자에 대해 경고하는 것은 아니다. 다른 서신서들도 이런 경고를 한다. 그러나 중요한 차이점은 다른 서신서들은 일반적으로 다른 문제들도 다루고 있으며 오로지 잘못된 것과 싸우는 것에만 초점을 맞추지는 않는다는 것이다. 유다서의 기여점 중 하나는 때로는 잘못된 것과 싸우는 것에만 초점을 맞추는 것이 필요함―그만큼 위급하다는 것―을 우리에게 보여준다는 것이다. 그만큼 진리의 왜곡은 너무 심각한 것이어서, 그것과 맞서 싸우는 것이 반드시 최우선시되어야 한다. 우리는 진리를 지키고 신자들을 잘못된 것으로부터 보호하는 것의 중요성을 진지하게 받아들임으로써 부정적이고 가혹한 성격을 지닌 유다서로부터 유익을 얻을 수 있다. 우리의 교회는 때때로 심각한 잘못을 지적하고 성도들에게 최종적으로 주어진 믿음을 위해 싸우도록 격려하는 불편한 일을 해야 할 필요가 있다.

유다는 그의 반대자들에게는 가혹하지만, 믿음 안에서 흔들리는 참 신자들에게는 온화하다. 신자들은 개인적인 일대일 차원에서 서로 긍휼을 베풀고 서로의 안전을 지켜주며 보살펴야 한다. 이런 방식으로 우리는 잘못에 대한 강력한 반대가 우리의 유일한 대처 방법이 아님을 알 수 있다. 전투적인 그리스도인은 아무도 좋아하지 않는다. 믿음을 지키는 것은 자비와 사랑으로 균형을 이루어야 한다.

유다서의 핵심 구절

- 사랑하는 자들아, 우리가 일반으로 받은 구원에 관하여 내가 너희에게 편지하려는 생각이 간절하던 차에 성도에게 단번에 주신 믿음의 도를 위하여 힘써 싸우라는 편지로 너희를 권하여야 할 필요를 느꼈노니(3절).
- 사랑하는 자들아, 너희는 우리 주 예수 그리스도의 사도들이 미리 한 말을 기억하라. 그들이 너희에게 말하기를 "마지막 때에 자기의 경건하지 않은 정욕대로 행하며 조롱하는 자들이 있으리라" 하였나니(17-18절).

- 사랑하는 자들아, 너희는 너희의 지극히 거룩한 믿음 위에 자신을 세우며 성령으로 기도하며 하나님의 사랑 안에서 자신을 지키며 영생에 이르도록 우리 주 예수 그리스도의 긍휼을 기다리라(20-21절).

기독교적 읽기를 위한 질문

1. 유다의 반대자들의 잘못을 당신의 말로 표현하라.
2. 유다서에 언급된 구약성경의 등장인물들과 이야기들의 모든 목록을 만들라. 그다음에 관련된 구약성경의 본문을 다 읽으라. 당신은 이 이야기들이 유다서의 주장을 어떻게 뒷받침한다고 생각하는가?
3. 만약 당신이 유다서를 설교한다면 지나치게 부정적으로 들리지 않도록 어떻게 설교할 수 있을까?
4. 유다서가 성경에 없는 본문을 사용한다는 사실에 불안해하는 사람에게 당신은 유다가 정경이 아닌 본문을 사용한 것을 어떻게 설명하겠는가?

29장

요한계시록

개요

신약성경에서 요한계시록만큼 터무니없는 신학, 종말에 관한 예언, 세계적 사건과 세계 지도자들에 대한 말도 안 되는 사변의 출발점이 되는 악명 높은 책은 없다. 요한계시록은 종말론에 비정상적으로 빠져 있는 사람들과 광신적인 종교 지도자들의 행복한 사냥터다. 게다가 무엇보다도 요한계시록의 특이한 이미지, 난해한 상징, 지나친 기괴함으로 인해 이 책을 해석하는 일이 엄청나게 어려울 것이라는 이해할 만한 두려움도 있다. 이런 요인들 때문에 요한계시록은 무시되거나, 설교에서 배제되거나, 아니면 광적인 집착의 대상이 된다. 😵

😵 역사적 문제

요한계시록의 역사적 기원

저자: 사도 요한이다. 저자가 사도 요한이 아닌 "장로 요한"(아마도 요한2서, 요한3서의 저자이기도 할 것이다)으로 알려진 인물이라는 고대의 견해도 있다. 현대의 견해는 사도 요한의 저작권에 대해 회의적인 경향이 있다.

기록 연대: 기원후 95년경

장소: 밧모섬

배경: 요한은 그리스도가 악에 대해 승리하고 또 승리할 것이라고 확신하도록 소아시아 서부(오늘날 터키 서부)의 일곱 교회를 격려하고자 이 글을 쓴다.

요한계시록은 해석상의 어려움을 지니고 있지만, 많은 사람이 생각하는 것처럼 이해할 수 없는 책은 아니다. 사실 이 책의 핵심 메시지는 다음과 같이 매우 단순하다. **결국 하나님이 승리한다.** 이 책 전체는 하나님이 악의 파괴적인 세력을 상대로 그리스도 안에서 승리한다는 것이다. 이는 하나님이 그의 창조세계의 회복을 가져온다는 사실에 대한 증언이다. 그 회복된 창조세계에서는 악이 왜곡하고, 망가뜨리고, 파괴하는 일은 더 이상 허용되지 않을 것이다. 그리고 이 이야기의 가장 중심에는 겸손하게 죽임을 당한 어린양이자 승리

묵시문학

유대교 문헌의 한 장르인 묵시문학은 다른 세계의 존재에 의해 중재되는 환상을 전해준다. 묵시문학은 그림 언어, 상징, 그리고 매우 극적인 장면을 사용하므로 만약 우리가 이 장르에 익숙하지 않으면 읽기 어려울 수 있다. 이런 이미지와 상징은 문자적으로 이해되기보다는 반드시 해석되어야 한다. 묵시문학의 주된 목적은 이 세상에서 보고 경험할 수 있는 것 "배후에" 있는 실재를 보여주는 것이다. 그것은 하나님이 악을 물리치고 그의 백성들을 구원할 것이라는 영적 실재를 드러낸다(그리스어 아포칼립토[apokalyptō]는 "드러내다"를 의미한다). 묵시문학은 유대교의 제2성전기에 유대인들이 외세의 억압을 받으면서 발전했다. 그것은 악이 승리하는 것처럼 보이고 하나님이 침묵할 때 그런 현실에 대한 대안적인 비전을 제시했다. 요한계시록은 묵시문학의 대표적인 예로(사실 계시가 묵시이기 때문에 요한계시록은 그 장르의 이름을 따서 명명되었다), 그림 언어, 상징, 극적인 장면들로 가득 차 있다. 요한계시록은 천사를 통해 요한에게 주어진 환상이며, 로마 황제 도미티아누스의 박해를 경험했던 기독교 공동체에 희망을 준다.

하는 사자인 예수 그리스도가 있다. 예수 그리스도의 피와 그가 죽음을 정복한 것은 악한 영적 존재들, 악한 인간들, 악 자체의 운명을 결정한다. 📖

요한계시록이 무서운 이미지를 담고 있는 것은 우연이 아니며, 심지어 그리스도마저도 정말 무섭게 묘사된다. 요한계시록은 우스개나 농담이 아니며, 그러한 인상을 주려고 하지도 않는다. 악을 멸하는 것은 매우 심각한 문제이며, 전사인 군 지휘관 예수 그리스도를 가볍게 여겨서는 안 된다. 그는 강하고 의로우며 하나님의 원수를 멸하기 위해 다시 올 것이다. 🔲

요한계시록의 실제 목적은 우리의 생각을 세상의 종말에 대한 사변적 추측으로 가득 채우거나, 최근에 나타난 압제적인 지도자를 적그리스도(요

요한계시록은 어느 시대를 다루고 있나?

요한계시록을 해석할 때 중요한 이슈는 언제 이런 사건들이 일어날까, 혹은 언제 이런 사건들이 이미 일어났을까다. 크게 네 가지 입장이 있다. **이상주의 관점**은 요한계시록을 하나님의 본성과 목적에 대한 영원한 영적 진리를 다루는 것으로 긴주한다. **미래주의 관점**은 요한계시록이 임박한 종말과 **천년왕국** 시대의 도래를 예언하고 있다고 본다. **교회-역사주의 관점**은 요한계시록이 오늘날을 포함하여 지금까지의 역사에서 발생한 사건들을 다루고 있다고 이해한다. **과거주의 관점**은 요한계시록이 그 당시를 다루는 것으로서, 미래에 대한 언급은 거의 없다고 간주한다. 각각의 관점에는 장단점이 있다. 그러나 요한계시록을 읽는 가장 좋은 해석 방법은 각각의 특정 요소를 받아들이는 것이다. 요한계시록은 하나님에 대한 영원한 진리를 전하지만, 우리가 알고 있는 최후의 심판과 모든 것의 종말을 묘사하는 것이기도 하다. 이 책은 원래의 독자들이 처해 있던 1세기 상황을 다루는 한편, 세계사의 흐름을 해석하는 데 있어서도 적실성이 있다.

한계시록에는 전혀 나오지 않는 용어임)로 규정하려는 것이 아니다. 요한계시록은 언제 어디서나 하나님이 통제한다는 사실을 전함으로써 신자들을 격려하기 위한 것이다. 악은 영원히 지배하지 못할 것이다. 하나님은 그의 백성을 구원할 것이다. 하나님은 그의 모든 창조세계를 회복시킬 것이다. 이 책의 메시지는 심오한 희망 가운데 하나이며, 특히 박해와 고난을 당하는 사람들에게 말하고 있다. 이 책은 교회에 주는 큰 선물이며, 이 책이 없으면 우리는 영적 빈곤에 빠질 것이다.

탐구–요한계시록 읽기

일곱 교회에 보냄

■ 요한계시록 1:1-8을 읽으라 ■

요한계시록은 이 책의 첫 단어인 그리스어 "아포칼립시스"(*apokalypsis*)를 따서 명명되었는데, 이는 "계시"(revelation)로 번역된다. 이는 하나님이 요한에게 보여준 예수 그리스도에 관한 환상의 계시를 말한다(1:1-2). 요한은 자신이 기록한 이 계시를 예언이라고 묘사하며, 이 예언이 독자들에게 복이 될 것이라고 말한다(1:3). 🔲

요한은 이 예언을 오늘날 터키 서부에 위치한 아시아의 일곱 교회에 전하는데, 이 교회들의 이름은 나중에 언급된다(1:11). 요한의 인사말은 사실상 성부, 성자, 성령이 전하는 것이며, 각각 지금도 있고, 전에도 있었고 장차 올 이, 일곱 영, 죽은 자들 가운데서 먼저 난 이로 묘사된다(1:4-5a). 하나님은 전에도, 지금도, 나중에도 존재하는 영원한 분이다. 성령은 일곱 영으로 묘사되는데, 이는 숫자 일곱이 하나님의 완전함을 나타내기 때문이다.

그다음에 간략한 송영을 그리스도께 드리는데, 그리스도는 그의 피를 통해 죄에서 자유를 얻게 하고 우리를 영원히 제사장의 나라로 삼은 분이다(1:5b-6). 이것은 구약성경 인용문을 모아놓은 파스티셰(pastiche)로 뒷받침되며, 이 글들은 마치 오래전부터 예수에 관해 언급한 것처럼 보인다(1:7). 마침내 하나님은 자신을 알파와 오메가로 밝히는데, 이는 그리스어 알파벳의 첫 번째와 마지막 글자다(1:8). ⚫

📖 문학적 문제

요한계시록의 구조

요한계시록은 상당히 혼란스럽지만, 그 구조는 조금 더 단순하다. 기억해야 할 숫자는 일곱이다. 서문(1:1-20) 후에 우리는 일곱 교회에 보내는 편지(2:1-3:22)와 요한이 본 천상의 환상을 볼 수 있다(4:1-5:14). 그리고 우리는 일곱 인(6:1-8:5), 일곱 나팔(8:6-11:19), 일곱 표적(12:1-14:20), 일곱 대접(15:1-16:21) 환상을 볼 수 있다. 이 책의 절정은 바벨론의 멸망과 함께 전능하신 하나님의 승리, 어린양의 혼인 잔치, 최후의 전쟁과 심판, 그리고 새 하늘과 새 땅의 도래다(17:1-22:5). 이 책은 에필로그로 끝난다(22:6-21).

⚫ 정경적 연관성

요한계시록과 구약성경

요한계시록은 신약성경의 어떤 책보다 구약성경에 대한 암시를 더 많이 포함한다. 인용구는 적지만, 거의 모든 구절이 구약성경에 대한 반향을 담고 있다. 구약성경에 대한 이런 암시는 모세 오경, 사사기, 사무엘상하, 열왕기상하, 시편, 잠언, 아가, 대예언서, 소예언서를 포함하지만, 이 암시의 절반은 시편, 이사야, 에스겔 그리고 다니엘에서 나온다(그중 이사야가 가장 많다). 요한계시록은 창세기의 창조와 인류의 타락 기사에 기초를 두고 있는데, 그 이유는 요한계시록이 창조세계의 회복과 악의 멸망을 고대하기 때문이다. 출애굽기에 기록된 재앙은 중요한 요소이며, 이사야서는 새 하늘과 새 땅의 배경을 제공한다. 최후의 전쟁, 심판, 그리고 새 예루살렘은 에스겔 37-38장에서 유래하며, 스가랴서는 네 명의 말을 탄 사람들과 촛대와 같은 이미지들을 제공한다. 박해 속에서도 신실하게 믿음을 지킨 증인들에 대한 요한의 관심은 특히 다니엘서에 의존한 것이다. 이처럼 요한계시록이 구약성경에 광범위하게 의존한 점을 고려할 때, 구약성경의 주요 주제에 대한 지식이 없이는 이 책을 이해할 수 없다.

인자를 보다

■ 요한계시록 1:9-18을 읽으라 ■

요한은 계시를 받았을 때 밧모섬(현재 그리스의 일부)에 있었다(1:9-10). 그는 자신이 본 것을 기록해서 에베소, 서머나, 버가모, 두아디라, 사데, 빌라델비아, 라오디게아에 있는 일곱 교회에 보내라는 지시를 받는다. 이 지역들은 모두 요한이 생애 마지막 수십 년을 에베소에서 거주하는 동안 그의 영향이 미치는 범위 안에 있었다. 다시 말해 요한은 그가 잘 알고 있는 교회들에, 그들과 맺고 있는 목회적 관계의 일부로서 요한계시록을 기록한 것이다. 😊

요한은 누가 자신에게 말을 하고 있는지 보려고 했지만, 대신에 일곱 개의 금 촛대와 그 촛대들 사이에 서 있는 인자를 보게 된다(1:12-13a). 그는 불꽃처럼 빛나는 눈과 해처럼 빛나는 얼굴을 지닌 경탄을 자아낼 만한 인물이다(1:13b-16). 사실 요한은 그의 모습에 너무 놀라서 그의 발 앞에 엎드렸지만, 인자는 그를 위로한다(1:17-18a). 예수는 "처음이요 마지막"(=알파와 오메가)이며, 죽었었지만 지금은 살아 있으며 영원무궁토록 살아 있을

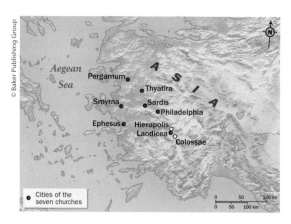

© Baker Publishing Group

그림 29.1. 요한계시록의 일곱 교회

것이다. 그는 사망과 음부의 열쇠를 쥐고 있다(1:18b). 그는 요한에게 환상 가운데 본 것을 기록하라고 다시 지시하고, 일곱 촛대가 요한이 편지를 쓰고 있는 일곱 교회를 나타낸다고 설명한다(1:19-20). 📖

일곱 교회에 보내는 편지

■ 요한계시록 2:1-3:22을 읽으라 ■

2-3장은 일곱 교회에 보내는 편지로 구성되어 있는데, 여기서 예수는 직접 각 교회를 하나씩 차례대로 다룬다. 이 편지들은 비슷한 패턴을 따르고 있는데, 예수는 각 교회를 칭찬한(두 교회는 제외) 다음에 각각 도전을 주고 경고한다. 예를 들어 예수는 에베소 교회의 사역, 수고, 인내, 거짓 가르침에 대한 거부를 칭찬하지만(2:1-3), 이 교회가 처음 사랑을 잃었다는 것과 회개해야 한다는 사실에 주목한다(2:4-5).

사데 교회는 예수로부터 칭찬을 받지 못한 두 교회 중 첫 교회다. 그들은 영적으로 살아 있는 것처럼 보이지만 사실 몇 명을 제외하고는 죽은 상태다(3:1-4). 라오디게아 교회는 덥지도 않고 차지도 않다. 만일 그들이 미지근한 상태로 계속 있게 된다면 예수가 그들을 입에서 토해낼 것이다(3:14-16). 그러나 예수는 이 두 교회도 사랑하여 책망하고 훈계하므로, 그들은 회개해야 한다(3:19).

편지마다 "귀 있는 자는 성령이 교회들에게 하시는 말씀을 들을지어다"라는 후렴구가 붙는다. 이것은 예수가 지상 사역 중에 한 말을 떠올리게 한다(막 4:9, 23; 눅 8:8; 14:35). 그러나 이는 성령의 사역과 예수의 사역 사이의 연관성을 나타내는데, 그 이유는 예수의 말씀을 성령의 말씀으로 묘사하고 있기 때문이다(2:7a, 11a, 17a, 29; 3:6, 13, 22).

마지막으로 각 교회는 "이기는 그에게는 내가…"라는 후렴구로 격려받은 후, 이어서 각각 다른 약속을 받는다(2:7b, 11b, 17b, 26; 3:5, 12, 21). 예를 들어 예수는 에베소 교회를 향해 이기는 자에게는 하나님의 낙원에 있는 생명나무의 열매를 먹을 수 있는 권리를 주겠다고 말한다(2:7b).

하늘의 보좌

■ 요한계시록 4:1-11을 읽으라 ■

일곱 교회에 보내는 편지들이 완성된 후, 요한은 성령의 호위를 받으며 누군가 앉아 있는 하늘의 영광스러운 보좌로 향한다(4:1-3). 이 보좌는 스물네 개의 다른 보좌로 둘러싸여 있으며, 각 보좌 위에는 흰옷을 입고 황금 면류관을 쓴 장로들이 앉아 있는데, 이는 다스리는 모든 이들이 중앙의 보좌에 앉은 이의 다스림을 받고 있음을 나타낸다(4:4).

이 장면은 천둥과 번개, 타는 횃불, 그리고 수정과 같은 유리 바다로 가득 차 있다(4:5-6a). 눈들로 가득 덮인 네 생물이 있는데, 하나는 사자 같고, 하나는 송아지 같으며, 하나는 사람 같고, 하나는 독수리 같다(4:6b-7). 그들은 각각 날개가 여섯 개씩 달려 있고 하나님을 찬양하는 것을 멈추지 않는다(4:8). 네 생물이 하나님을 찬양하듯이, 스물네 명의 장로가 중앙의 보좌 앞에 엎드려 하나님께 경배한다. 그들이 면류관을 벗어서 보좌 앞에 내려놓고 하나님께 모든 영광과 존귀를 드리는 이유는 그가 만물의 창조자이기 때문이다(4:9-11). 말하자면, 그것은 놀랍고 무서운 환상이었다.

일곱 인으로 봉한 두루마리

■ 요한계시록 5:1-14을 읽으라 ■

요한은 보좌에 앉은 이가 손에 일곱 개의 도장으로 봉인된 두루마리를 들고 있는 것을 본다(5:1). 요한은 두루마리를 펼 자격이 있는 사람이 하나도 없으므로 눈물을 흘리며 이때 장로 하나가 두루마리를 펼 수 있는 유다 지파에서 난 사자, 곧 다윗의 뿌리가 있다고 말한다(5:2-5). 🔁

요한은 보좌 주변에 모여 있는 사람들 가운데 서 있는 죽임을 당한 어린양을 보았는데, 그는 유다의 사자로 소개되었다. 일곱 개의 뿔과 눈을 가진 이 어린양은 보좌에 앉은 이로부터 두루마리를 받아서 가져간다(5:6-7). 네 생물과 장로들이 어린양 앞에 엎드려서 그가 그의 피로 모든 종족과 언어와 백성과 민족 가운데서 사람들을 샀으므로 두루마리를 펼 자격이 있다고 선언하면서 그의 영광을 노래한다(5:8-10).

이와 같은 경배에 어린양의 귀하심을 선포하는 수많은 천사의 목소리가 더해진다(5:11-12). 마지막

🔖 정경적 연관성

유다 지파의 사자, 다윗의 뿌리, 죽임을 당한 어린양

이것들은 중요한 구약성경의 모티프에 비추어 예수를 묘사하는 데 사용된 이미지들이다. "유다 지파의 사자"는 창세기 49:8-12(특히 9절)과 관련이 있는데, 이 구절에서 유다 지파의 사자가 모든 사람을 다스릴 것이라고 예언된다. "다윗의 뿌리"는 이사야 11:1-10에서 나온 것이며, "이새의 뿌리"(= 다윗 왕, 이새의 아들)는 장차 다윗의 혈통에서 올 이스라엘의 메시아적인 왕을 가리킨다. 요한계시록에서 "죽임을 당한 어린양"은 자주 등장하는 이미지이며, 하나님의 백성을 이집트의 속박에서 구하기 위해 피를 흘린 유월절 어린양의 성취로서 예수를 가리키는 것이다. 이 세 가지 이미지를 종합하면, 우리는 자기 백성들을 구하기 위해 죽은 다윗 혈통의 왕으로서 그리스도의 모습을 발견할 수 있다. 사자와 어린양의 이미지는 그리스도의 권능과 권위가 겸손과 희생을 통해 매개된다는 것을 보여주기 위해 나란히 등장한다.

으로 하늘과 땅에 있는 모든 피조물이 복과 존귀와 영광과 권능을 보좌에 앉은 이와 어린양에게 돌린다(5:13).

인을 떼다

■ 요한계시록 6:1-17을 읽으라 ■

이런 일들이 있은 후 어린양은 일곱 인을 떼기 시작한다. 처음 네 개의 인을 뗄 때마다 말을 탄 기수가 나타난다. 각각의 기수는 다른 색(흰색, 붉은색, 검은색, 청황색)으로 구별되며 각각 지상에 파괴적인 힘을 가져온다. 흰색 기수는 정복자이고(6:2), 붉은색 기수는 땅의 평화를 없애며(6:4), 검은색 기수는 심판을 가져오고(6:5), 청황색 기수는 죽음을 가져온다(6:8). 📖

다섯 번째 인을 뗄 때 요한은 제단 아래에서 순교자로 희생된 사람들의 영혼을 보게 된다. 그들은 자신들을 살해한 자들을 정의로 심판해달라고 부르짖지만, 순교자의 숫자가 다 찰 때까지 기다려야 한다(6:9-11). 여섯 번째 인을 떼자 큰 지진이 일어나고, 태양이 검게 물들고, 달이 피처럼 변한다. 별이 땅에 떨어지고, 하늘이 갈라지며, 산과 섬은 제자리에서 옮겨져 재배치된다(6:12-14). 일곱 번째 인은 아직 떼어지지 않는다.

처음 여섯 개의 인이 떼어진 후 왕과 노예를 막론하고 모든 계층의 사람들이 이런 대참사를 피하려고 동굴에 숨는다(6:15). 그들은 하나님과 그리스도의 진노를 직면하느니 차라리 떨어지는 바

> **📖 문학적 문제**
>
> **두루마리와 인의 중요성은 무엇인가?**
>
> 이 이미지는 에스겔 2:9b-10, 다니엘 12장, 이사야 29:11에서 유래한다. 이것은 하나님의 심판에 관한 신적 계시를 비밀스럽게 담고 있는 봉인된 책 또는 두루마리라는 개념을 전달한다. 하나님의 심판을 일으키기 위해서는 일곱 개의 인을 떼야 하는데, 이것은 오직 죽임을 당한 어린양만이 할 수 있다. 각각의 인을 뗄 때마다 땅에 여러 재앙이 일어나고, 결국 정점이 되는 일곱 번째 인에 도달하게 된다. 그 인을 뗄 때 일곱 나팔이 이 땅의 더 큰 파멸과 악을 물리친 어린양의 최종적인 승리를 알린다.

위에 죽기 원한다(6:16-17).

큰 무리

■ 요한계시록 7:1-17을 읽으라 ■

요한은 네 천사가 땅의 네 모퉁이에서 땅의 바람을 막고 있는 것을 본다. 또 다른 천사가 동쪽에서 아직 남아 있는 인을 갖고 나타나서 하나님의 종들의 이마에 직접 인을 칠 때까지 땅이나 바다를 해치지 말라고 외친다(7:1-3). 인침을 받은 자들의 상징적 숫자는 144,000으로, 이스라엘의 열두 지파에서 각각 12,000명으로 구성된다(12,000×12=144,000명)(7:4-8). 숫자 12는 완전함을 상징하기 때문에 12×12는 구원을 위해 인침을 받게 될 사람들의 완전한 충만함을 나타낸다.

분명히 이 큰 무리는 이스라엘의 열두 지파에만 국한되지 않고 모든 언어, 종족, 백성, 민족에서 온 사람들을 포함한다. 144,000이라는 숫자가 문자적인 숫자가 아니라 상징적인 숫자이기 때문에 흰 예복을 입고 종려나무 가지를 들고서 보좌와 어린양 앞에 서 있는 무리의 수는 셀 수 없다(7:9). 천사들과 장로들과 네 생물이 다시 보좌 앞에 엎드려 경배를 드릴 때(7:11-12), 무리는 구원을 주는 분이 하나님과 어린양이라고 외친다(7:10).

무리는 어린양의 피로 씻은 흰옷을 입고 있다(7:14). 피가 옷을 하얗게 만들었다는 것이 납득이 잘 안 될 수도 있지만, 요점은 이 사람들이 예수의 죽음으로 말미암아 죄에서 깨끗함을 받았다는 것이다. 그 결과 그들은 밤낮으로 하나님을 섬기고, 그 안에서 피난처를 찾으며, 더 이상 아무것도 필요하지 않고, 어린양의 목양을 받아 생명수 샘으로 인도되며(어린양이 목자라는 것도 직관에 어긋난다), 하나님이 그들의 모든 눈물을 닦아준다(7:15-17).

일곱 번째 인과 일곱 나팔

■ 요한계시록 8:1-9:21을 읽으라 ■

일곱 번째 인은 처음 여섯 개의 인과는 별도로 구별되어 있기 때문에 그것을 뗄 즈음에는 어떤 일이 생길지 어느 정도 예상할 수 있다. 따라서 일곱 번째 인을 뗀 후에 하늘이 반 시간쯤 고요했다는 것은 놀라운 일이다(8:1). 액션으로 가득 찬 장면에서 이 고요한 적막감은 의미하는 바가 크다. 이어서 일곱 천사가 일곱 나팔을 받아들고 여덟 번째 천사가 향을 피우듯이 모든 신자들의 기도를 올린다(8:2-4). 그러나 그다음에 이 천사가 향로에 불을 가득 채워서 땅에 던지니 천둥, 번개 및 지진과 함께 큰 소란이 발생하며 다시 액션이 시작된다(8:5).

거대한 침묵과 대조를 이루며 일곱 나팔의 소리가 들려온다. 땅에는 큰 재앙이 닥치는데, 땅의 3분의 1이 불타고(8:7), 바다의 3분의 1이 피가 되며(8:8), 강과 샘의 3분의 1이 **쓴 쑥**이 되고(8:11), 하늘의 빛의 3분의 1이 어두워진다(8:12). 🔲

불길한 경고를 알리는 하늘을 나는 독수리는 아직 남아 있는 세 가지 나팔로 인해 이 땅에 사는 사람들에게 재앙이 있을 것임을 선포한다(8:13). 다섯 번째 나팔 소리가 나자 무저갱이 열리고 메뚜기 떼가 풀려나 땅 위에 퍼진다. 그들의 유일한 임무는 이마에 하나님의 인을 받지 못한 모든 사람을 고통스럽게 하는 것인데, 이 고통은 죽음보다 더 심한 것이다(9:1-6). 메뚜기들은 전쟁을 위해 준비된 말과 같이

🔲 문학적 문제

쓴 쑥은 무엇인가?

쓴 쑥은 물을 독으로 만들 수 있는 쓴맛을 지닌 풀이며, 출애굽기의 재앙과 관련이 있다. 이것은 예레미야 9:15와 23:15를 상기시키는데, 여기서 주님은 반항하는 백성들에게 쑥(독이 들어 있는 물)을 먹일 것이라고 말씀하며, 이는 그들이 회개하지 않고 계속해서 죄를 짓기 때문이다. 바벨론이 우상숭배로 세상을 오염시킨 것처럼, 고통을 가져다줄 독물을 마시게 하는 이 심판은 그들이 지은 죄에 합당할 것이다.

생겼고, 금 면류관을 쓰고 있으며, 사람의 얼굴, 여자의 머리털, 사자의 이빨, 전갈의 쏘는 침과 같은 꼬리를 갖고 있다(9:7-10). 그들은 무저갱의 천사의 지배 아래 있으며, 그의 이름은 아볼루온인데 이는 파괴자를 의미한다(9:11).

여섯 번째 나팔 소리와 함께 네 명의 천사가 풀려나서 인류의 3분의 1을 죽인다. 거대하고 무서운 군대가 모여서 전쟁을 위해 준비된 말들의 입에서 나오는 불, 연기, 유황으로 인류의 3분의 1을 학살한다(9:13-19). 그러나 이 끔찍한 심판 후에도 인류의 나머지 3분의 2는 그들의 악행과 우상숭배를 회개하지 않는다(9:20-21).

일곱 번째 나팔

■ 요한계시록 10:1-11:19을 읽으라 ■

절정을 이루는 일곱 번째 인을 떼기까지 어느 정도 시간이 지연되었던 것처럼, 일곱 번째 나팔 소리가 날 때까지도 마찬가지로 시간이 지연된다. 그것은 해 같은 얼굴과 불기둥 같은 다리를 가진 힘세고 무서운 천사의 등장으로 시작된다. 그는 다리를 벌려서 한쪽 다리는 육지를, 다른 한쪽 다리는 바다를 딛고 서서 작은 두루마리를 들고 있다(10:1-2). 그는 일곱 번째 나팔이 울리면 예언자들이 말한 것처럼 하나님의 비밀이 이루어질 것이라고 하나님께 맹세한다(10:5-7).

요한은 천사의 손에 있는 작은 두루마리를 받아서(참조. 10:2) 그것을 먹으라는 지시를 받았고, 그렇게 했다. 그것은 먹을 때 달게 느껴졌지만, 곧 쓴맛이 났다(10:8-10). 요한은 예언하라는 말을 들었고, 하나님의 성전과 제단을 측량하고 성전 안에서 예배하는 사람들을 세기 위하여 측량용 막대기 하나를 받는다(11:1). 반항하는 민족들은 42개월 동안 예루살렘을

두 증인

이 두 증인은 그들의 능력과 표적에서 모세 및 엘리야와 유사하지만, 그리스도를 증언하는 신앙 공동체 전체를 상징할 가능성이 크다. 공동체 전체가 예언하는 성령의 은사를 받았기 때문에 그들의 증언은 예언적이다(욜 2:28-32). 이 예언적 은사를 통해 교회는 온 세상에 증언한다(행 1:8).

공격할 것이며, 두 감람나무와 두 촛대로 묘사된(참조. 슥 4장) 하나님의 두 증인은 모세와 엘리야가 행한 능력을 보여주며 예언하는 동안 보호받게 될 것이다(11:2-6; 참조. 출 7-11장; 왕상 17:1).

그들이 증언을 마칠 때 두 예언자는 비유적으로 소돔과 이집트—그리스도가 십자가에 못박힌 곳—라고 하는 큰 성의 무저갱에서 올라온 짐승에게 죽임을 당할 것이며, 반항하는 백성들은 공개적으로 그들의 시체를 비웃고 조롱할 것이다(11:7-10). 그러나 두 예언자는 사흘 반이 지나서 다시 살아나 모든 사람이 보는 가운데 하늘로 올라가는데, 그들 중 상당수는 끔찍한 지진으로 목숨을 잃는다(11:11-13). 이제 드디어 일곱 번째 나팔 소리가 울리고, 하늘에서 그리스도를 찬양하는 소리가 들리며, 스물네 명의 장로가 파괴하는 자들의 멸망이 임박한 것에 대해 하나님을 경배한다. 드디어 하늘에 있는 성전이 열리고 성전 안에 있는 언약궤가 보인다(11:16-19). 🌐

우주적인 모습의 임신한 여자

■ 요한계시록 12:1-18을 읽으라 ■

태양을 옷으로 입고 열두 개의 별이 박힌 면류관을 쓴 임신한 여자가 해산할 준비를 하고 있다(12:1-2). 곧이어 일곱 개의 머리에 일곱 왕관을 쓴 사납고 무서운 붉은 용이 나타난다. 용은 꼬리로 별의 3분의 1을 휩쓸어버리고, 이 여자의 아기를 잡아먹을 준비를 하고 있다(12:3-4). 그녀는 "아들"을 낳았는데, 그 아들은 여자가 광야로 도망치는 동안 하나님께로 들려 올라간다(12:5-6). 🌐

용의 군대와 천사장 미가엘의 천사들 사이에 전쟁이 일어난다. 용—사탄—과 그의 부하들은 하늘에서 땅으로 쫓겨난다(12:7-9). 하늘에서 울리는 음성은 사탄을 이긴 하나님의 승리와 그리스도의 피로 말미암아 사탄을 이긴 신자들의

그 여자와 그녀의 아들은 누구인가?

임신한 여자는 메시아가 나오게 될 언약 공동체를 상징한다. 그녀는 이스라엘의 열두 지파를 가리키는 열두 개의 별(창 37:9-10)이 박힌 왕관을 쓰고 있으며, 철장으로 만국을 다스릴 아들을 낳는다(시 2:7-9). 이 여자는 마리아가 아니라 이스라엘을 대표하며, 그녀의 아들은 분명히 메시아적이고 왕적인 존재이며, 역사는 그가 예수 그리스도임을 드러낸다. 그 아들이 하나님께로 들려 올라간다는 것은 하나님이 그를 붉은 용의 위협으로부터 구해내는 것을 의미하는데, 이는 그리스도의 부활을 가리킬 가능성이 크며, 그리스도의 부활은 그를 죽음의 지배와 위협으로부터 구한다.

승리를 축하한다(12:10-12). 땅으로 쫓겨난 용은 여자를 박해하지만, 그녀에게 도망갈 수 있는 수단이 제공된다. 좌절한 용은 그 여자의 남아 있는 자손—그리스도를 믿는 신자들—을 뒤쫓는다(12:13-17).

용의 짐승들

■ 요한계시록 13:1-18을 읽으라 ■

바다에서 나온 짐승은 왕관을 쓴 열 개의 뿔을 갖고 있으며, 일곱 개의 머리에는 신성모독적인 이름이 새겨져 있고, 동물과 비슷한 모습을 하고 있다. 사탄이 그에게 힘과 권세를 주자 세상은 그의 숭배자가 된다(13:1-4). 이 짐승은 하나님의 백성을 상대로 전쟁을 벌이기 위해 하나님을 모독할 수 있는

그림 29.2. "요한계시록에 관한 네 개의 작은 모형"(13세기)에 그려진 요한계시록 13:11-13의 묘사

권세와 능력을 갖고 있으며, 하나님의 백성들을 제외한 사람들은 모두 그를 경배한다(13:5-8).

땅에서 두 번째 짐승이 올라오는데 그는 양처럼 생겼으나 용처럼 말한다. 그는 사람들에게 첫 번째 짐승을 숭배하라고 강요하고, 이적을 행하며, 사람들을 미혹한다(13:11-14). 그는 첫 번째 짐승을 숭배하는 자들에게 그들의 공동체에 동참한 것을 나타내는 표를 준다. 그 짐승의 표는 숫자 666이다(13:15-18).

144,000명

■ 요한계시록 14:1-20을 읽으라 ■

어린양은 아버지의 이름이 이마에 적혀 있는 144,000명과 함께 시온산에 나타난다. 새 노래를 부르고 있는 그들은 어린양의 추종자들로서 인류 가운데서 속량을 받은 자들이다(14:1-5). 세 천사는 다가오는 심판(14:6-7), 큰 성 바벨론의 멸망(14:8), 짐승을 숭배하는 자들에 대한 경고(14:9-12)를 선언하면서 땅 위의 모든 사람에게 복음을 전한다. 그 후 인자가 구름 위에 나타나 낫으로 땅을 수확하고, 한 천사는 땅의 "포도"를 거두어 하나님의 진노의 포도주 틀에 던진다(14:14-20).

일곱 대접

■ 요한계시록 15:1-16:21을 읽으라 ■

일곱 천사가 하나님의 진노의 일곱 재앙을 갖고 나타난다. 불과 유리의 바다가 있고 하나님의 백성들이 그 위에 서서 어린양을 노래한다(15:1-4). 일곱 천사가 하나님의 진노가 담긴 일곱 대접을 받고 그것을 땅 위에 쏟게 하자 극심한 종기가 생기고, 바다와 강이 피처럼 되고, 태양이 불볕더위를 내고, 어둠, 가뭄, 대지진이 발생한다(15:5-16:18). 그 결과 성들은 무너지고, 큰 성 바벨론은 하나님의 진노의 잔을 마시고, 섬과 산은 사라지고, 하나님을 대적하는 반역자들에게는 거대한 우박이 떨어진다(16:19-21).

음녀들의 어미

■ 요한계시록 17:1-18을 읽으라.

요한은 하나님의 진노의 일곱 대접이 쏟아진 후 음행으로 세상을 유혹한 악명 높은 음녀가 심판받는 것을 본다. 그녀는 붉은색 짐승 위에 앉아 있으며, 붉은색 옷을 입고서 더러운 것들이 가득 담긴 금잔을 들고 있다. 그녀는 큰 바벨론, 음녀들의 어머니라는 이름을 갖고 있고, 성자들의 피에 취해 있다(17:1-6).

그 여인이 올라탄 짐승은 이전에 무저갱에서 올라온 짐승과 동일하며, 장차 이 땅의 왕들과 함께 멸망할 것이다. 이 통치자들은 어린양과 전쟁을 벌이지만 패배하고 멸망할 것이다(17:8-14). 그러나 그 전에 그들은 하나님의 계획에 따라 음녀에게 등을 돌리고 그녀를 죽일 것이다(17:15-18).

바벨론의 패망과 하늘의 잔치

■ 요한계시록 18:1-19:10을 읽으라 ■

큰 천사가 하늘에서 내려와 세상과 그 지도자들을 그릇된 길로 인도한 큰 성 바벨론의 멸망을 알린다. 그녀의 백성들은 그녀의 운명을 피하기 위해 그녀를 떠나라는 명령을 받는다(18:1-8). 하지만 땅의 왕, 상인, 뱃사람들은 그녀의 멸망을 애통해한다(18:9-20). 큰 성 바벨론의 멸망에서 마지막 단계는 큰 맷돌처럼 바다에 던져지는 것이다(18:21-24).

큰 성 바벨론이 멸망한 후 하늘에서 큰 무리가 나타나 하나님의 심판과 정의를 찬양한다(19:1-5). 그들은 신랑을 위해 순백의 세마포 옷을 입은 신부와 그녀의 신랑인 어린양의 혼인을 축하한다(19:6-8).

백마를 탄 자

■ 요한계시록 19:11-21을 읽으라 ■

혼인 잔치를 준비하는 장면이 바뀌어서 이제 백마와 그것을 탄 사람이 나타나는데 그는 충신과 진실이라고 불린다. 그는 불꽃 같은 눈을 갖고 있고, 머리에는 여러 개의 관을 쓰고 있으며, 피 묻은 옷을 입고, 입에서 날카로운 칼이 나오는 무서운 인물이다(19:11-15a). 그는 철장으로 민족들을 다스리고 하나님의 진노를 만국에 집행할 것이다. 그의 이름은 "만왕의 왕이요 만주의 주"라고 기록되어 있다(19:15b-16). 📖

한 천사가 왕들, 장군들, 그들의 군대, 즉 백마를 탄 사람을 대적하는 모든 자들이 멸망할 것을 내다보며, 공중의 새들을 불러 그들이 패배할 때 그들의 살을 먹도록 준비시킨다(19:17-18). 그 후 짐승, 왕들, 그리고 그들의 군대가 모여 백마를 탄 사람과 전쟁을 벌이지만, 그 짐승과 거짓 예언자는 불타는 유황 연못에 던져지고, 그 외의 다른 사람들은 백마 탄 자의 입에서 나온 칼에 모두 죽임을 당한다. 새들은 그들의 살을 먹는다(19:19-21).

📖 문학적 문제

말을 탄 자는 누구인가?

독자들은 어린양과 그의 신부의 혼인 잔치를 목격하리라고 예상할 때 신랑을 만나는 대신에 힘세고 강력한 전사를 만난다. 분명히 이 백마를 탄 용사는 예수를 상징하는데, 그의 이름은 "충신과 진실"이다. 그는 많은 왕관을 쓰고 있으며, 그의 이름은 "하나님의 말씀"이다(참조. 요 1:1-14). 메시아 기대에 부응하여(사 11:4) 그의 입에서는 예리한 칼이 나오고, 그는 그것으로 나라들을 치며, 철장으로 나라들을 다스린다(시 2:9). 그는 만왕의 왕이자 만주의 주다. 우리는 여기서 요한계시록의 마지막 전쟁 장면을 마주하게 되는데, 그 이유는 어린양의 혼인 잔치를 거행하려면 최종적으로 악을 정복해야 하기 때문이다. 하나님의 모든 계획과 약속의 완성은 오직 그의 원수들이 심판받고 모든 악이 파괴된 이후에야 이루어질 것이다.

첫 번째 부활

■ 요한계시록 20:1-15을 읽으라 ■

천사가 사탄을 쇠사슬로 묶어 천년 동안 무저갱에 던져넣음으로써 더 이상 그가 민족들을 미혹하지 못하게 한다(20:1-3). 그리스도께 속한 자들은 부활하여 천년 동안 그와 함께 다스릴 것이다(20:4-5). 🔊

첫째 부활에서 그리스도와 함께 다시 살아난 자들은 둘째 사망을 당하지 않고 그리스도의 제사장으로서 그와 함께 다스릴 것이다(20:6). 천년이 지난 후 사

천년왕국

천년이라는 기간을 문자적으로 이해하기보다는 비유적으로 이해하는 것이 가장 좋은 방법이지만(시 90:4; 벧후 3:8), 이에 관한 여러 다른 의견들이 수 세기 동안 기독교의 **종말론**을 형성해왔다. **무천년설**(아우구스티누스)은 천년의 통치 기간을 현재 교회 시대의 상징으로서 이해한다. **전천년설**은 천년을 그리스도의 재림과 함께 시작하는 기간으로 이해하지만, 그 기간은 문자 그대로 천년 또는 확실히 말할 수 없는 기간으로 받아들여질 수 있다. **후천년설**은 천년이라는 기간을 문자적이거나 비유적으로 받아들여 그리스도의 재림 이전에 모든 민족이 회심하고 돌아오는 기간을 가리키는 것으로 본다. 많은 초기 교부들은 천년을 문자 그대로 천년이라는 기간으로 이해했지만(유스티누스, 이레나이우스, 테르툴리아누스), 다른 사람들은 그것을 영적인 의미로 받아들였다(알렉산드리아의 클레멘스, 오리게네스, 아우구스티누스). 따라서 이 두 가지는 다음과 같은 해석상의 문제가 있다. 즉 (1) 천년이 문자 그대로 천년의 기간인지, (2) 그리스도의 재림과 관련하여 언제 천년이 시작되는지(현재, 재림 이후, 아니면 재림 직전)의 문제다.

탄은 다시 백성을 미혹하지만, 불이 내려와 그와 그의 추종자들을 삼키고 그들은 불못에 던져져 영원한 고통을 받게 될 것이다(20:7-10).

그 후 요한은 크고 흰 보좌에 앉으신 이와 모든 죽은 사람들이 그 앞에 서 있는 것을 본다. 생명책이 펼쳐져 있고, 바다와 사망과 음부가 죽은 자들을 모두 내어주며, 모든 죽은 자들이 심판받는다. 그리고 사망, 음부, 그리고 생명책에 기록되지 못한 모든 사람이 불못에 던져진다(20:11-15).

새 하늘과 새 땅

■ 요한계시록 21:1-27을 읽으라 ■

이 책에서 최고의 클라이맥스는 처음 하늘과 처음 땅이 사라지고 새 하늘

과 새 땅이 등장하는 때다(21:1). 새 예루살렘이 하늘에서 내려오고 한 음성이 울려 나와서 하나님의 처소가 이제 사람들과 함께 있다고 선언한다. 그는 그들의 눈에서 모든 눈물을 닦아주고 죽음과 슬픔과 고통은 더 이상 존재하지 않을 것이다(21:2-4). 보좌에 앉은 이는 모든 것을 새롭게 하며 그의 백성들에게 생명수를 줄 것이지만, 악한 자들은 불못에서 둘째 사망을 경험할 것이다(21:5-8). ✝

한 천사가 요한에게 어린양의 신부인 거룩한 성 예루살렘을 보여주는데, 이 성은 보석같이 빛나고, 그곳에는 높고 큰 성벽이 있으며, 이스라엘의 열두 지파의 이름이 적혀 있는 열두 대문이 있다. 이 성의 열두 개의 주춧돌에는 그리스도의 열두 사도의 이름이 기록되어 있다(21:9-14). 천사는 벽옥, 유리, 진주, 그리고 모든 종류의 보석으로 만들어진 거대한 정육면체 모양의 도시를 측정한다(21:15-21).

새 예루살렘에 성전이 없는 이유는 바로 그곳에서 하나님과 어린양이 그들의 백성과 함께 친히 거하기 때문이다. 하나님의 영광이 도시를 비추기 때문에 그곳에는 해도 달도 없다. 여러 민족이 그 빛 가운데로 다니며, 그 민족들의 영광을 그 성으로 가져가지만, 부정한 것은 그 성에 들어갈 수 없다(21:22-27).

✝ 신학적 문제

새로운 창조세계가 나타날까?

요한계시록은 처음 하늘과 처음 땅이 사라지고 새 하늘과 새 땅이 나타나는 것을 묘사하지만(참조. 사 66:22), 이것은 창조세계가 교체되기보다는 새롭게 될 것이라고 말하는 바울의 말과 모순된다(롬 8:18-22). 이런 면에서 요한계시록은 이를 해석하기 위한 실마리가 되는 베드로후서 3:13의 이미지와 유사하다. 베드로는 이미 세상의 멸망을 묘사하기 위해 홍수 이미지를 사용했지만(벧전 3:18-22), 세상은 멸망하고 교체되는 것이 아니라 그것의 죄가 깨끗이 씻음을 받는다. 하나님이 다시는 세상에 홍수가 범람하지 않게 하실 것을 약속했기 때문에(창 9:11), 베드로는 불의 이미지를 사용한다(벧후 3:10). 하지만 이것도 같은 방식으로 이해해야 한다. 죄는 심판받을 것이며, 세상은 이 "불"을 통해 정결해질 것이다. 베드로는 장차 있을 철저한 죄 씻음을 표현하기 위해 수사적으로 강한 언어를 사용하고 있지만, 그것을 문자적 의미로 이해하려고 고집해서는 안 된다. 요한계시록 21:1-2에 대해서도 동일한 결론을 내릴 수 있다.

신약성경을 기독교 경전으로 읽기

그림 29.3. 요한계시록의 태피스트리에 묘사된 "새 예루살렘"

새 예루살렘에서의 삶

■ 요한계시록 22:1-21을 읽으라 ■

도시 가운데로 생명수의 강이 흐르고 강 양쪽에 생명나무가 있어 생명과 치유를 제공한다. 그곳에는 하나님과 어린양의 보좌가 있고, 그들의 종들은 하나님을 예배한다. 그들은 하나님의 얼굴을 보고, 그의 이름을 지니고 있으며, 그의 빛 속에서 영원히 그의 임재를 즐거워한다(22:1-5). ●

하나님은 요한이 기록한 이 말씀이 신실하고 진실하며 곧 일어날 일에 대한 예언이라고 말씀한다(22:6-7). 알파와 오메가인 예수는 그가 모든 사람을 심판하기 위하여 속히 올 것이라고 선포한다. 깨끗이 씻음을 받은 자는 생명나무에 가까이 나아갈 수 있으나, 악인은 성 밖에 있게 될 것이다(22:10-16). 요한은 이 책을 절대 바꾸거나 고치지 말 것을 경고하면서 "아멘! 주 예수여, 오시옵소서"라는 기도로 마무리한다(22:18-20).

동산과 도성

새 예루살렘은 에덴동산과 분명한 유사점이 있으며(창 2장), 궁극적으로 하나님이 그의 망가진 창조세계를 회복하고 새롭게 만들고자 일하고 있음을 보여준다. 그 안에는 강이 있고(계 22:1; 참조. 창 2:10), 생명나무가 있다(계 22:2; 참조. 창 2:9). 그곳은 인류가 하나님과 직접적으로 관계를 맺으며 함께 사는 곳이 될 것이다(계 22:3-4; 참조. 창 3:8). 그러나 아마도 가장 중요한 것은 새 예루살렘에는 무엇이 없는가일 것이다. 눈에 띄는 것은 선악을 알게 하는 나무가 없다는 점이다(창 2:9; 3:1-24). 이것은 새로워진 창조세계에는 죄의 가능성이 없고, 인간의 반역을 통해 창조세계가 다시 파괴될 가능성이 없으며, 하나님과 인류의 교제가 다시 깨어질 가능성이 없다는 것을 의미한다.

실천과 적용-오늘날 요한계시록을 기독교 경전으로 읽기

요한계시록은 장엄하고, 경외심을 불러일으키며, 큰 희망을 주는 책으로, 우리의 삶과 교회를 풍요롭게 하는 책이다. 이 책을 주의 깊게 읽기 위해 들이는 시간은 훌륭한 투자이며 예수가 다시 올 때까지 계속 그에 따른 유익이 제공될 것이다. 요한계시록은 각자가 이 책의 일부 상징들과 세부적인 내용들을 골똘히 생각하면서 씨름해야 하는 책이지만, 사실 공동체 안에서 다루기에 가장 좋은 책이다. 우리는 요한계시록을 해석하고 이 책이 전하고 있는 메시지, 즉 삶을 변화시키고 마음을 바꾸는 메시지를 흡수하기 위해 서로의 도움이 필요하다.

요한계시록은 단순히 희망을 주는 것 외에도 예수 그리스도와 하나님이 우주 안에서 행하는 일에 대한 우리의 비전을 확장해준다. 그리스도는 우리가 상상했던 것보다 더 크고 더 영광스러우며, 새롭게 회복시키려는 하나님의 계획은 우주 자체보다 더 광대하다. 아마도 다른 어떤 책보다 요한계시록은 우리가 큰 그림을 파악할 수 있도록 도와주는 책일 것이다. 이 책은 우리가 현실에 맞게 살 수 있도록 관점을 제공해준다. 요한계시록은 우리의 작은 세상에서 이루어지는 우리의 소소한 삶을 강타하고, 우리 자신이 창조세계 전체에 혁명을 일으킬 우주적 드라마의 일부임을 보여준다. 그리고 이 책은 우리가 요한과 더불어 "주 예수여, 오시옵소서"라고 기도하도록 격려한다.

요한계시록의 핵심 구절

- 내가 볼 때에 그의 발 앞에 엎드러져 죽은 자 같이 되매 그가 오른손을 내게 얹고 이르시되 "두려워하지 말라. 나는 처음이요 마지막이니, 곧 살아 있는 자라. 내가 전에 죽었었노라. 볼 지어다, 이제 세세토록 살아 있어 사망과 음부의 열쇠를 가졌노니"(1:17-18).

- 그 두루마리를 펴거나 보거나 하기에 합당한 자가 보이지 아니하기로 내가 크게 울었더니, 장로 중의 한 사람이 내게 말하되 "울지 말라. 유대 지파의 사자 다윗의 뿌리가 이겼으니, 그 두루마리와 그 일곱 인을 떼시리라" 하더라(5:4-5).

- 하늘에 큰 이적이 보이니, 해를 옷 입은 한 여자가 있는데, 그 발아래에는 달이 있고, 그 머리 에는 열두 별의 관을 썼더라. 이 여자가 아이를 배어 해산하게 되매 아파서 애를 쓰며 부르 짖더라(12:1-2).

- "우리가 즐거워하고 크게 기뻐하며 그에게 영광을 돌리세. 어린양의 혼인 기약이 이르렀고 그의 아내가 자신을 준비하였으므로, 그에게 빛나고 깨끗한 세마포 옷을 입도록 허락하셨으 니, 이 세마포 옷은 성도들의 옳은 행실이로다" 하더라(19:7-8).

- 또 내가 새 하늘과 새 땅을 보니 처음 하늘과 처음 땅이 없어졌고 바다도 다시 있지 않더라. 또 내가 보매 거룩한 성 새 예루살렘이 하나님께로부터 하늘에서 내려오니, 그 준비한 것이 신부가 남편을 위하여 단장한 것 같더라(21:1-2).

기독교적 읽기를 위한 질문

1. 요한계시록의 메시지를 한 문장으로 요약하라.

2. 요한계시록의 구조의 윤곽을 설명하라.

3. 만약 당신이 누군가에게 요한계시록의 장르를 설명한다면 무엇이라고 말하겠는가?

4. 요한계시록 21-22장을 읽으라. 이 장들에서 발견할 수 있는 구약성경 의 언급에 대한 목록을 작성하라. 당신은 요한이 요한계시록 전체에 걸 쳐서 구약성경을 왜 이렇게 많이 의존했다고 생각하는가?

30장
21세기에 신약성경을 기독교 경전으로 읽기

높은 곳에서 내려다보기

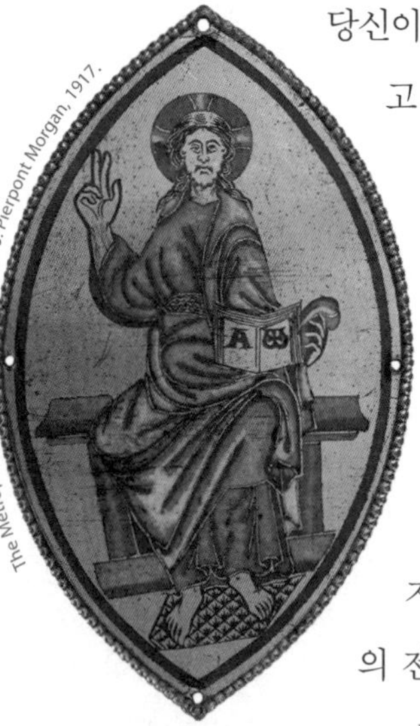
The Metropolitan Museum of Art. Gift of J. Pierpont Morgan, 1917.

그림 30.1. 위엄 있는 그리스도를 묘사한 장식품

당신이 어떤 지역에서 한동안 살고 있을 때 비행기를 타고 하늘을 날며 비행기 창문으로 당신이 사는 세상을 바라보는 것은 새로운 깨달음을 주는 경험일 것이다. 당신이 타고 있는 경비행기의 고도가 수천 피트이든, 제트기의 고도가 지상에서 수 마일이든 간에, 이 비정상적인 높이는 일반적인 운전과 걷기가 제공할 수 없는 시각을 허락한다. 지역 간의 연결 상태, 건물과 도로와 인근 지역 간의 관계, 그리고 당신이 사는 도시나 마을의 전체적인 모양이 놀랍고도 많은 생각을 불러일으키는 방식으로 드러난다.

만약 당신이 이 장을 읽고 있다면 아마도 신

약성경에 관하여(그리고 신약성경 자체를) 읽는 데 꽤 많은 시간을 보냈을 것이다. 지금까지 우리는 신약성경을 우리의 눈높이에서 두루 살펴보았다. 이제 우리가 좀 더 높은 고도에서 잠시 살펴본다면 무엇을 관찰할 수 있을까? 특히 신약성경을 기독교 경전으로 읽는 시각에서 바라본다면 무엇을 발견할 수 있을까?

높은 곳에서 내려다보는 신약성경에 대한 조망은 몇몇 주요 고속도로와 그것들이 그 지형의 다양한 특성을 서로 어떻게 연결하는지를 잘 보여 준다.

• 아들 예수, 그리스도 예수

의심할 여지 없이 신약성경의 비전은 하나님이 실제로 약속된 메시아인 나사렛 예수의 성육신, 삶, 죽음, 그리고 부활을 통해 마침내 그리고 궁극적으로 자신을 세상에 계시했다는 믿음에 초점을 맞추고 있다. 신약성경의 첫 구절에서 말한 것처럼, 예수는 아브라함의 자손이자 다윗의 자손(마 1:1)이며, 곧이어 하나님의 아들로 드러난다(마 3:17). 신약성경에서 무엇을 발견하든 간에 예수라는 인물이 성경의 핵심 요소다.

• 좋은 소식

신약성경은 예수가 이 세상에 왔다는 메시지가 좋은 소식, 기쁜 소식, 또는 "복음"임을 끊임없이 선포하고 있다. 이 복음이 좋은 소식인 이유는 이제 이 세상의 창조자이며 예수의 아버지인 유일한 참하나님과 정직하고, 신뢰할 만하며, 접근 가능하고, 은혜로운 관계를 맺을 수 있는 길이 열렸기 때문이다. 이 좋은 소식/복음은 인류의 죄가 용서받을 수 있고 우리의 악한 모습이 점점 더 의롭고 온전한 모습으로 대체될 수 있다고 말한다. 이 좋은 소식/복음은 하나님이 땅과 그의 최고의 창조물인 인류를 회복하기 위해 이 땅으로 귀환하는 일을 시작했다고 말한다. 이렇게 용서받고 회복된 인류는 하나님의 완전한 통치 아래 이 땅에 펼쳐질 그의 나라에서 그와 함께 살 것이다.

• 현존하는 성령

신약성경은 오순절 이후 교회 초기에 성령이 강하게 임하는 사건과 하나님과 인류 사이의 새 언약이 시작된 후에 기록되었다. 신약성경은 예수의 육체적인 승천 이후인 지금도 성령의 능력을 통해 하나님이 이 세상에 여전히 임재하고 있음을 거듭 강조한다. 하나님의 성령은 세상에서 역사하고 있으며, 예수를 믿는 신자 개인과 그들이 모인 교회가 예수를 증언하고 시간이 지남에 따라 하나님의 형상으로 변화될 수 있도록 힘을 북돋아준다.

• 미래를 위한 희망

신약성경은 앞으로 일어날 일들에 주로 초점을 맞추고 있다. 다시 말하면 신약성경의 비전은 역사를 되돌아보지만, 특별히 하나님이 장차 펼칠 미래에 대한 비전을 우리에게 제시해준다. 이 미래는 완벽하고, 의롭고, 평화로운 하나님의 통치 아래에서 새롭게 회복된 창조세계일 것이다. 미래에 대한 이런 희망의 비전은 현재의 고통과 아픔과 깨어짐 속에서 살고 있는 그리스도인들의 삶의 근간이다.

St. Sophia of Kyiv / Wikimedia Commons

그림 30.2. 성령의 강림을 묘사한 프레스코 벽화(1000년경)

• 믿음과 신실함

신약성경이 제시하는

신약성경을 기독교 경전으로 읽기

예수, 성령, 복음, 그리고 미래의 희망에 대한 비전은 궁극적으로 신약성경 독자들이 믿음과 신실함으로 응답할 것을 촉구하면서 현재에 초점을 맞추고 있다. 믿음은 하나님이 성경을 통해 드러낸 진리에 대한 믿음이다. 신실함은 예수의 가르침과 모범을 따르기 위한 삶의 지속적인(비록 불완전하지만) 방향성이다. 신약성경은 스스로를 단순히 역사서나 신학서가 아니라 예수가 재림하여 이 땅에 하나님 나라를 온전히 세우기를 기다리는 우리가 현재를 어떻게 살아야 하는지를 가르쳐주는 안내서로 이해한다.

지혜로운 사람으로 빚어가기 위한 성경의 역할

따라서 기독교가 우리에게 무언가—믿음과 신실함—를 요구하는 미래지향적인 신앙이라면, 21세기에 신약성경을 기독교 경전으로 읽는다는 것은 무엇을 의미하는가? 이에 대한 간단한 답변은 하나님이 그분의 백성의 믿음과 신실함을 성장시키기 위해 성경(구약성경과 신약성경을 함께)을 주었다는 것이다. 신약성경을 경전으로 읽는다는 것은 하나님과 자기 자신에 대한 지식이 점점 더 자라나는 제자로서 그것을 읽는 것이다. 우리는 이 모든 것을 지혜라는 한 단어로 요약할 수 있다.

기원전 21세기든 기원후 21세기든 (혹은 그 사이의 시대든) 인류는 지혜가 필요하다. 지혜는 우리 안에서 가장 고귀하고 아름다운 인류의 모습을 만들어내는 지식, 기술, 통찰력, 경험, 인격의 조합이다. 지혜는 수집해야 할 대상이 아니라 시간이 지남에 따라 자라날 수 있는 실천적 지식이다. 지혜만으로도 진정한 인간의 번영과 행복을 창조하고 유지할 수 있다. 이 세상의 다른 존재 방식들—물질주의, 고립, 오만, 증오, 쾌락 추구, 권력 쟁취, 전쟁 도발—은 일시적인 즐거움과 유익을 줄 수 있지만 궁극적으로는 자기 파괴적이다. 오직 지혜만이 생명을 가져다준다.

모든 사회, 종교, 철학은 인간의 번영을 약속하는 어떤 유형의 지혜를 제공한다. 기독교는 가장 포괄적이고 믿을 만한 지혜를 성경이 갖고 있다고 주장하는데, 그 이유는 그 말씀이 창조주 하나님으로부터 직접 나오고, 그가 누구인지를 가장 온전하게 드러내기 때문이다. 예수 그리스도와 성경 안에서 하나님에 대한 궁극적인 계시를 "말씀"이라는 중요한 용어로 묘사하는 것은 결코 우연이 아니다. 신구약 정경은 지혜를 약속하는 말씀을 세상에 제공하는데, 궁극적으로 예수를 성육신한 말씀으로 제시한다.

그러므로 그리스도인들은 성경이 하나님의 백성들의 사고, 감성, 욕망, 사랑, 습관, 행동을 형성하는 데 독특한 역할을 한다고 이해한다. 우리가 하나님의 말씀을 믿고 그것을 행동으로 옮길 때, 하나님의 말씀은 우리를 더 지혜로운 사람으로 변화시킨다. 창조세계와 인간의 지식에는 사람들이 잘 살고 잘 죽을 수 있도록 도와주는 다른 측면들이 있다. 하지만 성경은 이 모든 것의 핵심이며, 특히 신약성경은 세계의 역사와 자연을 올바르게 인식할 수 있는 틀을 제공해준다.

결과적으로 신약성경의 윤리적 혹은 도덕적 주제는 신약성경이 우리에게 주는 가르침의 한 가지 측면 그 이상이다. 그것은 전체적으로 서로 얽혀 있는 구조다. 우리는 성경이 예수를 본보기로, 성령을 권능을 부여하는 힘으로 삼고 있으며, 인류의 재사회화 프로젝트와 인류의 재구성 프로젝트를 진행하고 있다고 말할 수 있다. 그러므로 신약성경을 잘 읽는다는 것은 우리의 삶을 지속적으로 재구성하는 책으로서 읽는 것이다.

이 비전에는 두 가지 중요한 개념이 반드시 포함되어야 한다. 첫째, 이런 재구성은 단지 개인에게만 국한되지 않으며 개인의 인격 개발과 행복으로만 끝나는 것도 아니다. 하나님의 회복 사역은 회복된 창조세계의 일원으로서의 개인에 관한 것이며, 하나님 나라에서 함께하는 삶을 위한 것이다. 둘째, 이렇게 변화된 사람들의 그룹은 중첩되는 두 시대를 살며 계속해서 재구성된다. 즉 예수와 그의 교회를 통한 새로운 시대의 시작(현재)과 하나님이 하늘에서 이 땅으로 그의 통치를 완전히 가져올 때인 이 일의 완성(미래) 사이에 있다. 이것은 어쩔 수 없이 갈등이 생길 수밖에 없다는 의미다. 창조주와의 깨어진 관계 속에서 살고 있는 현재의 세상은 지금 새롭게 형성되고 있는 대륙인 교회에 밀려나고 있는 지각의 표층과도 같다. 그 결과 양쪽 모두가 상대로부터 압력, 고통, 잡아당기는 힘을 느끼게 된다. 때로는 고요하고, 때로는 땅 밑에서 우르릉거리는 소리가 들리고, 때로는 지진과 화산이 일어난다. 신약성경은 세상과 기독교 신자들 사이의 긴장이 갈등으로 분출될 때 그리스도인들이 놀라지 말아야 한다고 가르친다. 이것은 하나님의 가장 중요한 본성이 사랑이고 따라서 인류를 위한 궁극적인 비전이 사랑이기 때문에, 이 지각의 표층들이 서로 충돌할 때 그리스도인들이 기꺼이 피해를 입고, 고통당하며, 오해받고, 모욕당하며, 겸손한 평화주의자가 되어야 한다는 것을 의미한다. 요약하면 오늘날 신약성경을 읽는다는 것은 세상에서 새로운 방식으로 변화되기 위해 읽는 것이다. 이는 다른 사람들을 사랑과 생명의 사람들로서 대하고, 비록 이것이 거절과 고난과 박해를 의미한다고 할지라도, 와서 보고 주의 선하심을 맛보라고 다른 사람들을 초대하는 것이다.

결말과 시작

신약성경처럼 저술된 지가 2천 년이 지났음에도 불구하고 계속해서 널리 읽히는 책은 거의 없으며, 신약성경만큼 폭넓게 또는 심도 있게 혹은 많은 언어로 읽히는 책도 없다. 신약성경이 하나님의 정경적 계시이자, 하나님 자신의 형상인(히 1:3) 예수에 대한 신실한 증언이기 때문에 이는 좋은 일이다.

만약 당신이 아직도 확신이 없다면 어떻게 할 것인가? 만약 당신의 모든 질문이 아직 답을 얻지 못했다면 어떻게 할 것인가? 만약 당신이 여전히 기독교의 진실성과 가치에 대해 의구심을 품고 있다면 어떻게 할 것인가? 와서 보라. 나다나엘이 예수에 관한 이야기를 들었으나 확신하지 못했을 때, 그의 친구 빌립은 "와서 보라"고 간단히 대답했다(요 1:46). 읽으라. 곰곰이 생각하라. 기도하라. 지혜를 구하라. 이것이 지혜다.

이 신약성경 개론의 끝을 눈앞에 두고 있지만 이것은 신약성경을 경전으로 읽는 삶의 시작일 뿐이다. 사실 독자들은 신약성경을 읽기보다 이 교과서처럼 신약성경에 **관한** 책을 읽으며 시간을 보내기가 더 쉽다. 이 개론은 성경이 **아니다**(물론 우리는 이 책이 독자들에게 도움이 되기를 바라지만 말이다). 이 책은 하나님의 감동으로 된 것(딤후 3:16)도 아니고, 우리 발의 등불(시 119:105)도 아니며, 신령한 젖(벧전 2:2)도 아니고, 살아 있고 운동력이 있어 혼과 영을 쪼개지(히 4:12)도 않으며, 성경과 달리 시들고 사라질 것이다(사 40:8; 마 24:35). 의미는 분명하다. 기도하는 마음으로 성경을 연구하고 그 말씀에 순종하며 사는 삶이 신약성경을 기독교 경전으로 읽는다는 것의 궁극적인 의미다.

기독교적 읽기를 위한 질문

1. "복음"을 세 문장으로 설명한다면 어떻게 말하겠는가?
2. 신약성경에 대해 더 많이 알게 되면서 예수에 대한 당신의 시각이 변했

거나 영향을 받았는가? 어떻게 그렇게 되었는가?

3. 성경을 기독교 경전으로 읽는 법을 배운 것이 어떤 면에서 당신의 삶에 더 많은 지혜를 가져다주었는가?

4. 당신은 어떻게 평생 기도하는 마음으로 성경을 공부하고 순종할 계획인가?

용어 설명

가현설: 예수가 단지 인간인 것처럼 보였을 뿐이라고 주장한 초기 이단.

감독: 기독교 공동체 안이나 밖에서 모범적인 그리스도인의 삶을 사는 남성들로, 그들에게는 회중을 가르칠 책임이 있었다.

강화(discourse): 마태가 그의 복음서의 구조를 정하기 위해 내러티브 단락과 함께 사용하는 다섯 개의 가르침 단원.

개선 행렬: 로마인들과 관련하여 정복 전쟁에서 승리한 장군이나 황제가 이끄는 승리의 행진으로, 그들은 패배한 지도자들을 묶고 때로는 벌거벗긴 채로 데려와 행렬의 맨 끝에 세우고 군중에게 조롱과 학대를 받게 하고 종종 마지막에 처형시켰다. 바울은 이 이미지를 그리스도에게 적용하고, 진정한 사도직을 묘사하는 데 사용했다. 즉 과거에 믿지 않았던 바울에 대한 그리스도의 승리는 그를 조롱하고 학대하고 결국 그를 처형당하게 할 것이다.

게마라(Gemara): 후대에 미쉬나를 확대하고 보충한 것.

게마트리아(*gematria*): 숫자와 이름 사이의 중요한 연관성을 찾아내는 고대의 관습으로, 단어가 지닌 숫자의 값을 계산하여 그 연관성 안에서 상징적인 의미를 발견하는 방법.

견유학파: 관습적인 욕망을 거부했지만 단순하고 독립적인 생활 방식에서 미덕을 발견했던 그리스 철학.

경전(들): 신약성경이 완성되기 전인 기독교 이전의 시대와 초기 기독교에서 유대인들이 유대교의 신성한 문서들을 묘사하는 데 사용한 용어다. 지금은 많은 그리스도인이 기독교 성경 전체를 지칭하는 데 이를 사용한다.

고린도 교인들에게 보낸 네 통의 서신: 만약 바울이 고린도 교인들에게 보낸 네 통의 서신에 A, B, C, D라는 표를 붙인다면, B=고린도전서, D=고린도후서이고, A와 C는 분실되었다.

고의적인 죄: 그리스도를 의식적·의도적·영구적으로 거부하는 것(히 10:26).

골고다: 아람어로 "해골"을 의미하며, 예수가 예루살렘 밖에서 십자가에 못박혀 처형되었던 언덕이다.

골로새 교회의 이단: 유대교와 이교도적 요소를 결합한 것으로 보이는 다양한 영적·종교적 관습을 말하는 것으로, 골로새 특유의 종교나 철학, 또는 단순히 그 당시 골로새에 존재했던 종교적·영적 관습들이 뒤죽박죽 뒤섞여 있었던 것을 가리킨다.

공관복음: 마태복음, 마가복음, 누가복음을 말한다. 이 책들은 분명한 문학적 관계가 있는 세 개의 정경 복음서이고, 흔히 상당히 겹치는 이야기와 어록들을 포함하고 있으며, 어느 정도 서로의 글을 의존했을 가능성이 있다.

과거주의 관점: 요한계시록에 대한 관점으로, 요한계시록이 주로 그 당시를 언급하고 있으며, 미래에 대한 언급은 거의 없는 것으로 이해한다.

관상학: 신체적 특징에 기초하여 한 사람의 성격을 판단하는 그리스-로마의 문화적 관습.

교리문답서: 그리스도인들을 가르치기 위해 기독교 교리를 요약한 것으로, 종종 질문과 답변으로 이루어져 있다.

교부: 교회 초기의 몇 세기 동안 활동했던 저명한 신학자와 설교자들.

교사: 교회에서 아볼로처럼 경전을 설명하는 데 능숙한 사람들(행 18:24-28).

교회론: 교회 자체와 교회 구조에 대한 연구.

교회-역사주의 관점: 요한계시록을 이해하는 하나의 관점으로, 요한계시록이 오늘날을 포함하여 지금까지의 모든 역사에서 발생한 사건들을 다루고 있다고 이해하는 관점.

구속: 어떤 것을 사거나 되사는 것. 신약성경에서 이것은 종종 예수 그리스도의 죽음과 부활을 통해 하나님이 자기 백성을 구원하거나 사는 것과 관련이 있다.

구약 위경: 에녹, 솔로몬, 아브라함과 같은 성경 시대의 유명한 사람들의 이야기와 예언의 모음집.

구약성경: 그리스도인들이 사도들의 문서와 비교하여 신성한 유대교의 문서들을 지칭하기 위해 3세기 초부터 사용하기 시작한 용어.

구원: 예수 그리스도의 죽음과 부활을 통해 인간을 그들의 죄로부터 구하는 하나님의 행위.

그리스도: "기름 부음 받은 자"(*christos*)라는 의미의 그리스어 단어에서 유래한 이 칭호는 하나님이 그분의 백성들을 다스리는 선한 왕이 되도록 구별한 예수를 묘사하는 데 사용되었다.

그리스도에게 참여함: 그리스도인들은 믿음을 통해 그리스도와 연결되어 있으며, 그의 의와 부활뿐만 아니라 그의 고난과 죽음에도 참여한다는 교리.

그리스도와의 연합: 그리스도와의 연합에 대한 바울의 신학은("그리스도 안에서", "그리스도와 함께", "그리스도를 통하여") 다음의 네 가지 이미지를 통해 가장 잘 이해된다: (1) **연합**은 성령의 상호 내주를 통한 그리스도와의 심오한 영적 연결을 의미한다. (2) **참여**는 그리스도 내러티브의 주요 사건들, 예컨대 그의 고난, 죽음, 장사 됨, 부활, 승천, 영화에 참여하는 것을 의미한다. (3) **합일**은 우리의 충성을 아담과 죄와 죽음의 영역에서 그리스도와 그의 정의와 평화의 영역으로 옮기는 것을 의미한다. (4) **통합**은 그리스도에 의해 형성된 공동체 안에서 함께 구성원이 되는 것을 의미한다.

그리스도의 몸: 하나의 통일된 전체를 구성하는 교회의 여러 부분의 통일성과 다양성을 표현하는 데 사용되는 바울의 은유(고전 12:12-26).

그리스도의 법: 예수가 모세의 율법 전체를 하나님 사랑과 이웃 사랑으로 요약한 것과 마찬가지로(마 22:34-40), 여기서 바울이 사용한 그리스도의 "법"은 행동으로 옮기는 사랑을 말한다(갈 6:2).

금욕주의: 매우 엄격한 종교적 헌신을 실천하는 종교 관습으로, 흔히 세속적 쾌락을 스스로 포

기한다.

긍정의 신학(cataphatic theology): 하나님에 대해 확실히 알 수 있는 것에 초점을 맞춘 신학.

기독론: 예수 그리스도의 인격과 사역에 대한 연구.

난외주(annotations): 어구 또는 구절을 따로 설명하는 짧은 주석들의 목록.

노바티아누스파: 도나투스주의와 비슷한 초기 이단의 추종자들로, 3세기에 시작된 노바티아누스의 가르침에 따라 교회에 대한 엄격하고 순수한 관점을 갖고 있었으며, 그리스도를 부인하거나 이교도적인 희생제사를 드리는 사람들과 교제하기를 거부했다.

니케아 신경: 기원후 325년에 니케아 공의회에서 작성된 초기 기독교 신앙 진술로, 성부 하나님과 성자 하나님의 관계에 대한 정통적 이해를 제시한다.

니케아-콘스탄티노플 신경: 기원후 325년의 최초의 니케아 신경을 기원후 381년에 개정한 것으로, 정통적 삼위일체 신학을 확증했다.

다락방 강화: 예수가 유월절 식사 중에(요 13-17장) 희생적 사랑과 관계적 통일성에 초점을 둔 기독교 신앙의 핵심 진리를 제자들에게 가르친 것.

다윗의 자손: 이스라엘의 위대한 왕 다윗의 후손을 말한다. 예수가 이 칭호를 받은 것은 그가 하나님이 다윗에게 그의 나라를 회복하겠다고 약속하신 언약의 최종적 성취임을 나타내기 위함이다.

단성설: 초기 기독교의 이단으로, 그리스도는 오직 하나의 본성, 즉 신적인 본성만을 갖고 있다고 이해했으며, 칼케돈 공의회는 이를 거부했다.

대문자 사본(Majuscules): 전체가 모두 대문자로 기록된 사본으로, 이 필사본들이 기록된 시기는 4세기에서 8세기로 거슬러 올라간다.

대위임령: 마태복음 28:18-20에 나온 말씀으로, 예수는 세상의 모든 민족을 제자로 만들고, 그들에게 세례를 주며, 그들이 그에게 복종하도록 가르칠 수 있는 권한을 제자들에게 주었다.

대제사장: 아론의 계보에 속한 이스라엘의 최고위급 제사장.

대제사장적 기도: 요한복음 17:1-26에 나오는 예수의 기도로, 다락방 강화의 마지막 부분에 등장한다. 이 기도에서 예수는 그의 아버지에게 그의 제자들을 보호해주시고, 그들 사이에 아버지와 아들의 하나 됨을 반영하는 연합을 이루어달라고 간청한다.

대체적 속죄(substitutionary atonement): 죄 많은 인류에게 정당하게 선포된 법적 처벌을 그리스도가 그의 죽음을 통해 대신 받는 것을 말하는 교리.

대필자: 다른 사람의 지시에 따라 편지를 받아쓰는 훈련된 서기관.

도나투스파: 4세기 초부터 시작된 노바티아누스파와 비슷한 초기 이단의 추종자들로, 교회에 대한 엄격한 순수주의 견해를 지니고 있었으며, 박해에 굴복함으로써 그리스도를 부인한 사람들이 집전하는 성례의 타당성을 부인했다.

동방박사: 유대인의 왕 예수를 경배하러 동방에서 온 점성가들 혹은 현자들(마 2:1-12).

두루마리: 글이 쓰여 있는 양피지를 말아놓은 것.

랍비: 유대교 율법을 가르치는 선생들을 말한다. 이들은 제2성전기 동안 그들의 말과 해석이 암기되고 기록되면서 유대교 내에서 자리를 굳히게 되었다.

레위 계통의 제사장: 레위 지파에 속한 25세에서 50세 사이의 남자들로 구성되었으며, 회막 (성막)에서 하나님을 섬기는 임무를 수행하기 위해 구별된 제사장들이다(민 8:24-25).

로마 시민권: 정치적·법적 특권을 지닌 신분으로, (노예가 아닌) 자유인들에게만 허락된다. 로마 시민권은 부모가 모두 로마 시민인 경우에만 주어지지만, 장군들과 황제들로부터 부여받을 수도 있었다. 남성 로마 시민들은 로마 국가가 규정한 몇 가지 특권과 보호를 받았지만, 로마 여성들은 더 제한된 특권을 경험했다.

로마 황제: 로마 제국의 최고 통치자.

마니교: 3세기에 시작된 고대 종교로, 이원론적 우주론에 기초한 엄격한 금욕주의를 요구했고, 부활이 본질적으로 육체적인 것이 아니라 단지 죄로부터의 자유라고 해석했다.

마르키온주의: 2세기에 마르키온에 의해 시작된 초기 이단으로, 사악한 물질세계와 선한 영적 세계로 구분되는 이원론을 만들고(영지주의와 유사함), 구약성경의 하나님과 신약성경의 하나님을 구분한다. 마르키온은 구약성경 전체를 부정했으며, 자신만의 고유한 복음서(누가복음과 유사함)와 오직 바울 서신만을 사용하여 자신만의 고유한 정경을 만들어냈다.

마리아의 찬가(Magnificat): 누가복음 1:46-55에서 엘리사벳의 예언적 축복에 대한 마리아의 아름다운 응답은 신학적이고 예시적인 의미가 풍부한 찬양이다. 마리아의 찬가는 기독교 예배의 매우 중요한 부분으로 발전했으며, 교회의 다양한 예전의 많은 부분에서 사용된다.

마카비: 기원전 167년에 시리아에 대항하여 성공적으로 반란을 일으킨 예후다와 그의 반란 추종자들에게 붙여진 "망치"라는 뜻의 별명이다. 그의 가문인 하스몬 왕조는 기원전 63년에 로마가 점령할 때까지 계속 통치했다.

만인구원론: 모든 사람이, 심지어 그들이 회개하지 않고 예수를 믿지 않더라도, 궁극적으로 천국에 갈 것이라는 신념.

말세: 예수의 승천과 재림 사이의 기간(딤후 3:1).

머리 가리개: 지중해 지역에서 여성의 머리는 흔히 성적 욕망의 대상이었기 때문에 결혼한 여성은 그들의 머리를 가려야 했다. 이것은 특히 유대인 여성들에게 해당하는 것이었지만, 부유한 로마 여성들은 때때로 고가의 비용이 드는 자신의 헤어스타일을 자랑하길 원했다. 바울은 고린도전서 11:1-16에서 여성들이 예배를 드릴 때 그들의 머리를 가릴 것을 권면했는데, 이는 경건한 태도와 관계를 상징하는 문화적 적용이다.

메시아: 히브리어 "기름 부음 받은 자"(*meshiah*)에서 유래한 단어로, 하나님이 예수를 그분의 백성들을 다스리는 선한 왕이 되도록 구별했음을 묘사하는 데 사용되는 칭호.

명예-수치 문화: 예수 시대의 지배적인 관계 문화. 명예는 사회에서 사람들에게 지위를 부여하는 화폐와도 같다(현대 서구 사회에서 돈의 역할과 매우 비슷하다). 명예는 사회가 중요하게 여기는 것에 따라 주어지며, 종종 더 집단 지향적인 사회를 장려한다. 반대로 사람은 사회에 이미 확립된 선악의 기준에 따르지 않음으로써 수치를 받게 된다. 예수의 가르침은 종종 명예-수치 문화의 여러 측면에 어긋난다. 먼저 된 자가 나중 되고(마 19:30), 박해받고 조롱당하는 자가 명예를 얻으며(마 5:10-12), 다리를 저는 자들과 맹인들과 가난한 사람들이 환영받고 높아진다(눅 14:15-24).

모세 오경: 모세가 기록한 다섯 권의 책으로, 창세기, 출애굽기, 레위기, 민수기, 신명기를 말한다.

모호한 어법(amphibology): 한 구절이 동시에 둘 이상의 의미를 갖는 이중적인 소통 방법.

목사: 말씀 전파를 포함하여 일반적으로 교회를 감독할 책임이 있는 자(장로, 목자도 보라).

목자: 말씀 선포를 포함하여 교회 전반을 감독할 책임이 있는 자(장로, 목사도 보라).

목회 서신: 바울이 교회가 아닌 교회 지도자들 개인에게 보낸 서신으로, 디모데전서, 디모데후서, 디도서를 말한다.

무천년설: 천년의 통치(계 20:1-8)를 현재의 교회 시대에 대한 상징으로서 이해하는 종말론적 관점.

묵시문학: 하나의 문학 장르이며, 여기서 시적이고 알레고리적인 이미지와 은유는 직접적인 가르침의 목적에 사용되는 것이 아니라 세상에서 하나님이 행하는 역사의 역설을 묘사하는 데 사용되고, 청중을 두 그룹, 즉 이해하는 사람과 그렇지 못한 사람으로 구분한다.

문학비평: 20세기 후반에 시작된 문학비평은 사복음서가 기록된 과정에 초점을 두는 것(양식비평, 자료비평, 편집비평)이 아니라, 문학으로서의 사복음서에 초점을 두었다. 문학비평이라는 포괄적 접근법에는 플롯, 구조, 인물 등을 분석하여 복음서가 그 이야기를 어떻게 전개하는지에 주목함으로써 복음서를 해석하는 방법들이 포함된다.

미드라쉬(Midrash): "답을 구하다"라는 뜻의 히브리어에서 온 말이다. 미드라쉬는 경전을 연구하고 조사함으로써 당대의 신학적·실천적 질문에 답을 구하고자 한다. 그것은 두 가지 범주, 즉 율법과 종교적 관습에 관해 탐구하는 할라카(*halakah*)와 성경의 내러티브를 해석하는 하가다(*haggadah*)로 구성된다.

미래주의 관점: 요한계시록을 이해하는 하나의 관점으로, 요한계시록이 임박한 종말과 천년왕국 시대의 도래를 예언하고 있다고 본다.

미메시스(mimesis): 다른 작품을 모방한 문학 작품 혹은 문학 작품의 일면을 가리키는 용어(예. 누가가 예수를 소개하는 방식은 구약성경이 이스라엘을 소개하는 방식을 모방한 것이다).

미쉬나(Mishnah): 히브리어로 "반복/복습해서 공부하다"라는 뜻이다. 미쉬나는 다양한 랍비의 구전 가르침을 기록한 모음집이다.

믿음: 그리스도인들에게 믿음은 단순히 명제로 이루어진 진리에 대한 신념 이상의 것을 의미하며, 하나님, 예수 그리스도, 성령을 신뢰하고 확신하는 관계적 성향을 띤다.

바리새인: 예수 당대의 유대교 보수주의자들로, 토라를 비롯하여 이와 비슷한 방향으로 발전한 랍비 전승에 담긴 하나님의 계명을 철저하게 연구하고 실천하는 데 초점을 두었던 사람들이다. 바리새인이라는 이름은 다른 사람들로부터 "분리되어" 있다는 개념에서 유래했으

며, 그들의 초점은 정결 또는 제의적 정결에 있었다. 바리새인들의 기원은 마카비 시대로부터이며, 그들은 전통적 유대교를 재발견하고 지키려는 열정을 지니고 있었다.

바울에 대한 새 관점: E. P. 샌더스, J. D. G. 던, N. T. 라이트와 같은 학자들에 의해 널리 알려지게 된 이 견해는 유대교를 이해하는 바울의 관점에 대한 전형적인 개신교적 접근법을 비판한다. 이 학자들에게 유대교는 "행위에 의한 구원"의 종교가 아니라 오히려 하나님의 은혜에 의존하는 종교였다. 바울 당대에 율법을 준수하는 유대인들의 문제는 율법이 그들을 하나님의 백성으로 규정했다는 생각인데, 이는 그들에게 자랑과 교만의 원천이었다. 따라서 바울이 이런 유대인들을 비판한 것은 하나님의 백성을 어떤 방법으로 규정할 수 있는가와 관련된다. 즉 하나님의 백성은 모세의 율법을 지킴으로써가 아니라, 그리스도에 대한 믿음과 성령을 받은 것을 통해 규정된다.

배교: 신앙을 거부하거나 포기하는 것.

백부장: 100명의 군인을 거느리는 중요한 지휘관의 계급 명칭(눅 7:1-10; 행 10:1; 27:1).

변용: 예수가 베드로, 야고보, 요한을 데리고 산에 올라갔을 때 그의 얼굴이 해처럼 빛나고 그의 옷이 눈부시도록 하얗게 빛나며 모세 및 엘리야와 함께 말하고 하나님의 아들로 선포된 사건(마 17:1-8; 막 9:2-8; 눅 9:28-36).

복음: "좋은 소식"을 의미하는 단어로, 예수 그리스도의 삶, 죽음, 부활의 메시지에 대한 좋은 소식을 가리킨다. 또한 신약성경에서 처음 나오는 네 권의 책(복음서)과 그 책들의 장르를 언급하기도 한다. 복음서의 장르는 그리스어와 라틴어의 전기(*bios*) 장르에서 유래하여 예수의 가르침과 사역을 더 폭넓고 포괄적인 이야기, 즉 이야기의 완성을 향해 나아가는 인간과 하나님의 이야기 세계 안에 배치하며 고유한 장르로 발전했다.

본문비평: 내용과 단어 표현에서 가장 신뢰할 수 있는 버전을 확립하고자 하는 고대 문서에 관한 연구.

부정의 신학(apophatic theology): 하나님에 대해 알 수 없음에 초점을 맞춘 신학.

부활: 죽음에서 생명으로 옮겨지는 행위. 신약성경에서 예수가 죽은 자 가운데서 부활한 것은 그리스도인들도 예수가 재림할 때 죽은 자 가운데서 부활하여 영원한 생명으로 들어가게 될 것을 보장한다(고전 15장).

불가타: 4세기 후반 히에로니무스가 만든 성경의 라틴어 번역본으로, 로마 가톨릭교회에서 사용하는 공식 성경이 되었다.

불법의 사람: 데살로니가후서에 언급된 비밀스러운 인물로, 바울은 그를 하나님의 성전을 차지하고 하나님보다 자신을 높이는 자로 묘사한다(참조. 사 14:12-14; 겔 28:2; 단 6:7). 그는 흔히 요한1서와 요한2서에 언급된 "적그리스도"와 동일시되지만, 요한 서신의 맥락에서 사용된 이 용어는 신자들의 공동체를 떠난 사람들을 가리킨다.

비유: 예수(와 다른 선생들)가 진리를 전하기 위해 사용한 이야기들—흔히 알레고리, 격언, 짧은 속담, 직유, 은유—을 말하며, 복음서에서는 청중을 이해하는 사람들과 그렇지 못한 사람들로 나누기 위해 사용된다.

비평본(critical editions): 학자들이 고대 사본들을 토대로 재구성한 본문으로서, 위원회가 가장 원문에 가까울 것으로 판단한 본문을 제공한다. 비평본은 이문(異文), 즉 일부 사본에 등장하긴 하지만 원문으로 판명되지 않은 표현의 예들도 포함한다. 이런 비평본들은 종종 학자들이 다양한 이문에 대해 얼마나 확신하는지, 그리고 본문을 확정하기 위해 어떤 추리 과정을 거쳤는지 추론할 수 있는 주석도 포함한다.

사도: "사자"(messenger) 또는 "보냄을 받은 자"를 의미하는 단어로, 일반적으로 초기 교회 지도자들, 특히 예수의 열두 제자와 바울을 지칭하는 호칭으로 사용된다.

사도 교부: 최초의 사도들의 뒤를 잇는 다음 세대의 기독교 지도자들을 지칭한다. 그들의 글에는 로마의 클레멘스, 안디옥의 이그나티오스, 폴리카르포스의 서신들, 초기 기독교 실천에 대한 지침을 알려주는 「디다케」뿐만 아니라 비전, 지침, 알레고리적 비유들을 포함하는 유명한 「헤르마스의 목자」가 포함된다.

사도신경: 8세기에 처음으로 소개되어 서구 전통의 많은 교회에서 사용된 신앙 진술.

사두개인: 하스몬 왕조 후기부터 주로 제사장직과 정치권력을 장악했던 유대인 가문 출신의 사람들을 말한다. 이 집단은 전형적으로 부유했고, 세금과 성전 활동을 통제했으며, 로마 정부와 정치적 관계를 맺고 있었다. 그들은 모세의 추종자들이었고, 토라를 구속력이 있는 것으로 존중했지만, 예언서와 같은 다른 문서들 혹은 육체의 부활 및 천사와 같은 제2성전기에 발전한 다른 믿음은 존중하지 않았다. 부와 권력을 지배했던 자들로서 그들은 메시아가 와서 새로운 왕국을 세우기 위해 정부를 전복시킬 것이라는 희망에는 거의 관심이 없었다.

사랑하시는 제자: 요한복음의 저자를 지칭하는 말이며(요 13:23; 18:15-16; 20:4, 8), 요한이 자신을 낮추는 표현이거나, 다소 유머러스하게 자신을 언급하는 표현이거나, 그의 제자들이 그에게 준 애정 어린 이름일 가능성이 있다.

사마리아인: 사마리아는 고대 이스라엘에서 유대 북쪽과 갈릴리 남쪽 지역이었으나 기원전 722년에 아시리아인들에게 멸망했다. 스스로 유대인이라고 여기는 사마리아인들과 주변 지역의 다른 유대인들 사이에는 수 세기에 걸쳐 갈등과 증오가 존재했다. 사마리아인들은 그리심산에 그들만의 신전을 보유하고 있었으며, 그들만의 모세 오경을 갖고 있었다. 예수 시대에 유대인들은 사마리아인들을 완전히 피했으며(요 4:9), 심지어 사마리아 지역을 통과하지 않으려고 일부러 먼 거리를 돌아서 여행하기도 했다.

사해사본: 유대교로부터 분리되어 나온 유대인 공동체의 광범위한 글 모음집이다. 약 8백여 개에 달하는 다양한 사본에는 성경 본문 필사본, 성경 주석 및 의역본, 위경, 묵상 자료, 공동체의 삶에 대한 지침서 등이 포함되어 있다.

삼위일체: 기독교 교리에서 하나님을 설명하는 용어로, 하나님이 한 분이면서 세 분이라는, 즉 성부, 성자, 성령이라는 세 위격의 한 분 하나님으로 존재한다는 의미의 용어.

상징 세계: 의식과 잠재의식에서 작동하는 가치관, 습관, 신념의 체계.

서기관: 율법을 가르치고, 필사하고, 해석하는 유대인 전문직 계층.

선택: 모세 언약 아래 있는 이스라엘처럼 하나님과의 특별한 언약 관계를 위해 선택되어 따로 구별되는 것.

성구집(lectionaries): 예배에 사용되는 성경 낭독을 위한 책으로, 여러 다른 문체와 언어로 기록되었고, 대부분 11세기에서 13세기의 것이다.

성령의 열매: 성령을 따라 행할 때 신자들의 삶에 나타나는 특징으로, 사랑, 희락, 화평, 오래 참음, 자비, 양선, 충성, 온유, 절제다(갈 5:22-23).

성막: 예루살렘 성전이 세워지기 전에 있었던 이동식 천막으로, 이스라엘 백성들이 하나님을 예배하는 매우 중요한 장소였는데, 이는 성막이 이스라엘 백성들 가운데 하나님의 임재가 자리하는 언약궤를 보관하고 있었기 때문이다.

성육신: 하나님이 예수 그리스도의 인격 안에서 인간의 몸을 입고 사람이 되었다는 교리.

세상의 원리: 그리스어로 **스토이케이아**(*stoicheia*)이며, 어떤 문화에나 존재하는 약하고 쓸모없는 문화적 힘이나 실체를 가리킨다. 하나님은 그리스도를 보내서 그의 백성들을 그들의 속박에서 구원했다(갈 4:3-9).

셋째 하늘: 바울의 우주론에 따르면, 이곳은 천상에서 가장 높은 영역이다. 바울은 육체를 벗어난 자신의 경험에 대해 말할 때 셋째 하늘을 언급한다(고후 12:1-5).

소문자 사본(Minuscules): 보통 양피지에 그리스어 초서체 소문자로 기록한 사본이다. 우리는 수천 개의 소문자 사본을 가지고 있는데, 대부분 11세기에서 13세기의 것이다.

속죄(atonement): 거룩하신 하나님과 죄인 사이의 하나 됨을 회복시키는, 죄를 위한 희생.

속죄(expiation): 대속죄일의 염소 같은 희생제물을 통해 죄인의 죄를 없애는 것(레 16:20-22).

속죄의 대속 이론(ransom theory of atonement): 예수의 죽음을 인류가 죄로 인해 진 빚을 갚는 것으로, 그리고 종 된 상태에 있는 인류에게 자유를 주고 그들을 그 속박에서 풀어주는 것으로 이해하는 이론.

송영: 하나님에 대한 찬양을 서면 또는 구두로 표현한 것.

수도원주의: 3세기 후반부터 시작된 이 금욕적인 삶의 방식은 세속적이고 외적인 쾌락을 버리고 영적인 삶에 평생을 바치는 것에 초점을 둔다.

수용사: 각각의 해석자들이 처한 고유의 문화적 상황에 대한 더 깊은 인식에 뿌리를 둔 수용사는 과거, 특히 현대 이전에 신약성경이 어떻게 읽혔는지를 이해하고자 한다.

수전절(봉헌/빛의 축제): 유대인들이 마카비 시대에 성전을 되찾은 것을 기념하는 유대교 축제 (오늘날 하누카라고 불림).

순교자: 예수 그리스도가 하나님이 보낸 메시아이며, 그를 통해 구원을 얻는다는 진리를 증언한 결과로 죽임을 당한 그리스도인들.

쉐마: "우리 하나님 여호와는 오직 유일한 여호와이시다"라는 신명기 6:4의 고백을 말하며, 성경에서 가장 큰 명령으로, 예수는 이를 거듭 말한다(마 22:35-40; 막 12:28-31; 눅 10:25-28).

스토아 학파: 우주의 논리적 질서에 따라 살아갈 수 있도록 개인의 정욕을 다스리고 운명을 받아들이는 데서 미덕을 발견한 그리스 철학.

승천: 예수가 지상에서 마지막으로 제자들 앞에서 육신을 입고 구름 속으로 올라간 이야기(눅 24:50-53; 요 20:17; 행 1:6-11; 롬 8:34; 골 3:1; 벧전 3:22).

신령한 은사: 성령이 교회 전체의 유익을 위해 주신 선물이나 능력이며, 본질상 반드시 기적적인 것은 아니다(비록 일부는 기적적이지만 말이다).

신약성경: 3세기 초부터 그리스도인들이 사도들의 글을 가리키기 위해 사용하기 시작한 용어로, 그리스도인들이 예수 안에서 성취될 것으로 이해한 새 언약의 약속에서 유래했다.

신성화(deification): 신자들이 어떤 방식으로든 하나님처럼 되는 상태를 말하는 것으로, 그들 자신이 신적 존재는 아니지만 심오한 의미에서 하나님과 교제를 나누는 상태.

십자가의 삶 구현하기(cruciformity): 그리스도의 십자가에 의해 형성되는 삶의 방식, 사고방식, 관계 맺는 방식(고전 1:18).

쓴 쑥: 물을 독으로 만들 수 있는 쓴맛을 지닌 풀로, 출애굽기의 재앙과 관련이 있다.

아레오바고: 아테네의 아크로폴리스 바로 아래에 있는 바위 언덕으로, 도시를 통치하고 철학 사상(교육, 도덕, 이방 제의 등)을 논의하기 위한 아레오바고 의회가 열렸던 곳이다.

아리우스주의: 4세기에 아리우스로부터 시작된 초기의 이단으로, 그리스도를 가장 뛰어난 피조물로 이해함으로써 그리스도의 신성을 부인한다. 아리우스주의는 기원후 325년에 니케아 공의회에서 정죄되었지만, 381년 콘스탄티노플 공의회 때까지 계속 번성했다.

아바(*Abba*): 예수(막 14:36), 바울(롬 8:15; 갈 4:6), 그리고 다른 초기 그리스도인들이 하나님 아버지를 가리키는 데 사용한 "아버지"라는 의미의 아람어.

알레고리, 알레고리적: 이야기의 특정 측면을 상징적으로 이해하게 하는 문학적 장치.

암 하-아레츠(*Am ha-Aretz*): "그 땅의 백성"을 의미하며, 예수 시대의 가난하고 제대로 교육받지 못한, 시골에 거주하는 유대인을 가리킨다.

양식비평: 20세기 초에 구약성경 연구에서 시작된 양식비평은 사복음서 안에 나타나는 문학의 여러 다른 양식(비유, 지혜 말씀, 기적 이야기 등)을 파악하고, 교회 안에 무슨 일이 일어났기에 사람들이 이 이야기들을 귀하게 여겨서 다시 전하게 되었는지를 추론하려는 목적을 지닌다.

양태론: 초기의 이단으로, 삼위일체의 세 위격은 별개의 세 위격이 아니라, 하나님이 자신을 드러내는 세 가지 방식이라는 이론.

양피지: 고품질의 필기용 평면으로 사용될 수 있도록 가공 처리된 새끼 양의 가죽이나 송아지 가죽.

언약(covenant): 서로에 대한 기대를 명시한 두 당사자 간의 관계.

에세네파: 금욕주의(일반적으로 독신주의를 포함함)에 초점을 두고, 당대의 제사장직을 부정한 것으로 간주하여 거부한 유대교 집단.

에피쿠로스 학파: 결정론을 거부하고 자유의지를 지지하며 현재를 살아가는 데서 미덕을 찾으며, 정신적 평화와 불안으로부터의 자유라는 형식에서 쾌락을 추구하는 그리스 철학.

역사비평적 방법: 문서의 역사적 배경(저자, 시대, 장소, 독자 등)에 초점을 둔 학문 분야.

열심당(Zealots): 로마의 압제자들로부터 유대인들을 정치적으로 독립시키는 일에 집중했던 유대인 집단으로, 종종 암살 공작과 납치, 로빈 후드처럼 로마인들의 마차 공격 및 절도를 행하곤 했다.

영감: 성경은 인간에 의해 저술되었지만, 가르치고, 책망하고, 바르게 하고, 훈련하기 위해 주어진 하나님의 말씀으로 이루어져 있다는 교리(딤후 3:16).

영적 전쟁: 어둠의 영적 세력에 대항하는 그리스도인들의 전투(엡 6:10-12).

영지주의: 일반적으로 사악한 물질세계와 선한 영적 세계 사이를 나누는 뚜렷한 이원론에 초점을 맞춘 초기의 다양한 형태의 이단으로, 특별한 "지식"(그노시스, *gnōsis*)을 통해서만 구원을 얻을 수 있다고 주장한다.

예루살렘 공회: 안디옥 교회(바울, 바나바)와 예루살렘 교회(야고보)에서 온 대표자들과 사도들(베드로)이 모였던 초기 교회의 회의로, 이 회의에서 그들은 이방인 개종자들에 대한 요구 사항을 결정했는데, 이방인들이 모세의 율법으로 부담을 지지 말아야 하지만, 유대인 신자들을 실족시킬 수 있는 특정한 일을 삼가야 한다고 결론 내렸다(행 15:1-35).

예수 전승: 복음서의 글에 사용되기 이전에 이미 널리 퍼져 있었던 예수에 관한 구전.

예언자: 지시와 격려의 말을 하는 성령으로 충만한 사람들(삿 3:10; 삼상 10:10; 행 15:32; 21:10; 고전 14:29-32; 엡 3:5).

예전: 기독교 예배를 집전하는 양식, 구조 또는 대본.

예정: 모든 일이 하나님에 의해 미리 결정된다는 교리.

오순절: 유대인들이 추수를 기념하는 절기인 칠칠절(출 34:22; 민 28:26; 신 16:10)을 말하며, 유월절 후 50일째 되는 날로, 이날에 성령이 사도들에게 임했으며, 그들은 이 절기를 지키기 위해 모인 사람들의 언어로 말씀을 선포하게 되었다(행 2:1-41).

옥중 서신: 바울이 옥에 갇혀 있을 때 기록한 서신들로, 에베소서, 빌립보서, 골로새서, 빌레몬서를 가리킨다(목회 서신의 하나인 디모데후서도 분명히 옥에 갇혀 있는 동안 기록된 것이기 때문에 이 목록의 일부가 될 수 있다).

올바른 실천(orthopraxy): 올바른 삶.

외경(Apocrypha): 제2성전기에 제작된 그리스어로 된 14권 또는 15권의 책(계산 방법에 따라 다르다)을 말한다. 이 외경은 일부 히브리 성경의 추가본(에스더와 다니엘의 추가본), 일부 기도서와 시편, 지혜로운 삶에 대한 가르침, 수산나, 토비트, 유딧과 같은 중편 소설, 마카비 시대를 다룬 네 권의 방대한 역사서(마카베오 1-4서)로 구성되어 있다.

외경 복음서: 예수에 관한 비정경적 이야기 또는 어록 모음집으로, 네 개의 정경 복음서와는 질적으로 다르다.

요세푸스(Josephus, 기원후 37-100년): 유대인 장군으로, 기원후 70년에 로마인들에게 항복하고 결국 로마에서 살게 되었다. 그곳에서 그는 매우 긴 책인 「유대전쟁사」를 포함한 몇몇 중요한 작품을 저술했으며, 현재 우리가 가지고 있는 제2성전기 유대교에 대한 많은 정보는 바로 그에게서 나온 것이다.

요한복음의 일곱 가지 표적: 요한복음에 기록된 것과 같이, 예수의 일곱 가지 표적은 예수가 하나님에 의해 신적인 능력으로 이 땅에 보냄을 받았음을 가리킨다. 일곱 가지 기적적인 표적은 다음과 같다. 물을 포도주로 바꿈(2:1-11), 고관의 아들을 치유함(4:46b-54), 38년 된 병자를 치유함(5:2-47), 오천 명을 먹임(6:1-15), 물 위를 걸음(6:16-21), 태어나면서 보지 못하는 사람을 치유함(9:1-41), 나사로를 살림(11:1-44).

위명 저자의 작품: 이 용어는 위명으로 쓰인 문학 작품을 묘사하는 데 사용되는데, 종종 유명한 역사적 인물의 이름을 사용한다.

위선: 마음이 하나님과 멀어진 상태에서 외적으로만 의롭게 보이는 행동을 말한다. 이것은 예수의 "더 나은 의"(마 5:17-20, 48), 즉 외적인 행동과 마음 사이의 내적 순수성과 온전함에 대한 요청과 반대된다.

위장된 논쟁(*dissimulatio*): 교훈을 가르치기 위해 사용되는 가장된 논쟁.

유대교 경전: 오늘날 유대인과 많은 학자들이 유대인들의 정경인 신성한 문서를 묘사하기 위해 사용하는 용어.

유월절: 이스라엘이 출애굽하기 전날 밤에 이스라엘의 자녀들을 살려주신 것을 해마다 기념하는 유대인들의 절기. 유월절은 무교절의 시작이기도 하다.

유일신론: 이 세상에는 참되고 우월한 단 하나의 신만이 존재한다는 종교적 믿음.

육체의 가시: 바울이 자신을 괴롭히는 "사탄의 사자"로 이해하는 개인적인 신체적 질병, 도덕적 약점, 또는 영적인 문제를 말한다. 그는 하나님께 이것을 제거해달라고 간구한다. 하나님이 이를 거절하시자, 바울은 자신의 약점과 고난이 그리스도의 능력을 빛나게 한다는 것을 알게 된다(고후 12:7b-10).

율법사: 율법 전문가인 유대인 전문직 계층으로, 서기관과 밀접한 관련이 있다.

율법의 저주: 모든 사람이 율법을 지키지 못하기 때문에 율법의 행위에 의지하는 모든 사람에게 내려지는 유죄 판결(갈 3:10-11).

율법의 행위: 할례와 같이 유대인들이 율법을 준수하고 이스라엘의 언약 구성원임을 나타내는 정체성 표식 역할을 하도록 행하는 행위를 말한다. 바울은 갈라디아서에서 율법의 행위(인간의 행위나 정체성)가 아닌 오직 그리스도에 대한 믿음으로만 하나님과 올바른 관계를 맺을 수 있다고 강조한다.

은사중지론: 사도행전에서 경험된 것과 같은 기적적인 표적들은 특별히 사도 시대에만 일어난 일이며, 이 시기는 하나님이 놀라운 역사를 행한 구원사의 특별한 시기로, 성령 시대의 시작을 알리는 이정표의 역할을 했다고 믿는 믿음을 말한다.

은사지속론: 사도행전에서 경험된 것과 같은 기적적인 표적들이 사도행전에 기록된 표적들의

구원사적 중요성을 훼손하지 않으면서 현시대에도 계속된다는 믿음.

음부(Hades): 그리스 사상에서 죽은 자의 영역을 일컫는 명칭이다. 신약성경에서 음부는 흔히 지옥과 동의어로 사용된다.

의: 총체적인 도덕적 올바름을 의미하는 것으로, 신실함과 사랑의 올바른 관계로 특징지어진다. 그리스도인들은 예수 그리스도에 대한 믿음을 통해 의롭게 된다.

이단: 공식적인 교리에서 벗어난 거짓 가르침.

이방인: 유대인이 아닌 사람.

이상주의 관점: 요한계시록을 이해하는 하나의 관점으로, 요한계시록을 하나님의 본성과 목적에 대한 영원한 영적 진리를 다루는 것으로 본다.

인자: 예수가 자신을 가리켜 사용한 칭호로, 이는 다니엘 7장을 암시하며, 예수는 자신을 영원히 다스리도록 보냄을 받은 하나님의 기름 부음 받은 왕으로 묘사한다.

일반 서신: 신약성경의 일곱 개의 서신을 말하며, 때로는 공동(즉 "보편적"이라는 의미) 서신으로 불린다. 이 서신들은 구체적인 교회보다는 일반 그리스도인들에게 보낸 서신으로, 야고보서, 베드로전후서, 요한1-3서, 유다서를 가리킨다.

입체적 인물: 이야기의 진행 과정에서 다면적 모습을 보이며 성격이 계속 발전해가는 문학적 캐릭터.

자료비평: 자료비평은 복음서가 기록된 순서와 그것이 문학적으로 어떻게 서로 연관되어 있는지를 이해하고자 한다.

장로: 말씀 선포를 비롯하여 일반적으로 교회를 감독할 책임이 있는 사람들. 목사, 목자도 보라.

장르: 특정 문학 작품의 범주를 지칭하며. 신약성경의 책들은 종종 복음서, 역사적 내러티브, 서신, 묵시문학의 장르에 속한다.

적그리스도: 복음의 진리를 저버리고 이제는 그리스도와 그의 백성들을 대적하는 자들(요일 2:18; 요이 7절).

전기(*bios*): 한 사람과 그의 행동에 초점을 맞춘 그리스어와 라틴어 문학 장르로, 그 이야기에 나오는 모든 사람과 모든 것이 그 한 사람과 관련된다. 복음서의 장르는 전기(*bios*)에서 유래하여 예수의 가르침과 사역을 더 폭넓고 포괄적인 이야기, 곧 이야기의 완성을 향해 나아가는 인간과 하나님의 이야기 세계 안에 배치함으로써 고유한 장르로 발전했다.

전천년설: 천년(계 20:1-8)이 그리스도의 재림과 함께 시작되는 기간이라고 이해하는 종말론적 관점이다. 하지만 그 기간이 문자적으로 천년 또는 확실히 말할 수 없는 기간으로 받아들여질 수 있다고 본다.

정경: 권위 있는 책을 묘사하는 말로 "규칙"또는 "표준"을 의미한다. 기독교에서 정경은 성경 66권을 유일하게 권위를 지니며 주의 깊게 살펴볼 가치가 있는 독립된 별개의 책으로 지칭한다.

정경 도표(canon tables): 에우세비오스가 사복음서 이야기를 본문 간의 대화를 통해 읽을 수 있도록 만든 상호 참조 시스템.

정통적 교리 : 올바른 가르침 또는 신념.

제2성전기: 기원전 515년부터 기원후 70년(또는 기원후 135년)까지, 즉 유대인들이 포로에서 돌아온 때로부터 성전이 파괴될 때까지의 기간으로, 예수와 초기 기독교의 복잡한 배경을 제공한다.

제자: 예수를 따르고 그에게서 배우는 사람, 또는 더 구체적으로 말하면 예수의 원래 열두 제자 중 한 사람.

제자도: 겸손, 의로운 고난, 사랑에 대한 예수의 궁극적인 모범을 따르는 사람이 걸어가는 삶의 길.

제한 속죄(limited atonement): 예수가 모든 사람이 아니라 선택된 사람들만을 위해 희생적으로 죽었다고 이해하는 관점.

조직신학: 다양한 주제에 대한 성경의 가르침을 연구하는 학문으로, 그것들을 일관성 있게 설명하고자 노력한다.

족장: 이스라엘의 세 명의 주요 조상으로, 아브라함, 이삭, 야곱을 말한다.

종말론: 종말에 대한 연구.

죄: 하나님의 뜻이나 도덕률을 따르지 않는 것. 인간은 예수 그리스도를 통해 구원받지 않는 한, 죄로 인해 하나님으로부터 분리되고 영원한 형벌을 받게 된다.

주기도문: 예수가 기도의 본보기로 사용한 이 기도는 두 부분으로 이루어져 있으며, 믿음으로 사는 일상생활에서 우리의 하나님 아버지 및 다른 사람들과 어떻게 관계를 맺는지에 대하여 신자들에게 방향성을 제시한다(마 6:9-13; 눅 11:2-4).

주의 날: 미래에 하나님이 구원과 심판을 위하여 인류 역사에 개입할 것이라는 구약성경의 기대를 말하는 것으로(예. 사 2:1-4:6; 렘 46:10; 겔 30:2-3), 그리스도인들은 이런 구약성경의 기대가 장차 예수가 이 세상을 심판할 미래에 최종적으로 실현될 것으로 이해한다.

주해: 의미를 이해하려는 의도로 성경 본문을 연구하는 것.

지극히 크다는 사도들: 외적으로 매우 뛰어난 숙련된 교사들로(고후 11:5; 12:11), 그들은 바울이 가르친 것과 다른 예수와 복음을 가르쳤다(고후 11:4).

지혜 문학: 일반적으로 잠언이나 전도서와 같이 도덕적 생활, 미덕, 삶의 의미에 초점을 둔 고대 문학 또는 성경 문학.

집사/여성 집사: 교회의 현실적인 봉사의 필요성을 도와야 할 책임이 있는 사람들.

천국: 그것이 가리키는 대상—하나님의 현재 및 미래의 통치—의 측면에서는 "하나님 나라"와 동일한 것을 뜻하지만, 함축적 의미의 측면에서는 좀 다른 마태의 독특한 용어다. 마태는 하나님의 통치를 "하늘의 것"으로 묘사하기를 좋아하는데, 그 이유는 이것이 이 세상의 나라와 장차 올 하나님의 천국 사이의 강한 대조의 개념을 불러일으키기 때문이다.

천년왕국: 그리스도가 다스리는 천년의 통치 기간을 말하며(계 20:1-8), 무천년설, 전천년설, 후천년설 등으로 다양하게 해석된다.

천사장: 다른 천사들에 대한 어느 정도의 지휘권을 가진 천사.

초막절: 유대인들이 추수를 축하하고 출애굽 이후에 그들이 살았던 초막/장막을 기억하는 유대교 축제.

총독: 로마 속주를 다스리는 관리.

최후의(또는 주의) 만찬: 예수가 배신당하기 전에 제자들과 함께 나누었던 유월절 식사. 식사하는 동안 예수는 빵과 포도주를 통해 자신의 몸과 피를 기념하는 의식을 제정했다. 교회는 예수의 죽음과 부활 후에 이것을 주의 만찬으로 지키게 되었다(마 26:27-28; 고전 11:17-32).

칭의: 한 사람이 의롭다고, 따라서 하나님과 올바른 관계를 맺고 있다고 하나님이 선언하는 것이다. 이것은 예수의 희생을 통해 이루어지며, 믿음으로 얻는다(롬 3:21-26; 4:1-8).

케노시스(*kenosis*): 이 용어는 "비우다"라는 그리스어 동사에서 유래한 것으로, 예수가 성육신으로 자기를 비운 것을 가리킨다(빌 2:7). 혹자는 이것을 예수가 인간이 되었을 때 그의 신성을 포기했음을 의미한다고 이해했다. 그러나 초기 교회는 이런 해석을 거부했고, 예수가 인간이 되기 위해 **신적 특권**을 포기했지만, 결코 완전한 하나님이 되는 것을 그만두지는 않았다고 주장했다.

코덱스(*codex*): 여러 장의 필사본을 한 권으로 함께 꿰매거나 붙인 것이다. 이것은 현재 "책"이라고 불리는 것의 가장 초기 형태이며, 그리스도인들은 그것을 가장 초기에 사용한 사람들이었다.

코이네 그리스어: 그리스어의 여러 방언의 단순화된 혼합물로, 신약성경은 바로 이 코이네 그리스어로 기록되었다. 예수가 살던 시대에는 코이네 그리스어가 지중해 세계 전역과 중동에서 사용되는 공통(그리스어, *koinē*) 그리스어였는데, 그 이유는 이 언어가 로마 제국 전역에 걸쳐 통치와 무역을 가능하게 해주었기 때문이다.

타르굼: 히브리 성경을 팔레스타인에서 일반적으로 사용된 언어이자 예수가 사용한 언어로 추정되는 아람어로 번역한 것.

탈무드: 랍비의 다양한 가르침과 어록을 기록한 모음집인 미쉬나와, 후대에 이를 확대하고 보충한 게마라로 구성된 책.

테트라모프(*tetramorph*): 사복음서 저자들을 나타내는 네 개의 상징을 하나의 이미지로 결합한 것: 마태(인간), 마가(사자), 누가(소), 요한(독수리).

토라: "언약적 지침"을 의미하는 히브리어로, 모세의 율법을 가리킨다. 이것은 흔히 "모세 오경"의 동의어로도 사용된다.

파라이네시스(*paraenesis*): 청중에게 미덕과 인격 성장에 대해 권면하기 위해 쓴 글.

파피루스: 갈대 식물로 만든, 종이의 초기 형태. 가장 초기의 일부 신약성경은 파피루스에 기록되어 있으며, 일부는 일찍이 기원후 2세기 초에 기록된 것도 있다.

팔레스타인: 로마 속주인 유대 지방으로도 알려졌으며, 대략 지중해와 요단강 사이에 있는 지역으로, 예수의 사역은 대부분 이곳에서 이루어졌다.

페리코프(*pericope*): 독립된 문학 구성 단위를 말하며, 보통 사복음서에 나오는 하나의 이야기를 의미한다.

페셰르(*pesher*): 구약성경의 일부에 대한 고대 유대인들의 주석서로, 그중 다수가 사해사본에서 발견되었다.

편집비평: 20세기 중반부터 시작된 편집비평은 복음서 저자들의 편집 행위를 이해하고자 노력하며, 이를 통해 사람들은 그들의 신학을 더 명확하게 이해할 수 있다.

평면적 인물: 발전하지 않고 정해진 역할을 하거나 평범하고 틀에 박힌 역할을 감당하는 문학적 캐릭터.

필론(Philo, 기원전 20년-기원후 50년): 당시 세계 지성의 수도였던 이집트 알렉산드리아에서 고등 교육을 받은 유대인 철학자다. 필론은 그리스 철학 체계와 문서 해석 방법을 유대교 사상 및 구약성경 연구와 통합시켰다. 그의 광범위한 글들은 유대인뿐만 아니라 많은 초기 기독교 신학자들에게도 영향을 미쳤다.

필리오케 문구(*filioque* clause): "그리고 아들로부터"(라틴어, *filioque*)라는 의미의 이 문구는 니케아-콘스탄티노플 신경에 추가되어 성령이 성부 **그리고 성자** 모두에 의해 보냄을 받은 것을 나타낸다. 이 문구는 서방 교회의 지지를 받았지만, 동방 교회의 거부를 받아 11세기에 로마 가톨릭교회와 동방 정교회 간의 큰 분열을 초래하는 데 핵심적인 역할을 했다.

필사본: 종이 또는 가죽에 성경 또는 성경의 일부를 손으로 쓴 고대 문서.

하가다(*haggadah*): "이야기" 또는 "말하기"를 의미하는 히브리어 용어. 미드라쉬의 두 가지 형태 중 하나. 그것은 유월절 식사의 순서와 의미를 규정하기 위한 전례인 유월절 하가다에도 나타난다.

하나님 나라: 하나님의 절대적이고, 의롭고, 선한 통치가 온 세상을 지배하는 공간과 시간을 의미한다. 그곳은 그분이 왕으로 현존하고, 정의와 평화가 통치하며, 악과 고통과 죽음이 정복된 곳이다.

하나님을 경외하는 자들: 유대교에 매력을 느꼈던 이방인들로, 아마도 완전히 유대교로 개종하지 않고 유대교의 일부 측면에 참여했을 것이다.

하나님의 갑옷: 로마 군인의 갑옷에 기초하여 바울이 사용한 이미지로, 어둠의 영적 세력과 싸우기 위해 그리스도인들에게 주어진 은사를 표현하기 위한 것이다. 이는 진리의 허리띠, 의의 호심경, 평안의 신, 믿음의 방패, 구원의 투구, 하나님의 말씀인 성령의 검을 포함한다(엡 6:13-17).

하나님의 아들: 신약성경 전반에서 예수에게 사용된 메시아적인 칭호. 예수는 유일무이한, 하나님의 사랑받는 아들이며, 창조되지 않았지만, 신적 정체성을 공유한다. 그는 세상에서 하나님의 지식과 지혜의 최종적이고 참된 중재자, 메시아, 세상에서 하나님의 구원 사역의 모든 약속과 소망의 성취이며, 이스라엘의 하나님과 유일무이한 아버지-아들의 관계에 있다.

하스몬 왕조: 기원전 167년에 시리아에 대항한 유대인들의 봉기 이후에 있었던 마카비 가문의

왕조.

한정 속죄(definite atonement): 제한 속죄(limited atonement)를 보라.

할라카(*halakah*): "길"을 의미하는 히브리어 용어. 미드라쉬의 두 가지 형태 중 하나, 모세 오경을 종교 생활과 일상생활에 적용하는 방법에 관한 전통의 모음집이다.

할례: 유대교에서 음경의 포피를 제거하는 관습으로, 야웨와 이스라엘 사이의 언약을 상징한다 (창 17: 9-14).

할례파: 갈라디아에 있었던 바울의 반대자들 중 일부로, 그들은 유대인이든 이방인이든 모든 신자가 할례를 받아야 한다고 주장했으며, 그리스도를 믿는다고 할지라도 할례를 받지 않은 이방인들과는 교제하기를 거부했다.

헤롯 왕조: 기원전 37년부터 기원후 70년에 예루살렘 성전이 멸망할 때까지 헤롯 대왕과 그의 가족의 왕조.

헤롯당: 헤롯 왕조를 지지했던 유대인들로, 로마 제국의 특권 계층의 일부였다.

헬레니즘화: 전 세계에 그리스 언어, 문화, 철학의 우수성을 전파하기 위해 알렉산드로스 대왕이 벌인 조직적인 운동.

현자: 지혜의 교사.

화해(propitiation): 하나님의 진노가 죄인에게서 희생제물로 바치는 동물에게로 옮겨가는 것.

황제 친위대: 로마 군인 중 엘리트 그룹(근위대라고도 불림).

회당: 한 지역에서 유대인들이 모여 예배하고 기도하고 히브리 성경을 공부하는 장소.

회람 문서: 필사되어 다양한 독자에게 보내진 편지.

회심 내러티브: 누군가가 어떻게 세상을 다르게 보게 되었는지에 대한 자전적 이야기.

후견인-피후견인 관계(patron-client relationship): 로마 제국의 문화와 공동체에 필수적인 제도다. 후견인들은 종종 자신의 피후견인들에게 돈, 곡물, 직업, 토지, 또는 사회적 출세를 제공할 수 있는 부유한 사회 구성원들이었다. 사회적·경제적으로 약자인 피후견인들은 이에 대한 대가로 감사를 표하고 후견인의 호의를 널리 알려서 그의 명성에 기여할 의무가 있었다.

후천년설: 천년의 기간(계 20:1-8)을 해석하는 종말론적 관점으로, 천년을 그리스도의 재림 이전에 모든 민족이 회심하고 돌아오는 기간을 문자적으로 또는 비유적으로 가리키는 것으로 본다.

휴거(rapture): 데살로니가전서 4:16-17에 묘사된 사건을 설명하기 위해 사용된 용어로, 일부 사람들은 종말에 신자들은 이 세상에서 공중으로 들려 올라가고, 불신자들은 이 땅에 남겨지는 것으로 이해한다. 그러나 이 본문은 "남겨지는" 것에 대한 이런 견해를 지지하지 않는다. 대신에 이것은 그리스도의 재림과 죽음에서 부활한 자들과 아직 살아 있는 신자들과 그리스도가 함께 모이는 것을 묘사한다.

희생제사: 신에 대한 숭배를 표현하기 위해 농작물이나 동물을 바치는 것.

히브리 성경: 유대교 경전을 보라.

70인역: 기원전 3세기에 만들어진 구약성경의 그리스어 버전이다. 70(혹은 72)명의 학자들이 히브리어에서 그리스어로 번역했다는 전통에 기초하여, 제목은 "LXX"(70을 뜻하는 로마 숫자)로 약칭된다.

Q: "자료"를 의미하는 독일어 Quelle에서 유래한 것으로, 공관복음이 기록되기 이전에 회람되었던 것으로 추정되는 가상의 예수 어록 모음집에 붙여진 이름이다. 마가복음에서 발견되지 않는, 마태복음과 누가복음이 공유하는 자료를 말한다.

1장 기독교 경전으로서의 신약성경

1. Joel B. Green, *Seized by Truth: Reading the Bible as Scripture* (Nashville: Abingdon, 2007), 56.

2. Markus Bockmuehl, *Seeing the Word: Refocusing New Testament Study*, Studies in Theological Interpretation (Grand Rapids: Baker Academic, 2006), 68-74을 수정한 것이다.

3. 전륜구동과 후륜구동을 대조한 은유는 Neil B. MacDonald, *Metaphysics and the God of Israel: Systematic Theology of the Old and New Testaments*(Grand Rapids: Baker Academic, 2006)에서 발췌한 것이다.

4. Erich Auerbach, *Mimesis: The Representation of Reality in Western Literature*, trans. Willard R. Trask (Princeton: Princeton University Press, 1953), 12.

2장 한 권의 책으로서의 신약성경

1. 추가적인 정보를 얻기 위해서는 다음을 보라. Edmon L. Gallagher and John D. Meade, *The Biblical Canon Lists from Early Christianity: Texts and Analysis* (Oxford: Oxford University Press, 2017).

3장 신약성경 주위의 세계

1. Luke Timothy Johnson, *The Writings of the New Testament: An Interpretation*, 3rd ed. (Minneapolis: Fortress, 2010); quotation from Luke Timothy Johnson, "Imagining the World Scripture Imagines," *Modern Theology* 14, no. 2 (April 1998): 165을 수정한 것이다.

2. David Wenham and Steve Walton, *Exploring the New Testament: A Guide to the Gospels and Acts* (Downers Grove, IL: InterVarsity, 2001), 25-36.

3. David A. deSilva, "Honor and Shame," in *Dictionary of New Testament Background*, ed. Craig A. Evans and Stanley E. Porter (Downers Grove, IL: InterVarsity, 2000), 518.

4장 예수의 생애와 가르침

1. John Calvin, *Commentary on a Harmony of the Gospels*, vol. 3, trans. William

Pringle, on Matthew 26:37, https://ccel.org/ccel/calvin/calcom33/calcom33.i.html.

2. 추가적인 연구를 위해서는 다음을 보라. Joan E. Taylor, *What Did Jesus Look Like?* (London: Bloomsbury T&T Clark, 2018).

5장 사중복음서

1. Richard A. Burridge, *What Are the Gospels? A Comparison with Graeco-Roman Biography*, 25th anniversary ed. (Waco: Baylor University Press, 2018).

2. 이에 관한 추가적인 내용은 다음을 보라. Jonathan T. Pennington, *Reading the Gospels Wisely: A Narrative and Theological Introduction* (Grand Rapids: Baker Academic, 2012); N. T. Wright, *How God Became King: The Forgotten Story of the Gospels* (New York: HarperOne, 2016).

3. Augustine, *Harmony of the Gospels* 2.4.

4. John Navone, *Seeking God in Story* (Collegeville, MN: Liturgical Press, 1990), 3장을 보라.

5. Frederick Dale Bruner, *Matthew: A Commentary*, rev. ed. (Grand Rapids: Eerdmans, 2004), 1:xxix-xxx.

6. Francis Watson, *The Fourfold Gospel: A Theological Reading of the New Testament Portraits of Jesus* (Grand Rapids: Baker Academic, 2016).

7. Mark L. Strauss, *Introducing Jesus: A Short Guide to the Gospels' History and Message* (Grand Rapids: Zondervan, 2018), 9.

8. Justin Martyr, *Apology* 1.67.

9. 전체 번역은 다음에서 찾을 수 있다. Scott McGill, *Juvencus' Four Books of the Gospels: Evangeliorum libri quattuor* (London: Routledge, 2016).

10. Origen, *Contra Celsus* [*sic*], Documenta Catholica Omnia, http://www.documenta-catholica.eu/d_0185-0254-%20Origene%20-%20Contra%20Celsus%20-%20EN.pdf.

11. 추가 정보를 얻기 위해서는 다음을 보라. Watson, *The Fourfold Gospel*, 『네 권의 복음서 하나의 복음 이야기』(새물결플러스 역간), 5장; Matthew R. Crawford, *The Eusebian Canon Tables: Ordering Textual Knowledge in Late Antiquity* (Oxford: Oxford University Press, 2019).

6장 마태복음

1. R. T. France, *Matthew: Evangelist and Teacher* (Exeter, UK: Paternoster, 1989), 20.

7장 마가복음

1. 이런 예들은 다음의 책에서 찾을 수 있다. Thomas C. Oden and Christopher A. Hall, eds., *Mark*, Ancient Christian Commentary on Scripture (Downers Grove, IL: InterVarsity, 1998), 157.

8장 누가복음

1. Ben Myers, *The Apostles' Creed: A Guide to the Ancient Catechism* (Bellingham, WA: Lexham, 2018), 33.
2. 관상학의 개념과 그것이 누가복음과 사도행전에서 어떤 역할을 했는지에 관한 추가적인 내용은 다음을 보라. Mikeal Parsons, *Body and Character in Luke and Acts: The Subversion of Physiognomy in Early Christianity* (Waco: Baylor University Press, 2011).

9장 요한복음

1. 이 주석에 대한 최근 번역은 두 권의 책으로 되어 있다. Cyril of Alexandria, *Commentary on John*, trans. David Maxwell, ed. Joel C. Elowsky, Ancient Christian Texts (Downers Grove, IL: IVP Academic, 2013-15).
2. Cyril of Alexandria, *Commentary on John*, 1:165을 보라.
3. Ben Myers, *The Apostles' Creed: A Guide to the Ancient Catechism* (Bellingham, WA: Lexham, 2018), 103-6.
4. Jerome, *Commentary on Galatians*, trans. Andrew Cain, Fathers of the Church 121 (Washington, DC: Catholic University of America Press, 2010), on Gal. 6:10.

10장 사도행전

1. Heidi J. Hornick and Mikeal C. Parsons, *The Acts of the Apostles through the Centuries* (Chichester, UK: Wiley-Blackwell, 2017), 2-11.

11장 사도 바울의 생애와 가르침

1. Michael W. Holmes, ed. and trans., *The Apostolic Fathers: Greek Texts and English Translations*, 3rd ed. (Grand Rapids: Baker Academic, 2007).

12장 로마서

1. Ambrosiaster, *Commentaries on Romans and 1-2 Corinthians*, trans. and ed. Gerald L. Bray, Ancient Christian Texts (Downers Grove, IL: InterVarsity, 2009), 1에 기초한 것.
2. 이 견해는 다음의 도입부에서 발췌한 것이다. William of St. Thierry, *Exposition*

on the Epistle to the Romans, ed. John D. Anderson, trans. John Baptist Hasbrouck, Cistercian Fathers (Kalamazoo, MI: Cistercian Publications, 1980).

3. The Journals of John Wesley, May 24, 1738, Christian Classics Ethereal Library, https://www.ccel.org/ccel/wesley/journal.vi.ii.xvi.html.

13장 고린도전서

1. Ambrosiaster, Commentaries on Romans and 1-2 Corinthians, trans. and ed. Gerald L. Bray, Ancient Christian Texts (Downers Grove, IL: InterVarsity, 2009), 119-20에서 인용한 것이다.

2. Ambrosiaster, Commentaries on Romans and 1-2 Corinthians, 182.

3. 이런 통찰력은 다음에서 발췌한 것이다. Chris L. de Wet, "John Chrysostom's Exegesis on the Resurrection in 1 Corinthians 15," Neotestamentica 45, no. 1 (2011): 92-114.

14장 고린도후서

1. Gerald Bray, ed., 1-2 Corinthians, Ancient Christian Commentary on Scripture (Downers Grove, IL: InterVarsity, 1999), 197-98을 인용한 것이다.

2. 이런 언급은 다음에서 발췌한 것이다. Jacob Cherian, "2 Corinthians," in South Asia Bible Commentary, ed. Brian C. Wintle (Grand Rapids: Zondervan, 2015), 1585-614.

15장 갈라디아서

1. 이 단락은 다음에 의존한 것이다. Stephen J. Chester, Reading Paul with the Reformers: Reconciling Old and New Perspectives (Grand Rapids: Eerdmans, 2017), 13-20.

2. 이 단락은 다음의 두 논문에 큰 영향을 받았다. David A. deSilva, "Neither Tamil nor Sinhalese: Reading Galatians with Sri Lankan Christians," and Nijay Gupta, "Response: What Does Sri Lanka Have to Do with Galatia? The Hermeneutical Challenges, Benefits, and Potential of Global Readings of Scripture," in Global Voices: Reading the Bible in the Majority World, ed. Craig S. Keener and M. Daniel Carrol R. (Peabody, MA: Hendrickson, 2013), 39-55, 57-63.

3. Richard Bauckham, God Crucified: Monotheism and Christology in the New Testament (Carlisle, UK: Paternoster, 1998)을 보라.

4. 다음을 보라. Larry Hurtado, Lord Jesus Christ: Devotion to Jesus in Earliest Christianity (Grand Rapids: Eerdmans, 2003), 『주 예수 그리스도』(새물결플러스 역간).

5. 다음을 보라. Chris Tilling, *Paul's Divine Christology* (Tübingen: Mohr Siebeck, 2012).

16장 에베소서

1. 이 견해는 다음에서 발췌한 것이다. Claire M. Powell, "Ephesians," in *The IVP Women's Bible Commentary*, ed. Catherine Clark Kroeger and Mary J. Evans (Downers Grove, IL: InterVarsity, 2002), 694-706.

17장 빌립보서

1. 이런 견해는 다음에서 발췌한 것이다. Markus Bockmuehl, "A Commentator's Approach to the 'Effective History' of Philippians," *Journal for the Study of the New Testament* 60 (1995): 57-88.

19장 데살로니가전서

1. 이는 루터의 논문 *On the Jews and Their Lies*(1543)에서 나온 것으로, 다음의 책에서 논의되었다. Anthony Thiselton, *1 & 2 Thessalonians through the Centuries* (Chichester, UK: Wiley-Blackwell, 2011), 72.

2. 칼뱅, 헨리, 아우구스티누스, 아퀴나스에 대한 인용과 언급은 다음의 책에서 발췌되었다. Thiselton, *1 & 2 Thessalonians through the Centuries*, 5.

20장 데살로니가후서

1. *Homily* 8.539. 크리소스토모스에 대한 인용문은 다음의 책에서 발췌되었다. Anthony Thiselton, *1 & 2 Thessalonians through the Centuries* (Chichester, UK: Wiley-Blackwell, 2011), 4.

2. Irenaeus, *Against Heresies* 4.28.1-2; Tertullian, *Against Marcion* 5.16. 이레나이우스와 테르툴리아누스에 대한 언급은 다음의 책에서 발췌되었다. Thiselton, *1 & 2 Thessalonians through the Centuries*, 4, 193.

21장 목회 서신: 디모데전후서 및 디도서

1. Wesley와 Cheever에 대한 인용은 다음의 책에서 발췌되었다. Jay Twomey, *The Pastoral Epistles through the Centuries* (Chichester, UK: Wiley-Blackwell, 2009), 25.

22장 빌레몬서

1. David A. deSilva, *An Introduction to the New Testament: Contexts, Methods, and Ministry Formation* (Downers Grove, IL: InterVarsity, 2004), 141-42.

23장 히브리서

1. 이 분석은 다음의 책에서 정보를 얻은 것이다. Douglas Sweeney, *Edwards the Exegete: Biblical Interpretation and Anglo-Protestant Culture on the Edge of the Enlightenment* (Oxford: Oxford University Press, 2015).

2. 이것은 다음의 책의 서론에서 발췌한 것이다. John H. Augustine, ed., *A Commentary on Hebrews 11 (1609 Edition) by William Perkins* (New York: Pilgrim, 1991).

24장 야고보서

1. Richard Bauckham, *James: Wisdom of James, Disciple of Jesus the Sage* (London: Routledge, 1999), 158-74을 보라.

2. Dale C. Allison Jr., *A Critical and Exegetical Commentary on the Epistle of James* (London: Bloomsbury T&T Clark, 2013), 109.

신약성경을 기독교 경전으로 읽기

신약성경의 문학적·정경적·신학적 개론

Copyright © 새물결플러스 **2022**

1쇄 발행 2022년 12월 29일

지은이	콘스탄틴 R. 캠벨, 조너선 T. 페닝턴
옮긴이	홍수연
펴낸이	김요한
펴낸곳	새물결플러스

편 집	왕희광 정인철 노재현 정혜인 이형일 나유영 노동래
디자인	박인미 황진주
마케팅	박성민 이원혁
총 무	김명화 이성순
영 상	최정호 곽상원
아카데미	차상희

홈페이지	www.holywaveplus.com
이메일	hwpbooks@hwpbooks.com
출판등록	2008년 8월 21일 제2008-24호
주 소	(우) 04118 서울시 마포구 마포대로19길 33
전 화	02) 2652-3161
팩 스	02) 2652-3191

ISBN 979-11-6129-246-5 93230

책값은 뒤표지에 있습니다.